U0585602

澄衷蒙學堂字課圖說

[清] 劉樹屏 —— 編撰
[清] 吴子城 —— 繪圖
蔡夢麒 —— 審訂

CNS PUBLISHING & MEDIA 中南出版傳媒
岳麓書社 · 長沙
博集天卷 CS-BOOKY

出版説明

《澄衷蒙學堂字課圖説》，顧名思義，是由澄衷蒙學堂編寫的識字課本。澄衷蒙學堂是浙江寧波商人葉澄衷（1840—1899）于清光緒二十五年（1899）出資興建的一所新式學堂。葉澄衷家世清貧，少時即輟學去做學徒，後經營貿易、投資金融、興辦産業，成爲一代民族商業巨子。葉澄衷樂善好施，成巨富名流之後，捐置義莊，修橋鋪路，興辦教育，熱心社會公益與慈善事業。澄衷蒙學堂就是他晚年捐資興建的一所著名民辦學校，蔡元培曾任校長，李四光、胡適、竺可楨、李達三、錢君匋等一大批著名人士曾在此就讀。澄衷蒙學堂的教材多係自編，《澄衷蒙學堂字課圖説》即由學堂首任校長劉樹屏（1857—1917）帶領一衆學者編纂而成。

既爲"字課"，本書即圍繞"字"展開。本書共四卷，收三千三百一十字，選字皆爲常用字，全書以由淺入深爲原則，以名詞、動詞等詞性爲脉絡，一性之中又分門别類，既有天文地理、鳥獸蟲魚，又有詩書禮儀、數理化學，涉獵廣泛。編者爲每一個字注音、釋義，中西并包，旁徵博引。釋義又分簡説、詳説兩欄，適合不同年齡層的學子，雅俗共賞，可稱爲精細版的《説文解字》。本書附插圖七百六十餘幅，據傳爲清代蘇州畫匠吴子城所繪。插圖以幫助學生理解字義爲第一要義，精美有趣，讀者可藉此知“菽”“稗”“秫”之别，識“鉞”“戟”“弩”之形，察前人衣食住行之禮俗。攤開這本書，一幅妙趣横生而又不失典雅莊重的社會風俗畫卷便在我們面前徐徐展開。

中國文字，字字有德性，字字有靈性。小到一個“天”字、一個“人”字，也許就包含着古人的哲學觀、生命觀，中國幾千年的優秀文化正蘊藏在這些精美的文字之中。在“國學熱”大興的今天，不妨讓我們拾起這本傳統蒙學課本，品味個中韻味。説它是一本由淺入深、編排精美的識字字典也好，説它是妙趣横生的古文讀本也罷，一字一字讀下來，不論是從掌握字形、理解字義的實用角度來看，還是從感受漢字原生野趣的審美角度來看，它都可稱得上極爲便捷、合理的國學入門讀物。

《澄衷蒙學堂字課圖説》初印于清光緒二十七年（1901），本書所依據版本爲清光緒二十九年（1903）四月澄衷學堂印書處第七次石印本，現就本書的點校工作進行説明：

（一）**體例上的變化**

原書爲繁體豎排，行文僅有句讀，無標點。作爲一本蒙學讀物，這無疑會增加閱讀的難度和舒適度，讓讀者産生畏懼心理。因此本次重版，采用繁體横排形式，加注新式標點符號。原書字頭及正文均爲軟筆書法寫就，由于版式的原因，這些精美的軟筆書法衹得忍痛割愛。

原書部分字形已非現今常用字形，本書新增字頭或附字相對應的簡體字。原書注音采取反切或直音形式，本書新增相對應的現代注音。

另外，原書有檢字、檢附字，皆以筆畫檢索爲依據，檢索一字仍頗費力氣，爲方便讀者檢字，本書新增簡化字的音序索引。

（二）**字形處理**

爲保留古籍的原有風味，讓廣大讀者能更深切地體會到漢字的紛繁之美，本書對原書的異體字予以保留，僅將舊字形改爲與其相對應的新字形。另外，原書係清代古籍，其中存在一些當時避諱字，本書均改爲正字。

如“歷”，原書因避乾隆帝弘曆諱而作“歴”，今改正；“玄”“泫”等字原書因避康熙帝玄燁諱而缺末筆，今改爲原字；其他因避諱而改前人年號、姓名等，也酌情予以改回，如卷一第六十四頁釋“美”，原書作“明宏治”，今改回作“明弘治”。

（三）原書檢字、檢附字、類字處理

原書本有檢字、檢附字、類字，内容均有不符合現代出版標準之處，讀者檢索起來亦有頗多不便。如原書存在檢字和檢附字錯漏（如内文的“棫”“楝”“蜚”等十餘字，原書檢字均未收録；如“艸”字，内文未收，原書檢字中衍），檢字中的字與内文選字字形不統一（如卷一第四十七頁的“究”字，内文作“究”，原書檢字作“兖”；卷二第二百三十六頁的“卿”字，内文作“卿”，原書檢字作“卿”；卷三第三百六十四頁的“蓑”字，内文作“蓑”，原書檢字作“簑”；等等），檢字和檢附字部分字筆畫歸錯，檢字中字的頁碼和字在正文的位置不對應等問題。爲方便讀者檢索、閲讀，本書已在尊重原著的基礎上統一做了處理。

（四）正文錯訛處理

原書引經據典，涉獵廣泛，知識量巨大，難免有訛誤之處，本書已做修正。説明如下：

（1）原書存在反切注音有誤的情況。如卷一第二十三頁釋“晨”字，“丞真切”原訛作“烝真切”；卷一第二十七頁釋“巳”字，“詳子切”原訛作“洋子切”；卷一第一百一十二頁釋“涇”字，“堅靈切”原訛作“堅雲切”；卷三第三百四十六頁釋“斛”字，“胡谷切”原訛作“胡各切”；卷三第五百三十四頁釋“蜋”字，“魯當切”原訛作“堂當切”；卷四第六百二十八頁釋“進”字，“即刃切”原訛作“郎刃切”；卷四第六百三十七頁釋“跌”字，“徒吉切”原訛作“從吉切”；卷四第六百七十六頁釋“瓏”字，“力鍾切”原訛作“尤鍾切”。此類訛誤有數十處，不一一列出，編者一并予以改正，并據此加注現代注音。

（2）原書四聲標調也存在錯誤。如卷一第九十五頁釋“壩”字，去聲原訛作上聲；卷一第一百一十頁釋“澗”字，去聲原訛作上聲；卷三第三百四十頁釋“二”字，去聲原訛作上聲；卷三第三百八十四頁釋“炕”字，去聲原訛作上聲；卷三第三百九十六頁釋“纖”字，上聲原訛作去聲；卷三第三百九十七頁釋“架”字，去聲原訛作上聲。此類例多，不一一列出，編者一并予以改正。又卷二第三百二十頁釋“酖”字，原書標注平聲，而“酖”作“嗜酒”解時應標平聲，而通“鴆”時讀直禁切，應標去聲，故增加去聲，這類增減例多，不一一列出。

（3）原書有個别引文出處有誤，本書已做修改。如卷一第一百一十八頁釋“溪”，“山瀆無所通者謂之谿”應出自《説文》，而非《爾雅》；卷四第七百〇二頁釋“稍”，“稍稍增輯至五百餘篇”應出自《漢書》，而非《史記》；卷四第七百〇五頁釋“尚”，“尚亦有利哉”應出自《大學》，而非《書》。

（4）原書也會出現一些訛字，如卷二第一百六十頁釋“捕”，“步”訛爲“歨”；卷三第五百三十五頁釋“蛩”，“邛”訛爲“卭”；等等。此類訛字本書已改爲相對應的正確寫法。

另外，由于歷史時代等原因，原書存在一些不合理、不規範的表述。如稱“氧氣”爲“養氣”，稱“氮氣”爲“淡氣”，稱“脊神經”爲“脊腦筋”，稱水星距日“一萬一千一百萬里”（實際上約爲一億一千六百萬里），稱“電速三倍于光，每秒約行五十七萬英里”（實際上電速大致等同于光速，每秒約爲十九萬英里）。此類專業術語、科學知識、思想觀念雖或與現今大不相同，或屬錯誤、偏見，但仍爲當時人們生活實踐之成果、思維習慣之體現，讀者亦可藉此瞭解當時人們之生活，故本書對此類情況不做改動。

（五）今讀處理

（1）今讀注音的選取遵循劉樹屏編寫此書之初衷：“要以有用爲主。”故儘可能參考原書注音，以現代標準讀音（《現代漢語詞典》注音）爲主要依據，若原書注音較爲生僻且現今已不常用，則不加注相對應的現代注音。如卷三第五百一十九頁釋“騎”字，注音渠宜切、又奇寄切，前者釋義動詞，後者釋義名詞，前者讀 qí，後者舊讀 jì，今規範讀音統讀 qí，故現代讀音不標注 jì 音。

（2）今讀注音遇多音字，參考原書釋義進行取捨。原則上，釋義中没有羅列的義項，其對應注音也不出現。如卷一第三十六頁釋“都”字，注音東徒切，該字今有 dū、dōu 二讀，而其釋義作“總也，美盛也”，對應詞語爲“大都”“都門”，今均讀 dū，而釋義中没列副詞“都（dōu）”的義項，故本書今讀注音不標注 dōu

音；又如卷四第六百六十五頁釋“肖”字，注音私妙切，該字今有 xiào、xiāo 二讀，而其釋義作“骨肉相似也”，對應詞語爲“酷肖”“肖子”，今均讀 xiào，而釋義中没列姓“肖（xiāo）”的義項，故本書今讀注音不標注 xiāo 音。

（3）原書反切注音有誤，而錯誤原因不明，雖暫不改原書反切，但今讀注音仍以現代規範讀音爲準。如卷三第四百五十五頁釋“芍”字，注音如灼切（音若），對應今音讀 ruò，而“芍藥”“白芍”之“芍”字，《廣韻》作市若、張略二切，不見有作如灼切（音若）讀音者，不知原書所本，暫不改；但“芍”字今讀規範依《廣韻》市若切讀作 sháo，故現代讀音標注 sháo 音，而不標注 ruò 音。原書反切注音有與釋義不對應者，原則上不改原書注音，但今讀注音仍以現代規範讀音爲準。例如卷三第四百六十三頁釋“术”字，注音食聿切，對應今音讀 shù，而其釋義指向藥名“白术”“蒼术”。《廣韻》術韻食聿切：“秫，谷名。术，上同。”又术韻：“术，藥名。直律切。”可見“白术”“蒼术”之“术”音直律切，今讀規範作 zhú。雖然原書反切暫不作改動，但現代讀音標注 zhú 音，而不標注 shù 音。

（六）插圖處理

《澄衷蒙學堂字課圖說》本附有七百六十餘幅插圖，其中有三幅地圖經自然資源部地圖技術審查中心審核，認爲不適合公開出版，故此次出版已將這三幅圖進行了更换：卷一第三十五頁的《大清全圖》已更换爲清代祈年殿圖；卷一第六十頁的西藏與青海的地形圖已更换爲清代西藏地區番婦、番民圖；卷一第六十八頁“印緬”局部地圖已更换爲清時緬甸地區進貢給清王室的寶象圖。以上修改，萬望讀者諒解。

今距《澄衷蒙學堂字課圖説》初印已有百餘年，這部有“百年語文第一書”之稱的蒙學課本初印即受到廣泛歡迎，影響了一代代語文教科書的編寫。如今再次推出繁體横排本，希望能讓廣大讀者重新感受到漢字之美，亦可爲當今國學、漢字之學習提供些許參考。因點校者精力所限，書中難免有錯漏、訛誤之處，歡迎讀者批評指正。

蔡夢麒

二〇一九年十二月

目録

凡例

•宗旨：是書專爲小學堂訓蒙而作，故詞尚淺近，一切深文奥義不及焉。

•選字：共選三千餘字，皆世俗所通行及書牘所習見者。惟第二卷鋅、錳、鉑、鉀之屬，稍乖此例。以其爲原質定名，屢見譯本化學書，不能省也。其他生僻字，概從割愛。其字有數體，則以最常用之體爲正，而附見其餘。

•次字：略以名、動、静、狀及虚字爲次。而於一類之中，又以事類之，如天文、地理、人事、物性之屬是也。

•簡説：爲十歲以下學生而設。先釋音，注音某，或注某字某聲，均依字典。次釋義，務以一語剖晰之。次引證，舉其與他字聯綴者，字或有兩音三音備載之，惟生僻者不載。

•詳説：爲十一歲以上學生而設。先注切音。次釋本義，凡篆文與字義相關者著之。次釋引申義、叚借義。

凡現行事例、新理名詞，皆隨字附釋，要以有用爲主。其經詁雅訓古書偶見者，不及備載。

•繪圖：凡名字、動字之非圖不顯者，均附以圖。或摹我國舊圖，或據譯本西圖，求是而已。

•檢字：以畫數爲次，而注某頁以便檢。（凡附於下者入檢附字。）

•類字：如名、代、動、静、狀、介、連、助、嘆九類，西人以此爲聯句屬文之要規，實即中國虚、實、呆、活四義所擴充也。近時談蒙學者多宗尚之，故特類於首册。或一字有數類，則以其最要者爲正。並附録其餘，而闕其不習用者。然欲執童子而語此，除名、動、静類外，不特艱於講解，且恐阻窒其性靈也。惟爲之師者，則不可不知。

•分級：字義分詳、簡二類，而識字之序，則分淺、深二級，先淺後深。淺者定爲初級，計選一千數百字，特於檢字中加點，以爲識别。深者定爲次級，概不加點。

•講授初級：齋中懸一黑板，教習取初級之字，書於板上。令學童備格本一分，一一依筆畫先後倣録。次書四聲於字旁，次書字音，次書字義。其格本即名爲理字本。學童録畢，教習逐一與之講説，以諸童心境融徹、口説瞭然爲度。

•還講：教習次日拭去黑板上字，將學童理字本取置面前，令其坐本位默講。先講音讀，後講字義，以口説無譌而能觸發者爲上。若有錯誤，令檢理字本覆閲更正，再求熟習無譌，然後授以他字。功課畢時，隨取前數日或前數月已習之字，令其還講，俾免遺忘。

•講授二級：初級千數百字，日授數字，約須一年之功。學童既已能寫能解，心地開明，乃將二級之字，酌量淺深，分别指授。自必易於領悟矣。

光緒二十有七年冬十月　陽湖劉樹屏

索引（音序）

A

B

D

H

L

S

W

Y

檢字

檢附字

三畫	个349 箇					
四畫	气001 氣	丘109 邱	从562 從	无700 無		
五畫	凷094 塊	弍343 貳	他695 佗			
六畫	邠196 豳	伎254 妓	讫664 訖			
七畫	灸021 久	村090 邨	坑107 阬	沸111 濟	坊130 防	姊203 姉
	材215 才	汞258 澒	扯269 撦	床383 牀	灾441 災	虬521 虯
	却661 卻					
八畫	岳101 嶽	姐203 姉	妬228 妒	叁343 參	昇346 升	版408 板
	杭411 航	卹579 恤	抱608 褒	効642 效	併702 并	奈714 柰
九畫	蚤022 早	叛096 畔	研173 硯	陣190 陳	叟209 叜	洿230 汙
	姦231 奸	砒266 磇	赴311 訃	衿363 襟	狨371 絨	盃399 杯

十三畫	煇013 暉	煖016 煖	暄016 煖	暖016 煖	幹025 榦	貊100 貉
	臯164 罪	貲215 資	圓281 圜	腿303 骽	粳327 秔	靴366 鞾
	棊388 棋	碗400 椀	槌408 椎	煉421 鍊	楠483 枏	筱488 篠
	猿506 猨	蜂536 蠭	睹584 覩	詢591 訊	摸617 摹	
十四畫	綵356 采	餂357 甜	戟368 㦸	綿371 緜	奩389 匳	磁405 瓷
	傘396 繖	蓴448 蒓	漆481 桼	螂534 蜋	摭622 拓	弊659 獘
	暮701 莫					
十五畫	輝013 暉	牕137 窗	寮236 僚	線280 綫	糊317 餬	鴆320 酖
	鞋366 鞵	儋434 擔	澄435 澂	鴈491 雁	鴉498 雅	蝦529 鰕
	蝶535 蜨	蝌542 科	瞑586 眠	踏626 蹋	踪638 蹤	舖655 鋪
十六畫	臈018 臘	篴156 笛	澹255 淡	彊256 强	糖318 餹	燈387 鐙
	霑431 沾	羲503 犧	蹄518 蹏	螘544 蟻		
十七畫	闇015 暗	濱107 瀕	谿118 溪	濕118 溼	穉210 稚	螺274 蠃

	醜322 餽	𢍰328 牟	歟610 與	襍681 雜	繇713 由	
十八畫	燿013 曜					
十九畫	壟092 隴	簷138 檐	簽172 檢	孽205 孼	礦256 卝	颿413 帆
	蘋458 萍	覈467 核	譌601 訛			
二十畫	耀013 曜	饗148 享	騰191 滕	孃201 娘	爐406 鑪	鰍526 鰌
二十一畫	欄140 闌	臟294 臓	驟514 驘			
二十二畫	鑛256 卝	鬚305 須	灑431 洒	饕707 叨		
二十三畫	鱔526 鱓					
二十五畫	饟317 餉					
二十六畫	讚594 贊					

類字

名字類　凡實字以名一切事物者曰名字

天	氣	日	月	星	彗	孛	斗
魁[靜]	雨[動]	露[動]	雲	霞	霧	霜	雪
霰	電	雷	霆	風	颶	雹	霾[靜]
虹	霓	暈	煙	霄	曜	暉	景[靜]
霖	儀	晷	世	年	歲	時	季[靜]
閏	臘	暑	春	夏	秋	冬	朔
望[動]	弦[靜]	晦[靜]	旬	頃[靜]	夙	夜	晨
昏[動]	期	夕	曉[動]	宵	旦	晝	榦
甲	乙[動]	丙	丁	戊	己[代]	庚	辛[靜]
壬[動靜]	癸	子	丑	寅[靜]	卯	辰	巳

午 未[狀] 申 酉 戌 亥 宇 宙

地 球 經[動] 緯 圈 道[動] 帶 京[静]

都[静] 吴 蘇[動] 皖 贛[動] 浙 閩 楚

鄂 湘 沅 汴 兖 汾 陜 秦

疆 川 蜀 瓊 桂 滇 梁 林

省[動] 海 澳 倭 韓 印 波[動] 阿[動代]

土 埃 英 法 德 奥[静] 義 瑞[静]

荷[動] 葡 墨 巴 坤 域 國 境

邦 畿 郡 邑 府 廳 州 縣

洲 寰 區[動静狀] 鄉 黨[動] 里 城 郭

市[動] 井 街 巷 橋 路[静] 郵 驛

岸 溝 渠[静代] 田 郊 野[静] 原[静] 隰

隴 畝 場 墟 津[静] 郵 衢[動] 塗[動]

皋[歎] 窟 藪 塵 泥[動] 塊 隄 壩

堆[動] 隅 鄙[静] 畔[動] 闕 沙 漠[静] 邊

徼 界 限 氐 羌[連] 戎[代] 狄[静] 蠻

貉 山 嶽 岡 嶺 嵐 巖 島

嶼 坡 瀑 洞 穴 岱 嵩[静] 衡

岷 石 磁 砥[動] 礪 灘 港 涯

瀨[動] 灣 坎[静] 阬[動] 水 洋 瀛 江

河 峽 峯 陵[動静] 邱 阜 谷 壑

潤[動] 湖 淮 泗 漢 濟[動] 漳 涇

渭 潁 洛 淇 潞 汶 沂 潼

淞 浦 滬 泉 源 派[動] 濤 汛[動]

溜	潮	汐	潦	渚	瀆[動]	塘	澤[静動]
淵[静]	瀾	池[動]	沼	滴	溪	泡	冰
朝	廷	宫	殿	階	陛	壇	闕[静動]
廟	庠	序[動]	泮[動]	館[動]	舍[動]	塾	祠
社	廊	寢[動静]	廡	衙	署[動]	廠	局
栅	卡	屋	家	宅[動]	堂	軒[静]	室
房	闈	幕[動]	廂	樞	閨	闔	樓
臺	亭	閣[動]	防[動]	塔	寺	院	盦[動]
廛	廬	齋[動]	閭	鄰[静]	店	棧	邸
苑	囿[動]	樊	籬	園	圃	廁[動]	倉
廩	廐	庫	庖	廚	屏	竈	門
户	窗	牖[動]	椽	棟	楣	檐	梯[動]

楹 柱 垣 牆 檻 庭 砌[動] 基

址 座 閑[動静] 隙[静] 巢 禮 制[動] 政

程 綱 緒 詔 命[動] 令[動静] 租[動] 税

帑 慶[動] 贄 圭 璽 鑾 鼎 彝

筵 俎 豆 籩 簠 簋 笏 樂[動]

鐘 鐸 呂 鑼 磬[動] 琴 瑟[狀] 琶

箏 簫 笛 笳 竽 笙 鼓[動] 鼙

舞[動] 韶[静] 佾 刑[動] 理[動] 罰[動] 牢[静] 獄

械 戮[動] 梏 枷 笞[動] 罪[動] 文 字[動]

詩 頌[動] 賦[動] 書[動] 典[動] 謨 誥 易[動静]

卦 爻 史 譜 籍 簿 策[動] 簡[静]

函[動] 册 帖[静] 牘 卷[動] 碑 契 柬

箋[動] 翰 箴 篇 檢[動] 篆[動] 隸 楷

題 筆 硯 紙 武 功 勳 軍

帥[動] 旅 兵 卒[狀] 隊 守[動] 諜[動] 虜

刀 劍 斧 鉞 戈 戟 矛 鋒

刃 弓 弩 弧 矢 箭 營[動] 壘

鎗 礮 彈[動] 丸 胄 盾 旗 旌[動]

纛 麾[動] 旆 姓 氏 唐 虞[靜動] 商

殷[靜] 周[靜] 隋[動] 魯[靜] 衛[動] 陳[動靜] 蔡[動] 滕[動]

薛 宋[動] 鄭[靜] 趙[動] 魏[靜] 鄧 鄒 堯[狀]

舜 禹 湯 姬 孔[狀] 冉[狀] 閔[動] 孟[靜狀]

軻[靜] 陶[狀] 姜 姒 劉[動] 范 蔣 潘

馮[狀動] 阮 龔 胡[狀代] 彭[狀] 俞[歎] 袁 豳

董[動]	桀[静]	紂[静]	皇[静]	帝	王[動]	君	辟[動静]
后[静]	妃	臣	祖[静動]	宗[動]	族	系	裔
男	女[動]	考[動]	妣	父	母	伯[静]	叔[静]
嬸	舅	姑[狀]	爺	娘	婆[静]	嫗	昆[静]
弟[静]	兄	夫	婦	哥	嫂	妻[動]	妾
姊	妹	姨	娣	媳	姪	甥	壻
孥	孼[動]	孫[動]	倫	嫡	眷[動]	戚[動]	姻
配[動]	媵[動]	師[静]	傅[動]	朋	友[動静]	賓[動]	孀
嫠	耆	老[静動]	叟	翁	郎	孺	兒
童[静]	孩	嬰[動]	稚[静]	酋	傑[静]	士	彥
儒[静]	俠[静]	民	氓	工[静]	儈	媒[動]	夥[静]
傭[動]	婢	僕	奴	僮	皁[静]	閽	俗[静]

才	資	質[動静]	豪	福[動]	祉	祥[静]	愆[動]
咎	仇	垢	邪[静]	毒	害[動]	禍[動]	匪
妖	官	員	品	級	職	位[動]	公[静]
侯	卿	僚	藩	臬	憲	尹	部
曹	丞	尉	屬[動]	吏	翎	頂	爵
俸	禄	胥[狀]	役	賈[動]	值[動]	價	款[静]
贏[静]	券	票	技	藝[動]	術	弈	疇[静]
巫	匠	伶	優[静]	倡[動]	妓	卝	酵
金	煤	珀	銀	銅	澒	錫[動]	鐵
鋼	鉛	鋅	銻	鉑	鉀	錳	炭
灰	硫	鹻	鹽	硝	硼	瑙	礬
晶	玻	碯	磇	燐	力	杆	軸

輪	車	贏	機	光	像	影	浪
聲	絃	音	律	簧	管[動]	點[動]	面
綫	形	角	句	較[動]	身	體[動]	躬
骨	肌	肉	膚	膜	皮	脈	頸
脂	毛	髓	頭	膏[動]	血	首	額
腦	項	領[動]	頰	頤[動]	筋	耳[助]	目
鬚	眼	睛	眸	瞳	眉	口	鼻[静]
脣	齒	牙	臟	膺	舌	喉	背[動]
腹	脊	腰	臀	胸	心	肺	肝
腎	脾	胃	膽	腸	脅[動]	臍	胞
胎	肢	肩	手	指[動]	鬢	臂	肘
肱	掌[動]	股	足[静]	腳	骸	膝	腕

拳	腑	爪	踵	趾	竅	汗	液
髮	須[動]	鬍	顔	貌	魂	魄	齡
疾[動]	病[動]	恙	瘧	痢	疫	瘴	棺
尸	柩	諡	誌[動]	俑	墳	墓	冢[静]
緦	食[動]	飯[動]	粥	麪	餅	餻	羹
齏	饔	飧	油	漿	酒	麴	酪
醋	醬	餹	汁	糟	肴	脯	膳
脩[動]	膾	鹵[静]	醢	醴	農	耦	犂
糞[動]	穀[静]	糧	苗	秧	秀[静]	穎[静]	禾
稻	秔	秈	米	粲[静]	黍	稷	牟[動]
麥	粟	粱	菽	稗[静]	秫	粒	粉[動]
糠	麻	繭	神[静]	祇	靈[静]	仙	籙

佛 僧 禪[動] 薩 喇 尼[動] 鬼 魅

魔 餤 祟 類[動] 隻 雙 兆[静] 伍[静]

陸 柒[静] 玖[静] 度[動] 寸 尺 丈 量[動]

升[動] 斛 鎊 噸 權[動] 斤 毫 釐

秒 錙 銖[静] 鈞 段 匹 片 顆

箇 層 番[狀] 件 格[動] 式[動] 模 樣

第[連] 羣 色 碧[静] 斑[静] 黎[静] 采[動] 鮮[静]

緇[静] 腥[静] 臭 葷 味 冕 弁 冠[動]

旒 纓 帽 笠 衣[動] 服[動狀] 衮 裘

袍 衫 袷 襯[動] 襲[動] 衲 褐 襟

衽 袂 褻[静] 蓑 裳 幅 褰 履[動]

屨 舃 鞾 鞵 屐 被[動] 衾 褥

佩 巾 帨 帕 紳 綬 組[動] 緣[介]

鈕 幣 帛 綾 羅[動] 綢 絹 紗

錦[靜] 布[動] 縐 絨 綸 緡 縷[狀] 絲

緜[靜狀] 絮 棉 葛 纊 兜[動] 髻 笄

簪 釵 釧 玦 環[動] 鐲 寶 珠

璣 玉 瑶 璞 璋 璧 琉 珍

珊 瑚 瑜 瑕 玷 貨 錢 貝

鈔[動] 鎰 財 賄[動] 賂[動] 器 匾 几

物 案 桌 椅 凳 牀 榻 炕

枕 席[動] 帷 帳 幄 幔 簾 毯

氈 燭[動] 鐙 漏[動] 扇[動] 棋 鏡 鑑

匳 匣 韜[動] 箱 籠[動] 櫛 梳[動] 鍼

鉤	梭	杼	筐	籃	筒	桶	囊[動]
橐	箕	帚	索[靜動]	繩[靜狀]	纜[動]	鑰	鎖
繖	柝	杵	臼	篩[動]	架	符[靜]	準
籌[動]	籤	盒	杯	椀	著	壺	觴[動]
勺	皿	盞	鍾	盂	盆	盤[狀]	匏
瓢	瓶	甕	鉢	缶	瓦	瓷	甎
缸	革[動]	鍋	鑪	鑿[動]	鋸	錐	鑷
釘[動]	板	牌	椎[狀]	柄	棍	杖[動]	規
矩	範	舟	船	舫	艦	艇	航
櫂	楫	槳	柁	篙	帆	篷	槎
輿	軺	轅	轂	軾	軌	轍	轡
韁	鞍	鞭	鞅	羈[動]	勒[動]	槽	鈴

轎 耒 鋤[動] 叉 耜 竿 網 罶

甄[動] 磨[動] 標[静] 屑[静狀] 擔[動] 淤 匯 火

災 燼 烽 炷 蔬 芥 薑 菜

蔥 蒜 韭 茄 莧 薇 蒓 蓬

蒿[動] 藜 芹 筍 蕈 茶 茗 花

瓣 萼 芽 葉 莖 蕊 朵 苞[動]

馨 芳[静] 蓮 葵 蘜 芙 蓉 芍

藥 草 卉 莽[静] 藁 苔 藻[静] 萍

蓼[静] 蒲 蘆 荻 葦 蕭[静狀] 芝 薰

芸[静動] 蕕 箬 蘭 蕙 艾[静動] 苓 朮

杜[動] 藤 蘿 蕉 萱 蓍 莠[静] 荆

茅 薪 芻 果[静動] 櫻 桃 核[動] 杏

李	梨	榴	柹	杷	欖	荔	萄
橙	柑	橘	棗	棘	薏	蔗	芋
瓜	藕	蔆	薺	樹(動)	木	本	末
根(狀)	柢	株	枝	柯	梗(静)	條	枚(狀)
杪	蔭	柴	菀(静)	枯(静)	松	柏	檀
梧	桐	梓	椶	榛	栗(静)	榆	樟
桼	椿	樗	櫟	櫃	橡	枏	梅
杉	椒	樸(静)	棫	棠	棣	槐	楝
杞	楊	柳	桑	楓	竹	篁	篠
筠	籜	篾	箍(動)	禽(動)	鸞	鳳	凰
鶴	雀	鵬	烏	鷹	鴻	雁	鴇
雕(動)	鴟	鴞	梟(動静)	鵠	鳧	鷺	鷗

鷹 鳩 鳶 雉 鴿 鸚 鵡 鶉

鶯 鸝 烏[静嘆狀] 鷙 雅[静] 鵲 燕 翠

鴛 鴦 卵 雞 鵝 鴨 羽 狘[狀]

翮 翼[静] 翹[動狀] 獸 麒 麟 犧 牲

虎 豹 獅 象 犀 兕 熊 猨

猴 畜[動] 駱 駝 獺 麋 鹿 麝

麈 猩 豺 狼 貍 狐 貂 兔

夔[静] 豸[狀] 驥 駿[静] 馬 駒 驪 騮

駑[静] 牛 犢 羊 羔 驢 羸 犬

狗 獒 豕 豬 豚 彘 貓 鼠

駟 驂[動] 蹏 鬣 尾[動] 駕[動] 鱗 龍

蛟 虯 蛇 蟒 鯨 魚 鯉 鯊

鮒 鰱 鱸 鮑 鰣 鯗 鯿 鱖

鯽 鱓 鰌 鱷 龜 鼈 黿 鼉

鼇 鯤 鯢 蟹 鰕 黽[狀] 鼃 蟾

蚌 蛤 蜃 蠣 蝸 蠡 蟶 鱟

蟲 螳 蝙 蝠 蜋 螽 蜻 蜨

蟬 蝗 蛩 蠭 蜜 蠟 蛾 蠅

螢 蝱 蠓 蜉 蛹 蠶 蜈 蚣

蚓 蠆 蠍 蜚[動] 蠹 蛆 蠱[動] 蛛

蟀 科 蚨 蚤 蝨 蟻 蛀 虺

産[動] 態 威[動] 勢 臆[狀] 栖[動狀] 顛[狀] 息[動]

伴 儔 志[動] 意[狀] 性 情 衷 傷[動]

患[動] 羞[動] 矜[動] 響 韻 涕[動] 淚 詞

證[動]	譽[動]	讒	諺	謠[動靜]	唾[動]	辭[動]	敍[動]
咽[動]	蹤	迹	事[動]	業[狀]	創[動]	效[動]	恩
惠	委[動靜]	鋪[動]	暇	別[動]	亢[靜]	虚[靜]	痕
底	人	自	名[動]	甫	主[動]	客	輩
聿[動狀介]	故	將[靜連]	幾[狀靜]	因[動連]	則[動狀連]	由[介狀動]	

代字類　凡實字用以代名者曰代字

那	我	吾	余	予[動]	台[名]	朕[名]	爾[靜狀助]
你	汝[名]	彼[靜]	伊[名]	佗	誰	所[名靜]	皆
厥[靜]	其[狀靜]	孰[靜]	之[動介]				

動字類　凡實字以言事物之行者曰動字

蝕	宿[名]	震[名]	颺	照	飄[狀]	代[名]	歷[名]
伏[名]	候[名]	支[名]	縱[靜]	奉	越[名]	建	豫[名]

晉[名]	藏[名]	歐[名]	暹[名]	愛	俾	比[名]	班[名]
合	鎮[名]	渡	通[静]	達[静名]	塞[名]	觀[名]	學[名]
校[名]	寓[名]	閱[名]	闌[名静]	庇	居[名静助]	開	闢
閉[名]	教[名]	記[名]	統[名]	禁[名]	諭[助]	示[名]	奏[名]
頒[静]	賜	賞	賑	漕	祭	祀[名]	禱
祝	覲	盟[名]	宴[名]	享	賀	輦[名]	蹕
例[名]	懲	過[名]	赦	宥	捕	犯[静]	控
訟[名]	判[名]	贖	囚[名]	誅	絞[名]	殺[静]	斬
訓[名]	銘[名]	録[名]	集[名]	圖[名]	稟[名]	繪[名]	編
詁	著	歌[名]	註	課[名]	撰	寫	勝[静]
捷[静]	克	討	征	伐	攻	侵[静]	戰[狀]
圍[名]	禦	戍	救	犒	敵[名静]	寇[名]	獲

敗[静]	滅	穀[名静]	獵	狩	儲[静]	嗣[名]	讓
詐[静]	誣	假[静]	欺	負[静]	侮	干[名]	諂[静]
僭	妒	偷[静]	竊[狀]	争	篡	劫[名]	盜[名]
賊[名]	仕	宦[名]	督[名]	撫	司[名]	使[名]	宰[名]
聘	銜[名]	封[静]	貶	黜	謫	販	買
賣	貿[静]	購	沽[名]	鬻	售	兑[名]	押
賒[名]	借	貸	償	糴	糶	扣	批
賽	招	换	債[名]	貫[名]	摺	據[名]	射
弋[名]	御	畫[名]	醫	卜	筮	占	漁
樵	釣	牧	屠	戲[名]	賭	化	養
喜	動	漲	縮	黏	助	阻	壓
抵	傳[名]	撦	向[名]	離	躍	擺	抛

吸 墜 結 託 劈[名] 回 折 閃

算 積[名] 分[名] 加 減 乘[名] 除[名] 辯

乳[名] 療 死 亡 縊 崩 隕 薨

喪[名] 窆 殯 殮 訃 弔 唁 奠

誄 諱[名] 葬 埋 徇 飲[名] 餐 餉[名]

餬 腐 酖[名] 酌 酣[静] 醉 醒 釀

饋 餞 耕 種[名] 耘 稼 穡 培

墾 栽[名] 植[名] 穫 舂 秉 績[名] 緝

繡 繅 紡 織 縫[名] 繕 補 綴

懺 數[名狀] 肆[静] 捌[静] 拾[静] 稱[名] 紊[名] 聚

套[名] 總[名] 染 飾[名] 錯[名静] 製 鍊 冶

鑄 勘 劑[名] 斲 削[静名] 刊 删 刺

剥　穿　剖　析　碎[静]　壞[静]　斷[静]　續

紹　聯[名]　絡[名]　維[名狀連]　繫　纏　繞　束[名]

縛　締　緘[名]　描　鑲[名]　鏤[名]　琢　磋

鑽[名]　翦[名静]　掘　測　汲[狀]　澆[静]　盥　濯[静]

洗[名]　澣　洒　沾　酬　酢　斟[名]　包[名]

裝[名]　載[名]　輸　攤[名狀]　築[名]　填　墊[静]　汎

瀉　湧　壅　潑[静]　消　溯　游[名]　沿

泊[名静]　溺　淹　涵[静]　濬[静]　注[名]　浸　灌[名]

滋[静]　潤[静]　焚　燒　烝[静名]　炙[名]　烹　爨[名]

炊　烘　熏[静]　煎　煮　茹[名]　落[名]　薙

鳴　飛　翥　翔　習　馴[静]　駭　騎

馭　駐　騰[狀]　馳　驅　騁　駛[名]　鞭[名静]

蟄 育 容[名] 媚 頓[静] 修 沐 浴

滌[狀] 妝[名] 佯[静] 依 倚 憑[名] 靠 坐

卧 興[名] 定[名] 在 傍[静] 逸[静] 寐 晤

會[名] 偕 陪[静] 瀕[狀] 仰 伸 屈[静] 倒[静]

偃[狀] 暱[静] 遮 逼[狀] 替[静] 休 任[名] 戴

列[名] 毓 處[名] 住 匿 留 接 從[名静狀]

旋[静] 臨 導 思 想 憶 念 懷[名]

慰 慕 羡 肯[狀名] 慮 悲 怨[名] 恨

悵 感 驚 恐 畏[名] 懼 憚 恥

憎 憾 恣[静] 嗜 欲[名] 戀 忘 猜

忌[静] 疑 嬖[静] 戒 激[静] 蘊[狀] 恃 決

擬 料[名] 察[静] 知[静] 覺[静] 解[静] 識 悟

悔[静]	趣[名]	恤	憐	惜	惱	聽[名]	聞[名]
視	見[静]	看	窺	顧[連]	覽	覩	瞬
相[狀名]	認	監[名]	睡	眠	泣	言[名]	語
云[名]	曰	說[静]	謂	話	談	講	論
謀	計[名]	議	評[名]	宣[名]	譬	誓[名]	告[名]
訴	問	訊	詰	訪	號[名]	召	對[静]
答	呼[嘆]	喚	喧[静]	譁	嘖	贊	諷
諫	警	誨	譏	訐	謗	誚	譖
嘲	笑	哂	唱	吟	謳[名]	嘯	嘶
囀	叫	哭	嗁	咨[嘆]	歎	訝	叱[静]
斥	罵	呪	諛	誘	誑[名]	謔	許[名]
勸	請	謝	訣[名]	述	記[名]	啟[名]	報[名]

譯[名]　讀[名]　誦[名]　詠[名]　吹[名]　含　呑　噬

啄　吐　嘗[名狀]　漱　欬[名]　嘔[静]　拜　揖

拱　擯　扶　裒　援　挾　袒[静]　承

擁　授　受　取　收[名]　執　操[名]　持

把　握　提　挈　攜[静]　攘　奪　搶

拘　拏　挍　擒　捉　搏　拒[名]　擊

撞　撻　毆　打　拍　敲[名]　掠[名]　摧

揀　擇　揣　摩[静]　搔　摹　按　捏

夾[静]　揮　排　撐　拖　埽[名]　拂[静]　挑

插[名]　攀　摘　牽[名]　引[名]　抽　舉[静]　搖

掣　推　攝　播　拓　拔　張[静名]　展

揚[静名]　掩　玩[名]　弄　披[静]　探　謄　覓

投 擲 撤 釋 放 立[狀靜] 站[名] 企[名]

踐 蹋 蹈 垂[名] 起 跪 登[靜] 陟

降 踰 躐 進 退 出 入 往[靜]

來[名] 歸 復[狀] 還[狀] 返 去 至[連介] 到

移[靜] 徙 遷 迎 迓 送 艮[名] 行[名]

步[名] 走[名] 趨 逃 竄 奔 違 避

逝 趁 追 逐[靜] 邀 遇 遭 逢

隨 侍 造 詣[名] 適[靜] 遵 運[名] 遞

涉 超[靜] 跳 跌[靜] 陷 距[名] 務[名狀] 作

為[連名介] 振 繼[靜] 擅 率[名靜] 改 變 仿[靜狀]

稽 肄 措 置 備[狀] 具[名靜] 存 發

敷[靜] 施 匡[名] 襄[名] 輔[名] 佐 薦[名] 選

徵[名] 謁 約[名静状] 致 保 嫁 婚[名] 娶

納 獻[名] 齎 贈 貽 賚 遺 求

貺 祈 乞 佑 巡 仗[名] 護 遣

伺 俟 尋[名] 催 促[静] 寄 付 卸

試 驗 辦 供 給[静] 需[名] 用[名] 費[名]

賴[静] 蓄 裹[名] 捐 募 賃 附 添

兼[静状] 貼 成[名状] 勉 娛 得 失[名] 弊[静]

廢[静] 棄 停 止[名静] 輟 妨 礙[静] 欠

卻[状名] 免[名] 冒[状] 串 演 競 割 切[静]

鬧 賸[静] 鬬 罷[静] 歇 了[名静] 狀[名] 肖[静]

略[名] 挺 悠[静] 窒[静] 益[静名] 損[静名] 盡[静] 觸

裂[静] 蔽[名静] 括 循 藉 交 隔 脱[連]

奮[狀] 覆 翩[静] 翻[静] 斂 蓋[名狀] 惟[狀] 以[介]

有 無 并[狀] 更[狀名] 諒 況[連] 應 敢

當[静介] 叨 忝 要[静] 可[狀] 堪 罔[狀]

静字類　凡實字以肖事物之形者曰静字

靄 乾[名] 晴 朗 昭 霽 旱 明[名]

旭 暗 陰[名] 陽[名] 温 涼[名] 冷 煖

寒 今 昔 昨 曩 早 晚 晏

昃 上[動] 下[動] 前 後[名動] 左[動] 右[動] 中[動]

央 正[名] 側 内 外 表[名] 裏 横[狀]

高 低[狀] 東 西 南 北 大 清[名]

順 直 遼[名] 徽[名] 章[名] 齊[名] 甘 肅

新 廣 貴 黔[名] 吉 黑 蒙 古

亞	美[静名]	安[静代]	希[動]	丹[名]	衆	祕	歧
隘	遠[動]	邇[動]	迂	遐[代]	近[動]	遥[狀]	險
夷[名動]	泰[狀]	華[名]	恆	滄[名]	溼	閒[動]	治[動]
冤[名]	究[動]	騷[動]	勇[名]	親[名動]	疏[名動]	鰥[名]	寡
孤[名]	霸[名]	善[動狀]	聖	賢[動]	哲	乂[動]	良[狀]
淑[動]	佳[動]	好[動]	懿[嘆]	篤	純[名]	敦[名狀]	仁[名]
孝	忠	貞	節[名]	廉[名]	儉	恭	敬
端[名]	莊[名]	誠	信[動名]	孚[動]	寬	雍[名]	敏
慧	謙	固[狀]	剛	介[動名]	毅	嚴[狀]	嘉[動]
康	榮[名]	壽[動]	昌	綏[名]	惡[動嘆狀]	陋	劣
癡	頑	愚[動]	拙	蠢[狀]	昧	悖	妄
謬	誤	偽	枉	狎[動]	忤[動]	驕[動]	傲

狂	狡	奢	侈	貪[動]	吝	淫	汙[動]
穢[名]	僻	奸	凶	刁[名]	乖	戾[動]	暴[動]
虐	刻[動名]	殘	忍	亂[動]	夭[狀]	副	元
秩[名]	賤	差[動名]	臟[名]	富	貧	博[名]	利[名]
輕[名]	淡	緑[名]	酸	强[動]	静	重[狀]	斜
濃	凹	凸	幻	平	方	圜	橢
全	等[動名]	倍[動]	和[動]	偶[名狀]	奇	撢	痛[狀]
腫	痊	殤	冥	衰[名]	飢	餓	餒
饑	饉	饜	飽	荒	真	怪[名]	多[狀]
少	半	零[名]	單	一	二	三	四
五	六	七	八	九	十	百	千
萬[名]	億[動]	參	什	廿	卅	兩[名]	次[動]

盈	餘	紅	白[動]	蒼	藍	赤	紫
朱[名]	皙	青	黄	玄	素[狀]	縞[名]	盧[名]
絳	紋	麗[動]	絢	黛	甜[動]	鹹	苦[名]
粹	旨[名]	褻[名]	黼[名]	黻[名]	香[名]	破[動]	敝
朽	爛	絶[狀]	嵌[名動]	彎[動]	轉[動]	深	淺
澂[動]	濁	濫	沸[狀]	溢	流[動名]	浮[動]	凝[動]
涸	漫[狀]	沈[動]	没[動]	渾	熟[狀]	焦[名]	熱
燥	熾	烈	茂	蔓[名]	菲	鬱	葆[名動]
蕪	萎	叢[名]	雌	雄	牝	牡	騈
駁[動]	孕[動]	生[動]	活	姿[名]	嬌	妍	婉
壯[名]	健	丰	偉	肥	瘠	瘦	弱
憔	悴	困[名動]	疲	嬾	潔[動]	皺	禿

裸	贅	舒	昂	遑[狀]	夢[名]	傾[動]	嬉
就[動連]	怡	悦	快[狀]	欣	幸[動]	願[狀動]	愜
憂[名]	哀[動]	愁[動]	慘[狀]	悼[動名]	悶	惻	慨
怕[動]	怯	懦	悚	慙	辱[狀]	赧	憤[動]
怒[狀]	忿	慍	慢[動]	怠	惰	懈	急[名]
惑[動]	私[名]	歉	懔	惕	耐[名]	虔	欽
寵[動]	懇[動]	慣	審[動]	慈	慎[動]	恕	忙
擾[動]	煩[動]	聰	聾	盼[動]	亮[名動]	瞽	盲
眇	瞎	辨[動]	喻[動]	囂[狀]	默[動]	訥	謹
夸[名]	調[動]	歡	讎[動名]	佞[名]	訛[名]	允[動]	吃[動]
渴[狀]	逆[動]	蹇	迷	宜[動]	肇	初	先[狀]
始	終	呈[動]	飭[動]	衍	同[動]	咸[名]	共[動連]

懋[動]	協[狀]	亨[動]	徹	勤[動]	勞[動名]	睦[動]	徧[狀]
曠[動]	乏[動]	窮[動]	窘	完[動]	畢[名動]	訖[動]	儼[狀]
長	短[動]	侔	厚	薄[動]	卑	巨	細
微	小[動]	藐[動狀]	渺	杳	邈	幽	寂
稀	密[狀]	闊[狀]	狹	精[名]	麤	詳[動]	卓
異	矯[動]	藹[狀]	兢	靖[動]	燦	穆[名]	赫
綽	裕	永	普	豐[名]	碩	隆	盛[動名]
彬	炳	熙	宏	崇[動]	巍	峻	洪[名]
溥	浩	汪[名]	渥	滔	蕩[動]	沖[動]	淨
滑	玲	瓏	團[名]	尖	扁	豎[動]	硬
堅	確	實[名]	鈍	銳	曲	缺[動名]	穩
妥	融[動]	均	勻	坦	整[動]	散[動]	紛

紜　迅[狀]　徐[狀]　緩　緊　迫[動]　艱　難

滯　雜　瑣　繁[名]　爽[動]　敞　贍　充[動]

暢　增　虧[動]　空[名]　竭　隱[動]　顯　彰

透[動]　轟　延[動]　複　連[動]　互[狀]　勃　反[動]

偏　仄　柔　猛　勁　悍　酷[狀]　凋

矮　淒　森　豔　嫩　巧　妙　庸[動名]

舊　某[代]　此　尊[動名]　仲　凡　該　獨[狀]

特[名狀]　抑[動連]　莫[狀代]　頗　概[名]　每[狀]　各　愈[狀]

庶[狀]　便[狀]　竟[狀]　殊[狀]　靡　是[代]　斯[動代連]　既[狀]

諸[助]　已[狀助]

狀字類　凡實字以貌動靜之容者曰狀字

曇　久[動]　暫[靜]　乍　極[名]　非[動]　緬　俄[名]

霍　曾　桓　弗　速　能　再　壹

貳　忽　般　疊　驟　甯　努　專

唯　諾　諄　否　並　遲　跛　遽

逍　預　迭　宛　太　猝　突　劇

且　亦　但　徒　僅　毋　蔑　逮

綦　稍　漸　纔　屢　頻　悉　尤

彌　最　尚　猶　甚　遂　聊　輒

的　恰　仍　然　如　殆　似　啻

苟　不　勿　必　盍　曷　何　柰

奚　攸　常　只

介字類　凡虛字以聯實字相關之義者曰介字

際[名]　爰[動靜]　於[嘆]　屆[靜動]

連字類　凡虛字用以為提承展轉字句者曰連字

粤[名]　與[動助]　儻[靜狀]　豈[動]　詎　及[動介]　暨　又

即[靜動]　而[名助代]　乃　設[動]　若[代狀]　雖　或[動代]

助字類　凡虛字用以煞尾與句讀者曰助字

乎[介]　者[代]　也　耶　兮　矣　焉[狀]　哉[狀]

嘆字類　凡虛字以鳴人心中不平之聲者曰嘆字

嗟　噫　吁

001

平

天 tiān

腆平聲。至高無上曰天。天地。青天。

他前切。天，積氣也。氣包乎地。近地者氣濃，離地愈遠則愈薄。以風雨表測之，高千尺，氣輕三十之一；高萬有六百尺，輕三之一；高萬八千尺，輕二之一；高至二百餘里而氣盡。氣盡則空，故曰天空。

去

氣

气

气 qì

音器。陰陽呼吸為氣。天氣。氣數。

邱既切。氣乃餼之古字也。雲氣之氣本作气，今以氣字代气。生物在天地中，如魚在水，其所呼吸皆空氣也。靜則曰氣，動則曰風。

氣無質而有質，今化學家有養氣、淡氣、水氣、炭氣等名。

日 入 日 rì 音舶，太陽也。凡晝夜二十四點鐘為一日。白日。日夜。	入質切。日面有黑影，大小、方圓、凹凸、斜角不等，亦無定在，篆文象之。 日體如球，能自旋轉。推算其徑，約二百五十五萬里，周圍約八百萬里，大於地球百四十萬倍。
月 入 月 yuè 音軏。俗名亮月，即太陰也。每一月三十日，月小二十九日。月半。閏月。	魚厥切。篆文象月上下弦時，中一筆象地影。 月圓如球，繞地而轉，亦隨地繞日而行。徑約六千四百八十里，離地七十二萬里，小於地四十九倍。月面有山。 月借日光為光，故對日一面有光，背日一面無光。
蝕 入 蚀 shí 音食，蟲蛀也。日蝕。月蝕。	乘力切。日月隱蔽曰蝕，如蟲食草木之葉也。 凡月輪行至日與地球相對之間，而月掩蔽日光，或全或半，謂之日蝕。地球行至日與月相對之間，則地掩蔽日光，不能映射月面，謂之月蝕。

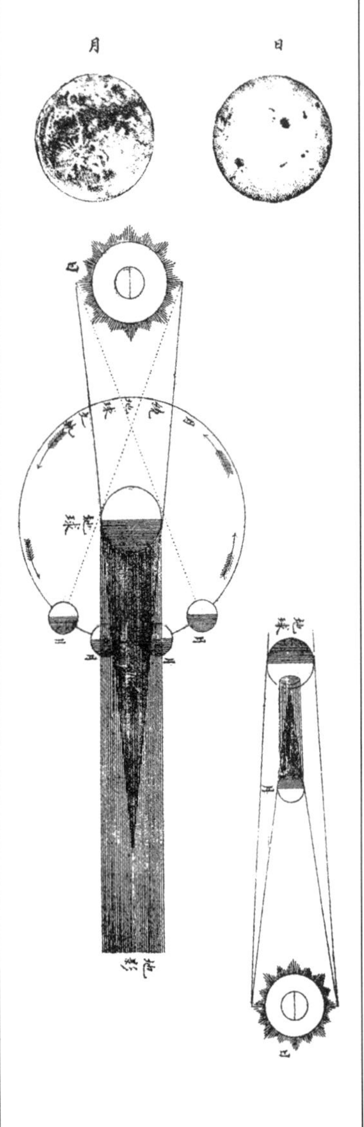

星 平 星 xīng	先青切。動者為行星，不動者為恒星。行星各依軌道環日而行，小者百餘，大者水星、金星、地球、火星、木星、土星、天王、海王凡八。恒星散佈天空，大小不等，目能見者有四五千之多。 恒星有光，行星無光，借日光以為光。	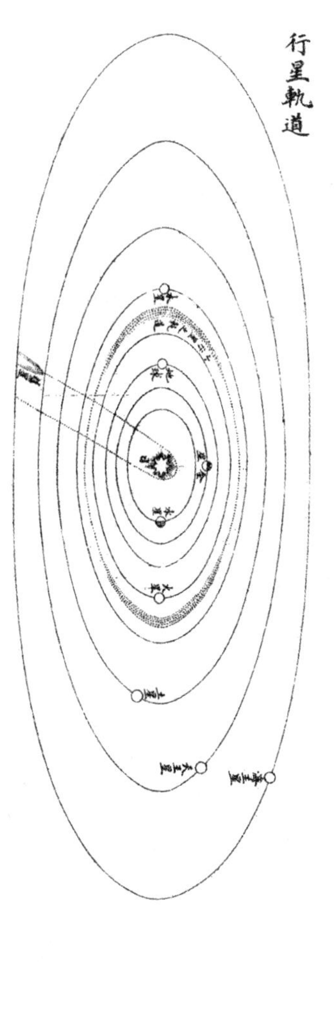
音腥。天空諸曜曰星。星宿。壽星。		
水星	水星，即辰星也。距日一萬一千一百萬里。其全體小於地球十九倍。繞日一周，須八十八日。	
	金星，即太白星也。夜見西方曰長庚，朝見東方曰啟明。其軌道距日約十九千八百萬里。其全體小於地球十分之一。繞日一周，須二百二十五日。其星面有光多、光少之時，一如月之盈、缺。	

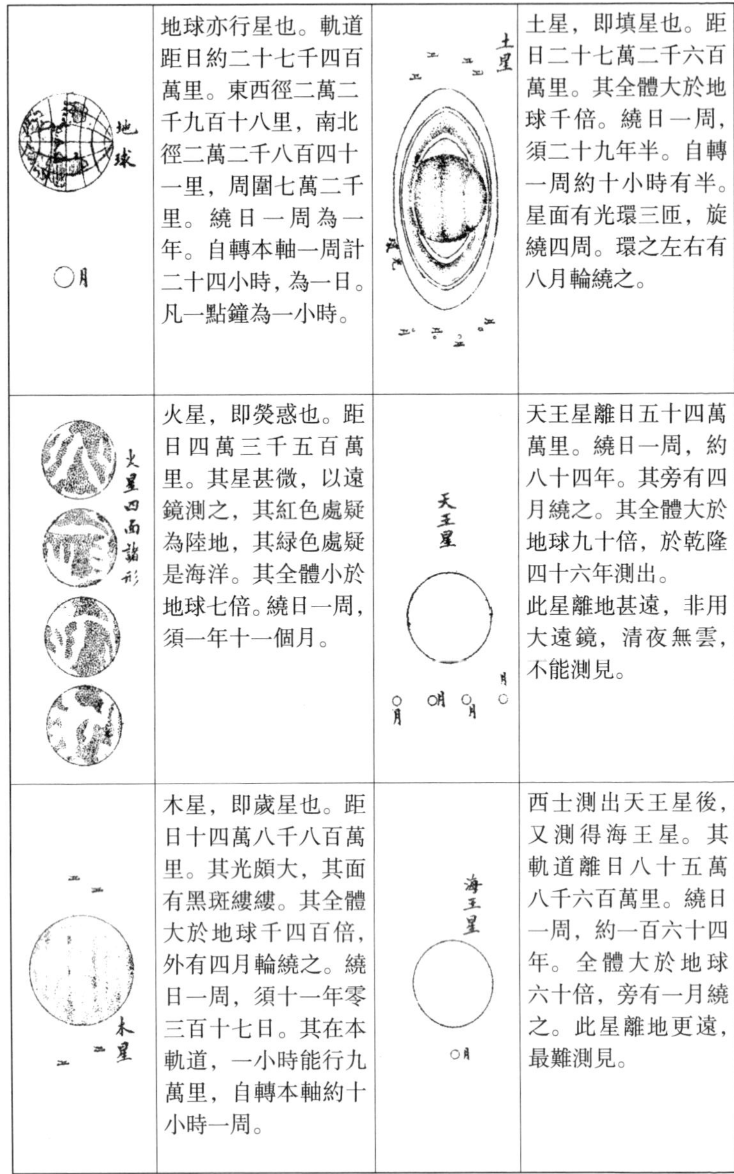

	地球亦行星也。軌道距日約二十七千四百萬里。東西徑二萬二千九百十八里，南北徑二萬二千八百四十一里，周圍七萬二千里。繞日一周為一年。自轉本軸一周計二十四小時，為一日。凡一點鐘為一小時。		土星，即填星也。距日二十七萬二千六百萬里。其全體大於地球千倍。繞日一周，須二十九年半。自轉一周約十小時有半。星面有光環三匝，旋繞四周。環之左右有八月輪繞之。
	火星，即熒惑也。距日四萬三千五百萬里。其星甚微，以遠鏡測之，其紅色處疑為陸地，其緑色處疑是海洋。其全體小於地球七倍。繞日一周，須一年十一個月。		天王星離日五十四萬萬里。繞日一周，約八十四年。其旁有四月繞之。其全體大於地球九十倍，於乾隆四十六年測出。 此星離地甚遠，非用大遠鏡，清夜無雲，不能測見。
	木星，即歲星也。距日十四萬八千八百萬里。其光頗大，其面有黑斑縷縷。其全體大於地球千四百倍，外有四月輪繞之。繞日一周，須十一年零三百十七日。其在本軌道，一小時能行九萬里，自轉本軸約十小時一周。		西士測出天王星後，又測得海王星。其軌道離日八十五萬八千六百萬里。繞日一周，約一百六十四年。全體大於地球六十倍，旁有一月繞之。此星離地更遠，最難測見。

去 彗 彗 huì 音篲。彗，俗名掃帚星。彗孛。	祥歲切。帚也。又彗星為欃槍，亦稱長星，亦謂之孛。 彗星軌道有短長，繞日而行亦有遲速。其質輕浮如白雲，其狀有首有尾，多者或數尾。首常向日，尾常背日。其隱見無定時。中國指為妖星，西人則否。	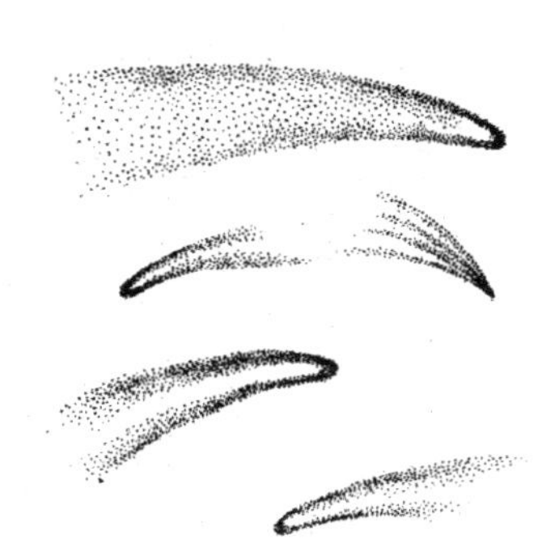
孛 入 孛 bèi 音勃。孛，掃帚星之小者。彗孛。	蒲没切。彗星也。孛、彗、長三星，其形小異。孛星芒短，其光四出，蓬蓬孛孛也；彗星尾長，參參如掃帚；長星則光芒竟天。西人測見嘉慶十六年所見之彗，長三萬萬里。咸豐十年所見之彗，長六千萬里。	 
上 斗 斗 dǒu 音陡。凡十升為一斗。北斗七星。	當口切。星名。北斗七星，南斗六星，天市垣小斗五星，皆似斗形。北斗内四星成四角形，外三星略成三角形，西人名為大熊，亦名車，亦名耒。科斗，蝦蟆子也，亦名活東。頭大尾小，古文似之，故稱蝌蚪書。	

<table>
<tr>
<td>魁
平
魁 kuí
音恢。凡為首者皆曰魁。魁星。經魁。</td>
<td>苦回切。壯也，大也。凡魁梧、魁岸、魁壘，皆取壯大之義。
又北斗七星，魁為身，杓為柄。樞、璇、璣、權四星為魁，衡、開陽、摇光三星為杓。</td>
<td>去
宿
入
宿 sù xiù
音夙。夜止其處曰宿。住宿。音秀。日月五星交會之所也。星宿。</td>
<td>息六切。一宿曰宿。又息救切。《史記》二十八宿，角、亢、氐、房、心、尾、箕為東方之宿，井、鬼、柳、星、張、翼、軫為南方之宿，奎、婁、胃、昴、畢、觜、参為西方之宿，斗、牛、女、虛、危、室、壁為北方之宿。</td>
</tr>
<tr>
<td>上　去
雨
雨 yǔ yù
音羽。雲中水气下垂為雨。風雨。雨點。音芋。降雨也。</td>
<td>王矩切。一象天，丨，地氣上騰也，冂則天氣下降也。陰陽和而後雨，點則雨形。
水氣經日光曬熱，騰入雲表，遇冷則凝，漸凝漸重，復化為雨而下降。
《詩》“雨我公田”之雨，王遇切。</td>
<td colspan="2"></td>
</tr>
<tr>
<td>去
露
露 lù
音路。水氣凝結於地面者為露。露水。甘露。</td>
<td>魯故切。日光既西，地熱漸散，其水氣之騰佈地面者，遇冷則凝為露。試以口向玻璃呵氣，則有小珠點凝成。地面之露，亦同此理。草木枝葉散熱尤速，故成露較多。</td>
<td colspan="2"></td>
</tr>
</table>

雲 平 云 yún 音云。地氣上騰為雲。風雲。雲烟。	于分切。凡山氣、水氣烝為烟霧，在高處愈積愈厚，則合成雲。或輕如羅，或重如峯嵐，或層層倚叠如魚鱗。覘其狀可以知晴雨。 又雲漢，天河也。朗夜見天空有白光一帶，橫亙如河，實乃無數小星簇聚一處。	
霞 平 霞 xiá 音遐。赤雲氣也。雲霞。霞光。	何加切。雲氣受日光返照則映為霞。或雲與日東西正照亦映為霞。	
霧 去 雾 wù 音務。水氣迷漫於地面者為霧。雲霧。霧氣。	亡遇切。水氣不特能凝為露，倘早晚為天空涼氣所縮，亦能膩而為霧。縱目空際，白氣迷漫，宛如雨後炊煙，籠罩屋頂。重者至咫尺莫辨，航海者有戒心焉。風日開明，自能解散。	

霜 平 霜 shuāng 音驦。露結為霜。風霜。霜降。	師莊切。時屆深秋，冷度加甚，則露之流質凝為定質，是謂之霜。其色潔白，有如細屑冰花。遇日則解。		
雪 入 雪 xuě 音幓。雨下遇嚴寒凝而為雪。大雪。雪花。	蘇絶切。空氣中所含之水氣，遇冷則結為冰花，彼此輻輳成六出之形則為雪。 臘雪能殺諸蟲，春雪則否。 中國五臺山之雪，經夏不消。南北二極及寒帶間皆如是。		
去 霰 霰 xiàn 先去聲。俗名雪珠。	蘇甸切。天將雨雪，始必微温。雪飄空際，遇温氣而摶，則結成珠顆。又似空中撒鹽，謂之霰。	曇 平 昙 tán 音覃。雲布曰曇。曇雲。曇花。	徒含切。曇曇，黑雲環聚之貌。 又西方呼世尊為瞿曇。

電

去

电 diàn

音殿。陰陽激燿也。電報。電燈。摩電。溼電。

堂練切。陰陽二氣薄而生熱，熱而發光曰電。設相薄之際，有他物阻乎其間，則薄力愈大。於是迸而為火，震而為雷。

電速三倍於光，每杪約行五十七萬英里。動植及金類多有含之者。今所用則人造之電也。

雷

平

雷 léi

音礨。電之聲為雷。響雷。雷擊。

盧回切。陰陽二電，摩盪空際，鼓擊而成聲者為雷。

雷聲必在電後者，光行較速於聲。如施放火炮，先見火後聞聲也。

避雷之法，勿近鐵器，勿著濕衣，勿倚高牆，勿開窗户。屋高者設防雷桿，可以引電入地。

霆

平

霆 tíng

音庭。雷之餘聲曰霆。雷霆。霆震。

唐丁切。雷聲隆隆久而不絕者為霆。急擊者為霹靂。

震

去

震 zhèn

音振。雷之烈者曰震。震怒。地震。

章刃切。霹靂也。地下陽氣破地面之陰氣而出，其聲霹靂足以振物，故曰震。《易》“震為雷”（☳）。

又地動曰地震。

又震澤，太湖也。今分跨江浙蘇州、常州、湖州三府。

風 平 风 fēng 音楓。氣之動者為風。風雨。大風。	方中切。地氣熱則漲而上騰，他處冷氣流來補之。其自熱處吹至冷處者，高層之風；自冷處補入熱處者，近地面之風也。風行有徐有疾，徐者一小時五里，疾者一小時三四百里。	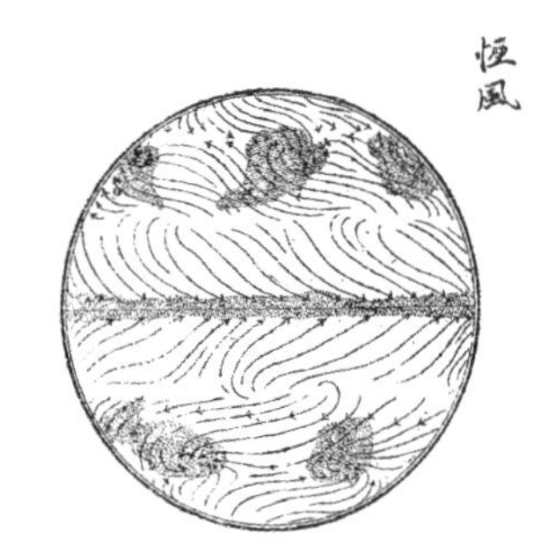
去 颶 飓 jù 音懼。海中大風曰颶風。	衢遇切。颶者，具四方之風也（兩風相鬬則成旋風。如水溜過急，鬬成旋渦之理），即羊角風是也。旋風大者為颶風。颶之旋轉，其圈甚大，有徑二三千里者。颶之將作，黑雲下垂，形似龍尾，海水即湧起而迎之，俗謂海龍吸水。	
颺 平 飏 yáng 音陽。風起曰颺。悠颺。颺拜。	移章切。颺者，揚也。謂風之飄揚有致也。假借為颺言之颺。	

雹

入

雹 báo

音撬。雨冰曰雹。

弼角切。雹之古文也。从雨，象形。急雨入冷氣界，驟結為冰顆，初尚輕小，下墜時被冷風旋轉數次，愈併愈大，有如豆、如卵、如石者。剖之其層數歷歷可辨。

霾

平

霾 mái

音埋。落沙天也。風霾。

莫偕切。風而雨土為霾。謂大風揚塵土從上下也。
又晦也。物經塵霾，其色則晦。

靄

去

靄 ǎi

音藹。雲之狀也。靄然。和靄。

於蓋切。雲氣淒迷曰靄，月色朦朧亦曰靄。

虹

平

虹 hóng

音洪。長虹俗名鱟。虹霓。

户公切。蹢蝀也。日光映照空中雨氣，折而成環，形類懸梁，分為七彩。有現一道者，有現二道三道者。猶之三棱玻璃分日光為數色也。

霓

平　入

霓 ní

音倪。虹也。
雲霓。
音齧。義同。

研奚切。日光入雨，屈折而成。色白者為虹，色青赤者為霓。
又倪結切。義同。
俗稱雄曰虹，雌曰霓。又稱海中鱟魚噴氣為虹霓。均不可信。

霄

平

霄 xiāo

音宵。雨霰為霄。九霄。

思邀切。凡冰雪雜下者謂之霄。
又日旁雲氣曰霄。

暈

去

晕 yùn

音運。日月旁氣也。月暈。

禹愠切。氣圍日月之光，相映成環，有似兵圍軍壘，故曰暈。皆風雨之先象也。

煙

平

烟 yān

音焉。火之氣也。香煙。煙筒。

烏前切。凡中含水氣，濛濛如雨布於空際者為霧；中含炭氣，滚滚如雲布於空際者為煙。
朝煙見日即散，炊煙遇風即散。惟火山之巔常有白煙，亙古不散。

乾 平 乾 qián 干 gān 音虔。健也。乾坤。 音干。燥也。乾溼。	渠焉切。達於上者為乾。凡上達者莫若氣，惟天積氣，故《易》"乾為天"(☰)。又古寒切。《左傳》："外强中乾。"乾者，溼之對也。	上 朗 朗 lǎng 郎上聲。光之明者曰朗。聲之高者亦曰朗。高朗。朗誦。	盧黨切。
去 曜 燿耀 曜 yào 音鷂。光明所照曰曜。曜眼。	弋笑切。日月五星，謂之七曜。五星者，指東方歲星、南方熒惑、西方太白、北方辰星、中央鎮星言之也。 又與耀同。熠耀，螢火也。	昭 平 昭 zhāo 音招。光明也。昭彰。昭昭。	止遥切。明之顯者曰昭，為其昭然共見也。廟祧之位，左昭右穆。父為昭，子為穆。
晴 平 晴 qíng 音情。雨止無雲也。陰晴。晴天。	慈盈切。	暉 平　輝煇 晖 huī 音揮。光之暈也。光暉。	吁韋切。

卷一

上 景 景 jǐng 音警。日光也。風景。景致。	舉影切。光之所照有界限也。古影作景，如《周禮》“正日景”是。 又景有光大之義，故屬於天者曰景星、曰景雲、曰景風，屬於地者曰景山、曰景行，屬於人者曰景福。	平 飄 飄 piāo 音標。回風曰飄。飄颻。飄泊。	卑遥切。飄風，疾風也。其勢扶摇而起，近於羊角，亦曰回風。又御風而行，暢然意滿者為飄飄。
去 霽 霽 jì 音擠。雨止也。 晴霽。霽月。	子計切。	平 霖 霖 lín 音林。雨自三日以往為霖。 甘霖。霖雨。	力尋切。
去 照 照 zhào 音詔。光之所燭曰照。照燿。心照。	之笑切。	去 旱 旱 hàn 音翰。不得雨曰旱。二穀不熟曰旱。乾旱。旱魃。	候旰切。

儀

平

仪 yí

音宜。有儀可像謂之儀。威儀。儀器。

魚羈切。儀者，萬物之程式也。《易》以乾、坤為兩儀。《太玄經》以天、地、人為三儀。又測天之器，古曰渾儀。今有子午儀、經緯儀、紀限儀之屬。

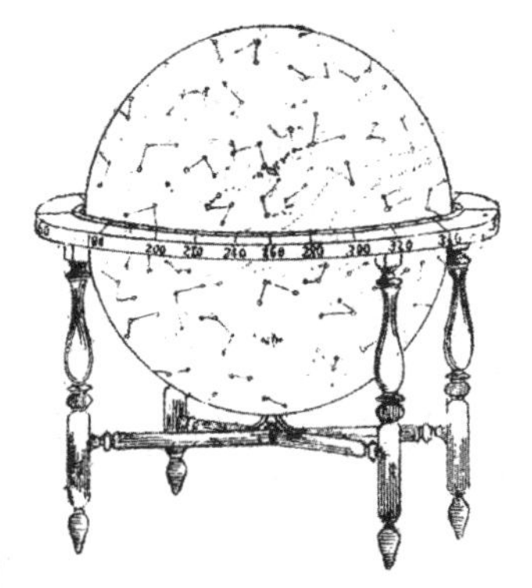

晷

上

晷 guǐ

音軌。日景也。日晷。晷影。

居洧切。以表度日謂之晷。其法望高處為體，立長短二竿為用，二竿與高齊等，度三物兩間修短，句股而求之，寒暑短長，瞭然自見。

旭

入

旭 xù

音勗。日旦出貌。朝旭。旭旦。

許玉切。旭者，明著之名。東方日升，明著天下，故曰旭。

明

平

明 míng

音鳴。無幽不燭曰明。聰明。明白。

眉兵切。天下最明者莫如日月，故古文以日月為明。

凡都曰明都，堂曰明堂，皆取明照之意。水曰明水，粢曰明粢，衣曰明衣，皆取明潔之意。

又代名，繼元而有天下。

暗

去

闇

暗 àn

諳去聲。日無光曰暗。黑暗。暗室。

烏紺切。

陰　平

阴 yīn

音音。闇也。太陰。陰天。

於今切。水之南，山之北也。
又《詩》“以陰以雨”，陰者，晴之對也；《易》“一陰一陽之為道”，陰者，陽之對也。

陽　平

阳 yáng

音羊。明也。太陽。陽氣。

移章切。山南水北謂之陽。山東曰朝陽，山西曰夕陽。隨日所照名之也。
日面光熱最大，離地二十七千四百萬里，猶能令地球温暖，故日為太陽。

温　平

温 wēn

音蘊。氣煖曰温。色和曰温。温飽。温柔。

烏魂切。温水出今四川合江縣，至涪州入黔江。一名煖水。
又郡名。浙江有温州府。
又距赤道南北二十三度半之帶為温帶。
凡火山，附近必多硫石，其下常有温泉，浴之可已癬疥。

涼　平

凉 liáng

音良。微寒也。清涼。涼氣。

呂張切。北風曰涼風。時至孟秋，則涼風至。又漢武帝改雍州曰涼州，亦以地處西邊，氣候寒涼之意。

冷　上

冷 lěng

令上聲。涼之甚者曰冷。冰冷。冷熱。

魯朾切。

天氣最冷。其近於南北極者尤冷。地受日光故氣煖。其近於赤道者尤煖。煖氣上騰，則冷氣自下流來補之。一冷一煖，旋相為用。

煖　上　平　煗暄暖

煖 xuān 暖 nuǎn

音萱。温也。寒煖。飽煖。音餪。義同。

許元切。本作暄。又乃管切。亦作暖。又與煗同。

去 世 世 shì 音勢。終一人之身曰世。世界。時世。	舒制切。世从卅而曳長之，故三十年為一世。 父子相繼為世。凡世卿、世家、世父、世子，皆準是義。 梵書以過去、見在、未來為三世。	去 歲 岁 suì 音悅。四時一終曰歲。年歲。歲星。	須銳切。歲星即木星，為八大行星之一。二十八宿分十二次，歲星十二歲而周天，是為歲行一次。 又星家以太歲為凶星。漢王充《論衡》，已斥其妄。
去 代 代 dài 音岱。以彼易此，以後續前曰代。替代。年代。	度耐切。王者有天下則易代。夏、商、周為三代。晉、宋、齊、梁、陳、隋為六代。梁、唐、晉、漢、周為五代。 又國名，古代國在今山西大同府。	時 平 时 shí 音莳。春、夏、秋、冬為四時。時令。歲時。	市之切。每年四時。每日十二時。今西人以一點鐘為一小時。
年 平 年 nián 撚平聲。穀熟為年。年紀。流年。	奴顛切。凡五穀一年一熟，故《説文》以穀熟為年。 年即歲也。夏曰歲，殷曰祀，周曰年，唐虞曰載。歲取星行一次，祀取四時一終，年取禾穀一熟，載取物終更始。	去 季 季 jì 音記。少者為季。 春、夏、秋、冬為四季。	居悸切。季為幼穉之稱，故其序在伯、仲、叔之後。引而伸之，凡季世、季父及四時之季，皆同此義。

歷

厤　入

历 lì

音櫟。事之身經者曰歷。閱歷。歷數。

狼狄切。黃帝之臣容成始作曆。自漢迄明，曆法屢變。國朝製曆，兼採中西。《御製曆象考成》一書，法尤精密。

臘

臈　入

腊 là

音蠟。祭名。十二月為臘月。伏臘。臘梅。

落合切。祭也。歲終臘祭百神也。夏曰嘉平，殷曰清祀，周曰大蜡，漢曰臘。
臘祭之期，夏在丑月，殷在子月，周在亥月，秦、漢皆與夏制同，而漢獨用冬至後三戌。

閏

去

闰 rùn

音潤。中國曰閏月。西人曰閏日。

儒順切。閏月王居門中，故門、王為閏。歲實以三百六十五日六小時為一年。中曆每年三百五十四日，其餘日積而為閏，故三年一閏，五年再閏。西曆以三百六十五日為一年，餘六小時積四年而成一日，故四年一閏。

寒

平

寒 hán

音韓。涼之甚者曰寒。寒暑。大寒。

河干切。凍也。从人在宀下，以茻上下薦覆之，下有仌也。
地球以南北極為最寒，故距兩極二十三度半之帶為寒帶。

伏

入

伏 fú

音服。偃覆曰伏。屈伏。伏臘。

房六切。伏以伺為本義。凡伺人者必於隱，故潛伏、俯伏、伏莽、伏兔，皆取隱伏之意。秦德公定三伏之節，以夏至後三庚為初伏，四庚為中伏，立秋後初庚為末伏。

暑

上

暑 shǔ

音鼠。煮也。熱如煮物也。暑氣。避暑。

舒呂切。暑與熱同而異：熱近燥如火之烘，暑近溼如水之烝。節令有大暑、小暑、處暑。

地球行至赤道直對日光之時為春、秋，晝長圈直對日光之時為夏，晝短圈直對日光之時為冬。居赤道南者反之。

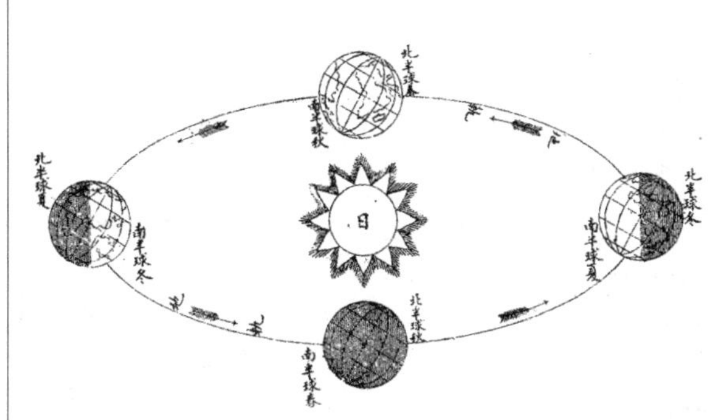

春 平 春 chūn 蠢平聲。春者，歲之始也。三春。春天。	樞倫切。从艸，从日。百艸皆以春時生也。屯聲。春者，蠢也。萬物在土中蠢然欲動也。	秋 平 秋 qiū 音鰌。繼夏曰秋。三秋。秋天。	七由切。四時三曰秋。秋者，遒也。天高氣肅，有遒斂之義。 又禾穀熟也。百穀以初生為春，成熟為秋，故麥以孟夏為秋。
上　去 夏 夏 xià 下上聲。中華曰中夏。 音暇。繼春曰夏。夏天。	胡雅切。中國之人也。从頁，首也；臼，兩臂也；夊，兩足也。禹受舜禪，易虞為夏，即取中夏之義。 又大屋曰夏。 又亥駕切。四時二曰夏。 夏者，假也，大也，寬假萬物使長大也。	 平 冬 dōng 篤平聲。繼秋為冬。三冬。冬天。	都宗切。終也，四時盡也。天地不通，則閉塞成冬。

月本無光，借日光以為光，而倒映於地。月初光祇一綫如蛾眉，至上弦則成半輪，至望全輪畢見；至下弦又成半輪，而漸減如蛾眉，至晦則無光矣。

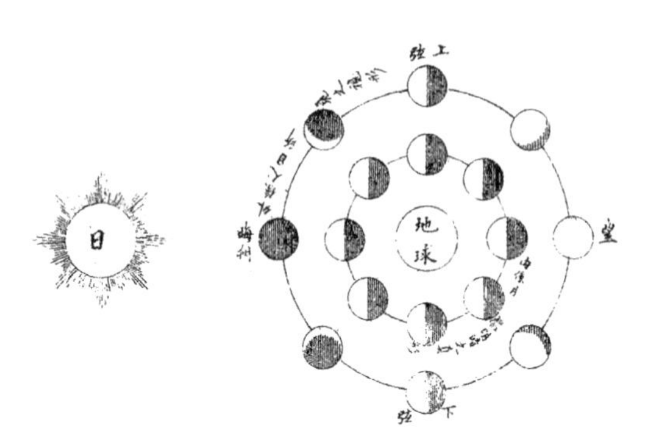

朔

入

朔 shuò

音槊。每月初一日為朔。朔望。

色角切。蘇也。月死而復蘇也。凡月與日同經度又同緯度，則為日食。同經度不同緯度，則為月朔。

初月曰朔，故《禮記》“皆從其朔”，即本初字之義。

又北方曰朔方。

弦

平

弦 xián

音賢。每月初七八日為上弦，廿二三日為下弦。弓弦。琴弦。

户千切。以絲為弦也，亦作絃。今以施於弓弩者為弦，施於琴瑟者為絃，非是。

又半月曰弦。其形一旁曲，一旁直，若張弓而施弦也。

又算術如三邊形以最長邊綫為弦，其次為股，又次為句。

又醫家以脈數為弦。

望

去

望

望 wàng

音誑。每月十五日為望。仰望。

巫放切。月滿與日相望，似臣朝君。从月，从臣，从壬。壬，朝廷也。

望日，日月東西相對，地球在中而不正衝，是以月光全映地面。

又遠視曰望。為人所仰亦曰望。

又祭名。凡祭山川皆望而祭之，故曰望。

晦

去

晦 huì

音誨。每月三十日為晦。晦氣。養晦。

荒内切。月盡為晦。天冥亦為晦。

晦朔乃日月交會之期。月輪在中，地日東西相對。人在地球，只見月背日之面，不見月向日之面，故無光。

去 候 候 hòu 音後。約期相待曰候。伺候。時候。	下遘切。伺望曰候。故賓客所居曰候館，道路迎送之官曰候人。轉為占候。又轉為氣候，為節候。	昔 腊　入 昔 xī 音惜。據今而稱前日謂之昔。昔日。古昔。	思積切。乾肉也，與腊同。 又昔者，前日也。 又日入至於星出謂之昔，故昔昔訓為夜夜。
旬 平 旬 xún 音紃。十日為旬。上旬。中旬。下旬。	詳倫切。	上 久 灸 久 jiǔ 音九。暫之反也。長久。久要。	舉有切。常於其處曰久，蓋遲留之辭。 《說文》本作鍼灸之灸。
今 平 今 jīn 音金。今者，古之對也。如今。今日。	居吟切。見在曰今。梵書"無去、來、今"，即過去、未來、見在之説也。	去 暫 暂 zàn 音鏨。不久也。暫時。暫記。	藏濫切。須臾曰暫。

上 頃 頃 qǐng 傾上聲。瞬息之間曰頃。頃刻。頃間。	犬潁切。頭不正也。又田百畝為頃。又暫也。久之對也。凡少頃、俄頃，皆有暫意。	去 乍 乍 zhà 槎去聲。暫也。倉猝之辭也。乍見。乍晴。乍雨。	助駕切。
昨 入 昨 zuó 乍入聲。時隔一宵曰昨。昨日。昨夜。	疾各切。	上 早 蚤 早 zǎo 遭上聲。舉首見日曰早。早起。清早。	子晧切。日初出也。通作蚤。
上 曩 曩 nǎng 囊上聲。在今而道既往謂之曩。曩時。	乃朗切。曩者，與向者之義同。	上 晚 晚 wǎn 音挽。暮也。早晚。晚生。	武遠切。《漢書》以衰周為晚周，《史記》以末世為晚近世，皆取暮意。

夙 入 夙 sù 音宿。早為戒備曰夙。夙夜。夙興。	息六切。	昏 平　婚 昏 hūn 音闇。日入後漏三刻為昏。黃昏。昏昧。	呼昆切。从日，从氐省。氐，古低字。日低則昏。《淮南子》："日至於虞淵，是謂黃昏。日至於蒙谷，是謂定昏。" 昏以闇為義，故昏墊、昏亂、昏昧皆曰昏。又與婚通。妻父曰昏，重昏曰媾。
去 夜 夜 yè 耶去聲。日入為夜。黑夜。夜半。	寅謝切。夜者，自昏至旦之總名。漢制，晝漏、夜漏均分為五：晝有朝、禺、中、晡、夕；夜有甲、乙、丙、丁、戊。	期 平　朞 期 qī jī 音其。事前之約曰期。定期。到期。音姬。匝歲曰朞。朞年。	渠之切。會也。期門，漢時宿衛之名。武帝將出，常與北地良家子期於殿門，故曰期門。 又居之切，同朞。凡三百有六旬有六日。
晨 平 晨 chén 音辰。昧爽曰晨。晨昏。鷄晨。	丞真切。	夕 入 夕 xī 音席。初昏為夕。七夕。夕陽。	祥易切。暮也。晡時至黃昏為日之夕，下旬為月之夕，自九月盡十二月為歲之夕。又朝見曰朝，夕見曰夕。

上 曉 晓 xiǎo 囂上聲。清晨曰曉。曉日。破曉。	馨鳥切。曙也。引申為曉諭之曉。	去 旦 旦 dàn 丹去聲。日方出曰旦。元旦。旦暮。	得爛切。从日見一上，一，地也。日入後漏三刻為昏，日出後漏三刻為旦。《淮南子》："日至於曲阿，是為旦明。" 又震旦。梵書以蔥河以東為震旦。
去 晏 晏 yàn 音膴。入夜曰晏。晏安。	於諫切。天清無雲謂之晏。假為晏安之晏。又晚也。《淮南子》："日至於桑野，是為晏食。"	去 晝 昼 zhòu 音呪。夜之對也。晝夜。白晝。	陟救切。明也。日之出入與夜為界。 地球中有晝短、晝長圈。 南北兩極，率以半年為晝，半年為夜。
宵 平 宵 xiāo 音消。定昏曰宵。中宵。元宵。	先彫切。	昃 入 昃 zè 音側。日在西方曰昃。盈昃。	扎色切。昃，亦名昳。言日蹉跌而下，謂未時也。

去 榦 幹 干 gàn 干去聲。木之材者曰楨榦，人之材者曰才榦。又自甲至癸為十榦。天榦。	古案切。築牆木也。植於兩端者曰楨，植於兩邊者曰榦。 又樹木旁生曰枝，本根曰榦。 又大撓作甲乙以名日謂之榦，作子丑以名辰謂之支。幹即《爾雅》所謂歲陽也。	乙 入 乙 yǐ 音鳦。榦名。五行屬木。鈎乙。	億結切。象草木冤曲而出也。歲在乙曰旃蒙，月在乙曰橘。 又凡讀書以筆誌其止處曰乙。 又魚腸謂之乙。
支 平 支 zhī 音卮。持之以手曰支。支撐。又自子至亥曰十二支。地支。	旨而切。竹葉下垂也。人有四支，猶竹有葉，故以手足為四支。 又假為支庶之支。古稱長嫡為宗子，庶昆弟為支子。 又十二支，辰名。《爾雅》所謂歲陰也。	上 丙 丙 bǐng 音炳。榦名。五行屬火。	兵永切。萬物成，炳然也。歲在丙曰柔兆，月在丙曰修。 又魚尾謂之丙。
甲 入 甲 jiǎ 音夾。十榦之首。五行屬木。甲子。鎧甲。鐵甲船。	古狎切。木初生戴孚甲也。葉裹白皮謂之孚甲。歲在甲曰閼逢，月在甲曰畢。 又甲胄皆鎧也。鎧之護首者為胄，其護身者為甲。	丁 平 丁 dīng 音玎。榦名。五行屬火。丁壯。地丁。	當經切。壯也。物體皆壯健也。歲在丁曰彊圉，月在丁曰圉。 又魚枕謂之丁。在頭骨中，形肖篆文“个”字。

去 戊 戊 wù 音茂。榦名。 五行屬土。	莫候切。茂也。萬物皆茂盛也。歲在戊曰著雍，月在戊曰厲。	辛 平 辛 xīn 音新。榦名。 五行屬金。 酸辛。辛苦。	斯鄰切。新也。萬物成熟，新穀始登也。歲在辛曰重光，月在辛曰塞。 又辛金味，可以養筋。
上 己 己 jǐ 音紀。榦名。 五行屬土。 又對物而言曰彼己。自己。人己。	居里切。紀也。有定形可紀識也。歲在己曰屠維，月在己曰則。	壬 平 壬 rén 音任。榦名。 五行屬水。僉壬。	如林切。任也。此字宜橫觀。上下物也，中象人擔荷之形。歲在壬曰玄黓，月在壬曰終。 又佞人亦曰壬人。
庚 平 庚 gēng 音賡。榦名。 五行屬金。 同庚。庚帖。	居行切。言物堅強有實也。歲在庚曰上章，月在庚曰窒。 又長庚，太白金星也。 又道也。萬物由其道曰由庚。	上 癸 癸 guǐ 規上聲。榦名。 五行屬水。	古委切。揆也。冬時水土平可揆度也。歲在癸曰昭陽，月在癸曰極。

上

子

子 zǐ

音梓。十二支之首也。十一月為子月。五行屬水。其蟲鼠。又繼父曰子。子孫。

祖似切。孳也。萬物孳生於下也。上象首，中象臂。小兒之手不能下垂，故上揚也。下象股。一而不兩者，在襁中也。歲在子曰困敦。十一月為辜。

上

丑

丑 chǒu

音醜。支名。十二月為丑月。五行屬土。其蟲牛。

敕久切。紐也。萬物屈紐未敢出也。歲在丑曰赤奮若。十二月為涂。

寅

平

寅 yín

音夤。支名。正月為寅月。五行屬木。其蟲虎。寅恭。

弋真切。萬物始生螾然也。歲在寅曰攝提格。正月為陬。
又敬也。在官以敬為義，故同僚亦曰同寅。

上

卯

卯 mǎo

音昴。支名。二月為卯月五行屬木。其蟲兔。點卯。

莫飽切。冒也。萬物冒地而出也。从二户，象開闢之形。門从二户相向，丣从二户相背。歲在卯曰單閼。二月為如。

辰

平

辰 chén

音晨。支名。三月為辰月。五行屬土。其蟲龍。時辰。

植鄰切。震也。三月陽氣動，雷電振也。歲在辰曰執徐。三月為寎。
又北極謂之北辰，日、月、五星交會謂之三辰。

上

巳

巳 sì

音似。支名。四月為巳月。五行屬火。其蟲虵。

詳子切。已也。言陽氣已畢布也。篆體與它字形近，故傅會為虵。歲在巳曰大荒落。四月為余。

上

午

午 wǔ

音五。支名。五月曰午月。五行屬火。其蟲馬。端午。

疑古切。仵也。陰氣從下上，與陽相仵逆也。歲在午曰敦牂。五月為皋。

去

未

未 wèi

音味。支名。六月為未月。五行屬土。其蟲羊。未來。

無沸切。味也。萬物皆成有滋味也。歲在未曰協洽。六月為且。又與不同。未有即不有也。

平

申

申 shēn

音身。支名。七月為申月。五行屬金。其蟲猴。申報。申江。

失人切。電之古文也。《説文》訓為神。七月陰氣成，體自申束也。引之為屈申之申。歲在申曰涒灘。七月為相。

又國名。在今河南南陽府。

又春申江。在江蘇上海縣。

上

酉

酉 yǒu

音牖。支名。八月為酉月。五行屬金。其蟲雞。

以九切。就也。八月黍成，可為酎酒也。酉即酒字，象釀器形中有實也。歲在酉曰作噩。八月為壯。

入

戌

戌 xū

音恤。支名。九月為戌月。五行屬土。其蟲犬。

雪律切。恤也。物當收斂，矜恤之也。歲在戌曰閹茂。九月為玄。

去

亥

亥 hài

音頦。十二支之末。十月為亥月。五行屬水。其蟲豕。

下改切。荄也。从二，古上字也。从二人，一人男，一人女也。从乙，象褱子咳咳之形。歲在亥曰大淵獻。十月為陽。

上　去 **上** 上 shàng 音尚，尊位所在曰上。上座。 商上聲。自下而上曰上。上樓。	時亮切。高也。从一，从丨。丨在一上，引而上行之義也。凡卑所戴者，皆以上稱，如太上、君上、長上之類。又引申為上升之上。讀時掌切。 又與尚通，如上賢、上貴，皆有尚義。	上　去 **後** 后 hòu 音厚。有先之者謂之後。後生。嗣後。 厚去聲。退處於後也。	很口切。遲也。彳，小步也；幺，小也；夊，行曳杖也。三者均有遲留之意，故曰後。引申之為前後之後。又轉為為人後者之後。又胡茂切。不敢先而後之也。
上　去 **下** 下 xià 遐上聲。卑位所在曰下。天下。 遐去聲。自上而下曰下。下樓。	亥雅切。底也。从一，从丨。丨在一下，引而下行之義也。凡居於下者，皆以下稱，如下民、下土之類。又引申為下降之下，讀亥駕切。	上 **左** 左 zuǒ 音[illegible]。以首面北，則西為左。左手。左班。	子我切。手相左助也，故上右而下左，如左遷之左是。又手足以右為便，以左為僻，故凡幽猥皆曰僻左。
前 平 前 qián 音錢。列於先者曰前。前輩。席前。	才先切。進也。古文从止在舟上，會意。人在舟，則不行自進也。引申之，凡已往者皆得曰前。	去 **右** 右 yòu 音宥。以首面北，則東為右。右手。右堂。	爰救切。佑也，導也。有所引導而又左右之也，故尊右而卑左。凡室之南向者，入則右在東，出則右在西。又手足便右而不便左，故以右為强。如豪右之右，即有强義。

去 中 平 中 zhōng zhòng 音忠。不偏之謂中。中國。居中。音妕。恰得其中曰中。中舉。	陟隆切。和也。从口，从丨。口象四方，而丨界其中。中者，得四方中和之氣，故訓作和。又陟仲切。矢著其中曰中。亦象形也。	側 入 側 cè 音昃。偏而在旁曰側。側廂。側陋。	札色切。不正曰矢，不中曰側，故旁階為側階，旁室為側室。又假借為反側之側。
央 平 央 yāng 音秧。四方之中曰央。中央。未央。	於良切。中也。从大在冂内，取其正中之義。又中者正當其半也，故轉為夜未央之央。	去 内 内 nèi 餒去聲。藏於裏者曰内。内外。分内。	奴對切。入也。从冂，从入。自外而入也。轉注為内外之内。房室宮禁皆曰内。又五中亦曰五内。
去 正 平 正 zhēng zhèng 音征。正鵠。音政。守一不偏之謂正。正直。端正。	之盈切。鵠中也。轉注為中正之正，讀之盛切。假借為正名之正。引以命官，又為樂正、司正之正。	去 外 外 wài 歪去聲。見於表者曰外。外國。格外。	五會切。出乎内之界曰外，如外戚、外邦之外是。又遠之也，如見外之外是。

上 **表** 表 biǎo 音蔈。見於外者曰表。表裏。鐘表。	彼小切。上衣也。从衣，从毛。古者衣裘皆外毛，禮服必加裼衣其上。《論語》“必表而出之”是也，故引申為表裏之表。又假借為表準之表。如日表、鐘表、風雨寒暑表，皆有表準之義。又下言於上亦曰表。如《陳情表》是也。	去 **横** 平 横 héng hèng 音衡。不順曰横。横木。縱横。 衡去聲。横行。	胡盲切。闌木也。又東西曰横，亦曰廣。又借為獷，如横民、横議、横政，皆有獷悍之義。讀户孟切。
上 **裏** 里 lǐ 音里。藏於內者曰裏。裏外。巷裏。	兩耳切。衣外曰表，衣內曰裏。引申為裏外之裏。	**高** 平 高 gāo 音羔。不可攀者曰高。高廳。高大。	古勞切。从亠，从冋。以亠為臺觀之形。冋者，其基址也。故引申為崇高之高。又轉為高明、高蹈之高。
去 **縱** 平 纵 zòng 蹤去聲。恣意曰縱。容縱。音蹤。縱横。	子用切。舍也，亂也。从糸。凡絲舍之則亂，如人寬之則肆也，故引申為放縱之縱。 又借為從。從者，順也，故南與北合亦謂之縱。讀將容切。	**低** 平 低 dī 底平聲。高之對也。低聲。高低。	都黎切。卑下也。又引申為低徊之低。

上

宇

宇 yǔ

音禹。上下四方曰宇。廟宇。宇宙。

于矩切。宇，羽也。如鳥羽翼自覆蔽也。引申之，屋以四簷為宇，國以四垂為宇。

去

宙

宙 zhòu

音胄。往古來今曰宙。宇宙。

直祐切。舟車所極覆也。引申之，屋之棟梁為宙。

平

東

东 dōng

音蝀。得日先處曰東。東洋。東風。

德紅切。東方者，日出之所，得氣最先，而萬物賴以生動者也，故訓東為動。於時為春。五行屬木。若援西說，地球南北兩極，憑樞旋轉，則東西本無定向。東家之西，實即西家之東也。

平

西

西 xī

音粞。東之對也。泰西。西洋。

先齊切。象鳥在巢上也。日在西方而鳥棲，故引申為東西之西。又西方為日入之所，陽氣已衰，陰氣漸盛，萬物俱因以遷落，故訓西為遷。於時為秋。五行屬金。

平

南

南 nán

音男。以首面東，則右為南。南洋。南斗六星。

那含切。南方者，日光旺照之所，得氣最甚，而萬物賴以孳妊者也。妊古作任，故訓南為任。於時為夏。五行屬火。

入

北

北 běi

絅入聲。以首面東，則左為北。北闕。敗北。

必墨切。象二人相背也。凡人坐立多面明背暗，故以背為北。又北方為日光偏照之所，陽閉而陰甚，萬物皆因以伏藏，故訓北為伏。於時為冬。五行屬水。

去 # 地 地 dì	徒利切。	
音第。人、物所附者曰地。天地。地球。	地體如球，故謂之地球。渾圓而稍扁，赤道徑為長徑，兩極徑為短徑。人、物附其外膜，賴地心之吸力以不墜。地之外殼，皆為堅石，分十二層，最外則為土與水。地殼之内，烈火蘊焉，故入地愈深則愈熱，而火山時有噴裂之患。	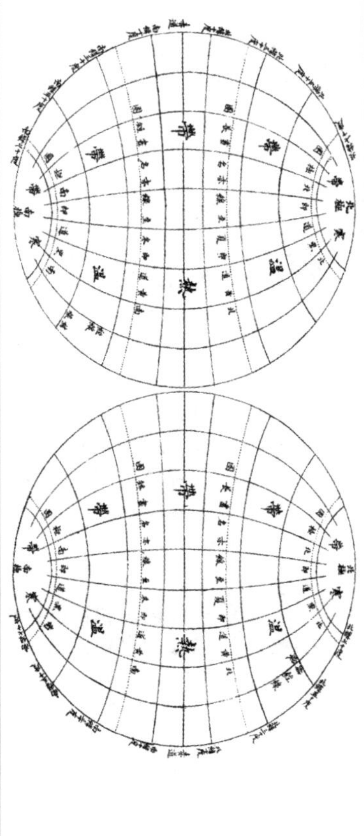
# 球 平 球 qiú		
音求。渾圓之體曰球。又玉之美者。地球。球琳。	渠尤切。	

極 入 极 jí 禁入聲。無可加之謂極。北極。南極。	渠力切。地球自轉，以短徑為軸。軸之兩端，謂之南極、北極，言為南、北之極盡處也。 又北斗謂之北極，以其與地軸之北極相應也。引申為標準之名。	圈 去 平 圈 quān juàn 犬平聲。平圓之線曰圈。圈點。	去爰切。地形既圓，則凡經緯各線，皆繞地球一周，如環無端，故謂之圈。有晝短、晝長二圈，即黃道限，亦謂之冬至、夏至線。 又經線一名子午圈，緯線一名距等圈。 又養畜之閑也，亦取圍繞之義。
經 平 经 jīng 音涇。縱線曰經。又常也。經線。五經。	堅靈切。布帛之直絲曰經。自地球言之，則南北之線曰經。經線無定，各以其本國之都為中經線，如我國以北京為中線是也。中線以東曰東經度，以西曰西經度。 凡經傳、經權等字，皆本常字之義。	道 上 去 道 dào 陶上聲。所行之路曰道。又一省分為數道，巡之者曰道員。 陶去聲。言也。	徒皓切。地球諸道，謂行於日光中之路也。日光正照處曰赤道，其南其北曰黃道，尤南北近極受日光最少處曰黑道。 又大道、道德等字，其義亦同，謂人所當由之路也。 杜到切。
緯 去 纬 wěi 音胃。橫線曰緯。緯帽。經緯。	于位切。布帛之橫絲曰緯。自地球言之，則東西之線曰緯。緯線自赤道起，以北曰北緯度，以南曰南緯度。緯線之周徑、度各不同，而相距無不等，與經線正相反，故亦曰距等圈。蓋統全球言之曰圈，自半球觀之則線也。	帶 去 带 dài 音帶。所以束衣曰帶。鈕帶。帶領。	當蓋切。衣帶也。地球上寒温各地，皆圍繞地球。以其寬於線，故謂之帶。自赤道至南北黃道，謂之熱帶。自兩黃道至兩黑道，皆謂之温帶。兩極之四周，各稱寒帶。 又假為攜物之稱。

去 大	度柰切。	清 平	七情切。大清者，我朝有天下之號也。土地之廣，亞於俄、英。人民之衆，冠於列國。統屬之地，中為二十二省，北為内外蒙古，西為青海、西藏。物産殷阜，尤全球所豔稱。
大 dà		清 qīng	
音汏。小之對也。大清。大小。		音青。澂水之貌。大清。清水。	

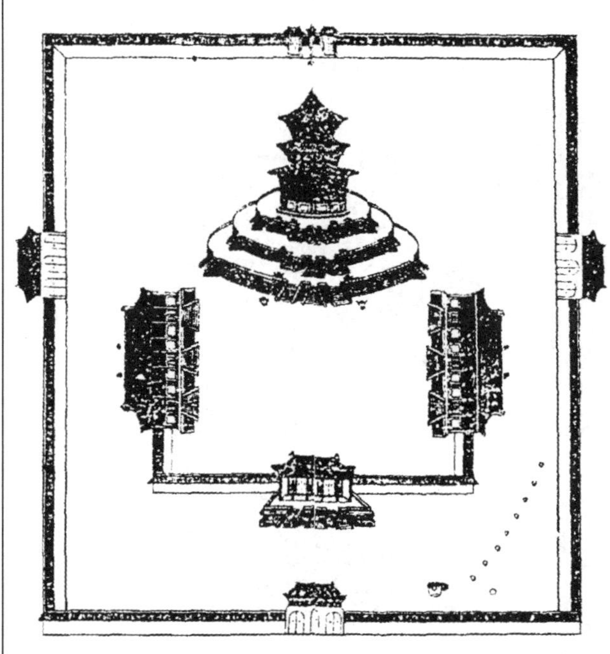

祈穀壇祈年殿圖

京 平 京 jīng 音驚。首善之區曰京。北京。京都。	居卿切。大也。京為天子所居，故大之。國朝因前代之舊，以順天府為京師。為城三重，宮闕壯麗。居民二百萬，人烟稠密，冠絕各省。	都 平 都 dū 音闍。天子所宮曰都。大都。都門。	東徒切。總也，美盛也。故以為天子所宮之名。

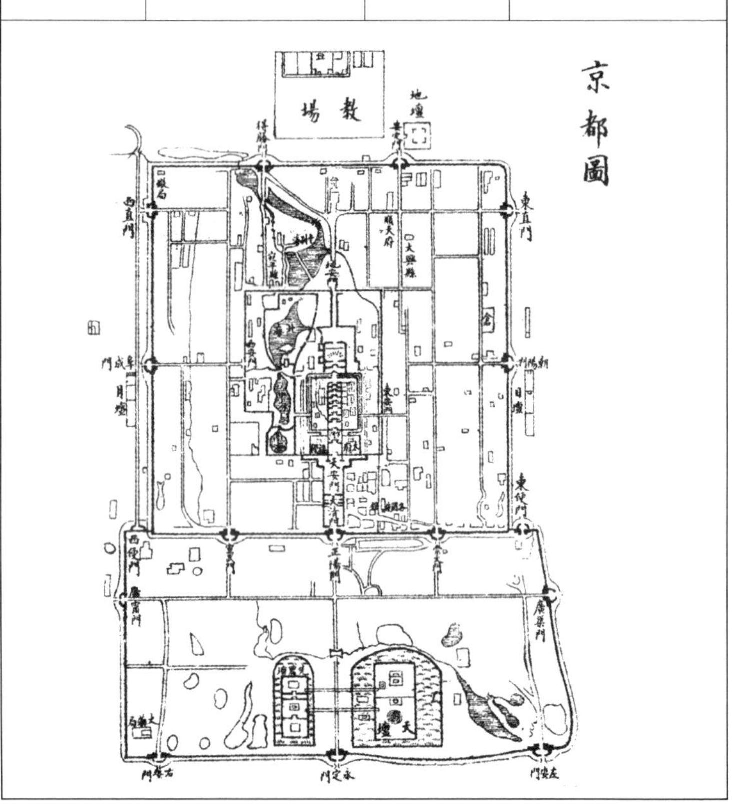

順

去

顺 shùn

盾去聲。無違曰順。順天府。和順。

食閏切。從也。今京都曰順天府，言從天之道也。其地居直隸全省之中，分為五州十九縣。北倚長城，南通鐵路，一至保定府，一由天津山海關以入盛京省。

直

入

直 zhí

音值。正曲曰直。直隸省。曲直。

除力切。今京都所在曰直隸省。言徑屬於天子也。南控三齊，北極沙漠，東扼渤海，西阻太行，以臨天下，猶坐堂皇而俯視庭宇焉。地勢西北高而東南下，沿海有通商口二。長城以外，其人民半與蒙古雜居。

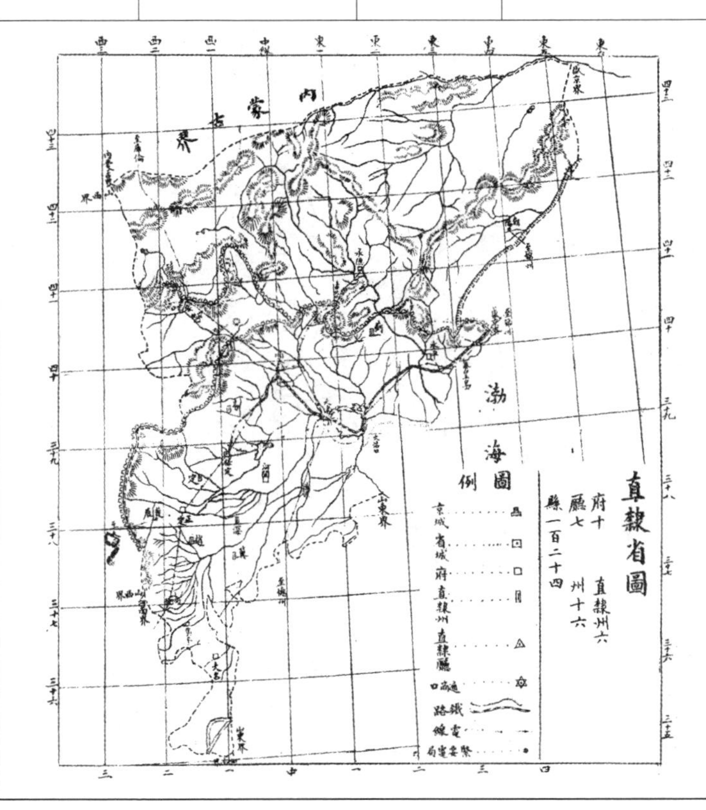

上 奉 奉 fèng	父勇切。承也。盛京為國朝龍興之地，其省城曰奉天府，示奉承天命之意。所屬四廳、三州、四縣。地濱渤海，遼河貫其中，為商務之孔道。境有鐵路二：自榆關至牛莊者，為中國所造；自旅順至吉林者，為俄國所造。	平 遼 辽 liáo	憐蕭切。盛京省有遼河，因通稱曰遼。外扼三韓之背，內握渤海之喉，北洋之左衛也。其地山嶺叢雜，而中部平衍。形如䄂，兩足向西南，左為旅順，右為山海關，皆稱形勝。旅順今為俄國租地。其襠則牛莊，通商口也。
音唪。捧而呈之曰奉。奉天府。供奉。		音僚。遠貌。又水名。遼東。遼遠。	

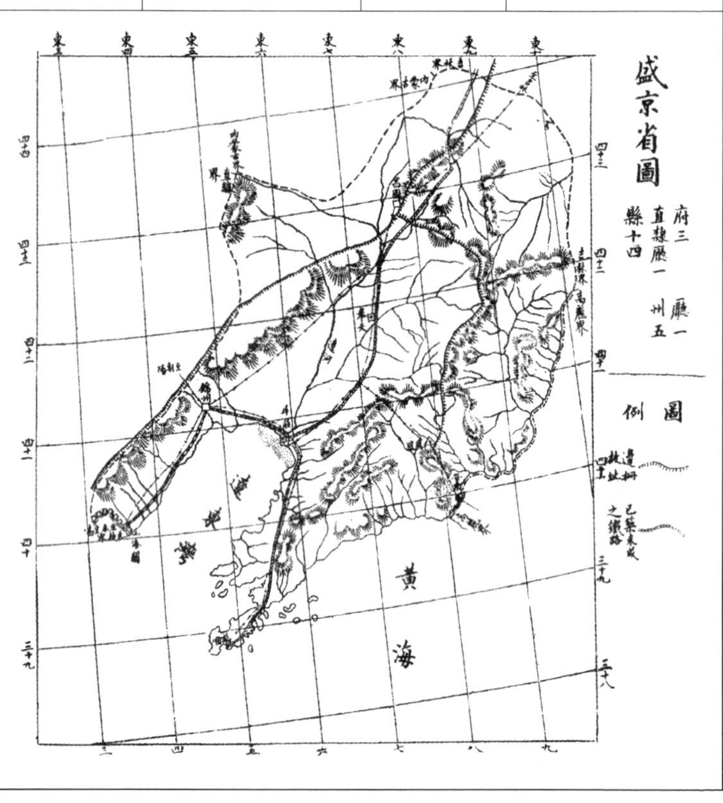

吴

平

吴 wú

音吾。國名。吴門。東吴。

午胡切。古以吴郡、吴興、會稽為“三吴”。江蘇省即吴郡地也。扼大江之門户，當南洋之要衝，物産沃饒，財賦半天下。其通商口岸，沿海者一，長江二，内地一。有鐵路自上海至吴淞。運河自浙江來，絶大江而北，入山東境。

蘇

平

苏 sū

音穌。藥名。又死而更生曰蘇。紫蘇。江蘇。

素姑切。蘇州府，古吴都。有姑蘇山。今為江蘇省會之一。光緒甲午以後，闢為内地通商口岸。人稠地沃，世所豔稱。

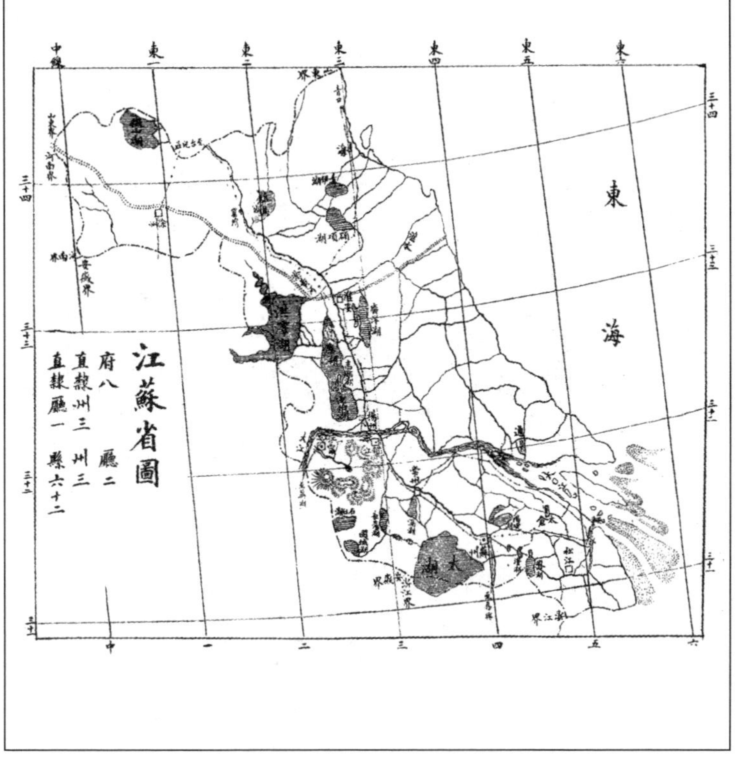

皖 平 皖 wǎn 音桓。地名。皖南。皖北。	胡官切。古皖國在今安徽境，故通稱安徽省曰皖。省會在安慶府。地處吴、楚之交，而長、淮南北，為中原形勝所係，尤有事所必争。境内險隘多山。而大江以南，物産饒衍。有長江通商口岸一。	徽 平 徽 huī 音揮。美也。各國旗號曰國徽。又州名。徽号。安徽。	許歸切。徽州在安徽全省之東南。省稱安徽者，安慶府與徽州府之合稱也。

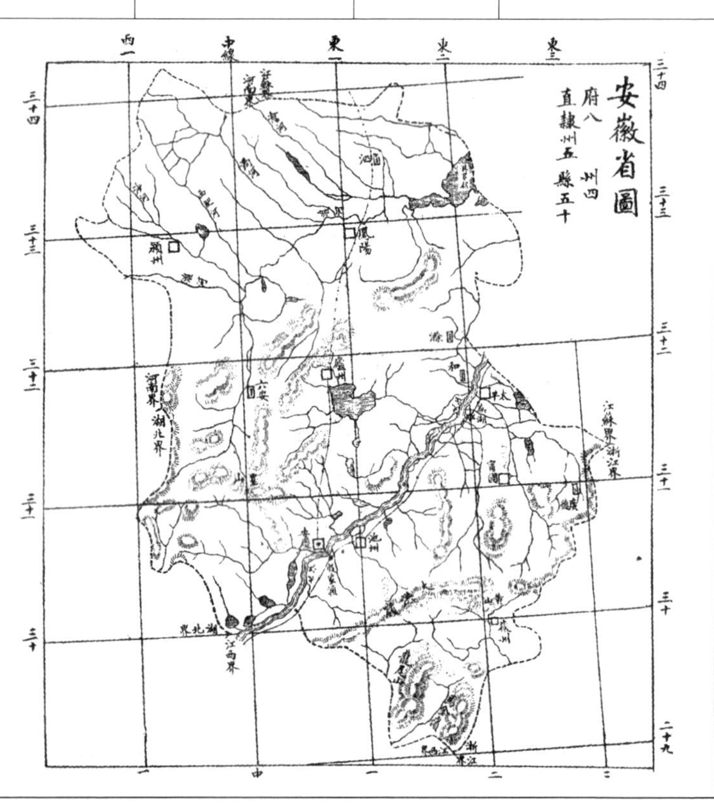

章

平

章 zhāng

音彰。斐然有文曰章。文章。章門。

諸良切。樂竟為一章，因假為章句之章。古豫章郡，即今江西省。南扼五嶺之脊，西衝衡、湘之腰。山嶺四環，大川中貫，北滙為鄱陽湖，復北入江。湖之南為省城南昌府，湖之北則其通商口岸也。

贛

去

貢

贛 gàn

音貢。水名。亦作貢獻也。贛江。進貢。

古送切。贛江出豫章郡，今江西南境贛州府也。水有二源：東曰貢江，西曰章江。合而北流，是謂贛江。此江首尾不出一省，而支派幾及全境，故江西以章、贛並稱。

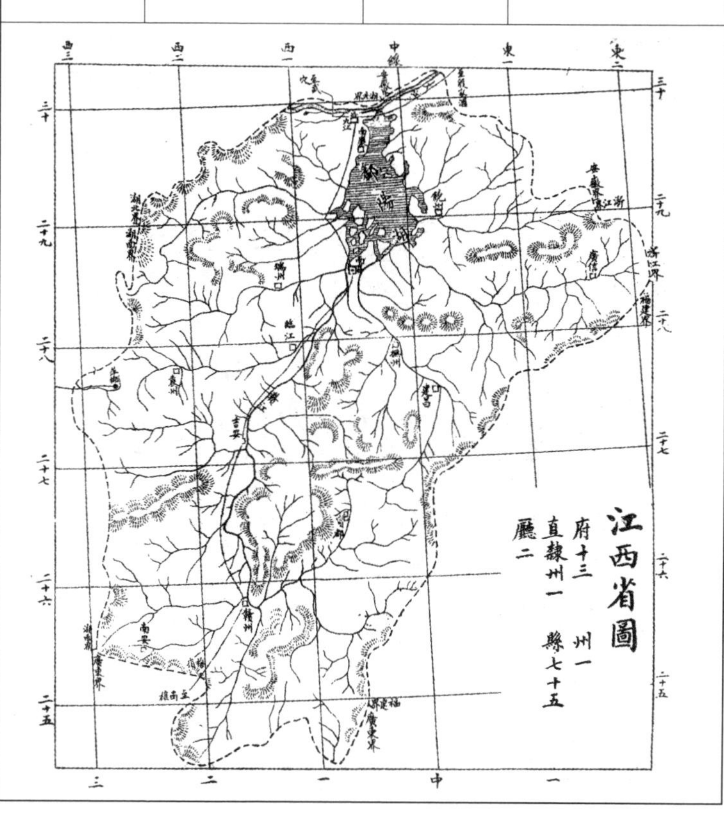

浙 入		越 入	
浙 zhè	之列切。因其江流曲折，故謂之浙江。今因以名省。沿海島嶼棋布，港湊深通。衢州當三省之衝，水陸設防，均極重要。迤南諸地，頗稱山瘠。餘則蠶桑之利，甲於天下。有通商口三：沿海者二；内地一，即省城杭州府也。	越 yuè	王伐切。今浙江境多係越王句踐故地，故浙江亦稱越。紹興府，其故都也。
音折。水名。俗名錢塘江。閩浙。浙江。		音粵。躐而過之曰越。又國名。僭越。越東。	

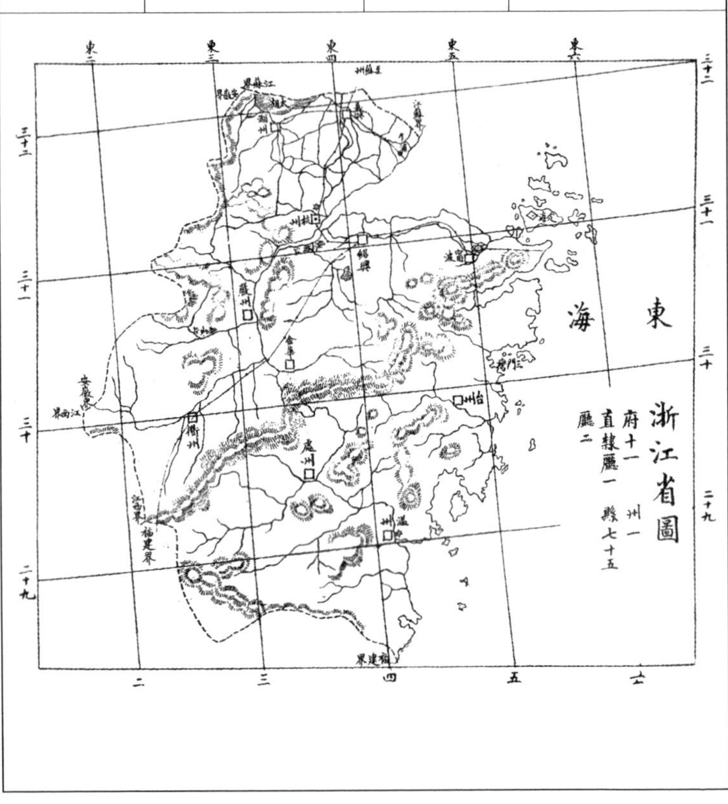

閩 平	眉貧切。東越人種族之名，其地即今福建省。握南洋之中權，聯浙、粵為指臂。内地萬山稠疊，當南嶺之尾。沿海諸地，氣候平和，有通商口三。逾海而東，即臺灣及澎湖羣島也。	建 去	居萬切。福建古附浙東，繼設建安郡於此，後省稱建州。今稱福建省者，以省城福州府，合建甯府而名之也。建甯即古建州地。
闽 mǐn		建 jiàn	
音珉。地名。閩浙。八閩。		鍵去聲。人力所創曰建。又地名。建立。福建。	

上 楚	創阻切。湖北省古皆楚地。西扼巫、歸之天險，東據吴、皖之上游。荆、襄、隨、鄖，北臨中原。自古為用兵之地。南洋之後勁，天下之中樞也。地形四圍多山，礦産甚富。馬鞍山之煤，興國、大冶之鐵，其著者也。所屬有通商口岸三。	鄂 入	五各切。今湖北省城武昌府，即楚之鄂也。武昌當江、漢滙流之口，與漢陽府及漢口鎮夾江對峙。陸當七省之衝衢，水為大江之鎖鑰，自古稱險要。漢口一埠，商務要津，長江上下游第一大口岸也。
楚 chǔ		鄂 è	
粗上聲。叢木也。 又國名。楚漢。吴楚。		音諤。地名。鄂渚。	

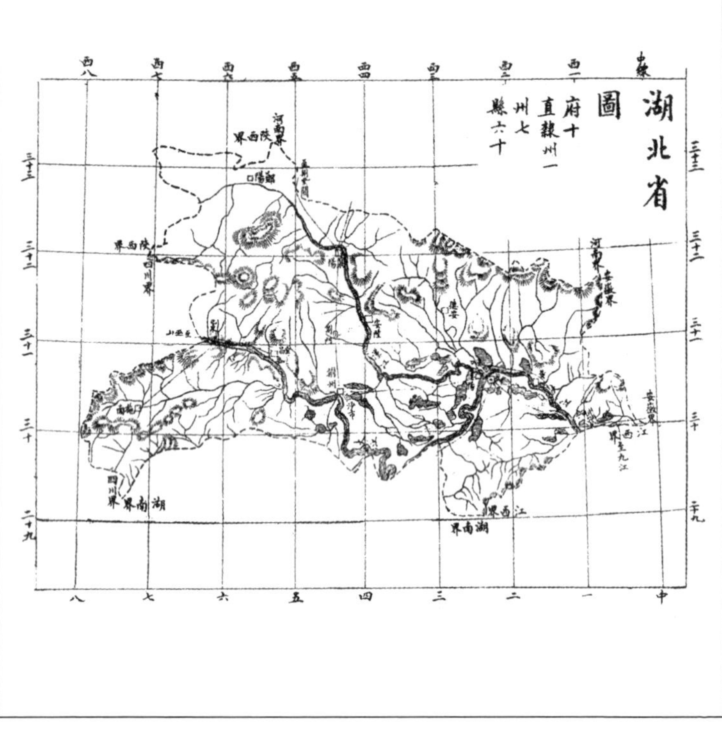

湘

平

湘 xiāng

音襄。水名。湘蓮。湘省。

息良切。今湖南省城長沙府，古湘州也。西扼黔、滇之喉，南拊兩廣之背，衡山中峙，洞庭北趨。洞庭自岳州府入江處，即新闢之通商口也。

沅

平

沅 yuán

音元。又音阮。水名。沅江。

愚袁切。又五遠切。沅水貫湖南全省之西北。其西苗、猺雜居。湖南未列行省時，設偏沅巡撫於此。其地山嶺險峻，箐林叢密，古稱險地。今則民情安謐，防務解嚴矣。

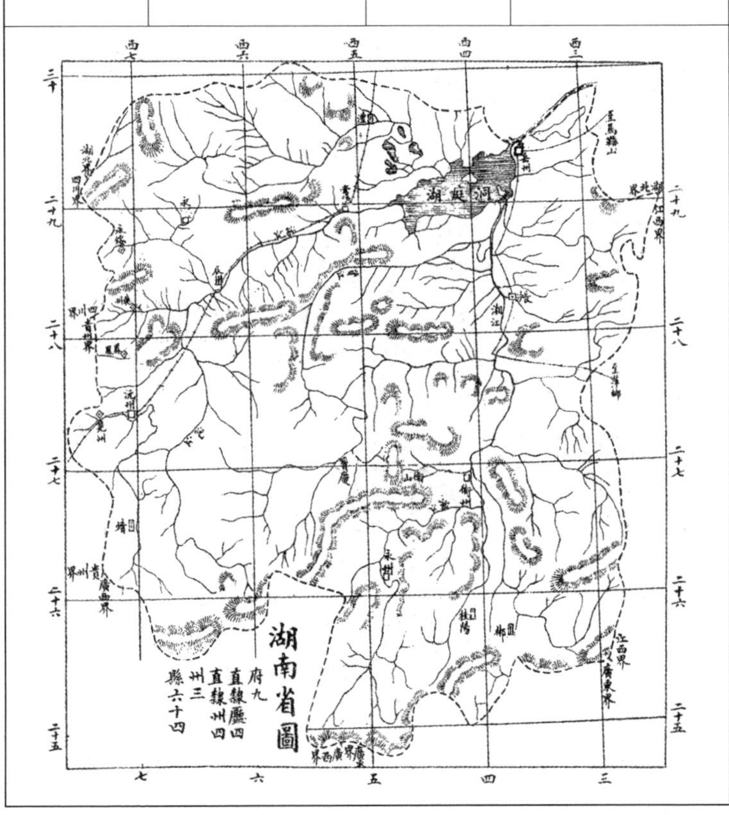

去 豫 豫 yù	羊茹切。古豫州為今河南省地。北阻太行，西扼崤、函，大河東西橫貫之。古稱諸夏，為羣雄角逐之地。地形迤東較平，而物産不阜。以地處各省之中，故亦稱中州。	去 汴 汴 biàn	皮變切。古之大梁，亦曰汴州，即今河南省城開封府也，故名汴梁。
音預。凡先事而籌之者曰豫。豫備。悦豫。		音卞。水名。汴渠。	

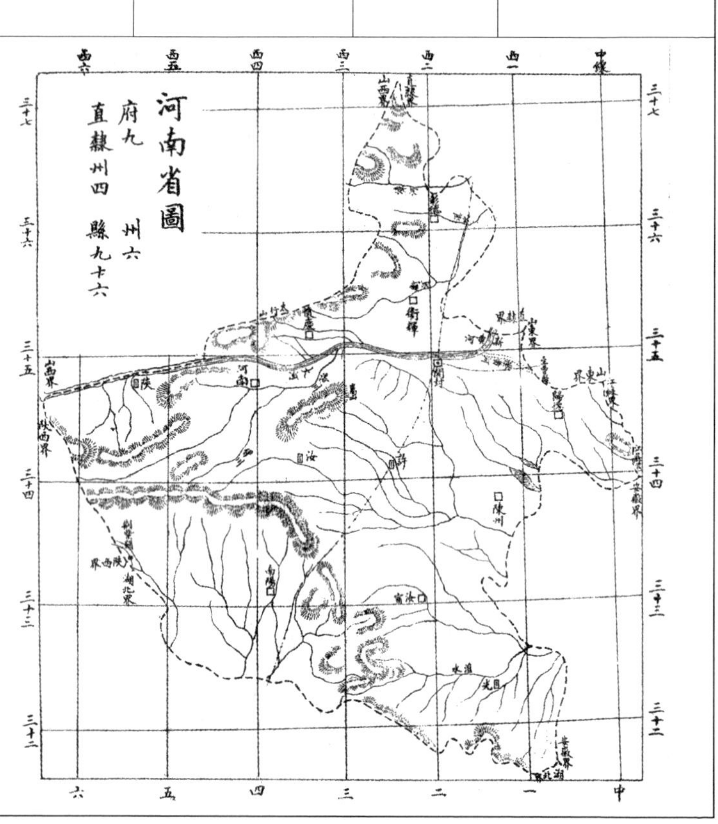

齊 平 齐 qí	徂兮切。齊國在今山東省境，故通稱山東曰齊。東半陡入海中。登州府城，斜對盛京之旅順，而有羣島以聯絡之。遼海之門户，北洋之左衛也。沿海有通商口一。登州府之威海衛，萊州府之膠州灣，為英、德二國租地。	兖 上 兖 yǎn	以淺切。今山東省地，皆古兖州境也。黄河自西南來，斜貫全省以入海。兖地夙稱卑下，常以潰決為患。又兖州府之曲阜縣，為至聖先師孔子故里。有孔林，則孔子之墓也。
音臍。整飭曰齊。 又國名。齊東。整齊。		沿上聲。州名。兖州。	

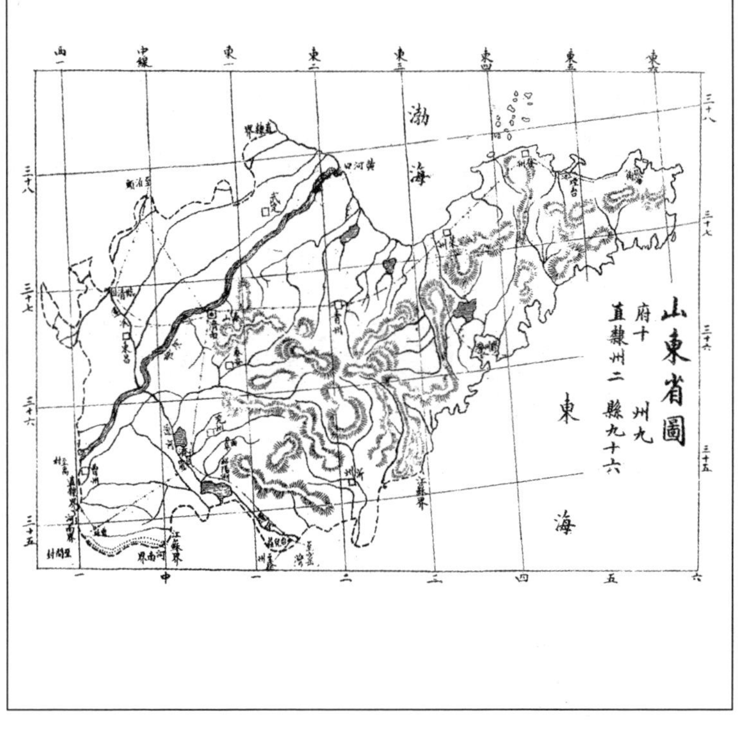

去 晉	即刃切。古晉國在今山西省境。北以雲、代控朔漠，南以太行扼中原。左山右河，古號雄都。境内迤東迤南，皆連山峻坂。因省地在羣山之西，故稱山西。民俗殷厚，誠奥區也。	平 汾	符分切。汾水發源於山西省之北境，經省城太原府，西南入河，為山西境内之大川。其支幹所經，皆成沃壤。
晋 jìn		汾 fén	
音進。進也。又國名。晉陽。三晉。		音濆。水名。汾酒。汾陽。	

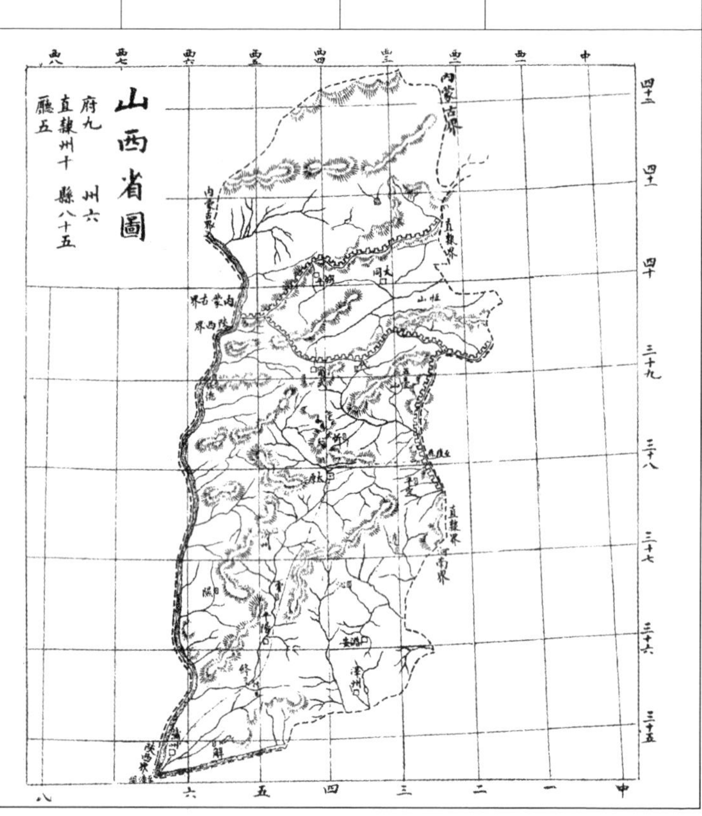

上

陝

陝 shǎn

音閃。地名。陝西。川陝。

失冉切。周成王時，周公治陝以東，召公治陝以西，葢以陝為分界處。今省稱陝西，即召公所治也。其地自古為帝王之宅。周以龍興，秦以虎視。自漢以後，皆稱關中，誠天府之雄也。而新疆、隴、蜀，尤必以此為咽喉。

平

秦

秦 qín

音秦。國名。秦晉。三秦。

慈鄰切。今陝西省皆秦國地。地宜禾，故字從禾。古稱上腴，歷代都之。長安繁富甲於天下。今省城西安府，即長安也。

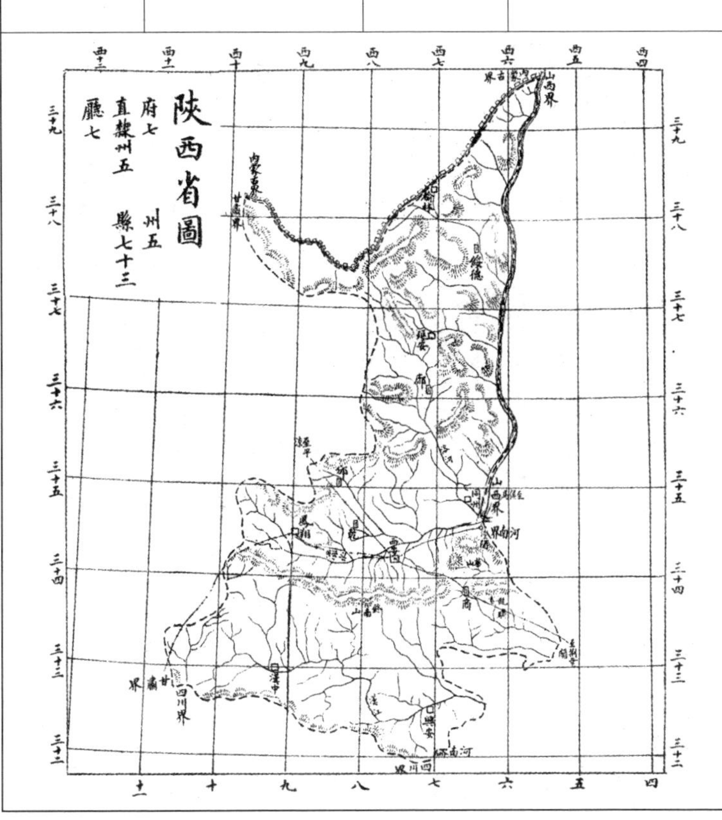

甘

平

甘 gān

感平聲。甜也。甘蔗。甘肅。

古三切。今甘肅省以古有甘州名。北鄰大漠，西控羣番，蒙、回雜居，撫治不易。境內人稀地瘠，民食不敷。其西之西甯府，為控馭青海之要地。東境與陝西分界處有隴山，故亦稱隴西。

肅

入

肅 sù

音宿。嚴敬曰肅。又州名。肅静。甘肅。

蘇谷切。今省稱甘肅者，合甘州府與肅州以名之也。肅州在省之西北，當嘉峪關進口之衝，為中、俄陸路通商處。

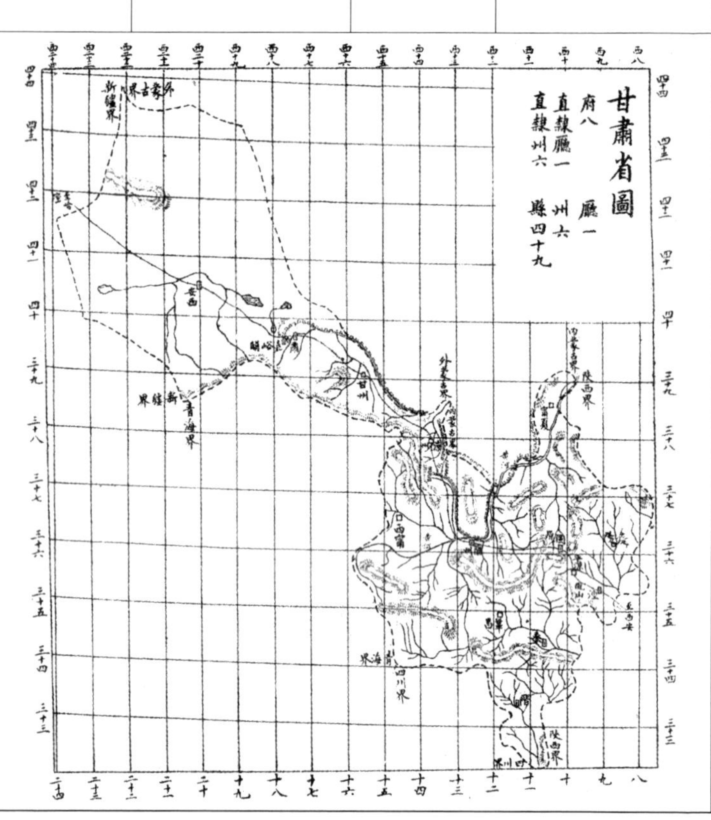

新 平 新 xīn 音辛。舊之對也。新疆。翻新。	息鄰切。甘肅之西北曰新疆省。西北距俄，東北控制蒙古，南鄰衛藏，東南包青海，與甘肅省一線相通。其地迤東多沙漠。天山南北則皆上腴。南境之和闐州，產玉最著。省會在迪化府，而伊犁府為極西北之重鎮。	疆 平 疆 jiāng 音薑。邊界曰疆。疆界。邊疆。	居良切。新疆一省，夙稱化外。 國朝乾隆時，始撫有其地。光緒十一年，始列行省，故稱新疆。其地本蒙古厄魯特部，而迤南則回教人所居。自立省會後，華人紛至，日見繁盛。

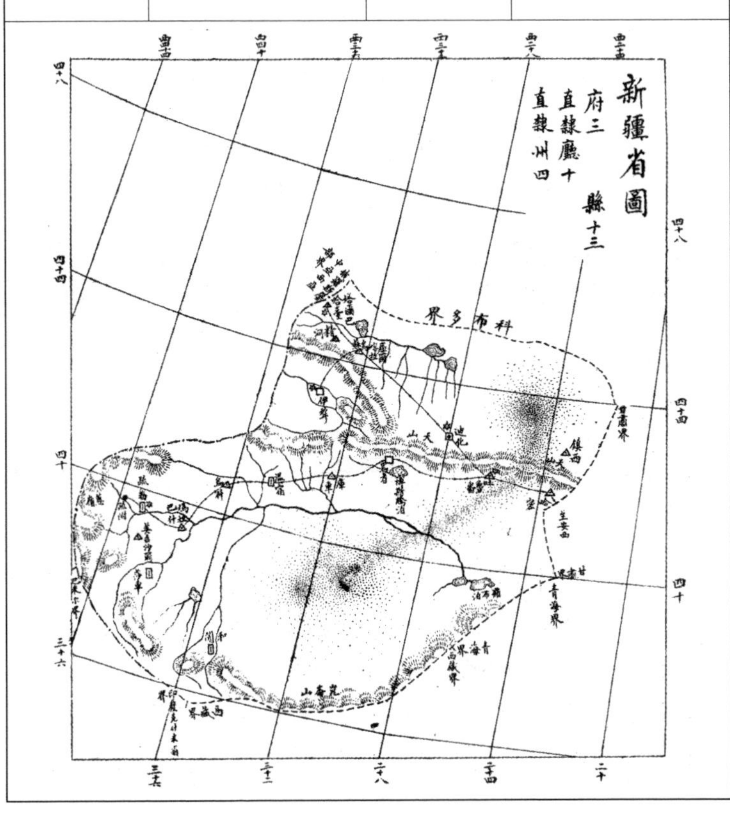

川

平

川 chuān

音穿。江河之總名。四川。山川。

昌緣切。今陝西之南稱四川省者，以境内有岷江、沱江、嘉陵江、大渡河四大川，因以為名也。北據劍閣之險，東扼三峽之衝，西南控制群番，遥應衛藏。四塞之國，西陲之重鎮也。幅地之廣，冠於各省，惟迤西多未開闢。

蜀

入

蜀 shǔ

音屬。地名。蜀中。西蜀。

市玉切。漢蜀郡，即今四川省會成都府也。自古稱上腴，産米最盛。大江發源於省北之岷山，經成都而南，與金沙江合，始稱大江。大江以南，産鹽於井，汲水煎之，異於沿海。所屬有通商口一。

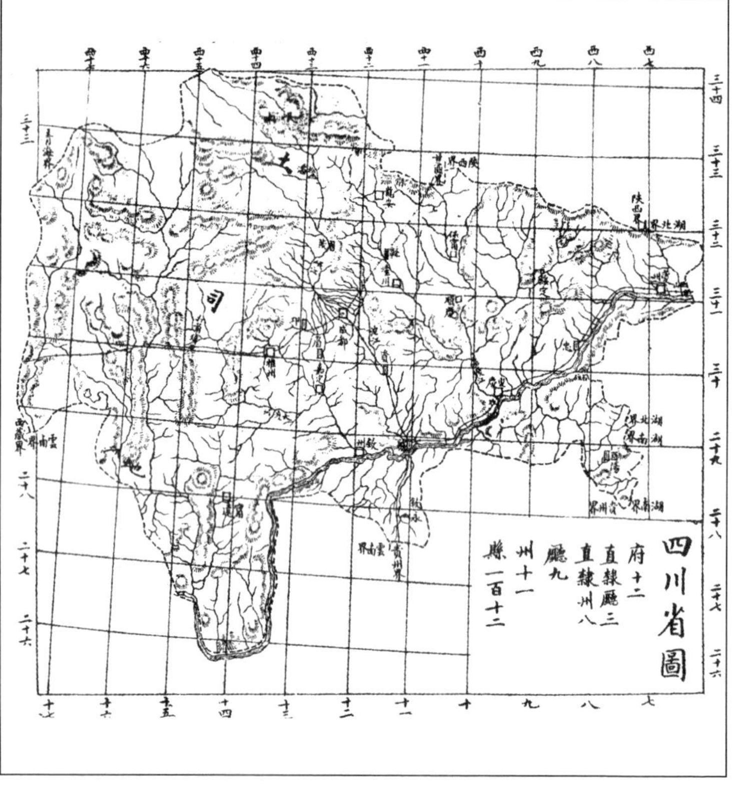

粵

入

粵 yuè

音越。發語辭。又地名。粵東。閩粵。

王伐切。廣東省為古百粵之地。北倚五嶺，南臨大洋，地形單薄延長，為迤南各省之屏障。去南洋諸島最近，通商最先。所屬有通商口六。廣州之澳門，惠州之香港，今為葡英兩國屬地。廉州之廣州灣，為法國租地。

瓊

平

琼 qióng

音煢。玉之紅色者。又島名。瓊瑤。瓊州。

渠瑩切。唐州名，今仍之。為廣東通商口岸之一。全境孤懸海中，合赤溪廳為一島。沿海皆沃壤，中境則峙以大山，峰嶺峻削，人迹罕至。有黎人居其間，亦苗、猺番族之類，而無土司。

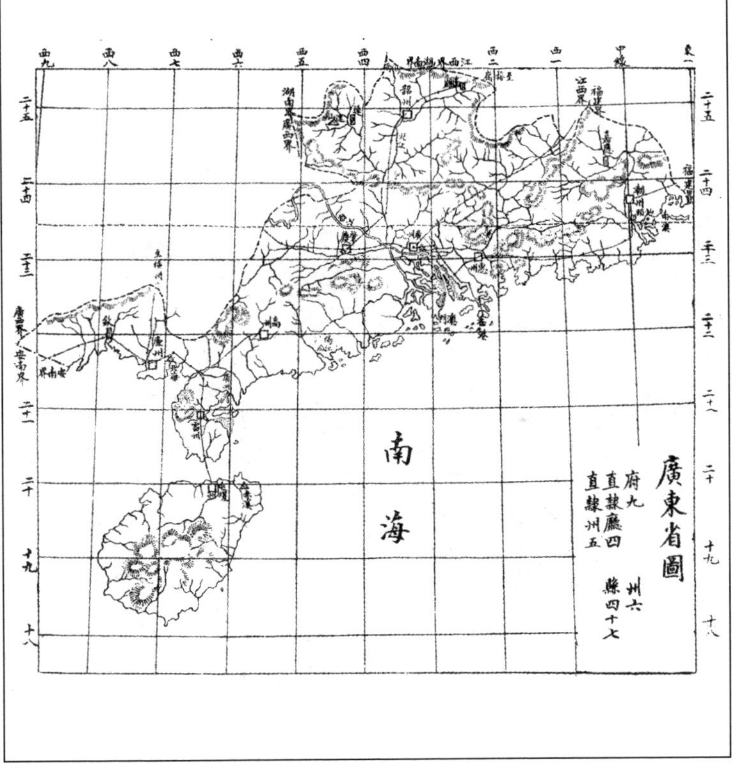

去

桂

桂 guì

圭去聲。冬榮之樹也。其花俗名木樨。桂花。桂林。

古惠切。桂木產於廣西，故省城稱曰桂林。全省通稱曰桂。西北鄰滇、黔，東北扼湘、楚，左臨東粵之上游，南瞰法屬之安南。境内苗、猺雜居，土司林立。蓋厥性獷悍，不能治以流官，故官其渠魁以鈐轄之也。所屬有通商處二。

上

廣

广 guǎng

光上聲。濶大貌。又地名。兩廣。廣狹。

古晃切。古稱兩廣為廣南，後分為二，曰廣南東道，廣南西道。今謂廣東、廣西者，其省文也。

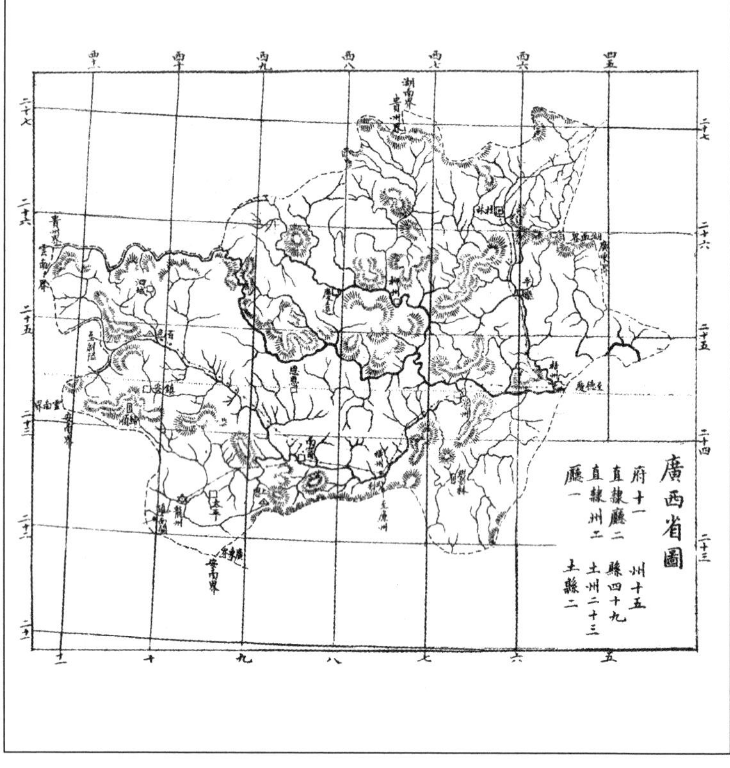

滇	都年切。滇池在雲南，因以名省。西南界英屬之緬甸，東南距法屬之安南。控制三邊，鎮攝蠻族。疆域之廣，亞於四川。省會曰雲南府。所屬有通商之地三。楚雄府屬有鹽井，產鹽甚富，略同川省。	梁	呂張切。雲南本《禹貢》梁州之境。漢武帝時，有慶雲見於梁州，在今省之北境，始稱其地曰雲南。
平 滇 diān 音顛。池名。滇南。黔滇。		平 梁 liáng 音良。水上之橋曰梁。又承屋之横木也。橋梁。棟梁。	

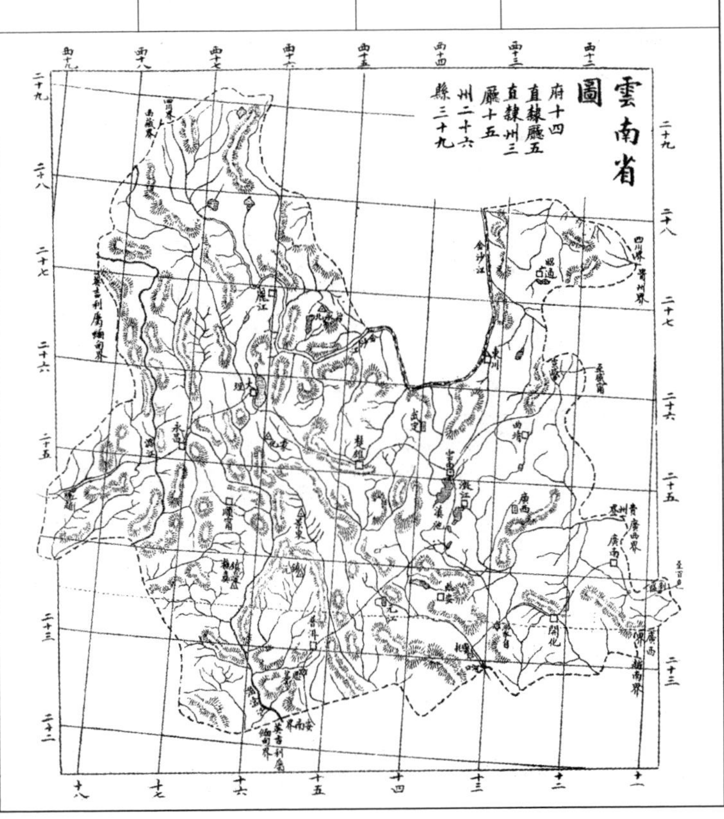

去

貴

贵 guì

音餽。賤之對也。富貴。貴州。

居胃切。唐有貴州，今因以名省。南倚滇、粵，北控巴東。羣苗所宅，土壤瘠薄，兵饟民食，仰給鄰封。境内多鉛礦，然開採亦未盛也。

平

黔

黔 qián

音箝。黑色也。黔首。黔南。

其淹切。貴州北境，古為楚國黔中地，故貴州亦稱黔南。

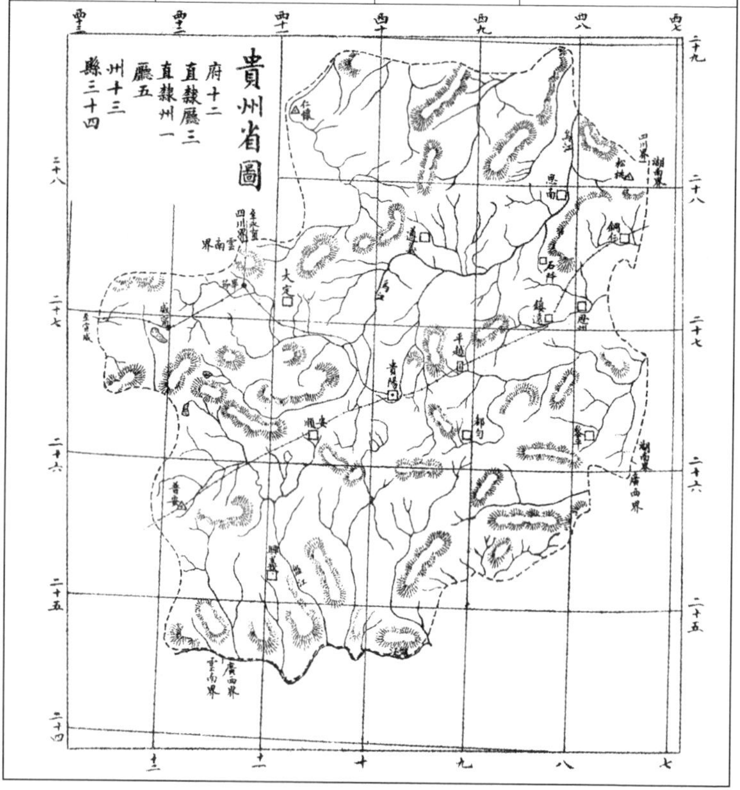

貴州省圖

府十二
直隸廳三
直隸州一
廳五
州十三
縣三十四

吉 入	居質切。吉林省在盛京東北，省會曰吉林府。有甯古塔，為國朝發祥最初之地。外控俄疆，内屏遼瀋，邊境實首衝也。其地多連山大嶺，長松千尺，彌望皆是。俄人築鐵路於境内，南達旅順，北由黑龍江入俄境，工尚未成。	林 平	力尋切。
吉 jí		林 lín	
音拮。禮義順祥曰吉。吉祥。吉林。		音臨。叢木曰林。樹林。	

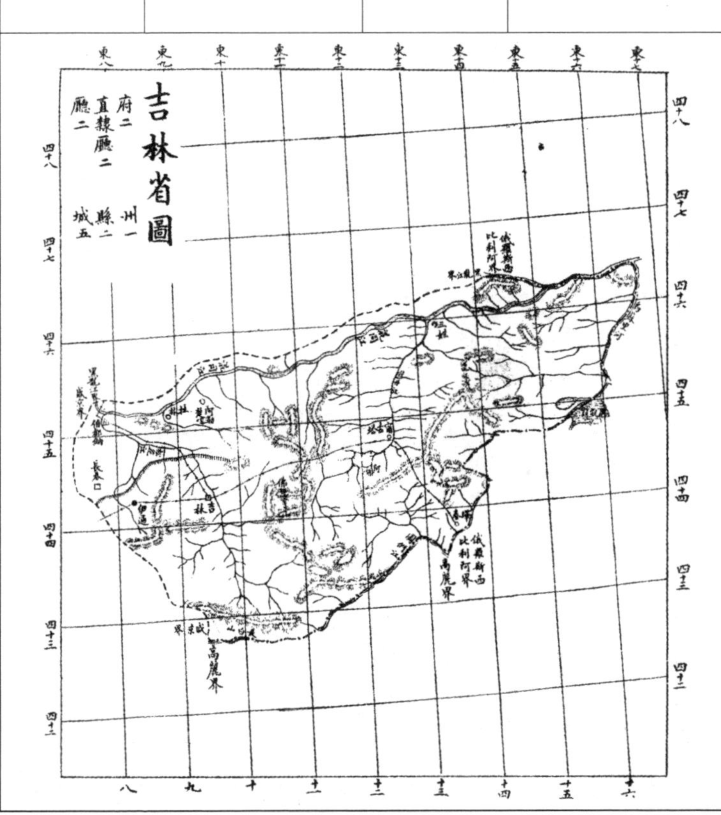

黑

入

黑 hēi

音潶。五色之一。黑白。黑龍江。

迄得切。火所熏之色也。黑龍江省，以北界有黑龍江得名，省會曰齊齊哈爾。地氣苦寒，山勢險峻，民健善戰。據俄國東海濱省之上游。省之西北有漠河，金礦極富。吉林、黑龍江二省，合諸盛京省，通稱曰滿洲。

省

上

省 shěng

騂上聲。行省曰省。又節省也。省儉。省察。

息井切。臺省本官署之稱，今通稱曰省者，元設行中書省於四方，簡言之曰行省，又簡之曰省也。如盛京、吉林、黑龍江，總稱東三省。直隸、兩江、陝、甘、兩湖、兩廣、閩、浙、雲、貴、四川及山東、山西、河南，總稱曰十八省是也。

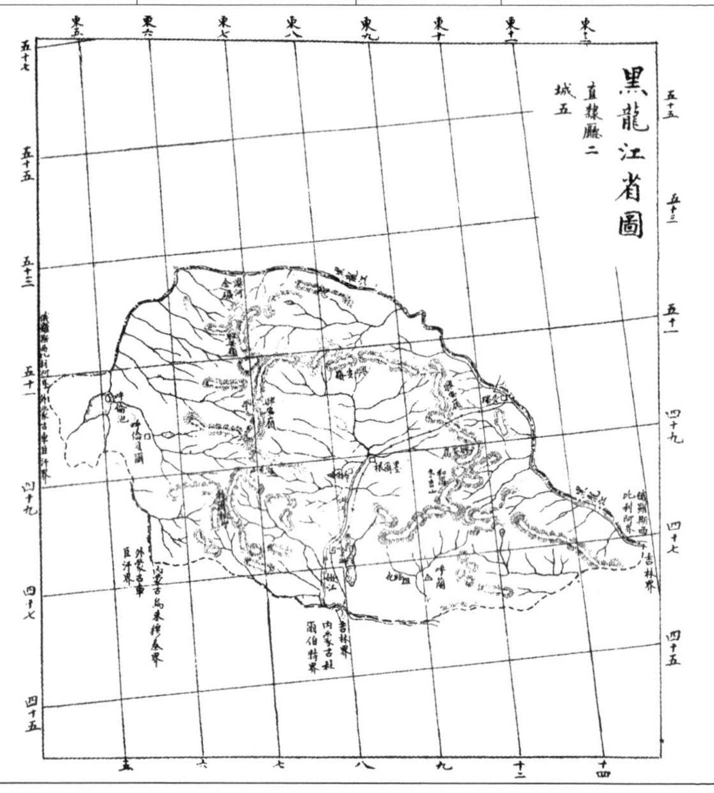

蒙 平 蒙 méng	莫紅切。	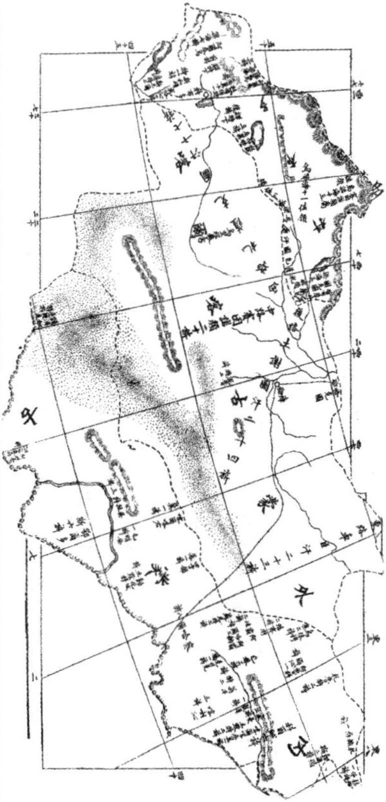
音濛。微昧闇弱之名。又國名。童蒙。蒙古。	蒙古本名蒙兀。元先世部族之名也。自元太祖吞并西域，種族遂蕃衍於中亞。今之蒙古，環中國之北陲，為内地之屏蔽。北距俄境，分界處峙以連山。内外蒙古之間，限以大沙漠，謂之瀚海。烏里雅蘇臺、科布多、庫倫，為其都會。與俄通商之地一。	
上 古 古 gǔ		
音鼓。前於今者曰古。上古。古人。	公户切。	

上

海

海 hǎi

音醢。小於洋者曰海。青海。海外。

許亥切。衆水之所歸曰海。青海蓋以境内有青海得名。地在甘肅西，部落有四，統於西甯辦事大臣。黄河及金沙江之源，皆在其境。人稀地廣，以遊牧為業。濱青海處，較稱饒沃，其餘則寒瘠多山。

去

藏

平

藏 cáng zàng

音鑶。匿也。收藏。

音臟。藏物之所也。寶藏。西藏。

徂郎切。

才浪切。西藏共分四部，曰康即前藏，曰衛即中藏，曰藏即後藏，曰阿里則在極西。屬城七十三，以拉撒扎什倫布為都會，統於辦事大臣及幫辦大臣。其民篤信喇嘛，奉達賴及班禪為教主。南鄰印度，亦首衝也。

西藏所屬衛、藏、阿爾、喀木諸番民

西藏所屬衛、藏、阿爾、喀木諸番婦

去

亞

亚 yà

鴉去聲。凡次於最者曰亞。今洲名。亞旅。亞西亞。

衣駕切。亞西亞，安息之長音也。本土耳其地，歐人東來，凡地之在其東者，皆謂亞西亞，遂以名洲。

亞西亞在五洲中為最大。三面環海，西接歐羅巴，以烏拉嶺、烏拉河及高加索山為界。綜其方積，約千七百萬五千英里。為國五：曰大清，曰日本，曰高麗，曰暹羅，曰波斯。又尼泊爾及布魯克巴，亦稱自主。半主者四：曰安南，曰愛烏罕，曰俾路之，曰阿拉伯。俄屬之布哈爾，亦尚存虛名。其他若印度，若緬甸，若西比利阿，若中亞西亞諸回部，皆夷為屬地矣。

全洲人口，約七萬四千六百萬。開闢最早，夙以文化甲五洲。近百年俄雄於北，英競於南，法據安南，德、義亦覬覦其側。喧賓奪主之勢，駸駸盛矣。

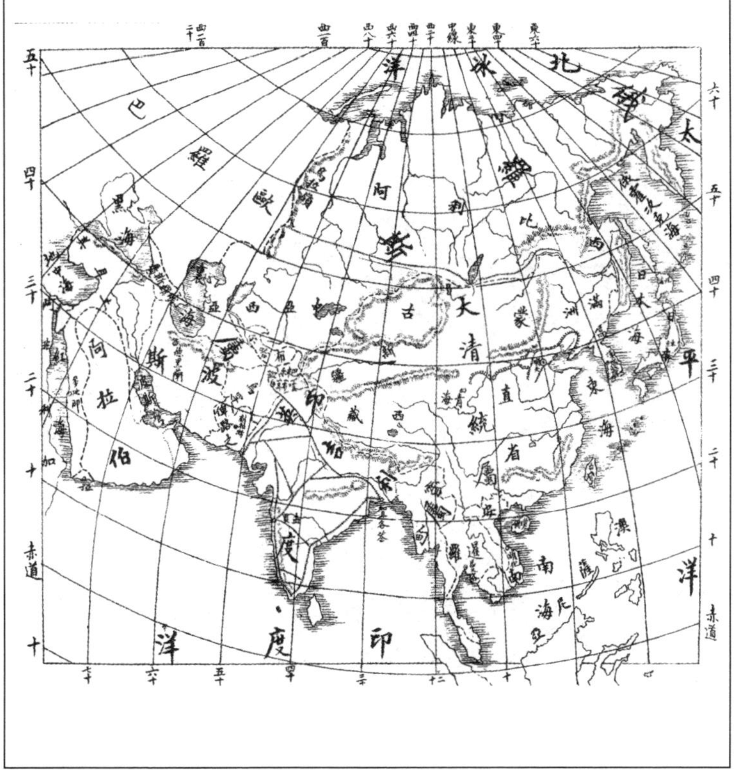

上 **歐** 平 欧 ǒu ōu	烏后切。烏侯切。歐羅巴洲在五洲中為最小。東接亞洲，餘皆環海，約計僅四百萬英方里。為國十九：曰俄羅斯，曰英吉利，曰法蘭西，曰德意志，曰奧斯馬加，曰義大利，曰瑞士，曰西班牙，曰葡萄牙，曰荷蘭，曰比利時，曰瑞典那威，曰丹馬，曰土耳其，曰希臘，曰羅馬尼阿，曰布加利阿，曰塞耳維阿，曰門的内格羅。又義大利境内之森馬利諾，法蘭西境内之摩納哥，法蘭西、西班牙交界處之恩道拉，壤地皆不過數十里，而亦稱自主。 全洲人口，約三萬五千三百七十五萬五千。民風堅毅，權勢獨雄，列强相持，莫敢先發。其尤强者，推俄、英、法、德四國云。
音毆。與嘔同。吐也。歐逆。音鷗。歐陽。歐羅巴。	

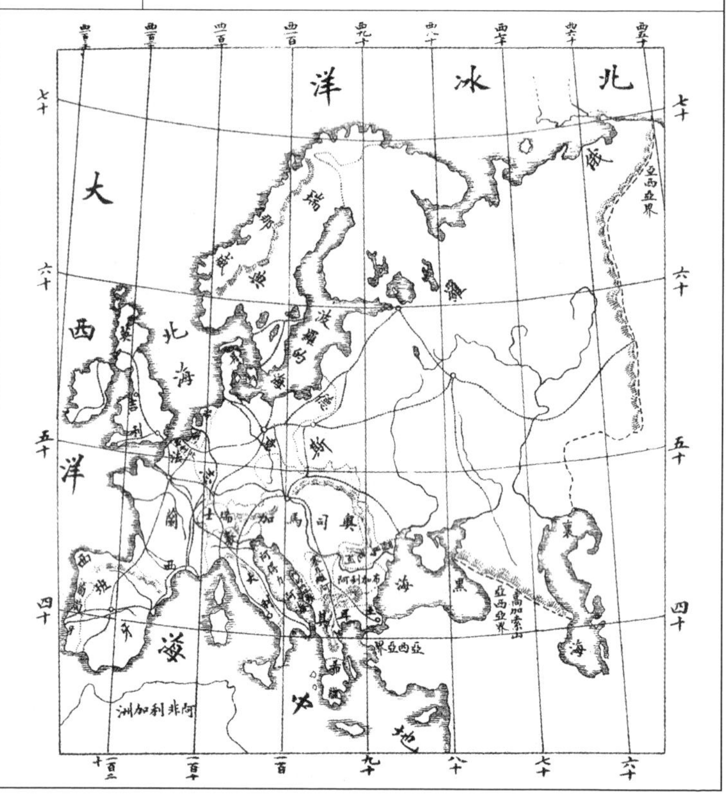

平

非 fēi

音飛。反是曰非。引申為非謗之非。今洲名。是非。阿非利加。

甫微切。阿非利加洲。四圍濱海，惟東北隅連一線於亞洲，今法人鑿為蘇彝士河者是也。全洲共一千二百萬英方里。埃及開化最早。迤南地當赤道，炎熇荒陋。歐洲羣雄，競割裂之。其粗足自立者曰摩洛哥，曰特蘭斯伐耳，曰奧倫治。其受人保護而自理内政者，曰康果，曰埃及，曰的利波利，曰阿比西尼阿。康果歸比利時保護，阿比西尼阿歸義大利保護。康果近與我朝立約通商，亦稱自主。然以上諸國之執政者，皆非非洲土人也。其他諸部，則均已夷為奴隸。全洲人口，約共一萬三千萬。

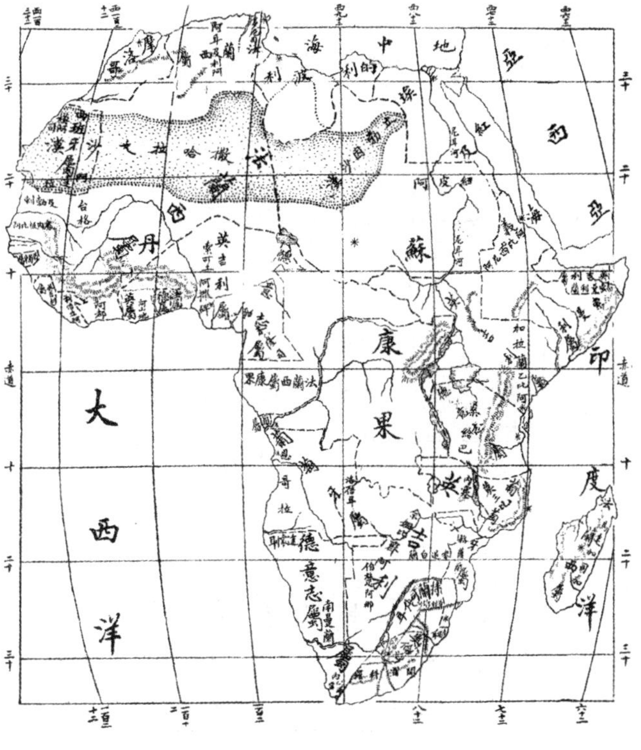

上

美

美 měi

音眯。物之善者曰美。美人之善亦曰美。今洲名。美玉。讚美。阿美利加。

無鄙切。阿美利加，為新闢之境。洲分南北，相連處狹如蜂腰，共千五百萬英方里。四面濱海，不與他洲連。明弘治中，始尋得其地。歐洲各國，争往開墾。乾嘉以後，各自建國，不復歸歐洲統攝。然人民皆其苗裔，土著幾蕩然無存矣。今其自主之國，北曰北阿美利加合衆國（即美利堅是也），曰墨西哥；中境曰中阿美利加合衆國；南洲曰巴西，曰科倫比阿，曰委尼瑞拉，曰厄瓜多，曰玻利非阿，曰祕魯，曰智利，曰拉布拉他，曰巴拉圭，曰烏路圭，共十三國。北洲之加那大、格林蘭，南洲之器阿納，及西印度羣島，多為歐洲諸國屬地。全洲民數共一萬二千二百六十萬三千。政皆民主。

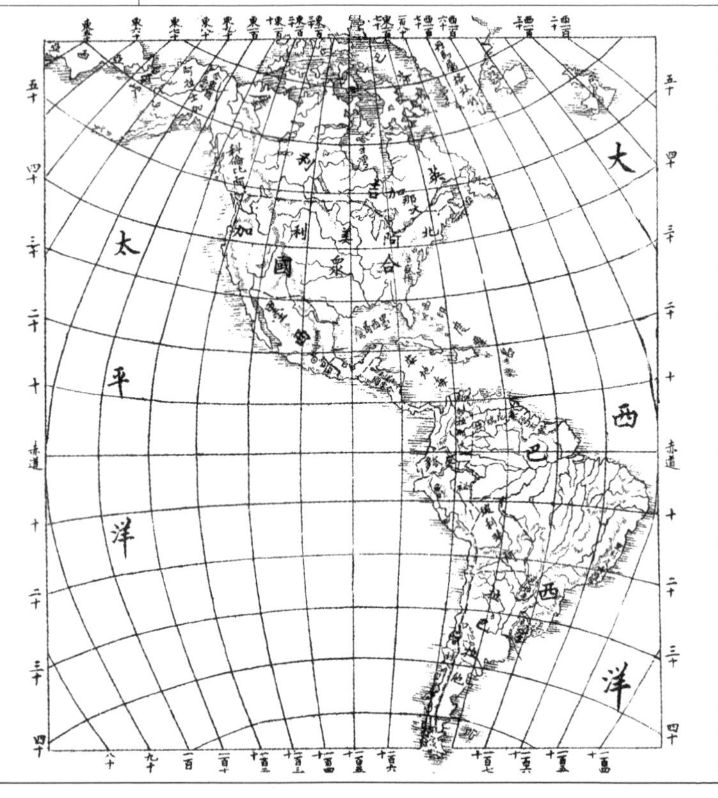

去 **澳** 入	於到切。又於六切。澳薩尼阿，譯言羣島也。在太平洋、印度洋之間。星羅棋布，難以枚舉。綜計其地，約四百餘萬英方里。大概分為四區：一曰瑪來西，即南洋羣島也，多屬荷；二曰美拉内西，澳大利亞羣島也，多屬英；三曰彌克羅内西，多屬德；四曰波拉内西，則英、法各半焉。羣島中以澳大利亞為最大。般鳥、紐西蘭、蘇門答臘、紐幾内阿等次之。英屬各島，多開鐵路，通商賈，日臻繁盛。葢至是而黑子彈丸，莫能自外於競爭之域矣。
澳 ào	
音奧。又音郁。隈厓水深之處曰澳。今洲名。淇澳。澳薩尼阿。	

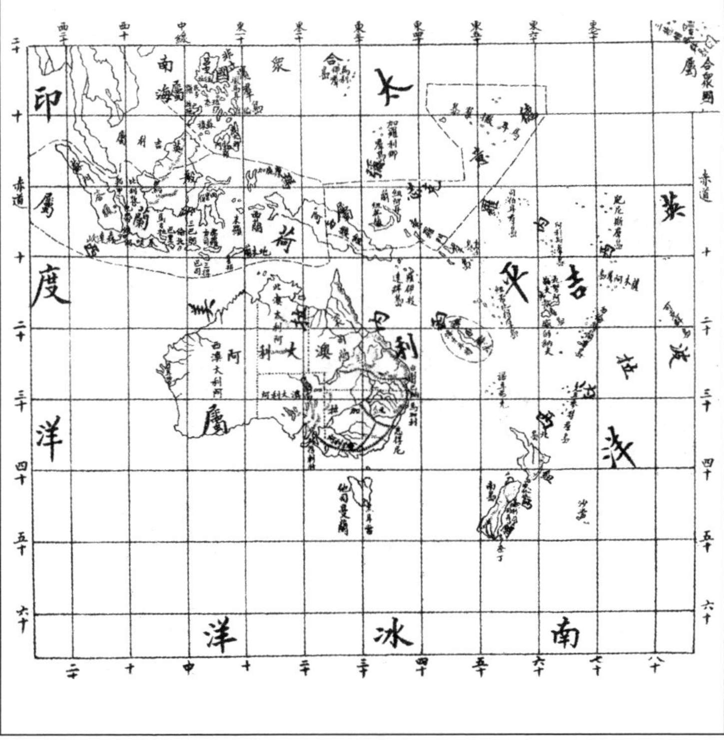

倭

平

倭 wō

音渦。日本之古名。大倭。倭刀。

烏禾切。日本古稱大和，亦作倭。地凡四島，分為八道。咸、同間以庫頁易俄之千島，繼滅琉球。光緒甲午，復得臺、澎。南北延長，葢七千餘里。其地物産充牣，工商並興。昔為蕞爾之島邦，今則駸駸乎强國矣。其都城曰東京，舊都曰西京。

韓

平

韩 hán

音寒。井垣曰韓。
又國名，高麗國古亦稱韓。韓魏。三韓。

胡安切。高麗，古辰韓、弁韓、馬韓三國之地，故稱三韓。世臣我朝。光緒甲午，始稱自主。然俄瞰其北，日本迫其東，大權盡失，而民氣又不克振拔，初無自全之術也。

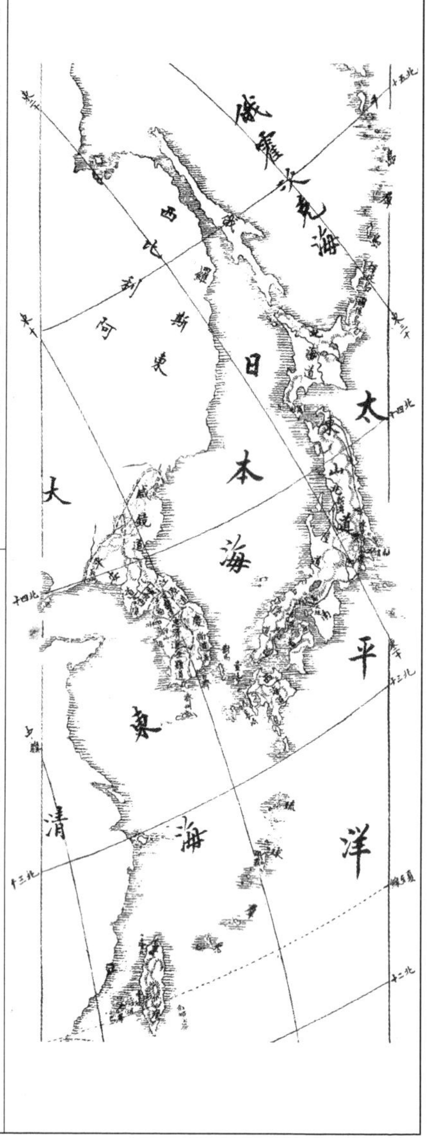

暹

平

暹 xiān

音銛。日光上升也。今國名。暹羅。

息廉切。暹羅本為暹與羅斛二國，後合稱暹羅。土壤膏腴，産米最著。咸、同以前，常入貢於我朝。自英滅緬甸，法據安南，强隣四逼，境土日削。然勵精圖治，犓有規模，所以搘拄其間者，非偶然也。

安

平

安 ān

案平聲。不危曰安。使之不危亦曰安。又詰問詞。安穩。安撫。安得。安南。

於寒切。安南古越裳國，故亦稱越南。唐之時，設安南都護府於此，後遂為國名。其地毗連滇、粵，歷世内附，職貢無愆。光緒甲申，始為法據。雖宗社未墟，而王僅主祭。外交内政，皆法人主持之矣。其故都曰順化府。

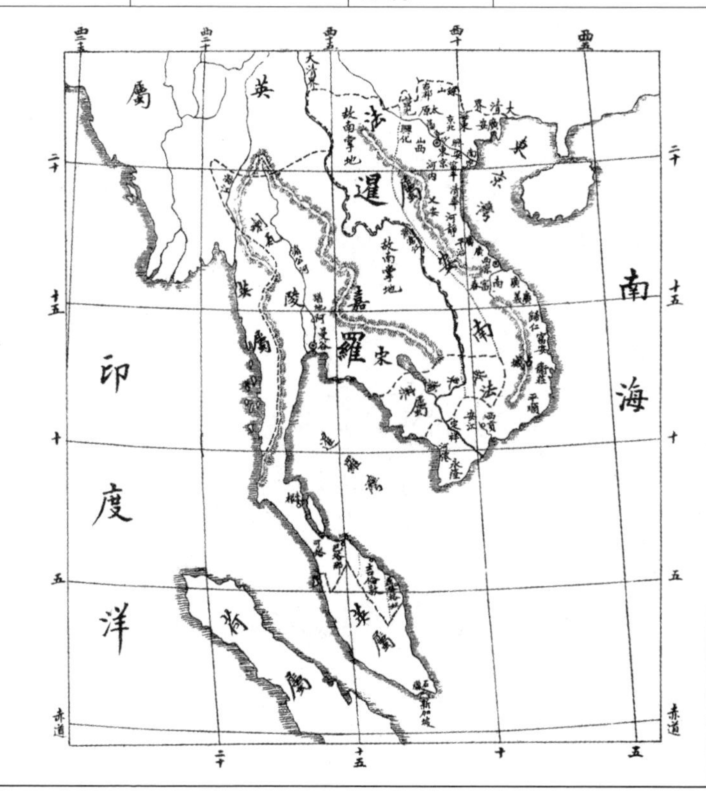

上 緬	彌兖切。緬甸故國，在暹羅西。昔亦臣屬我朝，十年一貢。道光中，與英搆釁，失其南境。光緒十一年，英人滅之，而代其貢。東北有南掌一國，英與法瓜分之。比來開築鐵路，轄境直接我滇、疆，而西南自此多事矣。	去 印	衣刃切。古稱天竺。佛教所自出也。開化之早，亞於埃及。屢經變亂。康熙初英人東來，佔其沿海各地，稍稍蠶食，至咸豐八年而盡滅之。今其境内，鐵路交通，商務日盛，鴉片、棉紗，為其大宗。事由英人主持，印民則為奴隸矣。
缅 miǎn		印 yìn	
音湎。藐遠貌。今國名。緬懷。緬甸。		因去聲。官吏所持之符信也。假為印書之印。今地名。接印。刷印。印度。	

皇帝大駕鹵簿寶象

去

愛

爱 ài

哀去聲。仁之發也。凡物質之易於相合者曰愛力。今國名。溺愛。愛烏罕。

烏代切。阿富汗亦作愛烏罕。國朝初定新疆，亦在朝貢之列。英人既滅印度，漸侵蝕之。光緒四年，抗英而敗，英人戍以兵，遂為歸英保護之國。都會曰喀布爾。北與俄屬布哈爾接境，蓋各為英、俄間之屏障也。

上

俾

俾 bǐ

音髀。益也。又使也。今國名。裨補。俾予。俾路之。

補弭切。俾路之在阿富汗南境，山多地瘠。初屬印度，繼屬愛烏罕。二國既衰，遂為英之屬國。都會曰開來脱。其北境有地曰辟興，連愛烏罕之東南境，别為英之屬地，曰英屬俾路之。

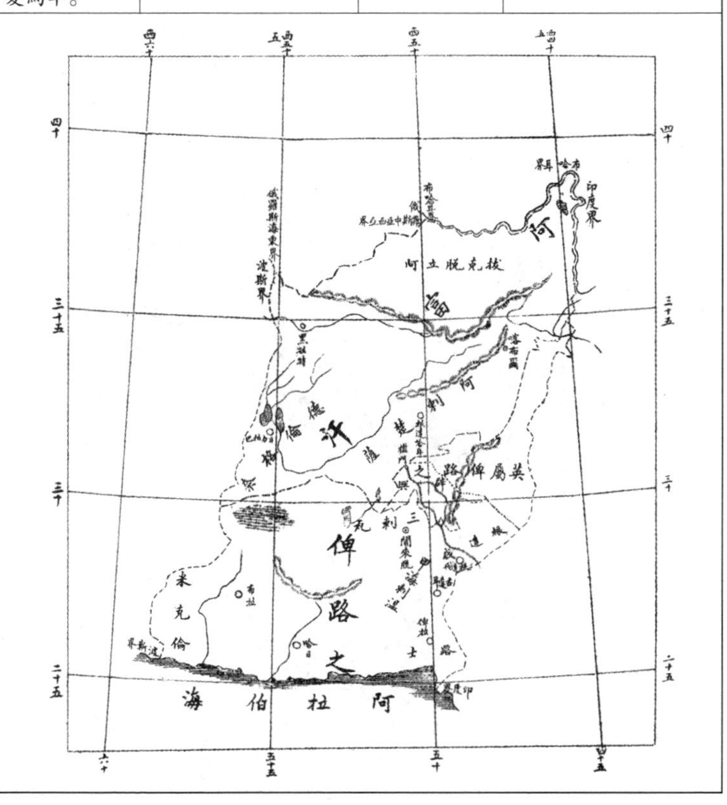

波

平

波 bō

音皤。水涌流曰波。假為摇動之意。今國名。波瀾。波盪。波斯。

博禾切。波斯，回部大國也。北濱裏海，東與阿富汗、俾路之接壤。物産殷盛，古號富强。近百年間俄逼其北，英窺其東，勢已岌岌不支矣。都城曰德黑拉。

阿

平　入

阿 ē ā

音婀。大陵曰阿。又倚也。阿邱。阿衡。音屋。呼聲。阿誰。阿拉伯。

於谷切。阿拉伯古稱天方，回教所自出也。中境沙漠不毛，而迤西則為上古著名之地。回教盛時，兵力四及，羣奉職貢。迨其既衰，遂屬土耳其。沿海之地，為土耳其屬地者二，屬英者一。東北一隅，則别自為部。平聲。

於何切。

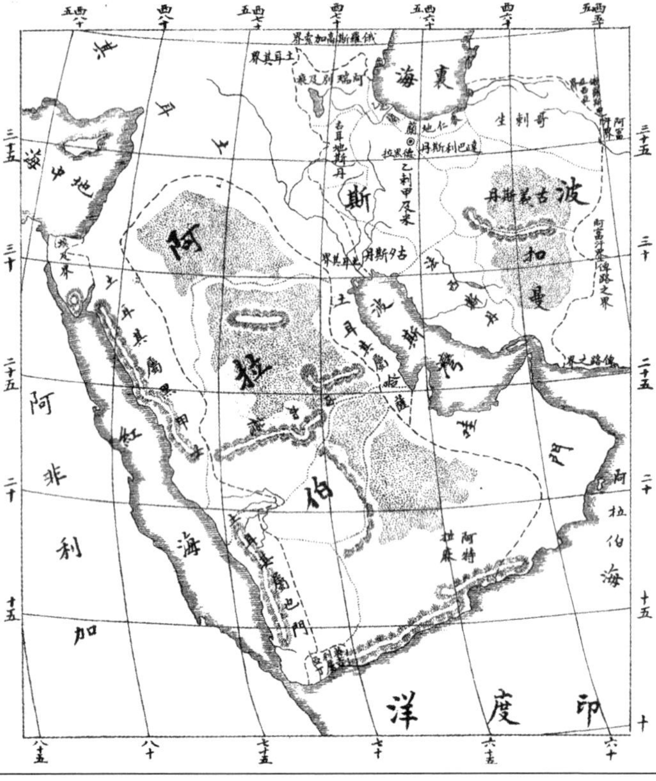

上

土

土 tǔ

音吐。植物所生曰土。又八大行星之一也。今國名。土地。土耳其。

統五切。土耳其地跨兩洲，而都城在兩洲間之海峽上。形勢險要，扼黑海之咽喉。比來藩屬多叛，日以削弱。賴歐洲諸國保持之，尚不至為俄所并。其亞洲屬地中，有西里阿部，為耶穌故里。西人稱聖地，蓋諸教所自起也。

平

希

希 xī

音晞。簡少之稱。又冀望也。今國名。希奇。希冀。希臘。

香衣切。希臘，古之名國也。文物聲明，為歐洲之祖。其開國當我虞夏時，至漢而亡。後為土耳其屬地。咸豐季年，各國援之以立國。後相繼稱自主者，曰羅馬尼阿，曰布加利阿，曰塞爾維阿，曰門的内格羅，前此皆土屬也。

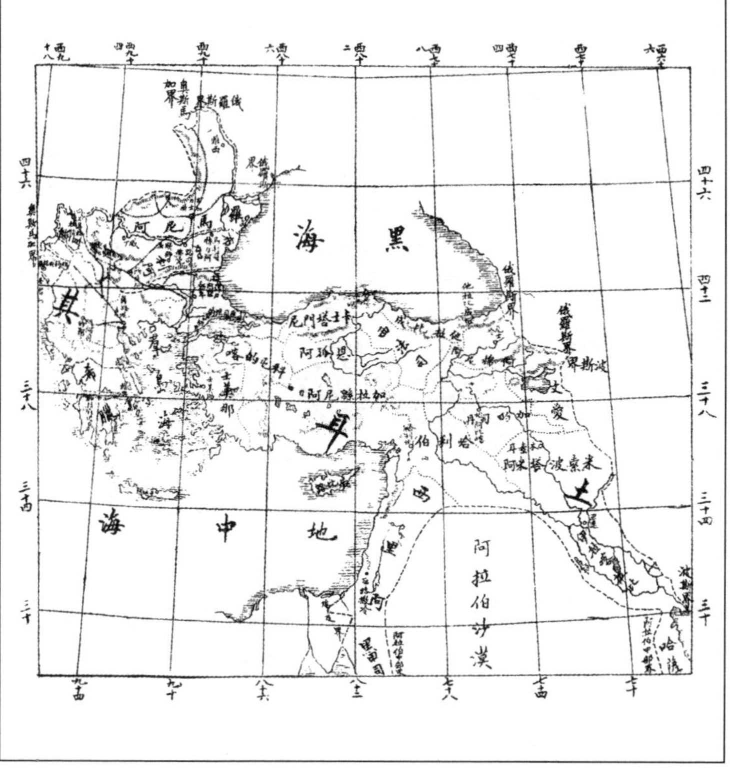

埃

平

埃 āi

音哀。又音醫。塵也。今國名。風埃。埃及。

於開切。又於支切。埃及在阿非利加東北，其開國當我顓頊之時，文字頗近古篆。至唐而滅於阿拉伯，民歸回教，文化遂湮。阿拉伯衰，屬土耳其。道光中拒土自立。英人助土擊破之，遂為歸英保護之國。境内有蘇彛士河。

俄

平

俄 é

音莪。頃刻之間曰俄。今國名。延俄。俄羅斯。

五何切。俄羅斯，天下第一大國也。地據亞、歐二洲之北，綜其方積，大於歐羅巴全洲。唐時始立國于歐洲之東北。元太祖興，遣兵滅之。明之中葉乃復。康熙時略定亞洲地，來請通商。今其鐵路，直通我東三省，用心殊險矣。

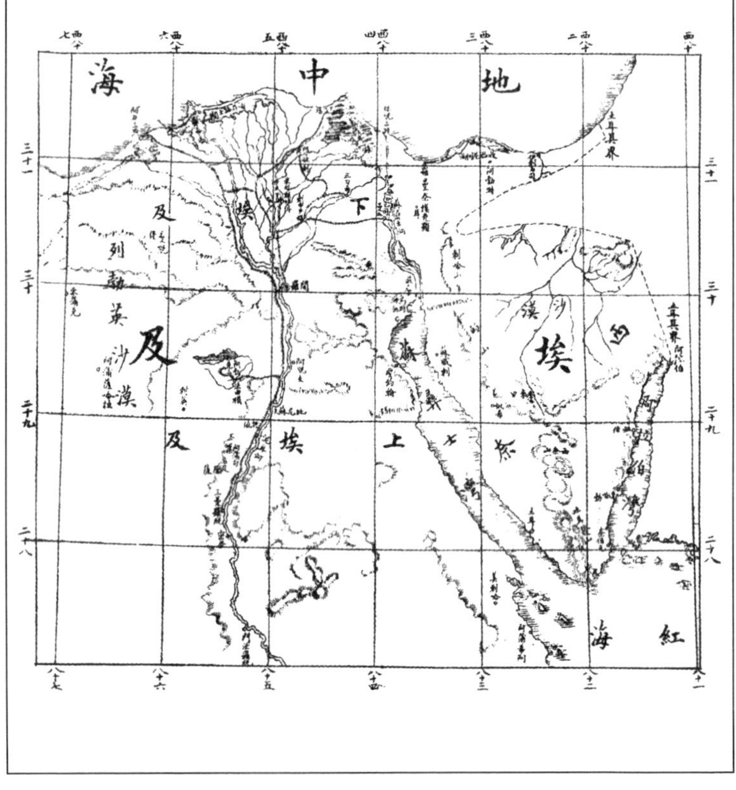

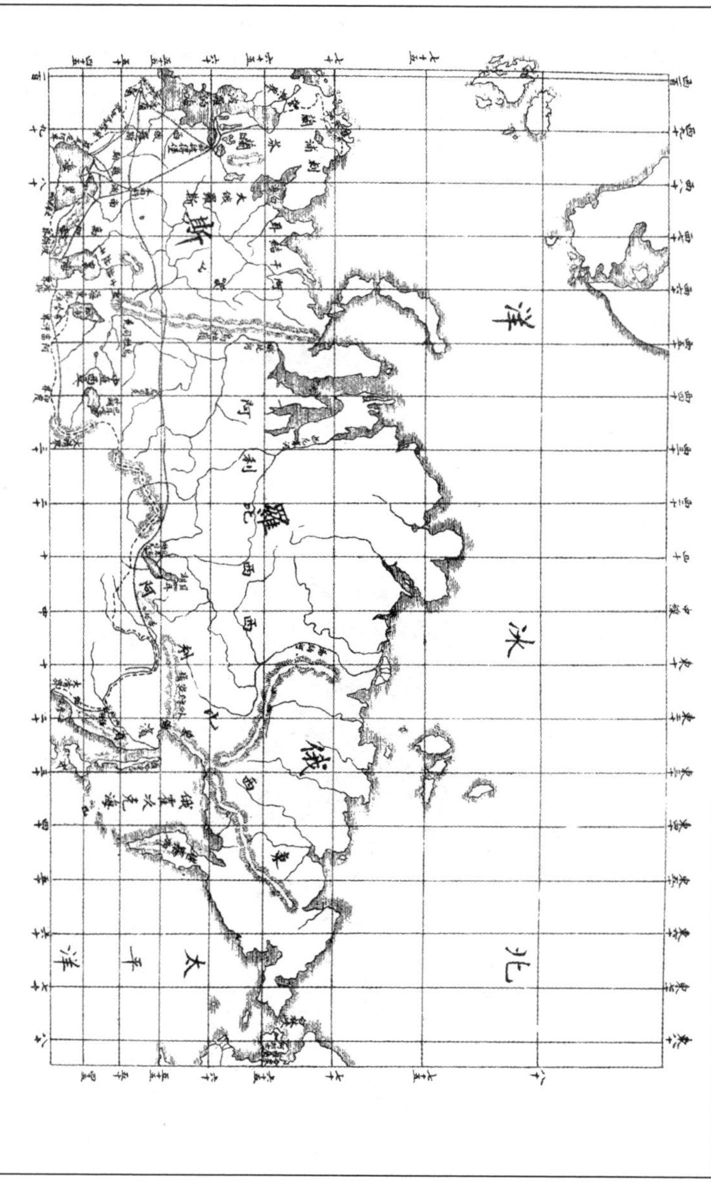

英

平

英 yīng

音瑛。不實之華曰英。又才冠千人者曰英。今國名。英賢。英吉利。

於驚切。英吉利在歐羅巴西海中。地共二大島，分四部。都城曰倫敦，繁盛甲天下。其國以水師雄海上。雍正後，始來互市。道光、咸豐中，兩啟兵釁，遂據香港，訂約通商。其民長於遠畧，所屬之地，若印度，若緬甸，若北阿美利加，若南阿非利加，若澳大利亞島，類皆數十百倍於其故土。其他海陸部島，不可勝數。綜其方里，僅亞於俄。

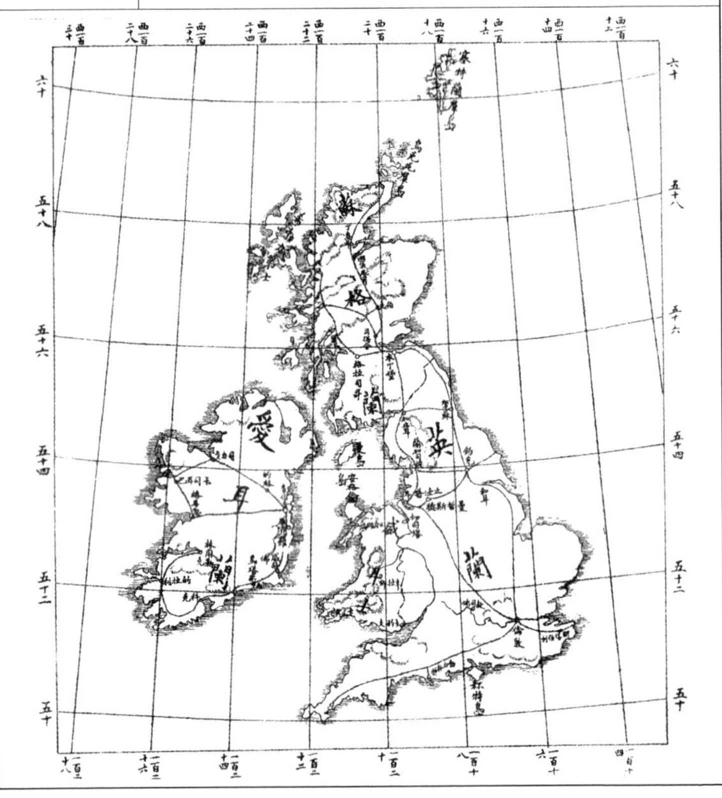

法

入

法 fǎ

翻入聲。王者治天下之則也。今國名。國法。法蘭西。

方乏切。法蘭西在歐羅巴西境，與英吉利隔海相望。古為歐洲陸地之强國。嘉慶初，以兵力霸全洲，卒為各國聯軍所敗。其東來通市，始於明季。當時以火器擅名，謂之佛郎機。道光中，始來訂約。光緒十年，與我争安南，卒據有之，遂割暹羅之東境。又與英分南掌，以窺我滇、粵。其民敏鋭而囂，故多遠功，而時有内患。國無王位，政由議院定之，而舉大統領以總其成，謂之民主政。都城曰巴黎。

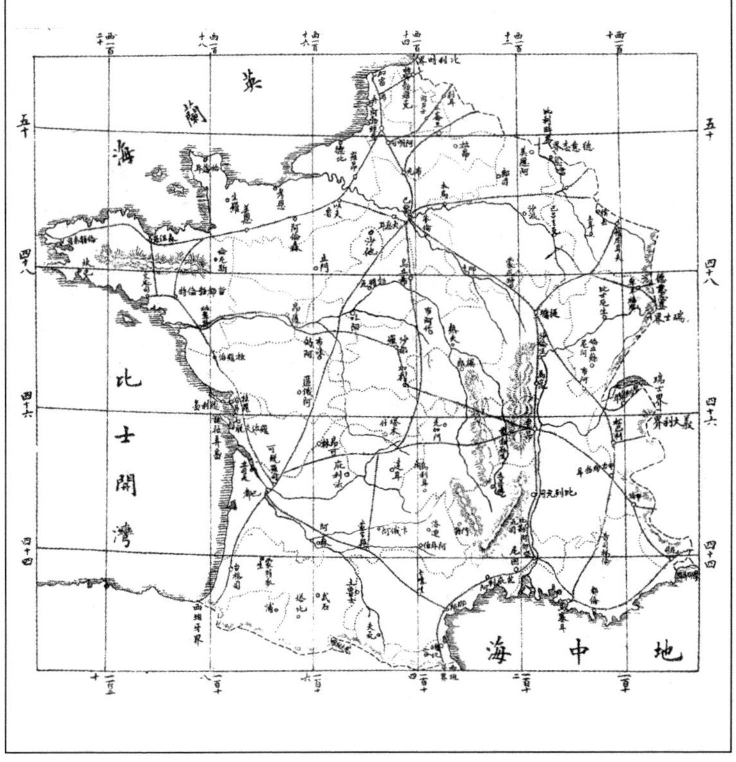

卷一

德

入

德 dé

登入聲。心之所得曰德。今國名。德行。德意志。

多則切。德意志古稱日耳曼，聯二十六邦為一國，而普魯士為之長。歐洲之中原也。元初，奧地利阿最强，其王稱日耳曼帝。嘉慶中，為法所敗，諸國分裂。及普魯士興，破法破奧，遂起而代之，更號德意志，都於伯林。其民夙擅文學。近更鋭意製造，軍械精利，陸軍推歐洲第一。其開拓新地，後於各國。今其所屬有阿非利加三部，及澳薩尼阿羣島之一區。至近日所購之南洋一小島，及租諸我國之膠州灣，皆以為駐泊海軍之用也。

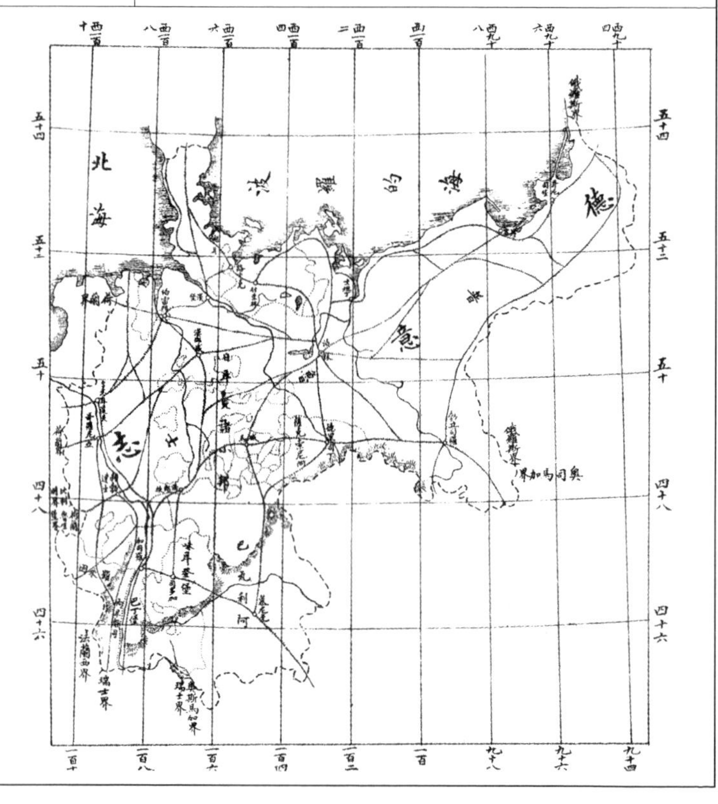

去

奥 ào

音墺。室西南隅為奥。因假為隱曲之稱。今國名。深奥。奥斯馬加。

烏到切。奥地利阿，古為日耳曼共主。全盛時，南轄義大利，西控荷蘭。同治初，奥王與匈牙利女主結婚，兩國合而為一，稱奥斯馬加。自後義既自立，普又代興，既失上國之權，并不與聯邦之列矣。惟於俄、土交戰之際，得土國之屬地兩部。都城曰維也納。

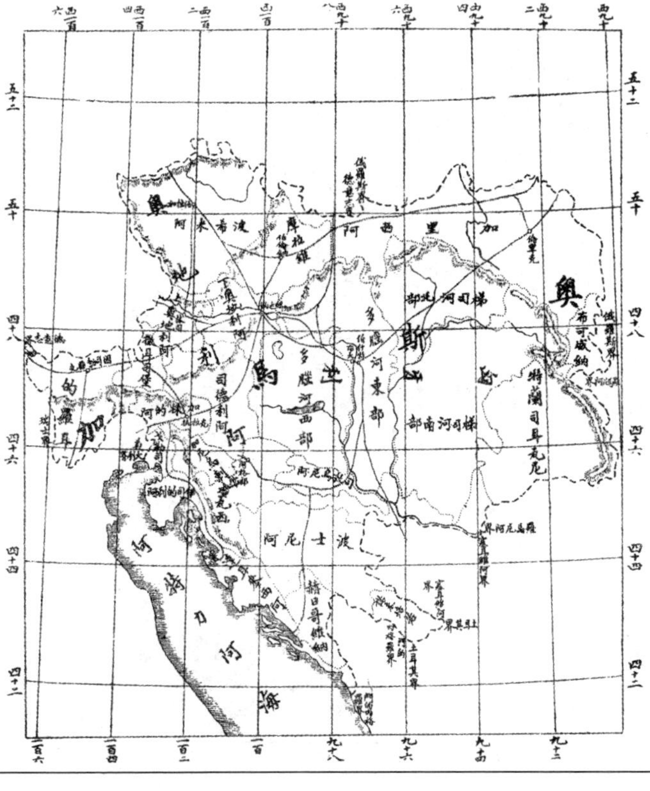

去 義 义 yì	宜寄切。義大利即羅馬，古為歐洲一統之國。漢時嘗遣使東來，所謂大秦是也。羅馬亡，義大利分為數小國，常役屬於强隣。至咸豐之季，始再立國。同治中，定都於羅馬。 天主教教皇居羅馬，古時權力至大。今為義所奪。	去 瑞 瑞 ruì	是僞切。瑞士亦日耳曼之族。地小多山，風景清幽，為歐洲冠。古稱善戰。合二十二部為聯邦。其政亦從民主。都城曰百爾尼。
音議。事之宜也。今國名。仁義。義大利。		音倕。以玉為信也。又祥也。今國名。五瑞。祥瑞。瑞士。	

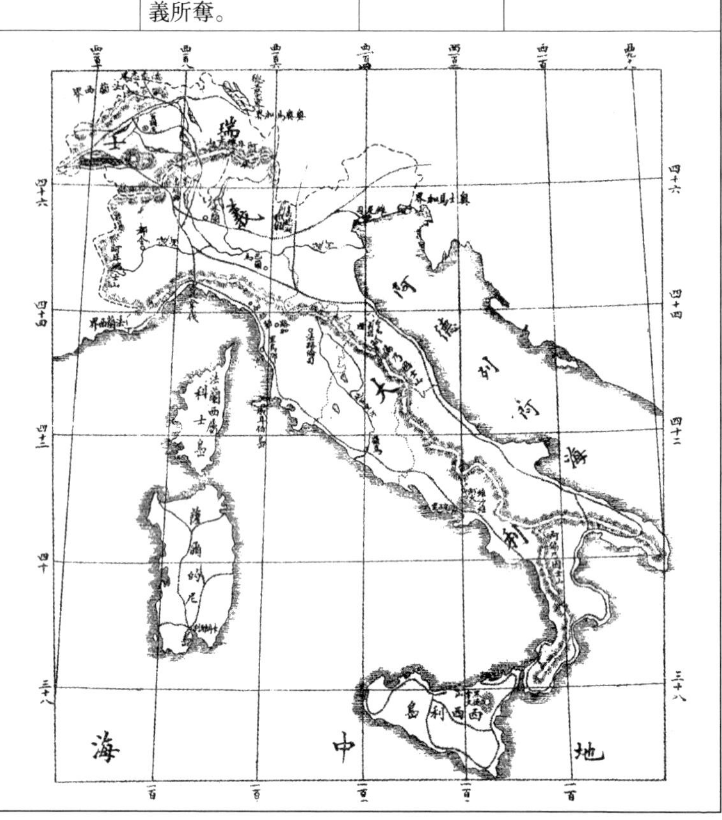

上

荷

平

荷 hé hè

音何。花名。今國名。荷花。荷蘭。

何上聲。負擔也。荷簣。

胡歌切。又胡可切。荷蘭本日耳曼地，宋時始自立國，都城曰愛司台特。沮洳濱海，故民善操舟。明之中葉，東略南洋羣島，遂來通市。乾、嘉而後，屬地多為英奪。今所存之蘇門答臘諸島，猶大於其國十百倍也。

上　去

比

比 bǐ

音匕。較也。比例。

音避。阿黨也。今國名。朋比。比利時。

卑履切。又毗意切。比利時本荷蘭南境，奉教與荷異，積不相能。道光中，與荷苦戰數年，始得自立。人稠地狹，工業最盛。國家既與各國通商，比亦踵至，商貨以鐵器為多。

比王兼王阿非利加之康果國，而康果不屬比。

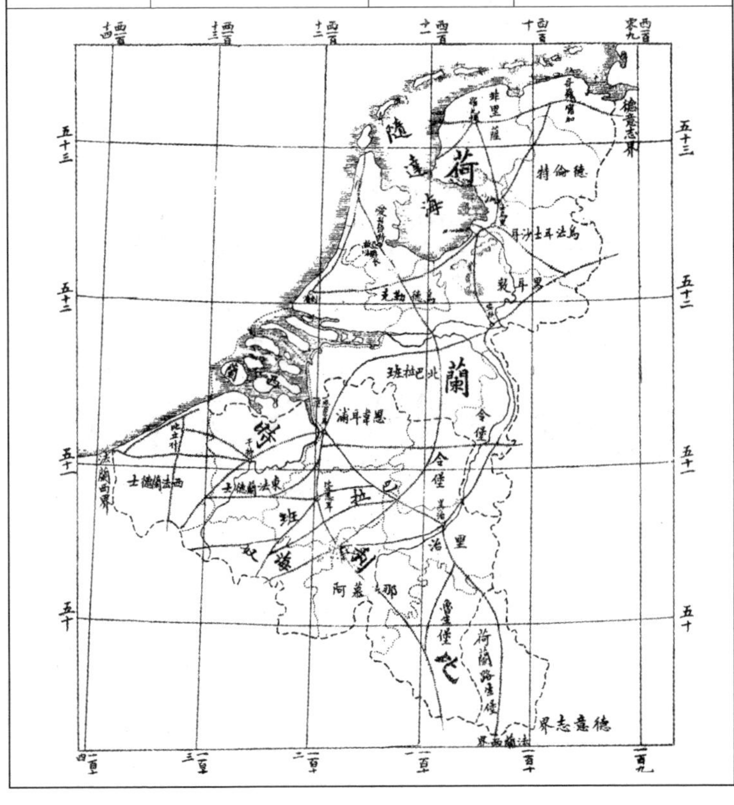

班

平

班 bān

音頒。分布也。又位次曰班。今國名。班荆。班次。西班牙。

布還切。西班牙或作日斯巴尼亞，在歐洲西南，古强國也。明之中葉，國人始探得美洲，收其大半為屬地，廣開礦産，國益富强。嘉、道以後，屬地多自立國。近與美國戰，又失古巴及南洋諸島，自是僅存北非洲一部為屬地。

葡

平

葡 pú

音蒲。果名。今國名。葡萄。葡萄牙。

薄胡切。葡萄牙，古西班牙地。宋時始分國。明之中葉，國人至南非洲，繞而東行，經南洋羣島，而至澳門，所至輒佔據之。後為荷蘭、西班牙、英、法諸國所奪，僅餘澳門及非洲東邊諸地。都城曰力士本。

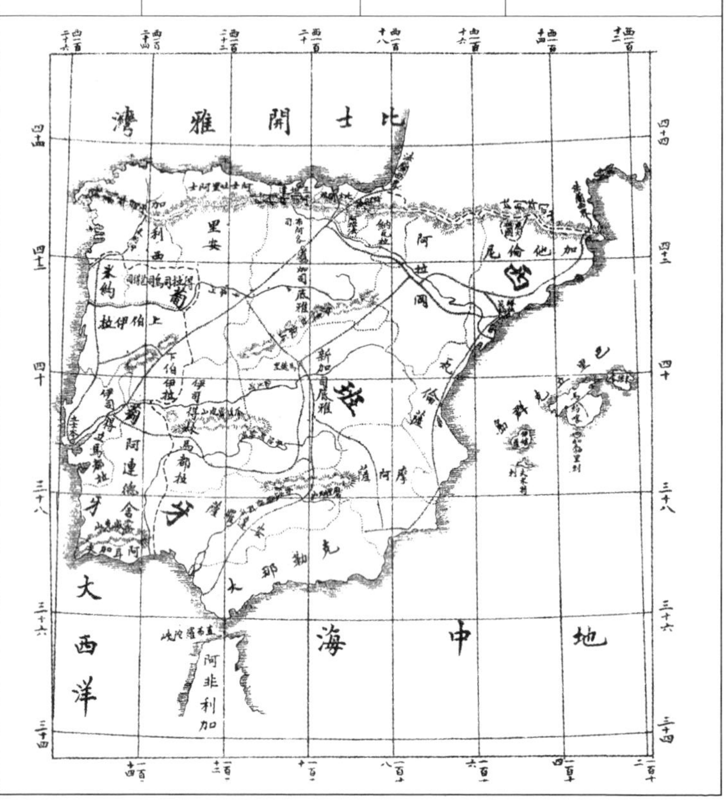

上
那
平

那 nuó nà

音儺。音娜。由此指彼之稱。今國名。那個。那一個。瑞那。

諾何切。又乃可切。那威本與瑞典各為一國，後皆滅於丹馬。瑞典先復。及嘉慶中，始以那威并入瑞典，稱瑞典那威，約言之曰瑞那也。氣候苦寒，故地廣而不皁。道光之季，始來通商。都城曰司託克宏。

平
丹

丹 dān

音單。赤色沙也。假為丹黄之丹，及丹丸之丹。今國名。丹沙。丹馬。

多寒切。丹馬古以航海擅名。全盛時，兼并瑞那，以兵力雄一代。後屬日耳曼。明時始自立國，而瑞那又相繼叛去。同治中，與普、奧戰敗，割地以和。地本狹隘，以適當波羅的海之口，故以形勝著於歐洲。

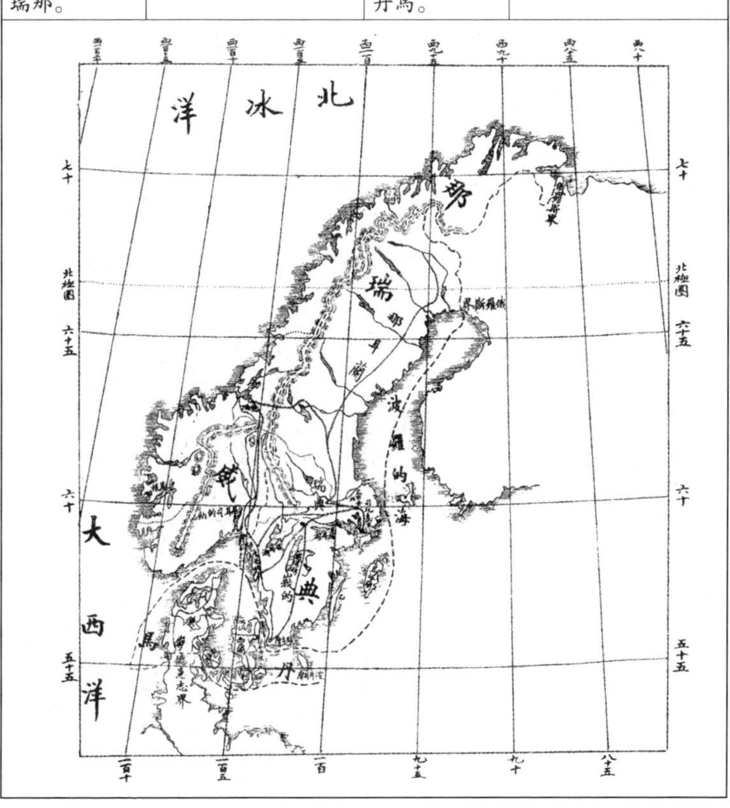

合 入	音閤。分之對也，有并聚之義。和合。合衆國。	衆 去	終去聲。三人以上曰衆，引申為凡多數之稱。大衆。衆人。
合 hé	候閤切。	众 zhòng	之仲切。

北阿美利加合衆國，通稱曰美利堅，省曰美國者是也。其地古未開闢，明季始有歐洲人雜居之，而屬於英。乾隆中，國人拒英而自立。都城曰華盛頓。合十三邦為國，各治以統領，而以大統領總其成。葢其法一如瑞士也。初起時，轄境尚狹，後併英、法各屬地，為三十七部。又購俄屬之阿拉士加，奪新墨西哥，近則收檀香山，據古巴及非立濱羣島，幅幎之廣，僅亞英、俄矣。

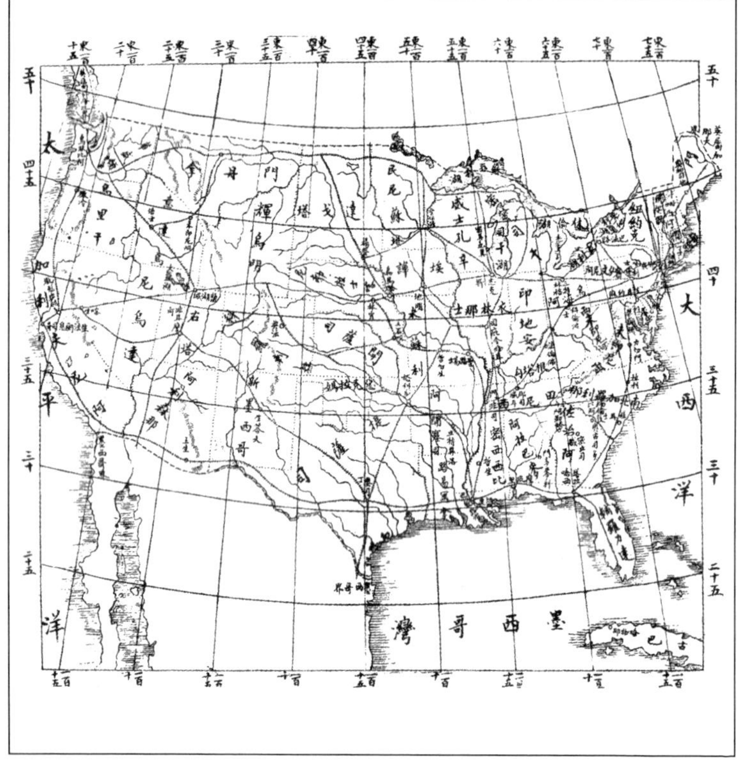

墨

入

墨 mò

音默。煙炱也。捶之以膠，則為筆墨之墨。又假為黑色之通稱。今國名。墨西哥。

莫北切。墨西哥在美國南，歐人未來時，已自立國。其民與黃種相似，相傳為亞東諸國之同族。明時為西班牙所滅，國人屢起兵拒之。道光初，始自立國。而北境為美國所侵蝕。地多礦產，銀為尤富。今我國通用之洋銀，即其所製，每年運至者甚多。

美洲各國之自主者，其君若大臣，率係歐洲種類，惟墨西哥則猶為土著之民。

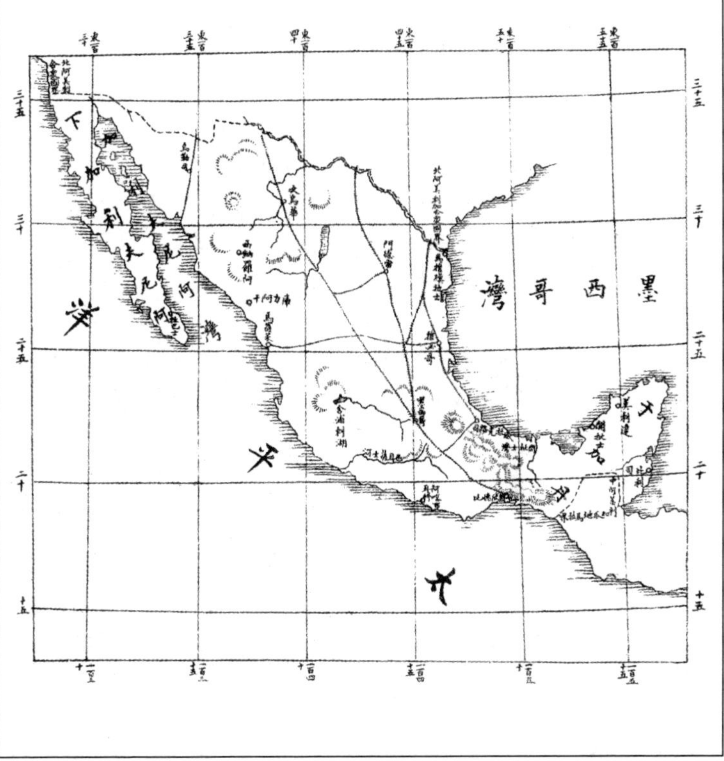

巴 平 巴 bā 音芭。古地名。又今國名。巴蜀。巴西。	伯加切。巴西，南美洲大國也。明時葡萄牙人開闢之，中奪於荷蘭，後仍為葡屬。嘉慶中，別自立國，而以葡王子王之，既又改為民主。地甚廣而人力未施。近與我國立約，招工往墾，然成效未能遽見也。都城曰里約及内羅。	祕 去 秘 mì bì 音貴。隱匿不可宣者曰祕。今國名。祕密。祕魯。	兵媚切。祕魯亦西班牙所闢。道光初，始逐其官而自立，亦民主政也。地富礦産，兼多珍寶，而民食不敷。光緒初，與我國立約招工。其都城曰里馬。

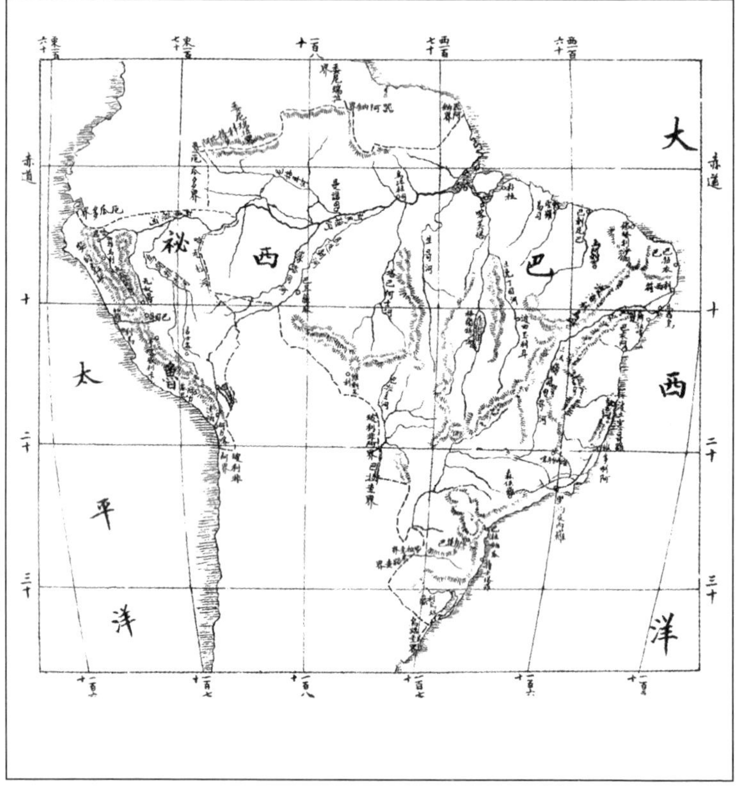

坤 平 坤 kūn 音髠。大地曰坤。純陰曰坤。乾坤。	苦昆切。《易》:“坤為地。”(☷)順也。凡地道、妻道、臣道,皆主乎順。	上 境 境 jìng 音景。疆之所界曰境。境界。越境。	舉影切。竟與境通,謂疆土至此而竟也。
域 入 域 yù 音棫。界之所限曰域。畛域。域中。	雨逼切。天子、諸侯所守之土曰域。古稱九州為九域,稱窮邊為絕域,又以墓限為墓域,皆有止而不過之意。	邦 平 邦 bāng 音梆。國之大者曰邦。邦畿。萬邦。	悲江切。天子、諸侯所都之地曰邦。邦與國通用。漢時避高祖諱,多以國字代之。
國 入 国 guó 觥入聲。邦也。國家。大國。	骨或切。或古域字。或在囗中謂之國。 大曰邦,小曰國。邦之所居亦曰國。 漢時西域諸國,其築城為守者曰城郭之國,其不立城馬上為國者曰行國。	畿 平 畿 jī 音祈。王者之都曰畿。邦畿。畿內。	渠希切。古者王國千里曰王畿。自是以往,每五百里為一畿,通天下為九畿。侯、甸、男、采、衞、要,內六服也。夷、鎮、藩,外三服也。唐虞曰服,殷周曰畿。

去 郡 郡 jùn 羣去聲。統縣曰郡。郡守即今知府之職。郡縣。闔郡。	具運切。郡，羣也，人所羣聚也。古者縣大郡小。《左傳》“上大夫受縣，下大夫受郡”是也。秦并天下，置三十六郡，由是郡大縣小。後世因之。今日本猶沿縣大郡小之制。	廳 平 厅 tīng 音汀。屋也。正廳。客廳。今隸於府曰散廳，不隸於府曰直隸廳。	他丁切。古者官廨謂之聽事，謂於此交事而聽訟也。漢、晉皆作聽，六朝以後乃始加广。引申之，凡設官分治之所皆曰廳。如同、通及巡、典為府、縣之所分，故皆得稱廳。
邑 入 邑 yì 音浥。屬於郡而次於州者曰邑。邑令。郡邑。	於汲切。古邑字訓為國。《尚書》“西邑夏”“天邑商”“大邑周”，皆指國而言也。《周禮》“四井為邑”，則邑止二里而已。今以一縣為一邑，故縣令亦稱邑宰。	州 平 州 zhōu 音洲。大於縣而小於府者為州。有直隸州、散州之別。知州。	職流切。《虞書》十二州，冀、兖、青、徐、揚、荆、豫、梁、雍之外，有幽、并、營三州。禹平水土，復為九州。殷制，分冀為幽，合并於營，合青於徐，合豫於梁，即《爾雅》之九州也。周制，合徐於荆，合梁於雍，分冀為冀、幽、并，即《周禮·職方》之九州也。
上 府 府 fǔ 音甫。一郡為一府。知府。府道。	匪父切。百官所居曰府。 又藏貨財曰府。《周禮》有大府、玉府、内府、外府、泉府、天府，皆掌財幣之官。 又水、火、金、木、土、穀，謂之六府。 今以郡守為知府。	去 縣 平 县 xuán xiàn 音懸。繫也。倒懸。 音炫。隸於府者曰縣。縣官。知縣。	胡涓切。本是懸挂之懸，今借為州縣之縣。讀黄練切。縣，懸係也。周之縣係於遂，秦漢之縣係於郡，今縣係於府。

洲 平 洲 zhōu 音周。水中可居之地曰洲。洲渚。亞洲。歐洲。非洲。美洲。	職流切。地球之内分五大洲：東半球曰亞細亞洲，歐羅巴洲，阿非利加洲，澳塞尼亞洲；西半球曰亞美利加洲。美洲又分南、北，故亦稱六洲。蓋因全球之地，水多於陸，且俱懸立海中，故曰洲也。	鄉 平 乡 xiāng 音香。郭以外曰鄉。鄉里。城鄉。	許良切。《周禮》五州為鄉，合之凡萬二千五百户。若《管子》十率為鄉，是以二千家為一鄉；《廣雅》十邑為鄉，是以三千六百家為一鄉。均非周制。 今縣各有鄉，所設鄉董，即漢制三老、游徼、嗇夫之類。
寰 平 寰 huán 音環。天子封畿内縣也。人寰。	户關切。宫之周垣也。引申之，凡周坤輿之内皆曰寰。今宇曰寰宇，瀛曰寰瀛，皆指坤輿之大言之也。	上 黨 党 dǎng 音讜。五百家為黨。鄉黨。黨人。	多朗切。周制五家為比，五比為閭，五閭為族，五族為黨。黨，朋也，助也。朋助而匿非，則為偏黨、朋黨之黨。
區 平 区 qū 音驅。九州之宇曰區。區别。一區。	定俱切。藏匿也。品在匸中，藏匿之意也。匿於内者，其外必虚，故區夏、區宇，皆以空虚為義。引申之，為區别之區。凡置田宅皆曰區，取其彼此不相混也。 又區區，小貌。	上 里 里 lǐ 音裏。五家為鄰，五鄰為里。鄉里。里巷。	良以切。里數長短，自古不齊。《周禮》二十五家為里，《尚書·大傳》七十二家為里，《管子》百家為里，《鶡冠子》五十家為里。今中國以三百六十步為一里，法國以四萬分赤道之一為一里，英國一海里當中國三里有奇。

城 平 城 chéng 音成。所以衞民者曰城。城門。省城。	時征切。鯀始作城。內曰城，外曰郭。 中國省會及府、廳、州、縣，大半築城以守。京都之城凡三匝：曰外城，曰內城，曰紫禁城。外國國都，如倫敦、聖彼得堡、華盛頓、柏林皆無城。	郭 入 郭 guō 音椁。外城曰郭。郭外。附郭。	古博切。廓也。廓落在城外也。

上 市 市 shì 音恃。商賈所萃曰市。古者神農作市。城市。市鎮。	時止切。買賣之所曰市。買之賣之亦曰市。 《周禮》:“大市日昃而市，百工為主。朝市朝時而市，商賈為主。夕市夕時而市，販夫、販婦為主。” 古未有市，貨賣常於井邊，故曰市井。	去 巷 衖 巷 xiàng 學去聲。里中小道也，俗呼為衖。京都謂之胡同。小巷。衖堂。	胡絳切。凡塗直曰街，曲曰巷，故大道而有小徑者謂之巷。宮中長廡相通曰永巷。
上 井 井 jǐng 精上聲。穴地出泉曰井。古者伯益作井。	丼 子郢切。外象井韓，内象瓶之汲也。古者田九百畝曰井，其制即如井字。 《易》有井卦（䷯）。又南方宿也。八星横列天河中，形似兩井相連。 今川、滇均有鹽井。	橋 平 桥 qiáo 音喬。架梁於水，高而穹者曰橋。浮橋。橋梁。	巨嬌切。古時駢木為橋。或懸繩以渡，名曰絚橋。後世乃有石橋、鐵橋之制。引申之，凡器有横梁者皆曰橋。 《禮記》:“奉席如橋衡。”橋，桔槔上衡也，亦取横梁之義。
街 平 街 jiē 音佳。道之四通者曰街。大街。街路。	古膎切。大道也。 又星名。昴、西二星曰天街。	去 路 路 lù 音輅。徑之大者曰路。道路。路徑。	魯故切。行旅之塗也。鋪鐵軌行火車者為鐵路。其法創於西人。今中國已造者，由京而津而榆關而東三省為一路；由京而保定而定州為一路；由上海而吳淞為一路。 又大也。君之所在，以大為號。如路門、路寢、路車是。

去 鎮 镇 zhèn 音震。力能定之曰鎮。鎮守。村之大者亦曰鎮。鄉鎮。	陟刃切。壓也。凡藩封曰藩鎮，名山曰山鎮，皆取鎮壓之義。又郊關之外，人烟湊雜者曰鎮。中國向有四大鎮，漢口、景德、佛山、朱仙是也。	邨 平 村 村 cūn 寸平聲。聚落也。邨落。鄉邨。	倉尊切。俗作村。經史無村字。

驛 入 驿 yì 音亦。馬遞曰驛。往來不絶曰駱驛。驛站。	羊益切。驛所以傳命也。傳車曰馹、曰郵，置騎曰驛。引申之，迎賓之館亦曰驛。	溝 平 沟 gōu 音鈎。田間水道曰溝。水注谷亦曰溝。溝渠。深溝。	居侯切。溝，搆也。縱横相交搆也。《考工記》：九夫為井，井間深四尺、廣四尺謂之溝。
渡 去 渡 dù 音度。濟河曰渡。渡船。擺渡。	徒故切。	渠 平 渠 qú 音蕖。水坑也。溝渠。	求於切。水所居曰渠。《史記》有《河渠書》。大渠曰河，小渠曰溝。河者，天生之河；渠者，人鑿之河也。 又通鉅，大也。渠魁、渠帥，皆以大為義。 又人我相對别指一人曰渠。
岸 去 岸 àn 音犴。水厓高者為岸。岸灘。石駁岸。	魚幹切。厓峻而水深者曰岸。轉為傲岸、魁岸之岸，謂其人高峻如崖岸也。 又繫於朝廷者曰獄，繫於鄉亭者曰岸。	田 平 田 tián 音闐。地已耕者曰田。田地。種田。	待年切。樹穀曰田。外象封畛，内象阡陌。歲耕種者為不易上田，休一歲者為一易中田，休二歲者為再易下田。 古之井田，隱寓限民名田之意。後世仿行之，每多流弊。

郊 平 郊 jiāo 音交。邑外為郊。荒郊。郊關。	古肴切。距國五十里為近郊，距國百里為遠郊。 又祭名。冬日至，大祀天於圜丘，謂之南郊。夏日至，大祭地於方澤，謂之北郊。	隰 入 隰 xí 音習。下溼曰隰。田之新發者曰隰。原隰。	似入切。凡土地窪下而又沮洳者曰隰。
上 野 野 yě 音也。邑外曰郊，郊外曰野。野人。草野。	羊者切。去國百里謂之野。田野之士，樸而不文，故轉為鄙野之野。 大野，藪名。兖州之澤也。	上 隴 壟 陇 lǒng 音壠。大阪曰隴。隴畝。壟斷。	力董切。隴阪謂隴坻，即今陝西鞏昌府之隴山也。漢隴西郡在隴山之西，故名。 又田之高者曰隴。
原 平 原 yuán 音元。大野曰平，廣平曰原。本原。原情。	愚袁切。俗作源。本也。泉之本曰原。尋其本之所在亦曰原。凡原委、原流之原，皆以本為義。凡推原、原諒之原，皆以尋其本為義。	上 畝 亩 mǔ 謀上聲。田十分為畝。畎畝。	莫後切。周制六尺為步，步百為畝。秦漢以二百四十步為一畝，今從之。

場 平 场 cháng chǎng 音長。隙地曰場。場屋。洋場。	直良切。祭神道也。築土為壇，除地為場。引申之，凡地之平坦可以容衆者皆曰場。故治穀之地曰場圃，試士之地曰闈場，用兵之地曰戰場，皆取平坦之義。	郵 平 邮 yóu 音尤。傳送文書之舍也。郵政。置郵。	于求切。驛也。馬傳曰置，步傳曰郵。 西人郵政，利歸公家，至特派大臣以主之。城市村鎮，設置殆徧。中國通商各埠，近亦仿而行之。 又郵亭。田畔草亭也。田畯居之以督民耕，謂之郵表畷。
墟 平 墟 xū 音虛。地廣大荒而不治曰墟。墟墓。故墟。	邱於切。《説文》："昆崙邱謂之昆崙墟。"墟者，大邱也。大邱必空曠，故轉而為姚墟、殷墟之墟。 又渤海之東有大壑曰歸墟，言水之歸於壑，如土之歸於邱也。	衝 平 冲 chōng 音穜。路之四達者曰衝。衝煩。衝要。	尺容切。衝者，四通五達之衢也。今稱府縣當驛路者曰衝，亦宗此義。 又突也。衝車用銕著其轅端，所以衝突敵城而鋭入也。
津 平 津 jīn 音蓁。渡也。天津。津梁。	將鄰切。自黄河泛舟而渡曰津。引申之，凡水次皆曰津。又近於水者必潤，故假為津液之津。《周禮》："其民黑而津。"津，潤也。	塗 平　途 涂 tú 音徒。路之未治者曰塗。又泥也。塗抹。糊塗。	同都切。塗亦路也，而有不潔之意。故引申為塗泥、塗炭之塗。又轉為塗改、塗抹之塗。 三塗，太行、轘轅、崤澠也。皆在河南境内。

皋

平　皋

皋 gāo

音高。水濱淤地也。九皋。皋陶。

姑勞切。皋之言高也。門之高者曰皋，如皋門是。岸之高者亦曰皋，如江皋、漢皋是。又長聲而告之曰皋。

塵

平

尘 chén

音陳。風起揚埃曰塵。塵土。風塵。

池隣切。鹿行揚土也。本作䴟，今省作塵。《莊子》以野馬比塵埃，謂其以息相吹，微而無着也。故數小於沙者為塵。

窟

入

窟 kū

音崛。獸穴曰窟。三窟。窟室。

苦骨切。兔之所穴謂之窟。引申之，凡穴土皆曰窟。又申之，凡有孔者皆曰窟。

泥

去

平

泥 ní nì

音尼。水和土也。泥塗。尼去聲。滯也。

奴低切。水積於土則成泥。積之既久，滯而不通，故引申為拘泥之泥。讀乃計切。

藪

上

薮 sǒu

音叟。大澤也。淵藪。藪澤。

蘇后切。藪之言厚也。《周禮》九藪，《爾雅》十藪，其名畧異。

塊

上

凷

块 kuài

音蒯。堅土曰塊。塊頭。石塊。

苦潰切。墣也。土之有結力者也。地曰大塊，胷中不平曰塊壘，皆有凝結之義。

隄 平　堤 堤 dī 音低。築防遏水曰隄。隄工。長隄。	都黎切。防也。 又《爾雅》:“隄謂之梁。”		
去 壩 坝 bà 音霸。隄之横截水流者曰壩。隄壩。	必駕切。壩者，霸也。壘土以遏水，猶霸者之以力勝也。有低於水面，大水得冒之而過者，謂之滚水壩。壘石為横隄不斷全流者，曰掃壩。	隅 平 隅 yú 音虞。角也。四隅。城隅。	元俱切。角之方而不鋭者曰隅。故海角曰海隅，一方謂之一隅。
堆 平 堆 duī 對平聲。小阜曰堆。灰堆。堆積。	都回切。聚土也。 蜀有瞿塘灩澦堆，古稱天險。		

歧 平 歧 qí 音祁。物兩為歧。歧途。臨歧。	巨支切。歧，歧路也。《爾雅》："二達謂之歧。"引申之，兩舌謂之歧舌；麥一莖雙穗，謂之兩歧。	去 隘 隘 ài 音縊。狹陋也。隘巷。險隘。	烏懈切。窄也。窄者必險，故引申為阻隘之隘。窄者必小，故引申為湫隘之隘。
上 鄙 鄙 bǐ 音比。郊以外曰鄙。鄙人。縣鄙。	補美切。周制五百家為鄙，太宰以八則治都鄙。葢指王子弟、公卿、大夫采地言之也。引申為邊鄙之鄙，轉注為鄙陋之鄙。鄙古作啚，後誤認為圖字，遂稱為某都某啚。今仍之。	上　去 遠 远 yuǎn 爰上聲。不近曰遠。遼遠。遠方。 爰去聲。不使之近曰遠。	雲阮切。遠近之遠。上聲。如《詩》"其人甚遠"是也。 于願切。遠離之遠。去聲。如《論語》"敬鬼神而遠之"是也。
去 畔 叛 畔 pàn 音叛。田之界也。畔岸。反叛。	薄半切。畔者，一夫百畝之界。如農夫有畔是也。界畫則離，故為離畔之畔，又轉為背畔之畔。	上 邇 迩 ěr 音爾。邇者，遐之對也。遠邇。邇來。	兒氏切。近也。 又通作爾。《儀禮·燕禮》："君南鄉爾卿，卿西面北上爾大夫。"謂揖而移之近之也。

迂

平

迂 yū

音于。遠也。迂曲。迂儒。

羽俱切。遠而濶於事情也。識之拘而不化者曰迂，道之曲而難達者亦曰迂。

遥

平

遥 yáo

音謡。遠也。遥望。

餘招切。遥遥，遠貌。《莊子》有《逍遥游》篇。逍遥，翱翔之意也。

遐

平

遐 xiá

音霞。遐者，邇之對也。遐方。

何加切。遠也。
又與何通。遐不，即何不也。

通

平

通 tōng

統平聲。推而行之謂之通。通達。貫通。

他紅切。徹也。洞也。無所不洞貫也。故凡書之首末全者曰一通。引伸之為通達、通暢之通，更伸之為通候、通道之通。

近

上　去

近 jìn

音癢。近者，遠之對也。近今。左近。音覲。

其謹切。不遠之謂近。凡近地、近時之近，皆讀上聲。
巨靳切。附也。謂非實到而附近之也。凡近光、近侍之近，皆讀去聲。

達

入

达 dá

音蓬。通也。達人。豁達。

陀葛切。旁通曰達。如《虞書》“達四聰”，《禹貢》“達于河”是也。上出曰達，如《禮記》“萌者盡達”、《周頌》“驛驛其達”是也。又小羊名也。羊子易生無留難，故《詩》云“先生如達”。

關 平 关 guān	古還切。以木橫持門户也，亦曰門牡。 又界上之門曰關，如函谷關是也。今函關以西，總名關中。 又脉也。脉有寸、關、尺之别，掌後高骨謂之關。	沙 平 沙 shā	所加切。水中散石也。沙漠之地，不生水草，古名翰海。亦稱流沙，謂其沙隨風流行也。 又《算經》:“十塵為沙，十沙為纖。”
音瘝。橫木為關。關梁。海關。		音紗。石屑曰沙。黄沙。沙土。	今自外蒙古車臣汗起，迤西至新疆和闐州止，長近萬里，均稱沙漠。中國沙漠長而狹，阿非利加沙漠長與之等而寬過之。
塞 去　入 塞 sāi sài	悉則切。閉塞、充塞皆曰塞。 又博塞，戲具也。 先代切。窮邊要害處也。凡要害之處，必塞之以禦外寇，故謂之塞。 《淮南子》有九塞。今東北起長城，西北至嘉峪關，皆邊塞之地。	漠 入 漠 mò	
音寒。隔而不通曰塞。閉塞。音賽。邊城曰塞。關塞。塞上。		音莫。沙土曰漠。又泊然寡營也。沙漠。淡漠。	慕各切。漠者，莫也。言沙磧廣莫，望之漠漠然也。 漠河在今黑龍江，與俄接境，産金最旺。

平

邊

边 biān

音編。萬物之界曰邊。邊塞。四邊。

卑眠切。界乎鄰者為邊。今中國東邊日本，西北邊俄，南邊英法。

上

限

限 xiàn

音硍。界之所畫曰限。限量。界限。

乎簡切。阻也。界之以阻之也。門閾以阻內外，故亦曰門限。又腰帶處曰限。《易》“艮其限”，謂在身之中，可以限上下也。

去

徼

徼 jiào

音叫。塞也。東北謂之塞，西南謂之徼。邊徼。

古弔切。徼以遮繞為義。古之徼塞，柵木於水，以界蠻夷，有屏蔽中華之意，故謂之徼。

上

险 xiǎn

音獫。反平為險。險惡。危險。

虛檢切。阻也。阻者必隘，故路之狹隘者曰險；阻者必危，故人之傾危者曰險。

去

界

界 jiè

音戒。限也。疆界。界牌。

居拜切。區田為界。畫疆亦為界。界者，界於彼此之間。畫之區之，即以限之，故曰界限。

平

夷

夷 yí

音姨。路之坦者曰夷。東夷。夷狄。

以脂切。大也。東方之人也。蠻、閩从虫，狄从犬，貉从豸，羌从羊，皆異種也。夷獨从大。

夷，平也。凡平者必相等，故轉為等夷之夷。相等則不争，故轉為夷悦之夷。欲路之平，必芟其穢，故轉為芟夷之夷及夷滅之夷。

上 氐 平 氐 dǐ dī 音邸。本也。根氐。 音低。西羌種人也。氐奴。氐星。	丁禮切。氐即柢之古文。蔓根曰根，直根曰氐。 又與抵同。大氐，大凡也。 又都奚切。東方宿也。氐四星，似箕而側，亦謂之天根。 又《山海經》有氐人國。氐，西夷也，漢時居秦隴之西。
狄 逖 入 狄 dí tì 音敵。北方曰狄。夷狄。 音惕。逖矣。	徒歷切。狄者，辟也。男女同穴，其行邪辟也。《周禮》稱六狄，《禮記》稱五狄，《爾雅》稱八狄。其說各殊。 又吏之賤者曰狄。 又他歷切。本作逖。遠也。
羌 平 羌 qiāng 音蜣。西戎牧羊人也。氐羌。羌乃。	墟羊切。羌，三苗。姜姓之後，舜徙之於三危，在今藏衛之地。 又羌，乃也。楚人發語辭也。
蠻 平 蛮 mán 音鬘。南夷名也。蠻方。野蠻。	莫還切。蠻者，縻也。《禹貢》“三百里蠻”，謂以文德羈縻之，不制以法。其種有八。 又蠻蠻，比翼鳥也。《山海經》：崇吾之山有鳥焉，其狀如鳧，而一目一翼，相得乃飛，名蠻蠻。又綿蠻，鳥聲也。
戎 平 戎 róng 音絨。兵器也。戎狄。兵戎。	如融切。兵也。五戎，弓、殳、矛、戈、戟也。引申之，凡兵車曰戎車。又申之，凡兵事曰戎事。 西方曰戎。戎者，兇也，斬伐生殺不得其中也。其種有六。 又汝也。戎、汝、若、而，一聲之轉也。
貉 貊 入 貉 hé mò 音鶴。狐類。狐貉。 音陌。北狄名也。蠻貊。大貊。小貊。	曷各切。貉性似貍，銳頭，尖鼻，斑色。毛深温厚，可以為裘。 莫白切。通作貊。北方夷狄之名，在荒服者也。

山

平

山 shān

音刪。土有石而高出者曰山。山水。青山。火山。

所間切。地球初成，外殼輭薄，殼内熱質，漲而為山。山中有熱燄噴出者，謂之火山。多在亞美利加西境，他洲亦有之。地學家實測全球最高之山，不過十五英里。

嶽

岳 入

岳 yuè

音鸑。山高而尊者曰嶽。華嶽。岳父。岳母。

逆角切。唐虞四嶽，至周始有五嶽。東岱、南衡、西華、北恆、中嵩是也。國有大事，必行祭告之典。今列於中祀。

嶺

上

岭 lǐng

音領。數山相連而長者為嶺。山嶺。嶺上。

良郢切。嶺，領也。山之肩領，可通道路者也。泰西地學家以山聯峯缺，人可往來之處曰嶺，則與肩領相通之義合。

嶺古通領。領之作嶺猶顛之為巔也。

岡

平

冈 gāng

音剛。山之上鋭而下廣者曰岡。岡嶺。

古郎切。山脊也。泰西地學家以連山旁列，視之凸起歷歷如鋸齒形者，為山脊。

嵐

平

岚 lán

音婪。山氣曰嵐。山嵐。嵐氣。

魯寒切。山中積氣，曖曖浮浮，烝而成潤者為嵐。

又州名。匈奴樓蘭王所居。漢為太原地，後魏置嵐州。

巖

平

岩 yán

音喦。山勢不平曰巖。巖崟。巖巖。

魚咸切。高也。山之傍水壁立者為崖，崖之高起處為巖。高者必險，故邑之險者曰巖邑，疆之險者為巖疆。

島

上

岛 dǎo

刀上聲。海中有山可依止者曰島。海島。島夷。

都老切。凡環海為國者曰島國。英、日均以島立國。南洋羣島以百計，今歐人悉開為埠頭。舊時酋長，蓋罕有存者。

南洋小島中，有為珊瑚所積成者。珊瑚本一種微蟲之窩，叢生海中，上壅浮土，即成一島。

嶼

上

屿 yǔ

胥上聲。海中洲也。島嶼。

象吕切。水中平島曰嶼。今南洋有鼓浪嶼、檳榔嶼，皆羣島之名。

坡

平

坡 pō

破平聲。山之斜而上者曰坡。東坡。

普禾切。阪也，字亦作陂。謂其陂陁而上也。今滇俗稱山嶺曰長坡，其陂陁而高峻者曰相見坡。

瀑

入

瀑 pù

音僕。飛泉縣水也。飛瀑。瀑布。

蒲木切。疾雨為瀑。水之濆起者亦曰瀑。今山閒急流，自上注下，光如匹練者，謂之瀑布。

洞

去

洞 dòng

音恫。中空曰洞。山洞。洞天。

徒弄切。水流疾也。水之流無所不通，故叚借為洞達之洞。引申之，凡有孔穴者皆曰洞。

今湖南岳州府巴陵縣西南有洞庭湖，江蘇蘇州府吴縣有洞庭山。

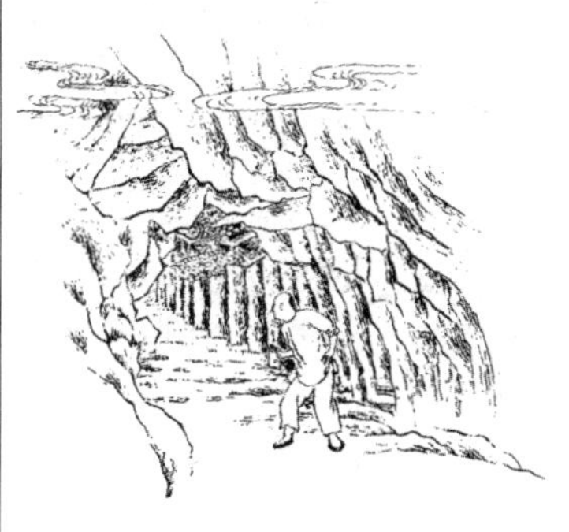

穴

入

穴 xué

音坹。窟室也。穴洞。穿穴。

胡決切。民之初生，未有家室，鑿地為穴而居焉，如《詩》“陶復陶穴”是也。後人以塚壙中為穴。引申之，凡有孔洞者均謂之穴。

泰

去

泰 tài

音太。安舒曰泰。泰山。驕泰。

他蓋切。滑也。从大、廾、水會意。水在手中，下溜甚利，故否泰之泰訓通。通則進退自如，故引申為舒泰之泰。叚借為泰甚、泰侈之泰。

又東嶽曰泰山，在今山東泰安府泰安縣。

去 岱 岱 dài 音逮。東岳曰岱宗。岱畎。	度耐切。泰山一名岱。岱，始也。東方者萬物之始，泰山又王者告代之處，而為五嶽之宗也，故曰岱宗。山周圍百六十里。其陽則魯，其陰則齊。凡徂徠、新甫等山皆其輔也。	恆 平 恒 héng 音峘。久也。北嶽曰恆山。恆星。	胡登切。恆，常也。恆山一名常山。漢時因文帝諱而改。山在今山西大同府渾源州之南，直隸定州曲陽縣西北。
嵩 平 崧 嵩 sōng 音松。中嶽曰嵩山。嵩岳。崧高。	思融切。山大而高謂之嵩。今專以中嶽為嵩。在河南河南府登封縣西。《禹貢》曰外方。秦曰太室。漢武帝名曰崇高山，後漢靈帝改為嵩高山。其實嵩、崇非兩字也。	衡 平 衡 héng 音行。南嶽曰衡山。又稱桿曰衡。衡嶽。權衡。	户庚切。横大木於牛角曰衡。車前横木亦曰衡。叚借為權衡之衡。義取縣者為權，横者為衡也。引申之，北斗之中星曰玉衡。又南嶽曰衡山。在今湖南衡州府衡山縣西北。謂其上承景宿，銓德均物，故取權衡之意名之也。
去 華 平 华 huá huà 音划。色之美者曰華。繁華。音話。西嶽曰華山。太華。少華。	胡瓜切。花之開者曰華。與花朵之琴微别。引申為華美之華。中夏為文物之邦，政教尤美，故曰中華。 又胡化切。山名。太華在陝西華陰縣城南。少華在陝西華州城南。太華高五千仞，廣十里，形如四方削成，與少華相連。	霍 入 霍 huò 音霏。倏忽之貌。霍山。衡霍。	忽郭切。鳥飛聲也。鳥飛速，故以霍然狀病癒。 又山名。霍山有三：《爾雅》以霍山為南嶽，即衡山也；《廣雅》以天柱山為霍山，漢之中嶽，在今安徽霍山縣者是；《周禮》冀州鎮曰霍山，在山西岳陽縣，今稱中鎮者是也。

岷

平

岷 mín

音民。蜀山謂之岷山。岷嶓。

武巾切。岷山在今四川龍安府松潘廳西北二百二十里。江水所出，即隴山之南首也。連峯千里不絕，蜀西諸山，皆其支麓。

砥

上

砥 dǐ

音紙。磨石也。砥礪。

諸氏切。砥，平也。礪石之精者也。又與底通。砥厲亦作底厲。

石

入

石 shí dàn

音碩。山骨也。又量名。十斗曰一石。碩石。斗石。

常隻切。地面以下，皆土石所凝結而成。其石有有層累者，有無層累者。有層累者，石與石疊，似乎磚牆。乃由水淤結而成，故又名水成石。無層累者為花剛石，渾然大塊，無層可分。乃由火融結而成，故又曰火成石。

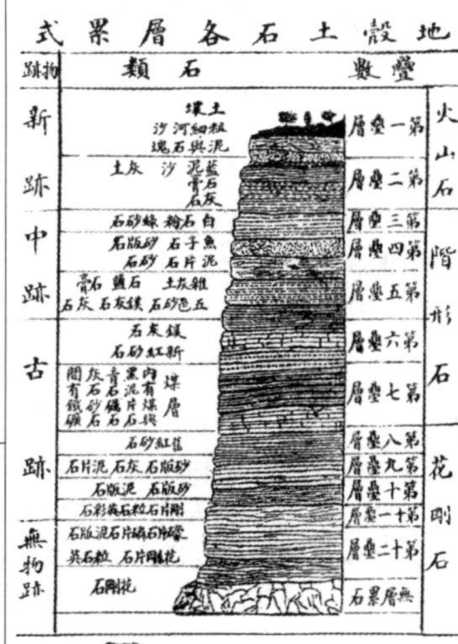

磁

平

磁 cí

音慈。俗稱磁石為吸鐵石。磁電。

疾之切。鐵三分，含養氣四分，即為磁石。能吸引鐵、鎳等金。其吸力常在兩端。以繩懸之，其端必與地球南北極同向。磁石吸力，與地球吸力相感應也。又鋼鐵磨之以磁，或通之以電，皆能成磁。今電學家多用之。

去 礪 砺 lì 音例。石之粗者曰礪。磨礪。	力制切。磨也。可以磨刃之石也。礪以麤礪為稱，故砥細於礪。又與厲通。	
灘 平 滩 tān 音攤。水濱隙地曰灘。沙灘。河灘。	他干切。岸之漬水而乾者曰灘。田曰灘田，地曰灘地，皆指水中涸出者言之也。	
上 港 港 gǎng 音講。水之分流曰港。小港。港湊。	古項切。古無港字，以巷字代之，義亦相類。大道而有徑路曰巷，大河而有支流曰港。 今香港在廣東九龍對岸，英國極大埠頭也。	

涯

平

涯 yá

音崖。水濱也。天涯。

五佳切。水之盡處曰涯。引申之，凡有盡者皆曰涯。

坎

上

坎 kǎn

音欿。穿地曰坎。坎卦。

苦感切。陷也。險也。《易·卦》“坎為水”(☵)。謂其陷於重險，不能自脱也。故引申為坎窞之坎。叚借為坎壈、坎坷之坎。

瀕

平 濱

濒 bīn

音賓。水厓也。海濱。

必鄰切。瀕，邊也。水瀕猶之水邊也。引申為近、為鄰。《史記》“鄒魯瀕洙泗”，《國語》“是以瀕於死”，皆取鄰近之義。

阬

平 坑

坑 kēng

音硍。坎陷曰阬。阬谷。坑厠。

客庚切。高阜也。叚為阬坎之阬。殺人者必棄其屍於阬，故引申為焚書坑儒之坑。俗謂圊厠曰坑，亦以坑坎為義。

灣

平

湾 wān

音彎。水曲曰灣。轉灣。灣曲。

烏還切。凡水折而方者曰曲，折而圓者曰灣。

水

上

水 shuǐ

稅上聲。地面流質曰水。山水。

式軌切。養氣八輕氣一化合則成水。附於地面，流動而不息者也。以地球全面計之，水居十分之七。大者為海洋，小者為溝瀆。又水星為八大行星之一，去日最近者也。

洋 平 洋 yáng 音陽。海水茫無涯涘曰洋。西洋。東洋。	移章切。今中國以直、東、奉、吉、黑為北洋。江、浙、閩、廣為南洋。西人以近北極為北冰洋；近南極為南冰洋；亞洲、澳洲以東，美洲以西為太平洋；美洲以東，歐洲、非洲以西為大西洋；亞洲以南，非洲以東，澳洲以西為印度洋。	

滄 平 沧 cāng 音倉。寒也。滄州。	七剛切。涼也。日初出滄滄涼涼也。昔人謂日出扶桑。扶桑者，東海之名。故又以海為滄海。 又滄浪，水名。在今湖北均州境。	江 平 江 jiāng 音杠。四瀆之一也。長江。	古雙切。江水出四川龍安府松潘廳西北大分水嶺，即《禹貢》之岷山也。東流經湖北、湖南、江西、安徽至江蘇昭文縣境入海。今西人統謂之揚子江。亞洲之江，莫大乎是。 又江者，大河之通稱也。
瀛 平 瀛 yíng 音盈。洋也。瀛寰。大瀛海。	怡成切。古稱裨海所環為州，大瀛海所環為九州。謂大瀛海其會，而裨海其分派也。今西人以大海為洋，而稱其分派曰海，其説正同。蓋今之太平洋、大西洋、印度洋、南北冰洋，皆所謂大瀛海也。	河 平 河 hé 音何。河者，水之伯，四瀆之宗也。黄河。	寒歌切。河源出於青海枯爾坤山，即昆侖也。東經甘肅、陝西、河南，至山東由大清河入海。 本朝河工，以黄淮為大，運河、永定河次之。黄河自底柱以上，兩岸皆山，以下則地勢平坦，沙泥淤積，河身日高，遂多横決之患。

峽

入

峡 xiá

音洽。兩山之間曰峽。海峽。峽江。

胡夾切。山峭而夾水謂之峽。峽，隘也。謂其險隘不可徑趨也。三峽曰西陵峽，曰歸鄉峽，曰巫峽，在今湖北宜昌府、四川夔州府境内。七百里中兩岸連山，非亭午夜分，不見日月。

峯

平

峰 fēng

音風。山之聳而上削者曰峯。峯頭。山峯。

敷容切。山耑也。謂其直上而鋭也。泰西地學家，以一綫挺立者為峯，則與直上而鋭之義合。

陵

平

陵 líng

音淩。大阜曰陵。陵夷。邱陵。

力膺切。邱之大者曰陵。帝王所葬之地亦曰陵，謂其冢之高有似山陵也。叚借為陵轢之陵。此有所陵，彼必有所屈，故又叚為陵遲、陵替之陵。

邱

平　丌

丘 qiū

音蚯。陵之小者曰邱。邱陵。

去鳩切。古以土四方高中央下為邱。實則邱陵、邱墓之邱，皆指中央高四方下言之也。

又周制四邑曰邱，邱十六井。《孟子》“邱民”之義取諸此。

上 阜 阜 fù 音蝨。土山也。邱阜。阜財。	房缶切。大陸曰阜。山無石者曰阜。引申為盛大之義。凡阜財、阜螽之阜，皆取義於此。		
谷 入 谷 gǔ 音穀。兩山閒流水之道也。深谷。	古祿切。兩山之閒必有川。水之注於川者曰谿，水之注於谿者曰谷。今統以山溝曰谷。引申之，凡虛而能受者皆曰谷，如《老子》"曠兮若谷"是也。更申之，凡窒而不通者皆曰谷，如《詩》"進退維谷"是也。	去 澗 涧 jiàn 音覸。山夾水也。溪澗。	居莧切。澗，閒也。言水在兩山閒也。又水名。今澗水出河南河南府澠池縣東北白石山，東流合穀水，至洛陽縣西入於洛。
壑 入 壑 hè 音臛。水之所歸曰壑。邱壑。	黑各切。溝也，阬也，谷也，皆受水之處也。引申之，凡虛而善受者皆曰壑。《莊子》稱海為大壑，謂其注而不滿，酌而不竭也。		

湖 平 湖 hú 音胡。大陂也。湖南。湖北。	洪孤切。凡汪汪千頃可仰以灌溉者，南方名曰湖。《周禮》“揚州……其浸五湖”，即今太湖也。兼長蕩湖、射湖、貴湖、滆湖，謂之五湖。		
淮 平 淮 huái 音懷。四瀆之一。而青州之浸也。淮安。江淮。	户乖切。淮水出今河南南陽府桐柏縣桐柏山，東流經安徽境，匯為洪澤湖，分流入於江海。	漢 去 汉 hàn 音暵。合江之大水也。又俗稱男子曰漢子。江漢。漢朝。好漢。	虚汗切。漢水出今陝西甯羌州北嶓冢山為漾，東過南鄭縣為漢，東流至湖北襄陽府均州為滄浪水。又東南至漢陽大别山為漢口，入於江。 雲漢，天河也。 又代名。承秦後者為西漢、東漢、蜀漢。今沿稱中國人為漢人。
泗 去 泗 sì 音四。水名。青州之川也。淮泗。泗州。	息利切。泗水出今山東兖州府泗水縣陪尾山，經曲阜縣與沂合，至濟甯州天津閘入運河。古道則至江蘇清河縣入淮。今自徐州以南，為淮所占矣。叚借為涕泗之泗。	濟 上 去 泲 济 jǐ jì 音秭。四瀆之一也。 音霽。渡河曰濟。	子禮切。濟水出河南濟源縣王屋山，伏數十里，復出至温縣南入河。今山東大小清河，即濟之故道也。又一水出直隸贊皇縣，至甯晉縣入胡盧河。濟者，渡也。言源出河北，渡河而南也。讀子計切。引申之，為寬猛相濟之濟。

漳

平

漳 zhāng

音章。水名。冀州之川也。漳絨。漳江。

諸良切。清漳有二源：一自山西平定州，一自山西和順縣。並流至遼州交漳村而合，旋經黎城縣入河南林縣界，與濁漳會。又東北入直隸，至天津之西，會白河而入海。濁漳詳“潞”字注。

潁

上

颍 yǐng

音穎。水名。荊州之浸也。潁上。

餘頃切。潁水源出河南河南府登封縣少室山，東南流至安徽潁上縣入淮。

涇

平

泾 jīng

音經。水名。雍州之川也。涇原。

堅靈切。涇水出今甘肅平涼府平涼縣笄頭山，東北流至陝西西安府高陵縣合於渭。渭濁而涇清，二水合流，絕不相混。故謂事之不相雜者曰涇渭。

洛

入

洛 luò

音落。水名。雍州之浸也。洛陽。

力各切。今洛水有二：一出陝西商州熊耳山，東北流至河南汜水縣滿家溝入河，是為南洛；一出甘肅慶陽府安化縣白於山，至陝西朝邑縣入河，是為北洛。

渭

去

渭 wèi

音胃。水名。雍州之浸也。渭河。涇渭。

于貴切。今渭水出甘肅鞏昌府渭源縣鳥鼠山，東南流至陝西同州府華陰縣，北會洛水，入於河。

淇

平

淇 qí

音其。水名。淇園。

渠宜切。淇水出河南衛輝府輝縣東北八里之共山。東南流經淇縣西北與清水合，又東南流至濬縣北，又南東流合於衛河。

去 潞 潞 lù 音路。水名。冀州之浸也。潞黨參。潞河。	洛故切。潞水即濁漳也。濁漳有二源：西源出山西長子縣西南發鳩山，北源出沁州西北伏牛山。至襄垣縣南，二水乃合。東南流至河南林縣交津口，與清漳會。	潼 平 潼 tóng 音同。水名。潼關。梓潼。	徒紅切。今潼江源出四川梓潼縣，下流入涪江。潼關在今陝西同州府潼關廳，關西別有潼水，因以名之。
去 汶 汶 wèn 音問。水名。汶上。	文運切。《漢志》有二汶：一出山東泰安府萊蕪縣原山，西南過壽張縣安民亭，入於濟（今河運全資汶水，而入濟之故道湮矣）；一出青州府臨朐縣沂山，至安邱縣合於濰。	淞 平 淞 sōng 音松。江名。吴淞。	息恭切。淞江一名笠澤，一名松陵江，一名吴淞江。由蘇州三江口分流，東經崑山、上海、嘉定諸縣，迤邐至吴淞口入於海。
沂 平 沂 yí 音澺。水名。青州之浸也。	魚衣切。沂水出山東沂州府沂水縣雕崖山，至江蘇邳州境入運河。	上 浦 浦 pǔ 音普。大水有小口别通者曰浦。下海浦。黄浦灘。	滂五切。水厓也。

上 滬	後五切。列竹於海濋曰滬。蓋取魚具也。叚借為松滬之滬。古稱淞江之側有滬瀆壘，上海縣東北有滬瀆城。今淞江入海，無復有瀆，而上海則仍沿滬瀆之名。	去 派	匹卦切。派者，分也。分者曰派，分之亦曰派。故水之别出一源者曰支派，學之别成一家者曰宗派。
沪 hù		派 pài	
音户。水名。上海名滬城。亦曰滬瀆。滬上。淞滬。		音𠂢。水之别支曰派。派頭。官派。大派。	
泉 平	才緣切。水源也。象水流出成川字形也。凡平地涌出者曰濫泉，亦曰檻泉。山間懸溜而下曰沃泉。石壁中有穴旁出者曰氿泉。又泉即錢也。取流通之義。亦與布通。其藏曰泉，其行曰布。	濤 平	徒刀切。大波也。水之涌起者曰波，波之起而復還者曰濤。
泉 quán		涛 tāo	
音全。雨水入山隙溢而為泉。泉水。流泉。		音陶。風力猛則水湧而成濤。洪濤。奔濤。	
源 平	愚袁切。源，古作原。源者，水之本也。引申之，凡有本者皆曰源。	去 汛	息晉切。灑也。灑而後埽謂之汛埽。引申為潮汛之汛，言水散如飛灑也。叚借為訊。今所用汛地字，蓋譏詰往來行人處也。
源 yuán		汛 xùn	
音元。由流而逆溯之曰源。源頭。探源。		音信。潮汐曰汛。潮汛。汛官。	

去

溜

溜 liù

音霤。水之急流曰溜。簷水下垂亦曰溜。

力救切。大海恆流之水曰海溜。海溜之理，類於恆風。凡海面近赤道之熱流，分布於兩極，而兩極之寒流，亦潛流至赤道以補其缺，海水由是環流不息。又因地球東轉甚速，而海水較遲，致成西行之溜。

上

潦 lǎo

音老。道上無源之水也。行潦。

盧皓切。盛雨積途謂之潦，故凡積水皆可謂潦。

潮

平

潮 cháo

音晁。晝潮曰潮，故背月而高起者為潮。潮水。子午潮。

直遥切。

潮汐之理，昔人但謂地與日月相吸而成。惟地球背日月面成潮之理，終難明確。數年前美國天文家，謂地球對日月面與背日月面所成之潮，不僅關日月吸力，更由向心、離心二力而生。對日月面之水，向心力大於離心力，故水亦對日月凸出而成潮。背日月面之水，離心力大於向心力，故水亦背日月凸出而成潮。對面既有潮，背面復有潮，故地繞本軸一周，而潮必兩至。

入

汐 xī

音席。晚潮曰汐。故向月而高起者為汐。潮汐。

祥亦切。

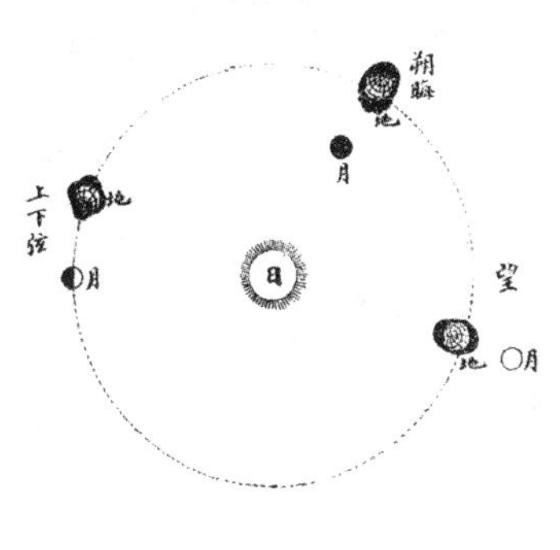

上 渚 渚 zhǔ 音煮。小洲曰渚。江渚。	之與切。水中可居者曰渚。渚，遮也。體高能遮水使從旁回也。	澤 入 泽 zé 音宅。水所聚曰澤。川澤。澤國。	丈伯切。澤，光潤也，故水草交錯處名之為澤，言其潤澤萬物以阜民用也。引申為恩澤、德澤之澤。叚借為擇。古有澤宮，即今之泮宮，所以擇士也。
瀆 入 渎 dú 音牘。水注澮曰瀆。江、漢、河、濟曰四瀆。溝瀆。	徒谷切。瀆者，通也。所以通中國垢濁，注之於海也。小者為溝瀆，大者為四瀆。 又不通而強欲求通，則為煩瀆、褻瀆之瀆。	淵 平 渊 yuān 音蜎。水出地而不流者名曰淵。深淵。淵淵。	縈圓切。淵，深水也。深者必静，故轉注為淵穆之淵。淵，回水也。回者必文，故轉注為淵雅之淵。
塘 平 塘 táng 音唐。築土遏水曰塘。海塘。塘報。	徒郎切。塘，隄也。池亦曰塘，謂水在其中，外以土周之，如隄防也。凡沿海築隄之處，謂之海塘。其由民築者，謂之民埝。		

瀾 平 澜 lán 音闌。大波曰瀾。風行水成文曰瀾。波瀾。	洛干切。瀾者，水之湍急處也。	滴 入 滴 dī 音的。水點曰滴。點滴。涓滴。水滴石穿。	丁歷切。
池 平 池 chí 音馳。穿地通水曰池。池塘。硯池。	除知切。積水曰池。水之緣城而過者亦曰池，即今護城河是也。叚借為裝池之池，蓋取緣飾之義。		
上 沼 沼 zhǎo 昭上聲。池之曲者曰沼。靈沼。沼上。	之少切。沼亦池也。圓曰池，曲曰沼。		

溪 平　谿 溪 xī 音谿。水注川曰溪。山溪。谿壑。	苦奚切。谿亦澗也。凡水出於山而入於川者曰谿。又《説文》山瀆無所通者謂之谿。無所通則無所合，故叚借為勃谿之谿。	
泡 平 泡 pào 音抛。水上浮漚也。	匹交切。凡置管水中，吹之以息則成泡，猶脬中實氣而成泡也。今西人所置輕氣球，即泡之最大者。	溼 濕　入 湿 shī 音隰。水土之氣蒸而為溼。潮溼。溼氣。 失入切。溼者，幽陰之氣也。从水，从㬎省聲。一所以覆也，覆土而有水，故溼也。凡蟲生於窪下之地者謂之溼生。溼亦作濕，如《易》“水流濕”是也。然濕字本義為漯，即《禹貢》“浮於濟漯”之漯。
冰 平 冰 bīng 逼平聲。水凝曰冰。敲冰。冰糖。	仌 筆陵切。初寒蹙凌作此形，大寒冰裂亦作此形。冰，凝之本字。今專以凝為凝聚之凝，而以冰字代仌。冰者，陰之盛也。兩極之冰，亙古不解。故南極稱南冰洋，北極稱北冰洋。今西人別有造冰機器。	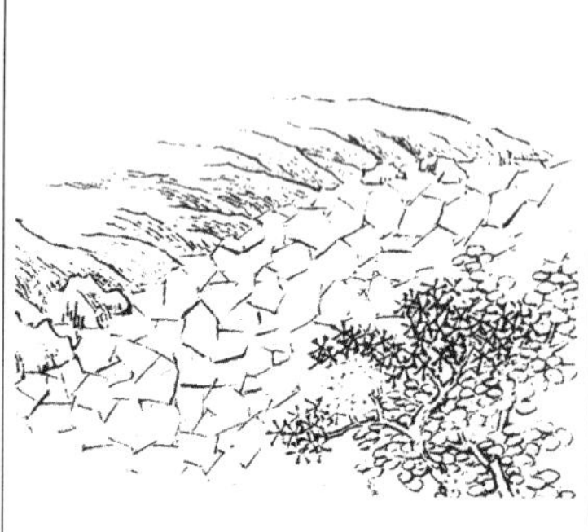

朝 平	陟遥切。日出為朝。直遥切。周制有内朝、治朝、外朝。王日視朝，即外朝也。凡朝不屋，君臣立而聽事。自叔孫通起朝儀。宋太祖撤宰相坐，而制一變。今制常朝及三大節朝賀，均在太和殿。御門聽政，在乾清門。	廷 平	唐丁切。朝中也。古者外朝、治朝、内朝皆不屋，君立於門中，臣立於朝中。朝廷者，君臣相見發政施令之所也。故稱政府曰朝廷。
朝 zhāo cháo 音昭。自平旦至早食時為朝。明朝。朝夜。音潮。臣覲君曰朝。朝廷。		廷 tíng 音亭。宫殿之庭曰廷。朝廷。廷議。	

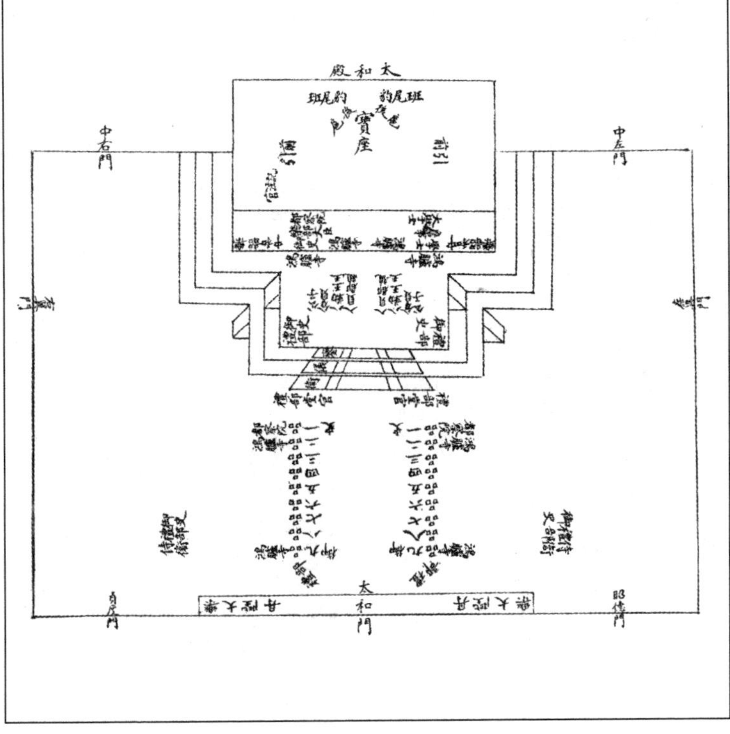

宮

平

宮 gōng

音弓。垣内羣室之總名。宮殿。

居戎切。古者周垣之内，統名曰宮。正中曰堂，堂後曰室。秦漢以後，惟王者所居稱宮。又五刑有宮刑。謂男下蠶室，女拘宮中，所以懲淫也。五音有宮音。宮，中也。亦本宮室之義。

殿

去

殿 diàn

音電。堂之大者曰殿。金殿。音唸。最後者曰殿。殿軍。

堂練切。殿，堸也。堂之高大者通稱曰殿。言四緣皆陛，高起有堸鄂也。秦漢以後，王侯始得稱殿，人之稱王侯者即曰殿下。

叚借為臀。丁練切。殿，後也。臀在人後，故訓後。如殿最之殿是。

陛

上

陛 bì

音髀。宮殿之階曰陛。丹陛。陛下。

部禮切。天子階也。天子之陛九級，飾之以丹，故曰丹陛。漢以後稱天子曰陛下。以臣與至尊言，不敢指斥，故呼在陛下者而告之也。今朋輩相稱，曰閣下、足下，義亦本此。

階

堦

平

阶 jiē

音皆。人所藉以登進者曰階。升階。階石。

居諧切。登堂道也。階必有級，故品級曰官階。階者，人所由升也，故梯亦曰階。引申之，凡因以進者皆謂之階，如《詩》所謂“維厲之階”是。

壇

平

坛 tán

音彈。祭場曰壇。天壇。壇墠。

唐闌切。築土為壇，除地為墠，祭神之所也。今祀天地社稷、日月、天神、地祇、先農、先蠶及太歲皆以壇。

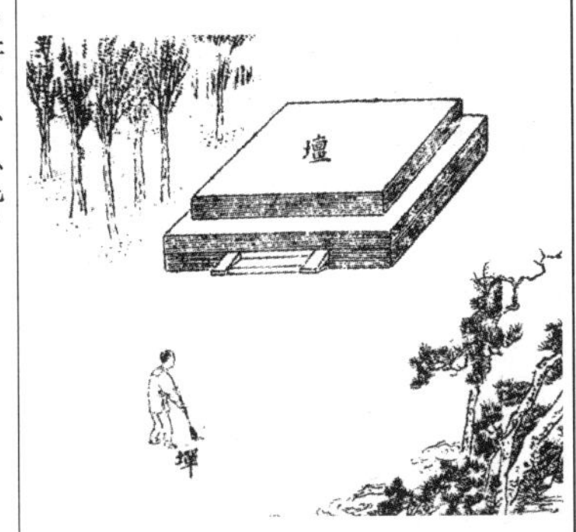

觀

去
平

观 guān guàn

音官。諦視曰觀。觀察。官去聲。臺上構室曰觀。宮觀。

古丸切。異於常視也。以此視彼曰觀，使彼視此即曰觀，讀古玩切。引申之，凡懸法以示人者，其所懸之處亦曰觀。如宮觀之觀是也。更申之，凡築臺以觀雲物，封土以示武功，亦皆曰觀。又卦名（䷓）。

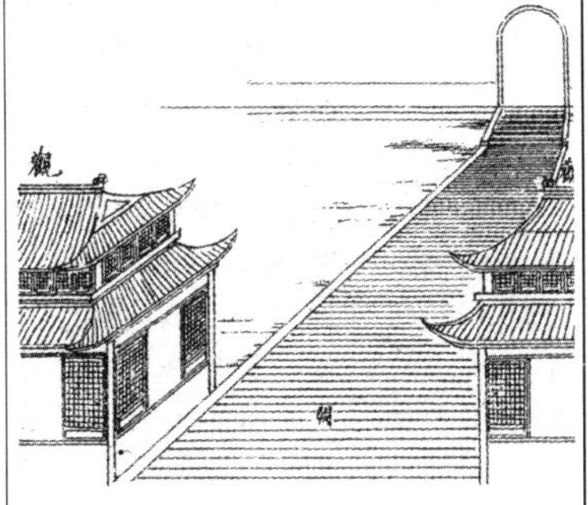

闕

入

阙 què

音缺。兩觀之隙地曰闕。鳳闕。補闕。

邱月切。凡平地四方而高者為臺，不必方而高者為觀。古天子之制，觀在門左右，其中央空隙之路謂之闕，即象魏也。闕則不完，故引申為殘闕、闕疑之闕。

廟

去

庙 miào

苗去聲。奉神之宮曰廟。宗廟。聖廟。羣廟。

眉召切。皃也，所以奉先人之形皃也。凡有東西廂者曰廟，無曰寢。天子七廟，諸侯五廟，大夫三廟，士一廟，庶人有寢而無廟。引申之，凡奉神鬼之室皆曰廟。古者謀事必於廟，故國功曰廟算、曰廟謨。

學 入 学 xué 音鷽。師人之善曰學。學問。學堂。	胡覺切。學之為言效也，效其所不能也。引申之，所學之事即曰學，如學問是。所從學之處亦曰學，如學校是。 又天子之學曰辟雍，即太學也。	上 序 序 xù 音緒。位次曰序。定其位次亦曰序。次序。庠序。	象呂切。序者，室之東南牆也。殷以國學為序，周以州學為序。序，射也。所以習射也。叚借為敘，次第也，如“言有序”及“四時合其序”是。又第其先後也，如“序賓以賢”是。又叚為緒，如“繼序思不忘”是。
去 校 校 jiào xiào 音教。比對曰校。校對。音效。庠序之異名。學校。	居效切。交木也。凡足鐐、項枷、馬廐及大獵遮鳥獸之欄，皆曰校。謂交木為之也。營壘外每交木以止敵，故壘謂之校，其裨將謂之校尉。 交木有長短相比之意，故引申為比校之校。庠、序所以校量人才，故亦曰校。讀胡孝切。	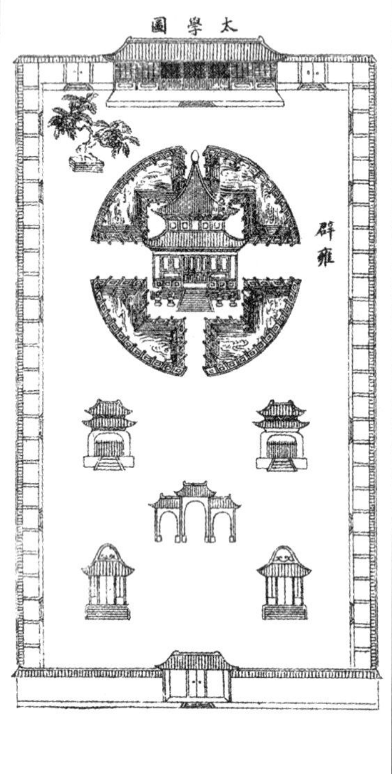	
庠 平 庠 xiáng 音祥。學校之總名。庠生。在庠。	似陽切。庠者，養也。古者養老於學，故曰庠。有虞氏有上庠、下庠，謂大學、小學也。周謂學校為庠。今謂入府縣學者為游庠，沿古稱也。		

去 **泮** 泮 pàn 音判。諸侯之學宮曰泮。泮池。冰泮。	剖半切。諸侯饗射之宮，西南為水，東北為牆，故从水、从半。今之府縣學，皆泮宮也，故俗稱游庠曰入泮。叚借為畔，散也，如冰泮、泮渙之泮是。	上　去 **舍** 舍 shè shě 音赦。客行暫息之所曰舍。更舍。舍館。音捨。棄置曰舍。舍置。	始夜切。主人家也。凡行而就人館曰舍。舍乃可止之所，故引申為凡止之稱。止而不為亦曰舍，故義與捨通。讀始野切。
上　去 **館** 馆 guǎn 音貫。客中止宿之所謂之館。會館。館選。音管。義同。	古玩切。客舍曰館。引申之，館客於舍亦曰館。今官署有庶常館、會同館等，言待以客禮，不與尋常衙署等也。 又古緩切。	**塾** 入 塾 shú 音孰。家學曰塾。書塾。塾師。	殊六切。門側之堂謂之塾。塾，夾於門之左右者也。古之教者家有塾，言教子弟必於塾，塾非學校之名也。今人以塾為學舍之名，而門側之堂，轉忘其為塾矣。

祠

平

祠 cí

音詞。祭人鬼之所曰祠。祠堂。崇祠。

似茲切。春祭曰祠。引申之，凡祭之所皆曰祠。今之祠有三：家之宗廟曰祠，如家祠、宗祠、支祠是；功臣之廟曰祠，如昭忠祠、賢良祠是；庶廟曰祠，如土地祠等是。

寢

上

寝 qǐn

侵上聲。卧室曰寢，卧於室中亦曰寢。晝寢。正寢。

七稔切。廟也。前曰廟，後曰寢。庶人之廟亦曰寢。周制王公六寢：路寢一，小寢五。路寢，治事之所。小寢，退息之地也。寢本訓卧，人寢則不行，故壓閣其事使不行謂之寢。叚借為侵。貌不揚曰寢，言侵蝕不完善也。

社

上

社 shè

闍上聲。土神曰社。社日。社會。

常者切。古者封五色之土以為社，故後世謂土神曰社神。《周禮》："二十五家為社。"社即里，里必有社也。後世朋輩會聚曰結社，今日人謂羣力所萃曰社會，皆取成羣立社之義。

廡

上

庑 wǔ

無上聲。環堂之屋曰廡。兩廡。廡下。

罔甫切。屋於堂之四周者曰廡。廡猶廊也。今聖廟大成殿以下，長廊東西對立者曰兩廡，歷代先賢、先儒從祀焉。又門屋曰廡，屋之隘陋者也。故俗謂寄居曰賃廡。

廊

平

廊 láng

音郎。廡下曰廊。回廊。廊柱。

魯當切。堂下周廂也。側室曰廂，廂廣而不深者曰廊。

衙 平 衙 yá 音牙。官署曰衙。衙門。官衙。	牛加切。行皃。叚借為牙。古稱將校曰牙官、曰牙將，取牙爪之義也。牙將之署曰牙門，亦作衙門。今為官署之通稱。	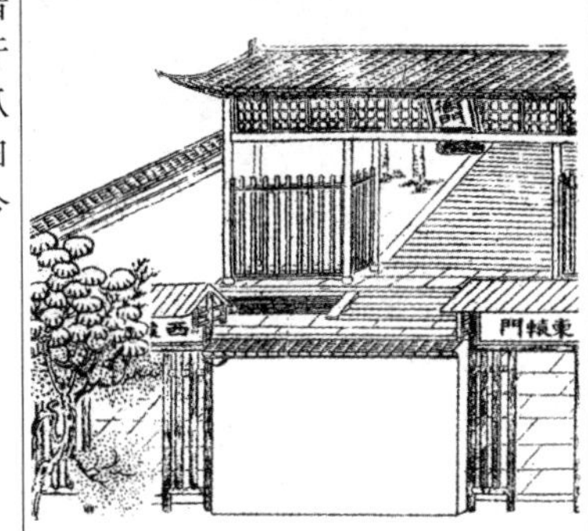
去 署 署 shǔ 音曙。官廨曰署。衙署。署理。	常恕切。署，位也。官廨為職官治事之位，故曰署。署必題字以表之，故題字亦曰署，如署名、署簽之類。又代理之官曰署，言代人署名而已，不居其位也。	局 入 局 jú 音跼。委員之署曰局。總局。局戲。 | 衢六切。博局也，所以行棊。引申之，官署亦曰局。以其各有部分不相雜，如棊之行於局也。衙之與局，同為官署。惟衙以居印官，有定額，有常所。局以處委員，隨事而設，無定所耳。又申之，凡羣聚皆曰局，如局騙、局賭是。
上 廠 厂 chǎng 音敞。工作之所曰廠。鐵廠。火柴廠。	昌兩切。屋無牆壁曰廠，如草廠、粥廠等是。廠者工之所萃也，故作工之所皆曰廠。今之紗廠、絲廠，皆仿西式為之，不盡無牆壁矣。	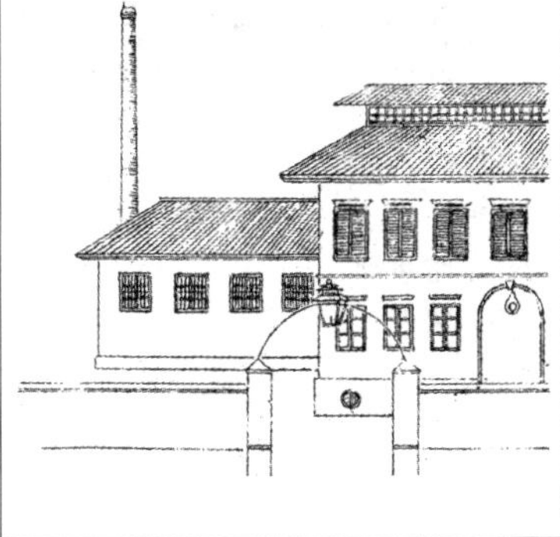

栅 入 栅 zhà 音策。木垣曰栅。栅欄。木栅。	測革切。樹木而編之曰栅，所以代垣也。从木，册象形也。		
卡 入 卡 qiǎ 音雜。守隘之兵房曰卡。關卡。釐卡。	從納切。凡關隘之處，設兵立塘，謂之守卡。今釐捐局抽收貨釐，皆就要隘處設局，派巡丁以稽察之，故亦謂之卡。俗呼若克矮切。	家 平 家 jiā 音加。一門之内謂之家。家中。人家。	古牙切。户牖之間曰扆，其内謂之家。又婦人謂夫曰家。叚借為姑。大家，女子之尊稱。
屋 入 屋 wū 音沃。宫室之總名。夏屋。屋梁。	烏谷切。室也。尸象屋形，至謂人所至止也。叚借為幄，故天子之車幄曰黄屋。	宅 入 宅 zhái 音澤。安其所居曰宅。住宅。宅門。	直格切。居也。生前所居之宅，如田宅之宅是；生後所居之宅，如宅兆之宅是。皆居而安之之意。引申之，凡安其所者皆曰宅，如宅南郊、使宅百揆之類。

堂 平	徒郎切。古者營室，自半以前謂之堂，半以後謂之室。無上下皆稱之。秦以後，始稱天子之堂曰殿。	室 入	式質切。宮也。堂之後一架，以牆間之，中曰室，左右曰房。房左右曰東西夾室，亦曰翼室。正室為嫡妻所居，故夫以妻為室。未嫁之女曰室女，謂在母室之女也。
堂 táng 音唐。正室曰堂。大堂。堂皇。		室 shì 音失。堂後曰室。室家。正室。	
軒 平	虛言切。車之曲輈有藩蔽者曰軒。引申之，車前高亦曰軒。凡殿堂前檐，承以曲椽，穹而無梁者，其形類車軒，故亦名軒。軒皆前高，前高則爽，故又申為軒爽、軒豁之軒。	房 平	符方切。室在旁者也。嫡妻所居為正室，其旁謂之房。俗稱妾曰偏房，義本於此。房所以閉藏也，故蜂巢曰蜂房，花跗含子之處曰花房，盛箭之壺亦曰房。
轩 xuān 音掀。堂之穹檐曰軒。高軒。軒窗。		房 fáng 音防。正室之兩旁曰房。洋房。房官。	

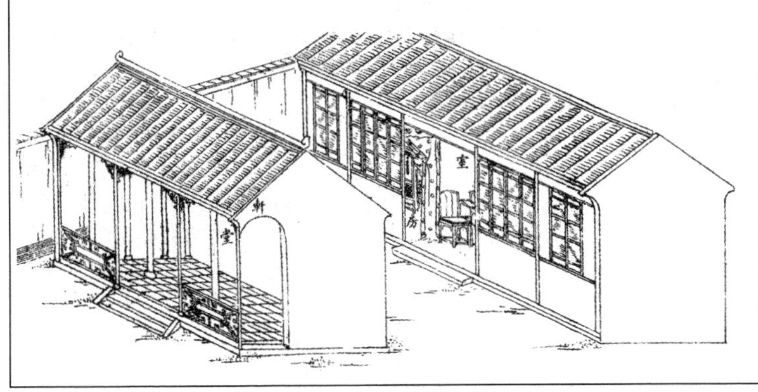

闈 平 闱 wéi 音韋。宮中小門謂之闈。庭闈。棘闈。	于非切。宮中長巷之門曰闈。今稱科場曰闈，以其長巷相屬，如宮之闈也。	樞 平 枢 shū 音姝。門之直幹曰樞。樞機。中樞。	春朱切。圓心也。凡以規為圓，其兩點一切圓線，一係圓心。線點四圍旋繞，而心點不動，猶門可開闔，而樞不移。衆星四面旋繞，而北極之天樞不移也。引申之，朝廷為行政之中樞，心為處事之中樞，皆有一定不可易之理。
幕 入 幕 mù 音莫。帷在上者曰幕。帳幕。幕府。	末各切。幕，覆也。覆物曰幕，所覆之物即曰幕。幕，行帳也。軍中以帳為府曰幕府。賓之處於幕者即曰幕賓。叚借為漠，如度幕、絶幕是。又叚為漫，如錢背曰幕是。	閨 平 闺 guī 音邽。中門曰閨。深閨。閨秀。	涓畦切。宮中之門謂之闈，其小者謂之閨。閨謂上圓下方，特立如圭也。閨為中門，女位乎內，故稱婦女為閨閣。
廂 平 厢 xiāng 音箱。堂之在夾室前者曰廂。廂房。	息良切。序也。廂當東西夾室之前，形如堂而東西相對。退居俟事之所也。	上 閫 阃 kǔn 音悃。門中之柱曰閫。閨閫。專閫。	苦本切。亦作梱，門橜也。木之横界於門下者為閾，亦曰切。直豎於門中者為閫，亦曰闑。閫，門限也。凡横者、直者，皆所以限内外也。自其内言之，則為閨閫之閫。兼内外以言之，則為專閫之閫。

樓

平

楼 lóu

音婁。重屋曰樓。酒樓。樓閣。

落侯切。樓古有二：曰複屋，曰重屋。複屋之樓不可居，《爾雅》謂“狹而修曲”者是。重屋之樓可居，與今制相同。中國之樓，一重再重而止。泰西之樓，有高至八九重者。樓愈高則租值愈賤。

臺

平

台 tái

音苔。觀四方而高者曰臺。洋臺。臺灣。

堂來切。築土堅高以便望遠者，謂之臺。今歐亞各國京中，皆有大天文臺，上置儀器遠鏡，為全國經線之起點。我國之天文臺，在北京順天府，亦曰觀象臺。

又輿臺，賤者之稱。

閣

入

阁 gé

音谷。層樓曰閣。樓閣。殿閣。

剛鶴切。止扉木也。以橜支門，使不自闔，其橜即謂之閣。閣，止物使不行者也。故引申為壓閣之閣。又庋食物之所曰閣。閣，支板也。故支板於室中，以成重屋者，曰樓閣；支板於山腰，以通行人者，曰棧閣。

亭

平

亭 tíng

音庭。停集行山之所曰亭。亭臺。郵亭。

特丁切。漢制十里一亭，所以停集行旅也。故遊宴可停集之所皆曰亭。

防

平　坊

防 fáng

音房。河隄曰防。隄防。防營。
音方。節孝坊。

扶方切。障水也，亦即障水之隄也。防為水陸之界，故謂分界處曰防。如“刈蘭為防”是。防本以禦水患，故所以禦患者皆曰防。如兵防、邊防是。又通作坊表之坊。引申之，為建坊之坊。轉為街坊、村坊之坊。讀府良切。

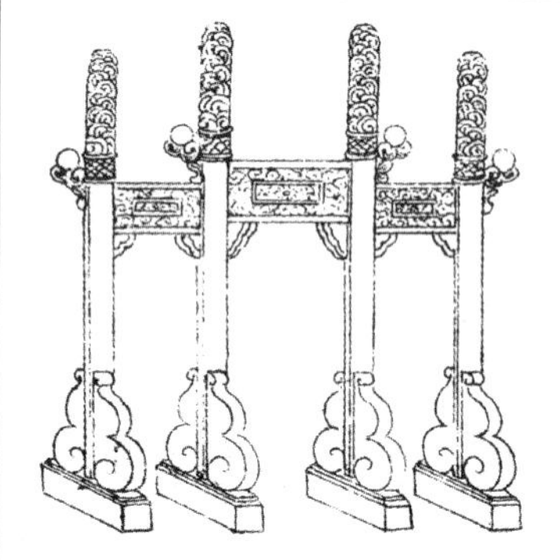

塔

入

塔 tǎ

音榻。佛寺之層樓曰塔。寶塔。塔燈。

托合切。西域浮屠也。構木為層樓，高自七級至十餘級不等。
今沿江、沿海，築樓然燈，以指行船之方向者，謂之燈塔，以其高聳似塔也。

院

去

院 yuàn

音瑗。室之有圍牆者曰院。庭院。部院。

于眷切。垣之四周者曰院。引申之，凡室之有周垣者皆曰院。官署必周其垣，故翰林院、都察院亦名曰院。各省學政，皆以院官為之，故學政曰學院。

寺

去

寺 sì

音嗣。官舍曰寺。僧舍亦曰寺。卿寺。佛寺。閹寺。

祥吏切。篆从之，止也。从寸，有法度也。言官曹所棲止治事之所，如今大理、太常諸卿寺是也。漢明帝時，求佛書於西域，至則館之鴻臚寺，為建精舍居之，即名曰寺。自是僧舍皆稱寺。假借為侍，如婦寺、寺人是。

平　庵

庵 ān

音湆。茅舍曰盦。茅盦。尼庵。

烏含切。通作庵，覆蓋也。引申之，圜屋為盦，以其上有所覆也。今俗以奉佛之室曰庵，葢叚庵以為名，非庵之必奉佛也。

廛

平

廛 chán

音纏。民居在邑曰廛。一廛。市廛。

呈延切。古者五畝之宅，二畝半在田，二畝半在邑。廛即在邑之二畝半也。故市中空地可居以畜藏貨物者，亦曰廛。又市中邸舍之稅，謂之廛布。古設廛人掌之。

齋

平　入

斋 zhāi

債平聲。端居之室曰齋。書齋。齋戒。

側皆切。古作齊。齋者，齊肅精神以事神也。今靜室曰齋，讀書之室亦曰齋，皆取齊肅之意。俗以蔬食為齋飯，僧之處曰齋堂，雖仍齋戒之名，實與古訓不合。

廬

平

庐 lú

音閭。不常居之屋也。草廬。廬山。

力居切。寄舍也。春夏居之，秋冬則去。葢構於田中，為耕作時所處也。引申之，候館曰廬，殿中直宿之處曰直廬，胡人之行帳曰旃廬、曰穹廬，皆以寄居不恆為義。

閭

平

闾 lú

音臚。里門曰閭。鄉閭。閭里。

力居切。《周禮》:“五家為比，五比為閭。”閭，二十五家。比即鄰，閭即里也。每里各設門以稽察非常，其門謂之閭，若今之柵門然。

平

鄰

邻 lín

音鄰。五家為鄰。鄰舍。比鄰。

力珍切。《周禮》“五家為鄰”,《尚書大傳》“八家為鄰”。居相鄰者必近，故引申謂近為鄰。鄰必相比，故相比相輔者皆曰鄰。

去

寓

寓 yù

音遇。寄居曰寓。客寓。寓意。

牛具切。寄也。以物寄人曰寓，如寓書是；寄託之言曰寓，如寓言是；寄居於人曰寓，如寓公是；寄居之所曰寓，如旅寓是。獼猴之類，皆寄居木上，故謂之寓屬。

去

店

店 diàn

音墊。居貨待售之所曰店。店鋪。小店。

都念切。店，置也。所以置貨鬻物也。店之類有四：懋遷有無引重致遠者曰行，代人買賣不事瑣售者曰號，居貨零售以逐什一者曰店，瑣屑販鬻不能居積者曰攤。統言之則皆店也。

上

棧

栈 zhàn

輚上聲。居積之所曰棧。棧房。棧道。

仕限切。棧馬之所聚也。引申之，凡人物所聚皆曰棧。故客舍曰客棧，藏貨之所曰貨棧。

又閣板曰棧。凡山路高下不平處，支板為道，謂之棧道。今川、陝之交，通衢數百里，皆棧道也。

上

邸

邸 dǐ

音底。藩國在京之府第曰邸。藩邸。鄉邸。

典禮切。屬國舍也。漢制諸侯王及諸郡朝宿之館在京師者，謂之邸。叚借為底，舍也。如客邸、鄉邸之類，葢皆以寄居為義也。

上

苑

苑 yuàn

音婉。天子之囿曰苑。南苑。苑門。

於阮切。苑者，中植林木，外環以垣，畜禽獸者也。漢有上林苑。後惟宮中之囿得稱之，謂之禁苑。今稱“三海”曰西苑，頤和園曰南苑。

去

囿

囿 yòu

音右。蓄育鳥獸之所曰囿。園囿。靈囿。

爰救切。囿者，築牆為界域，而育禽獸於其中者也。有界域則不通廣，故謂識不通廣曰囿。

籬

平

篱 lí

音離。編竹外蔽曰籬。竹籬。籬笆。

鄰溪切。籬，離也。編柴竹為之，疏而離離然也。

樊

平

樊 fán

音煩。鳥籠曰樊。又籬也。樊籠。樊籬。

附袁切。所以籠鳥者曰樊籠，所以屏蔽者曰樊籬。皆削竹為之，縱橫交互而疏者也。

 平 园 yuán 音袁。種樹之所曰園。園地。名園。	于元切。樹果蓏之所曰圃，其樊曰園，因以樊之内為園。園多卉木，宜於游觀，因謂游觀之所有草木者為園。今制王、貝勒之墓稱園寢，亦以内可游觀，如園然也。	
上 圃 圃 pǔ 音補。種蔬菜之地曰圃。老圃。場圃。	彼五切。場圃皆宅中隙地也。秋冬則築之為場，以便收穫。春夏則耕之為圃，以植果蓏。引申之，凡隙地皆曰圃，如射圃是。又老於農圃者謂之老圃。	
去 廁 厕 cè 颸去聲。圊溷曰廁。坑廁。廁列。	初寺切。廁，行清也。叚借為側，如踞廁之廁是。又叚為次，如濫廁之廁是。	

倉 平 仓 cāng 音蒼。藏穀之所曰倉。倉場。倉猝。	七岡切。凡藏穀之所，圓者曰囷，方者曰倉。古者太倉亦曰神倉。今制有倉場侍郎二人，專司運務。計京倉十有三，通倉二。叚借為蒼，義取刈穫貴速。凡藏穀於倉者，必蒼皇取而藏之，因引申為倉猝之倉。	去 庫 库 kù 苦去聲。藏物之所曰庫。府庫。庫金。	苦故切。从車在广下會意，謂藏兵車之處也。引申之，物之所藏皆曰庫。古以車庫、兵庫、祭庫、樂庫、宴庫為五庫。今京中以户部三庫為最大，大臣主之。各直省以藩庫、道庫為最大，大使主之。
上 廩 廪 lǐn 音凛。藏米之所曰廩。倉廩。廩生。	力甚切。米藏也。穀藏曰倉，米藏曰廩。專以藏米言之，則圓者曰囷，方者曰廩。引申之，以廩粟給人亦曰廩。國朝定制，凡府縣學生員，有歲給廩餼以供其膳者，謂之廩膳生。		
去  厩 jiù 音救。馬舍曰廄。馬廄。	居又切。凡馬三乘為皁，三皁為繫，六繫為廄（一廄之馬二百一十六匹），六廄為校。此周制也。今上駟院有内廄一，在紫禁城内；外廄六，在南苑。設廄長、廄副以掌之。		

庖 平 庖 páo 音匏。廚屋曰庖。庖廚。	蒲交切。通作包。太昊包犧亦作庖犧。庖，廚也。古者惟夫婦同庖。今稱代理者曰代庖，說本《莊子》。	去 竈 灶 zào 音躁。所以炊者曰竈。竈神。爐竈。	則到切。炊穴也。竈謂之竈。其脣謂之陘，其窻謂之突，突下謂之甀。訓以俗言：陘，竈面也；突，煙囪也，亦作煙通；甀，竈肚也。竈為五祀之一，夏所祭也。引申之，所以炊物者皆得曰竈，故軍中埋鍋炊飯處亦曰竈。
廚 平 厨 chú 音躕。治膳之所曰廚。廚房。衣廚。	直株切。庖屋也。廚以養人為義，故能養人者皆曰廚。如東漢八廚是。叚借為書廚之廚，又為帷廚之廚。俗作櫥，亦作㡡。		
上 屏 平 屏 píng bǐng 音萍。所以為外蔽者曰屏。屏風。屏藩。音并。擯而棄之也。	蒲明切。古者凡門皆有屏，所以自障，示不極人之敬也。《爾雅》“屏謂之樹”，謂小牆當門中也。亦曰蕭牆，今所謂照牆者是。屏為外蔽，故謂諸侯曰屏藩。引申之，蔽之即曰屏。 又叚借為屏除之屏。讀必郢切。	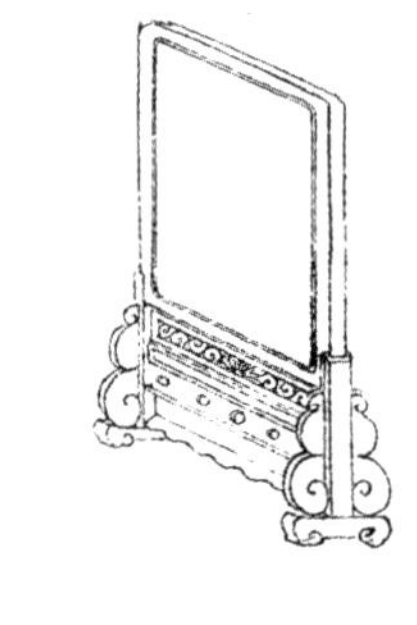	

門　平

门 mén

音捫。人所由出入者曰門。大門。門口。

莫奔切。户也。象二户相對之形。一扇為户，兩扇為門。又在内為户，在外為門。引申之，守門亦曰門。門者，人所從入也。故學問之初步曰門，如禮門道義之門是。

户　上

户 hù

音祜。半門曰户。花户。户口。

後五切。門之半也。象形。凡門一扉曰户，兩扉曰門。室之口曰户，堂之口曰門。在内曰户，在外曰門。家必有户，故計家者以户。今之户部，司户口之籍者也。

牖　上

牖 yǒu

音酉。穿壁受光之處曰牖。户牖。牖上。

以久切。牖，旁窗也。穿壁而交木為窗也。凡室南鄉，牖西户東，其北皆墉也。牖所以助明，故啟迪亦曰牖，如“天之牖民”是。

窗　牕　平

窗 chuāng

音牕。屋之旁穴曰窗。天窗。窗格。

楚江切。孔之在牆者曰牖，在屋者曰窗。本作囱，通作牕。《廣雅》：“𥧌謂之竈……其窗謂之堗。”堗即今煙囱是。

閲　入

阅 yuè

音悦。省視曰閲。閲歷。閲卷。

魚厥切。閲，具數也。簡數車徒，謂之大閲；歷數見聞，謂之閲歷。折閲之閲，謂歷數所缺折也；伐閲之閲，謂有積日可數也。引申為閲看之閲，亦謂所見者歷歷可數也。要皆以具數為義。又楄直而遂謂之閲。

椽 平 椽 chuán 音傳。所以載屋瓦者曰椽。椽子。椽筆。	直彎切。榱也，桷也。齊魯謂之桷，周謂之榱。榱之方者曰桷，圓者曰椽。	檐 平　簷 檐 yán 音鹽。所以承溜者曰檐。屋檐。檐牙。	移廉切。俗作簷。檐，接也，所以接屋之前後也。《爾雅》："檐謂之樀。"今俗謂之滴水。
棟 去 栋 dòng 音凍。屋之正梁曰棟。棟宇。梁棟。	多貢切。屋之大材，東西者曰棟，南北者曰樑，上下者曰楹。次棟一架前後皆曰楣，次楣一架前後皆曰庪。	梯 平 梯 tī 體平聲。木階曰梯。雲梯。梯山。	天黎切。以木為階也。階、梯皆人所踐以登降者，惟階卑而中實，梯高而穹虛。故階為實踐之梯，梯即空中之階也。引申為亂梯、梯榮之梯，則猶階之為禍階、階寵也。
楣 平 楣 méi 音眉。門上横梁曰楣。門楣。	武悲切。秦名屋邊聯曰楣。楣，眉也。近在門前，若面之有眉也。		

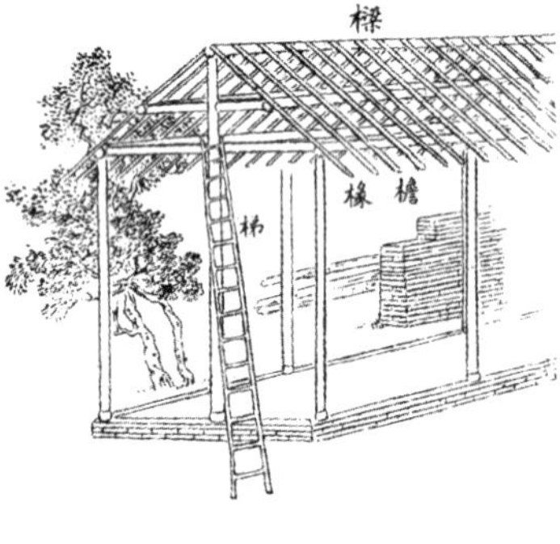

楹

平

楹 yíng

音盈。柱也。兩楹。楹聯。

餘輕切。堂之柱曰楹。引申之，凡植立之木皆得曰楹。如楹鼓之楹是。

柱

上

柱 zhù

除上聲。直立之木曰柱。中柱。豎柱。

直主切。楹也。引申之，凡直立者皆曰柱。如河中之山曰底柱，箏之支絃者曰箏柱，皆以其形直立如柱也。楚官有柱國，則取柱石國家之意。

牆

平

墙 qiáng

音嬙。壁之堅厚者曰牆。高牆。牆屋。

才良切。牆从嗇，以愛嗇自護為義。故護都邑者曰城牆，護室家者曰垣牆。俗謂甃磚為壁，複壁為牆，皆内壁而外牆也。

垣

平

垣 yuán

音爰。牆之低者曰垣。垣墉。周垣。

于元切。牆也。卑曰垣，高曰牆。

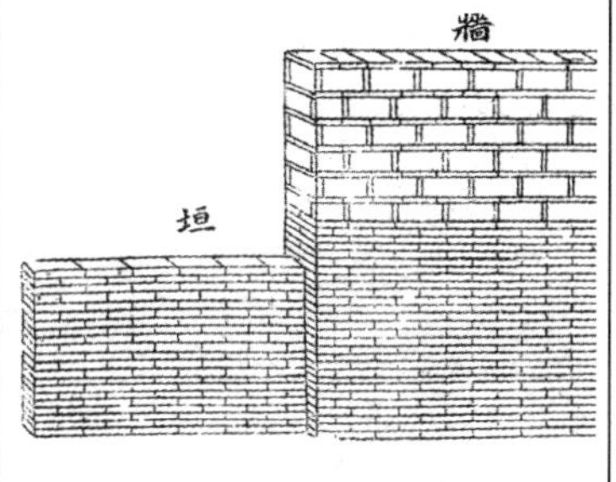

闌

平　欄

闌 lán

音蘭。不使踰閑曰闌。闌干。

洛干切。門遮也。牛馬之圈曰闌，謂遮闌之不使出也。通作欄干之欄。欄多卍字形，取半遮之義。故飲酒半罷曰酒闌，夜漏過半曰更闌。又叚借為䦨。無符傳而入曰闌入。

庭

平

庭 tíng

音亭。堂寢正室曰庭。中庭。庭階。

唐丁切。廳之本字也。叚借為廷，乃訓為堂前地。古謂藩國不朝曰不庭，朝、廷義同。通叚也。

檻

上

檻 jiàn kǎn

音艦。欄之有櫺者曰檻。曲檻。檻杴。

胡黯切。檻以本為之，縱列作疏櫺。凡囚罪人者曰檻車，馴猛獸者曰欄檻，飾軒陛者曰檻楯。制各不同，其為檻則一也。俗謂門上下之槼曰户檻。

砌

去

砌 qì

妻去聲。階石曰砌。玉砌。砌牆。

七計切。卮也。階甃曰砌。引申之，甃階亦曰砌。今稱積累而成者曰堆砌。堆以雜壘言，砌則審曲面埶使互相吻合也。

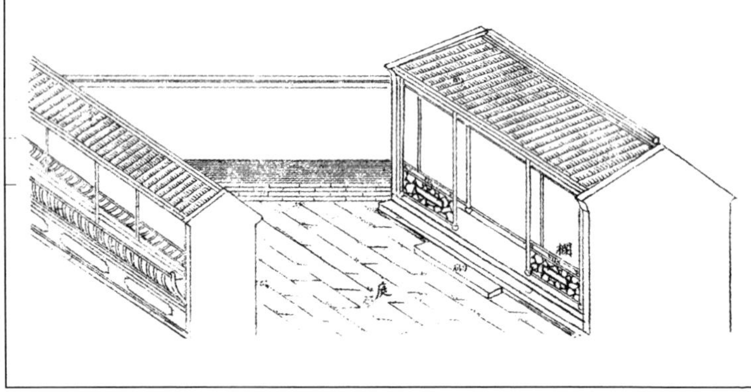

基

平

基 jī

音朞。築牆之址曰基。宅基。基址。

居之切。牆始也。築牆必固其基，而後可施畚築。故基為築牆之始。引申之，凡事業之最初者皆曰基。

庇

去

庇 bì

比去聲。覆護曰庇。庇蔭。包庇。

必至切。蔭也，覆也。德澤及人而蒙其利，謂之庇。引申之，市惠而隱覆其惡，亦謂之庇。

址

上

址 zhǐ

音止。基也。住址。

渚市切。址者，止也。山足曰址，屋之四周曰四址，皆就其基之所止言之也。

居

平

居 jū

音車。安處曰居，所居之處即曰居。居家。新居。

斤魚切。居古作凥，踞之本字也。故居亦訓坐，如“居，吾語女”是。引申為居處之居，因謂所居之處為居。居則有斂藏之意，故又申為居積、居貨之居。叚借為倨。居然，謂傲然居之也。又語助詞。誰居，疑問辭也。

座

去

座 zuò

音坐。人所坐之處曰座。上座。座師。

徂卧切。本作坐，坐具也。今稱尊者之位曰座。如御座、寶座及八座、座師之類。

間

去　平

間

间jiàn jiān闲 xián

音諫。間隙。
音蕑。中間。
音簡。反間。
音閑。間居。
通作閒。

居晏切。隙也。有隙則物不連屬，故為間斷之間。
居閑切。隙必在兩物之間，故為中間之間。
孤限切。物有隙則相離，故使人相離曰讒間。用兵者必乘隙而動，故伺人之隙者曰間諜。
何艱切。暇也，事之隙也。如農隙是。

開 平 开 kāi 音侅。闢門曰開。開端。大開。	苦哀切。開與闢與啟同義。析言之，開所未開謂之闢，開其已開謂之啟。各有一義，而開實兼之。開本謂啟門。引申之，凡有所啟發皆曰開。	閑 平 闲 xián 音閒。所以制物之出入者曰閑。天閑。防閑。	何艱切。闌也。从門，中有木，養馬之所也。天子之馬六種，為十二閑。閑所以防出入，故梐枑曰閑，引申為防閑之閑。叚借為嫻。安静曰幽閑，習慣曰閑熟，皆嫻之通叚也。
闢 入 辟 pì 音擗。創開曰闢。闢土。闢佛。	毗亦切。開所未開曰闢，開所不易開亦曰闢。闢必有所除，故屏除亦謂之闢，如闢佛之闢是。	隙 入 隙 xì 音綌。壁間之孔曰隙。穴隙。嫌隙。	乞逆切。裂穴也。物有隙則相離，故意不相合曰有隙。隙處必空，故地之空者曰隙地，時之空者曰農隙。亦作郤。窾也。隙、郤、窾義同聲轉也。
閉 去 闭 bì 音嬖。闔門曰閉。關閉。閉户。	必計切。从門，才所以距門也。門閉則塞，引申為閉塞之閉。又申之，物之閉者曰閉，如竹閉之閉是；所以閉者曰閉，如《月令》“修鍵閉”之閉是。	巢 平 巢 cháo 音鄛。鳥止宿之處曰巢。窠巢。鵲巢。	鋤交切。鳥在木上曰巢，在穴曰窠。巢，鳥獸之所乳也。鳥獸不皆有巢，惟將乳必營巢。引申之，盜賊匿聚之藪曰巢穴。

上 **禮** 礼 lǐ 音蠡。本恭敬而節文之曰禮。送禮。禮拜。	良以切。禮有五經，莫重於祭，故从示，豊聲。經傳所載，《儀禮》《周禮》《禮記》合稱之為“三禮”，吉、凶、軍、賓、嘉為“五禮”，昏、冠、喪、祭、鄉、相見為“六禮”。又昏禮以納采、問名、納吉、納徵、請期、親迎為“六禮”。今官制有禮部，掌邦國之禮事。	去 **教** 平 教 jiào jiāo 音較。訓人曰教，所以訓人者亦曰教。儒教。教化。音交。使也。	居效切。上施於下使效之也。教，所以教民，儒者以聖賢之道教民，謂之儒教。合釋、道二教稱“三教”。西教之著者，曰回教，曰耶穌教。耶穌教又有天主、耶穌之別。居肴切。
去 **制** 制 zhì 音製。成法曰制。制度。節制。	征例切。制，裁斷也。人君裁斷事物之言曰制誥，裁斷而定為法者曰制度。引申之，以制制人即曰制，如節制、禁制是也。 又凡喪服必有定制，故俗稱居三年之喪者曰守制。	**程** 平 程 chéng 音呈。定式曰程。程式。路程。	馳貞切。古者十髮為程，十程為寸。程，度之所起也，故轉為程度、章程之程。又轉為工程之程，言限之以程度也。
去 **政** 政 zhèng 音正。所以正人者曰政。郵政局。政事。	之盛切。政者，正也。正國者曰國政，正家者曰家政。引申之，凡上所施於下者皆謂之政。故雖弊政、虐政亦以政稱。	上 **紀** 纪 jì 音己。綜理萬事曰紀。倫紀。年紀。	居里切。羣絲之總曰紀。凡理絲必由其總，故理絲亦曰紀。引申之，為綱紀、經紀之紀。 又十二年為一紀。西曆以百年為一世紀，自光緒二十六年（即西曆一千九百年）始為二十世紀。

綱 平 纲 gāng 音岡。事之要領曰綱。紀綱。綱領。	居昂切。網之大繩也。凡張網者，提其綱則衆目皆舉，故謂事之小節曰目，事之大端曰綱。“三綱”謂君臣、父子、夫婦也。	去 治 平 治 zhì 音穉。不亂曰治。國治。 音持。使之不亂曰治。治國。	直意切。 陳之切。
去 統 统 tǒng 音甋。總領其事曰統。統領。一統。	他綜切。統絲之總也。凡統緒、統系皆以總為義。引申之為統一、統觀，皆以總之為義。今歐洲稱民主之國君曰伯里璽天德，譯義即大總統也。	去 禁 平 禁 jìn jīn 今去聲。止人為非曰禁。監禁。 音今。力所勝也。不禁。	居蔭切。制人曰禁，如監禁、禁止是。故天子所居曰宫禁，言禁人使不入也。 居吟切。
上 緒 绪 xù 音敘。事之端曰緒。光緒。頭緒。心緒。	徐吕切。緒，絲之端也。引申之，凡事之始皆曰緒，尋究其事之始亦曰緒。	去 詔 诏 zhào 音照。上所以告下者曰詔。恩詔。詔令。	之笑切。詔本君民通用，秦漢以下，專稱天子之令為詔。今明發者曰上諭、廷寄，密諭者曰密旨，電諭者曰電旨，無非詔也。各督撫奉詔而榜於外者曰謄黄。

去 諭 谕 yù 音裕。曉也，又曉之也。未諭。譬諭。	俞戍切。明其理曰諭，曉之以理亦曰諭。上所以曉下者用之，故今稱詔書曰上諭。	去 示 示 shì 音侍。與視曰示。告示。指示。	示 神至切。二，古文上，天也。川，三垂，日月星也。天垂象見吉凶，所以示人也。引申為曉示、告示之示。 示，古衹字，故祭祀等字皆从示。
去 命 命 mìng 鳴去聲。凡尊者之言曰命。命令。算命。	眉病切。命猶令也。在事曰令，在言曰命，故从口、令會意。轉為天命之命。俗以窮通夭壽為命，意本於此。	去 奏 奏 zòu 諏去聲。言事於天子曰奏。奏章。節奏。	則候切。奏，進也，奏事、奏功皆本此義。凡樂一更端曰奏，九奏乃終，謂之九成，言其樂進而益上也。
去 令 平 令 lìng 零去聲。必行之命曰令。令旗。縣令。音零。使也。使令。	力正切。君之令曰律令，天之令曰時令。令出惟行弗惟反，以其必出於善也，故假為令德、令儀之令。因又假為邑令之令。郎丁切。	頒 平 颁 bān 音班。分布曰頒。頒白。頒行。	布還切。頭半白曰頒，言髮之黑白分也。引申之，凡分物皆曰頒，如頒賞、頒行等皆是。

去 賜 赐 cì 思去聲。予物於卑者曰賜。賞賜。賜宴。	斯義切。	租 平 租 zū 祖平聲。取諸農者曰租。收租。租界。	宗蘇切。租，借也。古者田皆在官，民借之於官以耕之，而出其什一以奉上，謂之租。推之，凡以物借人及借人之物皆曰租，其借物之值亦即曰租。今通商口岸各國所租住者曰租界。
上 賞 赏 shǎng 音鄉。賜有功者曰賞。賞功。刑賞。	始兩切。上所以報下之功也。	去 税 税 shuì 音悦。取諸工商者曰税。完税。税務司。	輸芮切。税，賦也。租專取諸農，税則兼及農、工、商。後世有關税、牙税、契税，及蘆課、鹽課、礦課之屬，皆謂之税，而不及於農。
上 賑 赈 zhèn 音軫。以富救貧曰賑。助賑。賑捐。	止忍切。通作振。貧民不振，發倉廩以賑之，使之振動也。	去 漕 平 漕 cáo 曹去聲。輸粟也。水運曰漕。運漕。漕糧。音曹。義同。	在到切。又昨勞切。車運穀曰轉，水運穀曰漕。漕運始自元，明導汶水北會漳、衛。本朝南鑿桃、宿之道，開中運河，於是糧艘由淮、浦徑取山東，直達通州，故於通州設倉場總督，於淮浦設漕運總督。今海運盛而漕務簡矣。

上 帑 平 帑 tǎng nú 音矘。藏金幣之府曰帑。國帑。帑藏。 音奴，與孥通。	他曩切。 又乃都切。	上 禱 祷 dǎo 音倒。祈福於神曰禱。禱告。默禱。	都皓切。有求於神曰禱。引申之，有求於人亦曰禱。
去 祭 祭 jì 音霽。陳牲祀神曰祭。祭祀。喪祭。	子例切。祀也。从示、从手持肉會意。古人飲食，每種各出少許，置之豆間之地，曰祭。謂祭先代始為飲食之人也。	去 祝 入 祝 zhù zhòu 音粥。以言告神曰祝。祝文。讀祝。 音晝。設誓於神前曰祝。詛祝。	之六切。 職救切。同呪。
上 祀 祀 sì 音似。祭也。祭祀。祀神。	詳子切。古者小祭"五祀"。《月令》謂門、户、中霤、竈、行。《吕覽》謂户、竈、中霤、門、井。《王制》謂司命、中霤、門、行、厲。本朝定制，大祀以祭天地、宗廟、社稷，中祀以祭日、月、嶽、瀆、先師、先農及歷代帝王，其餘皆曰羣祀。 又殷稱年曰祀。	去 覲 觐 jìn 音僅。諸侯入見天子曰覲。入覲。覲見。	巨吝切。覲之言勤，言其勤勞王事也。今召見外邦使臣曰覲見。

平

盟

盟 méng

音萌。約誓於神明曰盟。同盟。盟誓。

謨耕切。古者諸侯相結則有盟，盟必殺牲取血以告誓於神明，故篆文从明、从血會意。今各國訂約聯盟，但以畫押為信，而無歃血告神之事。

去

慶

庆 qìng

卿去聲。吉事曰慶，賀人之吉事亦曰慶。喜慶。慶壽。

邱正切。慶者，本吉事之通稱也。今專以壽人為慶。

去

宴

宴 yàn

音燕。會食曰宴。宴安。賜宴。

伊甸切。宴，安也。君子以飲食宴樂，故引申為宴飲之宴。古作燕飲，亦作醼飲。

去

賀

贺 hè

音侉。慶人之吉事曰賀。賀儀。朝賀。

胡箇切。

上

享

饗

享 xiǎng

音響。宴之示敬者曰享。燕享。享福。

許兩切。與饗通，祀神曰享。引申之，凡獻而不食者皆曰享，故宴有折俎，享則體薦。又受享於人亦曰享。

去

贄

贽 zhì

音寘。所執以相見者曰贄。執贄。贄敬。

支義切。古者相見，必執贄以為禮。男贄大者玉帛，小者禽鳥。女贄榛、栗、棗、脩。古本作摯，从手、執會意。

圭 平 珪 圭 guī 音閨。瑞玉也。圭璋。執珪。	涓畦切。與珪同。上圜下方，王者以封諸侯，故字从重土。公執桓圭，侯執信圭，伯執躬圭。凡聘問鄰國，必使大夫執以通信。又所以測日景者謂之土圭，以其形似圭也。又量名，六十四黍為圭，故藥一劑為一刀圭。	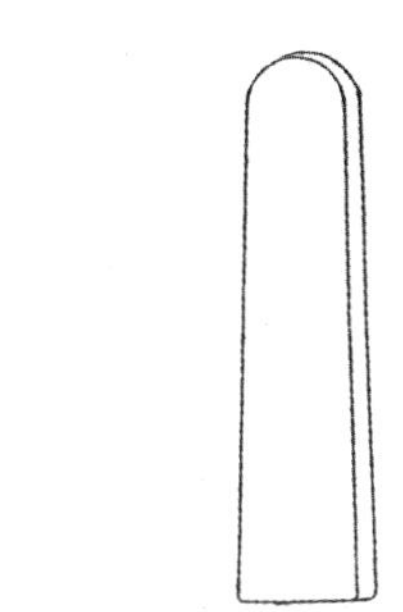
上 璽 玺 xǐ 音徙。天子之寶曰璽。玉璽。	想字切。印也，古者尊卑皆用之。秦漢而後，惟天子之印得稱璽。今謂之御寶，貯於交泰殿者二十五，貯於盛京者十，內閣及內務府掌之。製皆以玉，間有以金或旃檀為之者。	
鑾 平 銮 luán 音鸞。天子所乘車曰鑾。鑾駕。金鑾殿。	盧官切。人君乘車，四馬鑣，八鸞鈴，以象鸞鳥，聲和則敬也。今掌護衛乘輿出入者曰鑾儀衛。	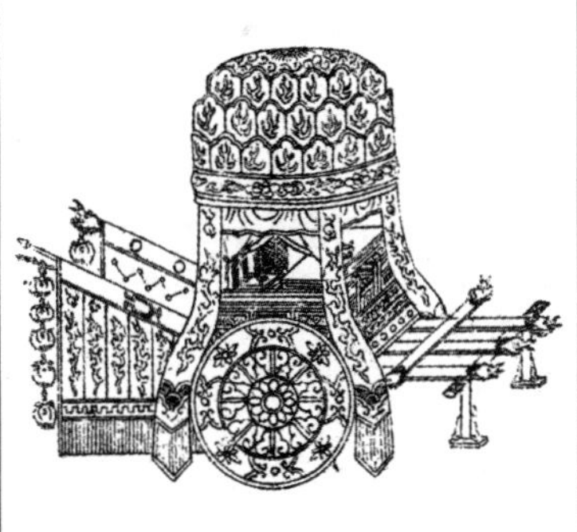

上 輦 辇 niǎn 音輦。挽車曰輦，所挽之車即曰輦。步輦。輦重。	力展切。从車、从扶會意。扶，並行也。古者天子乘玉輦，故京邑曰輦轂之地。	彝 平 彝 yí 音姨。宗廟之常器曰彝。鼎彝。彝倫。	延知切。彝即尊也。雞彝、鳥彝、斝彝、黃彝、虎彝、蜼彝謂之“六彝”。彝為常器，故引申之訓為常。如秉彝、彝訓等皆本此義。
蹕 入 跸 bì 音必。清道曰蹕。駐蹕。	壁吉切。天子行則先警蹕，言警人使避也。	筵 平 筵 yán 音延。竹席曰筵。盛筵。筵席。	夷然切。凡席，初在地者一重謂之筵，重在上者謂之席。一說：陳之曰筵，坐之曰席。皆宴會所用，故俗稱宴賓之饌曰酒筵，亦曰酒席。
上 鼎 鼎 dǐng 音頂。和五味之器也。寶鼎。鼎足。	都挺切。鼎三足兩耳，故三相等謂之鼎足。夏大禹收九州之金以鑄九鼎，歷世相承，奉為寶器，故定天下者謂之定鼎。	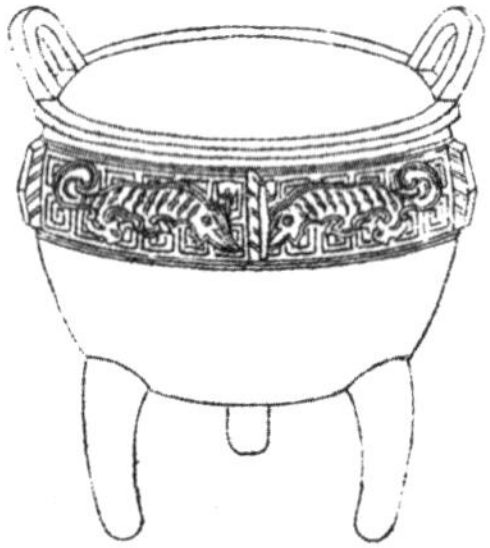	

上 爼 爼 zǔ 音阻。祭祀載牲之器曰爼。鼎爼。爼豆。	壯所切。	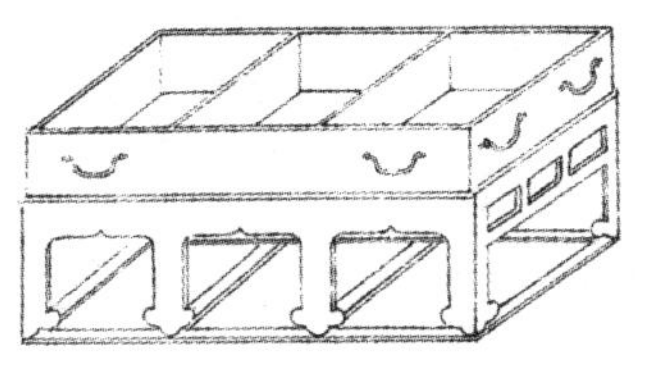
去 豆 豆 dòu 音竇。盛肉之器也。爼豆。豆麥。	豆 大透切。象形，所以薦菹醢之器也。木豆謂之豆，竹豆謂之籩，瓦豆謂之登。 又量名，十六黍為一豆，六豆為一銖。 又菽也，今大豆、小豆古皆謂之菽，蠶豆古謂之戎菽。	
籩 平 笾 biān 音邊。以竹為豆曰籩。籩豆。	卑眠切。籩竹身，籐緣其口，形制如豆。用以盛棗、栗、脯、脩之屬。	

上 簠 簠 fǔ 音甫。盛黍稷之圜器也。簠簋。	斐古切。外圜内方曰簠，容一斗二升。	
上 簋 簋 guǐ 音晷。盛黍稷之方器也。	古委切。簋内圜外方，以木為之，容斗二升。	
笏 入 笏 hù 音忽。臣執以見君者曰笏。正笏。笏板。	呼骨切。笏，忽也，備忽忘也。凡有指畫於君前用笏，受命於君則書於笏。古者天子之笏用球玉，諸侯以象，大夫以魚須文竹，士以竹本。長二尺有六寸。明制：四品以上用象，五品以下用木而飾以粉。	

<table>
<tr>
<td>去
樂
入
乐 yuè lè
音學。五聲八音之總名。作樂。
音洛。喜樂也。歡樂。
音效。喜樂之也。</td>
<td>逆角切。古者伶倫作樂，宮、商、角、徵、羽為“五聲”，金、石、絲、竹、匏、土、革、木為“八音”，和之則成樂。白象鼓，𢆶象鼙，木者，簴也，此象形兼會意字。
歷各切。快意也。凡人聞樂必快，故引申為哀樂之樂。
又魚教切。</td>
<td>上
呂
吕 lǚ
音旅。陽律為律，陰律為呂。律呂。</td>
<td>兩舉切。《説文》：“膂骨也。象形。”即膂字之古文。吕象顆顆相承，中象其系聯也。
假借為律吕之吕。大吕、夾鐘、中吕、林鐘、南吕、應鐘為六陰律，即名六吕。</td>
</tr>
<tr>
<td>鐘
平
钟 zhōng
音鍾。金樂也。鐘鼓。黃鐘。自鳴鐘。</td>
<td>諸容切。鐘，壑所作。中空受氣多，故其聲大。大鐘曰鏞，次曰鎛，小者曰編鐘。鐘者，動也，言陽氣發於黃泉之下，動養萬物也，故鐘為音之君。十二律之首曰黃鐘。
自鳴鐘創自西人，用以報時，假鐘為名。</td>
<td colspan="2"></td>
</tr>
<tr>
<td>鐸
入
铎 duó
度入聲。所以宣教令者。木鐸。金鐸。</td>
<td>達各切。古者將有新令，必奮鐸以徇。金鐸金舌，武事用之；木鐸木舌，文教用之。故今稱學官為秉鐸，稱西教中牧師為司鐸。
又簷前鐵馬曰風鐸。</td>
<td colspan="2"></td>
</tr>
</table>

鑼 平 锣 luó 音羅。所以警衆者曰鑼。鳴鑼。鑼鼓。	郎何切。鑼以銅為之，形如盆。大者聲揚，小者聲殺，鳴之以為鼓節。 古者行軍以鼓進，以鉦退。今代鉦以鑼。凡夜禁及有急事，亦皆用之，以警衆也。	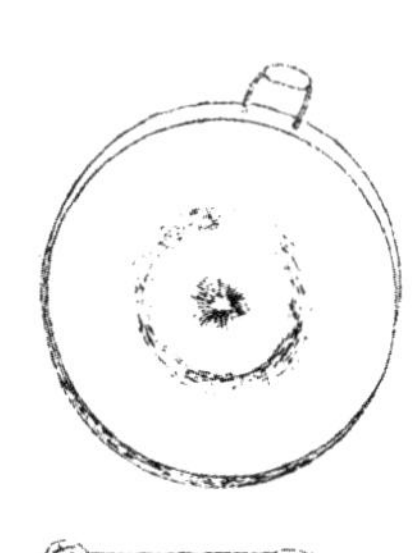
磬 去 磬 qìng 音罄。石樂也。懸磬。擊磬。	詰定切。黄帝臣伶倫作磬，叔作縣磬。股廣三寸，長尺三寸半。一簴十六磬者，謂之編磬。磬之言勁，用以控制衆樂者也。引申之為磬控之磬。	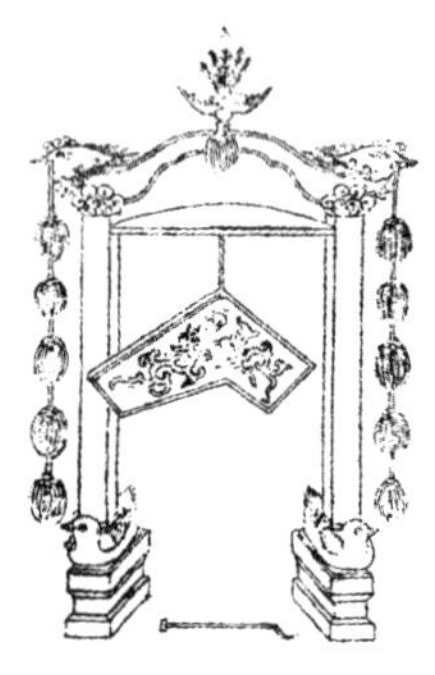
琴 平 琴 qín 音黔。絲屬之樂器也，有五弦，有七弦。琴聲。洋琴。	渠金切。神農始削桐為琴，洞越練朱五弦，周時加二弦。琴之言禁，所以禁止淫邪，正人心者也。故古樂以琴瑟為尊。今泰西多以鼓琴歌詩教小兒。洋琴分四十九牌、五十六牌不等。	

瑟 入 瑟 sè 音縼。絲屬之樂器也，二十五弦。鼓瑟。瑟瑟。	色櫛切。伏羲所作，亦練朱弦。本五十弦，黄帝始改為二十五弦。瑟之言肅，所以懲忿窒欲，正人之德也，故引申為矜莊、嚴密之詞。又能使人精潔其心，故引申為鮮潔之貌。	
琶 平 琶 pá 音爬。弦樂之用於馬上者曰琵琶。銅琶。	蒲巴切。漢時裁箏筑為馬上之樂，以遣烏孫公主。其器中虛外實，盤圓柄直，十二柱四弦，以俗語名之曰琵琶。自下逆鼓為琵，自上順鼓為琶，言以手推引之也。本謂之批把。	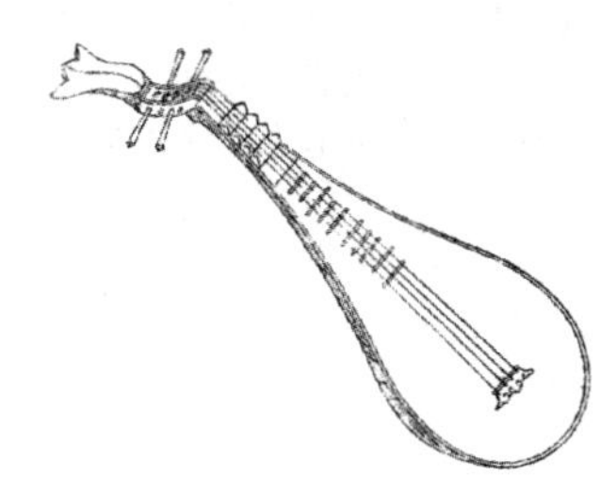
箏 平 箏 zhēng 音争。張弦而竹身者為箏。彈箏。風箏。	甾耕切。箏，瑟類，秦聲也。秦俗薄惡，有父子争瑟者，各入其半，當時名為箏。後蒙恬因之以造箏。本十二弦，今則十三。 今小兒玩具，駕弦於紙鳶上放之空中，謂之風箏。以其音似箏也。	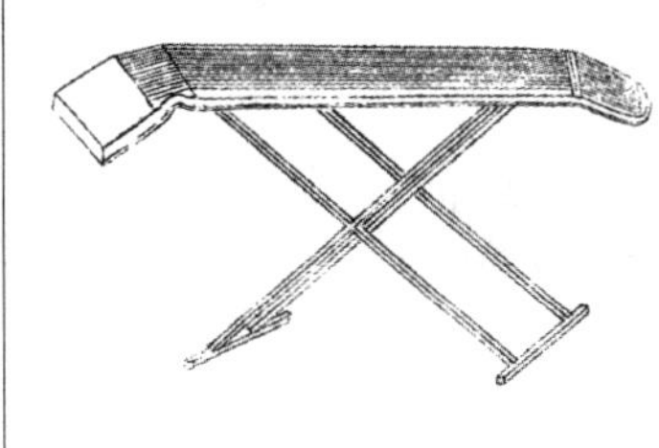

簫 平 箫 xiāo 音蕭。簫之大者二十四管，小者十二管，編竹為之。笙簫。吹簫。	先彫切。虞舜所作，其形參差象鳳翼，大者長尺四寸，無底而善應。小者長二寸，有底而交鳴。簫之言肅，其聲肅肅而清也。漢時有洞簫，今無其器。近所用者，一管若笛而縱吹之，古所謂豎笛也。	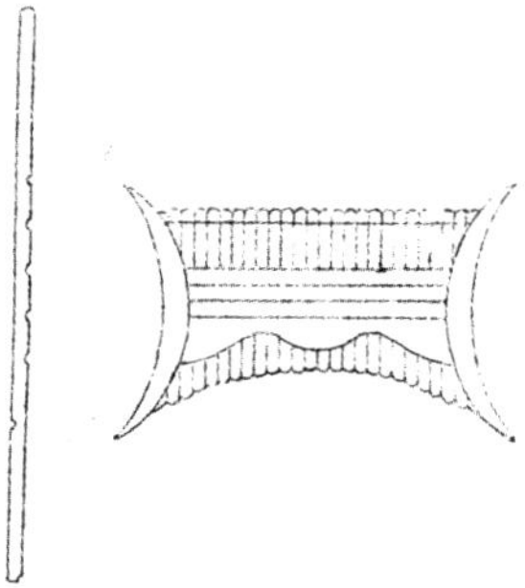
笛 篴　入 笛 dí 音狄。管樂而七孔者。雅笛。羌笛。	杜歷切。笛制有雅笛，有羌笛。雅笛七孔，古謂之管，亦謂之篴。篴者，逐也。所以驅逐邪志，納之雅正也。羌笛四孔，漢時京房加一孔。	
笳 平 笳 jiā 音嘉。軍中之樂。胡笳。	居牙切。笳創於胡，故自古稱胡笳。大者似觱栗，十八拍。小者十九拍，末拍為契聲。用為軍樂之節奏。	

竽 平 竽 yú 音于。管樂三十六簧者為竽。竽笙。濫竽。	雲俱切。女媧氏使隨裁匏竹以為竽，其形參差象鳥翼。列管匏中，施簧管端，乃笙類也。竽唱則衆樂皆和，故竽為五聲之長。	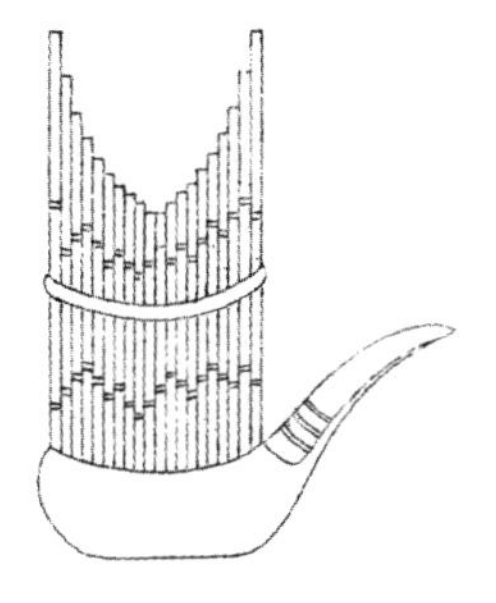
笙 平 笙 shēng 音笙。管樂十三簧者為笙。笙簧。	所庚切。笙亦隨所造，十三簧象鳳之身，大者十九簧。竽之宫管在中央，笙則宫管在左旁。 笙竽本匏樂，後世或以木代匏而漆之。	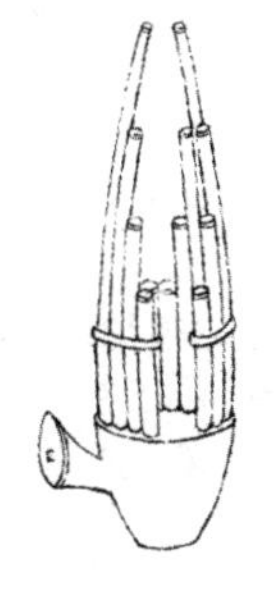
上 鼓 鼓 gǔ 音古。革音之樂。擊鼓。鼓鐘。	果五切。鼓以革為面，伊耆氏所造。夏加四足曰足鼓，商貫以柱曰楹鼓，周縣而擊之曰縣鼓。古者鼓以進衆，故引申為鼓勵、鼓動之鼓。 又擊鼓亦曰鼓，推之為凡攷擊之稱。	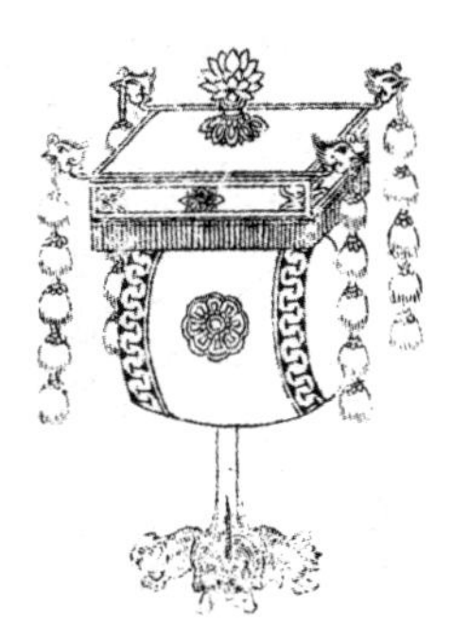

鼙 平 鼙 pí 音崥。小鼓曰鼙。鼓鼙。	駢迷切。鼙，裨也。帝嚳所造，所以裨助鼓節也，故鼓側必有鼙。	韶 平 韶 sháo 音潮。舜樂名。韶樂。韶秀。	市招切。虞舜之樂曰韶，韶之言紹，言舜能紹堯之德也。韶為盡美盡善之樂，故韶秀、韶華等皆以美為義。
上 舞 舞 wǔ 音武。所以助樂之容者為舞。歌舞。舞蹈。	罔古切。凡舞有羽舞、皇舞、旄舞、干舞、人舞。舞以象功。今之演劇，即其遺意。凡人樂極而發揚蹈厲者，謂之舞蹈，以其差類舞容也。舞有掉弄之象，故引申為舞文、舞弊之舞。	佾 入 佾 yì 音逸。舞之行列曰佾。八佾。佾生。	弋質切。古作肖，从背省，从八會意。舞者用足相背。八，人數也。後乃加人旁為佾。凡舞以八人為一行，天子用八，諸侯用六，大夫四，士二。舞者所以節八音而行八風，故自八以下也。今佾舞生亦稱佾生，司丁祭之舞事。

刑（平） 刑 xíng 音形。所以懲惡者曰刑。五刑。刑罰。	奚經切。法也，正也，言法所以正人也。古之五刑：墨、劓、宮、刖、殺。今之五刑：斬、絞、流、徒、杖。引申為刑人之刑，假借為典刑之刑。	理（上） 理 lǐ 音里。公是公非謂之理，辨其公是公非亦謂之理。道理。理事。	良以切。治玉也，玉人順玉之文而剖析之，使之有條不紊也。故凡有條不紊者皆曰理，如倫理、文理是。使之有條不紊亦曰理，如理財、理事是。今官制理刑之司曰大理寺。
例（去） 例 lì 音厲。以類相推謂之例。律例。例案。	力制切。以此比彼曰例。引申為律例、凡例之例。	懲（平） 惩 chéng 音澄。儆戒有罪曰懲。痛懲。懲惡。	持陵切。恐也，使罪人警恐而自新也。故引申為懲儆、懲創之懲。
冤（平） 冤 yuān 音鴛。有屈未伸謂之冤。伸冤。冤枉。	於袁切。屈也。从兔，从冖，兔在冖下益屈折也。引申為枉屈未申之義。古者窮民冤抑不達於上，則登肺石而呼之。今之愬冤者，於道為攬輿，於署為擊鼓，於闕為叩閽。	過（去）（平） 过 guò 音戈。已往曰過。經過。戈去聲。過失。	古禾切。越也。引申為經過之過。過謂越乎道也，故又申為過失之過，讀古卧切。凡過之小者曰過，大者曰罪。

去 赦 赦 shè 音舍。釋有過者曰赦。大赦。赦罪。	式夜切。赦，舍也，舍其罪過也。古者幼弱、老耄、蠢愚非手殺人者皆赦，是謂“三赦”。猶今時律令年未滿八歲及八十歲以上，非手殺人者，皆不坐是也。今國家有慶典，則有大赦。	上 犯 犯 fàn 凡上聲。以邪干正，以卑干尊，皆曰犯。冒犯。犯人。	防錽切。犯，侵也。从犬、巳，言犬突然侵人也。引申為凡干陵違害之稱。故干上違令、陵政害法皆曰犯，其犯之之人，即謂之犯人。
去 宥 宥 yòu 音又。寬有罪曰宥。宥過。原宥。	于救切。釋其罪曰赦，寬其罰曰宥。古律不識、過失、遺忘皆寬其罰，是為“三宥”。猶今律不審而殺人與誤刃而殺人，及閒帷薄忘有在而投兵以中之，皆不坐死是。	去 控 控 kòng 空去聲。操制之曰控。又訴有罪於官也。磬控。控告。	苦貢切。引也，匈奴名引弦為控弦，故引申為控制之控。又引其所欲言而赴訴於上，謂之上控。
去 捕 捕 bǔ 音步。索逃亡曰捕。巡捕房。捕快。	蒲故切。逐取之也。其人在而直取之曰逮，其人亡而索得之曰捕。今捕廳、巡捕等，皆主索取盜賊之事。		

去 究	居又切。窮盡也。引申為考究、追究之究。	罰 入	房越切。从刀，从詈，言持刀罵詈則應罰也。古者罰人或以金或以事，今西律亦然。
究 jiū		罚 fá	
音救。事之窮盡處曰究，窮盡其事亦曰究。究竟。查究。		音伐。所以代刑者曰罰。刑罰。賞罰。	
去 訟	似用切。争也，争以言者謂之訟。訟必决之於公，故从言，从公。工於訟詞者曰訟師，中國懸為厲禁，泰西則擇精於律學者給以執照，使為民辨曲直，謂之律師。	贖 入	神蜀切。贖，續也，續得其所質也。凡貿取所質之田産、子女、衣物皆曰贖。古者出金以贖罪，謂之贖刑。今亦有收贖之律。
讼 sòng		赎 shú	
音頌。争辨曲直於官曰訟。争訟。訟師。		音敎。貿取所質謂之贖。聽贖。贖罪。	
去 判	普半切。判，分也。从刀，从半，言以刀分物使各半也。引申之，凡分析事物皆曰判，故斷獄之詞謂之判。今官制有通判、州判、運判，皆以分任職事為名。	牢 平	郎刀切。養牛、羊、豕之閑曰牢。象四圍周匝而中繫牛也，故其所養之牲即曰牢，如牛為太牢，羊、豕為少牢是。假借為牢獄之牢，言人之拘於獄，猶牲之拘於牢也。所以拘物者必堅固，故又轉為牢固之牢。
判 pàn		牢 láo	
音泮。分剖曲直曰判。分判。判斷。		音勞。牛羊閑也。監牢。太牢。	

獄

入

狱 yù

音玉。拘繫罪人之所曰獄。大獄。獄訟。

虞欲切。獄，争也。从犬、从言會意，謂二犬相争也。引申之，凡因争而獲罪謂之獄，所以拘獲罪者亦曰獄。古者在朝曰獄，在鄉亭曰犴，今則概以獄稱。

誅

平

诛 zhū

音株。明正其罪曰誅。征誅。誅求。

追輸切。誅，責也。誅亂國者為征討伐滅，誅亂民者為責罰殺戮。

械

去

械 xiè

音邂。拘手足之具曰械。機械。器械。

胡介切。桎梏也。械在足曰桎，械在手曰梏。引申為器械、軍械、機械之械。

戮

入

戮 lù

音陸。大辟之總名。殺戮。戮辱。

力六切。斃之也。凡斬、殺、膊、焚、辜、踣、肆皆得曰戮。引申為戮辱之戮。假借為戮力之戮。

囚

平

囚 qiú

音遒。繫人曰囚，所繫之人即曰囚。囚犯。囚籠。

徐由切。从人在囗中會意，謂人之被禁錮者也。引申之，凡禁錮、拘繫皆曰囚。

梏 入 梏 gù 音鵠。械手之具曰梏。手梏。	姑沃切。手械也，兩手共一木曰拲，兩手各一木曰梏。古者凡囚上罪梏、拲而桎，中罪桎、梏，下罪梏。今之梏或以鐵為之。	
枷 平 枷 jiā 音加。梻也。今俗謂項械曰枷。掮枷。枷號。	居牙切。擊草之器，有杖繫於柄端，以撾穗而出穀也。假借為校，古者以械加項謂之荷校。今俗謂之掮枷，有一人一枷者，亦有兩人共一枷者。	
笞 平 笞 chī 音痴。扑教之刑曰笞。笞杖。	抽之切。笞者，恥也，言人有過則捶撻以恥之。漢時用竹，後世用楚，今仍用竹。漢以上鞭背，漢以下笞臀。今笞之小者為笞，大者為杖。	

上

絞

绞 jiǎo

音狡。兩繩互繞曰絞。絞罪。絞繩。

吉巧切。繞也，从糸，从交，以兩絲相交而成之也。故俗以絲一束為一絞。引申之，以繩縊人謂之絞。絞為“五刑”之一，其罪輕於斬，所以全其首領也。

去

殺

入

杀 shā shài

音煞。刃其首領曰殺。格殺。殺人。

音鎩。隆殺之殺也。

山戛切。棄市之刑也。誅以鈇鉞謂之斬，誅以刀刃謂之殺。今泰西之制無殺刑，欲致之斃則鎗擊之。

又田獵之矢謂之殺矢，以火炙簡，令汗取其青謂之殺青，皆本殺害之義。

又所界切。減削也。

上

斬

斩 zhǎn

音嶄。刑以鈇鉞謂之斬。監斬。斬首。

阻減切。大辟之刑也，从車，从斤。古者車裂之刑謂之斬，其後更以鈇鉞，若今之腰斬也。今以為棄市之通稱，律有斬立決、斬監候之別。

又喪服斬衰，以六寸之布廣四寸為衰，帖於心前，剪而不緝，故名。

上

罪

辠

罪 zuì

音罪。犯法也。罪過。得罪。

徂賄切。捕魚竹网也，从网，从非。网之猶言羅於法也。引申之，凡犯法謂之罪，繩之以法亦謂之罪。

犯罪之罪古作辠，以辛、自會意。自，鼻也，言罪人蹙鼻苦辛也。秦始皇以辠似皇字，始改作罪。後世仍之。

文 平 文 wén 音紋。集衆字以成辭謂之文。天文。文章。	無分切。象兩紋交互也。倉頡造字，依類象形謂之文。今東西各國皆別有文字。西文之祖有二，梵書右行，佉盧書左行，八變而為今日之文字。東文與中國畧同，而別創字母四十九以輔之，謂之平假名、片假名。	去 頌 颂 sòng 音誦。形容盛德之詞曰頌。稱頌。頌揚。	似用切。頌，古容字也。《詩》有六義，六曰頌。頌者，美盛德之形容以告神明者也。後世若《橘頌》《中興頌》等皆宗之。
去 字 字 zì 音自。所以記名物者為字。文字。字墨。	疾二切。孳乳相生曰字。引申為撫字之字。倉頡始造字，所謂古文，即蝌蚪書也。後史籀作大篆，李斯作小篆，程邈更作隸書。於是由隸變楷，由楷變草，而字之用益廣。又男子冠而字，女子笄而字，所以代名也。	騷 平 骚 sāo 音搔。不安也。離騷。騷擾。	蘇曹切。騷，憂也。屈原作《離騷》，言離憂也。後人仿以為文曰騷體。凡長於詞章者曰騷人。又擾也，騷擾之騷以事言，牢騷之騷以心言，皆有不安之意。
詩 平 诗 shī 始平聲。文之用韻者曰詩。誦詩。詩經。	申之切。《詩經》為孔子所刪定，凡三百十一篇。自漢而後，衍為五七言諸體，至唐而以之取士。國朝試士兼用試帖，沿其制也。	去 賦 赋 fù 音付。古詩之流也。詩賦。賦詩。	方遇切。《詩》有六義，二曰賦。賦者，敷陳其事而直言之也。荀卿、宋玉始用韻文為賦，後人宗之，遂與詩體異。 國用出於賦稅，取諸商者為稅，取諸民者曰賦。如地丁、漕糧是也。

書 平 书 shū 音舒。所以著文字者曰書。讀書。《書經》。	商居切。古刻字於簡曰書，五代時馮道始鐫之於板，今則鉛板石印，新製益繁矣。 書，字也。象形、會意、轉注、指事、假借、諧聲為“六書”。真、草、隸、篆為“四體書”。 信札曰書。今兩君通問，由使臣齎奉者曰國書。		
上 典 典 diǎn 顛上聲。古帝之書曰典。古典。典籍。	多殄切。五帝之書曰五典。从丗在丌上，尊閣之也。 典，守也。典簿、典史等官，皆以守官為義。	去 訓 训 xùn 薰去聲。教誨也。教訓。訓導。	吁運切。解釋所言之理曰訓，故解經曰訓詁。 訓導，學中之官，言主訓導學官弟子也。
謨 平 谟 mó 音模。謀也。嘉謨。謨訓。	莫湖切。慮一事、畫一計曰謀，謀之將定未定者曰謨。如《大禹謨》《皐陶謨》之類。	去 誥 诰 gào 音告。天子之命辭曰誥。訓誥。誥命。	居號切。告也，告上曰告，告下曰誥。 今制一品至五品，皆授以誥命；六品至九品，皆授以敕命。

易　去　入

易 yì

音亦。《連山》《歸藏》《周易》為“三易”。交易。《易經》。音異。容易。

夷益切。象蜥易守宮之形也。卦爻有交易、變易之義，故述卦之書曰《易》。
以智切，讀去聲。不難曰易。

史　上

史 shǐ

音使。記事之官曰史，所記之事亦曰史。經史。《史記》。

師止切。史體有三：有斷代之史，如前後《漢書》《三國志》是也；有編年之史，如《春秋》《資治通鑑》是也；有紀事之史，如《繹史》《通鑑紀事本末》是也。

卦　去

卦 guà

音挂。所以筮者曰卦。八卦。卦爻。

古畫切。伏羲氏始畫八卦。八卦者，八方之卦。乾、坎、艮、震、巽、離、坤、兑是也。文王衍之為六十四卦，後之筮者用之。

文王八卦　伏羲八卦

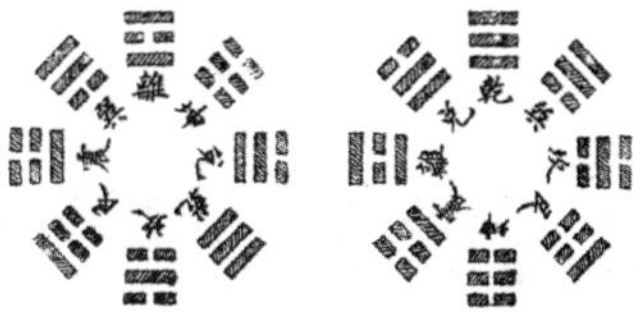

爻　平

爻 yáo

音肴。卦畫曰爻。卦爻。爻辭。

何交切。象六爻頭交也。
伏羲畫卦，參伍錯綜而成爻。爻也者，效天下之動者也。

譜　上

谱 pǔ

音補。簿録羣名曰譜。譜牒。家譜。

博古切。譜，布也，布列其事也。布列一家之事曰家譜，布列一人之事曰年譜。

銘 平 铭 míng 音冥。稱揚功德曰銘。盤銘。銘功。	忙經切。銘體有二:有銘以示警者,如"盤銘"及"座右銘"之類;有銘以紀功者,如《衛孔悝鼎銘》及今人墓誌銘之類。	策 入 策 cè 音冊。馬鞭曰策。執策。又簡也。簡策。	恥革切。連諸簡而編之為策,長二尺,短者半之。 又定謀曰策,古有策士之名。射策、對策,國家所以試士也。
籍 入 籍 jí 音踖。記事之簿也。書籍。	前歷切。借也。借此簡書以記政事,故曰籍。記户口者曰户籍,書軍令者曰尺籍。 又天子籍田千畝,諸侯籍田百畝,謂之籍者,謂借民力以治之也。	上 簡 简 jiǎn 音柬。以竹為牒曰簡。竹簡。簡净。	古限切。單執一札為簡。古制方廣於簡,策又大於方。凡字可一行盡者書於簡,數行則書於方。方所不容,乃書於策。惟簡最略,故引申為簡略之簡。
上 簿 簿 bù 音部。會計之籍也。書簿。簿籍。	裴古切。計簿也,謂計度支之出入者也。 官名,主簿、典簿,皆主守簿書之職者也。	録 入 录 lù 音六。謄寫曰録。謄録。録取。	龍玉切。書之名目謂之目録。 又録用也。

平

函 hán

音含。所以封書曰函。包函。函丈。

胡男切。含也，包容之稱。如封書用書函，藏劍用劍函是也。

又甲也，作甲者曰函人。

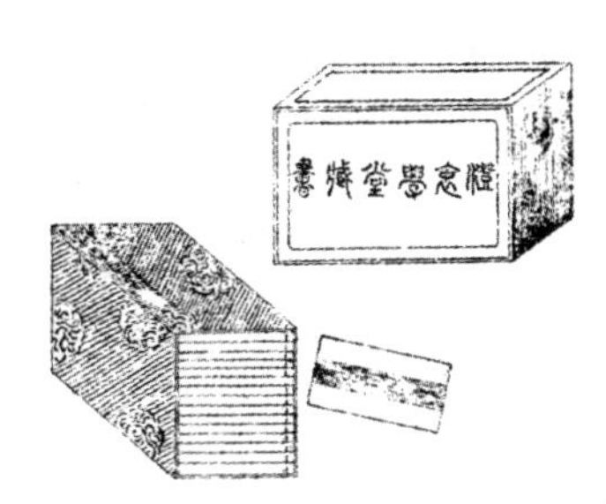

册

入

册 cè

音策。簡也。典册。册封。

冊 恥革切。象五直長短相間中有二編之形也。古時以竹為之。

王者於藩屬作冊書以封之，謂之冊封。

牘

入

牍 dú

音讀。書版也。未書曰槧，既書曰牘。公牘。尺牘。

杜谷切。古以木為之，長一尺，故名尺牘。今代之以紙，而奏事仍曰奏牘，公事仍曰公牘。

帖

入

帖 tiě tiè tiē

音貼。帛書之標題曰帖。法帖。服帖。

他協切。書署也，今所謂帖籤也。以木曰檢，以帛曰帖。引申為試帖、碑帖、牙帖之帖。又假為妥帖、熨帖。

上　去

卷

平

卷 juàn juǎn quán

音眷。可舒卷者曰卷。書卷。眷上聲。舒卷之卷。

音權。卷石。

居倦切。古者一書為一卷，今以一編為一卷，沿古時之稱也。

古轉切，通作捲。

逵員切，通作拳。

碑 平 碑 bēi 音陂。鐫文於石而豎之曰碑。石碑。碑帖。	逋眉切。古者宮必有碑，所以識日景也。宗廟則以繫牲。後人因於其上追紀君父之功德。 碑，所以悲往事也。今立石於隧道者為神道碑，藏於墓中者為墓碑。	

集 入 集 jí 音簊。聚羣曰集。文集。集成。	秦入切。象羣鳥在木上也。引申之，凡物所聚皆曰集。故商賈所聚曰市集，著作所聚曰文集。	上 柬 柬 jiǎn 音簡。俗稱柬曰帖紙。古柬。全柬。	賈限切。
去 契 入 契 qì xiè 音契。兩書相符者曰契。書契。契合。音离。稷契。音乞。契丹。	去計切。合也。質劑之書券，今曰合同；簿書之最目，今曰總帳；獄訟之要辭，今曰案卷。皆契也。 又先結切。舜五臣之一，商之祖也。 又欺訖切。	圖 平 图 tú 音徒。手摹心擬皆曰圖。書圖。圖謀。	同都切。河圖為圖之原始。“六書”象形字，即圖也。後世別有圖學，凡言語所難顯者，必繪圖以明之，如天文、地理、動植、機器等圖是。

平 箋 笺 jiān 音湔。所以表明其意者曰箋。信箋。箋注。	則前切。表也。義有隱略，則藉箋以表明之，故上書曰箋奏，注書曰箋注。今假為箋紙之箋。	去 繪 绘 huì 音潰。圖寫物形曰繪。測繪。繪圖。	胡對切。繡之五采相會者曰繪，如日、月、星、辰、山、龍、華、蟲作繪是也。後世改為筆繪，今又有繪圖機器，以西法摹圖者多用之。
去 平 翰 翰 hàn 音旱。天雞羽也。以羽為筆曰翰。書翰。翰林。 音寒。	侯旰切。鳥羽有文采者皆曰翰。今文學侍從之臣曰翰林，謂其文采之多若林也。 河干切。義同。	平 編 编 biān 音邊。排比書次曰編。簡編。編書。	卑眠切。古用簡，以絲札簡而排列之曰編。今改用鋟板。纂成卷帙，亦謂之編。
上 稟 禀 bǐng 賓上聲。受命曰稟。賦稟。稟帖。	筆錦切。稟，廩之本字。倉廩、廩禄之廩，古皆作稟。 稟有敬之義，凡受賜者必敬，故稟白必曰敬稟。	平 箴 箴 zhēn 音斟。用以治病者曰箴。箴灸。規箴。	諸深切。古者以石為箴，所以刺病。引申為箴規之箴。文人作箴，言以之自警也。

平 篇 篇 piān 音偏。文之成章者為篇。長篇。篇幅。	紕連切。文法積字成句，積句成節，積節成章，謂之一篇。	去 隸 隶 lì 音第。篆文之變為隸書。漢隸。隸書。	堂計切。秦程邈增減大篆，去其繁複，名曰隸書。謂可施之於徒隸也。 凡屬役於人者謂之隸，故屬於京師者曰直隸省，屬於行省者曰直隸廳、直隸州。
上 檢 簽 检 jiǎn 兼上聲。書署曰檢。防檢。檢點。	居奄切。檢之言斂也，藏之而標題之謂之檢。今字作簽。引申之，為檢制、檢點之檢。	上 楷 楷 kǎi jiē 音鍇。可以效法者曰楷。模楷。楷書。	苦駭切。書法篆變為隸，隸變為楷。楷者，對草書而言，言方正可法也。今洋文亦有大楷、小楷。 楷，木名。生孔子冢上，其幹枝疎而不屈。
上 篆 篆 zhuàn 音瑑。文之古者有篆文。古篆。篆書。	柱兖切。引書也。謂引筆而書於竹帛也。倉頡始作古文，周太史籀變為大篆，秦李斯省改之作為小篆。今假為篆刻之篆。	平 題 题 tí 音啼。標識於前者曰題。雕題。題辭。	田黎切。《說文》：“題，額也。”引申之，凡列於前者皆曰題，如題辭、題目、題籤等，皆本此意。

筆

入

笔 bǐ

音必。所以作字者。執筆。筆墨。

壁吉切。筆，述也，述事而書之也。始自蒙恬製以竹而锐其首。今以羊、狼、兔、雞等潁為之。

西國有石筆、鉛筆、鋼筆。石筆以石為之；鉛筆以炭質為細條，函之以木；鋼筆用鋼製成。一以繪圖，一以作字。

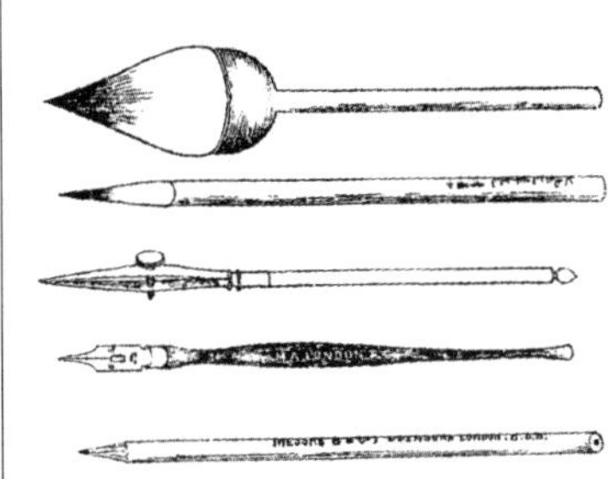

去

硯

研

砚 yàn

音覎。所以磨墨者。端硯。硯池。

倪甸切。硯者，研也，研墨使和匀也。以石為之，或用古瓦、古磚，復有以漆、沙製成者。石硯之産於廣東肇慶府者為端硯，安徽歙縣者為歙硯，皆良。

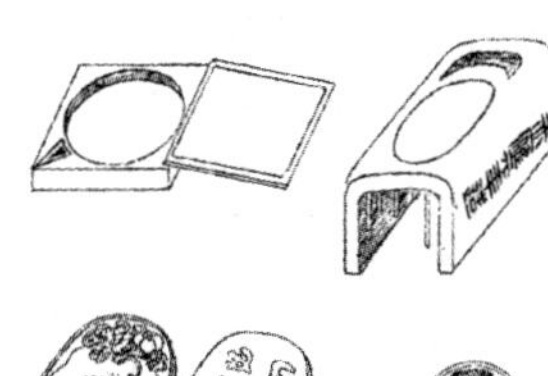

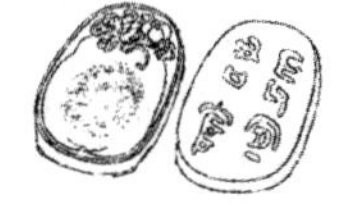

上

紙

纸 zhǐ

音只。用為書契者曰紙。竹紙。紙筆。

諸氏切。造紙昉於漂絮，後漢蔡倫始代以樹皮、麻頭及破布、魚網，今多以竹為之。西人所用之紙，以草為之，亦參用麻布之屬。

上

詁

诂 gǔ

音古。以經解經曰詁。訓詁。詁經。

公土切。詁者通古今之異言也。今説經謂之訓詁，言取古人之訓而釋之使通也。

去 著 入 著 zhù zhuó 音箸。標著。著作。 音擆。土著。 音勺。著衣。	陟慮切。凡形之發見者曰著。 直畧切。物相切謂之著。 陟略切。衣被體謂之著。	去 課 课 kè 科去聲。計程授學曰課。功課。課試。	苦卧切。
歌 平 歌 gē 音柯。曼聲長吟曰歌。唱歌。歌舞。	居何切。歌者，柯也。其聲抑揚高下，如草木有柯葉也。 古者歌詩以言志，士大夫皆肄習之。今則視為優伶之技。 東西各國皆有歌，凡大典禮及尋常燕會多用之。唱歌一科，列於學校。	上 撰 撰 zhuàn 饌上聲。屬辭曰撰。杜撰。撰文。	雛産切。撰，述也。言述古人之舊以成書也。 今官名有翰林院修撰。
去 註 注 zhù 音鑄。著明其義曰註。箋註。註釋。	朱戍切。註本作注，猶疏通也。註義於經下，所以疏通其義，猶水之注物也。	上 寫 写 xiě 音瀉。凡作書作畫皆曰寫。摹寫。寫字。	先野切。俗作瀉。瀉者，自彼注此之稱，如《周禮》“以澮瀉水”是也。又輸也，象也。作書以輸其所欲言，作畫以象其所欲肖，故皆謂之寫。

上 武 武 wǔ 音舞。能定禍亂曰武。文武。武官。	𢍰罔甫切。武以禁暴戢兵，故古文止戈為武。 又足迹曰武。	勳 平 勋 xūn 音熏。有功於王室曰勳。勳烈。	許云切。
上 勇 勇 yǒng 音涌。敢為曰勇。武勇。勇夫。	尹竦切。有力曰勇。凡隸兵籍，必以力聞，故謂之兵勇。	軍 平 军 jūn 音君。大兵曰軍。三軍。軍旅。	拘云切。包車為軍，取圜圍之義。周制五旅為師，五師為軍，凡萬二千五百人。引申之，為軍屯、軍容、軍實之軍。 今將兵之官稱將軍，提督稱軍門，兵卒稱軍士。陸戰之兵稱陸軍，用以海戰者曰海軍。
功 平 功 gōng 音公。以勞定國曰功。成功。功臣。	沽紅切。凡勤於事而有益於世者皆曰功。《周禮》：國功曰功，王功曰勳，民功曰庸，事功曰勞，治功曰力，戰功曰多。 通作女工之工。喪服有大功、小功，以治布精麤為之別也。	去 帥 入 帅 shuài 率去聲。軍中之主曰帥。將帥。大帥。 音蟀。統領之也。帥兵。	所類切。古作衛。凡師旅之長皆稱帥，今專用為元帥之帥。 朔律切。統率為帥，遵而行之亦為帥。

上 **旅** 旅 lǚ 音呂。軍五百人為旅。軍旅。旅居。	兩舉切。旅，衆也。周制五卒為旅，謂衆之成列者也。引申之，凡旅酬、旅幣、進旅、退旅，皆本此義。 又假借為廬，館客之廬曰旅館，館於旅者曰旅人。《易》有旅卦（䷷）。	去 **隊** 队 duì 音懟。軍之列陣者曰隊。軍隊。隊伍。	杜對切。百人為一隊，統帶一隊之兵官曰隊長。 又凡羣而成列者皆謂之隊。
兵 平 兵 bīng 丙平聲。執兵以從戎者曰兵。出兵。兵卒。	補明切。《説文》："兵，械也。从廾持斤，并力之皃。"兵器謂之兵，故持兵殺敵者亦謂之兵。今統兵之官謂之總兵。西國兵制，有常備兵、後備兵、豫備兵之分。	去 **勝** 平 胜 shèng shēng 升去聲。敗人曰勝。得勝。勝會。 音升。能當其事曰勝。勝任。	詩證切。凡兩物相較，優者曰勝。引申為盛滿之稱，如勝事、勝景皆是。 書蒸切。
卒 猝　入 卒 zú cù 尊入聲。兵士之通稱也。士卒。卒陳。 村入聲。驟也。倉卒。	臧没切。周制，軍百人為卒。 又大夫死曰卒。凡事之畢皆曰卒。 蒼没切。卒然，急遽之貌。與猝通。	**捷** 入 捷 jié 潛入聲。勝也。報捷。捷足。	疾葉切。戰勝曰捷。凡報捷者其行必疾，故轉為捷足之捷。又轉為捷徑之捷。

克（入） 克 kè 音刻。勝也。不克。克己。	乞得切。勝人曰克，勝任亦曰克。	伐（入） 伐 fá 音罰。以兵臨人曰伐。征伐。伐罪。	房越切。伐者，聲其罪以討之也。 有功曰伐，自稱其功亦曰伐。
討（上） 讨 tǎo 叨上聲。治有罪者曰討。征討。討論。	土皓切。凡聲明其國之罪而伐之，或聲明其人之罪而誅之曰討。討，窮究也。故引伸為討論之討。	攻（平） 攻 gōng 音公。破所不易破者曰攻。相攻。攻伐。	古紅切。攻有攻擊之義，如攻城、攻瑕是也。又有攻治之義，如攻金、攻玉是也。
征（平） 征 zhēng 証平聲。上伐下曰征，上取於下亦曰征。出征。征稅。	諸成切。征之為言正也。以上伐下，所以明正其罪也。故所征之賦，亦謂之正供。	守（上） 守 shǒu 音首。所以禦攻者曰守。操守。守職。	始九切。守有保護之意，謂力持之使不失也。設險以守國，督師以守城，皆因人之攻而保護使勿失者。故文職有守令，武職有守備。

侵（平） 侵 qīn 音駸。潛師伐人曰侵。侵伐。	千尋切。淩也，凡犯人之權限皆曰侵。 又假借為祲，歲凶謂之大侵。	禦（去） 御 yù 音御。以力相拒曰禦。强禦。禦寇。	魚據切。禦有禁止之意，凡禦兵、禦寇云者，皆禁之使不前也。
戰（去） 战 zhàn 旃去聲。兩軍相鬬曰戰。交戰。戰争。	之膳切。凡以力相搏者皆曰戰。戰，危事也，故以戰戰為恐懼之貌。	戍（去） 戍 shù 輸去聲。守邊曰戍。謫戍。戍兵。	舂遇切。人荷戈曰戍。今制，官員有罪，有發往軍台效力者，謂之謫戍。
圍（平） 围 wéi 音韋。四面環繞曰圍。合圍。圍城。	于非切。古文作囗，象回帀之形也。故四面環攻曰圍。 又物之圓者周五寸曰圍，周一抱亦曰圍，皆引伸回帀之義。	救（去） 救 jiù 音廐。拯人之危曰救。補救。救兵。	居又切。

去 犒 犒 kào 音靠。賞軍曰犒。犒賞。總犒。	口到切。古者賞軍以牛，故犒从牛。因以為凡賞人之稱。	去 寇 寇 kòu 音扣。兵自外來曰寇。司寇。寇賊。	邱候切。兵不以義謂之寇。引申之，凡盜賊皆曰寇，故治盜賊之官曰司寇。今刑部尚書稱大司寇，侍郎稱小司寇，沿古制也。
諜 入 谍 dié 音牒。探測敵情者曰諜。間諜。	達協切。諜，伺也。謂詐為敵國之人，入其軍中，伺候間隙以反報者也。古曰間諜，今謂之細作。	上 虜 虏 lǔ 音魯。所俘之囚曰虜。囚虜。虜掠。	郎古切。囚也。凡生得敵人者，必以索貫而拘之，故从毌从力。古時南人呼北人曰虜，盖辱之以囚虜之名也。
敵 入 敌 dí 音狄。與人相抵曰敵，所抵之人亦曰敵。仇敵。敵國。	亭歷切。兩國不相讓者曰敵國，兩人不相下者曰敵讎。引伸之，凡有抵力皆曰敵。	獲 入 获 huò 音畫。得也。擒獲。獲利。	胡麥切。獲，田獵所得也。引申之，凡有所得皆曰獲，故得勝曰獲勝，得罪曰獲罪，得利曰獲利。

去 敗 败 bài 音湏。勝之對也。潰敗。敗事。	簿邁切。凡物破壞謂之敗。故事不成、兵不勝皆曰敗。
滅 入 灭 miè 音搣。盡也。撲滅。滅國。	莫列切。熄火曰滅火，亡人之國曰滅國，皆有撲之使盡之意。
刀 平 刀 dāo 到平聲。所以切物者曰刀。倭刀。刀鎗。	𠚣 都勞切。象刀背與刃也。以銅或銕合鋼為之，背厚刃薄，用以切物。武人所佩，長二三尺者曰佩刀，又曰腰刀。日本鑄者最利，世稱倭刀。洋鋼之刀，性質較硬。 古錢有名刀者，小舟亦稱刀，皆取其形似。 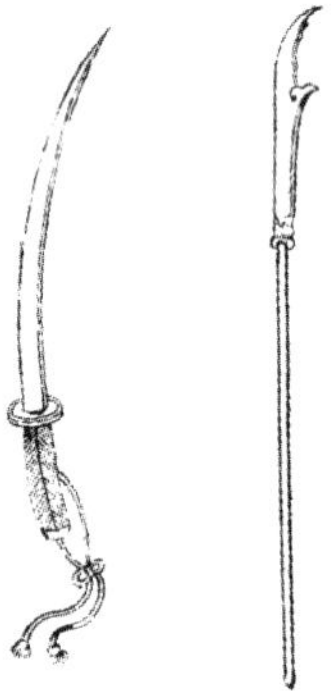
去 劍 剑 jiàn 檢去聲。似刀而直者曰劍。佩劍。劍術。	居欠切。劍，檢也，所以防檢非常。劍口曰鐔，劍末曰鋒，劍室曰鞘。 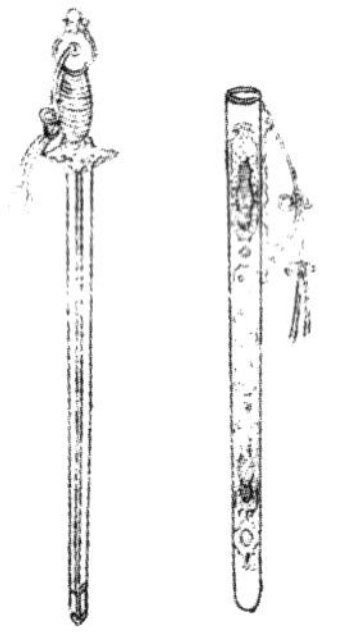

上 斧 斧 fǔ 音甫。所以斫物者曰斧。斧斤。刀斧。	匪父切。斧柄短而身厚，形如方鑿，利於伐木樵采之用。古有以為軍器者。	
鉞 入 钺 yuè 音越。大斧也。黄鉞。斧鉞。	王伐切。古者命將，必杖黄鉞以示威武。以金為之。杖而不用，明神武不殺也。今以為儀仗之用。 斧之背方，鉞之背圓。	
戈 平 戈 gē 音鍋。戟之單枝者為戈。干戈。戈矛。	古禾切。	

戟 入 戟 jǐ 音棘。戈之雙枝者曰戟。矛戟。	訖逆切。格也，旁有支格也。手所持擿之戟曰手戟。	
矛 平 矛 máo 音謀。可以陷盾者曰矛。蛇矛。矛戟。	迷浮切。象形，矛制一隅而作鉤形。古者建之兵車，酋矛長二丈，夷矛長二丈四尺，厹矛三隅。	
鋒 平 锋 fēng 音丰。芒刃曰鋒。先鋒。鋒鋩。	敷容切。刀矢之刃，及矛矢之末，皆謂之鋒。因謂凡物之末為鋒。行軍稱前隊為先鋒，亦取鋒鋭之義。	刃 去 刃 rèn 忍去聲。刀之鋒也。鋒刃。 而振切。刀以刃為用，刃不能離刀以為體。刅字有柄、有脊、有刃矣，故以指點其所，謂刃在是而已。

弓

平

弓 gōng

音宫。所以發矢者曰弓。彎弓。弓矢。

居中切。象形，弓以竹木為榦，傅以角、筋，繫絃於榦之兩端，張之可以發矢及遠。

量地之器曰步弓。營造尺六尺為一弓，三百弓為一里。

弩

上

弩 nǔ

怒上聲。弓之有柄者。弓弩。弩箭。

暖五切。黃帝作弩。弩，怒也，言其聲勢如怒也。

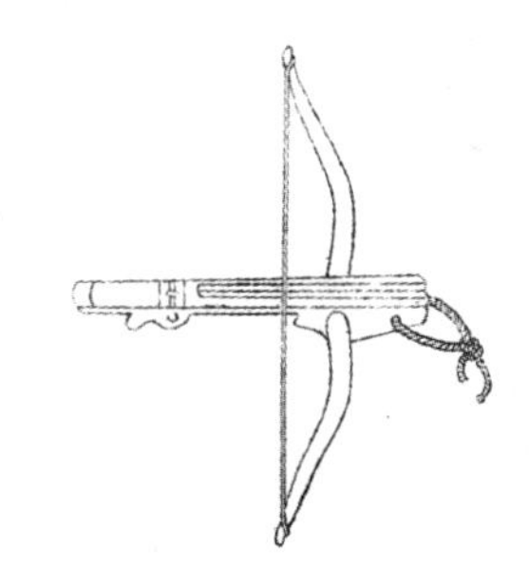

弧

平

弧 hú

音狐。木弓也。亦為弓之別名。張弧。弧矢。

洪孤切。古者作弓，其榦有柘、檍、檿桑、橘、木瓜、荆、竹各種。弧係木瓜類之榦，故字从瓜，蓋弓之專用木而不傅以角者也。

算術中于全周所割之一分，謂之弧線，言形如弓背也。用以推步曰弧三角。

彀

去

彀 gòu

音遘。持滿而發曰彀。入彀。彀率。

居候切。彀，張弓也。凡射必張弓使開而後發之，力愈足則彀愈滿。引申為滿足之稱。

上

矢

矢 shǐ

尸上聲。傅於弓而發者曰矢。弓矢。矢人。

式視切。象鏑、栝、羽之形。自關而東謂箭為矢。以竹木為榦，以金為鏑，歧其端以居弦曰括，以羽毛傅之，使能遠飛曰羽。
矢形直，古人設誓曰矢，以自明其直也。
人物之糞亦為矢。

去

箭

箭 jiàn

音餞。矢也。竹箭。箭衣。

子賤切。關西謂矢為箭，取前進之意。
今開氣袍，國初用為習射之服，故謂之箭衣。

上

壘

垒 lěi

音儡。營軍之壁曰壘。

力軌切。軍壘也。

營

平

营 yíng

音瑩。四圍壘土曰營。又經度也。營衛。紮營。

維傾切。取象於環，凡匠人營國，軍人營壘，必度其四周以資環衛。引申之，為經營、營造之營。

鎗

平

枪 qiāng

音瑲。火器之小於礮者。抬鎗為舊制，今手鎗、前膛鎗、後膛鎗等，皆曰洋鎗。

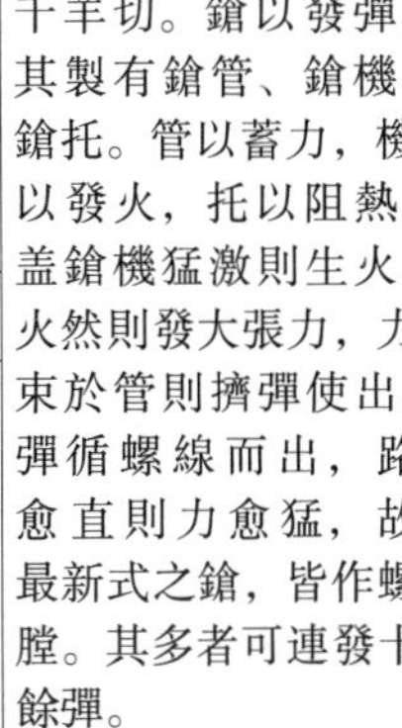

千羊切。鎗以發彈，其製有鎗管、鎗機、鎗托。管以蓄力，機以發火，托以阻熱。盖鎗機猛激則生火，火然則發大張力，力束於管則擠彈使出。彈循螺線而出，路愈直則力愈猛，故最新式之鎗，皆作螺膛。其多者可連發十餘彈。

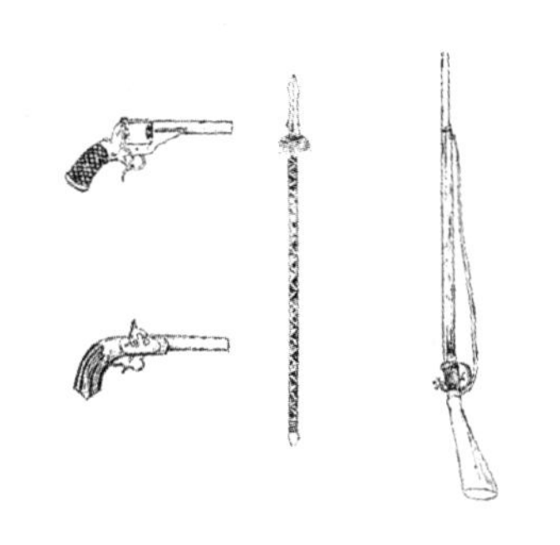

礮

去

砲

炮 pào

抛去聲。火器之大於鎗者。大礮。礮臺。

披教切。俗作砲，古時以機發石謂之砲。元太祖時始有火砲。今砲皆製以鋼，藥彈自後送入。用以擊遠者，身長而口小，用開花彈；用以擊近者，身短而口大；又有以數管合成者，旋轉旋放，一分鐘時可十三出，謂之快砲。

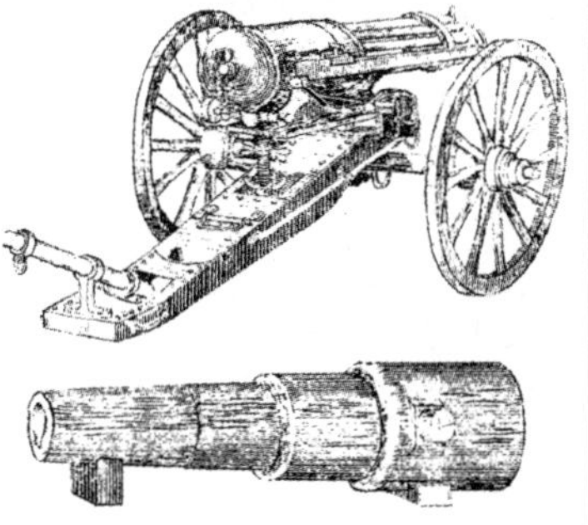

彈

去

平

弾 dàn tán

音憚。丸能遠發者曰彈。彈藥。彈子。音檀。擊也。譏彈。彈琴。

杜晏切。古用泥彈，發之以弓。今用鐵彈，發之以砲。砲彈之類，用以鑽堅者曰尖頭彈，用以錘擊者曰平頭彈，實以藥使炸裂者曰開花彈。

唐闌切。擊也。鼓琴曰彈琴，鬭棊曰彈棊，鎮人以威曰彈壓，言人之罪曰彈劾，皆有擊意。

丸

平

丸 wán

音完。物之圓轉者曰丸。彈丸。丸藥。

胡官切。引弓以發曰彈丸，用手以旋曰弄丸。今鎗砲中鉛子亦曰丸。藥品中研細末合成圓形者曰丸藥。

去 冑 冑 zhòu 音宙。護首之甲曰冑。甲冑。	直又切。製甲為冠，以防矢石，古謂之冑，今謂之盔。 冑从𠀃，言冒於首者。與胄子、裔胄之胄从肉者別。	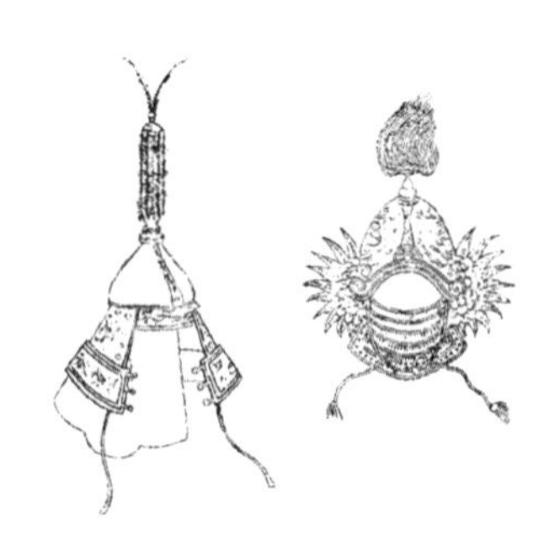
上 盾 盾 dùn 犉上聲。戰具之扞身者曰盾。矛盾。盾牌。	豎尹切。盾亦謂之干，戰則跪身於後以避弓矢。其製或藤或革，俗謂之盾牌。	
旗 平 旗 qí 音奇。所以為表識者曰旗。國旗。旗籍。	渠宜切。旂通用。國初分滿洲為八旗，分駐各省，故稱滿人為旗人。各國旗章，有國、官、民、商四項。中國仿之，國旗以龍，商旗以日。 西例有慶賀則升旗，有哀弔則下旗。戰則用紅旗，降則用白旗。升旗下旗，又有全、半之別。	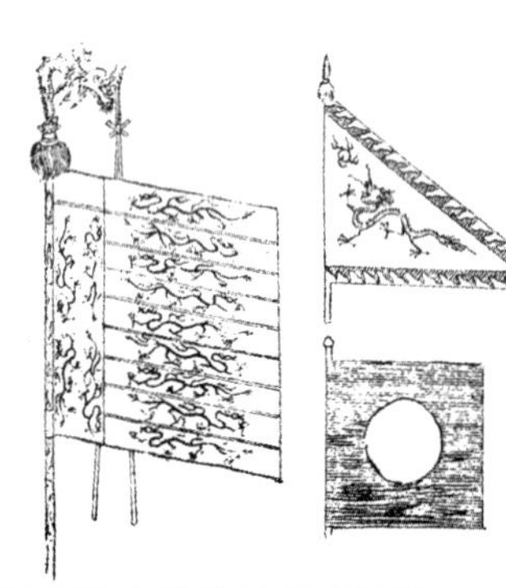

旌 平 旌 jīng 音精。繫旄於竿首者曰旌。旌旗。旌表。	咨盈切。古者旗制，以旄牛尾綴於竿首，又飾五采羽於其上，以進士卒謂之旌。 旌者，以為表異之用。故凡表章節孝、建坊給額皆曰旌。	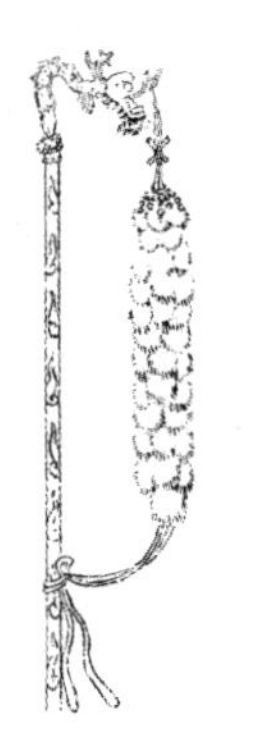
纛 入 纛 dào 音獨。軍中大旗也。大纛。	杜谷切。	
麾 平 麾 huī 音撝。大將之旗。指麾。	吁為切。以手指揮曰麾。大將所以指揮士卒，故旗亦名麾。	旆 去 旆 pèi 音沛。旗邊之帛，若燕尾者曰旆。旌旆。 蒲蓋切。旆者，沛然而垂，繼旐之旗也。旐用緇帛，旆仍用絳帛。旐長八尺，旆長亦八尺。 又大旗亦曰旆。

獵 入	力涉切。古者四時皆獵，以除害田之物。春曰蒐，夏曰苗，秋曰獮，冬曰狩。獵皆用犬，以竄取禽獸，故从犬。引申為獵取之獵。	狩 去	舒救切。犬田曰狩，言用犬以守取禽獸也。假借為守。天子適諸侯曰巡狩。巡狩者，巡所守也。
猎 liè		狩 shòu	
音鬣。逐禽曰獵。校獵。獵犬。		音獸。冬獵為狩。冬狩。	

去 姓	息正切。生民之初，榛狉無紀，族類漸繁，始别以姓，此立姓之原也。神農母居姜水，黄帝母居姬水，舜母居姚虚，因以為姓。故《説文》："姓，人所生也。"从女、生會意。	平 虞	元俱切。騶虞，仁獸也。引申之，司獸之官曰虞。假借為娱，亦訓為度。 又舜氏也，其後禹封商均之子於虞城，子孫因以為氏。
姓 xìng		虞 yú	
音性。所以别族類者曰姓。百姓。姓名。		音愚。舜有天下之號。唐虞。	
上 氏	上紙切。艸之始曰屮，木之始曰氏。故氏本訓為木本，後取水源木本之義，轉注為姓氏之氏。按統系百世曰姓，别子孫所自出曰氏。或氏其國，或氏其謚，或氏其官，或氏其事，類皆正姓之支分派别者。	平 商	式陽切。商者，由外以度其内也。凡揆度有無，以通四方之物者為行商。今泰西重商務，國家既立商部，民間亦設有公司，故所闢埠頭，遍於各島。又代名，契始封商，湯因以為有天下之號。
氏 shì		商 shāng	
音是。姓之支分派别者曰氏。姓氏。氏族。		音觴。行貨曰商。又湯有天下之號。通商。商酌。	
平 唐	徒郎切。唐，大言也。堯以道德至大有天下，因號曰唐。其裔封于唐，周成王滅之以封弟叔虞，子孫因以為氏。	平 殷	於斤切。殷，作樂之盛稱。引申為凡盛之偁。又地名，盤庚遷於殷，改商為殷。其後分封，以國為氏。 於閑切。
唐 táng		殷 yīn yān	
音堂。古國名，子孫以為氏。荒唐。唐朝。		音駰。商號中更曰殷。殷商。 音黫。赤黑色。	

周（平）

周 zhōu

音州。商時侯國。武王因以為有天下之號。周到。周旋。

職留切。周从用、口會意。善用其口則密，密則無不周。
又代名，武王有天下之號也。六朝有宇文周，五代有郭周，均稱後周。

衛（去）

卫 wèi

音𧶠。禦侮曰衛。
又國名。護衛。衛國。

于歲切。防捍曰衛，所防之地亦曰衛。古以捍禦王宮為宿衛，今亦有侍衛之官。
周以畿内地封康叔為衛侯，因以為氏。

隋（平）

隋 suí duò

音隨。六朝時國號。
音惰。裂肉也。

旬為切。春秋時有隨國，後楊堅受封於隨，及有天下，去辵作隋。
《字書》隋本讀徒果切，訓尸所祭之餘肉也。

陳（去）（平）陣

陈 chén zhèn

音塵。布設也。
又舜胄受封之國。陳設。
音門。軍伍行列曰陳。戰陳。

直珍切。事物羅列曰陳。古者陳、塵相通，居久則生塵，故又訓新陳之陳。
周武王封舜胄嬀滿於陳，子孫以國為氏。
又六朝時代名。
直忍切。同陣。

魯（上）

鲁 lǔ

音虜。鈍也。
又國名。東魯。魯鈍。

郎古切。遲鈍曰魯。
周成王以少昊之墟，封周公子伯禽為魯侯，其後以國為氏。

蔡（去）（入）

蔡 cài

音縩。草莽也。
又國名，周文王子叔度始受封。
音薩。

倉大切。本訓散亂之草。又地名，國君守龜出蔡地，故元龜曰蔡。又周封叔度于上蔡，叔没，成王復封其子蔡仲，後因以為氏。
桑割切。訓放也。本作䕊。

滕 平　騰 滕 téng 音騰。水超涌也。又國名。	徒登切。从水，朕聲。通作騰，如《詩》“百川沸騰”是。引申為張口騁辭皃，如《易》“騰口説也”是。 滕國，周文王子叔繡之後，子孫以為氏。	去 鄭 郑 zhèng 音甑。國名。鄭重。鄭國。	直正切。周宣王以西都畿内地封其弟友，是為鄭桓公。至戰國時滅於韓。子孫因以為氏。 又鄭，重也，猶言頻煩也。
薛 入 薛 xuē 音洩。艸也。又國名。	私列切。高燥生薛。薛，藾蒿也。又黄帝之後奚仲封於薛，後有薛姓，以國為氏。	上 趙 赵 zhào 音肇。趨走也。又國名。歸趙。趙國。	治小切。趙，趨趙也，有超騰之意。 周穆王賜造父以趙城，因為趙氏。 《史記》藺相如完璧歸趙，故凡以物返人，俗曰歸趙。
去 宋 宋 sòng 音送。居也。又國名。宋國。呂宋。	蘇統切。宋从宀、从木，以木成室居人也。周成王封微子啟為宋公，其後以國為氏。 今歐羅巴洲有大呂宋，亞細亞洲有小呂宋。	去 魏 魏 wèi 音偽。高大之貌。象魏。魏國。	魚貴切。魏，高也。故闕門高崇曰魏闕，懸治象之法於闕曰象魏。 又姬姓之國，其地本舜禹故都。後晉滅之。以邑為氏。

去 鄧 邓 dèng 音蹬。曼姓之國。	唐亘切。殷武丁封叔父於河北為鄧侯，後因氏焉。	去 舜 舜 shùn 音蕣。虞帝名。帝舜。	舒閏切。舜，《説文》："艸也。楚謂之葍，秦謂之藑。" 又虞帝之名曰舜。舜者，准也，循也。言其准行道德，循堯緒也。
平 鄒 邹 zōu 音騶。古邾婁國。	側鳩切。帝顓頊之後，封於邾婁。戰國時穆公改曰鄒。鄒，邾婁之合音也。	上 禹 禹 yǔ 音羽。蟲也。夏王文命以為名。大禹。禹王廟。	王矩切。
平 堯 尧 yáo 音僥。唐帝名。唐堯。	吾聊切。堯猶嶢。嶢，至高之貌。堯之聖德至高，故臣民以堯稱之。	平 湯 汤 tāng 音鏜。熱水曰湯。又商王名。湯水。商湯。	土郎切。冷曰水，熱曰湯。古者諸侯朝天子，有湯沐邑。 商湯，子姓，契之後也。

平 姬 姬 jī 音基。黄帝居姬水以為氏。姬姜。姬妾。	居之切。武王克商，封兄弟之國十有五，姬姓之國四十。 又婦人美稱曰姬，衆妾統稱亦曰姬。	上 閔 闵 mǐn 音敏。憐卹之意。又姓也。閔子。憂閔。	眉隕切。《說文》："閔，弔者在門也。"引伸為凡痛惜之辭。 又姓。孔子弟子閔損。 又閔馬父，見《左傳》。
上 孔 孔 kǒng 空上聲。中通曰孔。又孔子，古之大聖人。孔聖。鼻孔。	康董切。孔，通也，空也。凡空虛能容者皆曰孔。又訓甚也。 宋孔父嘉遭華督之難，其子奔魯。後世以字為氏，六世而生孔子。	去 孟 孟 mèng 音夢。長也。又姓。孟仲。孟子。優孟。盂去聲。	莫更切。古以嫡長為伯，庶長為孟。魯仲孫氏為三桓之長，故亦曰孟孫氏。此孟姓之始。戰國時有孟子，鄒人也。 莫浪切。孟浪，言不精要也。
上 冉 冉 rǎn 音染。本作冄，姓也。冉子。	冄 而琰切。毛冄冄也，柔弱下垂之貌。髯字取下垂意，姌字取柔弱意，皆由此義引伸。 又姓，按《弟子傳》，冄耕、冉雍、冄求、冄孺、冉季皆魯人。	上 軻 平 轲 kē kě 音珂。椄軸車也。又孟子名。 音可。	苦何切。軻，《説文》訓"椄軸車也"。椄者，續木也。軸所以持輪，而兩木相接則危矣。故引申為轗軻之軻。或曰孟子居貧轗軻，故名軻，字子居（一說字子輿）。 枯我切。義同。

陶

平

陶 táo yáo

音桃。兩丘重累曰陶丘。陶冶。陶唐。音搖。

徒刀切。邱再成為陶，成猶重也。重邱如累盂，又如陶竈然，故轉為陶冶之陶。或謂堯始居陶丘，後為唐侯，故曰陶唐。其後以為氏。一說虞思為周陶正，因氏焉。
餘昭切。皋陶，臣名。陶陶，和樂皃。

劉

平

刘 liú

音留。殺也。又姓。公劉。劉備。

力求切。本作鐂，从金、刀會意，故訓殺。刀字屈曲，傳寫誤作田，故亦作鐂。
又姓，凡二十五望族，並自陶唐氏劉累之後。

姜

平

姜 jiāng

音疆。神農氏居姜水以為姓。姜尚。姜女。

居良切。

范

上

范 fàn

音犯。草也。又姓。范文正公。

房啖切。范本訓草。亦訓蜂，夆、氾一聲之轉也。字亦作蠭。又借作笵，竹器之模。地名，晋大夫士會之邑，後以邑為氏。與士氏、隨氏同族，皆堯裔也。

姒

上

姒 sì

音似。長婦為姒。又姓。娣姒。太姒。

詳里切。女子同出先生為姒，故稚婦謂長婦為姒婦。一說兄弟之妻相謂皆曰姒。
禹母修己吞薏苡而生禹，因姓姒氏。

蔣

上

蒋 jiǎng

音槳。苽也。又國名。

即兩切。蔣，苽蔣也。其米曰雕胡。
周公第三子伯齡封於蔣，後因氏焉。

潘 平 潘 pān 音拌。淅米水曰潘。 又姓。潘安。	普官切。字亦作藩。《左傳》楚有潘崇（楚之公族也），晋有潘父。疑即《詩》“番維司徒”之番，其裔自周往也。	龔 平 龚 gōng 音恭。給也。 又姓。龔遂。	俱容切。與供畧同，經傳皆作共。春秋時有晋大夫龔堅，又有左行共華。疑皆龔工氏之裔，以官為氏。
馮 平 冯 píng féng 音憑。馬行疾曰馮。 音逢。姓也。馮婦。	皮冰切。馮本訓馬行疾也。引申之，甚怒莫遏曰馮怒，恃强犯弱曰馮陵。又引申之，有恃無恐亦曰馮，故徒涉曰馮河。又馮夷，水神也。 房戎切。春秋時馮簡子本姬姓，以國為氏。	胡 平 胡 hú 音瑚。頷肉下垂曰胡。 又姓。羌胡。胡蝶。	户孤切。胡，牛頷垂也。引申之，頸下垂肉皆曰胡。故掩口而笑曰胡盧，言聲在喉間也。胡與侯音轉最近，故經傳胡、侯皆訓何。 春秋有胡國，楚滅之，其後以為氏。或云胡公滿封于陳，其後亦為胡氏。又漢稱匈奴曰胡人。
上 阮 阮 ruǎn 音邧。古國名。賢阮。	虞遠切。殷時有阮國，文王伐之。其國在岐渭之間，子孫因以為氏。 晋阮籍與兄子咸為竹林之遊，時人稱為大阮、小阮。今稱姪曰阮本此。	彭 平 彭 péng bāng 音棚。姓也。彭祖之後。老彭。彭祖。榜平聲。重言形况字。	薄庚切。陸終氏子彭祖建國於大彭，後即以國為氏。 《禹貢》“彭蠡”即鄱陽湖，在江西南昌、饒州、南康、九江四府之間。 又必旁切。彭彭，鼓聲也。鼓以作氣，有壯盛之意。《詩》“出車彭彭”“四牡彭彭”“行人彭彭”，皆本此。

俞 平 俞 yú 音臾。以中空木為舟曰俞。又語詞。俞伯牙。	羊朱切。从舟、从亼、从巜會意。巜，水也。古者不知舟，見木之中空者浮行水上，因悟而為舟。又背脊曰俞，亦空中之義。 《堯典》"帝曰：'俞！'"，《内則》"男唯女俞"，皆應辭。 又姓也。	上 董 董 dǒng 音懂。艸也。又姓。紳董。董事。	多動切。草之似蒲而細者，一說藕根也。又訓為正，故董正其事者俗曰董事。 董氏出自姬姓。黄帝裔孫有飂叔安生董父，舜賜姓為董。
袁 平 袁 yuán 音園。姓也。陳胡公之裔。袁安。	羽元切。袁本訓長衣皃，今祇謂為姓，而本義廢矣。字本作轅，亦與爰通。按，嬀姓，陳胡公裔，名諸，字伯爰，孫濤塗以王父字為氏。漢有轅固、爰盎，皆即袁氏也。	桀 入 桀 jié 音傑。古有暴君曰夏桀。桀紂。	巨列切。桀，磔也。古稱桀黠者，言其凶暴若磔也。夏王履癸凶暴，故號曰夏桀。引申之，人之超越尋常者亦曰桀，故亦叚為傑字。
豳 平　邠 豳 bīn 音彬。國名。幽邠。豳風。	府巾切。本作邠。周太王自邰出徙戎狄之地，因立國焉。	上 紂 紂 zhòu 音紂。商暴君名也。紂王。	丈九切。紂本訓馬緧也。 商受暴虐，天下謂之紂，言其殘忍損義也。

皇 平 皇 huáng 音黃。王之大者為皇。皇帝。三皇。	胡光切。大君也，从自，从王。自，始也，故始有天下者稱皇。堯、舜稱帝，夏、商、周稱王，秦并以為號，漢以下因之。后曰皇后，太子曰皇太子。又引申為皇考、皇妣、皇辟之皇，亦大之義也。	君 平 君 jūn 音軍。能羣民者曰君。君主。國君。	拘云切。君，羣也，尊也。民之主曰君，謂其為羣下所尊也。引申之，家之主曰嚴君，子孫稱其先世曰先君，婦稱夫曰夫君，士之有德者為君子，皆有尊敬之義。又古人相與語，多自稱曰臣，稱人曰君。今不稱臣，猶沿稱君之例。
去 帝 帝 dì 音諦。大君之號也。五帝。上帝。	都計切。帝者，王天下之號。上古天子稱皇，其次稱帝，又其次稱王。自秦漢以後，通稱為皇帝。	辟 入 辟 pì bì 音壁。能出威法者曰辟。辟公。百辟。 音僻。懲其罪也。大辟。	辟 必益切。法也。从卩、从辛（辠字亦从辛），卩謂節制其罪也。从口，用法者也。故天子、諸侯通稱為辟。轉注為形辟、邪辟、辟除之辟，讀匹亦切。
去 王 平 王 wáng wàng 音徨。衆所歸往者曰王。國王。封王。 徨去聲。據其身臨天下曰王。	雨芳切。有天下之號也。秦漢以下，天子同姓子弟皆爵為王，異姓有功者亦爵為王。轉注為王父、王母之王。王父、王母，即祖父、祖母也。 又於放切。王天下也。	上 后 去 后 hòu 音後。君之配曰后。后帝。皇后。 音候。義同。	胡口切。君也。引申為后土之后。更申之，帝之嫡妃曰皇后，帝之母曰皇太后，帝之祖母曰太皇太后。又假借為然后、而后之后。又胡茂切。

妃 平 妃 fēi 音霏。亞於后者曰妃。嬪妃。湘妃竹。	芳非切。匹也，本音配，為配偶之通稱。天子之配曰妃，故曰后妃。后，君也。今以后稱天子之配，而妃則為后之次者。又太子適妻亦曰妃。	宗 平 宗 zōng 音嵏。同祖者曰宗。宗祠。祖宗。	作冬切。宗，祖也，己所本也。其最先者曰祖，其次曰宗，今通稱為祖宗。《禮》：“別子為祖，繼別為宗，繼禰為小宗。”大宗一，始祖後也。小宗四，高、曾、祖、父後也。引申為宗族、宗廟之宗。轉注為凡人所歸往曰宗。
臣 平 臣 chén 音辰。能事人者曰臣。臣子。忠臣。	植隣切。堅也，象屈服之形。故凡屈服於人而無貳心者，皆謂之臣。引申為廷臣、家臣之臣。轉注為臣服之臣。又古人相與語多自稱臣，亦自卑之意。	族 入 族 zú 音鑿。同類所屬謂之族。宗族。族長。	昨木切。矢鏃也，矢五十為一束。假借為族類之族。同姓九族，高祖至元孫是也。異姓九族者：父族四，五服内一、姑母家一、姊妹家一、女壻家一是也；母族三，母家一、外祖母家一、姨家一是也；妻族二，妻家一、妻母家一是也。
上 祖 祖 zǔ 音組。統宗曰祖。祖廟。上祖。	則古切。祖者，始也，己所從始也。專言之，父之父曰祖；泛言之，父之父以上皆曰祖。《禮》：“別子為祖，繼別為宗。”梁益之閒，謂鼻為初，故稱始祖為鼻祖。轉注為祖法之祖，猶言本其法也。	曾 平 曾 céng zēng 音層。已經之詞。曾經。勿曾。音增。長三世或下三世皆曰曾。曾祖。曾孫。	昨稜切。經也，如“曾經滄海”之曾是。其詞之舒者，義同“乃”字，如“曾不崇朝”之曾是。 又作滕切。增也。王父之考為曾祖，孫之子為曾孫。亦取遞增之義也。

儲 平 储 chǔ 音除。以有餘備不足曰儲。儲貳。儲蓄。	直魚切。待也，謂蓄積之以待其無也。故稱倉廩所積曰倉儲。太子之立，將有待也，故亦曰儲君。	裔 去 裔 yì 音曳。人之子孫曰後裔。裔孫。賢裔。	以制切。末邊也。引申為衣裾之裔。再申為四裔之裔。轉注為後裔之裔。
嗣 去 嗣 sì 音飼。能纘父業者曰嗣。後嗣。嗣後。	祥吏切。繼也。繼君者曰嗣君，繼父者曰嗣子。又轉注為嗣後之嗣。	男 平 男 nán 音南。女之對為男。男兒。男女。	那含切。丈夫也。从田、从力，謂其用力於田，而資以成功也。轉注為男爵之男，猶言能任王事以化民也。其等五，其地方五十里，與“子”同位。
系 去 系 xì 音繫。統緒相承曰系。世系。	胡計切。系，繫也，謂連繫不絕也。故譜牒中支派相承者曰世系。	女 上 去 女 nǚ 茹上聲。男之對為女。閨女。女兒。 茹去聲。與之女也。	尼吕切。專言之，己所生女曰女；泛言之，則婦人之通稱也。又處子曰女，適人曰婦。女，如也。謂其少如父教，嫁如夫命，老如子言也。又城上垣曰女牆，言卑小比之於城，如女子之於丈夫也。 又以女妻人曰女，讀尼據切。

上 考 考 kǎo 音拷。歿父曰考。顯考。主考。	苦浩切。老也。轉注為有子孫者之通稱，故生為父，死為考。又借為攷覈之攷：如鼓考之考，即有攷義；考績之考，即有覈義。攷，敏也。經傳皆以考為之。	上 母 母 mǔ 音某。生我者曰母。母親。伯母。	莫厚切。牧也，慕也。言牧養諸子，而諸子慕之也。由父母之母引申之，保之者曰保母，傅之者曰傅母，乳之者曰乳母。推之禽獸之牝者亦曰母。轉注以本權息，息為子，本為母。
上 妣 妣 bǐ 音比。歿母曰妣。祖妣。顯妣。	卑履切。妣，比也，比於父也。故生曰母，死曰妣。古者通以考、妣為生存之稱，今則以為死後之稱矣。	去 伯 入 伯 bó bà 音百。世父曰伯。伯父。方伯。 音灞。五伯。	博陌切。長也，子最長迫近父也。引申之，父之兄曰伯父，己之兄曰伯兄。九州之長曰九伯。又爵第三等亦曰伯。周時陝以東周公主之，陝以西召公主之，是為“二伯”。又必駕切。霸也。五霸，亦稱五伯，謂其雄長一時也。
上 父 父 fù fǔ 音輔。養我者曰父。父親。父老。 音府。	奉甫切。父，甫也，榘也。始生己者有榘可法也。生曰父，死曰考。父之考為王父，父之兄為世父，弟為叔父，父之從昆弟為族父。轉注為長老之稱，又為男子之美號，讀如甫切。如古之仲父、尚父，今天主教内之神父是。	叔 入 叔 shū 音菽。季父為叔。叔父。表叔。	式竹切。拾也，汝南謂收芋為叔。借為少長之義，故稱父之弟曰叔父，父之弟妻曰叔母。又婦呼夫弟為小叔，從子稱也。引申為叔季世之叔。

上 嬸 婶 shěn 音審。季父之妻為嬸。嬸母。	式荏切。審也，有雠校比覈之意。俗呼叔母曰嬸，又呼夫之弟婦亦曰嬸。言比之於母則疏，比之於姒則卑也。	平 爺 爷 yé 音耶。僕呼主為爺。老爺。少爺。	以遮切。發聲之詞。乳子始能言則呼爺，故以爺為呼父之稱。今引申為卑稱尊、賤稱貴之號。
上 舅 舅 jiù 音臼。謂我甥者，吾謂之舅。娘舅。外舅。	其久切。親如父而非父者，舅也，故母之兄弟為舅。婦稱夫之父曰君舅，夫稱妻之父曰外舅。今俗稱妻之兄弟亦曰舅，蓋從子稱也。	平 娘 孃 娘 niáng 音穰。吴人呼母為娘。爺娘。奶娘。	宜良切。少女之號。又與孃通。今吴俗稱父曰爺，母曰孃。
平 姑 姑 gū 音孤。親如母而非母者姑也。姑娘。尼姑。	古胡切。父之姊妹為姑。夫之母亦稱為姑。又婦稱夫之姊妹曰小姑，從子稱也。 假借為及。如姑息、姑且之姑是。	平 婆 婆 pó 音皤。俗呼老婦為婆。老太婆。阿婆。	薄波切。老女也。方俗稱舅姑為公婆。廣西猺俗，男子老者一寨呼之為婆，其老婦則呼之為公。轉注為婆心之婆。假借為婆娑之婆。

上 去 嫗 妪 yù yǔ 音饇。今稱婆者，古稱為嫗。老嫗。音傴。煦嫗。	衣句切。老婦之通稱也。引申為煦嫗之嫗，讀於語切。	兄 平 兄 xiōng 虩平聲。輩均年長曰兄。兄長。表兄。仁兄。	許榮切。况也，况於父也。引申之，男子先生者為兄。凡同姓大功以上皆曰昆弟，小功以下同異姓皆曰兄弟。今統稱為兄弟，從方俗之言也。
昆 平 崑 昆 kūn 音崐。兄之親者為昆。昆弟。昆蟲。	古渾切。與罤通，兄也。同姓大功以上曰昆弟，小功以下同異姓皆曰兄弟。又借為蚰。蚰，明蟲也。温生寒死之蟲，皆得以名之。又崑崙亦作昆侖。	夫 平 夫 fū fú 音膚。對婦曰夫。夫妻。老夫。大夫。音扶。發語結句之詞。	風扶切。泛言之，為男子既冠之總稱；專言之，為妻稱男子之詞。夫者，扶也，扶人以道也。夫子、丈夫、夫人、大夫皆有扶義。 又馮無切。大抵用於句首者為指示，用於句中者同“于”字，用於句末者同“乎”字。
上 去 弟 悌 弟 dì tì 第上聲。從兄曰弟。兄弟。弟婦。 第去聲。盡弟之道也。	待禮切。韋束之次第也。引申為等弟、門弟之弟。俗作第。又申為男子後生者之稱。大功以上為昆弟，小功以下為兄弟。轉注為門弟子之弟。叚借為孝弟之弟，讀特計切。	上 婦 妇 fù 音阜。女子已嫁曰婦。婦人。寡婦。	房九切。服也。从女，从帚，謂服於家事以備灑埽也。引申為夫婦之婦。子之妻長者為嫡婦，衆婦為庶婦。古者后宫官為世婦，今婦人受誥命者為命婦。

哥（平） 哥 gē 音牁。呼兄之號也。阿哥。哥老會。	古俄切。發聲之語，如可而平。今以為稱兄之詞。國朝稱皇子為阿哥。	妾（入） 妾 qiè 音踥。小妻曰妾。《禮》：“奔則為妾。”妻妾。	七接切。接也，有辠女子給事之得接於君者曰妾，人尊稱之曰如夫人。今以聘而納之為妻，未聘而納之為妾。又婦人自稱曰妾，亦自卑之意也。
嫂（上） 嫂 sǎo 音埽。兄妻曰嫂。兄嫂。表嫂。	蘇老切。嫂，叜也。呼兄之妻為嫂，以其迫近母而尊嚴之也。	姊（上） 姊姐 姊 zǐ 音止。女兄曰姊。姊妹。阿姊。	蔣兕切。女子先生為姊，後生為妹。北齊太子稱生母為姊，至宋則呼嫡母為大姊。今無論男女，皆稱女子先生者為姊。又通作姐，今滬俗稱傭女為大姐。
妻（平、去） 妻 qī qì 音凄。與夫齊者為妻。夫妻。妻子。音砌。以女為人妻曰妻。	七稽切。齊也，與夫齊者也。凡據妻言之皆曰婦，繫夫言之皆曰妻。 又妻之亦曰妻，讀七計切。	妹（去） 妹 mèi 音昧。女弟曰妹。姊妹。表妹。	莫佩切。女子先生為姊，後生為妹。

姨 平 姨 yí 音夷。俗呼從母為姨。姨娘。小姨。	以脂切。妻之姊妹同出為姨。母之姊妹據父言之則為姨，據子言之當為從母，而仍呼為姨者，效父稱也。今滬俗呼傭婦為娘姨。	姪 入 侄 zhí 音咥。昆弟之子女也。姪男。姪女。	徒結切。女子稱昆弟之子女為姪。古受姪稱者男女皆可通，而稱人姪者必婦人也。男子稱昆弟之子曰從子，亦曰猶子，今統謂之姪。
上 去 娣 娣 dì 音第。女弟也。音弟。弟之妻也。	特計切。古之嫁女者以姪、娣從，自適而下則謂之娣。 待禮切。娣姒，妯娌也。兄之妻曰姒婦，弟之妻曰娣婦。	甥 平 甥 shēng 音生。謂我舅者，吾謂之甥。外甥。姨甥。	所更切。親如子而非子者，甥也。故姊妹之子女為甥，女之夫亦曰甥。《爾雅·釋親》："姑之子為甥，舅之子為甥，妻之晜弟為甥，姊妹之夫為甥。"則甥又為敵體相呼之稱，是必一地之方言也。
媳 入 媳 xí 音息。子婦曰媳。婆媳。新媳婦。	思積切。媳，息也。言能生息以續子嗣也。故引申為子之妻曰兒媳，從子之妻曰姪媳，弟之妻曰弟媳。今北俗自稱其妻曰媳婦。	去 壻 婿 婿 xù 音細。女之夫也。女壻。夫壻。	蘇計切。夫也。从士，胥聲。《詩》："士曰昧旦。"士者，夫也。引申之，女之夫曰壻，妻謂其夫曰夫壻。江東呼同門為僚壻。兩壻相稱為亞壻。家貧出贅妻家曰贅壻。

孥 平

孥 nú

音奴。子屬於父曰孥。妻孥。

乃都切。通作帑，帑為藏金之囊。囊之繫於人，猶子之繫于父也，故引申為妻孥之孥。

倫 平

伦 lún

音淪。親戚有序曰倫。倫常。天倫。

力迍切。輩也，順也。猶言順輩之序也。故君臣、父子、夫婦、昆弟、朋友，謂之五倫。又宗族、親戚統謂之人倫。

孼 孽 入

孽 niè

音闑。庶出為孼。孼子。孼臣。

魚列切。妾隸之子曰孼。孼者，蘖也。有罪之女没入於公，得幸而有所生，猶樹斬而復生也。引申之，凡庶子皆曰孼。叚借為媒孼之孼。

親 平

亲 qīn

七平聲。不疏曰親。親戚。親近。

七人切。屬也，近也。謂屬之最近者。故父子、夫婦、昆弟為六親。九族曰合親，父母曰雙親，有婚姻之約者曰姻親。又引申為躬親之親。

孫 平 去

孙 sūn xùn

音飧。子所生者曰孫。子孫。重孫。音巽。謙讓也。

思魂切。子之子也。从子，从系。系，續也，續子之嗣也。故泛言之則自子以下皆得稱焉。轉注為孫竹、稻孫之孫。

又蘇困切。與遜通，如謙孫、孫位是。

疏 平 去

疏 shū

音梳。分之遠者曰疏。疏遠。疏房。音數。陳事於朝曰奏疏。

山徂切。通也。从㐬，从疋。㐬，子生也；疋，破包足動皃。凡孕則塞，生則通。故引申為疏通之疏。轉注為疏遠之疏。又章奏亦曰疏，讀所助切，以其分條陳事而言之也。

嫡 入 嫡 dí 音的。合以正者曰嫡。嫡親。嫡庶。	丁歷切。敵也，言與之匹敵也。故正室曰嫡，正室所生長子曰嫡子，嫡子所生長子曰嫡孫。經傳皆以適為之。	姻 平 婣 姻 yīn 音因。男女相因之親曰姻。婚姻。姻親。	於真切。壻家也。女之所因，故曰姻。今妻父曰婚，壻父曰姻。引申為婚姻之姻。
去 眷 眷 juàn 音卷。親戚之應顧睠者曰眷。親眷。家眷。	吉掾切。睠也。引申為眷顧之眷。又借為婘，即俗所謂眷族之眷。	去 配 配 pèi 音崩。匹之為配。匹配。原配。	滂佩切。酒色也。假借為妃。引申為配耦之配。轉注為配饗之配。
戚 入 戚 qī 音碱。族之近者曰戚。親戚。至戚。	倉歷切。斧也。假借為慽，故憂哀曰戚。又借為傶。傶，近也。故轉注為親戚之戚。	去 媵 媵 yìng 音孕。從嫁之女曰媵。媵妾。	以證切。古者諸侯嫁女，同姓二國媵之。引申之，凡隨從者皆曰媵。《燕禮》有媵爵，謂先飲一爵，後一爵從之也。

師 平 师 shī 音獅。能傅教我者為師。老師。師生。	疎夷切。二千五百人為師。春秋時雖累萬之衆皆稱師。古天子有六軍，亦曰六師。師，衆所聚也。故亦訓衆。天子之都曰京師，亦取衆聚之義。又借為帥。帥者，可以為人表儀者也。故引申為師傅之師。今官制有太師、少師。	上 友 友 yǒu 音有。有所輔益曰友。朋友。交友。	云久切。同志曰友。轉注為友愛之友。又轉為獸二曰友。
去 傅 傅 fù 音付。能輔導我者為傅。師傅。	方遇切。相也，以德義傅相之也。引申為師傅之傅。古官制有太傅、少傅。今與太師、少師、太保、少保，同為一二品之加銜。	賓 平 宾 bīn 音濱。客之大者曰賓。賓客。	必隣切。敬也。賓客無不敬，故引申為賓客之賓。古者五等諸侯為大賓，其孤卿為大客，今統稱為賓客。叚借為擯棄之擯。轉注為賓服之賓。
朋 平 朋 péng 音鵬。同類為朋。朋友。朋黨。	步崩切。神鳥也。鵬、朋皆鳳字古文，象形。隸書作朋，今從之。凡鳳飛則羣鳥隨以萬數，故引申為朋類之朋。《周禮・大司徒》注："同師曰朋，同志曰友。"又《書》："八家為隣，三隣為朋。"皆朋類相從之義也。轉注兩尊曰朋，亦稱朋酒。	鰥 平 鳏 guān 音關。寡夫曰鰥。鰥魚。鰥夫。	姑還切。大魚也。鰥目不閉，有愁悒之皃，故引申為老而無妻之稱。又與瘝通。

上 寡 寡 guǎ 瓜上聲。老而無夫曰寡。寡婦。多寡。	古瓦切。少也。寡君為少德之君，謙詞也。婦五十無夫曰寡，古者無夫、無婦皆曰寡。今專以為嫠婦之稱。	嫠 平 嫠 lí 音釐。寡婦之別稱也。嫠婦。	里之切。坼也。婦無夫曰嫠，亦男女分坼之義也。
孤 平 孤 gū 音姑。幼而無父曰孤。孤子。孤哀子。	古乎切。三十以下無父稱孤，列國有凶亦稱孤。孤亦寡也，故小國之君以孤為謙稱。又少師、少傅、少保曰“三孤”，言其雖為三公之貳，而實非其官屬，故曰孤。既孤則孑，故轉注為孤臣之孤。	耆 平 耆 qí 音祁。將老曰耆。耆老。耆艾。	渠伊切。至也，至老之境也。故六十曰耆。
孀 平 孀 shuāng 音霜。嫠婦之別稱也。孤孀。孀婦。	師莊切。霜也。霜有凄愴之意，故稱嫠婦亦曰孀婦。	上 老 老 lǎo 音栳。過壯之年則為老。老少。長老。	魯皓切。七十曰老。从人、毛、匕。匕，鬚髮變白也。引申為老少之老。轉注為“三老五更”之老。又轉為“老師糜餉”之老。

上 **叜** 叟 叟 sǒu 音藪。呼老翁曰叜。老叜。	蘇后切。縮也。人與物老皆縮小，故稱長老曰叜。		
翁 平 翁 wēng 音蓊。俗稱父輩為翁。老翁。漁翁。	烏紅切。頸毛也。叚借為公，實為伀，訓父也。引申之，凡輩行長者皆稱翁。	去 **孺** 孺 rú 音茹。能咳笑之兒也。孺子。孺人。	而遇切。乳子也，兒始能行也。古者大夫妻曰孺人，言妻之屬於夫，猶孺子之屬於母也。今七品至九品之婦皆稱孺人。
郎 平 郎 láng 音廊。男子佼好之稱也。新郎。令郎。	魯當切。良也。故婦人稱男子為郎。又官名，秦置郎中令，漢有郎官，隋置六侍郎。今京員有侍郎、郎中、員外郎各職。	**兒** 平 儿 ér 爾平聲。初生之子曰兒。孩兒。兒戲。	汝移切。孺子也。从𦥑、儿，𦥑象小兒頭囟未合之形也。女曰嬰，男曰兒。專言之，則己之子為兒；泛言之，則男子皆曰男兒，女子皆曰女兒。

童 平 童 tóng 音同。八歲以上，十五歲以下謂之童。童子。童女。	徒紅切。男有辠曰奴，奴即童也。《禮》:“童子執帚。”注:“隸子弟，若內寺豎人之屬”。又借作僮，為男子未冠，女子未笄之稱。引申為童蒙、小童之童。又山無草木，獸無角觡亦曰童，謂其猶男未冠，女未笄也。		
孩 平 孩 hái 亥平聲。大於嬰者為孩。小孩。孩兒。	何開切。與咳同。咳，小兒笑也。引申為小兒知咳笑、可提抱者之通稱。		
嬰 平 嬰 yīng 音纓。乳子曰嬰。嬰兒。育嬰堂。	於盈切。繞也。引申為“嬰城固守”之嬰。叚借為膺。兒初生懷之膺前，故曰嬰兒。	去 稚 稺 稚 zhì 音治。子女之幼者也。稚子。幼稚。	直意切。禾之復種者曰稺，復種則晚熟而禾小。引申之，凡人物幼小皆曰稚。

酋 平 酋 qiú 音道。魁帥之名。酋長。	慈秋切。繹酒曰酋，即《禮記》“舊澤之酒”也。引申之，酒官之長曰大酋。古時羌胡中人，名豪帥為酋，今賊中之頭目亦曰酋，皆取其雄長一方之意。	上 士 士 shì 音仕。四民之長曰士。進士。博士。	鉏里切。事也，能任事者也。从一，从十。數始于一而成於十，推十合一，惟士能之。古以希聖、希賢為士，今則學者之通稱。亦男子之美稱也。
去 霸 入 霸 pò bà 音拍。魄然不明也。 音灞。以力服人者曰霸。五霸。霸王。	普伯切。謂月始生霸然也。死霸為朔，生霸為望。叚借為伯，讀必駕切。長也。故諸侯之長謂之霸。不直言伯而言霸者，謂其把持天子之政令，而迫脅諸侯也。春秋五霸，齊桓、晋文、宋襄、秦穆、楚莊也。	去 彥 彦 yàn 音諺。博士之美稱也。碩彦。邦彦。	魚變切。美士有文，人所言詠者也。引申為俊彦之彦。
傑 入 杰 jié 音桀。萬人之英曰傑。人傑。豪傑。	渠列切。特立也。才過萬人謂之傑，故識時務者為俊傑。	儒 平 儒 rú 音襦。士子之稱。儒教。通儒。	汝朱切。通天地人曰儒。儒，幼弱也。故轉注為侏儒之儒。

俠 入

侠 xiá

音協。不侮不畏謂之俠。俠客。

胡頰切。挾也，挾意氣以作威福而能立强於世者也。引申為游俠、義俠之俠。

工 平

工 gōng

音公。執技曰工。工匠。長工。

𢀜古紅切。巧飾也，象有規矩而加文采也。古者審曲面勢以飭五材，以辨民器，謂之“百工”。即今工部之職。工能任事也，故引申為臣工之工。再轉為工拙之工。

民 平

民 mín

音泯。庶人為民。萬民。良民。

彌隣切。衆萌也。萌者，盲昧無所知也。引申為衆人之稱。古者言“四民”，士、農、工、商是也。

儈 去

侩 kuài

音膾。即滬上所謂掮客也。

古外切。會合二家交易者謂之儈。古之駔，今之牙行主人，皆儈之類也。

氓 平

氓 máng

音盲。流民為氓。流氓。

武庚切。自彼來此之民曰氓。从亡，从民。猶言流亡之民也。氓與民通，亦兼盲昧之義。

媒 平

媒 méi

音枚。撮合之謂媒。媒人。媒婆。

莫杯切。謀也，謀合異類，使和成之，故謂之媒。引申為媒妁之媒。轉注為媒孽之媒。

上

夥

伙 huǒ

音禍。傭工曰夥。夥計。

胡果切。楚人謂多為夥。今俗以同本合謀為合夥，謂其僱傭曰夥友。

入

僕

仆 pú

蓬入聲。給事者曰僕。奴僕。太僕寺。

蒲沃切。仕於公曰臣，仕於家曰僕。天子衛御號為大僕，故引申為僕御之僕。今統以傭工為僕。又男子自謙之稱亦曰僕。

平

傭

佣 yōng

音容。僱工為傭。傭工。幫傭。

餘封切。均直也。賣力受直曰傭，言隨其力以均其直也，故引申為傭工之傭。

平

奴

奴 nú

音孥。服役之男曰奴。奴婢。奴才。

乃都切。男入於罪隸曰奴，女入於舂稾曰婢。引申為奴僕之通稱。今滿人對君自稱曰奴才，蓋自居於世僕也。

上

婢

婢 bì

音庳。服役之女曰婢。婢女。

便俾切。女之卑者也。古者女子有罪入於舂稾謂之婢。今通稱女之給事者為婢。古禮自世婦以下自稱婢子，則謙詞也。

僮

平

僮 tóng

音同。童子之給事者曰僮。書僮。琴僮。

徒紅切。未冠者也。十九歲以下，八歲以上謂之僮。叚借為童。故奴隸之總稱皆曰僮。

上

皁

皂 zào

曹上聲。役之喝道者曰皁隸。皁蠜。

昨早切。賤隸也。《傳》："士臣皁，皁臣輿，輿臣隸。"又馬閑也。梁、宋、齊、楚、北燕之間謂櫪為皁。《周禮》："三乘為皁。"又黑色也。俗言不分黑白，亦曰不分皁白。

閽

平

阍 hūn

音昏。門守曰閽。閽人。敂閽。

呼昆切。守門之賤隸也。从門，从昏，門以昏閉也。古者刑人墨者使守門，故又曰閽寺。今統稱門隸為閽。轉注以宮門為重閽，故詣闕自愬曰敂閽。

俗

入

俗 sú

音續。風氣所沿襲曰俗。風俗。俗吏。

松玉切。習也。上所化曰風，下所習曰俗。轉注為不雅者之稱。

上 去 善 善 shàn 音蟺。惡之對也。善人。音繕。友善。	上演切。善惡之善也。時戰切。彼善而我善之也。	去 質 入 质 zhì 音桎。物體曰質。元質。質樸。音致。留物以示信曰質。質當。交質。	之日切。質，體也。凡物皆有元質，化學家分為六十四種，約分氣類五種，非金類九種，輕金類十九種，賤金類二種，貴金類九種。近增至八十餘種。物之本質皆樸，故引申為質樸之質。陟利切。
才 平　材 才 cái 音裁。質美可造者曰材。材料。才能。	牆來切。草木初生曰才。引申為材質之材。木已成器曰材。叚借為才能之才。故才、材古通用。	去 聖 圣 shèng 聲去聲。於事無所不通之謂聖。孔聖。聖教。	式正切。聖，通也。凡一事精通，皆得謂聖。如詩聖、醫聖、酒聖皆是。孔子之聖，無所不通，故稱至聖。
資 平　貲 资 zī 音咨。天所賦曰資。資質。資本。	津私切。賴也。古通作貲，人所賴以貿遷者也。亦訓為質，人所賴以進德者也。	賢 平 贤 xián 音弦。次於聖者曰賢。聖賢。賢能。	户千切。賢，多才也。人之才者曰賢，賢人之賢亦曰賢。

哲 喆 入 哲 zhé 音折。智也。明哲。哲人。	陟列切。知之曰明哲。古文从三吉字，亦作喆。	淑 入 淑 shū 音孰。善也。師人之善亦曰淑。淑人。私淑。	殊六切。
乂 去 乂 yì 音刈。才德過百人者為乂。俊乂。乂安。	魚刈切。乂，刈之本字。从丿、乀相交會意。芟草也。芟薅所以安禾，故引申謂治安為乂。治安必有才德，故叚謂賢才為乂。乂即彥也。彥、乂雙聲通叚。	佳 平 佳 jiā 音街。美善之稱。佳妙。佳人。	居膎切。其質本善曰佳，古歌“絶代有佳人”是也。從而善之亦曰佳，《老子》“佳兵者不祥”是也。
良 平 良 liáng 音梁。固有之善曰良。賢良。良心。	龍張切。良者，本然之善。如良知、良能是也。 又甚也。如用心良美、用意良殷之良皆是。其用與“殊”字同，亦與“頗”字畧同。惟頗字有“不甚斷定”之意，殊字、良字則確實斷之者也。	好 上 去 好 hǎo hào 蒿上聲。美也。結好。好人。音耗。因其美而美之曰好。好惡。	許皓切。媄也，从女、子會意，專指女之美者而言。引申為凡美之稱。 虛到切。愛而不釋也。

去 懿 懿 yì 音撎。純美也。懿德。懿親。	於戲切。德之粹者曰懿德，親之貴者曰懿親，皆取純美之意。又發聲之詞，如《詩》“懿厥哲婦”是也。	去 敦 平 敦 dūn duì 音墩。篤厚曰敦。敦篤。敦請。 音對。盛黍稷之器。盤敦。	都昆切。敦，厚也。引申為敦促、敦請之敦，以示厚意相待也。都内切。
篤 入 笃 dǔ 音督。誠厚曰篤。敦篤。篤實。	都毒切。篤，从馬，竹聲。馬行頓遲也。引申為病篤之篤，以委頓為義。假借為誠篤之篤，以純厚為義。篤厚之篤，本為“筥”字，亦為“竺”字。經傳多假篤者，以其聲同也。	仁 平 仁 rén 音人。愛之所由出也。仁義。仁愛。	如鄰切。仁，人心也。仁由心出，故果實之發於心者，亦謂之仁。如俗稱杏仁、桃仁皆是。
純 平 纯 chún 音淳。精一不雜之為純。純粹。精純。	殊倫切。純，絲也。衣服全用絲而無雜質者曰純。故純粹、純美之純，皆以精一不雜為義。	去 孝 孝 xiào 哮去聲。善事父母曰孝。忠孝。孝子。	許教切。子能承事老人曰孝。故从老省、从子會意。

忠 平 忠 zhōng 音中。盡己之心曰忠。盡忠。忠臣。	陟隆切。从中，从心，言中能應外也。	廉 平 廉 lián 音匳。不苟得曰廉。堂廉。廉潔。	力鹽切。堂之側邊曰廉。廉，稜也。引申為廉潔之廉，言方正不汙，若有稜角然也。
貞 平 贞 zhēn 音禎。志操正定曰貞。守貞。貞節。	知盈切。卜問事之正者曰貞。从卜、貝以為贄會意。引申為貞節之貞，謂操正而志定也。故《謚法》:“清白守節曰貞。”	儉 上 俭 jiǎn 箝上聲。奢之對也。儉樸。寒儉。	巨險切。儉，約也。有不敢放侈之意，如奢儉之儉是。引申謂虛空不足為儉，如腹儉之儉是。
節 入 节 jié 音接。止而不過之謂節。竹節。節制。	子結切。節，竹約也。凡稱節者皆有約義。如時節、節氣，所以約天時也；貞節、節義，所以約人品也；骨節、筋節，所以約身體也；符節、璽節，所以約事權也；節文，所以約禮也；節奏，所以約樂也。皆有限制而不能踰越之義。	恭 平 恭 gōng 音供。敬之發於外者曰恭。恭敬。謙恭。	九容切。恭，敬也。在貌為恭，在心為敬。

卷二

去 敬 敬 jìng 音竟。恭之主於中者為敬。恭敬。敬客。	居慶切。恭見乎外，敬主乎中，此恭、敬二字之別。	誠 平 诚 chéng 音成。真實無偽曰誠。虔誠。誠意。	時征切。
端 平 端 duān 音偳。莊正無邪曰端。兩端。端嚴。	多官切。端，立容直也。引申為端莊之端。叚借為耑。耑，物生之始也。篆文耑，上象生物形，下象其根。一者，地也。故引申謂事之始、物之末皆曰端。	去 信 平 信 xìn shēn 音訊。能踐其言曰信。信人之言亦曰信。信札。信任。音申。伸也。屈信。	思晉切。信，从人、言會意。謂其出言必踐也。故符契曰信，訊問之書亦曰信。 又升人切。
莊 平 庄 zhuāng 音裝。嚴重不佻曰莊。村莊。莊敬。	側羊切。莊，草大也。从草、壯會意。引申為凡壯盛之稱。 又六達之衢曰莊。村莊之莊，意本於此。	孚 平 孚 fú 音敷。信也。有孚。相孚。	芳無切。鳥伏卵也，即孵之本字。凡鳥抱卵，恆以爪反覆之，故从爪、子會意。鳥之孚卵，皆如期而不爽，故引申謂信為孚。

寬 平 宽 kuān 欵平聲。不事苛細曰寬。寬大。寬政。	枯官切。寬，大也。屋大則能居而不窄，量大則能容而不苛，故皆謂之寬。反之謂寬懈之寬，謂事不經意，則大而無當也。	去 慧 慧 huì 音惠。智也。聰慧。慧敏。	胡桂切。智之蘊於心者曰慧，慧之發於外者曰智。
去 雍 平 雍 yōng 音廱。和也。肅雍。雍容。音壅。古州名。雍州。	於容切。雍本作雝，隸改作雍。鶲鴝之異名也。鶲鴝喜飛鳴作聲，其音邕邕而和，故从邕、隹會意。引申為和樂之義。於用切。九州之一。東崤、西漢、南裔、北居庸四山之擁翳也，故謂之雍。	謙 平 谦 qiān 歉平聲。不自滿曰謙。撝謙。謙虛。	苦兼切。意不自滿曰慊，言不自滿曰謙。古或叚謙為慊字。《易》有謙卦（䷎）。
上 敏 敏 mǐn 音愍。捷于應付曰敏。敏妙。敏捷。	美殞切。以事言則迅速曰敏，以質言則聰慧曰敏，皆捷於應付之義。	去 讓 让 ràng 壤去聲。先人後己曰讓。退讓。讓人。	而亮切。讓，責也，以言相詰責也。反之為謙讓、退讓之讓。

去 固 固 gù 音顧。難攻易守者曰固。堅固。頑固。	古慕切。固，堅守也。物之堅者曰固，志之定者亦曰固。反之為固陋之固，言拘泥古法，執而不化也。 又固然，謂原來如此也。於文為順承上文之頓詞。	桓 平 桓 huán 音丸。威武之貌。盤桓。桓圭。	胡官切。亭郵表也，木或四植，或二植。聲之轉曰和表，亦曰華表。叚借為威武之貌。《謚法》辟土服遠、克敬勤民曰桓。又公執桓圭，皆所以示威武也。 又盤旋亦作盤桓，以叠韻字通假。
剛 平 刚 gāng 音岡。堅强不屈曰剛。剛柔。	居郎切。剛本通鋼，鋌刃之堅利者也。引申為剛强之剛。	去 毅 毅 yì 音劓。强而有決曰毅。果毅。毅力。	疑既切。
去 介 介 jiè 音戒。取與不苟曰介。耿介。介胄。	居拜切。介，畫也。篆文作[illegible]。从人、从八會意。八，分也。从人者，取人身左右以見意。引申為擯介之介，所以分賓主也；又申為耿介之介，所以分去取也。叚借為介胄、鱗介之介。皆甲字之音轉。	嚴 平 严 yán 音巖。威重曰嚴。寬嚴。嚴毅。	疑杴切。嚴，威重之貌。引申之，馭人以威曰嚴，如嚴酷之嚴是。畏人之威亦曰嚴，如嚴憚之嚴是。

豪 平 豪 háo 音毫。智過百人者謂之豪。豪傑。英豪。	乎刀切。亦作毫。豕鬣之剛而鋭者曰豪。引申之，凡毛之尖鋭者皆曰豪，人之英鋭者亦曰豪。	榮 平 荣 róng 音營。氣象光輝曰榮。榮辱。光榮。	於營切。草木之華謂之榮，取繁盛光明之意。故从木、从熒省。顯榮之榮意本此。 又桐木名榮。
嘉 平 嘉 jiā 音加。美善曰嘉，譽人之善亦曰嘉。嘉慶。可嘉。	居牙切。善也。古者冠、昏、饗、射，謂之嘉禮。	福 入 福 fú 膚入聲。百順備謂之福。享福。福壽。	方六切。《洪範》："五福，一曰壽，二曰富，三曰康寧，四曰攸好德，五曰考終命。"福者，備也。古者祭必以誠，則百順皆備，故字从示。今以餕餘為飲福，乃其本意。引申之，降福於人亦曰福，如"福善禍淫"之福是。
康 平 康 kāng 音穅。安樂之意。康熙。安康。	邱岡切。康，安也。大有年曰康年，昇平世曰小康，謂民皆安樂也。 又廣大也。五達之路謂之康莊，言廣大便人行也。	壽 去 寿 shòu 音綬。年高曰壽。壽考。慶壽。	承咒切。壽，久也。古者百二十歲為上壽，百歲為中壽，八十歲為下壽。引申之，賀人之壽亦曰壽。壽者，人之所欲，故卑下奉觴，皆曰上壽也。

上 祉 祉 zhǐ 音耻。福也。福祉。	丑里切。祉之言止，取“吉祥止止”之意。	綏 平 绥 suí 音雖。安也。授綏。綏定。	蘇回切。挽以上車之索曰綏。《禮》：“升車必正立執綏，所以安也。”故引申為綏安之綏。
祥 平 祥 xiáng 音詳。吉凶之兆曰祥。災祥。祥瑞。	徐羊切。善惡之徵也。禎祥曰吉祥，妖孽曰凶祥。今多以吉兆為祥，凶祥謂之不祥。	去 惡 平 入 恶 è wù wū 音堊。善之反曰惡。惡人。汙去聲。憎惡曰惡。惡惡。音汙。歎詞。	遏各切。凡事物之不善者皆曰惡。故行劣貌寢者曰惡人，粗飯曰惡食，凶年曰惡歲。烏故切。愛之對曰惡。汪烏切。歎聲，與烏通。又惡見，猶安見也，拒之之詞。
昌 平 昌 chāng 倡平聲。光明美盛之稱。昌盛。昌言。	齒良切。日光也。引申為光昌、昌盛之昌。又申為昌言之昌。昌言有二義，一謂善言，一謂聲言於衆也。	去 陋 陋 lòu 音漏。窄隘曰陋。鄙陋。陋巷。	郎豆切。不廣也。見聞不廣則陋，故寡見曰陋。居處不廣則陋，故僻居曰陋。隘巷亦曰陋。皆以窄、狹為義。

劣（入） 劣 liè 音埒。優之對也。劣蹟。優劣。	龍輟切。劣，弱也。从力、少會意。引申為鄙惡之稱。	愚（平） 愚 yú 音虞。不智曰愚。智愚。愚昧。	元俱切。愚之言寓也，無所為無所知，若寄寓然。引申之，以術弄人亦曰愚。
癡（平） 痴 chī 音鴟。不慧曰癡。嬌癡。痴聾。	超之切。俗作痴。癡，騃也。心失其職，而不能制百體之運動，謂之癡。證以全體學之理，則腦筋麻木也。人之肥者，每不便於運動，故有癡肥之稱。	拙（入） 拙 zhuō 音棁。鈍而不利曰拙。工拙。拙工。	朱劣切。拙者，巧之對也。
頑（平） 顽 wán 刖平聲。心不則德義之經曰頑。冥頑。頑耍。	魚鰥切。頭梱鈍而不銳者曰頑。引申為冥然罔覺之稱。又好弄曰頑。亦謂童昏無知，惟事戲弄也。	蠢（上） 蠢 chǔn 音惷。無知妄作曰蠢。蠢動。愚蠢。	尺允切。蟲動也。引申之，凡動而不遜皆曰蠢。惟其無知，故不遜而動也。

去 **昧** 昧 mèi 音妹。闇也。 昧旦。曖昧。	莫佩切。夜未明而向晨曰昧。引申為幽闇不明事理之稱。	去 **謬** 谬 miù 音繆。誤也。 荒謬。謬妄。	眉救切。謬之出於無心者曰誤，誤之出於有意者曰謬。
去 **悖** 入 悖 bèi 音孛。逆也。 不悖。悖逆。 音佩。義同。	薄没切。悖之為言背也。凡背理之事皆曰悖，故犯上作亂者曰悖逆。又蒲昧切。	去 **誤** 误 wù 音寤。謬也。 錯誤。誤事。	五故切。凡言應出此而謬出於彼，事應行此而謬行於彼者，皆謂之誤。於言為本義，於事為引申也。
去 **妄** 妄 wàng 音望。不知而作謂之妄。 无妄。妄人。	巫放切。凡不揆於輕重而出之皆曰妄。故無識之人曰妄人，無據之言曰妄言，越禮之事曰妄作。	**愆** 平 愆 qiān 音騫。過失曰愆。愆尤。 不愆。	苦堅切。亦作寒。籀文作俨。心有所失謂之愆。引申為愆儀、愆期之愆，皆以踰越其本心為義。

上

咎

咎 jiù

音舅。與善相違者曰咎。休咎。无咎。

巨九切。咎从人、从各會意。各者，相違也。故於義為謗，如“無咎無譽”之咎是。引申謂過為咎，以其與善相違也；謂灾為咎，以其與祥相違也。

平

誣

诬 wū

音無。以無為有曰誣。誣妄。被誣。

微夫切。於言，憑虛搆謗曰誣；於事，加罰無罪曰誣；於學，望文生義曰誣。皆以無為有之義。

去

詐

诈 zhà

租去聲。言不信也。欺詐。詐人。

側嫁切。言之背信藏巧者謂之詐。事之飾偽欺人者亦謂之詐。

上

枉

枉 wǎng

汪上聲。邪曲曰枉。寃枉。枉曲。

嫗往切。枉者，木屈曲之意。引申謂人之不直者、事之被誣者皆曰枉。

去

偽

伪 wěi

危去聲。言行不實曰偽。真偽。偽為。

危睡切。詐也。凡實不副名、言不副行者皆曰偽。故文飾經術以炫世俗者曰偽學，割據州郡以盗名字者曰偽朝。

上

假

假 jiǎ

音賈。借也。假借。真假。

舉下切。假非實有者也。故於財曰假貸，於事曰假託；於“六書”，本無其字，而依聲以託事者曰假借。後世又有本有其字，而亦以同聲字相借用者曰通假。

又凡供人之事而請期休息者曰乞假，以身屬於人，則權非己有也。

欺（平） 欺 qī 音僛。行詐於人曰欺。自欺。欺騙。	邱其切。以心言則詐譎曰欺，以言言則誣謊曰欺，以事言則陵侮曰欺，皆行詐於人之謂。	侮（上） 侮 wǔ 音武。慢人曰侮。侮慢。狎侮。	罔甫切。
負（去） 負 fù 音婦。有所恃者曰負。不足恃者亦曰負。欺負。負人。	扶缶切。負，恃也，从人守貝，有所恃也。如負固之負是。引申之，以背任物曰負，如負擔之負是。因以為自任之稱，如抱負之負是。并轉為違背初心之稱，如負德、負恩是。又“勝”之對為“負”，則亦違背始願之意也。	干（平） 干 gān 音竿。以非禮相觸犯曰干。干冒。干求。干盾。干係。	古寒切。犯也。引申為冒進之義，如干祿、干澤是也。犯則必亂，故相干之干訓為亂。亂必有以禦之，故闌干之干與干城、干盾之干，皆以捍禦為義。
狎（入） 狎 xiá 音匣。交久敬衰曰狎。戲狎。狎侮。	轄甲切。狎，犬可習也。引申為狎侮之狎，謂親而不尊也。	諂（上） 諂 chǎn 覘上聲。好順人意曰諂。驕諂。諂諛。	丑琰切。以不善先人者謂之諂。諂之言陷也，謂以佞言諂之也。古文作讇。

卷二

去 僭 僭 jiàn 尖去聲。越分曰僭。僭越。僭偽。	子念切。以下效上、以下犯上皆曰僭，為其越於分之外也。	去 妒 妬 妒 dù 音覩。以才貌相嫉曰妒。嫉妒。妒婦。	都故切。二女相嫉曰妒。引申為妒賢、妒功之妒，皆二人相嫉之意也。字亦作妬。
去 忤 牾 忤 wǔ 音誤。逆也。忤逆。牴牾。	五故切。凡事逆於理，意逆於人皆曰忤。故違逆君親之意者曰忤逆。字亦作牾，牛角相抵觸曰牴牾。因以為違背之稱。	驕 平 骄 jiāo 音姣。意氣陵人曰驕。驕傲。	居妖切。馬不受控曰驕。引申之，人之縱恣者皆曰驕。
仇 平 仇 qiú chóu 音求。匹敵也。仇讐。好仇。	渠尤切。仇者，相當、相對之謂。故互合曰仇，互敵亦曰仇。	去 傲 傲 ào 敖去聲。倨慢也。驕傲。傲慢。	魚到切。《曲禮》："凡視，上於面則傲。"言倨慢無禮，目中若無人者然也。傲睨以目言，傲慢以心言，倨傲以身言，驕傲以氣言。

卷二

平 狂 / 狂 kuáng	渠王切。猘犬曰狂，謂犬之妄行者也。古文作㞷，則謂人之妄行者也。今概假“狂”字為用。	上 侈 / 侈 chǐ	尺里切。反儉為侈。侈者，自大之意也。引申為廣大、夸大之稱。
音軭。心不能審是非者曰狂。發狂。狂吠。		音齒。自大曰侈。奢侈。	
上 狡 / 狡 jiǎo	古卯切。狡，犬之黠者。引申為狡獪之狡，謂兒戲之猾者也。又申為狡猾之狡，謂人之黠智者類之也。	平 貪 / 贪 tān	他含切。反廉為貪。本義謂貪財也，故从貝。引申為貪生、貪兵之貪。
音絞。黠慧曰狡。狡兔。凶狡。		音飲。求取無饜曰貪。貪心。貪財。	
平 奢 / 奢 shē	詩遮切。反儉為奢。籀文作奓，从大、从多會意。引申為奢願之奢，謂夸而無當也。	去 吝 / 吝 lìn	良刃切。凡己之所有而不肯施於人者曰吝。如吝財、吝教之類是也。
音賒。越分以自奉曰奢。驕奢。奢侈。		音藺。嗇於出者曰吝。驕吝。吝惜。	

淫 平 淫 yín 音霪。過甚也。浸淫。淫威。	夷針切。平地出水曰淫水。淫者，過而不知止也。故引申之，凡有所好而沈溺其中者曰淫，逞其欲而不肯自制者亦曰淫。假借為婬，謂男女不以禮相交也。	穢 去 秽 huì 音薉。汙也。汙穢。穢物。	烏廢切。田中雜草曰穢。引申為汙穢、穢德之穢。
汙 平　洿 污 wū 音烏。不潔曰汙。汙穢。貪汙。	汪胡切。濁水不流曰汙。引申之，人有穢行，物有瑕垢皆曰汙。又趨承旨意亦曰汙，言私所好而曲從之，不知自潔其品也。又造謗誣人亦曰汙，言被人以惡名，猶納之汙穢之中也。字亦作洿。	邪 平　衺 邪 yé xié 音耶。邑名。琅邪。 音斜。反正為邪。奇衺。邪說。	余遮切。琅邪，古齊邑。地有琅邪山，故名。在今山東青州府諸城縣境。 徐嗟切。衺之假。衺本衣服不正之稱，引申為反正之義。
垢 上 垢 gòu 音苟。蒙汙曰垢。塵垢。垢辱。	舉后切。垢，濁也。如塵垢、垢氛是。濁者必見辱於人，故引申為含垢、忍垢之垢，皆以辱為義。	僻 入 僻 pì 批入聲。荒陋怪誕曰僻。偏僻。僻陋。	匹亦切。僻，避也。即行辟人之辟也。凡相避必屏於一邊，故引申之，謂地之交於邊徼者曰僻陋，人之越於正軌者曰邪僻，皆行不由中之意。

奸 平　姦 奸 jiān 音菅。行多邪僻曰奸。奸宄。姦臣。	居顔切。犯婬也，从干、女會意。引申之，凡心術不端及以下犯上者皆謂之奸，如奸雄、奸惡等是。古與姦字相通為用。	乖 平 乖 guāi 怪平聲。與人背異曰乖。乖戾。乖覺。	公懷切。乖，戾也。剛柔適中謂之和，反和為乖。引申之，相離亦曰乖。如乖違之乖是。 俗以小兒靈慧曰乖，與本義適相反，乃里巷之俚詞也。
凶 平 凶 xiōng 音胷。惡人之稱。凶惡。吉凶。	虛容切。凶，惡也。象地穿穴交陷其中。言惡之害人，猶地之塹可陷人也。凶年、凶器皆本此意。	去 戾 戾 lì 音麗。乖背於理曰戾。乖戾。戾止。	力霽切。戾，曲也。从犬出户，下身曲戾也。假借為盭。盭，乖背也。經傳多以戾為之，如暴戾之戾是。又來至曰戾，定止亦曰戾，則逮字之通假也。
刁 平 刁 diāo 音貂。詭譎之稱。刁惡。刁斗。	丁聊切。古無刁字，即刀字之變也。古者軍中有鐎，以銅為之，受一斗，晝炊夜擊，形如銷而無緣，亦謂之刁斗。俗又以刁為言動詭譎之稱。	去 暴 入 暴 bào pù 音菢。殘忍之稱。暴虐。音僕。表白於人曰暴。表暴。	蒲報切。暴者，猝起之意。故疾風曰暴風，猝怒曰暴怒，驟病曰暴病。申為殘暴之暴。蒲木切。曝之假字。曝物必顯露於外，故申為表示於外之稱。

虐 入 虐 nüè 音瘧。殘暴無理曰虐。陵虐。虐政。	[篆] 逆約切。从虍，从人，象虎足反爪人也。引申之，害人之最者曰虐。	上 忍 忍 rěn 人上聲。不動心也。相忍。忍耐。	爾軫切。忍者，堅中之義。堅而能止曰忍，如含忍之忍是。堅而能行曰忍，如殘忍之忍是。
刻 入 刻 kè 音克。苛求、苛責於人皆曰刻。雕刻。刻剥。	苦得切。刻，鏤也。金謂之鏤，木謂之刻。鏤刻之工，以深為貴。故引申之，凡深求於人者皆謂之刻。如苛刻、刻薄之類是。 又漏刻，古者紀時之具。古晝夜作百刻。今西法用鐘表，分十二時為九十六刻，四刻為一點鐘。	偷 平 偷 tōu 透平聲。不應取者而取之曰偷。偷兒。偷安。	他侯切。偷本作媮。巧黠也，苟且也。穿窬以巧黠苟且取人之物，故謂之偷。引申為偷安、偷生之偷。
殘 平 残 cán 音朘。賊義者謂之殘。凶殘。殘疾。	財干切。殘，古文戔，从二戈會意。篆文从歺，則以傷於戔會意。故用殘字皆有傷害之意。凶殘、殘暴害於政，殘缺、殘毀害於物，殘人、殘疾害於身。殘餘之殘，則殂字之通假，而肉餘之引申也。	竊 入 窃 qiè 音切。盗物也。被竊。竊取。	千結切。私取人物曰竊。引申之，据非所据曰竊，如竊位、竊國是也。又申為竊比、竊聞之竊，皆自謙之詞，示不敢公言之也。

去 争 平 争 zhēng zhèng 音箏。物相競曰争。争鬬。競争。 争去聲。以言争也。諫諍。	爭 留耕切。争，引也。从𠬪、从厂會意，示彼此競引一物，争之道也。 側迸切。諍字之假。争者以手，諍者以言，故諫争為諫諍之假。	毒 入 毒 dú 音犢。害人之物曰毒。酖毒。毒藥。	徒沃切。毒，害人之草也。神農嘗草，以氣味之害人者為毒。引申之，凡足以害人者均謂之毒。
去 篡 篡 cuàn 音竄。逆取曰篡。篡位。	初患切。凡取而不以順者皆曰篡。其事必出於私心所計算，故字从算、从厶會意也。	去 害 害 hài 孩去聲。傷也，亦傷人也。利害。害人。	合蓋切。从宀、从口會意，言亂階從家起也。丯聲。害者利之反，故事之無利者曰害。害人者不利於人也，害事者不利於事也。
劫 入 劫 jié 音衱。脅奪也。浩劫。劫數。	訖業切。劫从力、从去會意。人欲去以力脅止之也，故以威力迫人及奪物者皆曰劫。引申為兵劫、火劫之劫。	上 禍 禍 huò 和上聲。福之反也，加禍於人亦曰禍。禍福。首禍。	合果切。禍从示，謂神降之罰也。引申之，凡不測之事皆曰禍。

去 **亂** 乱 luàn 鑾去聲。治之反曰亂，反亂為治亦曰亂。治亂。亂臣。	盧玩切。不治曰亂，故凡事失其倫、物失其序皆曰亂。已亂亦曰亂，故凡樂之卒章、事之歸束皆曰亂。	上 **匪** 匪 fěi 非上聲。甘冒不韙者曰匪。拳匪。匪徒。	甫尾切。匪，筐之本字。古者盛幣帛之器也。假借為是非之非。藐法之人所為非禮，故稱盜賊曰匪類。
去 **盜** 盗 dào 音導。攘人所有曰盜，盜物之人即曰盜。强盜。盜名。	杜到切。从次、从皿會意，謂羨人之器皿而思取之也。今律凡公取、竊取皆為盜。是專言之則指强賊也，泛言之則陰私自利者皆曰盜。	平 **妖** 妖 yāo 音夭。異常為妖。妖怪。拿妖。	伊堯切。女子巧笑之貌。假借為祅，凡天時、人事之變出非常者曰祅。經傳多用妖者，以同聲字相通假也。
入 **賊** 贼 zéi 音蠈。害人曰賊，害人之人亦曰賊。盜賊。賊仁。	疾則切。古以殺人不忌為賊，今以小偷積竊為賊。論字義則盜小而賊大，盜輕而賊重，今律反之。假借以害苗之蟲為賊。	平 **夭** 夭 yāo 音妖。短折曰夭。夭壽。	伊堯切。少長曰夭。引申為夭折之夭，以其少壯而死，未能長成也。又通作枖。枖枖，少盛之貌。《詩》作“夭夭”。

仕（上） 仕 shì 音士。官於朝曰仕。出仕。仕宦。	上史切。古者學優而仕，故四十為强仕之年。今則以釋褐為出仕。自納粟之例開，而仕之途益雜矣。	員（平） 员 yuán 音圓。官吏之數曰員。委員。人員。	午權切。員，物數也，人數亦曰員。故官之顯者曰大員，官之末者曰微員，官之散者曰冗員。
宦（去） 宦 huàn 音患。在官曰宦。仕宦。宦途。	胡慣切。仕也。猶今試用學習之官也。假借為豢。妾為宦女，閹寺為宦官，皆以豢養為義。	品（上） 品 pǐn 匹上聲。物有等差曰品。品級。上品。	匹錦切。品，衆庶也。凡言衆庶必分差等，故官分大小曰品級。衡人優劣曰品評。引申之，物分其類亦曰品，如田獲三品、惟金三品之類。
官（平） 官 guān 音觀。有專職者曰官。做官。官員。	古丸切。从宀、从𠂤會意。宀，覆屋也；𠂤，猶衆也。言在屋下治衆也。引申之，凡各司所職以治衆者皆曰官。《荀子》以耳、目、口、鼻、形為“五官”，以其各有所司也。	級（入） 级 jí 音急。有次序也。階級。等級。	訖立切。凡有等差者曰級。本訓以絲之次第為級。引申之，歷階之次第亦為級。更申之，歷官之次第亦為級。秦法：斬首一賜爵一級。故出征所獲之首曰首級。

職 入 职 zhí 音織。掌其業曰職。職守。卑職。	之弋切。職者，常也。民有常業曰職業，官有常守曰職位，歲有常供曰職貢。	侯 平 侯 hóu 後平聲。五等爵之次曰侯。公侯。侯爵。	胡溝切。爵分五等，公、侯、伯、子、男是也。故次於公者曰侯。又諸侯、君侯，為凡為君者之總稱。今稱縣令曰邑侯，即取百里侯之意。
位 去 位 wèi 音壝。人物有定所者曰位。爵位。位置。	于愧切。《易》"聖人之大寶曰位"，此指君位言也。《周禮》"外朝之位、治朝之位"，此指臣位言也。引申之，人所坐立皆曰位，如《論語》"思不出位"是也。更申之，物得其所亦曰位，如《中庸》"天地位焉"是也。	卿 平 卿 qīng 音輕。亞於公者曰卿。公卿。卿士。	去京切。古者天子有"六卿"，為冢宰、司徒、宗伯、司馬、司寇、司空，位在公、孤之下。今《會典》以六部、都察院、通政司、大理寺為"九卿"。
公 平 公 gōng 音工。兼覆無私謂之公。大公。公論。	古紅切。平分也。天下害公莫如私，故古文以八、厶為公。八者，背也；厶者，私也。周制司徒、司馬、司空為"三公"，五等之爵首曰公。引申之，凡為君者皆曰公，故君之子曰公子，公子之子曰公孫。更申之，凡稱尊老統謂之公。	僚 平 寮 僚 liáo 音聊。同官於朝曰僚。官僚。僚友。	憐蕭切。僚訓為勞，有共勞王事之意。又與寮通。寮，小窗也。叚借為僚友之僚。

督 入 督 dū 音篤。正己率屬曰督。督辦。都督。	都毒切。督訓為董，有董勸其屬之責。故今之官制，文為總督，武為提督，均手握大權，而為下僚所師表者也。	臬 入 臬 niè 音孽。射的曰臬。藩臬。臬台。	倪結切。臬，法也。射鵠為射者之法，故名曰臬。今按察司名臬台，亦以其為執法之官也。
上 撫 抚 fǔ 音拊。安定其民曰撫。巡撫。撫恤。	芳武切。撫，安也。古有巡撫、巡按之官。今廢巡按而留巡撫，謂周巡其地，使民各安其所也。	去 憲 宪 xiàn 音獻。資以表率者曰憲。上憲。憲體。	許建切。懸法示人曰憲。今俗稱曆書曰憲書，上官曰憲台。撫、藩、臬為“三大憲”，謂其可資法守也。
藩 平 藩 fān 音翻。資以障蔽曰藩。屏藩。藩台。	甫煩切。藩，屏也。凡場圃必編竹木以為屏蔽，故訓為藩籬之藩。而諸侯又畿輔之屏蔽也，故亦訓為藩輔之藩。	上 尹 尹 yǐn 音允。董治其事曰尹。令尹。府尹。	余準切。尹，治也。設官所以治事，故古者每以尹名官。如大臣有師尹、令尹，小臣有闕尹、奄尹之類。今之沿用尹名者，如順天府府尹等是也。

上

部

部 bù

音蔀。總統其類曰部。六部。部位。

裴古切。凡有統屬者皆曰部。引申為部署之部，如吏、户、禮、兵、刑、工今分為“六部”，即“六卿”之署也。又申為部曲之部，猶言軍法皆有部伍也。

上　去

使

使 shǐ

音史。上使其下曰使。指使。使令。音駛。遣人聘問曰使。使者。

師止切。使人曰使。式至切。為人所使曰使。

泰西各國，最重邦交，有頭等、二等、三等公使名目。中國於英、法、義、比、俄、德、美、日、秘、日本、高麗，均特簡出使大臣，皆二等公使也。其有全權者為頭等公使。

曹

平

曹 cáo

音漕。同班為曹。汝曹。曹操。

財勞切。獄之兩曹在庭東者。从東，治事之所也；从曰，判事之言也。轉注為曹偶之曹。又國名，後人因以為姓。今山東曹州府，即古曹國地。

丞

平

丞 chéng

音承。副其正者曰丞。丞相。

辰陵切。凡奉承意指而為人佐者皆曰丞。古者設疑丞之官以佐師保。今則京曹有寺丞、署丞，外吏有縣丞、驛丞，均佐長官以理庶政者也。

司

平

司 sī

音思。有管理之權曰司。有司。司官。

新茲切。總領其事謂之司，古如司徒、司馬、司空，今如布政、按察之類，均所謂責有攸司也。引申之，凡官之屬吏，謂之有司。

今西人招股同辦一事曰公司。

去

尉

尉 wèi

音畏。從上按下曰尉。尉官。

於胃切。漢有太尉掌軍事。應劭曰：“自上按下曰尉。”武官悉以為稱。故今有輕車都尉、騎都尉、雲騎尉諸官。又廷尉所以聽獄，縣尉所以安民，皆漢時官名也。

去 副 副 fù 否去聲。次於正者曰副。正副。副堂。	敷救切。凡承長官之意而佐以理事者曰副。故官制左都御史之次曰副都，將軍提督之次曰副將。今名丞倅為佐貳，猶之副也。	去 吏 吏 lì 音利。治人之人曰吏。官吏。吏部。	力地切。凡官無大小皆曰吏。今六部之首曰吏部，六科之首曰吏科，以其專司百官之黜陟也。
屬 入 属 shǔ zhǔ 音蜀。有所統隸曰屬。屬員。音燭。以事託人曰屬。屬托。	市玉切。《説文》：“屬，連也。”从尾，若尾之在體相連屬也。連必有所統，故引申為統屬之屬。又申為屬類之屬。 之欲切。託也。	元 平 元 yuán 音原。氣之始曰元。三元。	愚袁切。元者，體之長也。君為民之長，故稱元首。引申之為元始之元，如元年、元氣是也。更申之為元大之元，如元戎、元子是也。
上 宰 宰 zǎi 哉上聲。主持庶政曰宰。冢宰。邑宰。	作亥切。舊説辠人在屋下執事者曰宰。从宀，屋也；从辛，辠也。近儒江氏永曰：“从宀，庖厨也；从辛，五味之一也。”古以膳夫為膳宰，引申為宰割之宰。轉注為宰治之宰，故宰天下者曰宰相，宰一邑者曰宰官。	去 聘 聘 pìn 音娉。以禮物往來曰聘。聘問。聘禮。	匹正切。諸侯修好曰聘，徵召隱逸及昏禮問名亦謂之聘。古者行聘，必將物以示敬，故統稱曰幣聘。

翎 平 翎 líng 音靈。鳥羽曰翎。翎毛。花翎。	郎丁切。翎以孔雀羽為之，其等有四：三眼翎，貝子、固倫額駙戴之；雙眼翎，鎮輔國公、和碩額駙戴之；孔雀翎，一二等侍衛、五品以上官有翎者戴之；藍翎，藍翎侍衛、六品官之有翎者戴之。	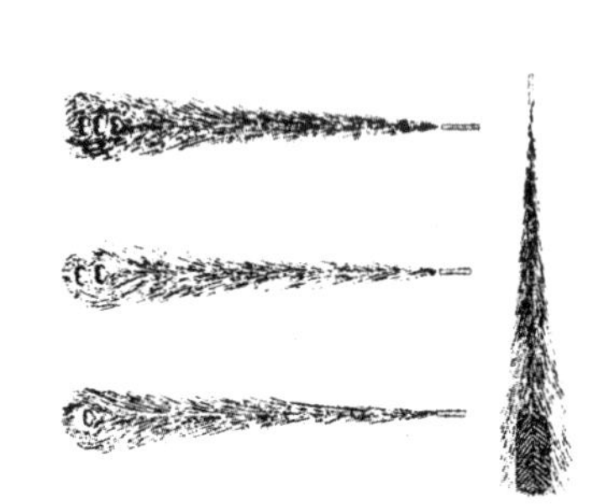
上 頂 顶 dǐng 音鼎。物之顛曰頂。頭頂。頂戴。	都挺切。本訓為頂踵之頂，假借為頂戴之頂。今制親王、貝勒等用紅寶石，一品官用珊瑚，二品用鏤花珊瑚，三品用藍寶石，四品用青金寶石，五品用水晶，六品用硨磲，七品用素金，八品用陰文花金，九品下用陽文花金。	
爵 入 爵 jué 音雀。酒器。又寵錫有功曰封爵。爵杯。賜爵。	即約切。爵容酒一升。凡酒器總名曰爵。古者大夫以上與燕賞，然後賜爵。故禄曰爵禄，位曰爵位，皆隨其官階而升降之。今世爵有公、侯、伯、子、男、輕車都尉、騎都尉、雲騎尉。	銜 平 衔 xián 音咸。口中含物曰銜。官銜。會銜。銜牌。

銜（續）
户監切。本訓馬口所含之鐵曰銜，故以口含物皆曰銜。引申之，官之階位亦曰銜。義取選曹補授，先具舊官於前，次書擬官於後，新舊相銜也。

封 平 封 fēng 音葑。分諸侯以土曰封。封疆。封爵。	府容切。封建之制，《周禮》與《王制》不同，然皆以世守其土為義。轉注為封山、封墓之封，則又謂聚土而封之也。聚者必厚，故封靡、封殖之封，皆以厚為義；聚者必大，故封狐、封豕之封，皆以大為義。	禄 入 禄 lù 音鹿。居官所給廩也。福禄。	盧谷切。禄，穀也。《禮》禄“以馭其士”，若今春秋俸是。人以食禄為福，故人死又曰無禄。
秩 入 秩 zhì 音姪。有次序也。秩序。天秩。	直質切。廩禄之類也。禄有常數曰秩，官有常職亦曰秩。引申之，凡事之有條不紊者皆曰秩。	賤 去 贱 jiàn 音羡。不貴曰賤。輕賤。賤貨。	在線切。賤，價少也。物價分貴賤，人類亦分貴賤。今以黄種、白種為貴種，黑種為賤種。
俸 去 俸 fèng 音馮。官之食禄曰俸。薪俸。俸禄。	扶用切。古者以米為俸，有食禄至萬鍾者。後世官俸，銀米兼之。然俸愈薄則吏愈污，故論者咸持加俸之説。	差 平 差chā cī chāi 音杈。有過曰差。 音縒。紊亂不齊曰差。 音釵。授人以事曰差。	初加切。凡事不得其當曰差，凡物不及其等亦曰差。引申為參差之差。 叉兹切。參者，三相參也；差者，兩相差也。 初佳切。使也。使人曰差，受人之使亦曰差。

胥 平	新於切。蟹醢曰胥。胥，相也，助也。謂其相助為理也。《王制》助樂正以課士者曰大胥、小胥。《周官》有府、史、胥、徒。所謂胥者，即今書差之類。	黜 入	丑律切。从黑，从出。黑者，暗昧不明之意；出者，退也。《書》“黜陟幽明”，謂遇明者則陟之，若遇暗昧不明者則退之，不使進用也。
胥 xū		黜 chù	
音湑。吏之賤者曰胥。胥役。		音怵。貶退不用曰黜。黜陟。放黜。	
役 入	營隻切。役从殳、从彳，謂執殳以戍邊也。引申之，凡受人使令皆曰役。	讁 入	陟革切。凡職官獲譴，大過則黜，小過則讁。讁者降其官階，使知警懼以贖前愆也。
役 yì		谪 zhé	
音疫。從公曰役。差役。役夫。		音摘。罰罪使警曰讁。譴讁。讁降。	
上 貶	悲檢切。由增而減、由貴而賤曰貶。故貨之減值者曰貶價，官之降秩者曰貶官。	贓 平	茲郎切。贓有藏匿貨財之意。从貝，財也；从臧，藏也。故官之貪汙者曰贓吏。
贬 biǎn		赃 zāng	
音窆。減損之義也。褒貶。貶黜。		音臧。貪汙壞法曰贓。貪贓。贓私。	

去 富 富 fù 否去聲。豐於財曰富。富貴。豪富。	方副切。富，備也，厚也。故厚於貨賄者謂之富。引申之，凡充裕皆曰富，如年富、學富之類是。	去 販 贩 fàn 音畈。小本經營曰販。負販。販賣。	方願切。“販夫販婦，朝資夕賣”，謂貧民無資營運，隨買隨賣以博微利也。
平 貧 贫 pín 音頻。困於財曰貧。貧民。	皮巾切。从貝、从分會意，言財以分而少也。	上 買 买 mǎi 音賣。以財易物曰買。買辦。收買。	莫蟹切。
上 賈 贾 gǔ 音古。居貨以待售者曰賈。商賈。賈害。	公户切。市也。行貨曰商，居貨曰賈。假借為賈禍之賈。賈，買也。	去 賣 卖 mài 音邁。以物易財曰賣。買賣。賣主。	莫懈切。篆文作賣。从出、从買會意。言出其貨以待人買之也。引申之，凡害人以便己者皆曰賣，如賣國、賣友之類是。

去 貿 贸 mào 音茂。以物相易曰貿。貿易。	莫候切。互易也，以物互易。有紛亂之意，故假為貿亂之貿。	鬻 入 鬻 yù 音育。賣物曰鬻。鬻賣。	余六切。
去 購 购 gòu 音構。指物而買之曰購。購求。添購。	古候切。有所求也。買、購皆以財易物，惟買則買常有之物，購則買難得之物也。	去 售 售 shòu 音授。賣物曰售。出售。	承臭切。賣物使去也。引申之，凡用術而獲效者皆曰售。
上 沽 平 沽 gū 音古。賣物、買物皆曰沽。音孤。水名。大沽口。	公五切。 攻乎切。	去 兑 兑 duì 櫃去聲。物相易謂之兑。兑換。發兑。	徒外切。貤易也。又卦名(☱)。兑，悦也。古通說。

押 入 押 yā 音壓。以物暫售於人曰押。押當。花押。	烏甲切。檢束也。拘禁以檢束人者，如管押之押是。署名以檢束事者，如畫押之押是。今俗稱以物質錢曰押，言與之錢，而檢束其物以待取，所以別於買也。	去 貸 入 贷 dài 音態。以物假人曰貸。出貸。 音慝。假人之物曰貸。告貸。	他代切。施者以物予人，貸則暫予之而仍當歸我者也。 惕得切。乞者求人之物以為我有，貸則暫有之而必仍歸諸人者也。
賒 平 赊 shē 音奢。貰物曰賒。賒欠。賒帳。	詩車切。貰買也。貰物而緩其償謂之賒。物被賒則得財之期尚遠，故又訓為遠。	償 平 偿 cháng 音常。還所值曰償。賠償。償還。	辰羊切。取物而還其所值也。引申之，凡如所願皆曰償。
去 借 借 jiè 嗟去聲。假人之物曰借，以物假人亦曰借。抵借。借用。	子夜切。本非已有而暫有之曰借。獎借之借，謂本無可獎之實而姑獎之也。“借曰未知”之借，謂本已知之而姑託於不知也。皆與假字通用。	糴 入 籴 dí 音狄。買穀曰糴。糴米。	亭歷切。

糶

去

粜 tiào

音眺。賣穀曰糶。平糶。

他弔切。

賽

去

赛 sài

塞去聲。物相較謂之賽。賽會。報賽。

先代切。互相誇勝曰賽。引申之，凡物之勝於他物者亦謂之賽。今俗稱賽過，言可比賽而過之也。

報賽之賽通作塞，言報神功以祭，可以塞其所求也。

扣

去

扣 kòu

音寇。阻留曰扣。扣留。折扣。

苦候切。通作叩。牽馬也。古有叩馬而諫者，謂留止之使不得遽行也。故引申為扣留之扣。俗稱價值不足數為折扣，亦本留難之義。

招

平

招 zhāo

音昭。以手召人曰招。招牌。招商局。

之遥切。手呼也。凡召人者以口曰召，以手曰招。

批

平

批 pī

音仳。標判曰批。硃批。批發。

匹迷切。手擊也。引申之，凡書狀之言有不當，而判其後以排擊之者亦謂之批。批者，標舉以示人者也。俗稱開示物價者曰批，亦本此義。

博

入

博 bó

邦入聲。廣厚衆多之稱。廣博。博學。

補各切。大通也。从十、从尃會意。尃，布也。假借為博弈之博。亦作簙。又為博取之博。博取謂取諸人以為我有也。

去 換	胡玩切。交相易也。義與貿同，貿為文言，而換為俗語。	去 利	力至切。銛也。以刀刈禾，無不如志。故引申為便利之利。事之便利者人皆好之，故又申為利祿之利。
换 huàn		利 lì	
完去聲。相易曰换。兑换。掉换。		音詈。順也。利市。利刃。	
去 值 入	除力切。又直吏切。皆通作直。	上 款	苦緩切。識記也。凡銘器之文，在内曰識，在外曰款。引申之，條列諸事取便記識者亦曰款。今俗謂財物之一宗曰一款，泛稱之則曰款項，義本於此。 又和婉之詞，如款款、款曲等是。
值 zhí		款 kuǎn	
音直。物價曰值。價值。音治。偶遇曰值。不值。		音窾。標識之條目曰款。款項。該款。	
去 價	居訝切。	去 債	側賣切。責也，通作責。責，誅求也，言負人之財，為人所誅求也。
价 jià		债 zhài	
音駕。物值曰價。洋價。價目。		齋去聲。負財曰債，所負之財即曰債。放債。債户。	

平 贏 贏 yíng 音盈。餘利曰贏。輸贏。贏餘。	怡成切。以物易財，而財溢於物值謂之贏。引申之，凡攻戰博弈，勝曰贏，負曰輸。	去 票 票 piào 音驃。信券曰票。票簽。鈔票。	頻妙切。火飛也，同熛。今稱要約之約曰票。
去 貫 贯 guàn 音灌。穿物而過之曰貫。貫串。萬貫。	古玩切。古文作毌。毌象兩貝相並，一字橫貫之也。縱書之為串，橫書之為毌。今毌作貫。貫錢必通其中而過，故引申為貫通之貫。貫錢以千錢為一緡，故千錢曰一貫。又世系曰貫，謂相承不絕，如貫物然。今所謂籍貫是也。	入 摺 摺 zhé 音讋。折物而重疊之曰摺。手摺。摺扇。	之涉切。
去 券 券 quàn 音勸。要約之書曰券。禮券。券書。	去願切。古者要約之書，以木為牘，契其旁而剖分之。長曰劑，短曰質，所謂契券也。	去 據 据 jù 音鋸。把持曰據。據守。憑據。	居御切。杖持也。謂人持杖有所依據也。引申為佔據之據。俗稱要約之書曰據，謂人所持以為信也。

上

技

技 jì

奇上聲。手工曰技。技藝。絶技。

巨綺切。

入

術

术 shù

音秫。所以馭人者曰術。心術。巧術。

食律切。術，邑中道也。道為人所共由，故引申之，謂學所由者為學術，心所由者為心術，技所由者為技術。

去

藝

艺 yì

音蓺。才能曰藝。六藝。藝事。

倪祭切。藝，猶才也。古者以禮、樂、射、御、書、數為“六藝”。後世以時文為制藝，而藝之實亡矣。西人重藝，國家既設勸工場，復下專利之教以鼓舞之，故藝學之精，為前古所莫及。

又與蓺通。種也。如樹藝是。

入

弋

弋 yì

音翊。以繩繫矢而射之曰弋。弋人。

逸職切。《説文》：“弋，橜也。象折木衺鋭之形，厂象物挂之也。”假借為矰弋之弋。弋，本⿰糹羽字。⿰糹羽，繳也。矢短於常矢，以繩繫而射之，故⿰糹羽从糸、从羽。今承用弋字。弋者所以取鳥，故引申為弋取之弋。

去　入

射

射 shè

蛇去聲。弓矢斯張曰射。善射。射者。

音實。發矢曰射。射鳥。

神夜切。古者禮射有四，大射、賓射、燕射、鄉射是也。國朝以騎射得天下，故滿員有十五善射。武場取士，亦以射為重。

食亦切。泛而言射則去聲，以射其物而言則入聲。引申之，凡默揣以取中者皆曰射，如射策、射覆是。

去

御

御 yù

音禦。使馬曰御。御車。侍御。

魚據切。御所以制馬，故引申為御宇、御冬之御。又轉為進御之御。蔡邕《獨斷》曰天子“所進曰御”，“凡衣服加於身，飲食入於口，妃妾接於寢皆曰御”是也。

弈

入

弈 yì

音亦。圍碁曰弈。博弈。弈棋。

夷益切。堯造圍碁，以教丹朱。謂之弈者，取下子落弈之義也。一說，其子曰碁，其局曰弈。

去

畫

入

画 huà

横入聲。界分曰畫。畫界。畫一。
音話。繪物之形曰畫。畫工。

胡麥切。界也。从田，囗象田四界，聿所以畫之也，會意兼指事字。引申為經畫、指畫之畫。胡卦切。貌其形以繪之也。俗亦稱畫成之圖為畫。

疇

平

畴 chóu

音酬。耕治之田曰疇。田疇。疇曩。

徐留切。从田、从𠃬會意。古文作𠃬，象田溝詰屈之形也。假借以為疇昔、疇類之疇。今通稱習算術者為疇人。

醫 平 医 yī 音翳。治病曰醫，治病之人即曰醫。良醫。醫院。	於宜切。中西醫用藥、治病均不同。西醫通格致，工剖驗，其論腦氣筋、甜肉經，尤具新理，然明乎有形之質，昧乎無形之氣。中醫於五運、六氣、七情、九候，均所究心，然上無以考驗之，淺學往往輕試其技。兼而通之，則庶幾矣。	
卜 入 卜 bǔ 音撲。灼龜以問吉凶曰卜。占卜。卜人。	卜博木切。象灸龜之形，其兆縱横也。古者凡有疑事，則灼龜以覘吉凶，視其拆文之縱横以為斷。引申為决未來事之詞，如未卜、可卜等是。	

去 筮 筮 shì 音誓。以《易》占吉凶曰筮。卜筮。	時制切。卜者用龜，筮者用蓍。《周禮》：“簭人掌三易，以辨九簭之名。”簭，古筮字。九筮，謂筮更、筮咸、筮式、筮目、筮易、筮比、筮祠、筮參、筮環也。	去 占 平 占 zhān zhàn 音詹。視兆以知吉凶曰占。占卜。 音佔。侵人之權限曰占。占據。	職廉切。从卜、从口會意。言以卜問吉凶也。 章豔切。以力侵據也，如侵占、占地皆是。俗亦作佔。

巫

平

巫 wū

音無。能以舞降神者曰巫。女巫。巫覡。

微夫切。从[illegible]，象人兩袖舞形。古者女巫曰巫，男巫曰覡。今男女通謂之巫，而為巫者女多於男。

釣

去

钓 diào

音弔。以鈎取魚曰釣。垂釣。釣名。

多嘯切。釣者置餌於鈎，以引魚而取之。故以小善盜名者謂之釣譽。

漁

平

渔 yú

音魚。捕魚曰漁，捕魚之人即曰漁。漁翁。漁利。

牛居切。漁者取魚無所擇。引申之，凡侵牟無饜謂之漁。如漁色、漁利是。

樵

平

樵 qiáo

音譙。采薪曰樵，采薪之人即曰樵。樵夫。采樵。

慈焦切。樵，散木也。引申之，采木以為薪，亦謂之樵。其人謂樵夫，亦稱樵子。

牧 入 牧 mù 音目。畜養六畜曰牧。牧童。民牧。	莫六切。畜養曰牧，司畜養之人即曰牧。引申為牧民、牧令之牧，言主畜養其民也。今長城以外之民，皆以游牧為業。屬於官者曰牧廠，其地即古游牧之國也。	
屠 平 屠 tú 音徒。殺而剥裂之曰屠。屠城。屠夫。	同都切。刳也。引申之，凡宰殺六畜者，即謂之屠。	

匠 去 匠 jiàng 牆去聲。木工曰匠。木匠。匠人。	疾亮切。从匚、从斤會意。匚，槼也；斤，所以治木器者也。引申之，凡能專治一事者，皆謂之匠。	戲 去 戏 xì 希去聲。玩弄曰戲，玩弄之事即曰戲。戲劇。把戲。	許義切。戲者，優伶演故事，以娛人耳目者也。亦有調猴、犬以為之者。西國又有馬戲、影戲各種。

伶

平

伶 líng

音零。樂官曰伶。優伶。伶人。

郎丁切。黃帝以伶倫為樂師，其後伶氏世掌樂事。故後世號樂官為伶官。一說，伶，弄臣也。今稱優人為伶，兼此二意。

倡

去

娼

平

倡 chāng chàng

音昌。女樂曰倡。倡優。俳倡。
音唱。發歌也。倡和。

齒良切。凡女之善唱者謂之倡。通作娼。又尺亮切。長歌也，字與唱通。凡歌有倡和，倡者首發而和者繼之。故引為發始之義，如倡率之倡是也。

優

平

优 yōu

音憂。巧於戲者曰優。倡優。優劣。

於尤切。優，諧戲者也。故今稱演劇者為優。優能以巧勝人，故引申為優劣之優。又轉為優裕之優。

妓

去

伎

妓 jì

音伎。女樂曰妓。妓女。聲妓。

巨綺切。女子借色藝以悅人者曰妓。古無妓名，漢武帝置營妓，以待軍士之無妻室者，即後世娼妓之始也。妓與伎通用，伎又與技通用。

賭

上

赌 dǔ

音睹。賽分勝負曰賭。賭博。

董五切。賭有尚智力者，如中國之圍棋、擊球，西國之賽馬、打彈等是。有不尚智力者，如中國之鬮姓，西國之彩票等是。賭必分勝負，故亦以為凡相比較者之稱。

去 化 化 huà 花去聲。躬行於上、風動於下曰化。教化。化生。	火跨切。《荀子》:“狀變而實無別而為異者，謂之化。”即開化學家之理。化學有化合、化分之說：化二質或數質為一物曰化合，化一物為二質或數質曰化分。	去 淡 澹 淡 dàn 音啖。色味淺薄皆曰淡。淡茶。鹹淡。	杜覽切。化學氣名。其氣四分與養氣一分合而成空氣。人、物之骨肉皆含是氣，草木之質，間亦含之。此氣多出於硝，故又名硝氣。人、物全賴是氣生肌，故又名育氣。亦為原質之一。
上 去 養 养 yǎng 音痒。豢之長之曰養。生養。音恙。奉養。	以兩切。化學家以生氣為養氣。是氣也，風、水、火賴之以成，人、物賴之以生，故名曰養。總計地球之體，養氣居半。人、物之體，養氣居過半。又為人役使曰養，凡廝養、民養、都養皆本此義。又餘亮切。下奉上也。	綠 入 绿 lǜ 音録。青黄合色為綠。紅綠。碧綠。	龍玉切。化學氣名。為原質之一。雜於土類者居多，草木生物皆含之。其味臭，其色綠，與鹻精相合成鹽，故又名鹽氣。其用能漂白，能解諸毒。其淡者能療癆症，然多吸之則傷肺而致斃。
輕 平 轻 qīng 音卿。物之易舉者曰輕。輕便。輕賤。	去盈切。馳敵致師之車也。又化學輕氣為原質之一，其氣一分與養氣二分相合成水。凡含水之物，皆有是氣，故又名水母。其用甚廣，最著者為輕氣球、輕氣燈。	弗 入 弗 fú 音紱。不字重讀曰弗。弗肯。弗許。	分勿切。化學弗與綠氣同類，為原質之一。玉石及人畜牙骨間多有是質。性酷毒，能蝕五金、玻璨之類，故泰西製花草於玻璨片上多用之。其純濃者，人體灼之猛於烈火。

卷二

上 喜 喜 xǐ	許里切。化學以養、硝二氣合成。嗅之輒笑不止，久始安静。能止痛，醫者用刀割瘡傷等症，則令吸之。以一二升為限，不純者傷肺，故吸時宜慎。	上 强 平　彊 强 qiáng qiǎng	巨良切。大也，健也。强水，藥名。有磺强、硝强、鹽强之别。質流味酸，捫之則皮肉潰爛。除鈀、鉑、黄金外，其他金屬一遇强水無不消鎔。化學家以磺强為最要之品，非此無以製硝强、鹽强等水。 又其兩切。勉也。
音蟢。不言而悦曰喜。歡喜。喜慶。		音彊。無所屈撓曰强。强大。强壯。强上聲。勉强。	
酸 平 酸 suān	蘇官切。化學二物相合成鹽，其一必為酸類。又性之酸者皆以酸名，故有草酸、果酸之名。各種强水皆有酸味，故强水亦名酸水。	去 酵 酵 jiào	居效切。為養、輕、炭、硝四氣及硫磺、光藥相合而成，與蛋白質相似。草木果實之有甘味者皆含之，其用可以釀酒、起麵。
音霰。木之臭曰酸。酸醋。辛酸。		音教。釀酒之料曰酵。發酵。	
上 卝 礦鑛 卝 kuàng	古猛切。卝有層理，恒與地勢相關，故採卝者必明地學。卝質非化合、化分不能悉其純雜，故辨卝者必諳化學。 西人最重卝學。中國前朝引為弊政，且有風水之説阻之，故卝産雖饒，未及暢辦。		
音穬。金石之樸曰卝。開礦。礦務局。			

金 平 金 jīn 音今。五金之屬皆曰金。又八大行星之一。黄金。金表。	居音切。貴金類原質之一。或自沙間淘汰而得，或與山石相含。色黄，質軟如鉛而不生鏽。重又過之，非合强水不能消化。古以作幣、飾物，今兼用為照像藥水。 中國金礦，漠河為最。泰西舊有名者為新、舊金山。	
煤 平 煤 méi 音枚。石炭曰煤。煤炭。煙煤。	莫杯切。荒古草木經久霉爛，合輕、炭二氣而結為煤。其色或黑或棕，質脆易碎，有硬煤、煙煤、土煤之别。墨珀、虎珀亦煤屬也。 泰西煤礦，開挖畧盡。中國煤産最饒，唐山、馬鞍山、萍鄉等處，業經開辦。	
珀 入 珀 pò 音拍。松滋之精曰珀。琥珀。墨珀。	普伯切。炭屬，為松滋所結而成。産於土中，或木煤層内。其形不一，色或白或黄或棕，明而不透。其性易燃，摩之生電，能吸輕物。西人用為漆料。黑硬者為墨珀。	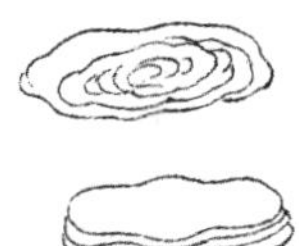 

銀 平 银 yín 音閽。白金曰銀。銀器。	魚巾切。金類原質之一。純者甚少，每與硫或鉛相合成礦。質硬於金，而軟於銅。在空氣中無論寒暑燥濕，均不吸養氣而生鏽。若與硝强水合，則為極好眼藥；與綠氣及海藍合，則為照像藥水。	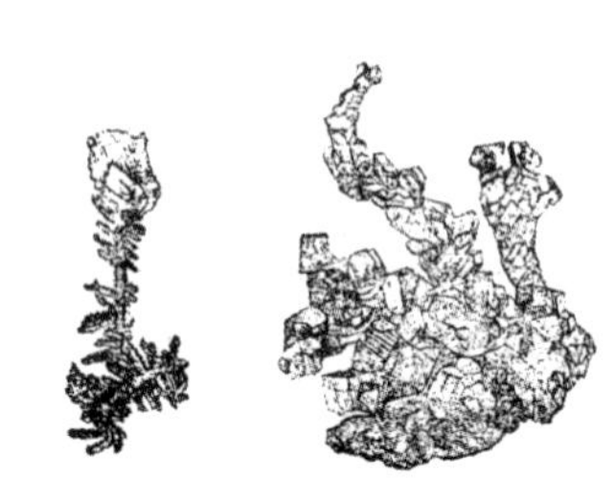
銅 平 铜 tóng 音同。赤金曰銅。銅錢。古銅。	徒東切。銅質堅韌，為金類原質之一。其性毒，其色紅。若與鋅合，則為黄銅；與錫合，則為礮銅、鐘銅；與錫、鋅、鉛三者合，則為宣爐銅。浸磺强水内，則成膽礬；浸醋内，則生銅綠。雲南銅礦最佳，因運費較巨，遂多購之日本。	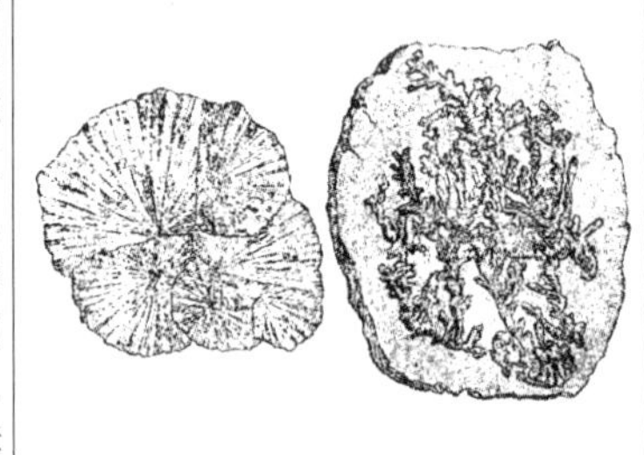
上 澒 汞 汞 gǒng 音嗊。流金曰澒。	虎孔切。金類原質之一。有自然獨成者。其質流，其色白亮而不生鏽。能返光，受熱則漸升漸上，寒暑風雨表等皆用之。若與養氣合，則為三仙丹；與綠氣合，則為輕粉；與硫合，則為硃砂。	

錫 入 锡 xī 音裼。銀色而鉛質者曰錫。錫箔。 又賜與也。三錫。	先擊切。金類原質之一。性易鎔化，與養氣無甚愛力，故鍍於鐵面或銅面能不生鏽。今玻瓈上瓷油及花紙上所飾僞金，皆係錫與他質配合而成。 君賜臣，長賜幼，皆曰錫。	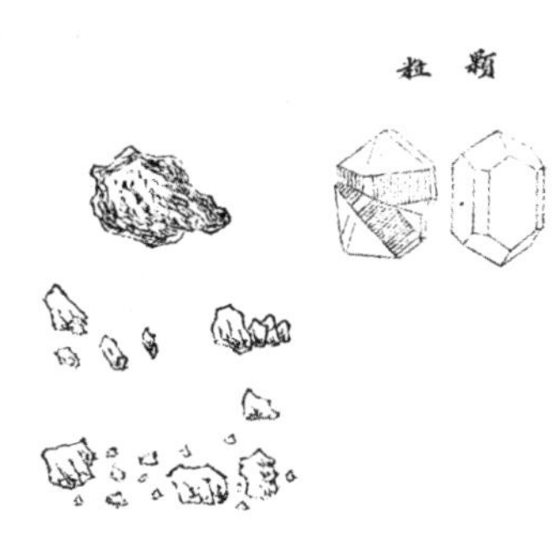
鐵 入 铁 tiě 天入聲。黑金曰鐵。鐵甲船。馬口鐵。	天結切。鐵生於土，純雜不一。雜者，有紅、黑、黄及黄而兼黑等色。黑者較净。動物之有脊骨者，其血内多含之。凡各種金養，食之均足傷人，惟鐵養無害。 泰西各國，鐵廠林立，鐵艦、鐵道徧於五洲。中國僅有漢陽一廠。	
鋼 平 钢 gāng 音岡。鐵之鍊成者曰鋼。鋼刀。	古郎切。鋼之與鐵，質性少殊。熟鐵無炭質，生鐵含炭質百分之五，鋼含炭質百分之一二。大抵無炭則柔，炭多則脆。炭至百分之一二，則剛而且韌。故鍊熟鐵者必去炭之過多，鍊純鋼者必補炭之不足。	

鉛 平 铅 qiān 音沿。青金曰鉛。鉛筆。鉛皮。	余專切。《管子》“上有鉛者”“下有銀”，即西人産鉛處常兼産銀之説也。其質獨成者甚尠。其性毒，與紅銅合則為黄銅；與炭氣合則為鉛粉。可充藥品，飾棟宇，兼代陶瓦之用。惟忌盛食、水，恐中鉛毒。	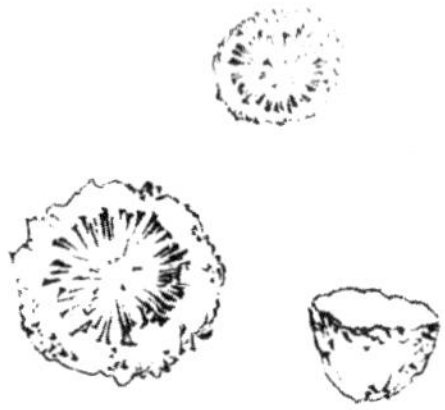
鋅 平 锌 xīn 音辛。白鉛曰鋅。	息鄰切。金類原質之一。色藍白，性堅於鉛。遇濕則鏽，鏽結外皮，能護内質，故每鍍於鐵面。與養氣合則為白粉，和油可作白漆。與綠氣合，能收穢氣，而使動植物不朽。浸於酸水，即能生電，是為電學家要品。	 粒　顆
銻 平 锑 tī 音題。火齊珠名鎕銻。	田黎切。又為金類原質之一。色藍白，性堅脆。可研成粉，遇酷熱則燃，發光甚亮而多白霧。可作白色顔料。其大用，可與他金和鎔鑄為鉛字印板，取其堅硬難磨也。	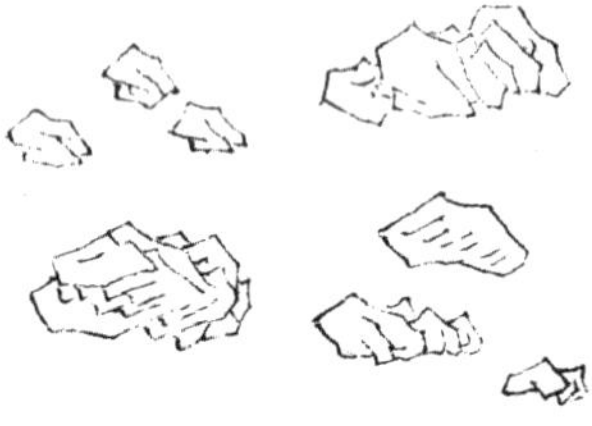

鉑 入 铂 bó 音泊。藥紙隔金屑而捶之者曰鉑。即俗名烏金紙。	白各切。又為金類原質之一。地產甚少。間有薄片、小粒，色如銀、鉛，而堅重過之。大冶不鎔，强酸不化，必遇電火、日火，然後鎔化。故以作甑，可以化分一切猛烈之物，及熬煮濃厚各强。	
鉀 入 钾 jiǎ 音甲。戎服之可以禦擊刺者曰鉀。與甲同。鎧鉀。	古狎切。又為鹻屬金類之一。其質常含於別物之内，惟草木尤多，可於燼後取之。性毒，色白如銀，質輭如蠟。與養氣愛力最大，故着水即燃。	
上 錳 锰 měng 音猛。鐵色而鋼質者曰錳。字書無此字，化學家新造也。今則常見於公牘。	莫杏切。為金類原質之一。色白如生鐵。質堅脆，雖鋼銼不入，可用以畫玻瓈、鑽瓷料。歷尋常寒暑亦不生鏽，第净者甚少。其與鐵合者為錳鐵，以製鐵軌，經久不磨；與養合者可作玻瓈及漂白粉。	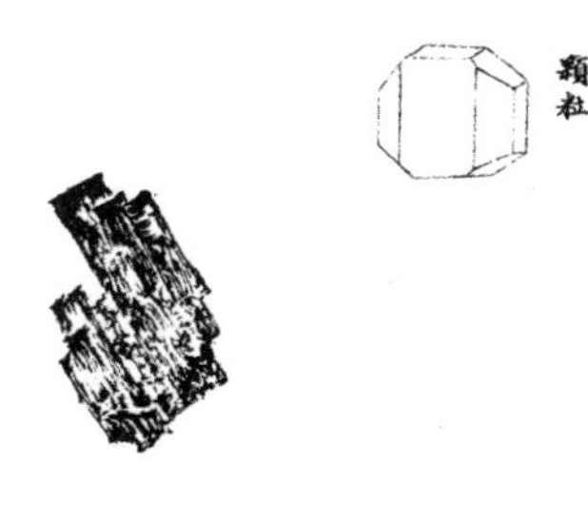

去 炭 炭 tàn 音歎。燒木之餘曰炭。煤炭。麸炭。	他晏切。為非金類原質之一。其精與養、淡合，則為空氣；與土類合，則為石、為煤。在野為草木，入生物體，則成皮肉。而動植物所含較土石尤多。其純者有三類：曰金鋼石，曰筆鉛，曰木炭。	
灰 平 灰 huī 音虺。火之餘燼曰灰。煙灰。灰塵。	呼恢切。尋常之質，含有炭、養二氣。如鍊得其精，實為金類。足以肥田去垢，農家寶之，而澣衣者亦取以浄垢。	
硫 平 硫 liú 音留。形如松香而堅脆者曰硫磺。	力求切。為非金類原質之一。動植物多含之。與金類合，則成礦産。其近於火山者較純。純者色淡黄，質脆，磨之則生臭。性烈易燃，火色淡藍。與養氣合，則為磺强水，係化學家最要之品。	

上 鹻 碱 jiǎn 音減。滌垢之料曰鹻。石鹻。洋鹻。	古斬切。為鹻屬金類之一。雖產於地，實草木灰中所遺之質也。去炭、養雜質，即為浄鹻。其色白，遇濕則化而為霜。為造肥皂及玻瓈之要料，亦可充作藥品。	 
鹽 平 盐 yán 音閻。海水之滓為鹽。米鹽。鹽井。	移廉切。為鹻屬金類之一，係鈉、綠所成。其色灰白，味鹹，易消。在地成礦，間有厚至千餘尺者。今川滇食鹽，多取於井，甘陝多取於池，江淮多取於海。	
硝 平 硝 xiāo 音宵。元明粉之別類也。火硝。	先彫切。為鹻屬金類之一。有朴硝、火硝等類，顆形不等。細者如鍼、如毛，生於舊牆陰處，或石洞之中。色白微透明，味鹹而冷，遇火即燃，火色白。可充藥材，及造火藥、硝强水等用。	

硼 平 硼 péng 音怦。如礬而粒形者曰硼沙。	披耕切。為鹼屬金類之一。粒如斜方柱，色白而明光若玻瓈，味甜微鹹。遇熱則驟漲而化，可點金類使之速鎔。	
上 瑙 瑙 nǎo 音腦。寶石之類。瑪瑙。	乃老切。石屬。產於火山石隙之中。質硬而面光，有紅、黑、白三色。含苔紋、帶紋，如馬之腦，故名曰瑪瑙。可鑲為佩飾，刻為章戳。以色紅者為貴，黑白者次之。	
礬 平 矾 fán 音煩。似鹽而明脆味濇者曰礬。生礬。礬石。	附袁切。明礬為土屬金類之一。顆粒作八面形，亦有結成花形者。色白，有光絲隱於其間。味濇微甜。可作染布、製皮之用。此外有鉀礬、鈉礬、鐵礬、錳礬等名。紅藍寶石，亦礬屬也。 地產者為礬石，採之可以取礬。	顆粒 

晶 平 晶 jīng 音精。石英之精曰晶。水晶。墨晶。	子盈切。為石英之最明者，產巴西及美之洛機山。顆形六角，尖長若錐。有紫晶、紅晶、茶晶、墨晶之別。可作印章。除紅紫二晶外，皆可為眼鏡之用。	
玻 平 玻 bō 音頗。人造之晶曰玻璨。	滂禾切。為火石、白砂等質經鍊而成。其瑩如水，其潔如玉。大可充顯微諸鏡之材，小可作杯、盂、窗、鑑之用。 西國多玻璨廠，中土絕少。	
上 硇 硇 nǎo 與瑙同。如硝而粒形者曰鹽硇。	乃老切。為鹻屬金類之一。產火山中，或煤礦內。顆粒為八面形，結成苔蘚，附於石面。其色或白、或黃、或灰，明而不透。味鹹微辛，入水易化，遇火即燃。可資以成電氣，充藥材，兼代銲藥之用。 以樟樹煮成者與此異。	 

磇 平　砒 砒 pī 音批。俗以磇礵為毒藥。	篇迷切。又名信石，為鉮、養所結而成。色白味辛，性毒，易鏽，入水即消，遇熱則化而為氣。與硫合者為雄黃或雌黃，與銅合者為綠色顏料。凡磇合成之質，性多酷毒，化學家因鍊磇而熏斃者甚多。	
燐 平 磷 lín 音鄰。久血為燐。俗名鬼火。	力珍切。為腐屍朽物中所生，而無自然獨成之質。有二形，一為半明輭質，面光如蠟，遇空氣則燃；一為硬質，性不自燒，可為自來火之料。	

力 入 力 lì 陵入聲。動静之司曰力。用力。力量。	林直切。萬物之動，皆力動之；萬物之静，皆力静之。力分多種，要者有三：曰吸力，曰結力，曰愛力。無吸力則萬體飄蕩空際，無結力則物質鬆散如粉，無愛力則物與物無感應之機。	上 動 动 dòng 同上聲。静之對曰動。行動。地動。	杜孔切。凡物易位謂之動。其動之易見者，如水流、地震是也；其動之不覺者，如地繞日行是也；有彼動此亦動，而仍不覺其動者，如人坐於舟，鳥集於桅，第見舟動，而不知人、鳥與之偕動也。

去 漲 涨 zhàng 音帳。物受熱而發鬆曰漲。發漲。	知亮切。凡物體受熱，則質點之結力，為熱力驅而發鬆。熱愈烈則質愈鬆，質愈鬆則形愈大。如定質初熱，則漲為流質。再熱則漲為氣質，其力之猛足以抵動轉轆而運各種汽機。	去 助 助 zhù 耡去聲。以此濟彼曰助。幫助。助賑。	狀祚切。萬物之力有窮，而造化之功自無限制。故必借衆力以助之，是為助力。即如奇巧之機，助力二倍，則增力四倍；助力三倍，則增力九倍。可見助力之功用大於原力多矣。
入 縮 缩 suō 音蹜。物受冷而內斂曰縮。縮短。退縮。	所六切。縮力本係物質原有之結力，乃因熱力蒸逼而解鬆。迨熱度既減，則結力漸復，而形亦漸小，似乎別有力焉以主之，故徑名為縮力。	上 阻 阻 zǔ 音俎。撓而止之曰阻。阻隔。險阻。	側吕切。阻力者，無形之抵力也。如人疾行於道，其前面若有力焉以阻之，甚者至於顛蹶。又如輪車在軌，其行如飛，而機軸一停，則必返行數武。此皆阻力為之也。
平 黏 粘 黏 nián 音鲇。相膠而合者曰黏。黏信。	尼占切。黏力本非結力，實可以濟結力之窮，第不能如結力之經久難變。即如以膠緘函，視之若堅，受濕則解。以灰塗壁，宛若生成，捶之即脱。此黏力之所以不如結力也。	入 速 速 sù 音倲。趨路遠而歷時少者曰速。速去。速做。	蘇谷切。物之速力本屬有限，若欲加速一倍，則必助力四倍，力盡仍為平速。即如輪船航海，每日常行百里，今欲輪行倍速，則汽機當增四倍之力，力盡則仍減速如前矣。

壓 入 压 yā 音鴨。力之自上而下者曰壓。壓壞。壓倒。	乙甲切。壓力為萬物原有之力，憑其質點之疏密而分大小。即以木石二物觀之，石之質點較密於木，則石之壓力亦勝於木。故將木石投水，祗見木浮而不見石浮也。	
上 抵 抵 dǐ 音邸。物與物拒曰抵。抵當。抵罪。	都禮切。物為物阻，則生擊力。阻之之物，即生力以抵之，是謂抵力。擊、抵二力，率必相等。即如按指几上，便覺有力與指相抵。按力愈大，則抵力亦愈大。 又轉為相當之義。	
去 傳 平 传 chuán zhuàn 音椽。以此授彼曰傳。傳授。傳聞。音瑑。經傳。	重緣切。此物之力，傳於彼物，是謂傳力。此物所傳若干力，必為彼物所得若干力。故物順觸，則前物行度加速；物逆觸，則一前行一返行；動物與靜物觸，則靜者倏動，而動者漸靜。 又柱戀切。解經之言也。	

上

撦

扯

扯 chě

車上聲。攝而長之曰撦。撦破。拉撦。

齒者切。撦力者，所以驗結力之大小也。物之結力愈大，則撦力亦愈大。欲測其力，可樹一表，將所測之物剖作狹條，懸於表旁。條之下端，漸漸增重，待其斷時，計其增重之度。即其伸長之度，亦即其撦力之度。

去

向

向 xiàng

音鑾。心之面之皆曰向。向日。心向。

許亮切。北出牖也。从宀、口會意，口在宀下以通氣也。

又與嚮通用。

萬物之力，皆由心起，故彼此吸引之時，不外體心相向，是謂向心力。即如諸曜旋轉，必向日心，諸物墜落，必向地心，皆彼此吸引之力也。

能

平

能 néng

音儜。勝任曰能。能幹。勿能。

奴登切。物之動者，非力不静。物之静者，非力不動。其使物動、物静之力，謂之能力。如吸力、汽力、風力、水力、人力、馬力，皆能力之類也。

去

離

平

离 lí lì

音驪。違而去之曰離。離開。分離。音麗。附也。

鄰知切。萬物皆有自由之性，吸之者雖具大力，亦不能并而為一，是謂離心力。即如地球諸曜，其不能遠日直行者，因有向心力也；其不能與日合并者，因有離心力也。凡離心機器，皆準此理造之。

又麗也。讀郎計切。

上

静

静 jìng

音穽。兀然不動曰静。安静。静坐。

疾郢切。静力之在物，謂之自主力。萬物既具此力，則皆有安土重遷之性，即外力强為遷之，亦有不肯驟遷之勢，故重學家名静力為永静性。

躍 入 跃 yuè 音藥。受抵而自踴者曰躍。魚躍。踴躍。	弋灼切。物與物抵，不勝而自激起者謂之躍力。此力之大小，在物質凹凸力之大小。設以皮球、石丸二物，同時向地擲去，皮球躍起之路必遠於石丸。可見地面所生之抵力同，而石丸與皮球之躍力異。	
上 擺 摆 bǎi 拜上聲。往復動蕩曰擺。搖擺。擺架子。	北買切。動物之擺，謂之能力；静物之擺，謂之永動性。其力與地心吸力相牽制，故近赤道處擺力較大，漸向兩極，則擺力漸小。凡造鐘擺者，必測地心吸力之大小，而定擺之長短，即此理也。	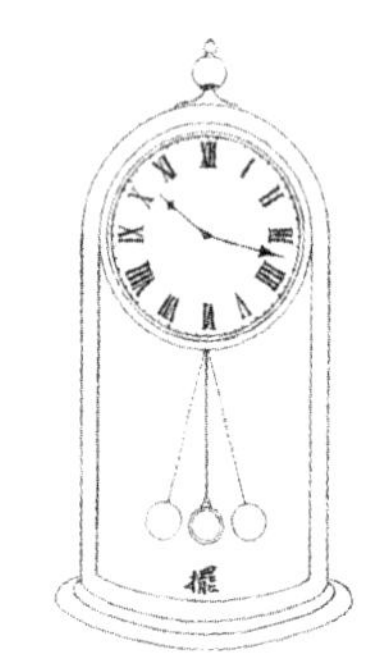
拋 平 抛 pāo 音脬。擲物向上曰拋。拋球。拋棄。	披交切。拋力與墜力理同而事反。上拋之時，初速而漸緩；下墜之時，初緩而漸速。故拋物與墜物離地面之遠近同，則彼此遲速所歷之時亦同。	

上

重

平

重zhòng chóng

音惾。物之不易舉者曰重。音種。重複。重做。

直隴切。重為質體原存之力，萬物含之以相吸引。體愈大質愈密者，其重亦愈增。又直容切。疊也。凡五重、三重、再重、九重、重剛，皆本此義。

結

入

结 jié

音拮。締而不釋之謂結。結束。

古屑切。萬物有質，皆有結力。大者如地球，亙古不變；小者一草一木一花一葉，既有本然之質，即有固結不解之形。至橡皮、鋼條，皆以人力矯揉為之，雖有結力，而已失其本體矣。

吸

入

吸 xī

音翕。納息曰吸。呼吸。

迄及切。物感物則生引力，物為物感則生應力。一引一應，是謂吸力。物大則吸力亦大，如行星繞日是也；物小則吸力亦小，如琥珀拾芥、磁石引鍼之類是也。

去

墜

坠 zhuì

垂去聲。物由高落曰墜。下墜。

直類切。墜力之速，不能一徑平勻，係為地心吸力所牽。故物愈近地，則墜愈速。惟其遞速之率，自有定例。設有巨石下墜，第一秒時墜十六尺，第二秒時必三倍其速。故測高測深，可以石墜歷時之秒數推之。

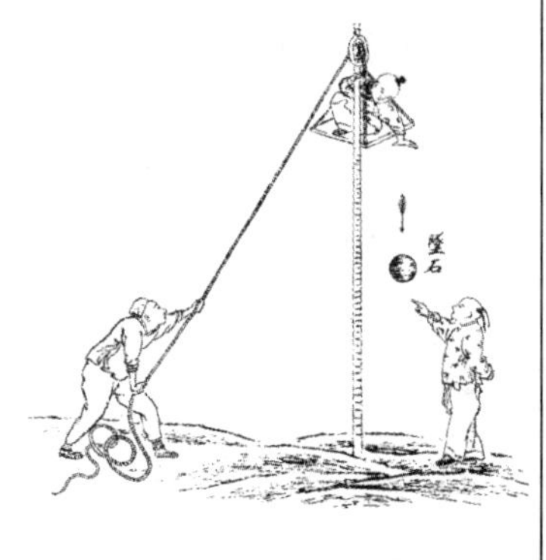

託 入 托 tuō 音拓。信而任之曰託。囑託。拜託。	他各切。託力為地心吸力之阻力，又為壓力之抵力。故必大於吸、壓二力之和，始能顯見。即如舟行水面，實為水之託力所承；若再加重於舟，必至沈没。凡有託力者皆準此理。	
杆 平　桿 杆 gān 音干。僵木如梃曰杆。旗杆。	居寒切。杆為重學中最簡之器，或硬木或堅鐵為之。其形有曲有直，憑於一點即能起動。計一杆上可分三點：加力處曰力點，憑靠處曰倚點，任重處曰重點。	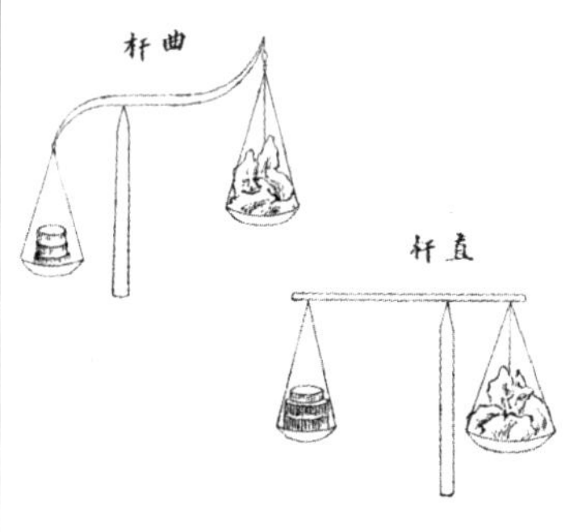
軸 入 轴 zhóu 音逐。旋運輾轉之機曰軸。卷軸。輪軸。	直六切。軸為輪心輾轉之機。形如圜柱，兩端有樞，可以轉動。乾軸、地軸、當軸、杼軸皆取義焉。	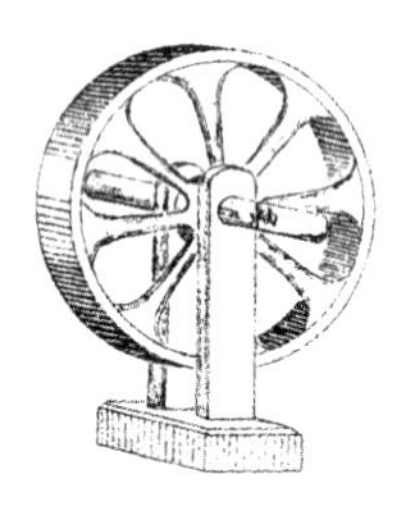

輪

平

轮 lún

音倫。輻之周郭曰輪。火輪船。輪流。

力迍切。輪為輻之外周，湺輻以連於軸，即與軸合為一體，同心旋轉。其尋常者用之於車。此外有軋輪、齒輪、擺輪之别，皆機器中必須之件也。

車

平

车 chē

音居。引重致遠之器曰車。馬車。兵車。

九魚切。黄帝所創，少昊時加牛，奚仲始駕馬。古有兵車、田車、乘車之分。今上海馬車、東洋車，皆係洋式。而火車、電車，又中國所僅見也。滑車為助力器之一，其式如輪，周有曲槽，可容繩以資牽動。

斜

平

斜 xié

音邪。不正曰斜。斜陽。歪斜。

似嗟切。凡地面垂綫與地平成鋭角或鈍角者曰斜。
斜面為助力原器之一。其用能以小力令大重上升，或大重下行。即如用一木板，取其一端擱於檻上，將物自上滚下，倍覺省力。斜面之制，即準此理。

劈 入 劈 pī 音霹。鑿而開之曰劈。劈開。劈分。	匹歷切。劈者，傳受壓之力而施於被分之物也。 劈以銅、鐵、堅木等為之，形如無柄之斧，有大助力。為劈木、開石必需之器也。	
蠃 平　螺 螺 luó 音蠃。蚌屬之如圓錐形者曰蠃。蠃絲。田蠃。	落戈切。蠃屬甚多，大都産於泥水中。甲面有紋盤旋其上，首戴肉角二，伸縮自由。今常見者以田蠃、海蠃為最多。 蠃旋又名蠃絲，如今之蠃絲釘形，而大過之。有陰紋、陽紋之别，可資以助壓力、託力之用。	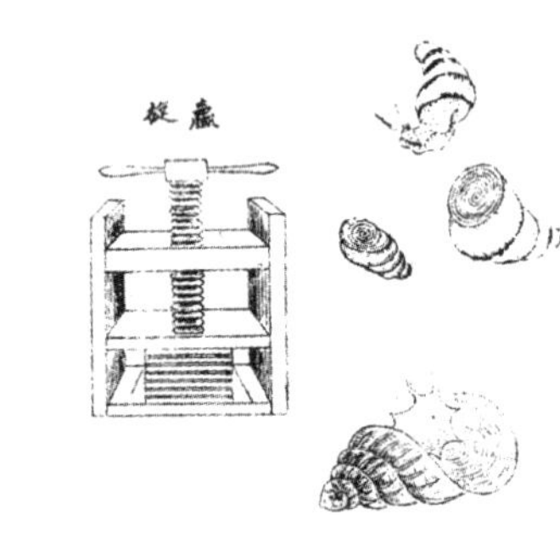
機 平 机 jī 音幾。觸而即發者曰機。機器。機會。	居衣切。北斗第二、三星曰旋機，言其能隨樞轉旋也。機關、機械皆引其義焉。 泰西機器著於全球，大之如船、礮之堅利，小之如鐘表、燈、鏡之精奇，無不出之於機。中國雖已效設船械、紡織諸廠，而獲益則猶未也。	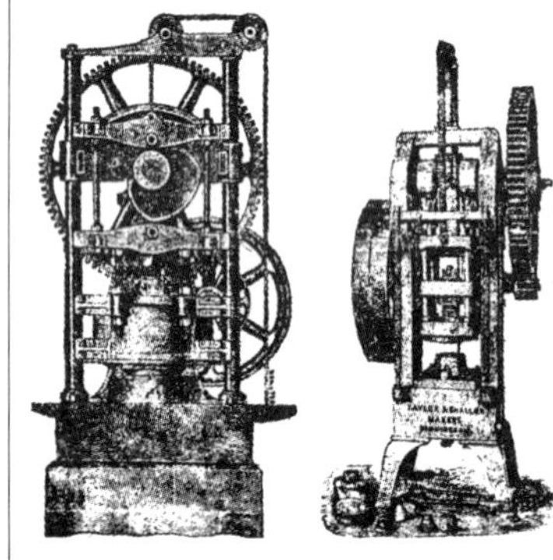

光 平 光 guāng 廣平聲。熱力發現則成光。光明。摩光。	古黄切。光者萬物賴以顯，諸色藉以分。其類約分為五：本質發光者曰原光，如日是也；本質無光，借他光返照者曰映光，如月是也；炭與養化合生火者曰火光，如燃柴、蠟是也；電火曰電光；燐火曰冷光。	
上 像 像 xiàng 音象。物相肖者曰像。拍像。	徐兩切。凡物所發光綫聚合而成虚形者，謂之形像。如鏡中花、水中月是也。	
上 影 影 yǐng 英上聲。形之所蔽曰影。月影。黑影。	於景切。凡光發射遇物而阻，則物後必暗，是之謂影。體實者成影濃，體明者成影淡。阻光體小於發光體者成影漸尖，大於發光體者成影漸濶，等於發光體者成影平行。凡濶影、平影皆漸遠漸淡。 影有正有副。	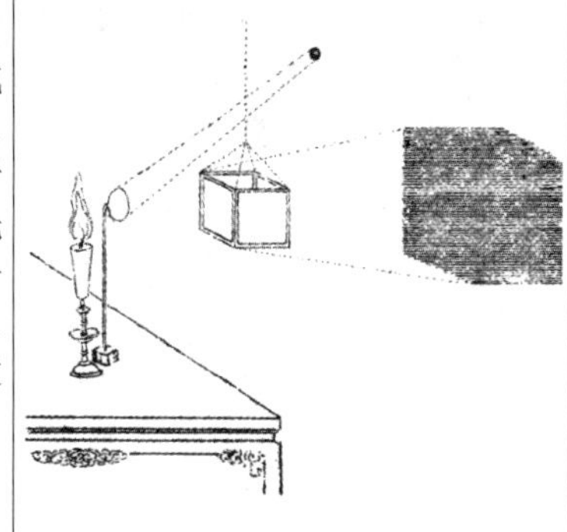

去 浪 平 浪 làng 音閬。水遇風則浪。波浪。麥浪。音郎。滄浪。	郎宕切。萬物震動皆能成浪。如諸曜之光，閃閃不定，即光浪也；鐘磬之聲，餘音裊裊，即聲浪也。然其浪之所以能達於目而傳於耳者，仍賴風氣為之。又魯堂切。滄浪水名。	濃 平 浓 nóng 音醲。淡之對曰濃。濃茶。	尼容切。色之濃淡，關乎質之厚薄、點之疏密。質厚點密者其色必濃。如臨池視水，淺者作淡綠色，深者作濃綠色；及取而盛諸盤内，則淡若無色。此其明驗也。
囘 平 回 huí 音洄。去而復返曰回。回來。縮回。	胡隈切。格致聲有囘聲，光有囘光，其聲浪、光浪皆因遇阻而囘。故光射水面則映，聲在空谷則譍也。 囘光綫與阻面垂綫所成之角，必等於發光綫與阻面垂綫所成之角。囘聲之理準此。	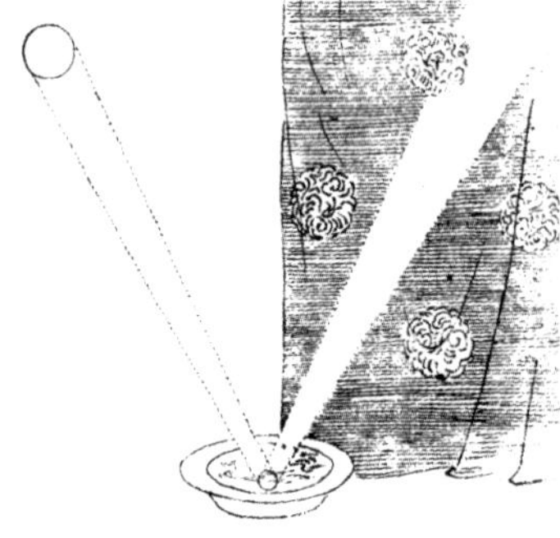	
折 入 折 zhé 音浙。執而斷之曰折。曲折。折回。	旨熱切。光學，光綫由疏質透過密質，必向質面垂綫而折，則視遠物如近，故水中之物轉顯其高；若由密質透過疏質，必離質面垂綫而折，則視近物轉覺其遠，故視玻璃窗外之路較長。折聲之理準此。	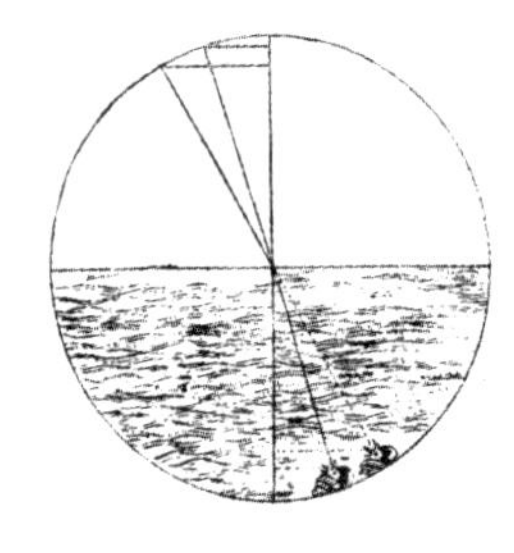	

卷二

凹 入 凹 āo 音泹。平面下陷曰凹。凹鏡。俗讀若抝平聲。	乙洽切。萬物有質，皆有凹凸力。而所生抵力則不同：凹力所生者聚而近，凸力所生者散而廣。即如以凹鏡向日取火，其得火之點必在鏡前；若以凸鏡取之，則在鏡後。力點、聲點皆準此理。	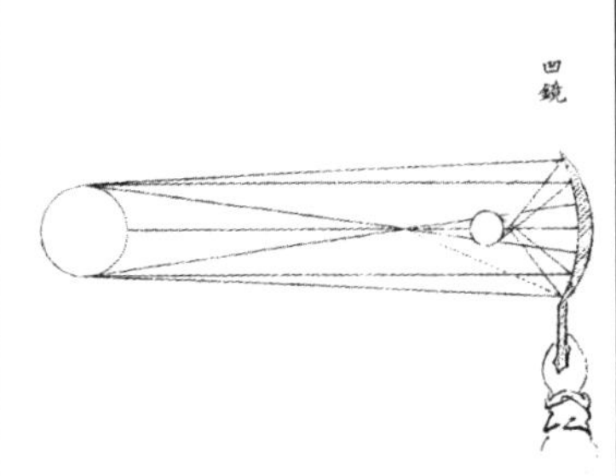
凸 入 凸 tū 豚入聲。平面突起曰凸。凸鏡。	陁没切。其説詳凹。	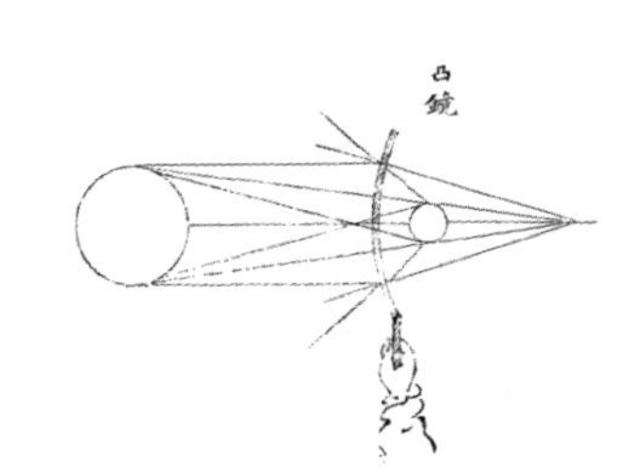
幻 去 幻 huàn 音患。以僞惑真曰幻。幻術。夢幻。	胡慣切。光學，折光映射所成虛形，謂之幻景。瀕海居民，忽見空際樓臺城郭，誤為仙境。實則海面光綫折向天空，與諸島轉相映照，聚成虛像，而折入人目也。兩平鏡相交，其角愈小，成像愈多，亦同此理。	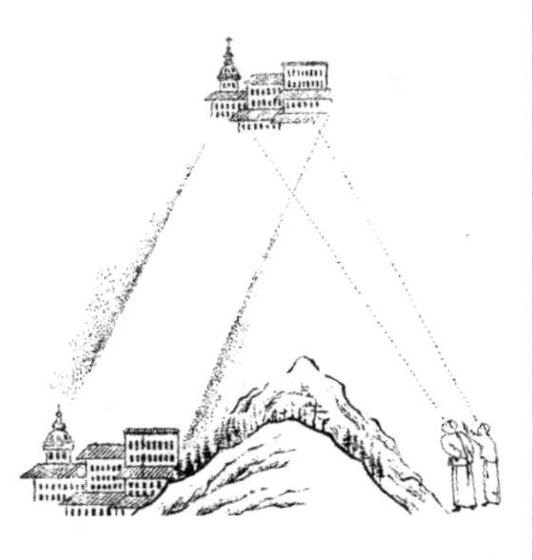

上 閃 闪 shǎn 音潤。倏現而倏滅者曰閃。電閃。閃光。	失冉切。窺頭門中也，聛避也。 光學，回光之體，點愈密而質愈堅者，則光閃愈速。如金剛石、貓兒眼，其光一閃即變，因名為戲色。實其光之折率甚密也。	音 平 音 yīn 音陰。聲成文謂之音。聲音。	於今切。音之高低，視乎聲之動數。動愈多，則聲愈高；動愈寡，則聲愈低。每秒十六動者為最低，每秒三萬八千動者為最高。尋常樂器，一秒以四十動至四千動為止。
聲 平 声 shēng 聖平聲。萬物之籟曰聲。風聲。聲音。	書征切。聲者形氣相軋而成。兩氣軋者如雷聲，兩形軋者如鐘聲，形軋氣者如飛聲，氣軋形者如簫聲。大凡物動必有聲，全仗空氣以傳之，無氣則雖有聲而耳不得而聞矣。	律 入 律 lǜ 音㣫。所以定分止争者曰律。律例。音律。	劣戌切。銓也，所以銓量輕重也。故律法、聲律皆取義焉。 黄帝作律十二，陽六為律，陰六為吕。今西人以八音為一調，每調分律十二，雖無陰陽之名，實與中土無異。
絃 平 弦 xián 音賢。與弦同。今以張於琴瑟者為絃，從俗説也。弓弦。琴弦。	户田切。聲學，絃之能生音者，因其一經受撥，則往復蕩動，能使空氣激成聲浪，而傳於耳。其絃愈短、徑愈小、質愈輕、引愈急者，其音愈高。 又《周髀算經》：“折矩以為句廣三，股修四，徑隅五。”所謂徑隅者，即弦也。		

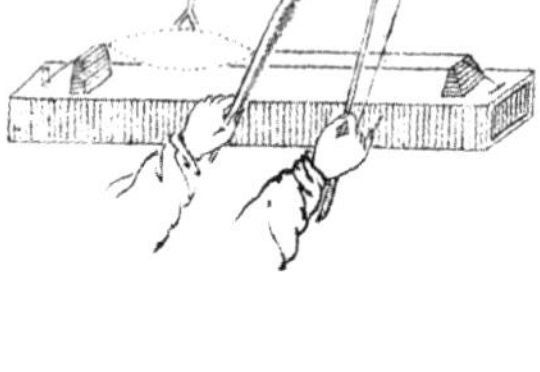

卷二

簧 平 簧 huáng 音黃。樂器中發聲之薄葉曰簧。笙簧。簧鼓。	胡光切。紙窗裂縫，一經風弄，則嗚嗚有聲；其動愈速，成音愈高。簧之生音，亦由此理。然其本音内所生附音，較高於弦所生者。因弦之震動，藉外加之牽力，而簧之震動，藉本體之凹凸力也。 簧愈短者，其音愈高。	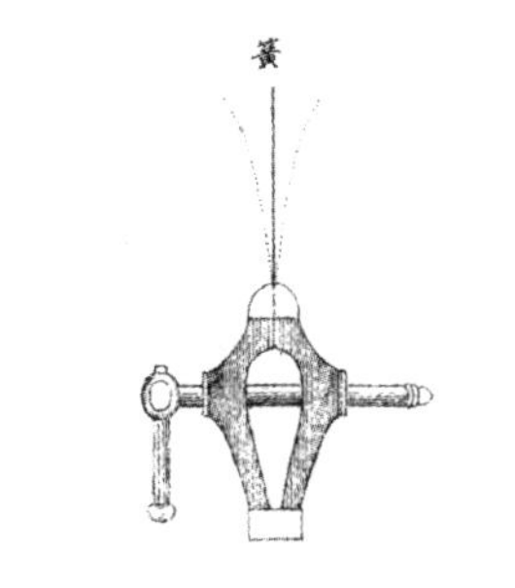
上 管 管 guǎn 音筦。形如截竹曰管。竹管。總管。	古緩切。黃帝用以定音審律之器也。截竹十二，長短有差，候氣奏之，節其音律。其音愈高，其管愈短。所生附音，較弦為大。蓋弦之生音，藉外加之牽力，而管則因氣點之凹凸力順管直動而成浪也。 又總理其事曰管。	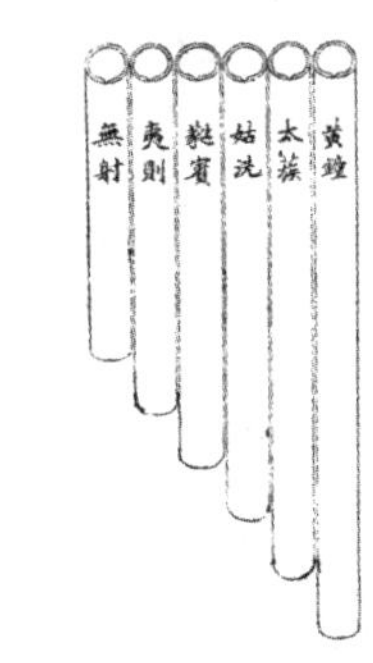
上 算 算 suàn 音篹。籌畫之曰算。算盤。筆算。	損管切。數也。从竹，从具。具者，備數也。古人削竹為籌，備計其數，故謂之算。算始黃帝之臣隸首，其術無傳，而以《周髀算經》《九章算術》為最古。後世宗之，代有修輯。明季利瑪竇等相繼來華，頗多新法，推步之術，視古益精矣。	

上 點 点 diǎn 音玷。無可分者曰點。斑點。點頭。	多忝切。點為萬物成形之始，故講礦學者言質點，講算學者言起點。而分句讀者又引為點竄之點。	去 綫 線 线 xiàn 音線。絲縷之總名曰綫。電綫。綿綫。	私箭切。綫者，成衣之縷，或麻或綿或絲紡而成之也。 算學：綫以點為界，有長短、曲直，而無廣狹、厚薄之分。
去 面 面 miàn 音偭。一體所見為面。面色。情面。	彌箭切。具耳、目、鼻、口曰面。篆文象首之正面。面骨有五，左右顴骨各一，左右腭骨各一，犁頭骨一是也。附骨之肌計十二条。算學：面者，止有長有廣。設如一綫橫行，所留之迹，即成面也。		
積 入 积 jī 音迹。禾穀之聚曰積。堆積。積穀。	子息切。聚也。凡積德、積習、積重皆取義焉。 體之界為面，體之實為積。積數者為可約數乘他數所得之數也。	形 平 形 xíng 音邢。有於中而見於外者曰形。形狀。情形。	奚經切。形者，身之舍也。申而為形體之形。又轉而為形勢之形。 算學：或在一界或在多界之間者為形。

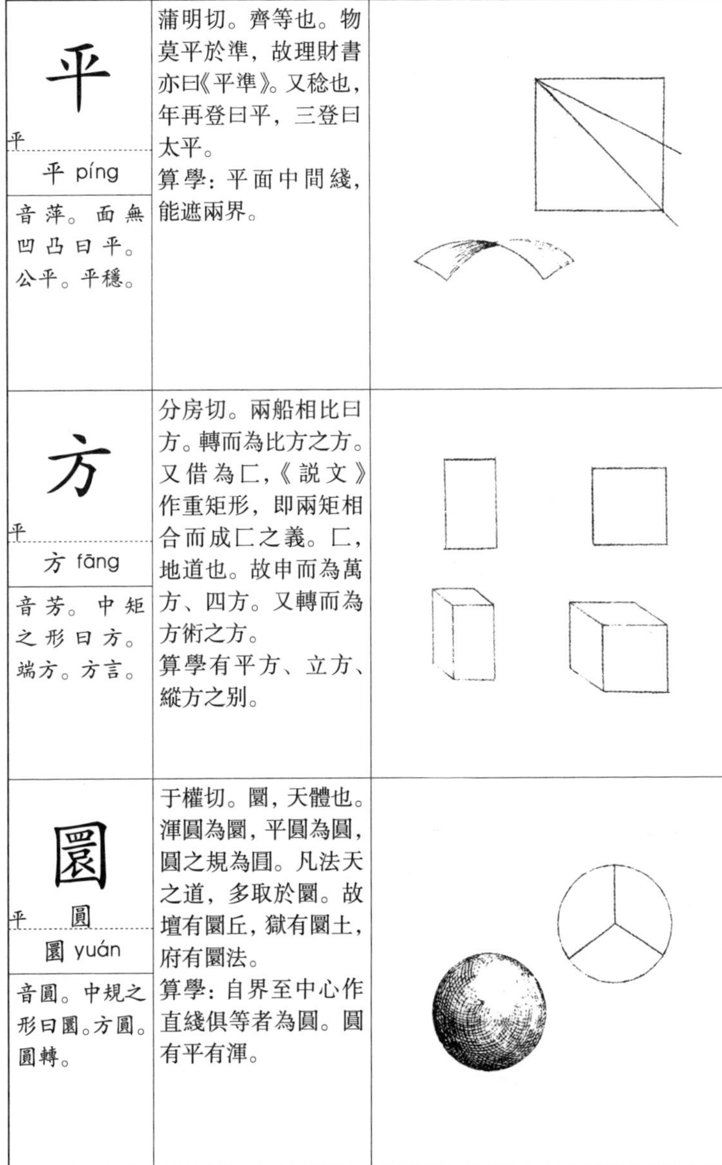

平 平 平 píng 音萍。面無凹凸曰平。公平。平穩。	蒲明切。齊等也。物莫平於準，故理財書亦曰《平準》。又稔也，年再登曰平，三登曰太平。 算學：平面中間綫，能遮兩界。	
方 平 方 fāng 音芳。中矩之形曰方。端方。方言。	分房切。兩船相比曰方。轉而為比方之方。又借為匚，《說文》作重矩形，即兩矩相合而成匚之義。匚，地道也。故申而為萬方、四方。又轉而為方術之方。 算學有平方、立方、縱方之別。	
圜 平　圓 圜 yuán 音圓。中規之形曰圜。方圓。圓轉。	于權切。圜，天體也。渾圓為圜，平圓為圓，圓之規為圓。凡法天之道，多取於圜。故壇有圜丘，獄有圜土，府有圜法。 算學：自界至中心作直綫俱等者為圓。圓有平有渾。	

上 橢 橢 tuǒ 音妥。形如隋者曰橢。橢圜。	他果切。小桶也。又狹長之器皆曰橢，故名長圓為橢圓。凡行星之體，皆作橢圓形。因其繞日旋轉有離心力，遂致兩極癟縮，赤道成隋。即如地球南北徑，較東西徑長七十八里，此其明證也。	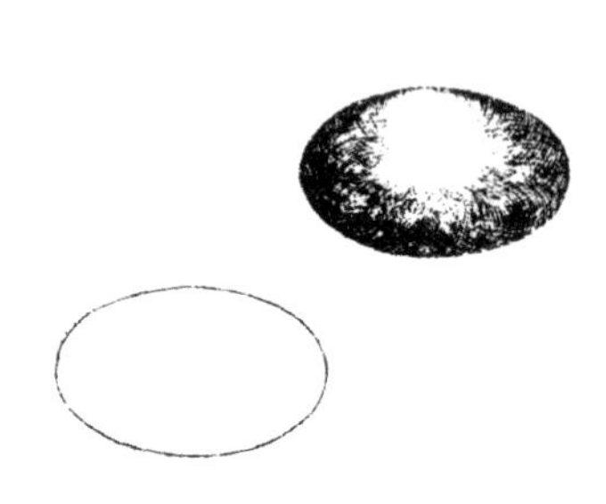
角 入 角 jiǎo jué 音覺。獸之觤觡曰角。角弓。牛角。	訖岳切。獸角也。戴於額而資以觸也。故申而為額角之角。又轉而為角逐、角抵之角。 算學：兩直綫遇，作直綫角；兩曲綫遇，作曲綫角；一曲綫一直綫遇，作雜綫角。角度九十者，為直角，過之則為鈍角，不足則為鋭角。	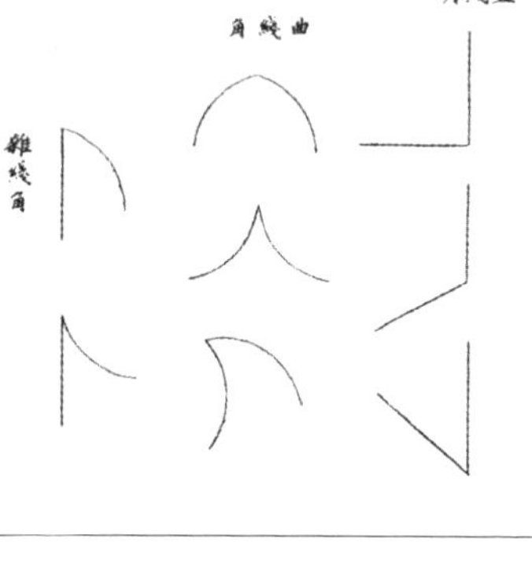
去  平 句 jù gōu 音屨。語絶為句。點句。音溝。句股。	俱遇切。句者，局也。每章分若干句，鈎乙之如疆域然，故謂之局。 居侯切。俗作勾，曲也。官名曰句芒，星名曰句陳。 又《周髀算經》：“折矩以為句廣三，股修四，徑隅五。”	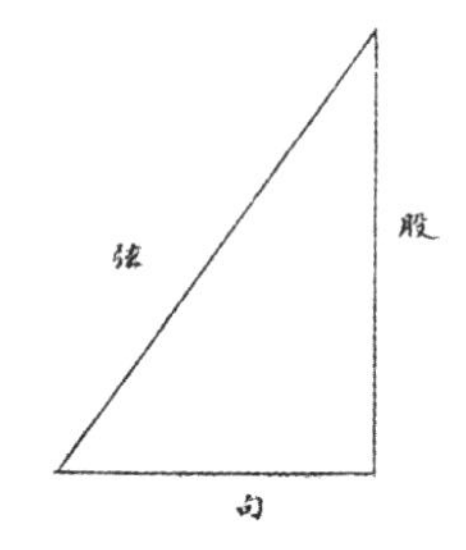

全

平

全 quán

音泉。完而不缺曰全。全福。成全。

疾緣切。純玉也。言其無瑕病也。故轉而為完全之全。凡全人、全德皆取義焉。

算學：諸分之合曰全。設有一瓜，分而為八，則為八分；復以此八分并之，則謂之全。若以七分并之，則不特不合，亦且不得為全。

分

去　平

分 fēn fèn

音饙。合者離之曰分。分別。分明。汾去聲。股分。

府文切。别也。从八，从刀，以刀分别物也。故凡春、秋分皆取義焉。

古以一黍之廣為一分，今以一黍之縱為一分，十分為一寸。在權以十釐為一分，在測算以六十秒為一分。

扶問切。分諸全者曰分，故算術中有命分。

等

上

等 děng

登上聲。二度自相合曰等。等第。加等。

得肯切。齊簡也。从竹，从寺。寺者，簡冊雜積之地，故《説文》以“齊簡”為等。凡等級、等威、等類皆引申焉。又借為待，今俗謂相待為等，蓋一音之轉也。

算學有等數之數者，兩數有數能度。

和

去　平

和 hé hè

音禾。合而無忤之謂和。温和。和約。禾去聲。雜和。

胡戈切。大笙曰巢，小笙曰和，言其聲相和諧也。故太和、和平皆引之。

胡卧切。相應和也。申之為倡和、調和。

算學：二度或數度之并曰和。淺言之，如一度為五，一度為三，并之得八，即為和數。

倍

上

倍 bèi

音背。加等曰倍。雙倍。倍數。

補妹切。背也。《周禮·大司樂》注：“倍文曰諷。”謂不面其文而讀也。故反背之背亦作倍。又倍，加一倍也。

算學：小能度大，則大為小之倍。淺言之，如大數為十八，小數為三，以三度十八，則得數為六，即大數為小數之六倍也。

較

去　入

較 jué jiào

音覺。車較上曲鈎曰較。重較。

音教。方物曰較。較量。

訖岳切。車輢上重起如兩角者曰重較。

古孝切。校也，因較而顯也。故引申為比較之較。又轉為較著之較。

算學：二不等度，或數不等度相較之差曰較。如五與二較，其差三，三即五與二之較也。

加

平

加 jiā

音家。增益之曰加。加法。加倍。

居牙切。算學：凡有若干數，欲總計之，必將若干數并之，是謂加法。設如一數為六,一數為八,一數為十四，統加之，則得二十八。此即加法也。

除

平

除 chú

音儲。去其本有曰除。開除。庭除。

直魚切。門屏之間也。又去其舊之謂也。凡除官、除夕、除慝，皆宗此義。

算學：度數之倍曰除。設如一數二十四,一數為三,以三度二十四，則得數為八。此即除法也。

減

上

減 jiǎn

音鰜。從大數中去小數曰減。減少。減法。

古斬切。算學：凡有一數以他數減之，所得之數，即為較數。求此較數之法，即為減法。尋常算法中之本數，必大於減數。設如本數為五十，減數為二十，以二十減五十，則得較數三十。此即減法也。

偶

上

偶 ǒu

音耦。可平分為二者曰偶。佳偶。偶爾。

語口切。俑也。故曰木偶、土偶。本作耦，並耕也。凡配偶、偶坐、偶語皆引之。又物之離合無常，故又轉而為偶有、偶然。

算學：偶，雙數也。偶與偶并，仍為偶；奇與奇并，并之之數偶，則總數亦偶。

乘

去　平

乘chéng shèng

音繩。自上而加曰乘。乘法。乘輿。

音剩。車乘。

神陵切。登也。凡乘馬、乘車、乘舟皆有登意。

算學：加數之倍曰乘，術有乘法。

實證切。物雙也。如乘禽、乘黃是。又賦法以人計者，六十四井為乘；以家計者，三百户為乘。得革車一乘，如萬乘、千乘之國，百乘之家是。

奇

平

奇 qí jī

音琦。耳目所未經者曰奇。奇怪。希奇。

音羈。隻而不兩曰奇。奇偶。

渠宜切。異也。凡奇衺、奇偉之奇，皆訓為異。假借為奇偶之奇，讀居宜切。奇贏、奇羨皆宗此義。奇，陽數也。萬物生於奇而成於偶。算術以單數為奇，雙數為偶。奇與奇并則為偶，奇與偶并則為奇，由是而奇偶相生不絕矣。

身 平 身 shēn 音申。人之全體曰身。身體。保身。	升人切。身者，神之舍也。為精珠所結而成。珠外有衣，中有半流質，名曰元質。質内有泡曰核，核内有仁。人之血肉、髮膚、筋絡，皆由此珠膠結而成也。	骨 入 骨 gǔ 音汩。身之幹曰骨。骨肉。	古忽切。肉之覈也。全體之骨，約計二百，分為六類：頭骨類二十三，脊骨類二十四，胸膛類二十五，盆類四，上肢類六十四，下肢類六十。此外有耳中小骨各三，齒骨三十二，芝蔴骨八。嬰兒之骨較多，老則并合。
上 體 体 tǐ 音涕。總一身十二屬之名曰體。肢體。體恤。	士禮切。體有十二屬：首屬三，頂、面、頤也；身屬三，肩、脊、臀也；手屬三，肱、臂、手也；足屬三，股、脛、足也。四體則專指二手二足。引伸為體恤、體諒之體，以體有包涵之義也。	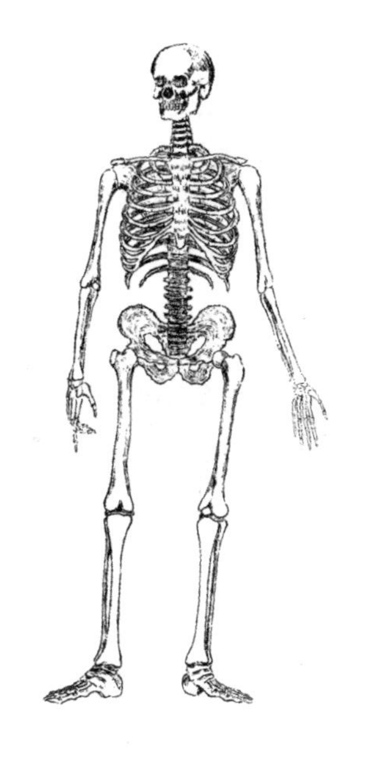	
躬 平 躬 gōng 音弓。身之别名也。躬親。鞠躬。	居雄切。猶身也。躬在人為一身之中。《説文》作躳，从吕。吕象人之脊骨也。		

肌

平

肌 jī

音飢。皮内之肉曰肌。肌膚。肌理。

居宜切。肉之麗於骨而隱於皮者曰肌。統計人之全體，約六百四十條。肌厚一寸，約計肌絲一萬八千。其性有二：一係人志所司，如手、足之肌是；一係自動，如心、肺、脾、胃、腸、腎及脈絡、氣血諸管之肌是。

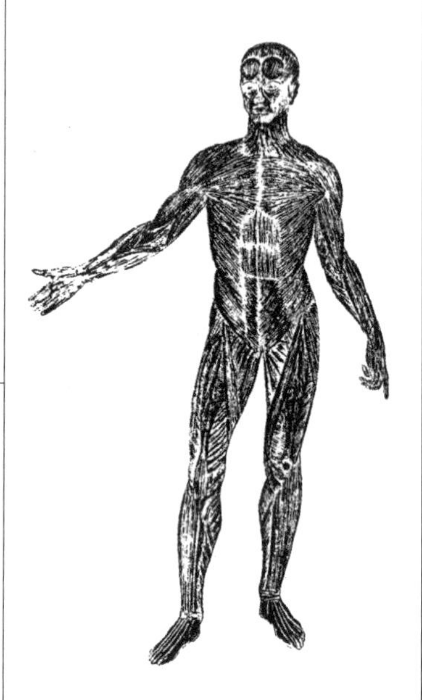

入

肉 ròu

音衄。肌之總名曰肉。肉脯。魚肉。

而六切。肉在人曰肌，在物曰肉。凡動物所以能行動者，惟賴肌肉。肌分三等：曰肌絲，曰肌線，曰肌肉。精血初變為肌絲，肌絲相合則成肌線，肌線相合乃成肌肉。

膚

平

肤 fū

音跗。皮之外層為膚。皮膚。膚庸。

方無切。膚者，附於皮者也。有外膚，有内膚。外膚無脈管、迴管，含腦筋亦甚少；内膚包於液膜、液管、心大脈管之外。膚之形式隨所在而異，以其形而名之，有鱗膚、柱膚、圓膚、髮膚之别。凡膚必浮露於外，故引申為膚淺之膚。

膜

入

膜 mó

音莫。裹肌、隔肌之衣曰膜。隔膜。

末各切。肌中薄衣也。全身肌膜分為四種：一頭面頸項類，二胸背腰腹類，三上肢類，四下肢類。隔肌者曰淺膜，有厚有薄；裹肌者曰深膜，力大如筋，可以捆縛肌骨，使不移位。在腑、肺、心、腦者曰滏膜，在胸、腹之間者曰隔膜。

皮

平

皮 pí

音疲。所以裹肉者曰皮。皮膚。面皮。

蒲糜切。人身内外，皆有皮以裹之。體外曰外皮，體内曰内皮。外皮在口鼻，與内皮連。内皮在肛門，與外皮連。外皮計三層：外曰膚，中曰膜，内曰表；内皮計二層，有膚、膜而無表。

脂

平

脂 zhī

音支。膏之凝者為脂。脂油。臙脂。

旨而切。動物之膏也。在人為膏，在物為脂；在無角之獸曰膏，有角者曰脂。

脈

入

脉 mài

音麥。血理所分，衺行體中者為脈。脈息。診脈。

莫白切。脈管即運行赤血之管，亦名發血管。管根自心底起，為總脈管。離心愈遠，分支愈多愈細，亦有相結如網者。管體概分三層：外層為胞膜；中層乃環紋肌線所成，黄筋絲絡之；内層為黄涇筋膜，質薄而滑澤。

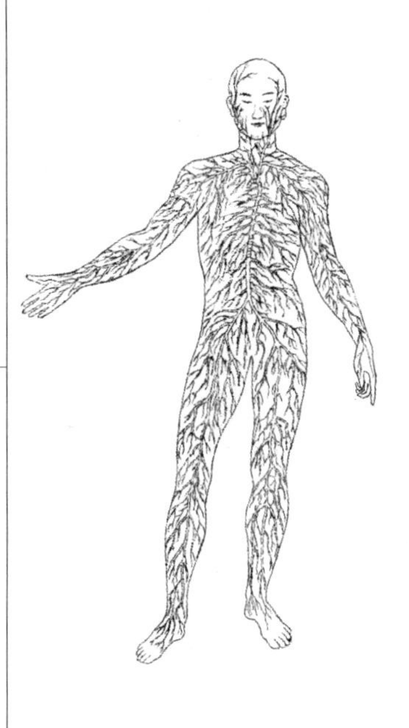

上

颈 jǐng

音景。頭莖為頸。頸項。鶴頸。

居郢切。領也，所以承首者。指其背而言之曰項，指其全領言之曰頸。頸骨七，下與脊骨連。淺、深膜二重：淺膜在皮膚下肌外；深膜在胸膛牙牀肌内，其力大於淺膜，能裹諸肌，及脈管、腦筋諸件。

毛 平 毛 máo 音旄。附體之毫曰毛。毛髮。	謨袍切。眉髮之屬也。毛髮俱由皮膚而生，長者為髮，短者為毛。其質皆與皮膚同類，外層如鱗甲，内層如筋絲。其中有心，皆係極微鱗珠凝聚而成。人受冷或受驚，其毛即豎，能觸動腦筋，使人知覺。	去 膏 平 膏 gāo gào 音高。脂之不凝者曰膏。脂膏。膏肓。音誥。以膏潤物曰膏。膏田。	古勞切。脂類也。心上為肓，心下為膏。又古到切。膏最潤滑，沃諸物則物潤，故引申為潤物之稱。如《詩》“陰雨膏之”是。又申之，凡以肥料滋養植物皆謂之膏。
上 髓 髓 suǐ 音瀡。骨中脂曰髓。骨髓。	選委切。脊髓在脊骨管中，由腦髓起下至尾閭骨，約長十六寸。在頸與腰兩處稍粗，向下漸細。其式如繩，乃衆腦筋集成者。各節一對，共三十六對。各支分條、分綫、分絲，散佈百體，以達知覺、運動。	血 入 血 xuè 音泬。精液之紅色者曰血。血氣。鮮血。	呼決切。血乃飲食精液所變，性黏味鹹。質有二：一明汁，一小粒。粒形圓扁如輪，謂之血輪。其色或紅或白，病時白輪多，愈時紅輪多。血在人身，其熱恆為九十八度，能養育身體，沖洩廢料。蓋人之有血，猶地之有水也。
頭 平 头 tóu 音投。全體之總領為頭。頭顱。筆頭。	徒侯切。首也，獨也。於體高而獨也。頭部之骨，分頭顱骨與面骨二屬：頭顱骨有七，枕、額、左右顱頂、羅篩、左右耳門是也；面骨五，左右顴骨、左右腭骨、犁頭骨是也。		

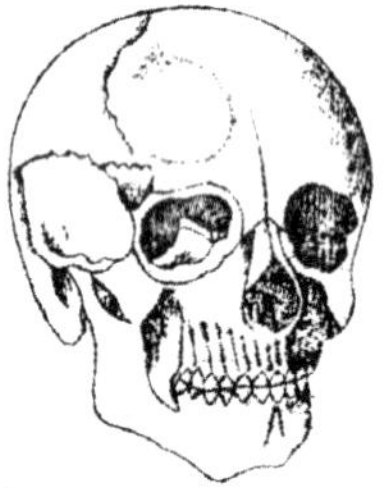

上 首	首 shǒu	音手。頭之别名也。首飾。元首。	𩠐 始九切。頭也。下象頭形，其上髮也。首居百體之上，故引申為首列之首。
上 項	项 xiàng	杭上聲。頸之背為項。肩項。項款。	胡講切。頭後堅确受枕處。
額 入	额 é	音客。自顱至鼻為額。額角。額限。	鄂格切。鼻莖也。額骨下與鼻骨相連，上接顱骨，故名鼻莖。初生之兒，此骨中分為二，長則漸漸并合。附骨之肌，即曰額肌。上由筋膜起，下與鼻稜錐肌及眼肌相連，其肌縷皆直。引申之，凡定數皆曰額，猶古所謂頭會也。
上 領	领 lǐng	音嶺。衣之附頸處曰領。首領。領事。	里郢切。頸、項之總名也。引申之，附頸之衣亦曰領。挈衣者必提其領，猶舉綱者必提其綱，故又申為綱領、領隊之領。
上 腦	脑 nǎo	音惱。司知覺之體曰腦。頭腦。腦髓。	乃老切。頭髓也。人、物之精神、思慮皆出於腦。腦多則靈，少則蠢。由腦分達全體者謂之腦氣筋。腦司知覺，腦氣筋則司運動也。其分散於臟腑、脈管、迴血管等處，以主其漲縮、鬆緊、遲速，而人不知覺者，謂之自和腦筋。

頰 入 颊 jiá 音莢。面旁曰頰。兩頰。批頰。	古協切。頰取義於挾，所以斂食物也。頤曰輔、曰頰。頤内之牙牀骨曰頰車。	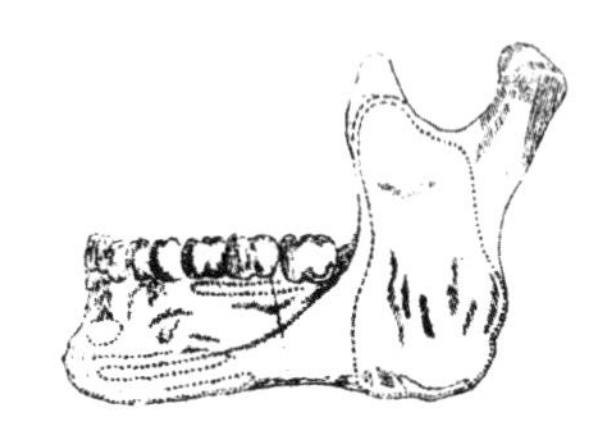
頤 平 颐 yí 音移。面頰也。朵頤。頤養。	延知切。顧也，車輔之名也。或曰輔車，或曰牙車，或曰頰車，或曰鰜車。凡繫於車皆取在下載上物也。又養也。《易》："山雷頤。"（䷚）	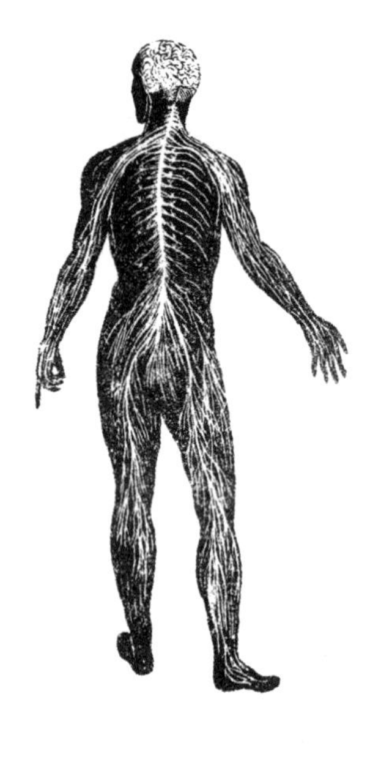
筋 平 筋 jīn 音斤。維繫骨肉者為筋。麫筋。筋骨。	居銀切。能自縮者為肌，不能自縮者為筋。其最要者曰腦筋，人之知覺運動，皆由此發也。由頭顱出者曰頭顱腦筋，計十二對；由腦根出者曰脊腦筋，計三十一對。凡至臟腑及脈管、迴管圍者，總名之曰自和腦筋。	

去 辮 辮 biàn 音辨。編髮曰辮。辮線。竹辮。	薄泫切。交織也。織繩曰辮，織髮亦曰辮。	鬟 平 鬟 huán 音環。環髮曰鬟。丫鬟。鬟髻。	胡關切。屈髮為結曰髻，屈髮為環曰鬟。
上 耳 耳 ěr 音洱。竅之主聽者為耳。耳朵。側耳。	忍止切。司聽之官也。耳以脆骨為膜，與耳門堅骨合成一筒，所以接聲氣傳入內竅也。 又語助辭。猶言而已也。耳即而、已之合音。		
目 入 目 mù 音牧。眼之異名。明目。目録。	莫六切。古文橫書，外象匡，中象瞳子。篆文始縱書之，以便於偏旁。網之大繩為綱，其細絲之間曰目，亦以形似人目也。引申為條目之目。		

字	聲調	注音	釋義	說解
眼	上	眼 yǎn	顏上聲。竅之主視者為眼。眼孔。青眼。	五限切。主視之官也。眼分二類：一為眼球；一為護眼球者，如睫毛、眼窩、眼胞之類。眼球為視官之主，前有睛衣，內有眼水，外復有白衣、明衣、黑衣、眼簾諸件。當明衣後睛珠前，中有圓孔一，即瞳子也。
瞳	平	瞳 tóng	音同。目中攝影之處曰瞳。瞳人。重瞳。	徒東切。睛球前明衣後，有一圓孔，人視物時，光綫透入其間，聚成虛像，形若小童，故謂之瞳子。瞳子之大小，關乎眼簾之舒縮。光小則舒，光大則縮，瞳與簾實互相為用也。
睛	平	睛 jīng	音精。眼中通明之珠也。眼睛。	咨盈切。睛珠在瞳子後，大房水前，中堅而外輭。當幼年時，此珠如球；漸老漸扁而色亦漸黃，故年老則目力漸減。
眉	平	眉 méi	音麋。目上毛曰眉。眉目。	旻悲切。𠃜象眉形。⺈象額理在目之上、額之下。是眉也，其功用可以蔽塵而護目。
眸	平	眸 móu	音謀。瞳子之異名也。眸子。雙眸。	莫浮切。
口	上	口 kǒu	音寇。人所以言、食者曰口。口舌。利口。	苦厚切。象上下脣之形。口之所屬為嘴、腮、舌、牙、津核。嘴之用能開合，能收食。腮之用能容食，能逼氣。舌之用能言語，能分辨五味，能轉動食物。而牙齒與津核尤為養生要具。津核，生津之具也。

去

鼻

鼻 bí

音紕。出入氣者為鼻。鼻頭。

毗意切。主臭之官也。鼻梁骨在面正中，乃左右二小骨合成，形各長方。上窄而厚，與額相連。下寬而薄，與鼻脆骨相連。人初生鼻先出，故鼻訓始。如鼻祖之鼻是。

脣

平

唇 chún

音漘。所以護齒者為脣。嘴脣。脣舌。

殊倫切。脣者，齒之垣也。

牙

平

牙 yá

音芽。牡齒為牙。牙齒。象牙。

牛加切。牙分乳牙、實牙兩種。未齔之牙曰乳牙，共二十枚。齔後復生者曰實牙，共三十二枚，年壯始全。實牙又分門牙、貳牙、齻牙、大牙四種。

上

齒

齿 chǐ

音紕。牙之短者曰齒。齒牙。敘齒。

昌止切。[illegible]象齒形；凵張口也，口張齒乃見；一則上下齒間之虛縫也。从止聲。男以八月而生齒，八歲而齔齒；女以七月而生齒，七歲而齔齒。問其齒即知其年，故引申為年齒之齒。

去 臟 臟 脏 zàng 音藏。心、肝、脾、肺、腎謂之五臟。臟腑。	才浪切。藏也。《周禮·疾醫》：參九藏之動。注：正藏五，心、肝、脾、肺、腎也；附藏四，胃、膀胱、大小腸也。	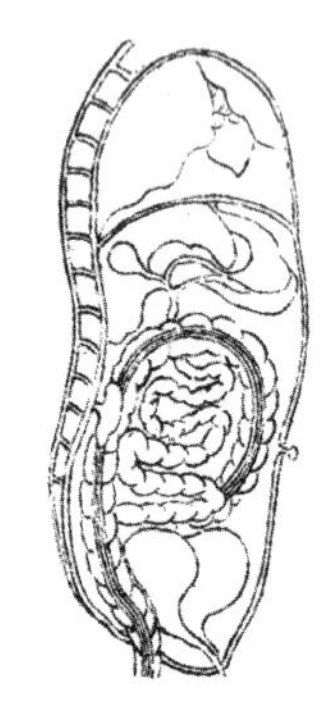	
膺 平 膺 yīng 音應。胸之別名。服膺。	於陵切。匈也。膺與匈為轉注字。又乳上骨也。任事以肩，當事以膺，故引申為膺受、膺任之膺。	喉 平 喉 hóu 音侯。所以咽食呼吸者曰喉。咽喉。	胡鉤切。咽也。胃之上口曰食管，肺之上管曰氣管，皆主納水穀與氣之上下。
舌 入 舌 shé 然入聲。所以辨味者為舌。口舌。舌辯。	食烈切。主味之官也。在口中，其根與舌骨、會厭接。舌面有微刺凸出，其大者約八九粒，近於舌根，排列若八字形。餘皆小刺，在前半者尤細。刺有脈迴管、腦筋等，更有小涎核以潤之。皮內之肌，即謂之舌肌。	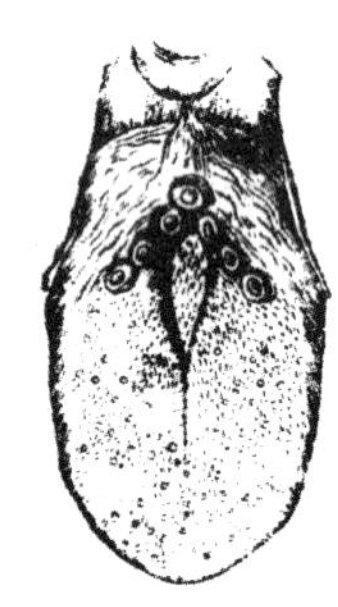	

背

去

背 bèi

音輩。倍腹為背。背脊。靠背。

音旆。反正為背。背叛。

邦昧切。脊也。背為陽，腹為陰。脊柱骨第八節起至十九節謂之背。背骨第四塊至第十二塊以次而大，左右盡處有半環窩曰脅窩，所以銜脅骨之端也。

背與腹倍，故引申為反背之背。讀步昧切。

腰

平

腰 yāo

音要。胯之上、脅之下也。束腰。腰帶。

伊堯切。身中也。腰為人之大關節，所以司屈伸。其骨有五，較頸、背諸骨為堅。

腹

入

腹 fù

音福。臍之上下兩旁曰腹。心腹。腹背。

方六切。腹，複也。複於腸胃之外以裹盛之也。其肌有六：曰淺斜肌、深斜肌、腹橫肌、腹直肌、稜錐肌、腰方肌。

臀

平

臀 tún

音屯。坐几處曰臀。坐臀。臀尖。

徒渾切。髀也。从殿，从肉。殿猶尾也，故肉近尾閭曰臀。

脊

入

脊 jǐ

音積。背心之骨為脊。骨脊。屋脊。

資悉切。脊為諸骨之幹。上承頭骨，中旁接脅骨，下連鉤骨。有小骨二十四，豎接若柱，故名脊柱。中通有管，所以藏髓也。脊為背之正中處，故引申為脊梁之脊。

胸 平 胸 xiōng 音匈。護心之郭曰胸。心胸。胸膛。	虛容切。膺也。胸膛乃數骨合成，形如竹籠，上窄下寬。前為胸骨，後為背骨，兩旁為脇骨，連於左右。所以藏護心、肺、食管與血脈總管也。	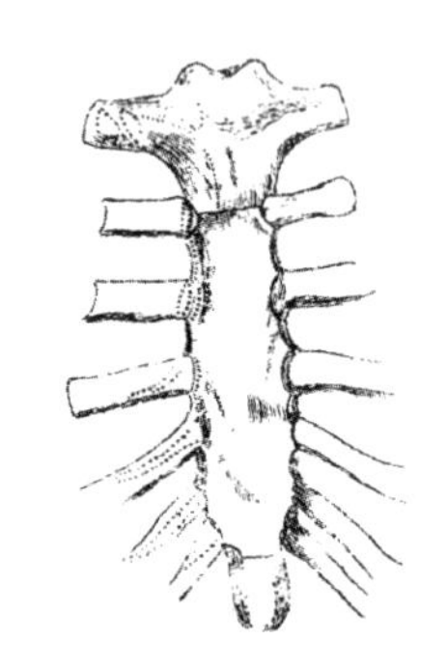
心 平 心 xīn 音辛。身之主也。心思。用心。	息林切。中象心形，外兼包絡。心在人身之中，肺之下，膈膜之上，著脊之第五節。心囊下尖上闊，色赤而鮮。分為四房，右房司入肺之血，左房司周身流行之血。而上下房之間，則有肉以橫隔之。	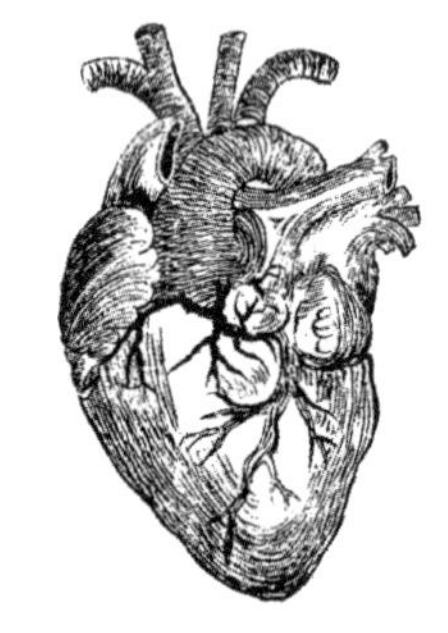
去 肺 肺 fèi 音沛。藏心之府也。肺腸。肺石。	方廢切。呼吸之臟也。上部高於第一脅骨，下部緊靠膈膜。肺分左右，心在其間。左有二葉，右有三葉，計重約四十二兩。男重於女，右重於左。少年者色縞紅，中年色灰，漸老漸黑。具氣管，有縮力，能浮於水。	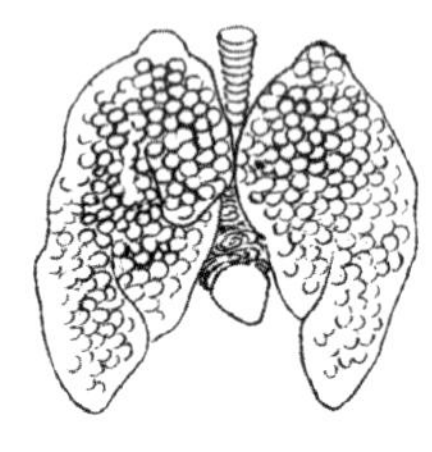

肝 平 肝 gān 音干。所以儲血輔膽者為肝。肝氣。心肝。	古寒切。肝為液核中之最大者。在右脅下，色紫。上覆下盂，分五葉、五裂、五面、五管，其功用能生膽汁，改變血質。上部重約三四斤，病時或大至二十餘斤，小至一二斤不定。	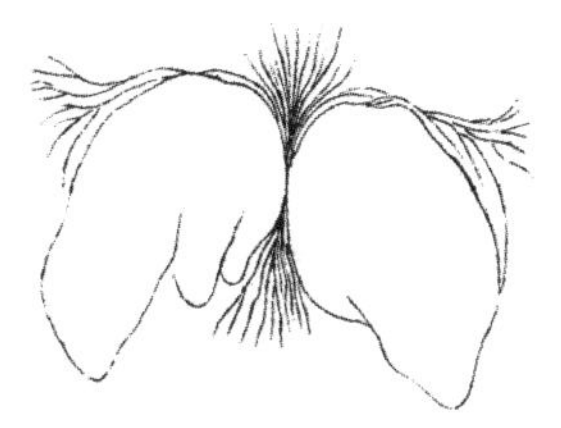
上 腎 肾 shèn 音裖。生溺之府曰腎。心腎。腎水。	是忍切。溺臓也。腎在腹後深藏於脂，左右各一，與十二背骨、一二三腰骨齊。約長四寸，闊二寸半，厚寸餘，重約四兩。人腎之式，色同豬、羊腎，含血甚多。腎外有衣，内有穴，穴中有脈、迴、溺諸管。腎之内質有腎鑽，外質有腎丸。	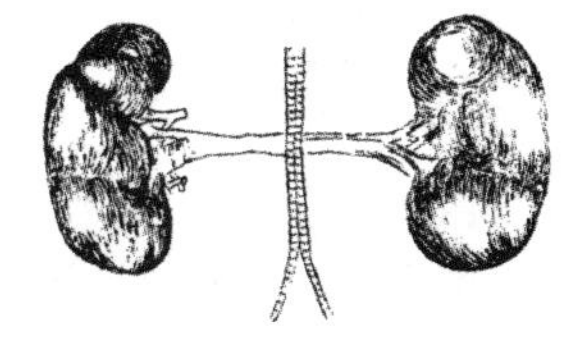
脾 平 脾 pí 音陴。土臓也，在胃下。健脾。脾胃。	補麋切。脾者胃之主，裨助胃氣主化穀者也。脾在右脅下，形似腰子。向外圓而凸，向内稍凹。中有一竅，外裹胞膜，膜内有能伸縮之筋。竅中實以鬆軟之肉，色深紫。有一大脈管與總管相接，能通血脈。	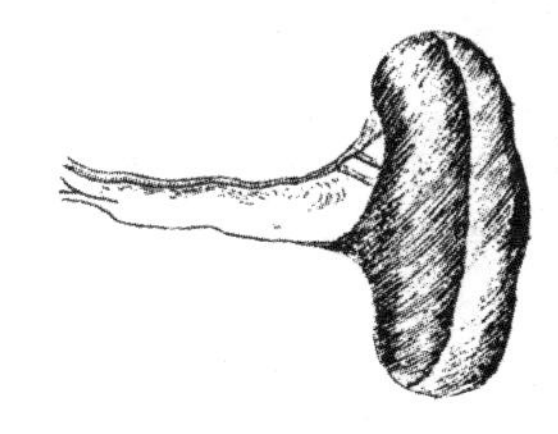

去 胃 胃 wèi 音謂。受食物之府曰胃。脾胃。胃口。	于畏切。穀府也。从肉，図象形。橫居鬲下之左，形長方似袋。頭向左有門接食管，尾向右有門通小腸，容物三升。外層為胞膜，包裹胃經使不移動；中層為動肌，能運轉食物；內層為涎膜，能生津液。	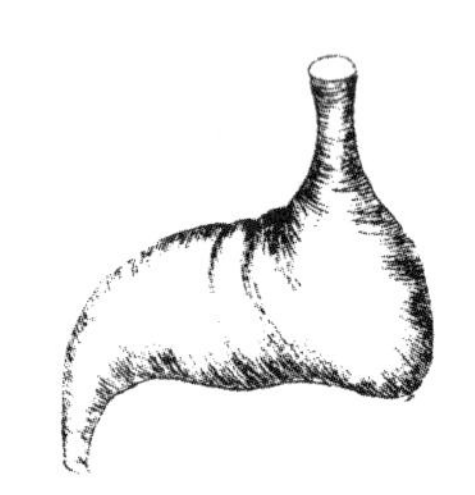
上 膽 胆 dǎn 音黵。中清之府曰膽。膽氣。大膽。	覘敢切。連肝之府也。形如瓶，長三寸，在肝之短葉間。膽囊頭向外，尾向內。尾尖有膽管，下與肝管合一，通入小腸上迴左邊。囊內約存膽汁一兩，能助小腸消化食物。	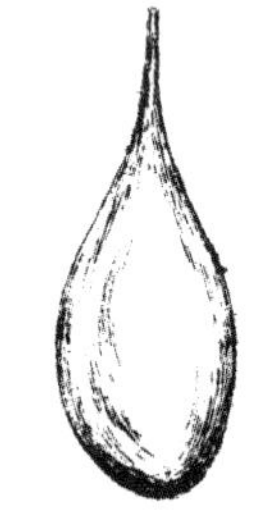
腸 平 肠 cháng 音長。所以通滓穢者為腸。大腸。小腸。	直良切。腸分大、小二段。自幽門起至闌門者謂之小腸，長約二丈。自闌門起至肛門者謂之大腸，長約五尺。迴縈互繞於小腹之內，所以出食物之渣滓，而吸取其精液者也。	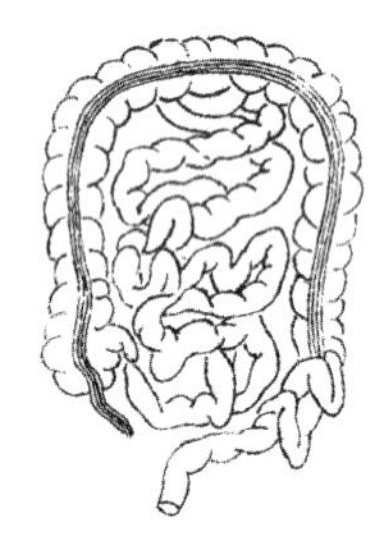

脅 入

胁 xié

音熁。腋下曰脅。脅骨。脅從。

迄業切。脅，肋也。脅在胸下，計骨二十四，形如弓。其本與背骨相連，末與軔骨相合。自一至九逐條遞長，自九以下逐條遞短。附骨之肌共計十六。脅，挾物之所也，故引申謂挾制曰脅。

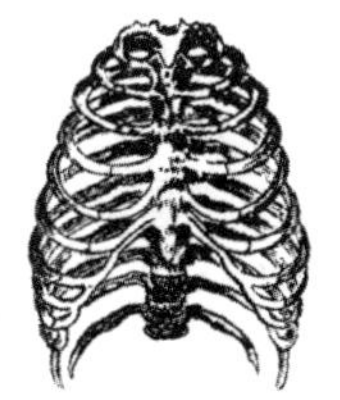

臍 平

脐 qí

音齊。心腎之中曰臍。肚臍。臍帶。

前西切。臍，齊也。臍處心腎之間，前直神闕，後直命門，故謂之臍。子在胞中時，有管自胞通於腹，滋養之料所由入也。既生則其管自脫，謂之臍帶。帶之脫處即臍也。

胎 平

胎 tāi

音台。孕而未生者曰胎。懷胎。胎生。

湯來切。懷孕四月謂之胚，胚成人形謂之胎。西人全體說：第一月五官、心、肺、肝、腦皆已成泡，二月始結骨點，三月毛甲成，四月脊柱軔弓皆合，五月子宮並陰道方成為界，六七月瞳子膜始化，九月上下眼胞分裂。

胞 平

胞 bāo

音包。胎衣也。同胞。胞胎。

班交切。《說文》：包象人懷孕。从勹，巳象子未成形。胞，胎也，其外層曰墜衣，中層曰刺衣，裏層曰包膜。中含水汁，胎裹於中。

肢 平

肢 zhī

音支。二足二手為四肢。肢體。

旨而切。肢，支也，人所藉以支持者也。上肢之骨，分鎖柱、肩胛、臂、正肘、轉肘各一，腕八，掌五，指十四。左右合共六十四。下肢之骨，分大腿、膝蓋、小腿、輔腿各一，腕七，掌五，趾十四。左右合共六十。

肩

平

肩 jiān

音堅。臂與身連屬處也。肩背。仔肩。

古賢切。膞也。在第一膂骨至第八膂骨之間，當脊骨左右。不與胸骨相連，而有肌肉以牽合之。肩所以任重，故引申為肩任之肩。

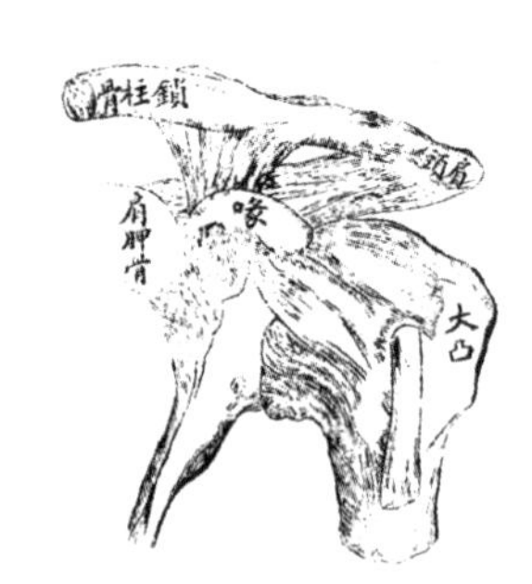

上

手

手 shǒu

音首。人所以持物者為手。左手。右手。

書九切。上象五指，下象掔也。手分掌、指二骨：掌骨五，與腕骨接；指骨十四，與掌骨接。大指骨兩節，餘皆三節。

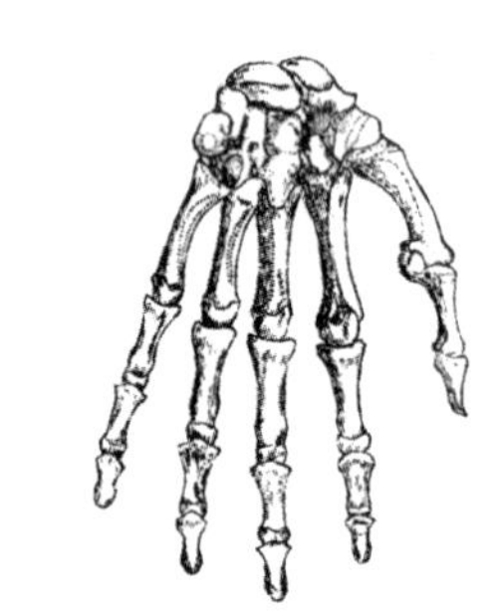

上

指

指 zhǐ

音旨。掌枝曰指。指示。指點。

軫視切。大指曰巨擘，次曰食指，中曰將指，又次曰無名指，末曰小指。指骨十四，拇指兩節，餘皆三節。指甲之根與皮相連，其根有小槽，及甲底俱名甲母。甲母生津，漸變而硬，層層推出，即成指甲。

去

鬢 bìn

音儐。耳際之髮曰鬢。鬢腳。押鬢。

必刃切。濱頰之髮也。

去 臂 臂 bì 音檗。自肩至肘曰臂。手臂。臂助。	卑義切。臂分上、下二截：上截一骨，即臂骨；下截二骨，即正肘骨、轉肘骨。臂骨最長，骨分三段：上為骨頭，中為骨幹，下為骨阜。骨頭與肩髀窩相附。骨幹有管，中通骨髓。骨阜分内外，内阜稍大，阜中有輪，與二肘骨相附。	上 掌 掌 zhǎng 章上聲。手中為掌。執掌。掌上。	止兩切。掌在腕、指之間。上連腕骨，下連指骨。每掌計骨五塊，有肌無脂。手掌所以執物，故引申為執掌之掌。
上 肘 肘 zhǒu 音帚。臂彎曰肘。掣肘。	止酉切。臂節也。為肱與臂相接處。其肱骨即謂之肘骨，骨有二條：其在内者曰正肘，在外者曰轉肘。正肘幹愈下愈窄，轉肘幹愈上愈窄。正肘骨主臂屈伸，轉肘骨主手扭轉。	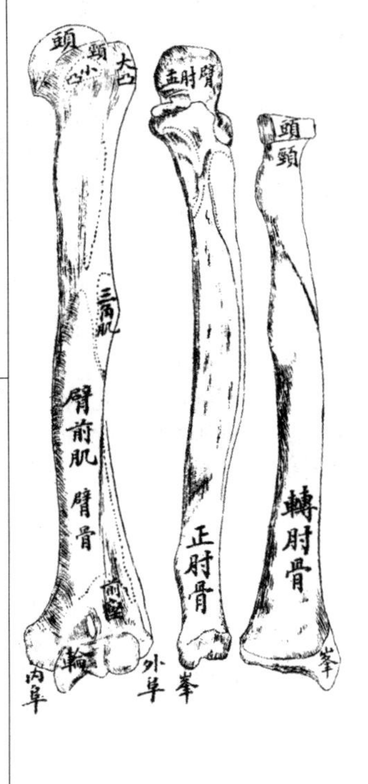	
平 肱 肱 gōng 音軲。掌肘之間曰肱。股肱。	姑弘切。上肢之中節也。上至肘，下及掌。俗謂之小臂。		

上 股 股 gǔ 音古。自胯至膝曰股。股肱。招股。	果五切。肢之上節也。在手為臂，在足為股。分列左右，而共任全體之重者也，故引申為股分之股。算術：折矩為鉤，以髀為股。謂其如人股之直立也。	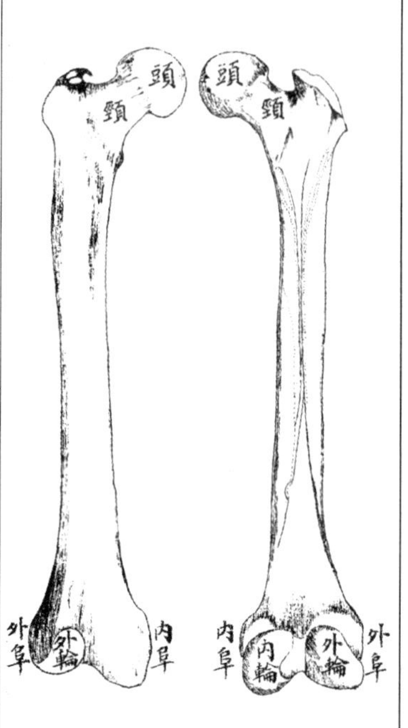
足 入 足 zú 音哫。下肢之總名也。手足。	縱玉切。足分三節：胯下曰股，股下曰脛，又其下踐履處曰足（掌亦曰蹠）。脛、股之間曰膝，足掌之後曰踵，其上連踵骨處曰踝，掌之歧枝曰趾。趾，古作止，人之形體至趾而止，故足从止。引申之，如滿足之足，有止而不進之意。	
 入 脚 jiǎo 音蹻。足之異名也。赤脚。脚夫。	訖約切。脚腕係七短骨所湊成。踝輪骨接小腿骨，旁接内外踝骨。踝骨前半接踝輪骨及方骨、船骨，後接踝輪骨。前有三窩，接尖斧三骨。方骨後接踵骨，前接掌骨，内附尖斧骨。尖斧骨後接船骨。方骨、船骨之前接掌骨。	

上

髅

腿

腿 tuǐ

退上聲。脛股之總名也。大腿。火腿。

吐猥切。自胯至膝為大腿，各具長骨一，中圓如柱。上與無名骨臼接，下與小腿接。自膝至足踝為小腿，各具小腿骨一，輔腿骨一。小腿骨上端與大腿骨接，下與踝輪骨接。輔腿骨上端與小腿骨接，下與踝輪骨接。

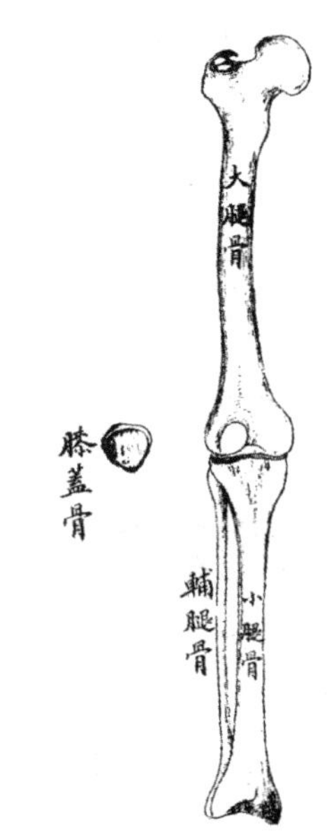

入

膝

膝 xī

音悉。腿之屈處為膝。膝蓋。屈膝。

息七切。股、脛相接屈伸處也。其蓋膝之骨即名膝骨，上闊下尖，左右有磁骨斜出，與大腿骨相連。兒初生時無此骨，故不能行，至孩提時則已長成矣。

去

腕

腕 wàn

音惋。手足宛屈處曰腕。腕力。

烏貫切。手足擊也。手腕在轉肘與手掌之間，為八骨連合而成。八骨者，即船骨、半月骨、尖斧骨、豆骨、長方骨、斜方骨、大骨、手鉤骨是也。足腕在輔腿與足掌之間，為踵骨、踝輪骨、方骨、船骨及內、中、外尖斧骨所合而成也。

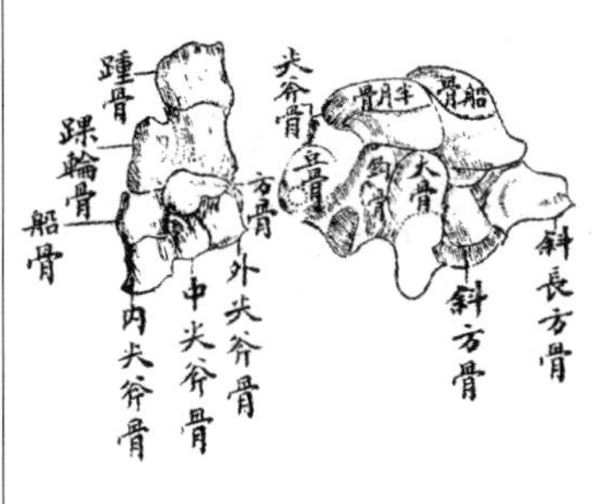

平 拳 拳 quán 音權。卷手曰拳。拳頭。	巨員切。手也。舒之為手，卷之為拳。	上 踵 踵 zhǒng 音腫。足後跟也。踵謝。頂踵。	主勇切。古文作歱，經傳皆以腫為之。踵骨在踝輪骨之上，小腿輔腿骨之下。
上 腑 腑 fǔ 音甫。大腸、小腸、胃、膀胱、三焦、膽謂之六腑。肺腑。	斐古切。腑者，九臓之宮府也。本作府。	上 趾 趾 zhǐ 音止。足指也。舉趾。	諸氏切。在手曰指，在足曰趾。趾骨十四，式與指同。除大趾兩節外，餘皆三節。
上 爪 爪 zhǎo zhuǎ 音抓。指甲曰爪。手爪。爪牙。	側絞切。爪，膚甲也。生於指端，其質與膚同類，而堅實過之。其形外覆内盂，在膚内者為根，其末為體。生之不已，計八個月能長一寸，有病則減，年愈老則爪愈厚。	上 乳 乳 rǔ 音孺。胎生曰乳。人乳。牛乳。	蘂主切。湩謂之乳。以乳哺之亦曰乳。乳為哺子之汁，血所變者也。其出乳之核即為乳核，在胷左右。

竅（去） 窍 qiào 音撽。孔之總名也。七竅。	詰弔切。凡孔之屬於生物者曰竅。生物之胎生者九竅：口一、目二、耳二、鼻二、肛門一、溺門一是也。卵生者八竅，因其無溺門也。引申之，凡萬物之孔皆曰竅。	髮（入） 发 fà 音發。頭上毛也。頭髮。結髮。	方伐切。毛之生於首者曰髮。髮生於腠，有根幹。根端有囊，色白而輭，中有油核，上生髮一二幹。幹分內外二層，外如鱗甲，內如筋絲。
汗（去） 汗 hàn 音翰。汁由膚出也。汗衫。	侯旰切。身液也。人身之汗，係體內所積之淤穢，若壅而不洩，則能令血發熱。故患感冒者必疏之使汗。然病體虛者，淤穢既盡，而精液隨之。故久病之人，又患汗之過多。	須（平）鬚 须 xū 音需。面毛曰鬚。鬍鬚。鬚眉。	詢趨切。頤下之毛也，俗作鬚。假借為頚，需也。如相須、必須之類是。
液（入） 液 yè 音繹。滋養百體之精汁曰液。津液。太液池。	夷益切。精之滲於空竅，行而不留者為精，留而不行者為液。引申為膏液、滋液之液。	髯（平） 髯 rán 冉平聲。頰毛曰髯。鬚髯。髯翁。	而占切。在頤曰鬚，在頰曰髯。

顏 平 颜 yán 眼平聲。首之正面曰顏。天顏。顏色。	牛姦切。容也。本以容色為顏。引伸之，凡綵色皆曰顏。	魂 平 魂 hún 音渾。隨神往來者謂之魂。魂靈。孤魂。	户昆切。附形之靈也。
貌 去 貌 mào 音皃。形容曰貌。禮貌。相貌。	莫教切。面之神氣曰容，面之形狀曰貌。引申之，凡物之形狀皆曰貌。又申之，則為形容事物之詞。如“悄悄，憂貌”“怫然，怒貌”之類是。	魄 入 魄 pò 音拍。人之軀殼曰魄。魂魄。魄力。	普伯切。魄，體也。魂離體則體為魄。月之暗處亦謂之魄，以其有體而無光，如軀殼之有體而無魂也。
顰 平 颦 pín 音頻。蹙額曰顰。效顰。顰笑。	毗賓切。心有所鬱結而眉目為之不舒謂之顰。顰者，揚眉之對也。	齡 平 龄 líng 音靈。年壽之異名。髫齡。遐齡。	郎丁切。義同年齒之齒，故從齒，令聲。

疾　入 疾 jí 音嫉。病急曰疾。疾病。	乍悉切。从疒，从矢。言病如矢來之疾也，故引申為迅疾之疾。疾為人所共惡，故又申為疾惡之疾。	痛　去 痛 tòng 音⿱穴甬。身心所苦曰痛。酸痛。腹痛。	他貢切。痛，疼也。从疒，从甬。甬，通也。故人氣血不通則痛。痛，病之劇者。故引申為痛哭、痛飲之痛。
病　去 病 bìng 音寎。疾甚曰病。毛病。病勢。	皮命切。疾加也。引申之，凡患之、難之、惡之皆曰病，言病之難堪而可患也。	瘧　入 疟 nüè 音虐。寒熱休作謂之瘧。瘧疾。温瘧。	逆約切。陰陽更勝之疾曰瘧。瘧者，風寒之氣，客於臟腑而為患。發則先寒而後熱，或一日一發，或二三日一發，是謂瘧疾。若夏伏而秋發，冬伏而春發，則為温瘧。温瘧止熱不寒，與瘧疾異。
恙　去 恙 yàng 音漾。俗語所謂勿適意也。微恙。無恙。	弋亮切。噬人蟲也。古者草居，多被其毒，故相問勞曰“無恙”。引申之，為今患病之稱。	痢　去 痢 lì 音利。數矢而不暢曰痢。痢疾。	力至切。脾不運食則痢。故人積滯不化，則屢矢而不暢也。

疫

入

疫 yì

音役。病之易於傳染者曰疫。疫氣。疫癘。

越逼切。民皆疾也。民受五氣以生，風雨晦明不時，觸之即為疫。其傳染尤速，故疫訓役。若或有役使者然。

療

去

疗 liáo

音料。治病曰療。

力弔切。治也。《周禮》："凡療瘍以五毒攻之。"謂備五毒以療治之也。引申為療飢之療。

瘴

去

瘴 zhàng

音障。山川厲氣也。瘴氣。

之亮切。瘴，癘也。叢林多濕之地，陽光所不能入，則地中濕氣，與生植物之朽爛者，蒸鬱成瘴。其臭香者謂之香瘴，觸之即斃。今閩粵多有之。

痊

平

痊 quán

音詮。病已除也。痊可。已痊。

逡緣切。瘳也。从疒，从全。謂病已全除也。

腫

上

肿 zhǒng

音種。肉暴脹曰腫。腫脹。

主勇切。肉突起也。凡氣血淤鬱久則攻皮而出，故外癈必腫也。

死

上

死 sǐ

斯上聲。生之對也。死人。人死。

想姊切。死，澌也。若冰釋澌然盡也。人之生死，精、氣、神三者為之。氣聚則生，氣散則死。《禮》：君子死曰終，小人死曰死。

平

亡

亡 wáng

音忘。失其所有曰亡。荒亡。危亡。

武坊切。亡者，無有之詞也。故死亡曰亡，逃亡亦曰亡，國之為人滅者曰滅亡，廢事失時者曰荒亡。假借為遺亡之亡。

上

隕

陨 yǔn

音殞。自上墜下曰隕。

羽敏切。落也，如隕石、隕涕之隕是。又没也,如隕越之隕是。今亦作殞。

去

縊

缢 yì

音翳。以繩自絞曰縊。縊死。

壹計切。自經也。从糸，从益。益，隘也。糸隘扼其頸而絕其氣。即今俗謂弔死是也。

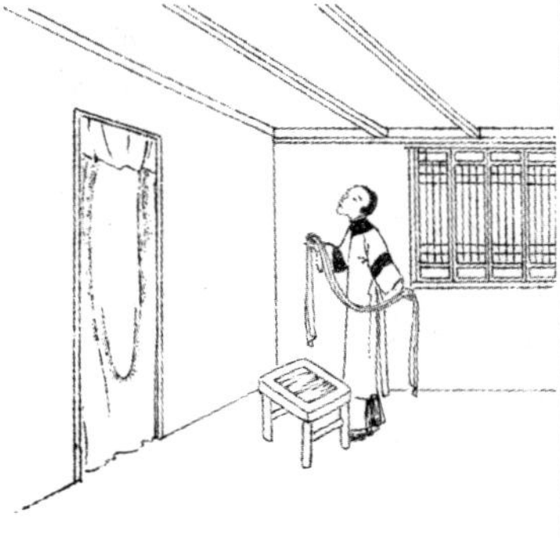

平

崩

崩 bēng

音綳。山壞也。分崩。

悲朋切。山自上頹曰崩。故天子死曰崩，言如山之崩頹也。

平

薨

薨 hōng

音僜。諸侯死曰薨。

呼肱切。薨，崩之餘聲也。又薨薨，衆多貌，蓋象蟲飛之聲。

殤 平 殇 shāng 音商。夭折曰殤。	尸羊切。殤，傷也。謂可傷痛也。故人未滿二十而死者皆曰殤。《禮》：十六至十九為長殤，十二至十五為中殤，八歲至十一為下殤，不滿八歲者為無服之殤。	尸 平 尸 shī 音著。神像也。死尸。迎尸。	申之切。主也。古者祭祀必立尸以象神，言祭之所主也。尸安坐而不事事，故引申之為尸位之尸。 又遺骸曰尸，今作屍。
去 喪 平 丧 sàng sāng 桑去聲。亡失曰喪。喪心。音傷。痛所亡曰喪。治喪。	四浪切。失之曰喪，如喪心之喪是。痛所失亦曰喪，讀四郎切，如心喪之喪是。引申為喪制、奔喪之喪。	去 柩 柩 jiù 音舊。有屍之棺也。靈柩。	巨救切。尸已在棺曰柩。柩，久也，所以藏屍令其久不變也。
棺 平 棺 guān 音官。周尸為棺，周棺為槨。桐棺。棺材。	古丸切。藏尸之器也。虞瓦棺，夏堲周，皆以土不以木，至周始用木。故从木，官聲。棺，完也，所以藏屍令其完善也。	去 窆 窆 biǎn 音砭。棺已葬下曰窆。	陂驗切。从穴，乏聲。穴，棺所藏也。如今俗卜葬其先曰告窆是也。

去 殯 殡 bìn 音儐。停柩於堂曰殯。送殯。虞殯。	必引切。奉屍斂之曰殯。殯,賓也。如《禮》"殯於客位"是也。俗謂送葬曰送殯。		
去 殮 殓 liàn 音斂。藏也。入殮。殯殮。	力驗切。斂也。謂收其屍以斂藏之也。今俗以屍斂於棺曰小斂,蓋棺封漆曰大殮。	去 弔 吊 diào 音釣。弔死曰弔。喪弔。弔孝。	多嘯切。弔之為言慜也,慜死者也。从弓。上古葬者無棺,衣之以薪,常苦禽獸為害。故弔之者持弓矢會之,以助彈射,使死者得所安也。
去 訃 赴 讣 fù 音赴。告凶曰訃。訃聞。發訃。	芳遇切。訃本作赴。赴,趨也,疾也。疾趨以告凶也。今喪家多有訃聞。	去 唁 唁 yàn 音彥。弔生曰唁。唁喪。	疑戰切。凡人有故,遣使慰問之謂唁。今以為存問喪家之稱。

去 諡 谥 shì 音示。名生於人曰諡。諡法。	神至切。諡者，誄行立號以易名也。殷以上生死同號，周則死後别立號為諡，後世仍之。	上 誄 诔 lěi 音壘。哀死而述其行也。誄祭。	力軌切。累也，累列生時之事而稱之也。古者幼不誄長，賤不誄貴。
去 誌 志 zhì 音志。記事之文曰誌。誌銘。碑誌。	職吏切。誌，記也。小史掌邦國之誌。《漢書》有十志，皆與誌同。今人記其先人之善於墓者曰墓誌。	去 諱 讳 huì 音卉。誠而不道謂之諱。忌諱。犯諱。	許貴切。諱，畏也。《史記》："秦俗多忌諱之禁。"謂畏而不敢言也。故今直言不避者曰不諱。又生曰名，死曰諱。謂為人後者，宜隱諱其祖、父之名，以示敬也。
去 奠 奠 diàn 音電。置酒而祭曰奠。祭奠。奠茶。	奠 堂練切。置祭也。从酋，从丌。酋，酒也。下其丌也。故引申為薦饋之名。叚借為定，如《書》"奠高山大川"之奠是。		

去 葬 葬 zàng 音髒。藏屍曰葬。安葬。遷葬。	𦱨 則浪切。藏也，藏死於土也。古葬衣之以薪，故从茻。《說文》“死在茻中，一其中，所以薦之”是也。	

埋 平 埋 mái 音霾。以土掩之為埋。埋葬。埋壁。	莫皆切。掩覆之也。人死為葬，物死為埋。埋置之土中，遂無有所見也。因引申為埋没之埋。	上 俑 俑 yǒng 音勇。從葬木偶人也。作俑。	尹竦切。古者束草為人，以為死者之從，謂之芻靈。俑則設機發動，面目如生人狀，故孟子歎為不仁者也。今倡端不善者亦曰作俑。
去 徇 徇 xùn 音殉。舉以示衆曰徇。徇葬。徇難。	松閏切。示行也。古者軍士有罪，則斬以徇，所以使人順從也。因引申之，凡順從於人，而以身隨之者，謂之徇。無所可否，而以道順從乎人者，亦謂之徇。叚借為徇節、徇難之徇。	冥 平 冥 míng 音銘。明藏曰冥。杳冥。	眉兵切。幽深也。象日在冖下而光餤不明也。因引申之，凡不明事理者亦曰冥。人死而歸土，又謂之冥中。

墳

上 平

坟 fén

音憤。冢之高者曰墳。墳地。墳田。
音汾。義同。

父吻切。土高而肥者曰墳，如白墳、黑墳之墳是。引申之，凡大防曰墳，讀符分切，如汝墳之墳是。又申為冢之大者亦曰墳，因其高起如防也。又黄帝之書曰《三墳》《五典》，墳謂大道也。

冢

上

冢 zhǒng

音塜。墓封曰冢。冢宰。冢土。

展勇切。高墓也，累土以為之。象山之冢，有崇大之形，故亦訓為大。如冢子、冢君、冢卿之冢，皆以大為義。

墓

去

墓 mù

音暮。葬而不封曰墓。墳墓。埽墓。

莫故切。有墳謂之塋，無墳謂之墓。古者墓而不墳。今俗謂埽墓者，指其塋地而言之也。

衰

平

衰 suō cuī shuāi

音莎。蓑衣。
音榱。盛之對也。
音夂。等衰。
音崔。齊衰。

蘇和切。艸雨衣也，今作蓑。而以此為衰微、衰老、衰弱之衰，讀雙加切。衰者，由盛而降。故又申為等衰之衰，讀初危切。又與縗通，讀倉回切。喪服以粗蔴為之，長六寸，博四寸，直心。緝者為齊衰，不緝者曰斬衰。

緦

平

缌 sī

音思。麻布之最疏者曰緦。緦服。

息兹切。四十五升布也。布廣二尺二寸，用縷六百，其縷甚細，其布甚疏。今時之緦，廣不若古，其布更疏。喪禮外親之服皆緦，制用麻布衰裳而麻絰帶也。

去 食 入 食 shí sì 音蝕。飯也。音寺。以飯食人也。	實職切。凡食物之食，與自食其食之食，皆讀入聲。 相吏切。凡飯屬之食，與以食食人之食，皆讀去聲。	去 麪 面 miàn 音眄。磨麥成粉為麪。乾麪。麪筋。	莫見切。麪以小麥磨成者為上，大麥、蕎麥、燕麥、珍珠米次之。 食品中麪最養生，北地麥麪，尤為精美。今西人亦喜食麪包。
上 去 飯 饭 fàn 音笲。食粟曰飯。一飯。再飯。飯牛。煩去聲。粟食曰飯。粥飯。	扶晚切。食之謂飯，讀上聲。所食為飯，讀去聲，扶萬切。 黃帝始煮穀為飯。	上 去 飲 饮 yǐn yìn 音上聲。咽水曰飲。飲茶。渴飲。音蔭。	於錦切。自飲曰飲，飲人亦曰飲。所飲之物即曰飲。 《周禮》以水、漿、醴、涼、醫、酏為“六飲”。飲人之飲，讀於禁切。
粥 入 粥 zhōu 音祝。煮米成糜曰粥。饘粥。粥飯。	之六切。厚者謂之酏，薄者謂之粥。	上 餅 饼 bǐng 音丙。溲麪而蒸熟之曰餅。月餅。餅餌。	必郢切。餅，并也。溲麪使合并也。《方言》：餅謂之飥，或謂之餦，或謂之餛。

餻 平 糕 gāo 音高。餅餌之屬。蒸餻。餻餅。	姑勞切。	饔 平 饔 yōng 音雍。熟食曰饔。又朝食也。朝饔。饔飧。	於容切。
羹 平 羹 gēng 音庚。肉有汁也。菜羹。羹湯。	古衡切。羹之有菜者曰鉶羹，其無菜者曰太羹。	飧 平 飧 sūn 音孫。熟食也。又夕食曰飧。夕飧。	蘇昆切。
齏 平 齑 jī 音齏。醃韭曰齏。斷齏。齏粉。	牋西切。齏，濟也。與諸味相濟成也。凡葅細切之為齏，俗以醃菜為齏，葢其名起於醃韭也。	餐 平 餐 cān 粲平聲。進食曰餐。素餐。餐飯。	千安切。以水沃飯曰餐。亦作飡。晝飯為餐，晚飯為飧。

去 餉 饟 饷 xiǎng 音向。饋也。糧餉。餉銀。	式亮切。自家至野以食相饋也。今軍糧謂之餉。	漿 平 浆 jiāng 音將。汁也。酒漿。漿水。	資良切。凡植物内含小粉質與水者皆有漿。色白，和以沸水則成糊。植物類之含漿者，以麥為最多，鶯粟漿亦多。
餬 平 糊 糊 hú 音胡。寄食也。餬口。麫糊。	户吴切。江淮之間謂寄食為餬。因稱將糜向口曰餬口。猶今人以粥向帛粘使相着也。	上 酒 酒 jiǔ 愀上聲。糖水發酵則成酒。飲酒。酒量。	子酉切。凡五穀果實含糖質者，皆可釀酒。酒中含醕，醕為毒質，飲之最足傷人。 凡黄酒之佳者曰紹酒，白酒之佳者曰汾酒。西人酖飲甚於華人。其酒有香冰、皮酒等名，皆葡萄及蘋果所釀。
油 平 油 yóu 音由。膏之輕而滑潤者曰油。香油。油膩。	于求切。油分定質、流質。熱則流，冷則定。動植物及礦質皆有之。製油之法不一，或榨或熬或蒸。用入食料者，大都動植物之油。用作燈火及擦物者，兼用礦質之油。惟性有毒不可食。	麴 入 曲 qū 音鞠。酒母也。麥麴。麴櫱。	邱六切。麴以麥為之。若作酒醴必用麴，以其能發酵也。

酪 入

酪 lào

音洛。乳汁所製曰酪。乳酪。酪漿。

歷各切。酪有二種：酪上一層凝者為酥，酥上如油者為醍醐。大抵皆以乳汁為之，其功可以使人肥澤也。

餹 平 糖

糖 táng

音唐。餳也。味甜者曰餹。冰餹。餹質。

徒郎切。凡植物有甜質者，皆可為餹。中國多用蔗餹，西人則製以蘿蔔。自化學盛行，而硬木、乾稭、破布諸料，亦能提取餹質矣。

醋 去

醋 cù

音措。酒之酸質曰醋。酸醋。

倉故切。酸質。性主收斂，故能解鱗介諸毒。

造醋法，或用酒令其發酸，或用糖水將烙紅之鐵浸之。西國有一種菌類，置糖水内久之，水亦成醋。然調和食物，終不及酒醋之佳。

汁 入

汁 zhī

音執。液也。肉汁。汁漿。

質入切。物之津液也。北人呼之為瀋。雨雪雜下謂之雨汁。

醬 去

酱 jiàng

音將。以豆合麪而為之者曰醬。甜醬。醬油。

子亮切。醬之為言將也。食之有醬，如軍之須將，取其率領進導之也。古者醬、齊、菹三者通名醬。《周禮》：“醬用百有二十甕。”蓋兼醯醢而言。

糟 平

糟 zāo

音遭。酒之渣滓也。酒糟。糟糠。糟粕。

則刀切。釀米為酒，去酒為糟。而糟尚含餘酒，可為醃物之用。糟能發風動疾，病人不宜食。

平 肴 肴 yáo 音爻。熟肉有骨者曰肴。嘉肴。肴饌。	何交切。	平 脩 脩 xiū 音羞。脯也。束脩。脩身。	思留切。凡肉薄析曰脯，捶而施以薑、桂則為脩。脯者，肉之未治者也；脩者，治之而後成者也。故脩字可假為脩治解。
上 脯 脯 fǔ 音甫。乾肉為脯。肉脯。脯脩。	斐古切。牛、羊、鹿、豕、雞之肉皆可為脯。其法：將肉析之風之，使燥而縮即為脯。	上 腐 腐 fǔ 音輔。爛也。豆腐。陳腐。	扶古切。腐以朽敗為義。腐草、腐儒皆宗之。 今南方製豆為腐，名曰豆腐。
上　去 膳 膳 shàn 音善。食之美者曰膳。供膳。膳人。音繕。義同。	上衍切。庖人治味必嘉善，故膳之文从善。古有膳夫、膳宰之官。 時戰切。	去 膾 脍 kuài 音儈。肉細切者為膾。膾炙。	古外切。牛、羊與魚之腥，聶而切之為膾。凡膾以細為貴，粗則害人。

上 鹵 卤 lǔ 音魯。鹹土也。鹽鹵。鹵莽。	郎古切。鹵，鹽類。天生者曰鹵，人造者曰鹽。鹵甚粗，故鹵假為粗字解。	酌 入 酌 zhuó 音灼。盛酒行觴也。斟酌。酌酒。	職畧切。酌猶斟也。周公之樂曰《酌》，言能斟酌文武之道而成之也。今斟酌之酌義本此。
上 醢 醢 hǎi 音海。肉醬也。歠醢。醢醬。	呼改切。凡醬有骨曰臡，無骨曰醢。	酣 平 酣 hān 音邯。樂酒曰酣。沈酣。酣暢。	胡甘切。不醒不醉曰酣。引申為酣足之酣。
去 酖 平　鴆 鸩 dān zhèn 音沈。樂酒也。又酒之有毒者。酖樂。酖毒。	直禁切。嗜酒為酖，經傳多作湛。而酖字借為鴆字，《左傳》“使鍼季酖之”是也。鴆，鳥名。其羽有毒，漬酒飲之則死。	去 醉 醉 zuì 音檇。為酒所亂曰醉。酒醉。醉飽。	將遂切。飲酒過其量則醉，蓋因酒中之醕入腦筋而使之麻木也。

卷二

上 醒 平 / 醒 xǐng / 音星。醉而覺也。酒醒。醒覺。星上聲。義同。	先青切。酒性已解則醒。引申凡昏而覺悟者皆謂之醒。又讀息井切。	平 飢 / 饥 jī / 音肌。餓也。解飢。飢渴。	居夷切。不足於食也。
去 釀 / 酿 niàng / 音穰。作酒曰釀。醖釀。釀酒。	女向切。以蘖作醴酒也。《漢書·食貨志》："一釀用麤米二斛，麴一斛，得成酒六斛六斗。"	去 餓 / 饿 è / 我去聲。飢也。餓莩。凍餓。	五箇切。胃受食物，隨食隨消，消盡則餓。
上 醴 / 醴 lǐ / 音禮。釀一宿而成曰醴。俗稱酒釀，又稱白酒。醴酒。	良以切。甘酒也。麴少米多，一宿而熟。又甘雨時降謂之醴泉。	上 餒 / 馁 něi / 音餧。飢也。氣餒。	奴罪切。餒，飢乏而氣不充體也。又魚爛曰餒。

平 饑 饥 jī 音肌。穀不熟曰饑。年饑。饑饉。	居衣切。《墨子》：“一穀不收謂之饉，二穀不收謂之旱，三穀不收謂之凶，四穀不收謂之餽，五穀不收謂之饑。”	上 餞 饯 jiàn 音踐。祖道之宴也。祖餞。餞行。	慈演切。凡出行必祖，祖而舍軷，飲酒於其側曰餞。
去 饉 馑 jǐn 音僅。蔬不熟曰饉。饑饉。	渠吝切。無穀曰饑，無菜曰饉。又三穀不升謂之饉。	去 饜 餍 yàn 音厭。飽也。饜飫。無饜。	於豔切。足也。引申為饒裕之意。
去 饋 餽 馈 kuì 音匱。進食於尊者曰饋。饋遺。饋餉。	具位切。猶歸也。以物祀神及與人皆曰饋。	上 飽 饱 bǎo 包上聲。腹果曰飽。飢飽。飽食。	博巧切。饜也。胃受食物，約容三升，食如其數則飽。引申謂滿足之稱。

農 平 农 nóng 音儂。耕人也。 神農。農圃。	奴冬切。山農、澤農、平地農為“三農”。“四民”之一也。 炎帝始教民植穀，故號神農。	耘 平 耘 yún 音雲。除草也。 耕耘。耘田。	于分切。
耕 平 耕 gēng 音庚。發土也。 深耕。耕夫。	古衡切。古文作畊，古者井田，故从井。本義與犂同，用以為發土之器，種物之通稱也。今發土之器專謂之犂而不謂之耕。		
種 上　去 种 zhòng zhǒng 音偅。藝植也。 耕種。 音腫。種類也。 種族。	之用切。以穀播於土曰種，如種花、種竹等是也。 主勇切。種類之種也。今全球人類分五種：亞西亞東部曰黃種，其西南曰樱色種，歐羅巴為白種，阿非利加為黑種，阿美利加為紅種。	稼 去 稼 jià 音駕。種五穀 曰稼。耕稼。 稼穡。	居亞切。稼之言嫁也。種穀曰稼，若嫁女之有所生然。

穡（入） 穡 sè 音色。斂穀曰穡。稼穡。穡夫。	殺測切。穡與嗇通，有惜儉之意。斂穀曰穡，言愛惜而聚蓄之也。	栽（平） 栽 zāi 音哉。草木之殖曰栽。築牆立版亦曰栽。栽培。	將來切。築牆長版也。古築牆之法，先植楨於兩頭，又植幹於兩邊，而後橫施板於幹內。栽者，統楨、幹與版而言。
培（平） 培 péi 音裴。壅土曰培。栽培。培養。	薄枚切。凡植物必考求其土物之宜，而用法以補其偏，是之為培。今種植家講求肥料等事，使之茂盛是也。 引申為裨補之稱。	植（入） 植 zhí 音殖。草木為植物。種植。植物。	丞職切。植之本義為户植，乃當户直立之木也。引申為凡物植立之植，以草木諸物皆直立於地上也。故曰有生有死而不能自動者曰植物。
墾（上） 垦 kěn 音懇。力田曰墾。開墾。墾荒。	口狠切。耕是種熟田，墾是發荒田。言勤懇用力於其地也。	穫（入） 获 huò 音濩。刈穀曰穫。收穫。穫稻。	黃郭切。

耦

上

耦 ǒu

音偶。兩人耕為耦。一耦。耦耕。

語口切。二耜為耦。古者耜一金兩人併發之。引伸為凡人耦之稱。

穀

入

谷 gǔ

音谷。百穀之總名。百穀。穀種。

古禄切。稻、黍、稷、麥、菽為“五穀”。百穀者，粱為黍稷之總名，稻為溉種之總名，菽為衆豆之總名，三穀各二十種；蔬、果之屬，所以助穀，亦各二十種，合之凡百穀。㱿，今之殼字。穀必有稃甲，故从㱿。引申為善，為禄。

犁

平

犁 lí

音黎。發土之器也。一犁。犁田。

憐題切。凡發土用人者謂之耕，用牛者謂之犁。后稷之孫叔均所作。

糞

去

粪 fèn

音奮。遺矢也。可為肥田之料。人糞。糞土。

方問切。糞，穢物也。穢者必除，故假為糞除之糞。

糧

平

粮 liáng

音良。穀食之統名。餱糧。糧食。

龍張切。

苗

平

苗 miáo

音描。禾之未秀者。根苗。苗人。

眉鑣切。凡禾之穉者曰秧，長而未秀者曰苗。因以為草木初生之名。
又苗民，番族也。古三苗之裔，今雜居黔、沅、粵西各境。

穎

上

颖 yǐng

音潁。禾穗也。垂穎。穎異。

庾頃切。穎之言莖也，頸也，乃禾穗之挺近末處也。穗重則垂，故曰垂穎。引申為凡物之末，如錐穎、筆穎之類。又士能拔類者亦曰穎。

秧

平

秧 yāng

音央。禾之始生者。插秧。秧針。

於良切。凡草木之幼可移栽者皆曰秧。又假為魚秧之秧。
又蒔謂之秧。

秀

去

秀 xiù

音繡。禾吐華也。麥秀。秀才。

息救切。秀，本作禿。从禾、人。人者，米也。禾稃内有人，是曰秀。明吐華則欲結米也。凡草皆得言秀。如秀葽、苦菜秀之類。引申為俊秀、秀傑，取穎發之義。

禾

平

禾 hé

音和。苗生既秀謂之禾。嘉禾。禾苗。

胡戈切。禾吐穗屈而倒垂，故篆文[illegible]屈筆下垂以象之。
又凡穀皆曰禾，惟麻與菽、麥無禾稱。

上 稻 稻 dào 音道。有芒之穀之總稱。秔稻。稻田。	杜皓切。稻性宜水，亦有陸種者。含小粉質最多，故為穀食中極能養人之品。產處以江、浙、川、楚及南洋諸島為多。蓋宜於溫熱之帶也。		
秔 平 粳 粳 jīng 音庚。稻之不黏者。香秔。秔稻。	古衡切。俗作粳字。京口大稻謂之秔，晚熟而香潤。較秈為柔。	上 米 米 mǐ 瀰上聲。粟實也。粟米。米麥。	莫禮切。粟舉連秠者言之，米則秠中之人，如果實之有人也。故禾、黍、稷、稻、粱、苽皆曰米，古謂之“六米”。
秈 平 籼 xiān 音仙。秔之別種。秈米。	相然切。秈有早、中、晚三種，赤、白二色，以晚收色白者為良。其粒細，其味甘而香，稱稻中上品。凡不種秔之處，皆呼秈為秔。	上 粲 粲 càn 音燦。米之最白者。白粲。粲者。	蒼宴切。粟二十斗，舂為六斗大半斗曰粲。精無過此矣。粲米最白，故稱白粲。又引申為好之稱，如粲齒、粲者是也。

上 黍 黍 shǔ 音暑。禾屬而黏者為黍。禾黍。黍稷。	賞吕切。黍有二種：黏者為黍，不黏者為糜。黍可以釀酒、熬粥，且久存不壞，故北地多種之。	
稷 入 稷 jì 音即。高粱也。俗呼蘆穄。黍稷。稷契。	節力切。稷之大小似米而圓，有赤、白兩種，可以釀酒。其莖挺生如蘆，河工用之以塞決口，名曰稭料。産處宜乾，北省多種之。養人之功不及米麥，惟貧家食之，或以喂騾馬。 又原隰之神曰稷。	
牟 平　麰 牟 móu 音謀。大麥也。來牟。牟利。	迷浮切。牟即麰字。又牛鳴也。从牛、厶，象其聲氣从口出。 又取也，如牟食、牟利等是。	

麥 入 麦 mài 音脈。五穀之先見者為麥。蕎麥。麥麵。	莫白切。麥具四時之氣，字形从來不从夾，从夊不从夕。來象其實，夊象其根也。 大麥為牟，小麥為來。百穀以初生為春，成熟為秋。麥以初夏熟，故四月為麥秋。	
 粟 入 粟 sù 音涑。穀實也。菽粟。粟米。	蘇玉切。指米之有甲者而言。	
粱 平 粱 liáng 音粱。米之精者。高粱。粱肉。	龍張切。黍稷之總名。	

菽 入 菽 shū 音叔。大豆也。即今之黄豆。菽麥。	式竹切。性宜乾地。含膠質最多，可以養人之肌肉。但消化比米麥為難，故病者不宜食。中國所産以牛莊為最盛，榨以為油，銷路尤廣。 又衆豆之總名。	
去 稗 稗 bài 音粺。草之似穀者。荑稗。稗官。	傍卦切。稗葉似稻而節間無毛，有水、旱兩種。其實亦可食，惟不及五穀之美耳。今人稱小説為稗官，小販為稗販，皆取細小之義。	
 入 秫 shú 音術。粟之黏者曰秫。秫米。	食律切。秫可釀酒。其莖似粟而粗，有色赤者，謂之丹秫。漬以水而取其汁，可為染色之用。	

粒 入 粒 lì 音立。米一顆曰一粒。籽粒。粒米。	力入切。凡物質之無可分者謂之顆粒。	糠 平 糠 kāng 音康。粟之皮也。糟糠。糠粞。	邱岡切。
上 粉 粉 fěn 分上聲。分也。研米使分散也。米粉。粉白。	府吻切。粉者細末之稱。引申為脂粉、鉛粉。又假為粉飾之粉。	上 秉 秉 bǐng 音丙。禾盈把也。遺秉。秉鈞。	補永切。凡以手握物曰秉。引申之為秉彝之秉。
舂 平 舂 chōng 音摏。擣粟也。舂杵。賃舂。	書容切。黃帝臣雍父作舂。		

荒 平	呼光切。田廢不治也。引申為凡廢而不治之稱。 又大也。	緝 入	七入切。分麻枲之皮，而漚之、而析之、而撚之、而剿之、而續之，是曰績。亦曰緝。引申之，縷以縫衣亦謂之緝。
荒 huāng		缉 qī	
音肓。田不熟也。田荒。荒廢。		音茸。績麻也。纂緝。	
績 入	則歷切。績與緝同義。績之言積，積短為長，積少為多。故《爾雅》云："績，繼也。"凡事績、功績之績，皆由此義引申之。	繡 去	息救切。古者畫繪之事雜五采，五采備謂之繡。今人以鍼縷所紩者為繡，與古義異。
绩 jì		绣 xiù	
音勣。績麻也。紡績。		音秀。五采備也。刺繡。繡衣。	
麻 平	莫遐切。麻有雌雄，雄曰枲，其莖之皮，可績以為布。《禮》"女子執麻枲"是也。雌曰苴，有子可食，分黑、白二種。白者多脂，黑者名胡麻，榨油尤良。		
麻 má			
音蟆。植物，其皮可用以績線。麻線。芝麻。			

上 繭 茧 jiǎn 音趼。蠶衣也。蠶繭。繭絲。	吉典切。蠶過三眠則吐絲為繭。其絲從食管之左、右兩小管抽出，管各一絲，而口中有膠以黏之。繭形或圓或長，蒙茸而鬆傅於外面者，即繭衣也。	 
繅 平 缫 sāo 音騷。繹繭為絲也。親繅。繅絲。	蘇曹切。繅絲之具曰繅車。古用人力，今多用外洋機器，工較速而絲亦較勻。	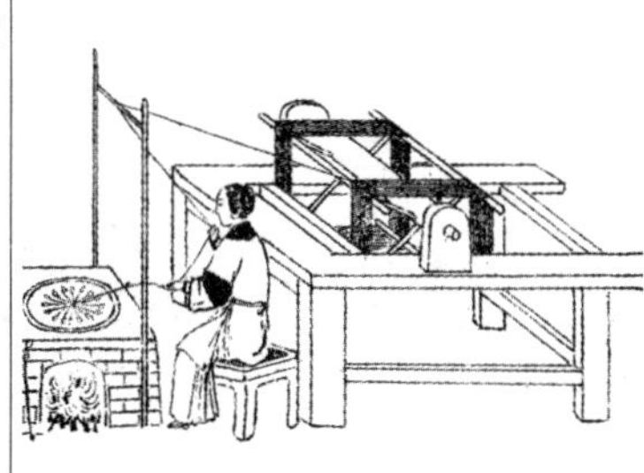
上 紡 纺 fǎng 音仿。紡絲也。紡績。	撫兩切。凡以機績絲為之紡。中國向用人力，西人則代之以汽力。今沿江沿海多有仿行之者。	

繖 入 织 zhī 音職。緯成布帛曰織。組織。織布。	質力切。經與緯相成曰織。其具曰機，西人運之以汽力。今武昌、上海織布局，皆仿其法者也。	

縫 去 平 缝 féng fèng 音逢。以鍼紩衣曰縫。縫裳。 音奉。罅縫。	符容切。縫衣之縫也。 房用切。衣縫之縫也。	補 上 补 bǔ 音圃。修破謂之補。織補。補缺。	彼五切。繕缺者而使之完曰補。引申為凡有益之稱。
繕 去 缮 shàn 音膳。補也。脩繕。繕寫。	時戰切。繕之言善，謂補之使完善也。故凡修治之事皆曰繕，如繕兵、繕寫之類。	綴 去 入 缀 zhuì 音錣。緝合曰綴。點綴。補綴。 音輟。義同。	陟衛切。牽而合之也。聯碎者而使之全謂之綴。凡綴兆、綴淫等字，皆有牽制之義。 株劣切。

神 平 神 shén 音晨。陽之精氣曰神。精神。神氣。	乘人切。神，聰明正直而壹者也，故天神、地祇皆曰神。引申之為神聖、神武之神。 又人所恃者為精氣神。神者，智之淵，身之府也。氣散則神離，神離則冥然無知而身死，故治生家必保善其神。	仙 平 仙 xiān 音先。山居之人也。仙人。仙丹。	蘇煎切。从人，从山。葢言講方術者，必隱處山谷中也。自秦皇漢武侈意求長生，而燕齊迂怪之士，搤捥言神仙矣。後世或習黃白之術，或侈嬰兒、姹女之奇，甚且為金石藥餌所誤，其於屏處山谷之義，庸有當乎！
祇 平 祇 qí zhī 音岐。地神曰祇。地祇。音支。	渠宜切。提也。地出萬物而民享其成，故謂地神曰地祇。叚借為疷，如《易》“无祇悔”之祇是。讀章移切。	真 平 真 zhēn 軫平聲。完神反樸曰真。真假。	之人切。仙人變形而登天也。“六經”無真字。真人之説，始于《莊子》。今以得道者為真人。張道陵之後居龍虎山者，襲封正一真人。引申為天真之真。 又誠也。真者，偽之對。
靈 平 灵 líng 音鈴。陰之精氣曰靈。神靈。靈蠢。	郎丁切。从巫，霝聲。巫能通鬼神，故訓為靈氣之靈。引申為魂靈之靈。心之府曰靈府、曰靈臺，謂其心之專一，通於神明也。 又麟、鳳、龜、龍謂之“四靈”。	籙 入 箓 lù 音録。録以告神曰籙。符籙。	龍玉切。籙與録通。古者帝王受命謂之受籙。道家竊其名，謂其告天之表曰籙。後又混籙於符，謂之符籙。

佛 入 佛 fó fú 音咈。俗以佛為西方聖人。佛爺。拜佛。	符勿切。見不審曰仿佛，一作彷佛。佛國在今印度，秦時已有沙門室利房等。漢霍去病過焉支山，得休屠王祭天金神，所謂金神即佛也。佛教盛于六代，後則時替時興。韓退之《原道》及《諫迎佛骨表》，言之最深切。	
僧 平 僧 sēng 塞平聲。服浮屠教者也。	思登切。番僧盛於西藏，自唐太宗以文成公主下嫁吐番，明太祖封西番僧為帝師太寶法王，遂為其俗所煽。然紅黃二教，水火相爭，其宗旨固已歧矣。今中國僧寺林立，受戒者為禪門僧，其食肉有室者曰赴引僧。	

禪 去 平 禅 chán shàn 音繕。祭告處也。禪讓。封禪。	時戰切。禪與墠通。埽地而祭謂之墠，故天子登山刻石謂之封禪。引申為禪讓之禪，葢以讓位必告於天也。今浮圖家號為禪門，有外道禪、凡夫禪、小乘禪、大乘禪、最上乘禪，意取傳字為義。	薩 入 萨 sà 音撒。菩薩。	桑割切。薩之為言濟也，菩之為言普也。故梵書言：智慧了見，而能普濟羣生者，謂之菩薩。

喇 入 喇 lǎ 音辣。去髮而服華服者謂之喇嘛僧。	力葛切。喇麻居藏衞，明時賜法王紅綺禪衣。本印度袈裟舊式也。後紅教衰微，衆遂自黄其衣，改稱黄教。 本朝開國，歲遣貢使，或居藏，或駐京傳教。今妥佑神饗發大藏香，酬勛臣發陀羅經被，皆喇麻所貢。	去 怪 怪 guài 乖去聲。物不數見謂之怪。奇怪。怪物。	古壞切。怪之言異也。《中山經》苟牀之山多怪石，《南山經》猨翼之山多怪獸，皆指物不常見者而言。引申之為妖怪、鬼怪之怪。
尼 平 入 尼 ní 音泥。女之剃髮者為尼。僧尼。 音匿。曳止之也。	女夷切。尼，女僧也。吴俗謂為尼姑。其禮佛之珠曰牟尼，每串計百零八顆。 又尼質切。《孟子》："止或尼之。"尼，阻止之也。		
上 鬼 鬼 guǐ 音詭。人死為鬼。鬼怪。鬼神。	居偉切。鬼，歸也。衆生必死，死必歸土，此之為鬼。引申為歸隱之義。戰國時有鬼谷子，取隱處山谷之間以為名也。	去 魅 魅 mèi 音媚。物老則為魅。螭魅。	明祕切。山林妖異也。

魔 平 魔 mó 音摩。鬼從人生謂之魔。妖魔。魔王。	眉波切。鬼，歸也，歸於無有也。而人以無有為有則魔生，故心思專壹謂之入魔。	去 祟 祟 suì 音粹。神鬼示警曰祟。鬼祟。作祟。	雖遂切。鬼神所禍也。禍者人所自召，鬼神因出而示以禍福。故《説文》从出、从示會意。
去 懺 忏 chàn 音讖。自陳悔也。拜懺。	楚鑑切。心所藏之慝，自白以自貶焉，謂之懺。今俗延僧禮佛曰拜懺者，亦懺除罪慝之意也。		
上 燄 焰 yàn 音琰。火形上灼皃。火燄山。	以冉切。从炎，臽聲。火光足則上炎，故引申為氣燄、勢燄之燄。又俗延僧施食曰放燄口。		

字	注音	釋義	說解
數（上、去、入）	数 shù shǔ shuò	音籔。計也。 音捒。數目。 音朔。煩數也。	所矩切。計其多寡曰數。引伸之，即為數目之數。讀雙遇切。又引申之，凡事之屢見者曰數。讀色角切。
少（上、去）	少 shǎo shào	燒上聲。不多也。多少。絶少。 又燒去聲。年幼之稱。老少。少年。	書沼切。對多而言曰少。 式照切。小也，穉也。
類（去）	类 lèi	音戾。相象曰類。種類。同類。	力遂切。从犬，頪聲，種類相似，惟犬為甚。引申為倫類之類。故事物之肖似者為同類，其相反者曰不類。又祭名。非常祀而祭告於天，其禮依郊祀為之，曰類祭。
半（去）	半 bàn	般去聲。物中分也。得半。大半。一半。	博漫切。半即判之本字。凡數三分有二為大半，三分有一為小半，中分之為半。故無論何數，以二除之即得其半。
多（平）	多 duō	朵平聲。衆也。多寡。幾多。	得何切。重夕為多，有增益之意。多者勝少者，故引申為勝。《周禮·司勳》“戰功曰多”是也。 又古人多、祇同音。《論語》:“多見其不知量。”多見即祇見也。
零（平）	零 líng	音靈。雨露下降曰零。凋零。零星。	郎丁切。零本訓餘雨也，有零落之意。故草木黃落曰凋零，瑣碎之物曰零星。凡數奇餘者皆曰零餘。

上 單 平 单 dān chán shàn 音丹。不偶曰單。單薄。單雙。又音蟬。單于。又音善。單父。	多寒切。對雙為單。算法自一至九為箇位，亦曰單位。單者易盡，故《禮》“歲既單矣”訓盡。 市連切。匈奴稱其天子曰單于。 上演切。單父，魯邑名，今山東曹州府單縣。	去 再 再 zài 音載。過一曰再。再三。	作代切。對偶之詞曰二，重疊之詞曰再。
隻 入 只 zhī 音炙。物單曰隻。隻手。一隻。	之石切。隻从又、隹會意。又者，手也。手持一隹為隻，故物之單者皆曰隻。	一 入 一 yī 漪入聲。數之始也。一統。專一。一切。	益悉切。數始於一，故大或十、百、千、萬，小或毫、絲、忽、微，俱以一為界。
雙 平 双 shuāng 音雙。猶偶也。單雙。雙關。	所江切。手持二隹為雙，故物之偶者皆曰雙。	去 二 二 èr 音樲。偶一為二。二老。	而至切。地數之始，即偶之兩畫而變之也。算法：二加一為三，二減一為一，二乘二為四，二除二為一。

三（平） 三 sān 颯平聲。數名。三才。三公。	蘇監切。數始於一，終於十，成於三。故人三為衆，女三為粲，獸三為羣。	六（入） 六 liù 音陸。三兩之為六。	力竹切。二與三相乘為六，三與三相加亦為六。
四（去） 四 sì 音泗。倍二為四。四方。四海。四時。	息利切。二二相加為四，二二相乘亦為四。乘為加之捷法，此其明證。	七（入） 七 qī 音桼。數名。七夕。七星。	戚悉切。算法：一加六為七，二加五、三加四亦均為七。反言之，七減六為一，七減一則為六，餘可類推。中國之俗，人死每七日為一七，至四十九日為斷七。西人越七日安息一日，俗稱禮拜，即中曆房、虛、昴、星四星期也。
五（上） 五 wǔ 音午。中數也。五大洲。五更。	疑古切。所謂中數者，數始於一，極於九，五居其中也。故算法無論何數，若不論其位之大小，以五除之，可無奇零。	八（入） 八 bā 音捌。倍四為八。八卦。八方。	博拔切。算法：八為三二連乘而成，故二與四相乘為八，以二或四除八，為四或二。

上 九 平 九 jiǔ jiū 音久。數名。九州。九數。音鳩。	舉有切。數之究也。凡數起於一，極於九，故算例有《九章》，算法有《九九表》。 居尤切。《論語》："九合諸侯。" 訓聚也，讀作糾。	千 平 千 qiān 音阡。十百為千。千秋。千夫長。	倉先切。今俗記錢數。幾千或曰幾貫，亦曰幾串。
十 入 十 shí 音拾。數之具也。十里亭。十字會。	是執切。一為東西，丨為南北，十則四方中央具矣。凡數自一至九為單位，足十个則進為十位，故西國數碼惟自一至九，遇十則補，圈於一右，以足之。此算法進位之例。	去 萬 万 wàn 音蔓。十千為萬。萬歲。萬人敵。	無販切。數紀於一，協於十，長於百，大於千，衍於萬，故萬為盈數。又湯武以萬人得天下，稱干戚之舞曰萬舞。
百 入 百 bǎi 音伯。十十曰百。百姓。百官。	博陌切。	億 入 亿 yì 音臆。數名。又安也。萬億。供億。	於力切。算法：億之數有大小二法，小數以十為等，十萬曰億，十億曰兆。大數以萬為等，萬萬曰億，萬億曰兆。 又安也。供其匱乏，使之相安曰供億。叚借為意，謂以意度之也。如《論語》"不億不信"之億是。

卷三

上 兆 兆 zhào 音肇。占象曰兆。 又數名。吉兆。億兆。	治小切。灼龜坼文曰兆。引申之，凡事機先見皆曰兆。 又數名。以十為等，十億曰兆；以萬為等，萬億曰兆。今記數多從十為等，如中國四百兆人，即四萬萬人也。京都為大衆所在，故曰京兆。	平 參 叁 参 sān cān shēn cēn 音三。與三通。音驂。參列也。音森。星名。音嵾。參差之參。	蘇監切。參，三之本字。三相參為參，故又讀倉含切。後世參軍、參謀、參知政事，蓋取此意。俗作叅。 所今切。參商之參也。 初簪切。參差，不齊貌。
入 壹 壹 yī 音一。專一也。壹是。壹志。	益悉切。無貳之謂。後世簿書每叚壹以代一，所以防奸易也。	去 肆 肆 sì 音四。陳列也。放縱也。陳肆。放肆。	息利切。極陳也，謂盡其所有而陳列之。引申為放肆之肆，義取縱恣盡情也。又為發聲之詞，如“肆予以爾東征”之類是。 俗借作四字用。
去 貳 弍 贰 èr 音樲。不專一也。貳心。佐貳。	而至切。心疑不一之謂貳，引申為副貳之貳。 今借作二字用。	上 伍 伍 wǔ 音五。五人為伍。軍伍。等伍。	疑古切。相參伍也。三相參為參，五相伍為伍。五家相保亦曰伍。引申其義，與衆雜處亦曰伍。 《司馬法》百二十五乘為伍，即算法五五連乘之義。俗借作五字用。

卷三

陸 入 陆 lù liù 音六。高平地也。陸路。水陸。	力竹切。路無水為陸。統計地球全面，水居其七，陸居其三。僅以中國言之，南方多水，北方多陸，故古者作車以行陸。今倣西法造火車以通陸路，便捷倍蓰。 俗借用作六字。	上 玖 玖 jiǔ 音九。石之次玉者。瓊玖。	舉友切。玖者亞于玉之石也。其音近黝，故兼訓黑色。 今人簿書每借作九字用。
柒 入 柒 qī 音七。俗漆字。	戚悉切。今叚作七字用。	拾 入 拾 shí jié 音十。收也，斂也。收拾。音笈。更也。	實執切。拾者，有拾取斂藏之意。射韝曰拾，亦取蔽膚、斂衣意也。今官書文亦借為數目之十字用。 極葉切。《禮·投壺》："左右告矢具，請拾投。"言賓主更迭而投也。
捌 入 捌 bā 音八。	博拔切。分也，擊也。今叚作八字。	什 入 什 shí shén 音十。二五為什。什伯。什長。	實執切。義與十同。軍制十人為什。《詩》雅、頌每以十篇為一卷，故曰篇什，皆有十字之意。吴楚間謂資生雜具曰什物，義取物之常用者，其數非一也。 又俗問不知何物曰什麽。

廿 入 廿 niàn 音入。二十曰廿。	人汁切。二十并也，古者書二十，字從省，並為廿字。	去 寸 寸 cùn 村去聲。十分為寸。尺寸。分寸。	倉困切。一黍為分，十分為寸。算法：四邊皆寸曰平方寸，六面皆平方寸曰立方寸。英名寸曰因制，一因制合中國工部尺八分又二一五。
卅 入 卅 sà 音颯。三十并也。	蘇沓切。算法三與十相乘也。二與十五相乘，五與六相乘，亦均為卅。	尺 入 尺 chǐ 音赤。十寸曰尺。尺寸。丈尺。	昌石切。夏以十寸為尺，殷九寸為尺，周八寸為尺，今沿夏制。而裁尺、工部尺長短不同，蓋工部尺雖亦以十寸為尺，實得裁尺十分之九也。英名尺曰幅地，十二因制為一幅地，合中國工部尺九寸八分又五八。
去 度 入 度 dù duó 音渡。較長短之具曰度。法度。 音鐸。較其長短曰度。謀度。	徒故切。度，丈尺之總名，所以齊物之短長者也，故齊一民俗曰法度。引申為謀度之度，言凡欲齊一者，必先商度也。讀徒洛切。		

上

丈

丈 zhàng

長上聲。十尺曰丈。丈尺。丈夫。

雉兩切。《小爾雅·广度》：五尺為墨，倍墨為丈。周制八寸為尺，十尺為丈。人長八尺，故稱丈夫。此皆就邊線言之。以面部言，四邊皆丈曰平方丈。以體部言，六面皆平方丈曰立方丈。如席間函丈，釋氏方丈，皆指平方丈言也。

入

斛

斛 hú

音縠。五斗曰斛。以斛量穀即曰斛。斗斛。斛米。

胡谷切。古以銅為之，容十斗。今用木，容五斗。定制：斛方，口方六寸六分，内底方一尺六寸，内高一尺一寸七分。

去

量

平

量 liàng liáng

音亮。能容物以計多寡者曰量。度量。限量。音良。度其多寡曰量。衡量。

力仗切。量，斗斛之總名。英量有酒量、苦酒量、乾物量。大致以四計耳為一本脱，八本脱為一嘎倫。一嘎倫容積合中尺一百五十三立方寸又六分四釐强，得中量六升一合四勺有奇。
吕張切。以器較量其物也。

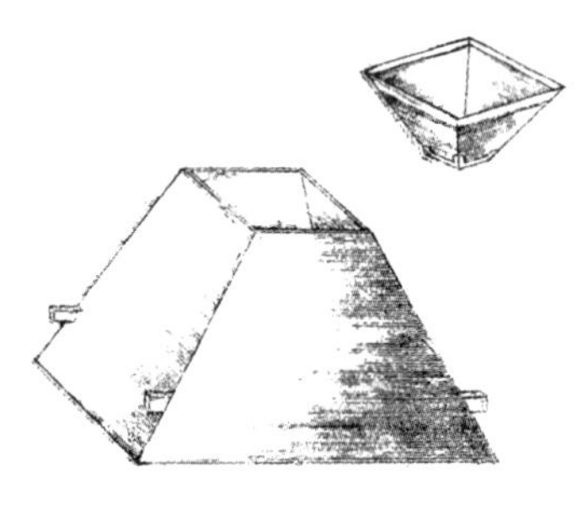

升

平　昇

升 shēng

音陞。量名。又氣之上騰也。升斗。升高。

識蒸切。十合為升。凡二千四百黍為一合，則每升計容二萬四千黍。英量一立方寸，合中尺三十三立方寸又八分三釐强，得中量一升三合五勺有奇。
又遇熱則漲，漲則上升，為氣質流動公例。

鎊

平

鎊 bàng

音滂。英計金錢以鎊。金鎊。

鋪郎切。英以十二本士為一先令，二十先令為一鎊。中國向外洋購件及他貸借諸款，皆以金鎊計，故鎊價盈虚伸縮之權，悉操自外人焉。

噸

去

噸

吨 dūn

音頓，二千二百四十磅為噸。字書無此字。

都困切。英雜物權以二十八磅為一瓜特，四瓜特為一亨特威，二十亨特威為一噸。計以中權，二十一斤為一瓜特，八十四斤為一亨特威，一千六百八十斤為一噸。

稱

去

稱

平

称 chēng chèng

音爯。較其輕重曰稱。

音秤。較輕重之器曰稱。

處陵切。稱，銓也。所以稱物也。有程量之意，故譽人曰稱揚。亦曰稱說。

昌孕切。權衡正斤兩者，俗作秤。

權

權

平

权 quán

音拳。所以準稱者。稱物即曰權。權衡。權宜。權輿。

巨員切。稱錘也，所以平物之輕重也。引申為經權之權，又申為全權之權。泰西各國度量權衡，惟法制最精，英制最通行。英權有珠寶權、雜物權、藥料權、米權諸名，各不相等。

斤

斤

平

斤 jīn

音筋。斫木斧也。又十六兩為斤。斧斤。斤兩。

舉欣切。

中權十錢為兩，十六兩為斤。英寶權以二十四格令為一邊釐威，二十邊釐威為一盎司，十二盎司為一磅。計一邊釐威合中權四分一厘又一四二八，一盎司合中權八錢二分二釐又八五六，一磅合中權九兩八錢七分四釐又二七二。雜物權以二十七格令有奇為一格郎姆，十六格郎姆為一盎司，十六盎司為一磅。計一格郎姆合中權四分六釐又八七五，一盎司合中權七錢五分，一磅合中權十二兩。

兩

上

兩

两 liǎng

良上聲。倍一為兩。斤兩。兩旁。

良獎切。

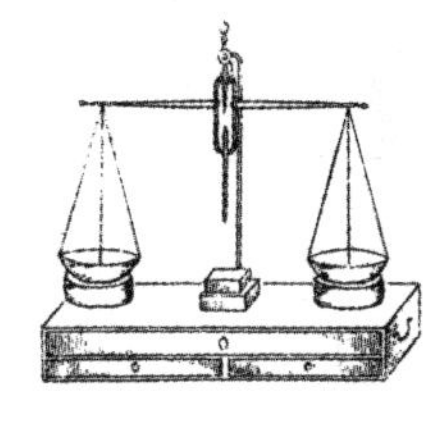

毫 平 毫 háo 音豪。銳毛曰毫。毫毛。毫釐。	胡刀切。毛之末也。毛末則銳，故亦稱毫末。引申之，凡物之纖細者皆曰毫。今數學以十絲為毫，十毫為釐。	秒 上 秒 miǎo 音眇。禾芒曰秒。	亡沼切。粟之孚甲無芒，芒生於粟穗之莖。禾芒曰秒，猶木末曰杪。引申為秒忽之秒，言微渺如禾芒也。 時表以六十秒為分。度里亦以六十秒為分。
釐 平 厘 lí 音離。福也。又十毫為釐。分釐。釐卡。	里之切。釐，家福也，家居獲福曰釐。使人受福亦曰釐。算數以十毫為釐，十釐為分。英權釐曰格林，亦作克冷。一格令合中權一釐又七一四八。	錙 平 錙 zī 音菑。六銖也。錙銖。	側持切。
忽 入 忽 hū 音笏。驟也。又數之大於微者曰忽。忽然。忽略。	呼骨切。俄傾之間曰忽，漫不經心亦曰忽。又十微為忽，十忽為絲。	銖 平 銖 zhū 音殊。十分黍之重也。錙銖。銖兩。	市朱切。十黍之重為絫，十絫為銖，則一銖當重百黍，故十絫黍之重為銖。又訓鈍，楚人謂刀頓為銖。

鈞 平 钧 jūn 音均。三十斤也。洪鈞。陶鈞。	居匀切。權衡之法，三十斤為鈞。鈞與均通，故陶人名模下圓轉之器曰鈞，取周回調均之義。引申之，天之造物，猶陶之造瓦，故謂天曰洪鈞。	去 片 片 piàn 偏去聲。析厚使薄曰片。瓦片。名片。	匹見切。从半木，謂已判之木也。木經判必薄，故凡析厚使薄者皆曰片。
去 段 段 duàn 音緞。析物曰段。大段。地段。	丁亂切。椎物使之析也。引申之，物之已析者亦曰段。如體段、地段、條段之類。	上 顆 颗 kē 科上聲。猶粒也。顆粒。一顆。	苦果切。顆，小頭也。引申為凡小物一枚之稱。珠子曰顆，米粒曰顆是也。
匹 入 匹 pǐ 品入聲。配偶為匹。布匹。匹夫。	普吉切。古者束帛之製，二丈為端，二端為兩。兩謂之匹，言自其二端兩兩卷之。故凡取配偶之意者皆曰匹。	去 箇 个 个 gè 歌去聲。猶枚也。一箇。幾箇。	古賀切。竹梃自其徑直言之，竹枚自其圜圍言之，故一枚謂一箇。今俗言物數有云若干箇者。故數學自一至九謂之箇位。

般 平 般 pán bān 音蟠。旋轉曰般。般旋。同班。萬般。	布還切。象舟之旋。从舟，从殳。殳所以旋舟者也。引申為般旋不進之義。般遊、般樂皆本乎此。 又北潘切。與班同，齊等之貌。故俗稱物相等者曰一般。	疊 入 叠 dié 音牒。層絫曰疊。重疊。複疊。	徒協切。重日為疊，言疊絫也。絫者莫多於星。晶，古星字。
去 次 次 cì 音佽。亞於上者為次。次第。次序。	𣳫 七四切。古文象茅蓋屋之形。屋中位次，高下不同，故凡可止居者皆曰次，如師次、旅次之類。謂其倉猝投宿，不及精擇也。故急遽苟且又曰造次。	上 去 絫 平 累 累 lěi léi lèi 音壘。增益曰絫。 音櫐。同虆。 讀去聲。貽害曰累。	力詭切。隸變為累。算法：十黍曰絫，十絫曰銖。 力追切。係累，猶縛結也。 力僞切。害人曰累人，受人害曰受累。
層 平 层 céng 音曾。累而上者曰層。層次。第一層。	昨稜切。層，重屋也。凡物之重累者通曰層。	上 聚 聚 jù 徐上聲。由分而合曰聚。聚散。聚會。	在庾切。聚者，集之使不散也。故村落曰村聚，言民人聚集而居也。

番

平

番 fán fān

音煩,獸足也。音翻。遞更曰番。音波。勇皃。

附袁切。獸足為番。从采，象獸指爪也。从田，象其掌也。

孚袁切。更遞曰更番。又蠻夷曰番。今鷹洋來自墨西哥國，故曰番餅。

博禾切。《爾雅》：“番番，勇也。”

格

入

格 gé

音隔。物有定式曰格。格物。格式。資格。

古柏切。木長皃。謂其枝格相交，無不到也，故訓為至。此接於彼曰至，彼接於此曰來，故訓為來。至與來有一定之程，及其程曰入格，如資格、格正之格是也；不及其程曰扞格，如交格、格鬬之格是也。

套

去

套 tào

韜去聲。自外而圈之曰套。俗套。套頭。

叨號切。方言：不受人籠絡者曰不落套，簡畧時趨者曰脱套。又以外褂為外套，謂其套於袍之外也。

式

入

式 shì

音識。可資模範曰式。合式。樣式。

賞職切。凡可為法者皆曰式。叚借為試，試用也，故又訓為用。又與軾通。為車以揉其式，義取人所憑依而式敬也。

件

上

件 jiàn

乾上聲。分其條目曰件。名件。物件。

其輦切。分也，謂分其條件也。俗號物數曰若干件。

模

平

模 mó mú

音謨。製器之範曰模。規模。模樣。

莫胡切。模，規也，以木為之規也。引申之，凡可規仿者皆曰模。

去 樣 样 yàng 音漾。有範可指曰樣。榜樣。花樣。	弋亮切。	上 總 总 zǒng 音摠。聚而縛之曰總。總理。總統。	作孔切。悤有散意，糸以束之。《禮經》之"總",束髮也;《禹貢》之"總",禾束也。引申為凡兼綜之稱。
去 第 第 dì 音弟。次第也。又作但字解。門第。等第。	特計切。第者，秩然有序之謂。《漢書》:為列侯者"賜大第",言有甲乙次第也。叚借為發聲之詞，訓但也。	盈 平 盈 yíng 音贏。滿而不溢曰盈。盈虛。充盈。	以成切。从皿、从夃會意。夃，猶多也，故器中滿曰盈。推言之,凡充積者皆曰盈。算法:《九章》"盈縮",訓過曰盈，不及曰縮。
羣 平 群 qún 音帬。類聚曰羣。同羣。羣輩。	渠云切。獸以類聚曰羣，如《周語》"獸三為羣",《詩》"三百維羣"是也。引申為凡類聚之稱。	餘 平 余 yú 音余。過盈曰餘。盈餘。餘力。	以諸切。

卷三

色 入 色 sè 音嗇。青黄赤白黑也。面色。顔色。	殺測切。凡物有質必有色。惟白為正色，二色相合為間色。如紅、藍合為玫瑰紫色，紅、黄合為橘皮黄色，黄、藍合為橄欖緑色，各隨所間而成色者也。引申之，為色容之色。	蒼 平 苍 cāng 音倉。草色也。深青色曰蒼。蒼天。蒼生。	千岡切。《爾雅》：“春為蒼天。”言東方陽氣始發，其色蒼蒼然。故指為彼蒼。又草色之青蒼也。
紅 平 红 hóng gōng 音洪。色之淺於赤者曰紅。紅紙。紅布。	户公切。南方間色也。凡染絳一入謂之縓，縓即紅也，其色在赤、白、黄之間。假借為功，實為工。如《文帝紀》：“大紅十五日，小紅十四日。”即功義。如紅女下機，即工義。	藍 平 蓝 lán 音籃。染青色也。采藍。藍布。	魯甘切。藍分三種，蓼藍染緑，大藍如芥染碧，槐藍如槐染青。藍者，青之母也，故曰青出於藍而青於藍。
白 入 白 bái 音帛。西方色也。雪白。明白。	旁陌切。殷人尚白，白為物之正色，故从日。日未出平地時，其光恒白也。今吴俗語昧爽曰東方發白。又曰白晝、白日。轉注為白馬、白雪之白。引申為告白、明白之白。	赤 入 赤 chì 音尺。朱深曰赤。赤身。赤豆。	昌谷切。南方色也。南方盛陽，民多露體者，故引申為赤體、赤足之赤。 又周人尚赤。小兒初生，又曰赤子。

上 紫 紫 zǐ 音呰。青紅間色為紫。紫蘇。紫菜。	蔣氏切。紫與緑、紅、碧、騂黄為五間色，惟紫為最佳，視之若朱而實非。故《論語》“惡紫之奪朱”，譬惡僞之亂真也。	青 平 青 qīng 音鶄。色之出於藍者曰青。青菜。青蟲。	倉經切。青，生也。象物初生時色也，故人之年幼者曰青年。 古者以火炙簡令汗，取其易書，復不蠹，謂之汗青，又謂之殺青。故史書亦稱青史。
朱 平 朱 zhū 音珠。赤之深者曰朱。朱顔。楊朱。	鐘輸切。赤心木，松柏屬也。淺於絳而深於纁者曰朱。引申為朱紅之朱。叚借為邾。	黄 平 黄 huáng 音皇。中央色也。黄河。黄道。	胡光切。中央土，其色黄。 亞州除南洋羣島及印度外，皆為黄種。又日、月、五星所行之道，謂之黄道。
晳 入 晳 xī 音錫。人色白也。白晳。曾晳。	先擊切。晳與晢異義，从白者為白色之晳，从日者為明辨之晢。今誤作一字，非。	碧 入 碧 bì 音筆。深青色玉類也。碧玉。碧緑。	兵役切。从玉石，白聲。石之青美者曰碧青，言其既青且美，如碧樹之有光澤也。 又今俗呼樹之青者曰碧緑。

斑（平） 斑 bān 音頒。駁文也。斑點。爛斑。	布還切。色雜曰斑。《離騷》:“斑陸離其上下。”言色之錯雜也。故髮之色雜者亦曰斑。	素（去） 素 sù 音訴。白也。朴素。喫素。	蘇故切。物不加飾曰素。素者，空而無著之謂也，故訓為素餐之素。素者，又現在之謂也，故訓為素位之素。又訓謂平素之素。
玄（平） 玄 xuán 音元。天色也。玄色。玄妙觀。	瑚涓切。黑而有赤色者為纁，有黃色者為玄。玄，天體，故曰天玄而地黃。天微妙不可測也。又引申為玄妙之玄。	縞（上） 缟 gǎo 音杲。鲜色也。縞冠。縞帶。	古考切。繒之精白者曰縞。引申為縞素之縞。殷人尚白，故縞衣而養老。
黎（平） 黎 lí 音犁。黑髮之民也。黎民。黎庶。	隣溪切。履黏也。叚借為齊，故齊民亦曰黎民。又叚為黧，故黎民為黑髮之民也。又天比明曰黎明，謂視之雖明而仍暗也。	盧（平） 卢 lú 路平聲。土黑曰盧。蒲盧。	龍都切。黑色也。博棊之采，黑者曰盧。又盧，田犬也。叚借為黸，如盧弓、盧矢，即黸義。

去 絳 绛 jiàng 音降。大赤也。绛色。	古巷切。《爾雅》："三染謂之纁。"纁即絳也，今俗所謂大紅是也。	紋 平 纹 wén 音文。有條而不紊謂之紋。紋理。花紋。	無分切。錦、綺、黼、黻之文。秩然有章者曰紋。引申之凡有條理可尋者皆曰紋。
上　去 采 採彩綵 采 cǎi cài 音採。物彩也。將取也。彰采。采桑。音菜。采地。	此宰切。以五彩彰施於五色，五色相間即成彩，故彩、綵皆與采通。 又以手取物謂之采，故从手。引申之，為採風問俗之采。 又與菜通，讀倉代切，如采邑之采是。	去 麗 平 丽 lì 音隸。美秀也。美麗。秀麗。音離。高麗。	力霽切。从丽，从鹿。鹿之性見食急則必旅行，故古者麗皮為禮，蓋取夫婦並行之義。凡相並者必相坿，故叚為坿麗之麗。如日月麗乎天，百穀草木麗乎土是。 又隣溪切。離也。
上 染 染 rǎn 音冉。色之後加者曰染。染坊。習染。	而檢切。五色相間為染。青、黄、赤、黑皆由染而成。染者由白而加，至黑而極，如漸染、汙染之染皆同義。	上 鮮 平 鲜 xiān xiǎn 音仙。生魚曰鮮。新鮮。朝鮮。 音獮。罕也。乏也。	相然切。鳥獸新殺者曰鮮，庶物之初長成者亦曰鮮。鮮者文明之象，悦人心目者也，故曰數見不鮮。因轉注為鮮少之鮮，讀息淺切。

緇 平 缁 zī 音菑。帛之黑色者曰緇。緇衣。	側持切。緇，滓也。凡色之無可再染者謂之緇，故《周禮》以七入為緇。世稱奉佛者為緇流，以其常服緇布之衣也。	上 甜 平　餂 甜 tián 音餂。美也。甘也。甜糖。甜菜。 音忝。鉤取也。	徒廉切。物之甘美者曰甜。从舌，从甘，舌性喜甘也。古通餂，讀他點切。
去 絢 绚 xuàn 音眴。采成文曰絢。絢組。	許縣切。合五采而為之，其煊爛倍於常色。	鹹 平 咸 xián 音咸。北方味也。可以養脉。淡鹹。	胡嵒切。五行水性鹹，故古人因海水之鹹以煮鹽，所以備五味之和也。
去 黛 黛 dài 音代。可以代黑色者曰黛。青黛。粉黛。	待戴切。黑而有光者曰黛。黛，代也，言可以代黑而并使之光澤也。故女之用以畫眉者曰眉黛。	上 苦 苦 kǔ 音苦。南方味也。可以養氣。辛苦。窮苦。	孔五切。黃藥也，其味極苦。轉注為苦菜之苦。又轉為勞苦之苦。

辢 入 辣 là 音刺。辛甚曰辢。辢筴。辢醬。	盧達切。从束、从辛。束住辛味而不散，則辛益甚，故云辢。俗作辣。薑桂之性，老而愈辢。	去 臭 臭 chòu xiù 抽去聲。通於鼻者謂之臭。臭味。惡臭。	尺救切。臭者氣之總名，香氣、穢氣皆曰臭。《易》："其臭如蘭。"為氣之香者言之也。《禮記》："如惡惡臭。"為氣之穢者言之也。今俗通以臭味為惡味。
上 旨 旨 zhǐ 音指。甘美也。大旨。旨意。	職雉切。味甘曰旨。甘者意所適也，故轉注為意旨之旨。又轉為詔旨之旨。 今上以意諭下曰降旨，下承上意曰奉旨。	葷 平 荤 hūn 音薰。臭菜也。辛菜也。葷腥。喫葷。	許云切。葷味屬辛，葱、蒜之屬皆是。俗以牛、羊、豕為大葷。
腥 平 腥 xīng 音星。肉之未熟者曰腥。腥氣。葷腥。	桑經切。凡生肉曰腥，以其未經烹飪，而猶存腥穢之氣也。腥臊之腥同。	去 味 味 wèi 音未。滋味也。有味。無味。	無沸切。飲食之味也。五色由五行而生，金辛味，木酸味，水鹹味，火苦味，土甘味。

卷三

上

冕

冕 miǎn

音免。大夫以上之冠曰冕。冠冕。冕旒。

美辨切。黄帝始作冕，其制以木為幹，前後垂珠。廣八寸，長倍之。前圓後方，前下後高，有俛伏之形，故曰冕。俗謂平天冠。

平

旒

旒 liú

音劉。垂於冕者曰旒。垂於旌旗者亦曰旒。冕旒。垂旒。

力求切。連綴兩旁者也。故綴於旌旗之兩旁者，與綴於冕之前後者，皆曰旒。旒有贅累之象，故謂物之無足重輕者為贅旒。

去

弁

弁 biàn

音汴。古禮冠之名。皮弁。弁冕。

毗面切。弁之為言攀也，所以攀持其髮也。古者有重禮則服之。弁以冠首，故軍中稱將校曰弁，以其為曹伍之首領也。

平

纓

纓 yīng

音英。冠系曰纓。帽纓。纓冠。

於京切。纓以二組為之，上連冠武，下結於頤下。

又飾車馬之革也。削革而塗以采，纏諸馬膺，謂之游纓。飾諸車則曰繁纓。

今俗謂冠頂之朱絲曰纓。

去　平

冠

冠 guān guàn

音官。首服曰冠。衣冠。冠冕。

官去聲。加冠於首曰冠。弱冠。冠軍。

沽歡切。冠所以韜髮也。从冖、从元，示在首也；从寸，示有定制也。

古玩切。古者二十始加冠，故二十曰弱冠。冠加衆體之上，故加出人上者皆謂之冠，如冠軍、冠羣之冠是。

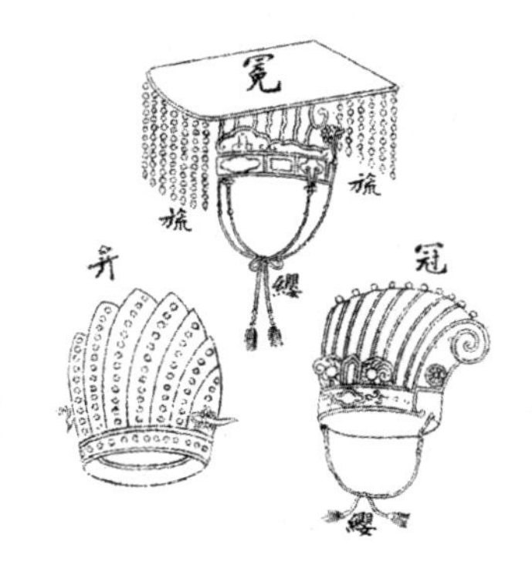

去 帽 帽 mào 音裼。常服之冠曰帽。帽子。衣帽。	莫報切。頭衣也。古者有冠而無帽，惟小兒及蠻夷用之。帽，冒也，所以冒首也。今稱朝冠曰朝帽，公服之冠曰緯帽，常服之冠曰小帽。其制則有涼暖之别。	
笠 入 笠 lì 音力。冠之四敞者曰笠。箬笠。旃笠。	力入切。笠所以禦暑雨也。以竹為之者，有柄曰簦，無柄曰笠。以旃為之者曰斗笠。	

去 衣 平 衣 yī yì 音依。所以蔽體者曰衣。衣裳。 依去聲。著衣曰衣。	於希切。人所被服也。上曰衣，下曰裳。 於既切。被衣於身也。	服 入 服 fú 音伏。衣裳曰服。服其衣裳即曰服。華服。服勞。	房六切。夾舟之木也。引申之，夾輈之馬曰服馬，夾身之衣曰衣服。馬與衣皆為人之所用，故用物曰服用，為人所用曰服事。叚借為佩服之服。古分天下為五服，言皆服從王化者也。

上 衮 衮 gǔn 音滚。王公之祭服曰衮。龍衮。衮衣。	古本切。衮，繡衣也。其制卷龍繡於下幅，一龍蟠阿上向。為天子享先王所服，餘惟上公始得服之，故从衣、从公。	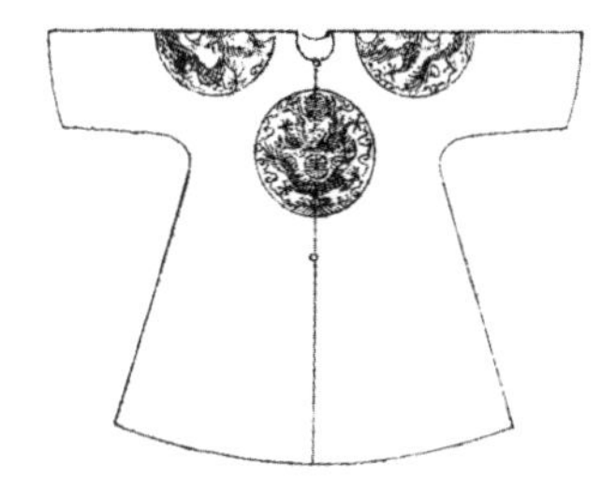
裘 平 裘 qiú 音求。皮衣曰裘。狐裘。	求渠尤切。取獸皮以製衣謂之裘。古文象形。古者裘皆外毛也。	
袍 平 袍 páo 音軳。表衣曰袍。蟒袍。袍套。	蒲褒切。長襦也。衣之下及跗者曰袍。袍，苞也，所以為内衣之苞也。今稱共事之人曰同袍，本《詩》“與子同袍”之義。謂情誼交孚，有輕裘與共之義者也。	

衫

平

衫 shān

音杉。單衣曰衫。汗衫。藍衫。

師銜切。中衣也。又為衣之通稱。今稱單袷之表衣曰衫。

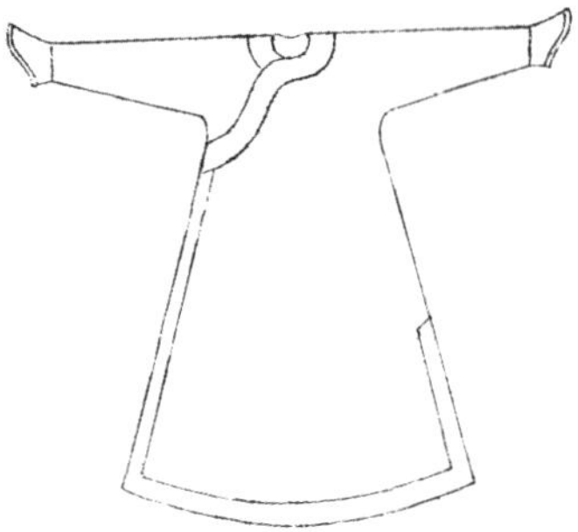

袷

入

夹 jiá 袷 jié

音夹。夹衣曰袷。單袷。音刼。領衣曰袷。曲袷。

訖洽切。衣有表裏而不著絮謂之袷。
居怯切。交領也。《禮》:"視不上於袷。"言視人者視其領而止，不注目相對也。

褻

入

亵 xiè

音薛。親狎曰褻。褻衣。褻瀆。

先結切。褻，中衣也。引申之，晏居之服曰褻服，親而不敬曰褻狎。

襯

去

衬 chèn

音櫬。著身之衣曰襯。襯衫。陪襯。

初覲切。襯，小衣也。襯為外衣之藉。故藉亦謂之襯，如襯墊、襯託是。

襲

入

袭 xí

音習。重衣曰襲。襲裘。鈔襲。

席入切。襲，重也。衣上下具曰一襲，重疊之衣曰襲。凡鈔襲、世襲，皆以重為義。又掩人之不備而取之曰襲。

字	釋義	字	釋義
衲（入） 衲 nà 音納。僧衣曰衲。百衲。破衲。	奴答切。補紩也。今稱僧衣為衲，因為集紩所成也。	衽（去） 衽 rèn 音妊。衣襟曰衽。左衽。斂衽。	如鴆切。衣裳之幅相交接處也，故凡合縫之處皆曰衽。
褐（入） 褐 hè 音曷。毛布之衣曰褐。短褐。氈褐。	何葛切。褐以獸毛為之，而與氈異。氈椎結而成，褐則織為布也。引申之，以褐製衣亦謂之褐。	袂（去） 袂 mèi 音襪。衣袖曰袂。把袂。投袂。	彌蔽切。
襟 衿（平） 襟 jīn 音金。交衽曰襟。披襟。聯襟。	居吟切。襟，禁也。交於前，所以禁禦風寒也。襟當胸前，故胸懷亦曰襟懷。俗作衿。		

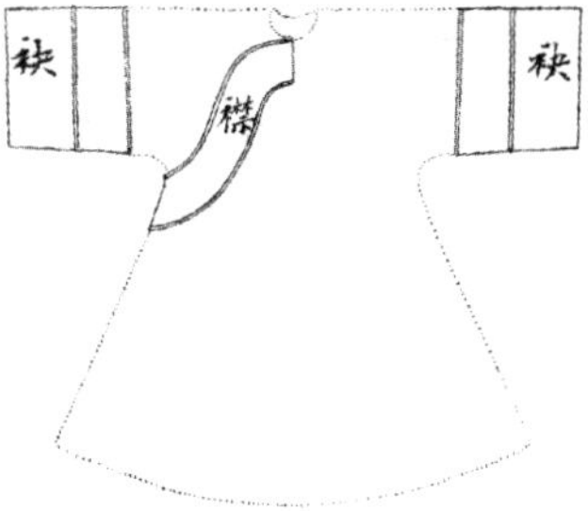

去 褎 袖 袖 xiù 音岫。衣之容手處曰袖。音狖。盛也。	似救切。袂也。又余救切。盛飾也。袂所以為飾，故謂盛飾為褎。又引申之凡盛曰褎，如《詩》“實種實褎”是。	幅 入 幅 fú 音福。布帛之廣也。一幅。邊幅。	方六切。布帛廣二尺二寸為幅。引申為幅員之幅，謂地之寬廣處也。又申為邊幅之幅，言人宜不越規矩，猶布帛之不失尺寸也。
蓑 平 蓑 suō 音莎。草衣曰蓑。披蓑。蓑笠。	蘇和切。析草為衣，所以禦雨也。		
裳 平 裳cháng shang 音常。下服曰裳。冠裳。衣裳。	陳羊切。裳，下衺也。天子之裳，繡宗彝、藻、火、粉米、黼、黻。衣則繪，裳則繡也。今朝服中有朝裙，猶有裳之遺意。	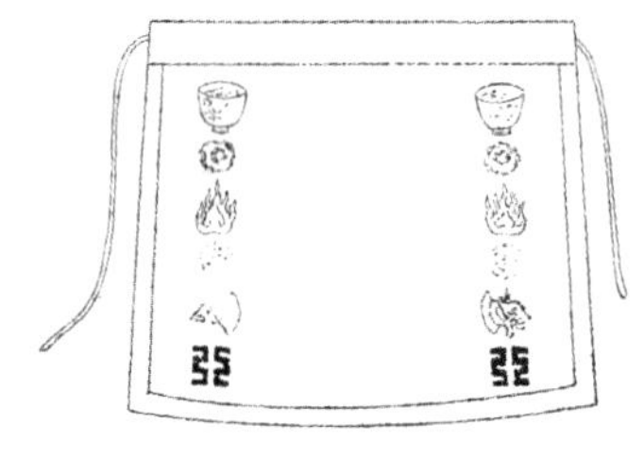	

平　帬裙

裙 qún

音羣。下裳曰裠。朝裙。羅裙。

衢云切。羣也，聯接羣幅也。古者男女皆衣裠，今女則有之，而男子惟有朝服之朝裠，兵卒之戰裠。

上

履

履 lǚ

音里。皮履曰履。冠履。履歷。

良以切。古稱舄曰屨。漢以後曰履。履者，踐地之具也，故引申為踐履之履。又申之，所履之界即曰履，如《左傳》“賜我先君履”是也。

舄

入

舄 xì

音昔。履之複底者曰舄。履舄。鳳舄。

思積切。古鵲字。象形。經典皆叚為履舄之舄。

去

屨

屨 jù

音句。履之麤者曰屨。草屨。

居御切。漢以前複底曰舄，單底曰屨。漢以後曰履。今曰鞵。又製以絲者曰履，以麻曰屝，麤者曰屨。引申謂所踐曰屨，與履通。

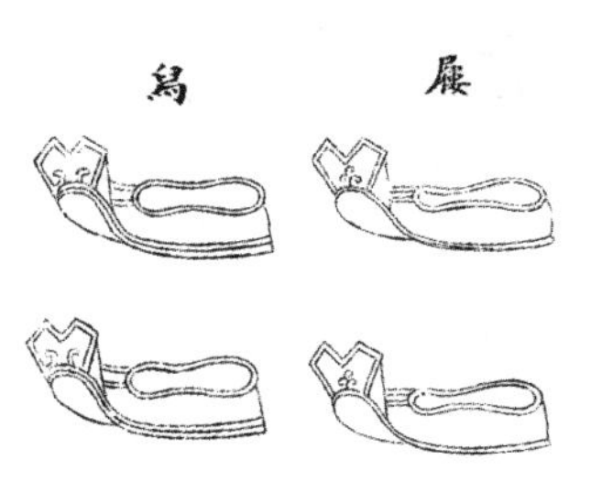

韡

平 靴

靴 xuē

音㧁。履之上屬脛者曰韡。韡帽。蠻靴。

許茄切。鞮屬。胡服也。趙武靈王始服之，而製以革，後乃用布帛。凡長而上屬於腓者謂之韡，僅護踵趾謂之鞋。

鞵

平 鞋

鞋 xié

音膎。革履曰鞵。鞵襪。草鞋。

户佳切。鞮也，以革為之。引申之，以草為履曰芒鞵，以椶梠皮為履曰椶鞵。通作鞋。

被

上 去 平

被 bèi pī

音罷。寢衣曰被。被褥。音髮。覆也。音披。荷衣曰被。被裘。

部靡切。覆身之衣曰被。覆之亦曰被，如被召、被德之被。讀皮義切。攀縻切。加衣於身而不帶謂之被。

屐

入

屐 jī

音劇。木履也。木屐。

竭戟切。屩也。製以木為之，前後施兩齒，所以踐泥。為山行及雨行之用。

衾

平

衾 qīn

音欽。大被曰衾。衣衾。衾枕。

祛音切。衾所以斂屍，具廣五幅。君錦衾，大夫縞衾，士緇衾。衾亦被也，故寢衣亦曰衾。

褥 入 褥 rù 音辱。茵也。坐褥。褥子。	如欲切。藉也。藉之以坐者，在車曰茵，在席曰褥。藉之以卧者，寢衣之類，所覆曰被，所藉曰褥。	去 帨 帨 shuì 音税。女子之佩巾曰帨。綵帨。	輸芮切。巾也。古者女子生，則設帨於門右，以示事人之意。蓋巾為通稱，故帨亦曰巾。帨為女子所獨用，故巾不能稱帨也。
去 佩 珮 佩 pèi 音悖。玉之垂於帶者曰佩。玉佩。佩服。	步昧切。古者以玉為佩，天子佩白玉，諸侯佩山玄玉，大夫佩水蒼玉，世子佩瑜玉，士佩瓀玟。佩無故不去身，故引申為佩服之佩，示斯須勿忘之意也。	 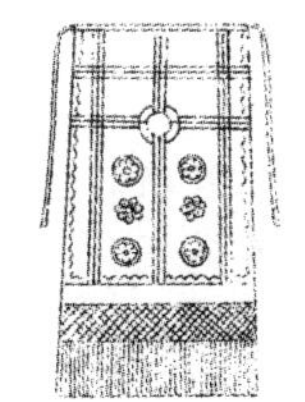	
巾 平 巾 jīn 音衿。佩巾也。手巾。巾箱。	居銀切。从冂，丨象系也。佩巾本以拭汗，後人以之裹首，謂之幘巾。	去 帕 入 帕 pà mò 音怕。手巾曰帕。手帕。音陌。首巾曰帕。帕首。	普駕切。又莫白切。巾也，佩之曰手帕，纏諸首曰首帕。亦謂之抹額，軍服也。以紅綃為之，猶巾之為幘也。

上

黼

黼 fǔ

音甫。白與黑相次為文曰黼。黼座。黼黻。

匪父切。黼文如斧形，色半白黑。白其刃，黑其身。繡之於裳，或畫之於扆，所以示有斷制也。黼黻所以為文飾，故假為文飾之義，如黼黻昇平是。

上

綬

绶 shòu

音受。繫印之組曰綬。璽綬。綬帶。

是酉切。綬受也，所以承受印環也。秦廢韍佩，乃以采組為綬。長一尺二寸，廣三尺。後遂為職官之章服。

黻

韍　入

黻 fú

音弗。黑與青相次成文曰黻。黻冕。黻珽。

分物切。黻文作[illegible]，如兩己相背。色以青黑，繡之於裳，或於冕，示有辨別也。又素韠曰黻，蔽膝也。

上

組

组 zǔ

音祖。織絲曰組。織成如綬者亦曰組。組紃。

總五切。組紃皆綬屬，今所謂絛也。薄闊者為組，似繩者為紃。組之小者，古以為冠冕之纓。

紳

平

绅 shēn

音申。大帶之垂者曰紳。書紳。紳士。

升人切。以帶束腰，垂其餘以為飾，謂之紳。紳為在位者之服，故稱士大夫曰縉紳先生。今稱在任之官曰官，在鄉里之官曰紳，義本此。

緣 去 平

缘 yuàn yuán

音願。衣之邊飾曰緣。緣飾。
音沿。事之所因曰緣。因緣。

余絹切。衣純也。緣在衣領袂口者曰純，在裳側者曰綼，其下者曰緆，在冠者曰紕，在屨者亦曰純，皆緣也。俗所謂花邊、繡邊是也。引申之，飾緣於衣亦曰緣。因謂凡循行者曰緣。
余專切。因也。引申為夙緣、緣分之緣。

帛 入

帛 bó

音白。繒之厚者謂之帛。玉帛。

薄陌切。繒、幣、帛皆以絲為之。繒者為幣帛之總稱。幣帛之分，則幣文而帛質也。古皆以為贈勞賓客及薦玉之用。

鈕 上

钮 niǔ

音狃。聯物之環曰鈕。樞鈕。鈕扣。

女九切。印鼻也。印鼻有環，可鉤連以為佩。故凡鉤環相屬處皆曰鈕，如窗鈕、衣鈕等是。衣鈕亦曰鈕扣，所以聯固衣襟也。

綾 平

绫 líng

音陵。繒之薄者曰綾。綾紈。素綾。

力膺切。綾，文繒也。質細而薄，故東齊謂布帛之細者皆曰綾。

幣 去

币 bì

音弊。繒之繡者謂之幣。幣帛。錢幣。

毗祭切。凡玉馬之衣、圭璧之帛皆曰幣。皆繡帛也。
段借為贅。贅者，泉貨之總名。所以通貨物、易有無者也。經傳皆以幣為之。

羅 平

罗 luó

音蘿。繒屬之疎者曰羅。綾羅。張羅。

朗何切。以絲罟鳥謂之羅。其目甚疎，故引申之，謂帛文之疎者為羅。又為羅列、羅致之羅。言所得者多，猶張羅而取之也。

綢 平 绸 chóu 音儔。以蠶絲織成者曰綢。紡綢。綢繆。	陳留切。綢者，緜密周致之意。後世以繒帛之類為綢，亦以其細密也。引申謂情之親密者為綢繆。	上 錦 锦 jǐn 音磔。五色絲織成文章者曰錦。織錦。錦匣。	居飲切。錦者，襄五色以成文者也。錦繡之類皆足以飾物之觀瞻。故喻人物之美者，多以錦繡為喻，如錦心繡口、錦繡河山是也。
去 絹 绢 juàn 音狷。生帛曰絹。羅絹。畫絹。	規椽切。繒之屬以熟絲為之，絹之屬則以生絲為之。比繒較厚而疏。	去 布 布 bù 音捬。以植物之絲織成者曰布。織布。布施。	博故切。古者以麻紵葛為布，今多以木棉為之。凡言布者，皆取絲於植物者也。 叚借為施布、展布之布。布者，敷行之意。故古時貨幣之名，藏者曰泉，行者曰布。
紗 平 纱 shā 音沙。絹屬之輕者曰紗。縐紗。紡紗。	師加切。凡絲已紡而成者謂之紗。故織紗成帛，即以紗名。紗之縐者曰縠，縠之輕者曰紗，其成皆以蠶絲。今別有以棉紗織成者，謂之紗布。	去 縐 绉 zhòu 音皺。絺之細者曰縐。縐布。湖縐。	側救切。絺者以葛為之，其精尤細靡者則謂之縐。縐者，蹙也。言織縷之蹙密也。故吳中稱浙湖所織絲綢曰湖縐，亦曰縐紗。

絨

平 狨

绒 róng

音戎。以毛織成之布曰絨。絲絨。絨線。

而中切。絨、狨二字通用。狨，寓屬獸名，其毛柔軟，可以為布，故亦謂之絨。因亦稱細布為絨也。

縷

上

缕 lǚ

音僂。綫也。絲縷。縷述。

力主切。凡麻、葛、絲之綫皆曰縷。引申為覼縷之縷。謂宛轉委曲，若絲縷之柔而不絶也。

綸

平

纶 lún

音倫。青絲綬也。絲綸。綸音。

龍春切。綬屬也。秦漢百石官佩綸。非經緯織成，但合青絲繩辮糾之，所謂宛轉繩也。綸之言倫，言其作之有倫序，故引申為經綸之綸。又《禮》：“王言如絲，其出如綸。”後世因稱君言曰綸，亦曰綸綍，皆有條不紊之意也。

絲

平

丝 sī

音思。蠶所吐也。新絲。絲竹。

新茲切。蠶吐絲而成繭。蠶者復抽繭出絲以織衣服。絲以中國為最良，故今為出口之大宗焉。

八音之一為絲聲。以琴瑟之類皆以絲為弦，故云。

又量名，十忽為絲，十絲為釐。今稱物至微者為一絲，則極言其細也。

緡

平

缗 mín

音民。絲繩也。緡錢。

彌鄰切。釣魚之繫也，以絲為之。江東謂貫錢繩曰緡。亦叚為緜。如緡蠻是。

緜

平 綿

绵 mián

音眠。絮之精者曰緜。纏緜。緜絮。

莫堅切。凡絮，麤者曰絮，精者曰緜。緜从帛、系會意。謂帛絲之細而連系不絶者也。通作綿。絲細必密，故引申為綿密、纏綿之綿。細又近弱，故引申為綿薄之綿。絲連必長，故引申為綿長之綿。

去 絮 絮 xù 音稰。緜之麤者曰絮。絲絮。緜絮。	息據切。絮劣於緜。今以新絮為緜，舊綿為絮。俗謂緜絮之類為衣胎，謂裝於衣中者也。近多以棉花彈和裝衣者，謂之棉絮。	去 纊 纩 kuàng 音曠。綿也。纊纊。纊繒。	苦謗切。
棉 平 棉 mián 音緜。植物之花可以為布者曰棉。棉花。木棉。	彌延切。木棉有草、木二本。木本出交趾等處，樹高丈餘，中國罕有其種。今江南所植，皆草本也。亦名吉貝。以春二三月下種，至秋生黄花結實。及熟時其皮四裂，其中綻出如綿。緝以為布，行消甚廣。產美洲者尤良。		
葛 入 葛 gě 音割。草之可為絺綌者曰葛。葛衣。瓜葛。	居曷切。葛有野生、家生二種。其蔓延長，取治可作絺、綌、巾、屨之服。其根可以療病。葛與瓜並為引蔓纏繞之草，故引申謂事之煩繞者曰糾葛，屬之緜遠者曰瓜葛。		

飾 入 饰 shì 音識。加文於質曰飾。首飾。飾觀。	賞職切。飾者，㕞也。从人、巾會意，食聲。凡物㕞其塵垢，即所以增其光采。故引伸為裝飾之飾。	笄 平 笄 jī 音雞。簪之通稱。及笄。	堅奚切。笄有二種：一為安髮之笄，古者男女皆用之。一為連冠之笄，用於弁者，則惟男子有之。今惟婦人用笄。 女子十五許嫁，則笄而醴之。笄者，系笄於冠，亦猶男子之行冠禮也。
兜 平 兜 dōu 鬭平聲。帽之有耳者或披者為兜。風兜。兜頭。	當侯切。兜鍪，首鎧也，古謂之胄。兜者，蒙冒之意。胄所以蒙冒其首，故謂之兜。後世稱帽之有耳或披者為兜，亦以蒙首為義。引申謂以巾蓋物為兜。	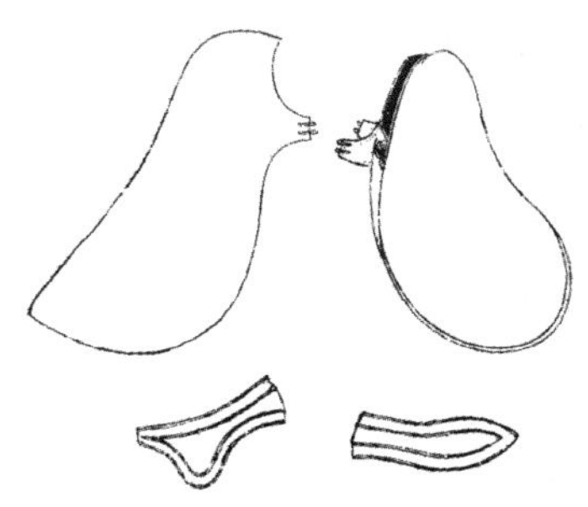	
去 髻 髻 jì 音計。盤髮為髻。寶髻。	吉詣切。髻，總角也。古時男女通稱之。今惟婦女盤髮為妝，故專屬之女也。		

簪

平

簪 zān

音瓚。連冠之笄曰簪。玉簪。

緇深切。古文作兂。象形。俗从竹，朁聲。簪，首笄也，所以連冠於髮者。古者命服，簪纓皆有定制，故謂貴顯之家為簪纓。

釵

平

釵 chāi

音叉。歧笄曰釵。裙釵。釵釧。

初佳切。釵，笄也。兩股歧出，象叉之形，故字從叉。

玦

入

玦 jué

音决。佩玉如環而缺者曰玦。玉玦。

居穴切。玦，玉佩也。古者君所以命臣之瑞，故逐臣待命於境，賜環則返，賜玦則絶。義取決絶，示缺而不可完也。

釧

去

釧 chuàn

音竄。臂環曰釧。釵釧。

樞絹切。釧，亦謂之條脱，所以纏臂為飾者也。其制金玉不一。古者男女同用，今惟女飾有之。

環 平 环 huán 音還。耳飾曰環。玉環。環球。	胡關切。環，璧也。《爾雅》："肉倍好謂之璧，好倍肉謂之瑗，肉好若一謂之環。"謂其孔及邊肉大小適等也。引申謂刀本為環。又俗謂耳飾及約指者為環，皆以形圓類環也。又申為環繞、圍環之環。	
鐲 入 镯 zhuó 音濁。俗謂釧為鐲。鉦鐲。手鐲。	直角切。鐲，鉦也。形如小鐘。古者行軍，用以節鼓。俗假以為約腕者之名。	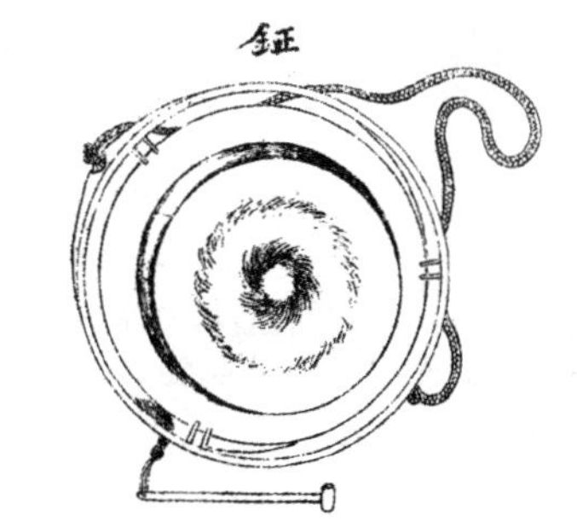
上 寶 宝 bǎo 音保。珍也。寶石。寶貴。寶星。	補抱切。西國寶星之制，製造最精。鑲嵌珠寶貴重之物，以贈賜鄰邦之君及本國、外國之臣。亦如中國之以翎頂為名器也。光緒七年，國家仿而行之，造頭、二、三等各三種，四、五等各一種，專為贈鄰君、賜外臣之用。	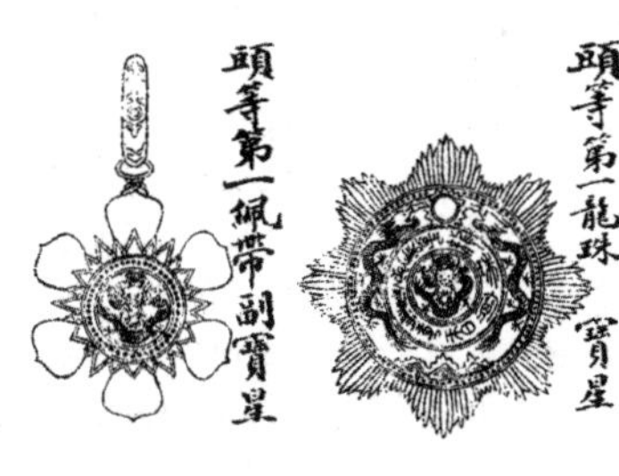

珠 平 珠 zhū 音朱。介蟲陰精所結者曰珠。又凡顆粒成圓者多以珠名。珠玉。朝珠。	專于切。珠多生於蛤殼。因其殼内常有沙石屑漏入，則其體恒覺不適，乃發出精液以附之，令其滑潤，久之遂成珍珠。因其精液層叠附外，故光彩煥發，為世所寶。歷代多有采珠之禁。今惟東珠獨為御用。	朝珠	
璣 平 玑 jī 音機。珠不圓者曰璣。珠璣。璣衡。	居希切。古者正天文之器曰璿璣，曰玉衡。璣為轉運，衡為横簫，運璣使動。璣徑八尺，圓周二尺五寸而强。衡長八尺，孔徑一寸，下端望之，以占星辰吉凶之象。	瑶 平 瑶 yáo 音遥。石之似玉者曰瑶。瓊瑶。	餘招切。石之美者也。
玉 入 玉 yù 音獄。石之美者曰玉。石。寶玉。	王 虞欲切。象三玉之連。丨，貫也。玉有五德，潤澤以温比於仁，䚡理自外比於義，舒揚遠聞比於智，不撓而折比於勇，鋭廉不忮比於潔，故古人常佩之，以比德也。引申為玉貌、玉音之玉，一比玉之白，一比玉之德也。	璞 入 璞 pú 音樸。未治之玉曰璞。璞玉。	匹各切。凡玉雕琢之則成器而有光彩，未琢則樸素而無華，故謂之璞。引申為歸真返璞之璞。亦樸而無文之意也。

卷三

平

璋 zhāng

音章。半圭為璋。圭璋。弄璋。

諸良切。剡上為圭，半圭則為璋。古者生男子則弄之璋，明其温潤，主比德也。故後世謂生子為弄璋。

璧

入

璧 bì

音辟。玉之琢而圜者曰璧。圭璧。

必歷切。璧，瑞玉也。圜以象天。《爾雅》：“肉倍好謂之璧。”謂邊大孔小也。引申為璧人之璧，猶言其人如玉耳。

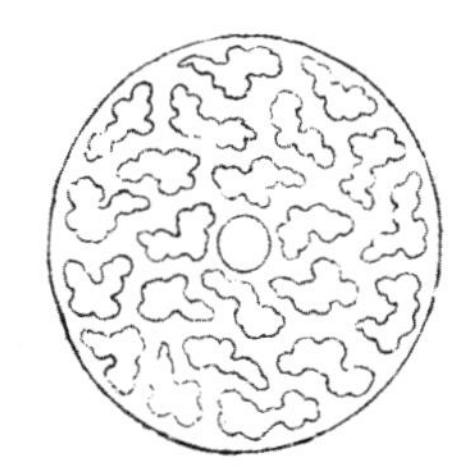

琉

平

琉 liú

音留。似石而具十色者為琉璃。琉璃廠。琉球。

力求切。琉璃亦作流離，言其流光陸離。本質似石，具赤、白、黄、黑、青、緑、縹、緲、紅、紫十色，光彩踰於衆玉。意大利、印度等處産之，此真琉璃也。今俗所用者，則消冶石灰，以藥點而成之，實玻璃類也。

珍

平

珍 zhēn

音真。物之可貴者曰珍。珍寶。珍重。

陟鄰切。

珊

平

珊 shān

音珊。海底微蟲所結成者為珊瑚。可以刻琢為器，世所寶貴。珊瑚蟲。

師姦切。

珊瑚，古以為石或樹類，此臆説也。泰西格致家考得此物，實為一種微蟲所結而成。先成白色之質，其形或如菌，或如背陰草，或如小樹。其質硬，内多小孔，每孔内皆有小蟲。乃此蟲在海水内或海底之土石内，取料凝結成珊瑚質。積數百年，能從海底高至海面。其質内多含石灰，行船撞之，最為危險。漸有植物質生於其面而成海島，即謂之珊瑚島。太平洋中此島甚多。

瑚

平

瑚 hú

音胡。珊瑚也。又殷代盛黍稷之玉器曰瑚。

洪孤切。

瑜

平

瑜 yú

音俞。玉之美者。瑾瑜。

雲俱切。

瑕

平

瑕 xiá

音遐。玉有釁曰瑕。微瑕。瑕瑜。

何加切。瑕，玉小赤也，如赤瑕、瑕英等是，皆美玉之赤者。引申之，謂白玉之有釁者為瑕。以白為玉之正色，有釁則不純也。

去

玷

玷 diàn

音坫。玉有疵累曰玷。玷辱。

都念切。玉病也。玉體最潔，有病則為玷。故引申之，凡潔質而受汙者皆曰玷。

去

貝

贝 bèi

音背。海中介蟲也。古代錢以為用。乾貝。寶貝。

邦昧切。貝，水蟲也，甲有文章。古未有錢，取其甲以為用，故於文，主用錢者皆从貝。至秦始廢貝而行錢。今澳洲、斐洲土民尚有以海肌代錢者，即貝也。亦謂之螺殼錢。

去

貨

货 huò

火去聲。財也。物之可易財者亦曰貨。貨布。進貨。

呼卧切。古者金、玉、龜、珠、泉、貝之屬皆謂之貨。《洪範》八政“二曰貨”，此用貨之始也。周景王始鑄大銅錢，文曰寶貨。其後以貨名錢者甚多。引申為貨物之貨。

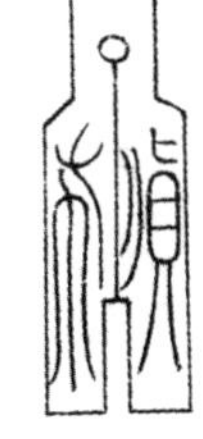

上

錢

平

钱 jiǎn qián

音翦。古田器也。錢鎛。音前。貨泉之名。金錢。

子踐切。銚也。
才先切。古者謂錢為泉，秦始稱錢。中國向用銀。所鑄錢，多銅質者。通商之後，行用洋錢，即墨西哥之銀錢，名秘瑣者也。近年亦自鑄銀錢為用，俗謂之龍洋。各國錢法，則有金、銀、銅三等，而主金者居多。

鈔 平 钞 chāo 音䜈。楮之代錢者曰鈔。鈔票。鈔寫。	楚交切。鈔，叉取物也，引申為查鈔、鈔寫之鈔。皆以取為義。又楮貨之名。宋時有交子法。女真以銅少仿行之，名曰鈔引，專置交鈔庫官以主之。今中西並行，謂之鈔票。惟限制不嚴，則易滋流弊也。	財 平 财 cái 音裁。人所用者曰財。財主。貨財。	牆來切。
錯 去 入 错 cuò 音厝。以金塗物曰錯。金錯。錯綜。音措。置而不用也。舉錯。	七各切。金涂曰錯，謂以金交錯其上也。故引申謂錯綜之錯。假借為舉錯之錯，讀倉故切。	賄 去 贿 huì 音悔。財也。又以財賂人也。行賄。	為猥切。
鎰 入 镒 yì 音逸。金之數也。萬鎰。	弋質切。鎰，二十兩也。或曰二十四兩為鎰。	賂 去 赂 lù 音路。以財私人曰賂。賄賂。	魯故切。

去

器

器 qì

欷去聲。所以盛物者曰器。又用物之總名。器具。機器。

去冀切。凡器有所盛者曰器，無所盛者曰械。器所以容物，故引申為器度、器量之器。人生日用，莫重於器，故又申為器重之器。

入

物

物 wù

音勿。凡生天地之間者皆曰物。萬物。物質。

文拂切。《說文》："牛為大物。天地之數起於牽牛，故從牛。"勿聲。凡物分三大類：有生有死而能自動者曰動物，人與禽獸是；有生有死而不能自動者曰植物，草木類是；無生無死並不能自動者曰礦物，金石類是。

上

匾

匾 biǎn

編上聲。室中題額曰匾。堂匾。匾對。

補典切。

上

几

几 jǐ

寄上聲。人所凭者曰几。茶几。几杖。

居里切。象形。坐所凭也。古者大夫致仕，必用几杖，蓋以扶助衰老便憩息也。其製長五尺。今稱圓者方者為桌，長者為几，猶略沿古意。

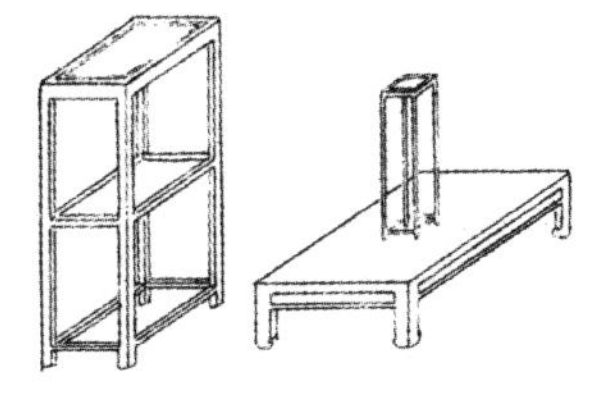

去 案 案 àn 音按。几亦曰案。几案。案件。	於幹切。案，几屬，上有四圍，足高十有二寸。古者以案承棗栗之屬，今之上食木檠似之，惟無足耳。俗謂所凭之几為案，叚借為案牘、案卷之案，謂可按其事而求之者也。俗因以讀書之桌為書案，辦公之桌為公案。	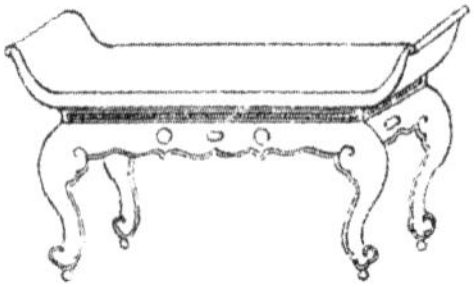
桌 入 桌 zhuō 音涿。几案之總稱。桌椅。	側角切。	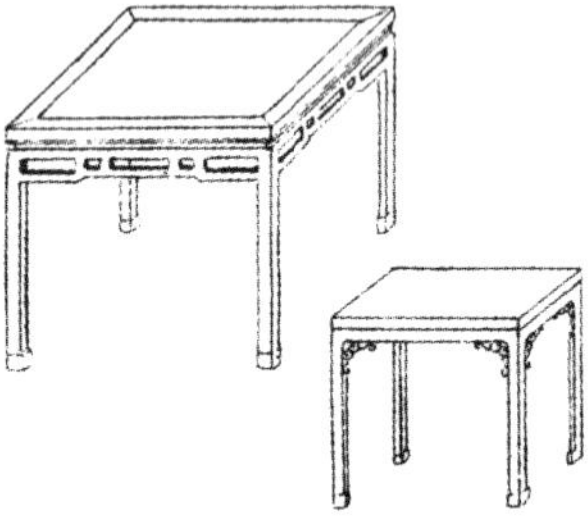
上 椅 平 椅 yī yǐ 音猗。木名。椅桐。 音倚。坐具後有倚者曰椅。圈椅。椅子。	於宜切。樹之梓實而桐皮者曰椅。 隱綺切。	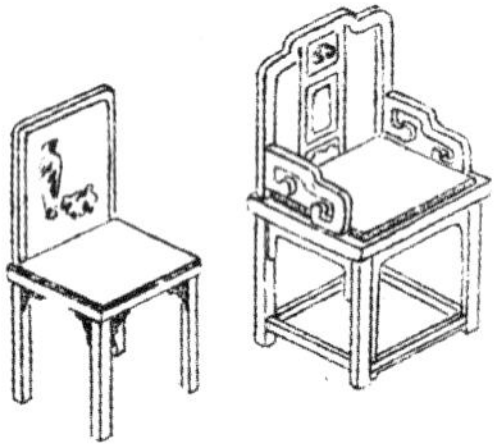

去 凳 凳 dèng 音鐙。几屬，人所坐者。檯凳。鼓櫈。	丁鄧切。	
牀 平 床 床 chuáng 狀平聲。人所卧者曰牀。鐵牀。牀榻。	助莊切。牀，俗作床，卧具也。人卧則安，故引申之，凡可以安物者多以牀名。如臼牀、墨牀等是。	
榻 入 榻 tà 音塌。牀之狹而長者曰榻。卧榻。羅漢榻。	託甲切。	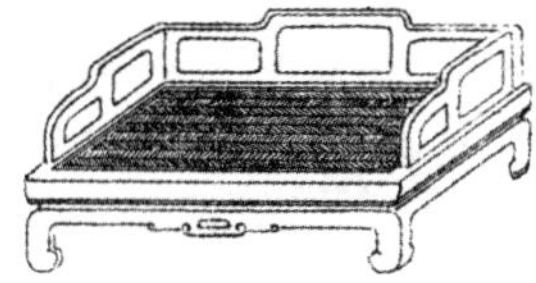

去 炕 炕 kàng 音抗。北地煖牀曰炕。火炕。炕牀。	口浪切。北地以土為牀，冬日苦寒，空其下以舉火，名之曰炕。今他處以木為之，亦曰炕牀。	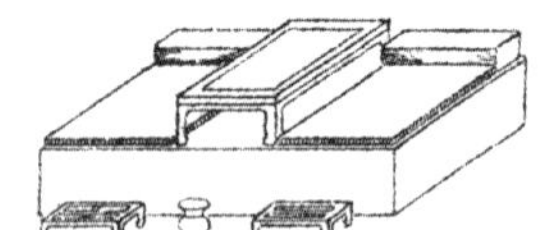
上 枕 枕 zhěn 斟上聲。卧以薦首者曰枕。攲枕。枕席。	章荏切。睡必用枕，使首略高於身，則血不注於首，而無頭疼之患也。	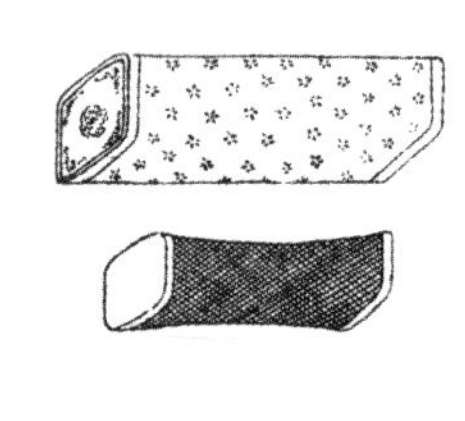
席 入 席 xí 音夕。坐卧之具。竹席。席上。	祥亦切。席，藉也，所以藉物者也。古者筵席之分，初在地一重謂之筵，重在上者謂之席。又設之曰筵，坐之曰席。今施於床以卧人者亦曰席。	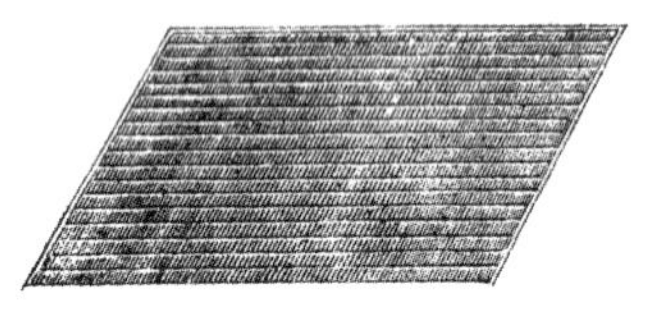

帷 平 帷 wéi 音為。四旁圍障者曰帷。幨帷。帷薄。	于媯切。帷，古文作匩。匩，圍也，所以自障圍也，其用圍於四旁而不及上下。一説四旁及上曰帷。	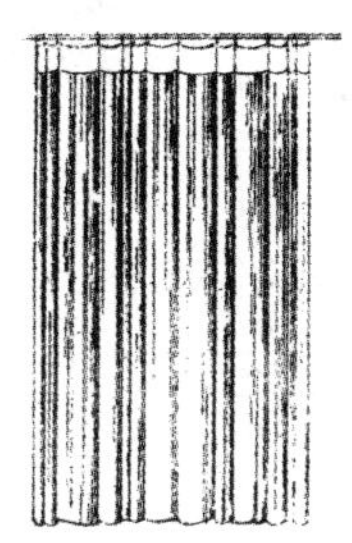
去 帳 帐 zhàng 音脹。凡以布障蔽者皆曰帳。蚊帳。帳幔。	知亮切。帳，張也。張之以為幬蔽，俗以為帷幄之通稱。叚借為帳簿、帳籍之帳，所以便會計者也。	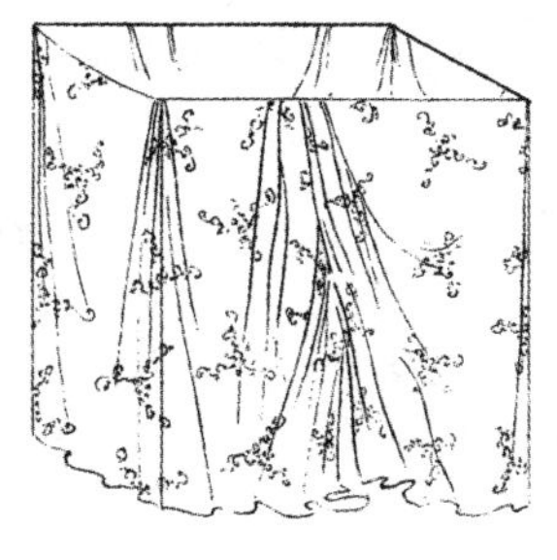
幄 入 幄 wò 音渥。合帳象宮室者曰幄。帷幄。幄幕。	乙角切。幄，帳也。从巾、屋會意，言其巾周於上下四旁，有如屋也。	去 幔 幔 màn 音縵。張布於上者曰幔。堂幔。
		莫半切。幔，幕也。在旁曰帷，在上曰幔。俗亦以帷為幔。

簾

平

帘 lián

音廉。所以障風日者曰簾。竹簾。簾鉤。

離鹽切。簾，户蔽也。縷竹為之，施於堂户，所以隔風日而通明者也。亦謂之薄。

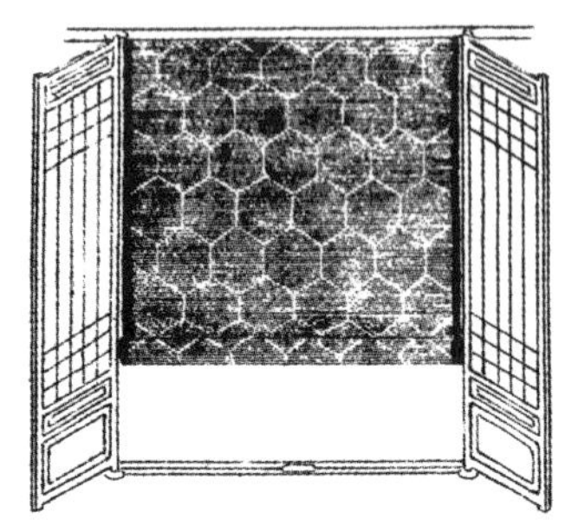

上

毯

毯 tǎn

音菼。席之織毛而成者曰毯。地毯。氈毯。

他敢切。毯，毛席也。施於几案與地，以禦塵穢。北地雜牛羊毛為之。西人有織以鴨絨，專供衾褥之用者，價值甚昂，尤為華侈。

氈

平

毡 zhān

音旃。揉毛成片者曰氈。青氈。氈案。

諸延切。所以舖几案者曰氈。作氈之法，以緊薄為佳。説見《齊民要術》。

香

平

香 xiāng

音鄉。臭之芳者曰香。燒香。香臭。

虚良切。香，芳也。沈香、速香之類，皆以其臭香，故即名為香。

燭 入 烛 zhú 音囑。所以照物者曰燭。蠟燭。燭照。	朱欲切。燭，庭燎也。古者庭燎，若今篾炬之類。後世以牛羊油或柏油或蠟為之，亦謂之燭。西人所製，俗稱洋燭。燭以照物，故引申之，凡明澈事物之理者，亦曰燭。	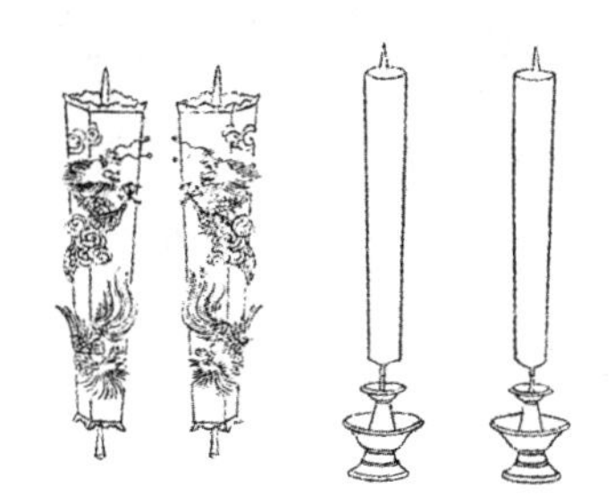
去 鐙 平　燈 灯 dēng dèng 音登。然火以照物之具曰鐙。鐙燭。電鐙。 音嶝。馬鞍兩旁足所踏也。	都騰切。俗作燈。鐙，錠也。錠中置燭，故謂之鐙。中國元宵古稱鐙節，都門鐙市之盛，詞章家至擬以銀花火樹。西人别出新意為之，有電鐙、煤氣鐙諸名，而鐙製益奇矣。 丁鄧切。	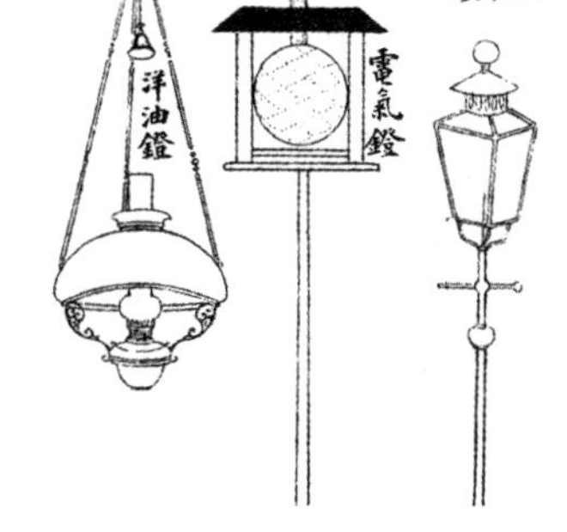
去 漏 漏 lòu 音陋。古報時之具。洩漏。漏斗。	郎豆切。漏，滲也。古者以銅壺受水刻節，晝夜百刻以報時，謂之漏。又室西北隅曰漏。又用以過水者謂之漏斗。皆取滲下之義。引申之，凡事機之洩於外者曰漏。	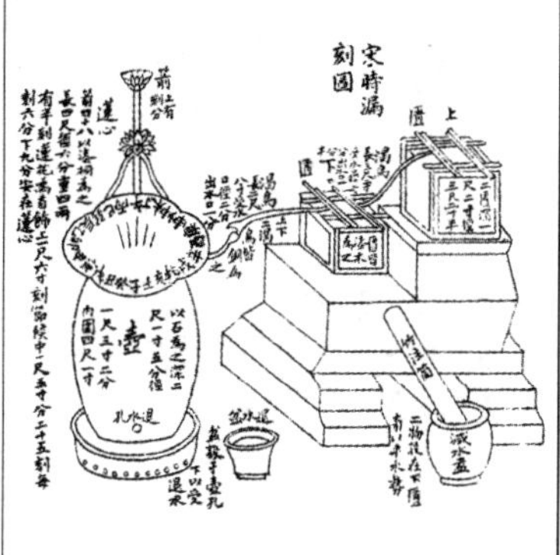

<table>
<tr><td>去

扇

扇 shàn</td><td rowspan="2">式戰切。扇从户、从㧉省會意。户扉曰扇，謂門兩旁如㧉翼能摇動也。叚借謂箑為扇，亦言如㧉羽之能鼓風也。引申為扇動、扇惑之扇。</td><td rowspan="2">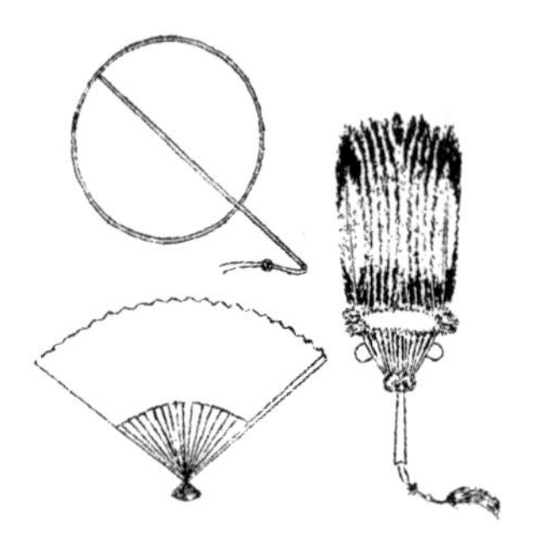</td></tr>
<tr><td>羶去聲。所以拂暑者曰扇。一扇。扇子。</td></tr>
<tr><td>棋
平　碁棊
棋 qí</td><td rowspan="2">渠宜切。棋，博具也。棊、碁通用。烏曹作博，堯作弈，周武帝作象戲，其子皆謂之棋。</td><td rowspan="2">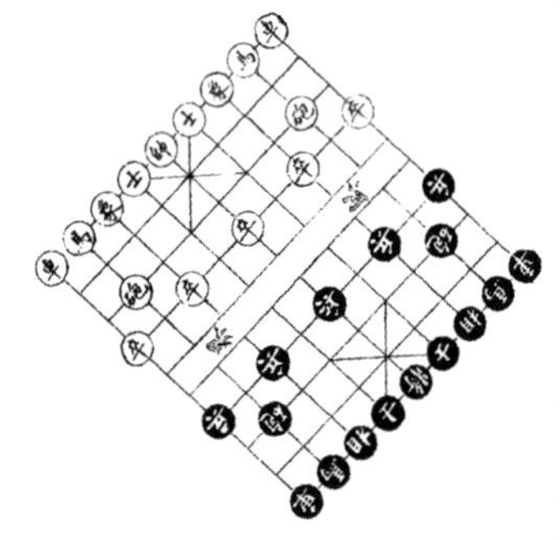</td></tr>
<tr><td>音其。博弈之子曰棋。著棋。棋局。</td></tr>
<tr><td>去

鏡

镜 jìng</td><td rowspan="2">居慶切。古多以金類為鏡。今則通用玻璃，背傅水銀與錫，可以照人。格致家所用者，則有凹鏡、凸鏡、分光鏡、照相鏡、顯微鏡、遠鏡等名。又帶於目上護助目力者，曰眼鏡。</td><td rowspan="2"></td></tr>
<tr><td>音竟。取影之器曰鏡。明鏡。鏡臺。</td></tr>
</table>

字	釋義	字	釋義
去 鑑 鉴 jiàn 音監。鏡亦謂之鑑。明鑑。鑑察。	居懺切。鏡也。鑑以照人。故引申之，凡事之可以借觀者，亦謂之鑑。如鑑戒、鑑觀等是。司馬光作《資治通鑑》，謂可備百王之法戒也。後之作鑑者因之。	韜 平 韬 tāo 音叨。弓劍之衣曰韜。六韜。韜晦。	土刀切。韜，以韋為之。藏弓劍者必加韜，故引申為韜光、韜晦之韜。 齊太公著《六韜》，為兵家書之祖，故後世謂軍謀為韜略。
匳 平 奩 奁 lián 音廉。盛香盛鏡之具皆曰匳。香匳。匳目。	力鹽切。俗作奩。		
匣 入 匣 xiá 音狎。所以藏物者曰匣。拜匣。匣子。	胡夾切。匱也。		

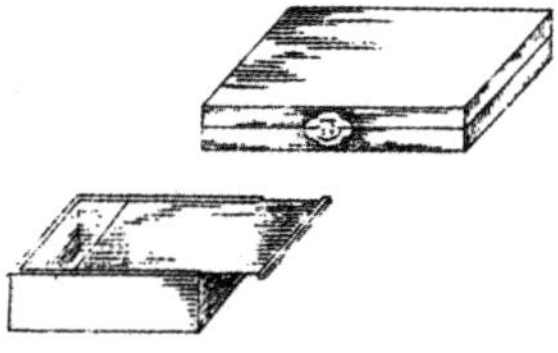

箱 平 箱 xiāng 音廂。似匣而大者曰箱。皮箱。箱櫃。	息良切。箱以竹為之，故字从竹。後世或易以革、木、鐵之類，仍沿箱稱，皆用以藏皮器物者也。西人純以革為之，其製較小，尤便於行旅之用。	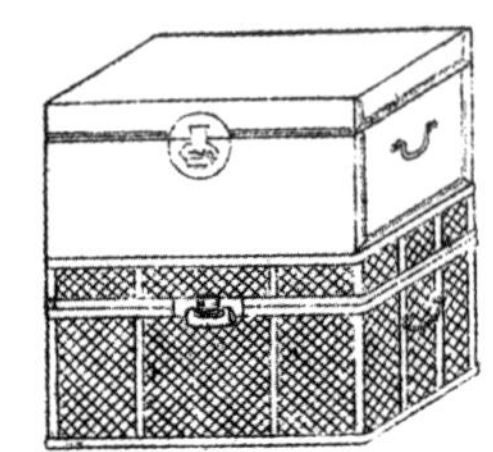
籠 平 笼 lóng lǒng 音櫳。盛土之器曰籠。鳥籠。籠絡。	盧紅切。籠，土轝也。以竹為之，疏而不漏，故引申為鳥籠、鐵籠之籠。又轉為籠絡之籠。	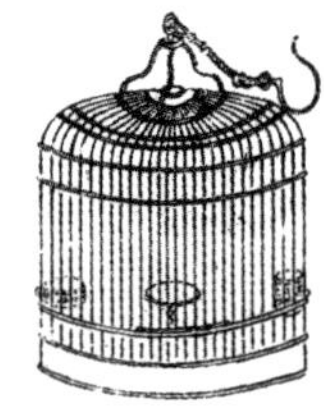
櫛 入 栉 zhì 音節。理髮之具曰櫛。巾櫛。	側瑟切。梳篦之總名也。	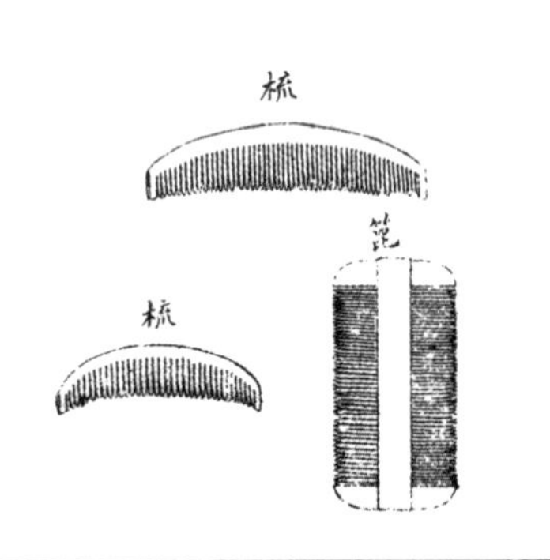

梳

平

梳 shū

音疏。所以理髮者曰梳。木梳。

山徂切。梳之言疏，言其齒疏也。梳以理髮，引申之，謂挖剔事理為梳櫛。

梭

平

梭 suō

音蓑。織之所以行緯者曰梭。梭子。梭巡。

桑何切。杼也。梭行甚疾，故引申為來往迅疾之稱。

鍼

平　針

针 zhēn

音斟。引線以縫衣者曰鍼。穿鍼。鍼刺。指南鍼。

諸深切。鍼，亦作針，以金為之，所以縫也。古者以砭石為鍼。引申之，匡人之失曰鍼砭。

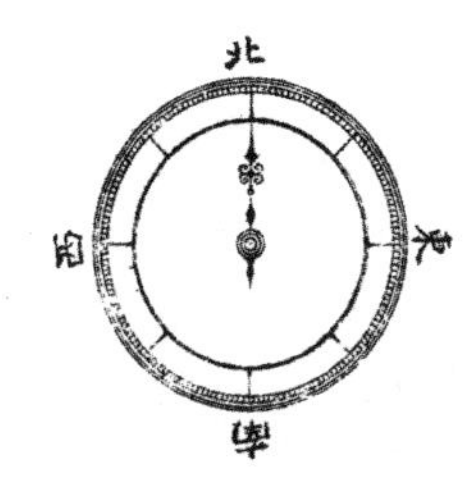

鉤

平

钩 gōu

音溝。金類之器。曲者曰鉤。以鉤鉤物亦曰鉤。帳鉤。鉤餌。

居侯切。曲鉤也。从金、句會意。

上 杼	丈吕切。	
杼 zhù		
除上聲。梭也。機杼。杼柚。		
筐 平	曲王切。	
筐 kuāng		
音匡。盛物之竹器也。傾筐。筐篚。		
籃 平	廬監切。大籠筐也。亦名筐。	
籃 lán		
音藍。盛物竹器之可提者曰籃。花籃。綱籃。		

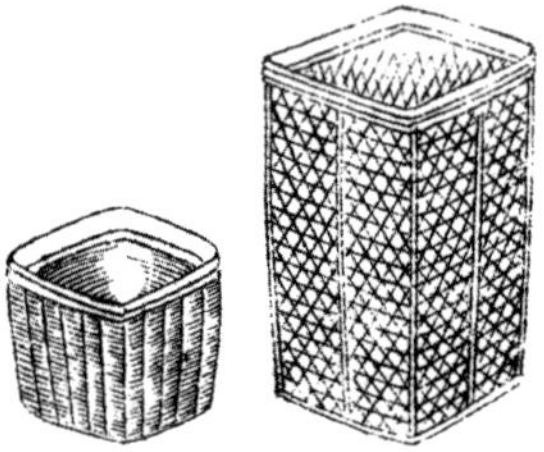

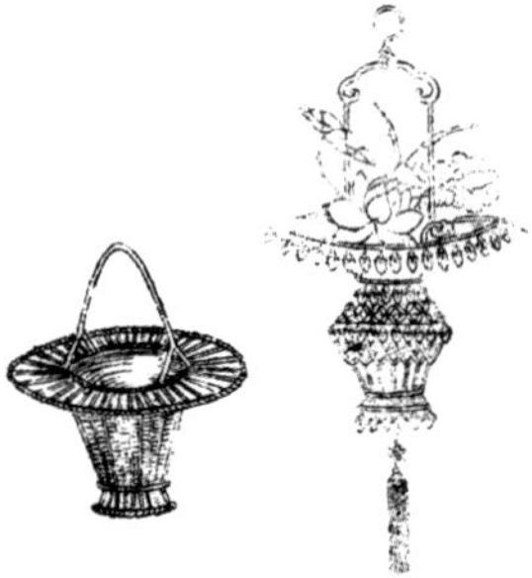

筒 平 筒 tǒng 音同。竹之通節而無底者曰筒。筒管。帽筒。	徒紅切。筒，通簫也。古亦謂之洞簫，故从竹、从洞省。俗以圓而有底可盛物者為筒，蓋叚其形似以為名耳。	 
上 桶 桶 tǒng 通上聲。盛物之木器。圓者曰桶。木桶。桶件。	他孔切。桶，亦作甬。本升、斗之類，木身方形，容六升。今俗以圓身之器為桶。	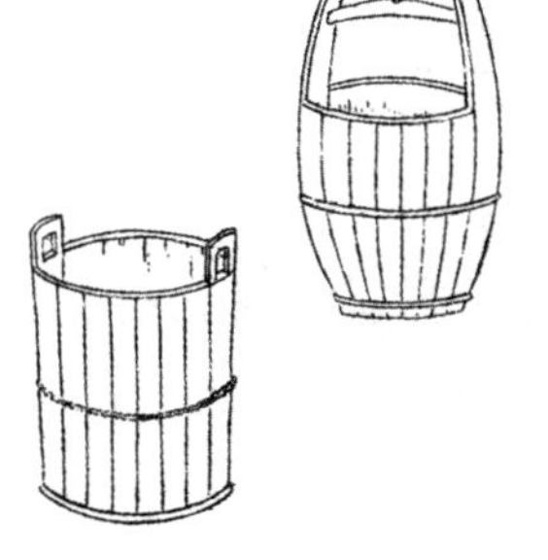
囊 平 囊 náng 音瀼。縫布帛以盛物者曰囊。香囊。囊橐。	奴當切。囊所以包物，故引申為囊括之囊，謂可包括一切也。	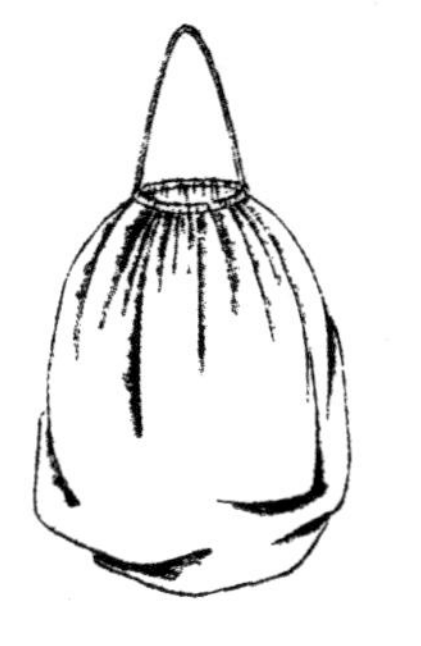

橐 入 橐 tuó 音拓。囊無底者曰橐。私橐。橐籥。	他各切。有底曰囊，無底曰橐。兩端有口可縫扣者也。或曰大者囊，小者橐。	索 入 索 suǒ 音搸。大繩曰索。繩索。索子。	昔各切。草有莖葉，可作繩索，故从𣎳、糸。一說以麻曰繩，以草曰索，今二義兼用。 又盡也，如索然、蕭索是。盡則有求於人，故引申為需索、索取之索。
箕 平 箕 jī 音姬。舁物之器曰箕。箕帚。南箕。	堅溪切。古文象形。或益以𠀠，象舁土也。箕以竹為之，後圍而前缺，所以簸揚雜物，亦所以扱取塵土。又南方之宿謂之箕，則以形似箕也。		
上 帚 帚 zhǒu 音晭。所以埽除塵穢者曰帚。掃帚。毛帚。	止酒切。古者少康作帚，以巾為之。今則有竹篠帚、蘆花帚、雞毛帚、棕帚等製不一。		

<table>
<tr><td>繩
平
绳 shéng
音乘。小於索者曰繩。麻繩。繩索。</td><td>神陵切。繩者，紨兩股以上，總而合之者也。凡木之曲直，必以繩彈正之，故引申之，凡糾人之不正者曰繩，如繩愆是。繩之為物，堅韌相繼而不易絶，故又申為相承不絶之貌，如繩繩是。</td><td colspan="2"> </td></tr>
<tr><td>上
纜
缆 lǎn
音濫。維舟之索曰纜。以纜維舟即曰纜。解纜。纜船。</td><td>盧瞰切。</td><td>上
鎖
锁 suǒ
音瑣。門鍵曰鎖。鐵鎖。鎖門。</td><td>蘇果切。鎖以金類為之，扃閉之具也。</td></tr>
<tr><td>鑰
入
钥 yào
音藥。所以啟鎖者曰鑰。門鑰。鑰匙。</td><td>弋灼切。鎖之開啟資乎鑰，故凡可以開者皆以鑰喻之。如藥名玉鑰，取其可以開竅也。書名理鑰，取其可以開發心思也。</td><td colspan="2">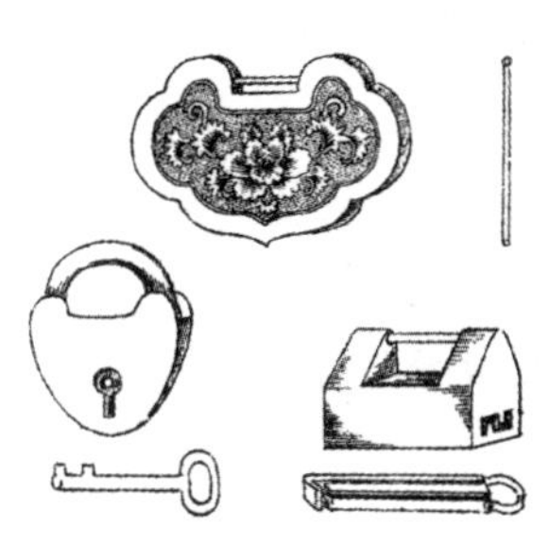</td></tr>
</table>

上 **繖** 傘 伞 sǎn 音散。所以禦雨蔽日者曰繖。雨繖。洋繖。	蘇簡切。繖，古稱蓋，俗稱傘。今制繖蓋，職官一二品者銀葫蘆杏黃羅，三四品者紅葫蘆杏黃羅，皆三簷。五品者紅葫蘆藍羅，六品至八品者惟用藍絹，皆重簷。雨繖通用油絹，庶民通用油紙，不得用羅絹。	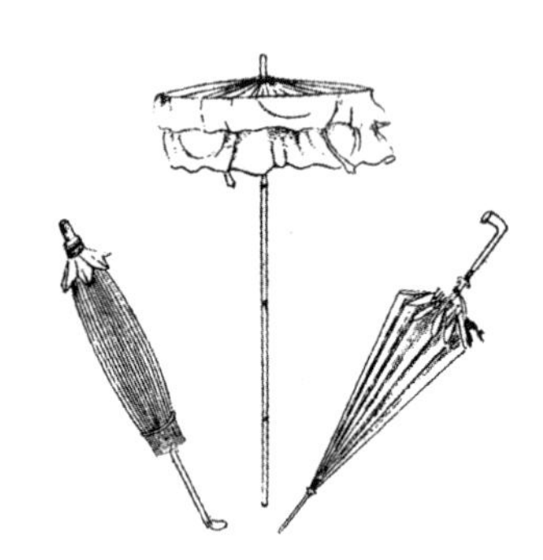
柝 入 柝 tuò 音託。所以警夜者曰柝。擊柝。	闥各切。古者判兩木夾於門，為機相擊以警夜，謂之柝。今夜行所擊者，以竹為之，謂之梆，即其遺意也。	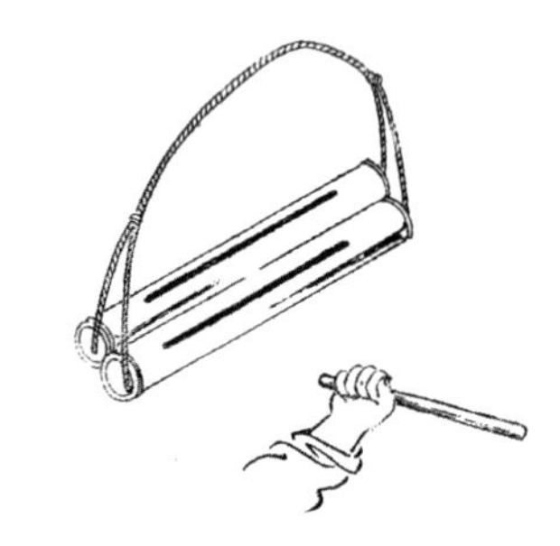
上 **杵** 杵 chǔ 音處。所以擣物者曰杵。砧杵。杵臼。	敞吕切。	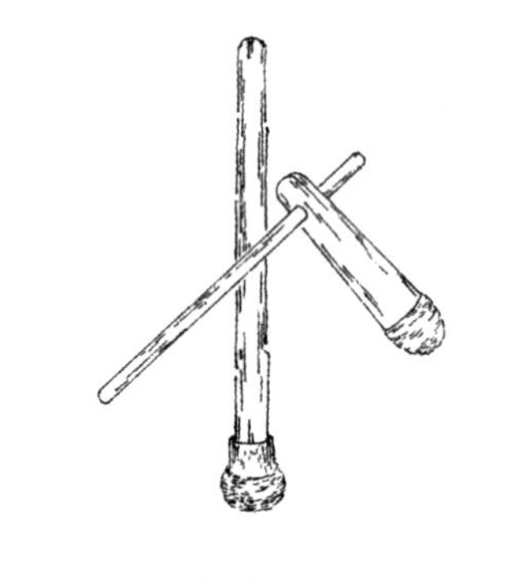

上 臼 臼 jiù 音咎。舂米之器。杵臼。臼𥱽。	𦥑巨久切。象形，中象米。古者掘地為臼，後世穿木石為之。臼者，置有定所而不易動，故引申為窠臼之臼，謂一定而不可變也。	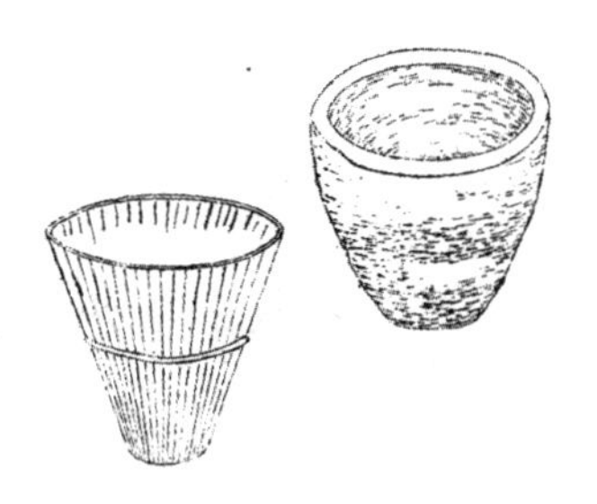
篩 平 筛 shāi 音師。竹器之可除粗取細者謂之篩。又以篩篩物亦曰篩。糠篩。篩米。	申之切。篩製以竹編格之，細者用銅鐵絲。凡穀類、粉類之須別粗分細者皆用篩。	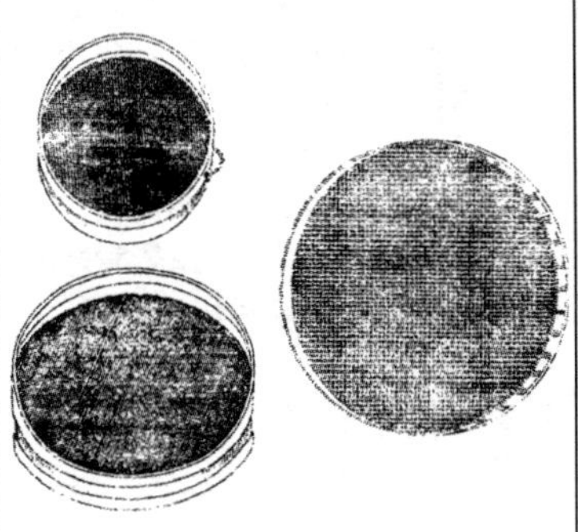
去 架 架 jià 音駕。所以閣物者謂之架。又屋舍之幹亦曰架。間架。筆架。	居迓切。置物有架，所以成屋者有間有架。引申之，凡事物之位置結構皆曰架，亦曰間架。	

<table>
<tr><td>符
平
符 fú
音扶。印信之相合者曰符。合符。符節。</td><td>逢夫切。符，信也。漢制以竹為之，長六寸，分而為二，彼此各持其一；有故，左右相合以為信。引申之，凡事相合皆謂之符。
又道家有符籙之説。</td><td>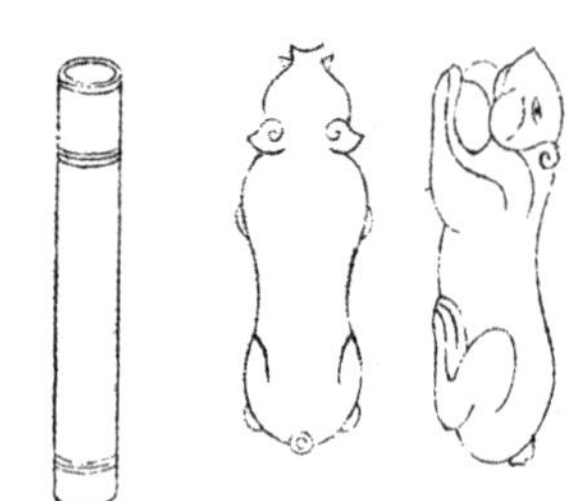</td></tr>
<tr><td>上
準
入
准 zhǔn
肫上聲。所以為平者曰準。準繩。酒準。音拙。鼻頭曰準。隆準。</td><td>主尹切。水平謂之準。天下莫平於水，因之製平物之器亦謂之準。準者，所以揆平取正也。引申之，凡平均事物，皆謂之準。
又朱劣切。</td><td></td></tr>
<tr><td>籌
平
筹 chóu
音儔。所以計物者曰籌。竹籌。籌馬。</td><td>除留切。籌，算也。凡計物之具，皆以籌名。又引申為籌策、籌畫之籌。</td><td></td></tr>
</table>

籤 平 签 qiān 音簽。所以為標識者曰籤。書籤。籤筒。	七廉切。籤，驗也。物不易檢，則題籤以識之，以便驗其是否也。今俗謂神示占驗之文曰籤，亦此意。	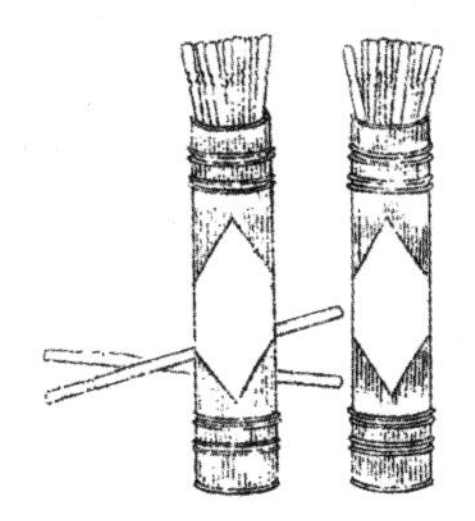
盒 入 盒 hé 音合。盤屬之有蓋者曰盒。果盒。盒盤。	胡閤切。盤覆也。俗統名有覆之盤為盒。	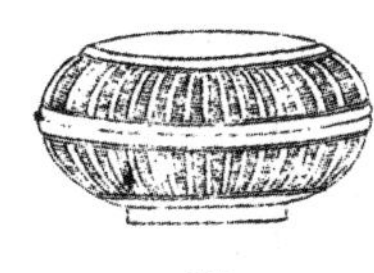 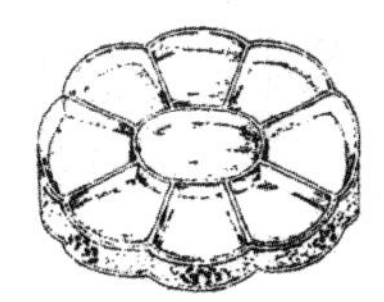
杯 平　盃 杯 bēi 背平聲。飲器也。酒杯。一杯。	布回切。古文作桮，亦作盃。	

上 椀 盌碗 碗 wǎn 剜上聲。飯器曰椀。飯椀。椀盞。	烏管切。	
去 箸 箸 zhù 音宁。飯具也。借箸。七箸。	治據切。箸即筯，俗所謂筷也。	
壺 平 壶 hú 音胡。所以盛飲者。酒壺。壺漿。投壺。	洪孤切。	

觴 平 觞 shāng 音商。酒卮之總名。奉觴。觴豆。	尸羊切。凡諸觴形皆同升，數則異。一升曰爵，二升曰觚，三升曰觶，四升曰角，五升曰散，總名曰觴。觴為酒器，故引申之，以酒飲人即曰觴。	上 盞 盏 zhǎn 音醆。酒杯之小者曰盞。油盞。	阻限切。最小杯也。趙魏之間或曰盞。引申為盛物之器之總名。
勺 入 勺 sháo 音灼。所以挹取水者曰勺。一勺。	職略切。象形，中有實，所以挹取物也。用於酒尊中者，如今之匙是。又量名。今制十勺為合，十合為升。	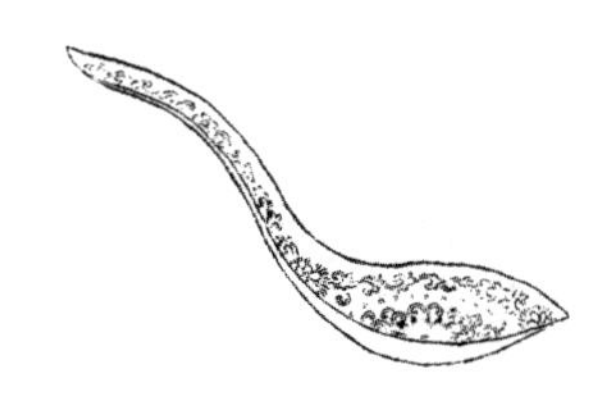	
上 皿 皿 mǐn 明上聲。盛食之器也。又為食器之總名。器皿。	眉永切。象形。	鍾 平 钟 zhōng 音鍾。酒器也。酒鍾。釜鍾。	諸容切。今俗呼小杯為鍾。又量名。受六斛四斗。鍾者所以聚物，故引申為鍾鯍之鍾。

盂 平 盂 yú 音于。盛酒飯之器曰盂。水盂。飯盂。	雲俱切。揚子《方言》曰，宋、楚、衛之間，盌謂之盂。又為酒器之名。	
盆 平 盆 pén 坌平聲。碗類之淺者曰盆。盆湯。金盆。	蒲奔切。盆，盎也。古盛酒之瓦器。今俗以食用之器口淺者為盆。	
盤 平 盘 pán 畔平聲。所以承物之器曰盤。盤盂。算盤。	蒲官切。盤，盛物器也。或木或銅、錫為之，形製圓者為多。故引申為盤旋、盤游之盤，皆有圍繞之義。	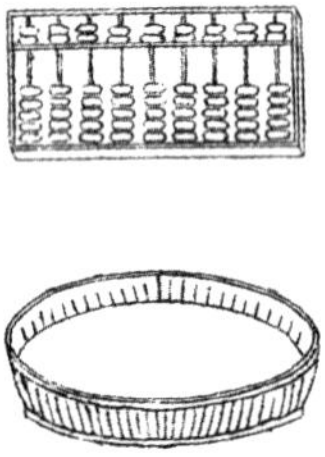

匏 平 匏 páo 音庖。瓜實之可製器者曰匏。匏瓜。陶匏。	薄交切。匏，瓠也。从夸，包聲，取其可包藏物也。其形短頸而大腸。古者剜之以為飲器。又為製樂器之用。	
瓢 平 瓢 piáo 音飄。飲器之以匏製者為瓢。一瓢。瓠瓢瓢。	毗招切。瓢，亦瓠也。瓠其總名，判之為酒尊則曰瓢。	
瓶 平　缾 瓶 píng 音萍。小甕曰瓶。花瓶。	旁經切。瓶與缾同。古以陶土為之，後有用金、銀、銅、水晶、玻璃等製成者。用以盛水及酒漿之器。	 

去

甕

瓮 wèng

翁去聲。大瓶曰甕。酒甕。甕牖。

烏貢切。汲水之器，身大而口小者。引申為甕牖之甕，形其小也。

鉢

入

钵 bō

音潑。所以盛食物者。衣鉢。鉢頭。

北末切。佛家相傳有一衣一鉢，世相授受，以為寶物。故今稱師之授於弟子者曰衣鉢。

上

缶

缶 fǒu

音否。盛酒漿之瓦器曰缶。瓦缶。鼓缶。

俯九切。缶，飲器也。大腹而斂口。秦人叩之以節謌。

上

瓦

瓦 wǎ

音邷。土器已燒之總名。磚瓦。瓦片。

五寡切。夏時昆吾氏始作瓦，用以製器及蓋屋。凡陶者為瓦，必圓而割分之。分之則瓦，合之則圓而不失瓦之質。後世瓦制不古，有以銅為之者，有以水晶為之者，皆假瓦以為名。

瓷 平　磁 瓷 cí 音慈。陶器之堅緻者曰瓷。瓷器。	才資切。瓷，或作甆。產處以江西景德鎮者為良。	革 入 革 gé 音隔。皮之去毛者曰革。膚革。革除。	各核切。皮去毛曰革。引申為去除、改易之稱，如革除、變革是也。《易》有革卦（䷰）。
甎 平 砖 zhuān 音專。燒土成塊曰甎。漢甎。甎瓦。	朱遄切。凡土器燒成片者曰瓦，燒成塊者曰甎。用為築牆壁之料，俗亦作塼。		
缸 平 缸 gāng 音降。瓦器之大口者曰缸。水缸。缸甏。	胡江切。		

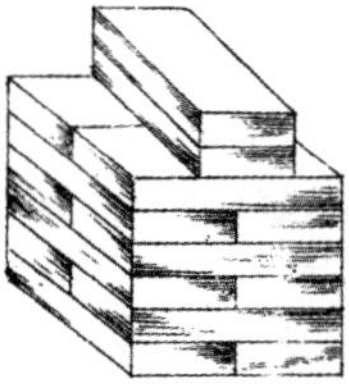

字	釋義	
鍋 平 锅 guō 音戈。煮食之器為鍋。鐵鍋。鍋鑪。	古禾切。	
鑪 平 爐 炉 lú 音盧。然火鎔物之器曰鑪。手鑪。鑪火。	籠都切。	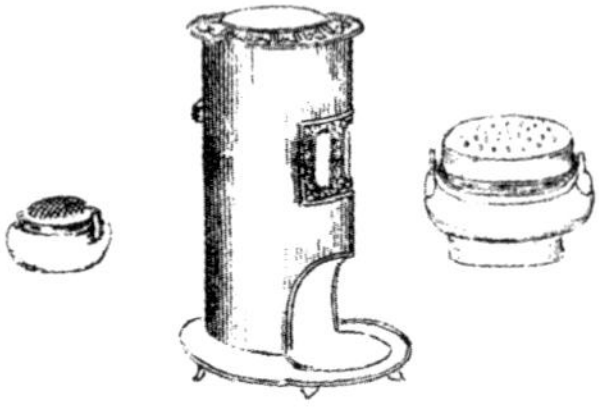
鑿 入 凿 záo 音昨。所以穿木石者曰鑿。以鑿鑿物亦曰鑿。斧鑿。鑿開。	疾各切。鑿，塹也。凡物之堅而不易破者則用鑿。引申之，凡逞臆說以解古義者，謂之穿鑿。言於不可通者而强通之，如用鑿以穿木也。 又舂米之精者曰鑿。	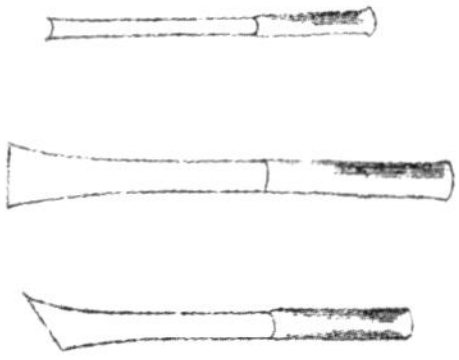

鋸

去

锯 jù

音據。解截木石之器曰鋸。刀鋸。鋸齒。

居御切。鋸，古稱槍唐。鍊鐵為齟齬，其齒一左一右，用以片解木石，此古制也。今用之鋸齒皆順行。

錐

平

锥 zhuī

音隹。尖鋭之器曰錐。鐵錐。錐刀。

朱惟切。鋭器也。凡筆曰毛錐，箭曰錐矢，皆取其穎之尖鋭也。

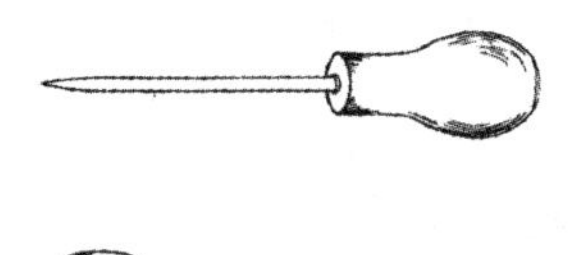

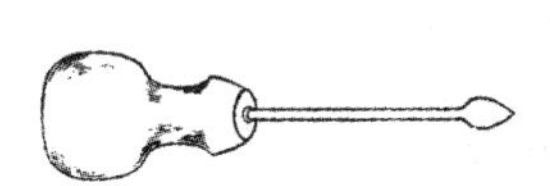

鑷

入

镊 niè

音聶。所以攝取物者曰鑷。鑷子。

尼輒切。本作鉺。古人拔髮之具。

釘

去 平

钉 dīng dìng

音丁。所以連物者曰釘。鐵釘。釘鞋。音矴。以釘連物曰釘。釘書。

當經切。丁定切。

字	釋義	字	釋義
上 板 版 板 bǎn 音版。片木曰板。木板。板子。	補綰切。判也。木判曰板。引申謂凡片者皆曰板，如石板、鐵板、銅板、鋼板是。又雕刻字模者曰印板。	去 柄 柄 bǐng 兵去聲。柯也。持柄。刀柄。	陂病切。柄之本義斧柄也，引申謂凡柄之偁。用器必執其柄，推言之，凡主持大事者皆曰執柄。如執國柄、掌兵柄是。
牌 平 牌 pái 音排。懸以示衆者曰牌。招牌。牙牌。	步皆切。凡用粉板，懸於官署及舖面者，皆曰牌。今賭具亦曰牌。		
椎 平 槌 椎 chuí 音追。所以擊物者曰椎。鐵椎。椎魯。	直追切。通作槌。椎以木或鐵為之，用破堅鈍之物，故樸而不精。引申為椎樸、椎魯之椎。		

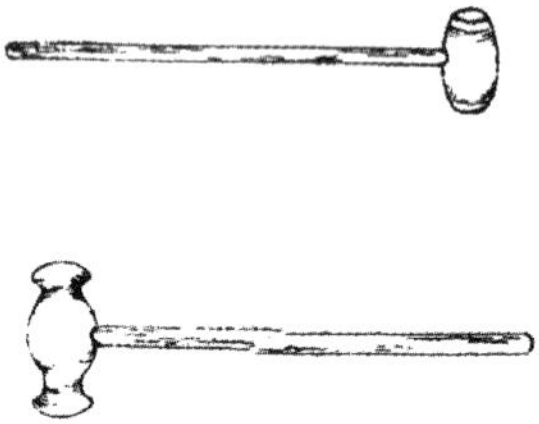

上 棍 棍 gùn 魂上聲。圓木曰棍。軍棍。棍子。	胡本切。木名。又束木曰棍。通作捆。 今刑具。軍械中皆有棍，即古之白棓也。以木為之，而圓其外。亦棒之一種。 又滋事之游民，謂之光棍、地棍。	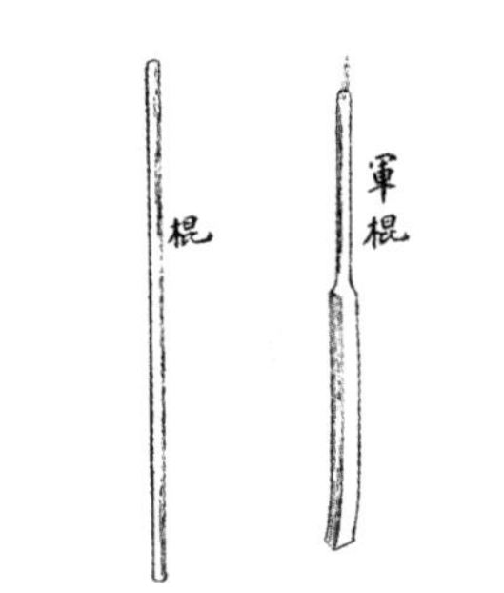
上　去 杖 杖 zhàng 音丈。人所扶持者曰杖。拐杖。杖者。丈去聲。扶持曰杖。杖鉞。	呈兩切。人力弱不能立，則扶之以杖，故年老者有杖。如“五十杖於家，六十杖於鄉，七十杖於國，八十杖於朝”是也。居喪哀毀，故亦有杖。三年之喪用竹杖，期用桐杖是也。五刑之屬有杖，則以形似杖而名。直亮切。通作仗。	
 規 平 规 guī 音雄。所以為圓之器曰規。規矩。例規。	居為切。規之為器，一柄而兩股。一股指圓心，一股切圓線；定之於心，而移其股，則成平圓線一周。規無不圓，故事例之一定不可易者曰規例。物之不正圓者，必正之以規。故正人之不正，曰規諷，曰箴規。	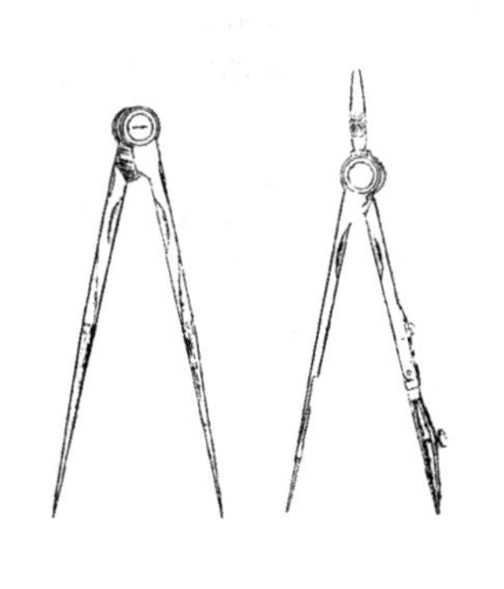

上

矩

矩 jǔ

音鍝。所以為方之器曰矩。規矩。矩步。

果羽切。矩之為器有三：曰丁字尺，曰曲尺，曰三角板。凡物之正方者，其交角皆九十度正角，合四正角成正方。故斜分正方，皆成三角形，為測算之公式。《周髀》“平矩以準繩，偃矩以望高，覆矩以測深，卧矩以知遠”是也。

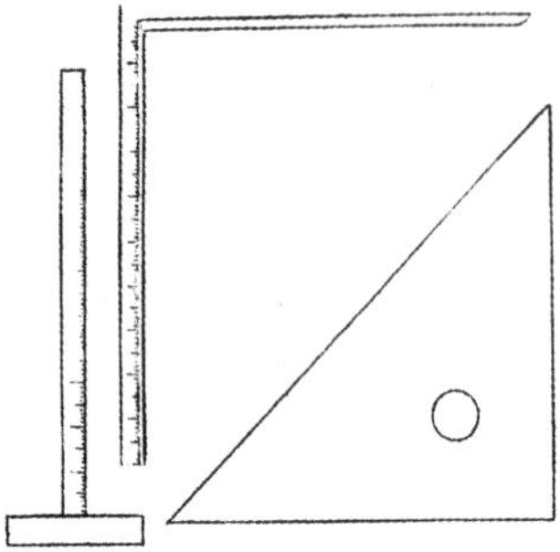

上

範

范 fàn

音犯。鑄物之模曰範。模範。範圍。

房㕦切。模也。鎔金以注於範，則金必如範之形。故引申謂事之法式為範。

平

船

船 chuán

音膞。舟之異名。輪船。船主。

食川切。舟也。關西謂舟為船。今於文多用舟，於語皆用船。引申之，承茶杯之器曰茶船，猶承酒盞者之為舟也。

行船之具，最大者以汽機，次專以帆，次兼用帆楫，次以槳。其製又有商船、兵船之別。

平

舟

舟 zhōu

音周。所以行水者曰舟。舟子。舟車。

職流切。黄帝臣共鼓始刳木為舟。《方言》：“關西謂之船，關東謂之舟。”舟所以承物，故承受酒盞之器，亦謂之舟。

平 去

舫

舫 fǎng

音訪。兩舟相並曰舫。畫舫。舫舟。音方。義同。

甫妄切。古作方。併船也。今稱舟之有盛飾者曰舫，如畫舫、官舫之類是。又分房切。

上 艦 舰 jiàn 音檻。戰船曰艦。戰艦。艦隊。	户黤切。上下重牀曰艦。謂四方施板以禦矢石，其内如牢檻也。今海戰之艦，外蒙鋼甲，鼓之以汽機。最大者曰戰艦，次曰巡洋艦（亦名快艦），次曰海防艦，次曰砲艦，次曰運兵艦。羣艦成軍曰艦隊，將領所居之艦曰旗艦。	
上 艇 艇 tǐng 音挺。船小而長者曰艇。艇船。雷艇。	徒鼎切。舟容二百斛以上曰艇。艇狹而長，故大船之狹長者亦曰艇，如廣艇、福艇是。今水雷艇、魚雷艇、捕魚雷艇，皆狹而長者也。	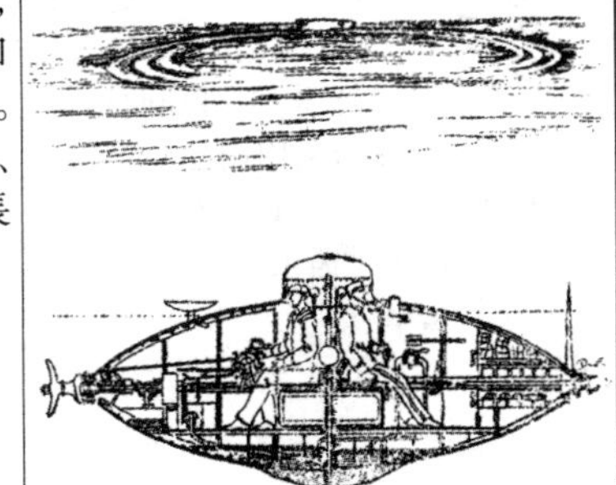

航 平　杭 航 háng 音符。所以渡河者曰航。航船。野航。	寒剛切。兩舟相並而濟謂之航，故渡船曰航。航者，每人而濟之者也，故船之不獨乘者曰航船。今招商局與各國公司之郵船，皆航船類也。	上　去 榜 平　旁 榜 bēng bàng bǎng 音彭。進船之櫂曰榜。音謗。榜人。邦上聲。所以示人者曰榜。	蒲庚切。榜所以正弓，即檠也。引申之，正船之櫂亦曰榜。凡正弓者必攴擊之，故轉為榜笞、榜掠之榜，讀補曠切。假借為舫，併船也。又借為望，如標榜、榜狀等，言為衆所望也，讀補曩切。

入 # 楫 楫 jí 音接。所以進船者曰楫。舟楫。擊楫。	即涉切。黃帝始刳木為楫。今謂之艕。艕之為用，其理與螺輪同。蓋艕一往一復，以斜割水面。螺輪循螺線順行，亦斜割水面。故其進漸而不縻力。	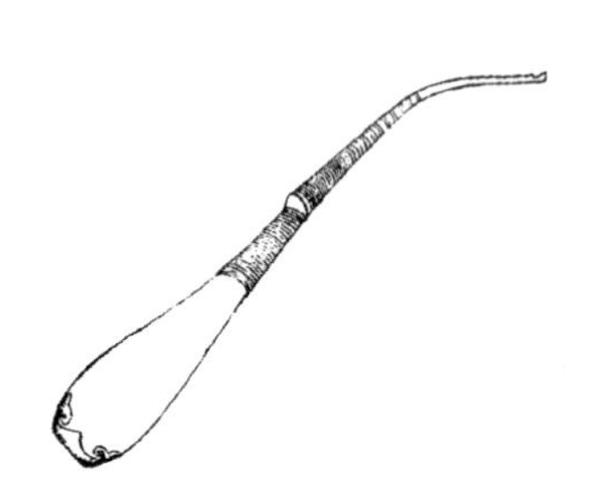
上 # 槳 桨 jiǎng 音蔣。所以進船者曰槳。划槳。	子兩切。槳以木為幹，施板其端，抑水使退，則生抵力，而船自前行矣。其理與明輪同。蓋獨用則為槳，環插多槳於軸而旋之，即明輪也。	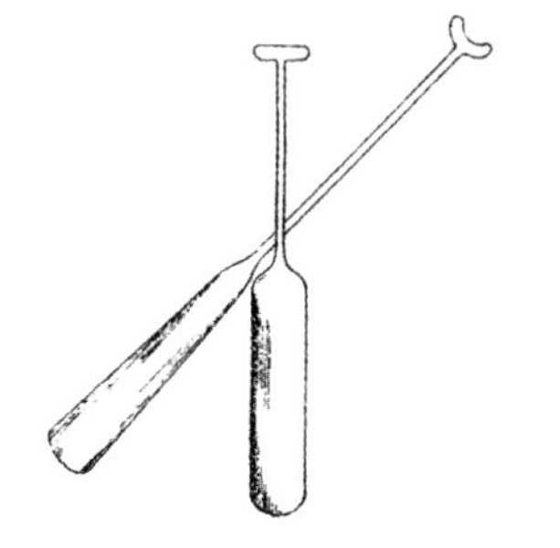
上 # 柂 舵 柁 duò 駄上聲。所以正船者曰柂。轉柂。柂工。	徒可切。柂以橫板為之，直立船尾後水中，所以準船之行向者也。船直行則柂與船路成平行線；柂左轉則推船尾向右，而船首不與俱動，故方向偏而左；右轉則行向偏右。皆藉水之抵力以為用也。	

篙 平 篙 gāo 音高。所以刺船者曰篙。撑篙。篙子。	姑勞切。篙以竹為之。人立於船，而以篙著定物，互相撑拒，則生抵力。定物不能遽動，而船為水所托，其阻力較少，乃能漸移。	
帆 平　颿 帆 fān 音凡。藉風力以進船之具曰帆。布帆。帆檣。	苻炎切。舟上幔也。以布為之，張諸桅，風抵其背，則推船前行。古之航海者，無不取給於帆。惟風力横疾，而重心出船外，則船覆。故汽機行而帆船漸微。	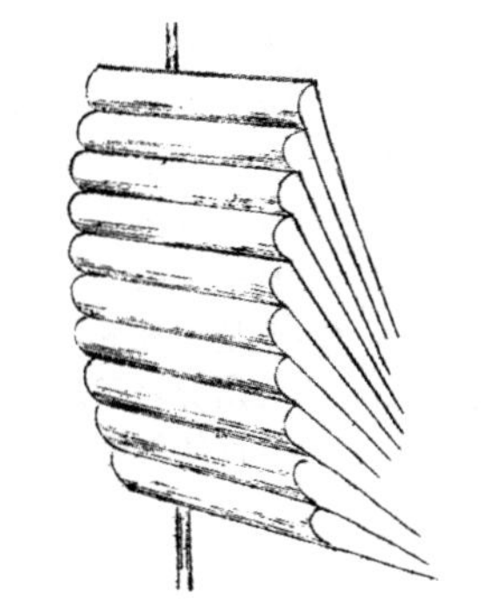
篷 平 篷 péng 音蓬。船壁曰篷。篷窗。推篷。	蒲紅切。船連帳也。或以布，或織以竹，兩端著舷，而穹其中以容人者，謂之篷。以木則謂之艙。	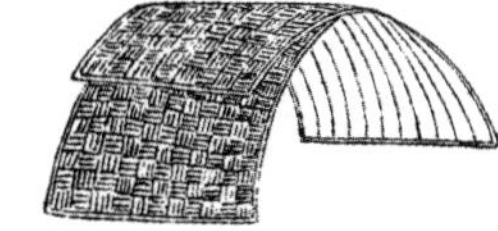

上 楂 平　查 楂 zhà chá 音厏。斜斫木曰楂。 音查。水中浮木曰楂。浮楂。	側下切。鋤加切。通作查。	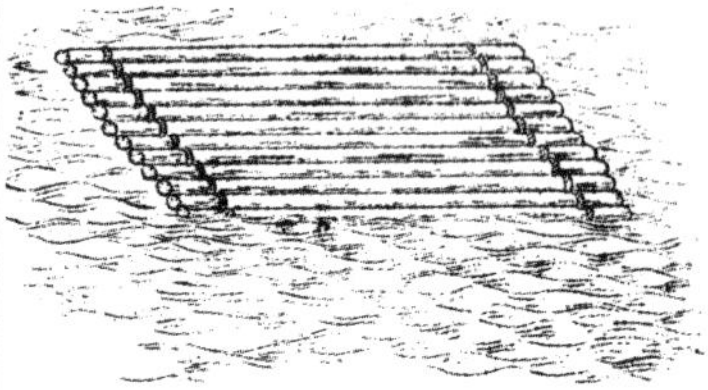
輿 平 輿 yú 音余。車箱曰輿。肩輿。輿人。	雲諸切。車中受物之處，即車牀也。作車必自輿始，故謂事之始為權輿。輿所以載物，故載物即曰輿。萬物皆載於地，故稱全地曰地輿。今以人力所舁者曰肩輿，以其形如車箱也。	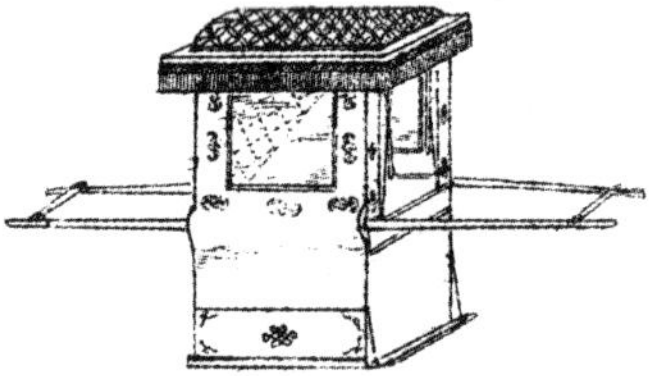
軺 平 轺 yáo 音遥。小車曰軺。征軺。軺車。	餘招切。軺車駕馬而小，人立而乘之，便於四望，蓋速行之輕車也。今謂使臣所乘車曰軺，義本此。	
轅 平 辕 yuán 音袁。所以駕馬者曰轅。攀轅。轅門。	于元切。凡大車、柏車等，皆兩木夾一牛，其木謂之轅。兵車、乘車等，中有木鉤曲上出而馬夾之，謂之輈。對舉之則異，泛言之皆轅也。軍中車轅相向以為門，謂之轅門。今官署之門，多沿其稱。	

字	釋義	字	釋義
轂（入） 毂 gǔ 音谷。輪之中樞曰轂。推轂。轂擊。	古禄切。車之任重者曰軸，函軸者謂之轂。轂，輪輻所聚也。	轍（入） 辙 zhé 音徹。車輪所轢之處曰轍。轍迹。覆轍。	直列切。
軾（入） 轼 shì 音拭。車前之横木曰軾。憑軾。	所職切。軾，式也。所俯以式敬者也。古人在車，有所敬則俯而憑於軾。	轡（去） 辔 pèi 音祕。所以控馬者曰轡。鞍轡。轡頭。	兵臂切。
軌（上） 轨 guǐ 音宄。兩轍之間曰軌。鐵軌。軌道。	矩鮪切。軌不在車而在地，而車之所循行者也。車行有一定之軌，故諸行星繞日之道，謂之軌道。軌之不移者必有法，故謂法為軌，如不軌、循軌是。		

韁 平 韁 jiāng 音薑。所以馭馬者曰韁。韁繩。名韁。	居良切。轡也。今制：王貝勒用紫韁，有特賞則用黃韁。大臣或以特恩賞紫韁。	上 鞅 鞅 yāng 音怏。係頸之組曰鞅。馬鞅。	倚兩切。勒馬之帶也。引申之，事煩劇曰鞅掌。
鞍 平 鞍 ān 音安。所以乘騎者曰鞍。鞍馬。據鞍。	於寒切。古無乘騎，著鞍於馬背，所以施靷也。後世之鞍，以木為幹，而蒙以韋布，則為坐騎之用。	羈 平 羈 jī 音羇。馬之絡頭曰羈。羈勒。羈旅。	居宜切。羈上屬於轡，周絡馬首，所以束縛之者也，故謂束縛曰羈縻。羈而不能驟脱，猶人牽於事而不能自由，故又申為羈旅、羈遲之羈。
鞭 平 鞭 biān 音編。所以策馬者曰鞭。投鞭。鞭笞。	卑連切。馬箠也。引申之，鞭作官刑，今刑訊之法有鞭背是也。	勒 入 勒 lè 楞入聲。馬之銜鐵曰勒。勒馬。勒索。	歷德切。勒以鐵為之，銜諸馬口，所以禁其齧也。勒上屬羈轡，掣其轡則勒緊切馬口而馬止，故控馬使不行謂之勒。勒者操縱在我，有逼抑之義，故引申為勒索、抑勒之勒。

轡
繮
鞅
鞍
鈴
鞭

槽 平 槽 cáo 音曹。牲畜食器曰槽。馬槽。槽坊。	財勞切。以木為之，凹其中以貯牲畜之食物者也。引申之，凡器之中虛而形長方者皆曰槽。今稱酒坊曰槽坊，以槽為製酒所用也。其名始於唐。	
鈴 平 铃 líng 音靈。似鐘而小者曰鈴。馬鈴。鈴子。	郎丁切。从金、从令會意，言所以出令之金也。古謂之令丁，亦謂之鐲。形如小鐘，而有柄有舌。今僧道所用者是。其馬鈴、花鈴之類，則假鈴為名，而變其製矣。	 
去 轎 平 轿 jiào 音橋。肩輿也。擡轎。轎班。音嶠。義同。	渠嬌切。竹輿也。兩人肩之，所以行山隘之路，若今之山兜然。今制：品官之轎用藍，三品以上用綠，王貝勒或用杏黄色。舁之者自兩人至八人不等。通作橋。又作欙，亦讀渠廟切。	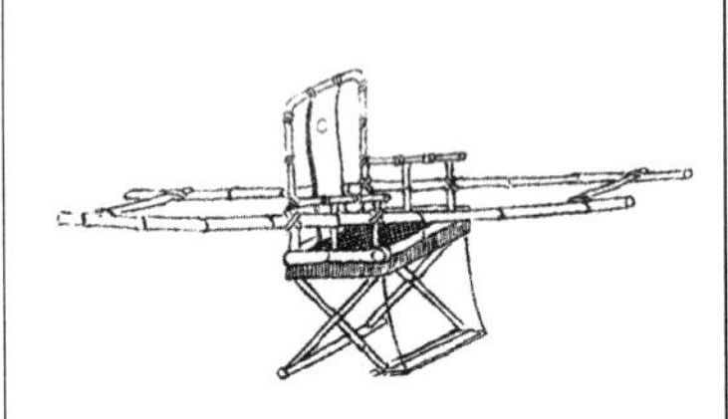

去 耒 耒 lěi 音類。耜柄曰耒。負耒。	盧對切。手耕曲木也。耜之後有木上曲，謂之耒。人持之以正耜者也。	上 耜 耜 sì 音似。所以發土者耜。耒耜。	序姊切。耒端之木所以發土者也。耒、耜本一器，其端曰耜，其柄曰耒。後世之耜，歧頭兩金，則古之所謂耦耕也。耜以人力耕田。今俗稱鐵搭者，殆其遺意。
鉏 平 鉏 chú 音鉏。所以耘者曰鉏。鴉鉏。鉏奸。	士魚切。立薅所用也。坐薅所用者曰槈。槈柄短，鉏柄長。其柄曰櫌，其頭曰鶴。引申之，以鉏除草即曰鉏。又申之除有害之物亦曰鉏。		
叉 平 叉 chā 音差。歧支曰叉。丫叉。叉手。	初加切。手指相錯也。篆象形。引申之，凡歧頭之物皆曰叉。釵、衩等字，亦本叉義。		

竿 平 竿 gān 音干。竹幹曰竿。竹竿。竿頭。	居寒切。竹之身也。竹必直，故引申謂凡直幹曰竿。	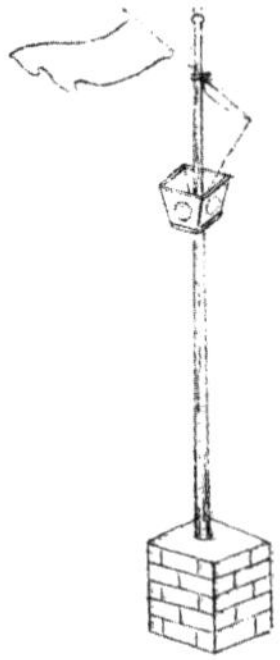
上 網 网 wǎng 音罔。所以羅物者曰網。魚網。網羅。	 𠔿 文紡切。本作网，篆象形。織絲為之，絲相距各四寸，張諸陸以取鳥，於水以取魚。物罹之而莫能避者也，故引申為法網、文網之網。	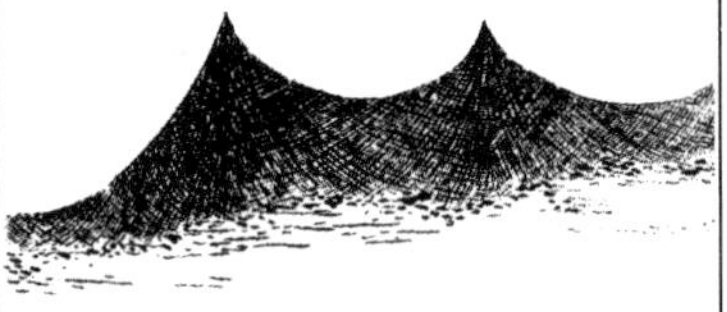
上 罶 罶 liǔ 音柳。捕魚之笱曰罶。魚罶。	力九切。从网、从留會意，言魚所留也。以竹為之，故以簿為笱曰罶。其法築土石為堰而缺其口，承之以曲簿，其口可入而不可出。器與笱異，而用則同也。	

去 製 制 zhì 音制。裁成庶物謂之製。製造局。	征例切。專言之，裁衣曰製；泛言之，則凡造物皆曰製。泰西以工商立國，故其製造益精。又皆運用機器以省人力，一人引機，可成數十百人之功，故出貨多而價值廉也。	平 甄 甄 zhēn 音籈。陶與陶竈皆曰甄。甄陶。甄别。	稽延切。陶也。因謂陶器之竈即曰甄。埏埴在甄，陶人化之以成器，故謂化育人才曰甄陶。
去 鍊 煉 炼 liàn 音練。鎔金使精謂之鍊。鍊鋼。老鍊。	郎甸切。冶金也。泰西鍊金，多用機器，故金純而遺質少。中國鍊金，多宗土法，故金雜而遺質多。凡鍊金必精熟，故事理精熟者亦曰鍊，如習鍊、歷鍊之鍊是。鍊與煉通用。	去 鑄 铸 zhù 音注。范金成器曰鑄。鑄錢。皷鑄。	朱戍切。鎔金也。取金之既鍊者，鎔之以入模曰鑄。
上 冶 冶 yě 音野。爐鑄謂之冶。冶坊。冶容。	以者切。鎔也。凡金遭熱則流，遇冷則凝，猶水釋則流，合則冰，故字从仌。金之在鎔，惟冶者之所鑄。態之在人，惟裝者之所飾。故引申為冶容之冶。	去 勘 勘 kān 堪去聲。校定曰勘。校勘。勘路。	苦紺切。勘，校也。引申為深切致覈之意。故事經覈定曰勘定。

去 **劑** 平 剂 jì 音紫。齊翦曰劑。質劑。齊去聲。齊分曰劑。分劑。	津私切。齊截也。古之判券，兩書一札同而截之，故又名劑。轉為分劑、藥劑之劑，讀才詣切。	去 **刊** 平 刊 kān 看平聲。鐫刻曰刊。刊印。音旰。義同。	苦寒切。又古案切。斫刻也。凡斫木刻石皆曰刊。引申謂不可刪削者曰不刊。
斲 入 斫 zhuó 音琢。斤以斫之曰斲。雕斲。	竹角切。以斤斲器也。	**删** 平 删 shān 音潸。刊所當去謂之删。删去。	師姦切。剟也。从刀从册。册，書也。古者無紙，册書以簡，若有所削除，必以刀刊剟之。故今之去偽辭留真義者，亦以删名。
去 **削** 入 削 xuē qiào 相入聲。刻治曰削。筆削。削職。 音笑。刀室曰削。	思約切。刻刀也。長尺博寸，合六而成規。古者未有紙筆，即以削刻字於簡，因即名刻治為削。凡簡經削必小弱，故引申為侵削、削弱之削。叚借為鞘，讀蘇弔切。	去 **刺** 刺 cì 此去聲。以刀直傷人謂之刺。刺客。刺史。	七四切。棘芒也。棘芒能傷人，故引申為刺客之刺。被刺者每出於不及防，故潛發人之陰私曰譏刺。又古者刺姓名於簡，持以謁人，其簡因謂之刺。 《周禮》有三刺之法。刺，訊決也。訊決必審取其情，故又轉為刺取之刺。

剥 入 剥 bāo bō 音駁。褫去其表曰剥。剥皮。盤剥。	北角切。裂也。引申之，殺牲解體謂之剥。剥者，先取其表，故俗謂褫衣曰剥。剥有漸削之意，故朘刻民力亦曰剥。	析 入 析 xī 音錫。分剖曰析。分析。	思積切。破木也。引申為分解之義，如離析、析爨之析是。
穿 平 穿 chuān 音川。通穴曰穿。穿鑿。通穿。	昌緣切。	去 破 破 pò 頗去聲。不完曰破。使之不完亦曰破。殘破。破城。	普過切。石碎，泥也。引申之，凡壞者與使之壞皆曰破，故敗人軍、入人國亦曰破。
上 剖 剖 pōu 音掊。中分曰剖。剖開。	普厚切。判也。判其表者曰剥，判其中者曰剖。剖，分析之也，故引申為剖析、剖解之剖。	去 碎 碎 suì 音誶。析物曰碎。已析之物亦曰碎。擊碎。碎雜。	蘇對切。瓦破曰瓻，石糠曰碎。引申之，凡物之糜敗者皆曰碎。碎者必細，故又申之擊物使分析亦曰碎，事之瑣細者亦曰瑣碎。

去 壞 坏 huài 音怪。物不自敗而敗之曰壞。敗壞。 懷去聲。物自毀曰壞。	古快切。 胡怪切。	去 爛 烂 làn 瀾去聲。火熟曰爛。腐爛。爛熟。	郎盱切。以火煮物者。物質為火力驅鬆則熟爛。物爛則腐，故引申為腐爛之爛。腐爛則消散，故事之消散無成者曰糜爛。又使物熟爛必以火。火，昭明之象也。因又轉為燦爛、爛漫之爛。
去 敝 敝 bì 音幣。敗壞曰敝。敝廬。敝屣。	毗祭切。帗也。本作㡀，象巾破裂形。引申之，凡物之敗者皆曰敝。又申為敝邑之敝。	絕 入 绝 jué 音截。斷而不續曰絕。斷絕。絕好。	情雪切。斷絲也。从糸、从刀、从卩會意。引申為隔絕、絕交之絕。亦以不連為義。轉為絕學、絕妙之絕。與極字同意，言已造其極，難乎為繼也。
上 朽 朽 xiǔ 休上聲。腐敗曰朽。朽木。老朽。	許久切。木腐也。木腐則無材，故引申謂人之不材者曰朽。	上　去 斷 断 duàn 音段。絕物曰斷。物之既絕者亦曰斷。斷絕。 音鍛。決事謂之斷。決斷。	徒玩切。截也。古文作㫁，會意。㡭，絶也，以斤絶之而分為異段也。斷有決絶之意，故引申為決斷之斷，讀都玩切。

續

入

续 xù

音俗。繼絶曰續。接續。斷續。

松玉切。連也。連已絶者謂之續，如續弦之續是；連未絶者亦謂之續，如嗣續、續貂之續是。

絡

入

络 luò

音洛。結繩以籠物曰絡。經絡。籠絡。

歷各切。絮也。一曰蔴未漚也。引申之，結繩為網以載物謂之絡。又申之，馭人以智術，使不越範圍，亦謂之絡。又人之筋脈曰經絡，以其相屬如網也。

紹

上

绍 shào

音佋。繼絶曰紹。介紹。紹興。

市沼切。繼也。轉為介紹之紹。謂賓主之間本不相屬，而藉介以通之，如續物然也。

維

平

维 wéi

音惟。繫物曰維。綱維。維縶。

夷隹切。車蓋之系曰維，繫繩於四角以張網者亦曰維。維，皆繫物之繩也。故引申為維繫之維。又申之，禮、義、廉、恥謂之四維，言人賴四德以立，猶網賴四維以張也。叚借為惟，獨也。古書惟、唯、維三字多通用。

聯

平

联 lián

音連。綴合曰聯。蟬聯。聯姻。

力延切。連合也。《周禮》:“五家為比，十家為聯；五人為伍，十人為聯；四閭為族，八閭為聯。”皆以聯合為義。

繫

去

系 jì xì

音系。纏縛曰繫。維繫。繫舟。

胡計切。繫，繫也。物不相屬者必繫以聯合之。如“繫辭”及“以事繫日”之繫皆本此義。

纏（平） 缠 chán 音廛。以絲繞物曰纏。纏繞。纏綿。	澄延切。繞而縛之也。引申為凡繞之偁。又為固結不解之形容詞，如纏緜是也。 中國女子多纏足，泰西女子多纏腰。二者皆足以害身而弱種。故中西有志之士，並設會以禁之。	縛（入） 缚 fù 附入聲。以繩束物曰縛。束縛。	符钁切。
繞（上） 绕 rào 音擾。以繩纏物曰繞。圍繞。繞道。	爾紹切。纏縛也。以繩繞物，必環行一周，故引申為旋繞、繞行之繞。通作遶。	締（去） 缔 dì 音帝。固結曰締。締交。	丁計切。結不解也，如締交之締是。引申為締造之締。締造，猶言結構也。
束（入） 束 shù 音倲。聚而縛之謂之束。束脩。裝束。	式竹切。縛也。古者一束，猶今西人所謂一打。而束則恆以十數為之，故膊以十脡為束，帛以五兩為束，五兩即十端也。引申之，凡束縛皆曰束，如束薪、束髮是。又申之，凡有束縛之義亦曰束，如拘束、管束是。	緘（平） 缄 jiān 音監。封物曰緘。緘口。	居咸切。緘，束篋之繩也。引申之，束物、封物皆曰緘。

描 平 描 miáo 音苗。摹畫曰描。描畫。描紅格。	眉鑣切。描摹仿而畫之也。輕者曰描，重者曰摹。	鏤 去 镂 lòu 音漏。刻金也。雕鏤。鏤刻。	郎豆切。鋼鐵之可以鐫刻者曰鏤。引申之，鐫刻即曰鏤。鏤必鋟文其上，故漢時西南夷之文身者亦曰鏤體。
鑲 平 镶 xiāng 音穰。嵌物於金中謂之鑲。鑲邊。金鑲。音襄。義同。	汝陽切。又思將切。型中腸也，因叚為鑲嵌之鑲。物之鑲者外必有緣。今制滿洲蒙古、漢軍八旗中，有鑲黄、鑲白、鑲紅、鑲藍四旗，葢以其旗所緣别之也。	琢 入 琢 zhuó 音斵。鏤刻玉石曰琢。雕琢。琢玉。	竹角切。鐫鑿玉石使有文采也。與瑑義通。
嵌 上 平 嵌 qiàn 闞平聲。山深貌。 音闞。陷入其中曰嵌。鑲嵌。	口銜切。嵌，嚴深谷也。引申之，坎竅之孔亦曰嵌。 苦濫切。陷入孔中也。引申之，凡以物實孔皆曰嵌。	磋 去 平 磋 cuō 音蹉。以錯磨物曰磋。切磋。 音剉。義同。	倉何切。又麄卧切。以錯治物使滑澤也。引申之，凡為學者互相觀摩，謂之切磋。磋，亦作瑳。

去 磨 平 磨 mó mò 音麼。所以研物者曰磨。磨坊。 音摩。研物曰磨。磨刀。	莫卧切。磑也，公輸班作之。其制以兩石相切，切處琢縱横齒，物為齒軋即糜為粉。中國以人力或牛、馬力運之，泰西則借風、水、火力以動其機，故用人力少而成功多。 眉波切。以磑磨物也。通作摩。	
去 鑽 平 钻 zuān zuàn 音劗。穿物曰鑽。鑽木。鑽研。 音穳。所以穿物者曰鑽。鑽鑿。金剛鑽。	祖官切。穿物也。穿物必求其深入，故引申為鑽研之鑽，言期其深造而有得也。又申為鑽營之鑽。 祖算切。穿器也。又金剛鑽為純炭質所結成者，堅硬冠于各質，為鑲嵌寶星及首飾之貴品。	
上 翦 剪 剪 jiǎn 音剪。斷物曰翦。所以斷物者亦曰翦。翦刀。裁翦。	子踐切。羽初生也。初生則羽不深，故色淺謂之翦，如《儀禮》“用疏布緇翦”是。叚借為剪。剪所以斷物者也，故引申為翦滅之翦。	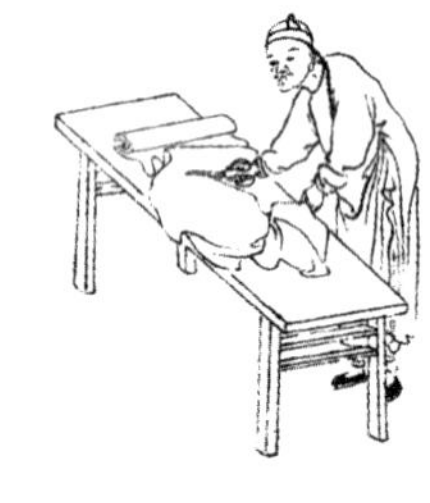

掘 入 掘 jué 音倔。起土曰掘。掘井。發掘。 音槷。義同。	渠勿切。又其月切。穿土也，如“譬若掘井”“掘地為臼”是。叚借為堀，如“蜉蝣掘閲”之掘是。又借為崛，故崛起亦曰掘起。	
測 入 测 cè 音恻。以所知求未知謂之測。測量。叵測。	初力切。深所至也。引申之，凡窮高遠、極深厚皆謂之測。算法有重測、實測諸名，總之不外三角法推算之理。	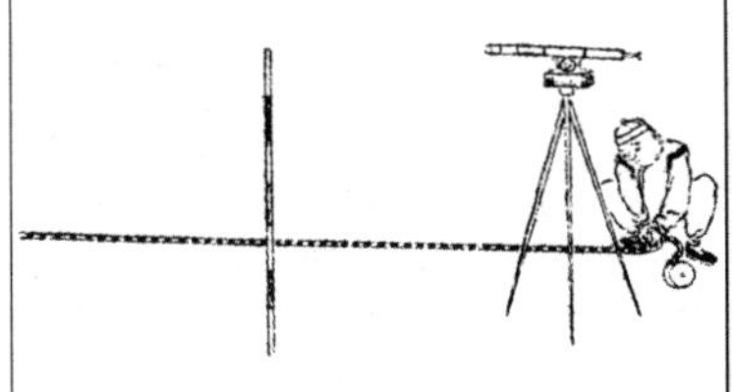
汲 入 汲 jí 音急。引水於井謂之汲。汲引。汲水。	訖力切。井必用汲。汲者用綆繫瓶以引水，故引申謂引薦為汲引。又綆修可以汲深，因又申為汲古之汲。汲水之器，一上一下不稍休，故狀不休者曰汲汲。	

<table>
<tr><td>澆
平
浇 jiāo
音驍。以水沃物曰澆。澆花。澆風。</td><td>堅堯切。沃也。叚借為磽。磽，薄也。如澆薄之澆是。</td><td></td></tr>
<tr><td>去
盥
盥 guàn
音貫。澡手曰盥。盥漱。</td><td>古玩切。盥从臼水、从皿會意。古之盥者，澆水手上，揮手令乾，敬老者則授以巾。叚借為灌地降神之灌，如《易・觀》“盥而不薦”是。蓋以酒澆地，與以水澆手，情事略同。</td><td></td></tr>
<tr><td>濯
入
濯 zhuó
音濁。洗滌曰濯。濯足。</td><td>直角切。澣也。物經澣則光，故引申為光澤之義。如濯濯是。</td><td></td></tr>
</table>

上 洗 洗 xǐ xiǎn 音銑。澣濯曰洗。洗衣。洗足。 音姺。洗物之具曰洗。筆洗。	想禮切。凡澣濯皆曰洗。洗者，去其舊染之污以自新也，故引申為洗心之洗。 蘇典切。	沾 平　霑 沾 zhān 音詹。物濡水曰沾。沾恩。沾溼。	之廉切。與霑通。沃水為淋，濡水為沾。沾者，溼而不流之貌。人之受恩，猶物之沾雨露，故引申為沾恩、沾惠之沾。
上 澣 浣 浣 huàn 音緩。濯垢曰澣。澣濯。	合管切。濯衣垢也。以手曰漱，以足曰澣。引申之，凡洗滌皆謂之澣。唐制十日一休沐，故以上旬、中旬、下旬為上澣、中澣、下澣。澣，亦省作浣。		
上 洒 灑 洒 sǎ xǐ 音矖。雨水曰洒。洒埽。 音洗。與洗同。	所蟹切。與灑通。洒埽者，弟子之職。言洒水以斂塵，使埽時不上揚也。洒有洗濯之義，故借為洗。讀想禮切。如《傳》“洒濯其心”之洒是。洒者，去垢之謂。引申之，凡雪恥、雪怨亦謂之洒，如《孟子》“一洒之”是。	酬 平 酬 chóu 音讐。報獻曰酬。應酬。酬勞。	時流切。導酒也。凡主人酌賓曰獻，賓還酌主人曰醋，主人又自飲以酌賓曰酬。飲賓而又從之以貨財亦曰酬。引申之，凡報獻皆曰酬，如酬勞之酬是。又泛言應對謂之酬酢。

酢

入

酢 zuò

音昨。客酌主人曰酢。酬酢。

疾各切。酢，本讀如醋，醶也。俗以醋為醶，而以酢為醋。主進酒於客曰獻，客荅進主人曰醋。故世以應對為酬酢。

彎

平

弯 wān

音灣。物曲曰彎。撓物使曲亦曰彎。彎弓。月彎。

烏關切。引弓發矢也。弓引則曲，故引申為彎曲之彎。

斟

平

斟 zhēn

音針。酌酒曰斟。斟酒。斟酌。

諸深切。勺也。勺所以盛羹，因即名羹為斟，如《史》“廚人進斟”是。勺本通酌，故俗以酌酒為斟酒。凡酬酌為賓主款談之會，故俗以商取其義為斟酌。

標

平

标 biāo

音猋。木末曰標。高標。錦標。

卑遥切。木末也。木末必高，故引申為高標之標。高者可因以表誌所表，故叚借為表識之表。古者懸榜表端以識事，因又申為標題、標榜之標。

屑

入

屑 xiè

先入聲。碎末曰屑。木屑。不屑。

先結切。細切之也。引申之，所切之物即曰屑。又事之瑣碎者與物之細屑相類，故亦曰瑣屑。屑者，物之不足重者也，故不加意于事物曰不屑。

平 包 包 bāo 音苞。裹物曰包。所裹之物與所以裹者皆曰包。包涵。書包。	布交切。胎也。象人懷妊，象子未成形也。今作胞，引申為包裹、包容之包。	上　去 轉 转zhuǎn zhuàn 專上聲。旋行曰轉。旋轉。專去聲。使物旋行也。轉車。	止兖切。輪旋也。輪旋半周曰輾，全周曰轉。引申為往來返復之詞。又以力旋物亦曰轉。讀株戀切。
平 裝 装 zhuāng 音莊。整束曰裝。裝腔。軍裝。	側羊切。束衣使整齊也。引申之，凡服式、行李皆曰裝，如古裝、行裝是。又申之，凡門窗器械亦曰裝，如軍裝、裝修是。	平 輸 输 shū 音俞。以物致人曰輸。輸粟。輸贏。損輸。	商朱切。以車遷賄也。引申之，凡委送財貨皆曰輸。輸必盡其所聚，故引申為輸贏之輸。漢時郡國諸侯，各以其方物貢輸往來。物多苦惡，不償其價，因制官以相紹運，即曰均輸。
上　去 載 载 zài zǎi 音再。以車承物曰載。裝載。 音宰。年也。	作代切。載，乘也。專言之，乘於車曰載；泛言之，凡加於物上皆曰載。故古之盟者，加書牲上而埋之曰載書。因轉為記載之載。又唐虞謂年為載，義取地所載生物已一熟也。讀子亥切。	平 攤 摊 tān 音灘。舒展物體曰攤。攤書。	他丹切。開卷也。引申之，凡陳列諸物皆曰攤。今小販之陳物求售者，亦即以攤名。攤者必平，故轉為攤還之攤，言分配必平均也。

擔（去）儋（平）

担 dàn dān

膽去聲。所負曰擔。挑擔。膽平聲。負之曰擔。擔肩。擔當。

都濫切。背所荷者曰負，肩所荷者曰擔。都藍切。肩任曰擔，力任亦曰擔。

築（入）

筑 zhù

音竹。杵土使堅曰築。築牆。

之六切。擣土之杵曰築，以築擣之即曰築。引申之，凡實土其中杵堅之皆曰築。

填（平）

填 tián

音田。以土滿之也。填土。

亭年切。

墊（去）

垫 diàn

音店。土陷曰墊。椅墊。

都念切。下也。屋陷之𡪹从宀、執，土陷之墊从執、土，皆指事也。陷則委溺，故引申為昏墊之墊。又借為填滿之填。

深 平 深 shēn 音蔘。淺之對也。深淺。深淡。	式針切。水不可測曰深。引申之，凡不可測者皆曰深，如學問淵深、氣度深沉之類。	濁 入 浊 zhuó 音濯。水不清曰濁。清濁。濁氣。	直角切。濁者，清之反也。
上 淺 浅 qiǎn 千上聲。不深曰淺。水淺。淺近。	七衍切。淺者，對深而言。凡一望而底蘊畢露者皆曰淺。	去 汎 泛 fàn 音氾。隨波飄浮曰汎。浮汎。汎舟。	孚梵切。浮皃。與泛畧同。
澂 平　澄 澄 chéng 音懲。水之清者。澂清。	持陵切。水清曰澂，清其水亦曰澂。字亦與澄通。	上 濫 滥 làn 音纜。水横流曰濫。氾濫。濫交。	盧瞰切。濫，氾也。言水行不由其道，而氾濫横溢也。引申之，刑失其道曰濫刑，樂失其道曰濫音，交友失其道曰濫交，聽言失其道曰濫聽。

去 **沸** 入 沸 fèi fú 音芾。水汽漲湧曰沸。沸水。沸度。音拂。泉出皃。	方味切。沸水俗言滾水。尋常以水加熱至二百十二度為沸度。但沸度關乎空氣壓力，壓力大則沸難，壓力小則沸易。故藉水沸度之大小，可測山之高低。沸泉，亦泉之遇地熱汁而漲湧者。 分弗切。觱沸檻泉之沸。	**流** 平 流 liú 音留。物之非定者曰流。流動。源流。	力求切。不動之物曰定質，常動之物曰流質，氣類為輕流質，油、水、水銀及五金鎔液之類為重流質。凡言流者，言其流動不息也，故引申為周流之流。分人之品類亦曰流，言若水之有支派也。
溢 入 溢 yì 音逸。過滿曰溢。洋溢。充溢。	弋質切。注水於器，水如其器曰滿，更益以水則溢。引申之，凡過其量者皆曰溢。粟米二十兩曰溢。字亦作鎰，鎰金二十兩也。皆過於一斤十六兩之意。	**浮** 平 浮 fú 音罘。漂流無定曰浮。浮海。粗浮。	縛牟切。浮者，物在水面，往來無定向也。引申為凡無定向之辭，故習業無定趨曰浮蕩，發言無定評曰浮夸。數踰其定額，又曰浮於額。
上 去 **瀉** 泻 xiè 音寫。洩水曰瀉。瀉水。音卸。注下之症曰瀉。吐瀉。	悉也切。本作寫，置物也。謂去此注彼也，故洩水使他注曰寫。後人增水旁作瀉，而寫、瀉遂異用。 又泄瀉，為注下之症，讀司夜切。	上 **湧** 涌 yǒng 音勇。水上出曰湧。洶湧。	尹竦切。本作涌。水性就下，噴激而上則謂之湧。

凝

平

凝 níng

馨平聲。滯而不流曰凝。寒凝。凝結。

疑陵切。凝本訓冰堅也。寒氣凝聚始成冰，而令流質為定質，故又訓聚也，定也。古文冰作仌，凝作冰，後人以冰代仌，而以凝為凝聚之稱。

涸

入

涸 hé

音鶴。水渴曰涸。乾涸。涸轍。

下各切。

淤

去

平

淤 yū

音飫。濁泥也。淤泥。淤塞。音於。義同。

依據切。水中濁泥曰淤泥，水為濁泥所塞曰淤塞。又讀依虛切，義同。

漫

去

平

漫 màn

音縵。大水曰漫。水漫。漫漫。音瞞。義同。

莫半切。漠官切。漫，大水也。水勢浩大亦曰漫。漫則一望無際，故道路長遠曰漫漫。漫又有放逸之意，如“漫不經心”之漫是。

壅

上

平

壅 yōng

音邕。塞水曰壅。壅塞。糞壅。音擁。

於容切。障水使不通也。凡隄岸駁蝕，加土封之則曰壅，引申為壅塞、壅蔽之壅。壅又有培植之義，故培覆根土，澆灌卉木，並曰壅。又伊竦切，義同。

潑

入

潑 pō

音鏺。弃水曰潑。潑水。活潑。

普活切。潑，弃水於地也。水本主動，潑則錯落下墜，畧無滯機，故不沾滯曰活潑。

上 匯 汇 huì 回上聲。衆水所聚曰匯。總匯。匯票。	胡罪切。匯，器也。《禹貢》:“東匯澤為彭蠡。”匯訓為圍，言大澤外必有陂圍之，如器之圍物也。引申之，衆水會流亦曰匯。叚借為回。今用銀錢、券票有匯票名目，義取回向本處付欵也。	游 平 游 yóu 音猷。浮行水面曰游。游玩。游民。	夷周切。游，旌旗之流也。言旌旗之下垂若水流然。引申之，浮行水面曰游。又申為出游、嬉游之游。
消 平 消 xiāo 音宵。化有為無曰消。消息。消磨。	先彫切。消，滅也。物滅其形曰消，故事物一生一滅謂之消息。	沿 平 沿 yán 音鉛。順流而下曰沿。相沿。沿江。	余專切。沿，緣水而下也。引申之，自上而下曰沿，循緣故轍亦曰沿。
去 溯 溯 sù 音素。逆流而上曰溯。溯洄。追溯。	蘇故切。本作泝，水欲下違之而上也。引申之，自下而上皆曰溯，如追溯、上溯之類。	泊 入 泊 bó 音薄。舟附岸曰泊。泊舟。澹泊。	傍各切。泊，淺水也。停舟必擇水淺之處，故移舟就岸曰泊舟。泊則暫可憩息，故甯静無為曰澹泊，流寓無定曰漂泊。

上 去 **沈** 平 沈 chén shěn 音霃。不浮曰沈。沈著。浮沈。 音鴆。投物於水也。 音審。姓也。	直深切。沈，水污泥也。故物在水中曰沈。引申之，以物投水中曰沈。讀直禁切。 式荏切。古國名。周文王子聃季食采於沈，子孫以國為氏。	**没** 入 没 méi mò 音殁。溺水曰没。沉没。没有。	莫勃切。没，沉也。物沉于水則不能見，故亦訓無，如《史記》“乾没”、俗語“没有”是。無則必盡，故又訓盡，如没階、没齒是。
去 **溺** 入 溺 nì niào 音惄。困於水曰溺。沈溺。溺水。 鳥去聲。	乃歷切。水死為溺。溺，弱也。言為水所困弱不自勝也。引申之，凡為外物所困而沉湎不反者，皆曰溺。 奴弔切。同尿。	**渾** 平 浑 hún 音魂。水濁曰渾。渾濁。	户昆切。渾，溷流聲也。與混略同，謂二水合流，混淆不清也。引申之，濁而不清之水皆曰渾。更申為凡不清之偁。
淹 平 淹 yān 音醃。沈没於水曰淹。水淹。淹留。	衣廉切。水敝為淹。言水潦壞物也。潦者止而不流之水，故留滯曰淹滯。留滯則有長久之意，故淹又訓久。	**涵** 平 涵 hán 音含。廣容曰涵。包涵。涵泳。	胡男切。涵，水澤多也。言所容受潤澤多也。引申為涵容之涵。又申為涵泳之涵。

濬

去

浚 jùn

音浚。疏治水道曰濬。濬河。

須閏切。濬，深通川也。使川深通亦曰濬。引申之，智德幽深者曰濬哲。

灌

去

灌 guàn

音貫。注水於地曰灌。澆灌。灌溉。

古玩切。灌，水名。出廬江雩婁北入淮。轉注為盥。盥，洗也。灌溉滋潤，物生必蕃，故叢木謂之灌木。又以鬱鬯灌地降神曰祼。取澆灌之義，字亦作灌。

注

去

注 zhù

音註。引水灌物曰注。貫注。起居注。

之戍切。注，灌也。謂引彼灌此，使相通也。引申之，一氣貫通曰貫注，疏通經義曰疏注。引彼就此，則有專向之義，故意有專向亦曰注意。又記事曰注，亦謂注意於此使不忘也。今有起居注官。

滋

平

滋 zī

音茲。增益之謂。滋潤。滋長。

子之切。滋本訓益。按滋訓草木多益也。滋从水、从茲。草木得水其生益茂，故生長曰滋長，潤澤曰滋潤。

浸

去

浸 jìn

音祲。灌水滋潤曰浸。浸潤。浸灌。

子鴆切。置物水中曰浸。物之結力較鬆，則水質由漸滲入，故浸亦訓漸。如浸假之浸是。

潤

去

润 rùn

音閏。溼之以水曰潤。光潤。潤澤。

如順切。物得水而潤，則色澤鮮明，故曰潤澤。亦曰潤色。

上

火

火 huǒ

貨上聲。陽之精也。五行屬南方。又八大行星之一曰火星。水火。火山。

呼果切。火所以分化萬物，其易見者，如燃柴、蠟是；其不易見者，如木與木摩則生火，磁與鐵吸則生電是；其熱而不見者，如石灰入水則沸是；其見而不熱者，如燐火之冷光是。

災

灾

平

灾 zāi

音哉。大患曰災。火災。災害。

祖來切。古文作灾。人火曰火，天火曰災。災所以殃人，故引申為凡殃人者皆謂之災。

焚

平

焚 fén

音汾。物被火燒曰焚。焚香。

符分切。焚，火田也。从林、从火會意。引申為凡物被火之偁。

烝

平

蒸 zhēng

音蒸。以汽熟物謂之烝。烝籠。烝汽。

諸仍切。烝者，熱汽上淫也。引申之，以下淫上謂之烝。烝汽上騰，質點繁密，因又申為烝民之烝。又萬物及冬告成者衆，故冬祭即曰烝。

燒

平

烧 shāo

音繇。火化曰燒。燒灰。燒酒。

尸招切。燒，爇也。物無養氣不燒。既有養氣，則無論定質、流質、氣質，以火引之，皆可以燒。亦有不藉火引者，如燐遇空氣則自然，木與木摩則生火是也。

去

炙

入

炙 zhì

音隻。以火熏物曰炙。炙灰。

音蔗。炙熟之肉曰炙。膾炙。

之石切。炮肉也。从肉在火上會意。肉在火上，有親之熏之之義，故引申為親炙之炙。又凡食物之經熏者，皆謂之炙。讀之夜切。

烹 平 烹 pēng 音磅。和水煮物曰烹。烹調。	披庚切。本作亯，煮也。經傳多作亨。	烘 平 烘 hōng 音訌。以火乾物曰烘。烘爐。	呼洪切。燎也。炙則離火近，烘則離火遠；炙者取生物而使之熟，烘則取溼物而使之乾也。
去 爨 平 爨 cuàn 音竄。析薪以炊曰爨。饔爨。 音攛。義同。	七亂切，又七丸切。炊也。㘸象甑，臼所以持也。冂為竈口，廾推林内火，林者柴也。象形兼會意字。引申之，所炊之竈即曰爨。		
炊 平 炊 chuī 音吹。爨也。炊茶。	昌垂切。炊即爨也。齊人謂爨為炊。	熏 平 熏 xūn 音薰。火炙物曰熏。煙熏。熏魚。	許云切。火煙上出也。从屮，从黑。屮黑，熏象也。熏有火盛之貌，故引申為熏心、熏德之熏。又東南風曰熏風，言其風和暖如火熏也。

煎 平 煎 jiān 音湔。以火乾汁曰煎。煎湯。油煎。	將仙切。熬也。引申為憂煎之煎，猶言憂心如焚也。	焦 平 焦 jiāo 音蕉。灼物成炭曰焦。焦飯。三焦。	茲消切。燒物存性曰焦。焦者氣因火變也。叚借為三膲之膲。三焦者水穀之道路，氣之所終始也。在胃上心下為上焦，在胃中脘為中焦，在臍下、膀胱上為下焦。
上 煮 煮 zhǔ 音渚。烹物曰煮。煮飯。	掌與切。煮，烹也。物必烹、煮、煎、炙，而後食之者，一則易於消化，一則物內所含微生物已死，食之不至傷人也。	熱 入 热 rè 音苶。冷之對也。冷熱。熱腸。	如列切。炎氣聚則生熱，故離赤道南北各二十三度半之地為熱道。熱道之民，聰明較少，壽數亦短，因其精、氣、神不能收斂也。凡熱不必全賴外力，亦有彼此感應而成者，如電與人心是也，故申為熱心、熱力之熱。
熟 入 熟 shú 音淑。物經熱力而成者曰熟。熟讀。相熟。	市六切。熟，生之對也。故引申為荒熟之熟。又申為熟聞、熟識之熟，則言聞識已久，猶烹食之久而就熟也。	去 燥 燥 zào 音喿。乾極則燥。燥溼。害燥。	先到切。燥，焦也。引申為乾燥之燥，言如火所灼也。

去 熾 炽 chì 音幟。火勢盛也。熾昌。	昌志切。火盛曰熾。引申為凡盛之偁，如熾盛、熾昌等是。	去 炷 炷 zhù 音注。鐙中火主也。炷香。一炷。	之戍切。鐙，炷也。本作主。从𡈼，从丶。𡈼象鐙，丶象火炎上也。今俗作炷。
去 燼 烬 jìn 音賮。火餘曰燼。灰燼。	徐刃切。燒木之遺也。引申之，凡遺民、遺災皆曰燼。	入 烈 烈 liè 音列。火勢猛也。烈火。節烈。	力蘖切。火猛甚曰烈。引申為酷烈、激烈之烈，皆以甚為義。火甚者光必大，故又申為節烈、勳烈之烈。
平 烽 烽 fēng 音丰。火之端曰烽。烽火。烽燧。	敷容切。从火、从夆會意。夆者，聳而鋭上也，字亦作㷭。古者邊疆有警，則舉火於墩以告急，是謂烽火。烽舉於晝，燧舉於夜。		

平

蔬

蔬 shū

音疏。草菜之通稱。園蔬。蔬菜。

所葅切。凡草菜之可茹者，統謂之蔬。

去

菜

菜 cài

音縩。園蔬曰菜。菜根。番菜。

倉代切。菜草之可食者。古以五味調五菜，謂葵甘、韭酸、藿鹹、薤苦、蔥辛也。引申之，凡可以佐飯者皆曰菜。

去

芥

芥 jiè

音戒。辛菜也。草芥。纖芥。

古拜切。芥似菘而有毛，其味辣，可作菹，亦可生食。芥本草屬微賤之物，故物之纖微者曰纖芥，居於微賤者曰土芥。

平

薑

姜 jiāng

音姜。老而愈辣者為薑。生薑。乾薑。

居良切。本作薑。謂其能彊禦百邪也。宿根謂之母薑。四月取母薑種之，五月生苗如嫩蘆，而葉稍闊。秋社前後，新芽頓長，如列指狀。采食無筋，謂之子薑。

蔥 平　葱 葱 cōng 音聰。類韭、蒜而中空者。青蔥。蔥白。	倉紅切。蔥凡四種，夏衰冬盛。莖葉軟美曰凍蔥；莖實硬而味薄，至冬葉枯曰漢蔥，並食品用；莖葉粗硬，根若金燈曰胡蔥；細莖大葉、生山谷者曰山蔥，亦曰茖蔥，並入藥用。	
去 蒜 蒜 suàn 音算。五葷菜之一也。大蒜。蒜苗。	蘇貫切。蒜辛而葷，有大小二種。小蒜即卵蒜。胡國有蒜，十許子共為一株，籜幕裹之，名為胡蒜。尤辛為小蒜，俗亦呼為大蒜。張騫使西域，始得其種。	
上 韭 韭 jiǔ 音久。葷菜名。韭芽。剪韭。	舉有切。一種而久生，故謂之韭。冬時培韭根於土中，暖即生長，高可尺許。不見風日，其葉黃嫩，謂之韭黃。	

茄 平 茄 jiā qié 音嘉。五茄，藥名。 音伽。茄子，菜名。	古牙切。五茄亦作五佳，以一枝五葉者佳，故名。於藥為療風勝品，亦名追風使。蓋風病飲酒易生痰火，惟五茄皮酒無患也。 求迦切。茄有瓤，瓤有子，子如脂麻。茄有團如栝樓者，有長四五寸者。又有青茄、白茄、紫茄諸名。	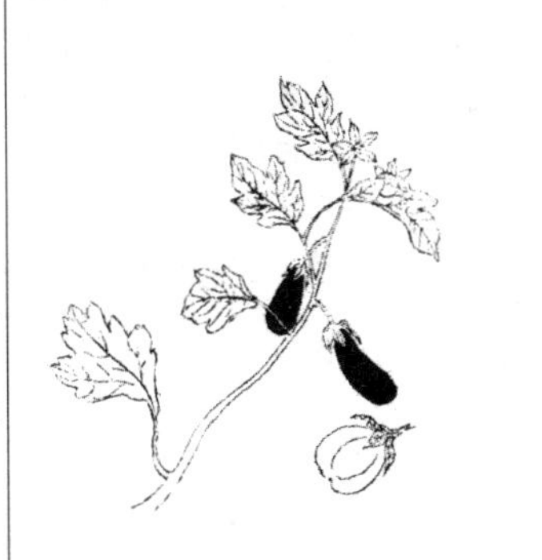
去 莧 苋 xiàn 音賢。菜名。 莧菜。野莧菜。	侯襇切。莧凡六種，人莧、白莧、赤莧、紫莧、五色莧、馬齒莧也。並於三月撒種，六月後不堪食。惟人、白二莧可入藥。大者為白莧，小者為人莧，性俱大寒。	
薇 平 薇 wēi 音微。山菜也。 薇菜。白薇。 薔薇。	無非切。薇似藿。菜之微者也，莖葉皆似小豆蔓生，其味亦如生豆，即今之野豌豆。又白薇，藥名。紫薇、薔薇並花名。	

蒓 平　蓴 莼 chún 音純。水葵名。蒓菜。	常倫切。蒓逐水而性滑，葉似凫葵，採莖可啗。三月至八月莖細如釵股,名曰絲蒓；九月至十月漸粗在泥中，名曰瑰蒓。	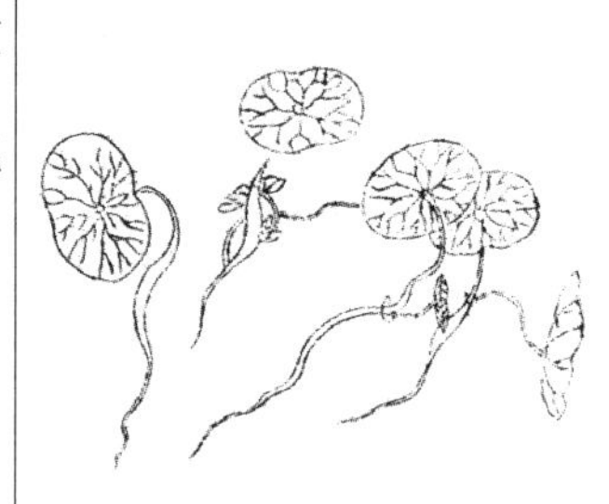
蓬 平 蓬 péng 音鬔。草名。又蓬蒿,菜也。飛蓬。蓬萊。	薄紅切。蓬，蒿類之草，枝葉繁密，秋風起則飄摇歷亂無定向，故《詩》狀髮之亂曰“首如飛蓬”。	
蒿 平 蒿 hāo 好平聲。蓬菜之屬。蒿菜。青蒿。	呼高切。香蒿也，即今青蒿葉。似茵陳而背不白，高可四尺許。又《莊子》:“君子蒿目而憂世之患。”謂蒿易棲塵，喻君子眯眼塵中也。	

字	釋義	
藜 平 藜 lí 音犂。草也。似藋而表赤。藜藋。蒺藜。	郎奚切。藜初生可食，古人蒸以為茹。	 蒺藜
芹 平 芹 qín 音勤。水菜名。芹菜。采芹。	巨斤切。水菜也。一名楚葵。可以為菹，即今人所食水芹菜。俗稱入泮曰采芹，取《詩經·泮水》“采芹”之意。	
上 筍 笋 笋 sǔn 音簨。竹萌為筍。春筍。冬筍。	思引切。竹胎孕地中者為筍，可為蔬食。冬月掘大竹根下未出土者為冬筍，尤稱珍品。	

上

蕈

菌

蕈 xùn

尋上聲。菌生木上曰蕈。菌本音窘，地蕈也。俗讀蕈、菌同音。

慈荏切。蕈生桐、柳、枳、椇木上，紫色者名香蕈，白色者名肉蕈，皆因溼氣薰蒸而成。生山僻處者有毒殺人。蕈生於地者曰土菌，形似釘蓋，甘寒有毒。凡煮蕈投以薑屑、飯粒，若色黑者殺人，否則無毒。菌讀渠隕切。

上　去

茹

平

茹 rú

音如。食菜曰茹。又為菜之總名。茹葷。菜茹。
音汝。音孺。義並同。

人諸切。茹，飤馬也。引申之，凡柔物而咀嚼之曰茹。又申之，植物可供蔬菜者皆曰茹。又忍與切，又而遇切。並同義異音也。

上

茗

茗 míng

音酩。茶芽曰茗。香茗。茗盌。

莫迥切。昔人以早采者為茶，晚取者為茗。一説茗，茶芽也。今茶、茗二字殊無異用，惟微分雅俗耳。

茶

平

茶 chá

宅平聲。木名，其葉可為飲。煎茶。茶税。

直加切。中國各省之茶，色味不同。最佳者產在赤道北二十七度至三十一度間。通商以來，茶葉為出口貨物之一大宗。今東西各國仿植者甚多，且講求極精，如日本、印度等處是。西人飲茶外，更以加非、可可等物為飲。

花 平 花 huā 音譁。已開之蘂曰花。開花。花卉。	呼瓜切。花為植物傳種之具，其芽常在葉幹角間發出，各件皆葉變化而成。花後所結子粒果實，即生植物之種子。有幹端獨發一花者，謂之幹端花類；有一幹並發多花者，謂之多花類。	芽 平 芽 yá 音衙。草木初生曰芽。枝葉初生亦曰芽。萌芽。含芽。	五加切。置植物種子於地，若地土膏潤，熱度合法，更在常通風氣之處，則生萌芽。枝、幹、莖、葉，皆由此發生。枝葉之芽，具於前歲之秋，或隱於莖枝之端，或伏於莖葉交角之間。冬寒故不茁長，至春乃發為枝葉。
去 瓣 瓣 bàn 音辦。花内圈曰瓣。花瓣。	皮莧切。瓣多華美之色。或全分，或邊相連，在萼内環列成圈。合法之花，萼瓣與花瓣遞更排列。花瓣全分者曰多瓣花，瓣邊相連者曰合瓣花。亦間有花不成瓣者。萼與瓣之功用，皆為保護花鬚、花心之具。	葉 入 叶 yè 音業。附植物枝幹而片片排列者曰葉。枝葉。花葉。	弋涉切。葉生枝間，依法排列。内有長圓輭珠，分上下兩層，中隙為通枝幹之氣管。各珠中有綠色小粒，名為葉綠，即植物藉成綠色者。葉俱兩面有皮。下面之皮有多小口，主宣洩養氣，收吸炭氣，以養全樹之用。
萼 入 萼 è 音鄂。花外圈曰萼。花萼。	逆各切。萼常綠色，或為彩色，環列花外。其形為數葉合成，每葉為一出，謂之萼瓣。瓣或全分，或以邊相連。全分者謂之多瓣萼，相連者謂之合瓣萼。萼葉亦有單層、雙層之別。	莖 平 茎 jīng 音脛。枝柱曰莖。莖葉。花莖。	何庚切。莖，草木之枝柱也，枝葉之藉以植立者。一説草曰莖，木曰幹。又花之長鬚亦曰莖。

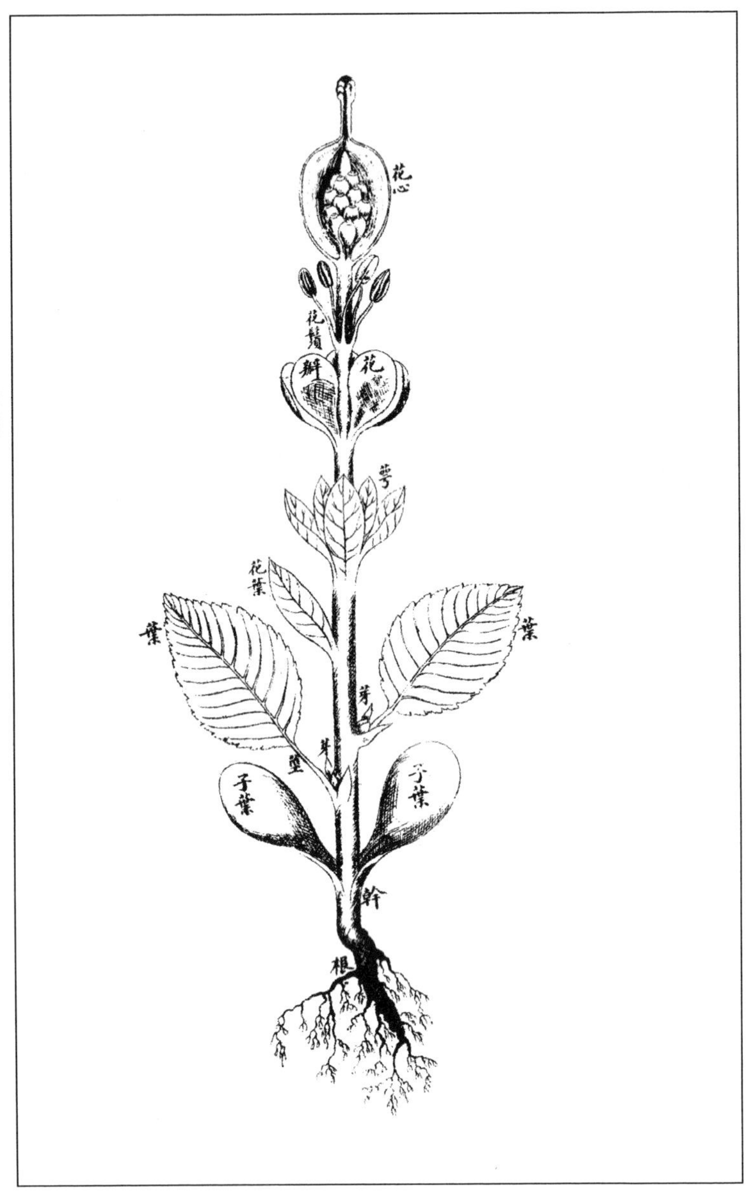
花心
花鬚
瓣
花
萼
花葉
葉
葉
芽
芽
莖
子葉
子葉
幹
根

上 蘂 蕊 ruǐ 蕤上聲。花含苞曰蘂。花蘂。	如壘切。花未開放時，萼與瓣皆層層掩疊，則謂之蘂。	平 馨 馨 xīn 釁平聲。香之遠聞者曰馨。花馨。馨香。	呼刑切。馨，香氣之聞於遠者也。
上 朵 朵 duǒ 音埵，花下垂皃。花朵。朵頤。	丁果切。朵，樹木垂朵朵也。引申為花朵之朵。更申為朵頤之朵，謂頤垂下動也。叚借為垛。後世以殿之東西為朵殿，葢垛之轉注。	平 芳 芳 fāng 音妨。草香也。芳草。流芳。	敷方切。草之清氣曰芳。引申為凡香氣之統稱。又引申之，人有令德，薰其善類，亦曰芳。如芳名、流芳之芳是。
平 苞 苞 bāo 音包。草也。竹苞。苞苴。	班交切。苞本訓草。叚借為包取、包裹之意，故草木叢生曰苞，花蘂未放亦曰苞。苞苴之苞，謂以葦或茅包裹魚肉以遺人。今凡以物遺人，皆曰苞苴。	入 落 落 luò 音洛。下墜曰落。零落。落花。	歷各切。草木彫敝曰落，言枝葉錯落下墜也。引申為殂落之落，言人之斃猶草木彫敝也。落又訓始，故宮室始成而祭之曰落。室成則可居，因謂可居之處曰落，如院落、村落、聚落是。

<table>
<tr><td>蓮
平
莲 lián
音連。荷已成實曰蓮。蓮房。采蓮。</td><td>靈年切。蓮青皮裹白，子為的。的中有青為薏，味甚苦。凡植物之成實者，必先發華，獨此華、實齊生，而華落後實漸長大耳。</td><td></td></tr>
<tr><td>葵
平
葵 kuí
音鄈。菜也。又花名。葵葉。葵扇。</td><td>渠惟切。菜也。古人種為常食。《爾雅》所謂“莃，菟葵”是也。其菜易生，備四時之饌。今人不復食之，亦無種者。
又一種名秋葵，傾葉向日，以衞其根。俗偁向日葵。</td><td>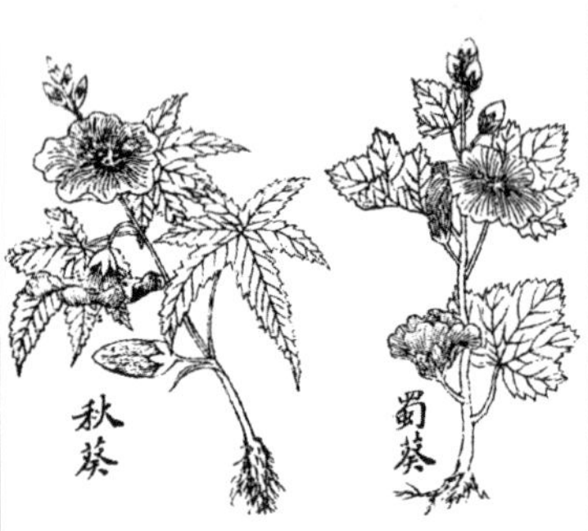</td></tr>
<tr><td>蘜
菊 入
菊 jú
音掬。秋花也。秋蘜。蘜籬。</td><td>居六切。蘜花各品不同，皆宿根自生莖葉。莖有株、蔓、紫、赤、青、緑之殊，葉有大、小、厚、薄、尖、秃之異。花有千葉、單葉、無心、有心、無子、有子之別。其花色又黄、白、紅、紫、間色深淺不同，惟秋時所開黄色者最有致。</td><td>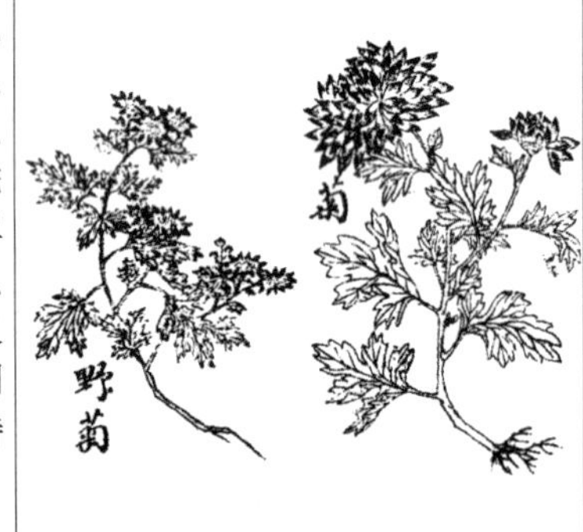</td></tr>
</table>

芙

平

芙 fú

音鳧。荷花亦名芙蓉。又木本有芙蓉花。

馮無切。

芙蓉即荷之别名，亦名芙蕖。其莖茄，其葉蕸，其本蔤（蔤即莖下白蒻在泥中者），其華菡萏，其實蓮，其根藕。

芙蓉花略似牡丹而小。有二種，木芙蓉一日白，二日淺紅，三日黄，四日深紅，比落色紫，人號為文官花。醉芙蓉朝白、午桃紅、晚大紅者最佳。又有四面花、轉觀花諸名，紅白相間，八、九月次第開謝。

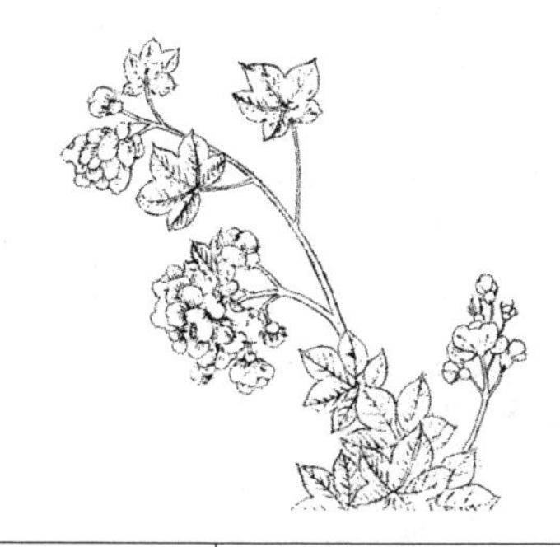

蓉

平

蓉 róng

音容。

餘封切。

藥

药

入

药 yào

音躍。凡療疾之品皆曰藥。藥草。丸藥。

以灼切。神農氏嘗百草，始有醫藥。凡草木、金石、鳥獸、蟲魚之類，堪愈疾者總名為藥，俗省書作葯。葯，於略切，音約。白芷葉謂之葯。

芍

入

芍 sháo

音若。芍藥。花名。白芍，藥名。

如灼切。芍本為鳧茈，即今之葧臍。又芍藥花春生紅芽，初夏開花，有紅、白、紫數種。結子似牡丹子而小。秋時采其根可入藥，有赤、白二種。

上 草 草 cǎo zào 音懆。百卉之總名。花草。草率。 音皁。櫟實也。	采早切。本作艸。草，植物之粗賤者。因沿用為粗而不精之謂，如草創、草率、草稿、草書之類皆是。 自保切。草斗，櫟實也。其殼可染黑，此草之本訓。今以草為艸木之艸，別作皁字為黑色之皁。	上 藁 藁 gǎo 音杲。禾莖曰藁。草藁。	古老切。藁，禾幹也。引申之，凡草木之幹皆曰藁，故《周禮》有藁人之官，掌弓、弩、箭幹之事。
上 卉 卉 huì 諱上聲。草之總名。花卉。卉木。	許偉切。从屮、从艸會意，言草之有大有小也。	去 茂 茂 mào 音楙。草木蕃盛曰茂。茂林。暢茂。	莫候切。草豐盛也，引申為凡豐盛之稱。
上 莽 莽 mǎng 音蟒。艸亦曰莽。草莽。莽撞。	模朗切。犬逐兔艸中為莽，引申之，艸深曰莽。艸深則彌望荒蕪，皆粗野之象，故粗率亦曰鹵莽。	去 蔓 蔓 màn 音萬。草生延綿不絕為蔓。蔓延。滋蔓。	無販切。蔓，葛類。其生也引藤曼長，故草之滋生者統曰蔓草。引申之，凡蔓延不絕者皆謂之蔓。

上

菲

平

菲 fěi fēi

音斐。薄也。菲薄。
音霏。芳也。芳菲。

敷尾切。菲，微薄之草也。生下溼地，似蕪菁，華紫赤色，可采以為茹。引申為凡微薄之偁。
芳微切。菲菲，香也，字亦作馡。

平

蕪

芜 wú

音無。草蕃盛曰蕪。荒蕪。蕪穢。

微夫切。

鬱

入

郁 yù

音尉。林木叢生曰鬱。胸憤叢積亦曰鬱。鬱悶。鬱金香。

紆物切。鬱之為言蔚也。木生茂盛，氣必蒸鬱也。引申之，憤氣積胸亦曰鬱。又鬱金香，草名。用和鬯酒，古者將祭灌地以降神。

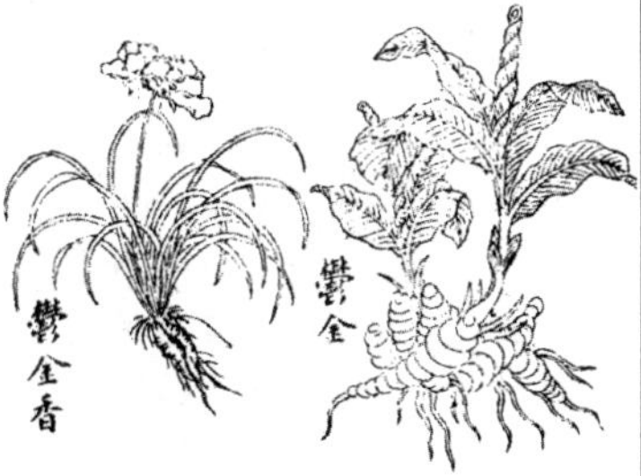

上

葆

葆 bǎo

音保。草叢生曰葆。

補抱切。葆，艸盛皃，如“頭如蓬葆”之葆是。引申為羽葆之葆。葆，蓋也。聚五采羽為之，即今所謂纛頭也。又全其性真曰葆真。葆通作保。

去

薙

薙 tì

音替。除草曰薙。薙頭。

他計切。古謂除去其草曰薙。今言除去其髮亦曰薙。

苔 平 苔 tái 音臺。水青衣也。苔痕。翠苔。	堂來切。苔名水衣，謂生水涯者，由水氣搏結也。又名石髮，謂生石上者，如髮形潤澤也。	
上 藻 藻 zǎo 音早。水草名。蘋藻。藻飾。	子皓切。藻生水中，有二種：其一種葉如雞蘇，莖大如箸，長四五尺；其一種莖大如釵股，葉如蓬蒿，謂之聚藻。藻，水艸之有文者。引申之，凡有文采者皆曰藻，如玉藻、文藻之類。	
萍 平　蘋 萍 píng 音瓶。艸之浮於水面者。萍蹤。 音頻。萍之大者曰蘋。蘋藻。	旁經切。萍生水面，飄浮無定。一葉經宿即生數葉，其大者曰蘋。四葉合成一葉，如田字然。讀毘賓切。	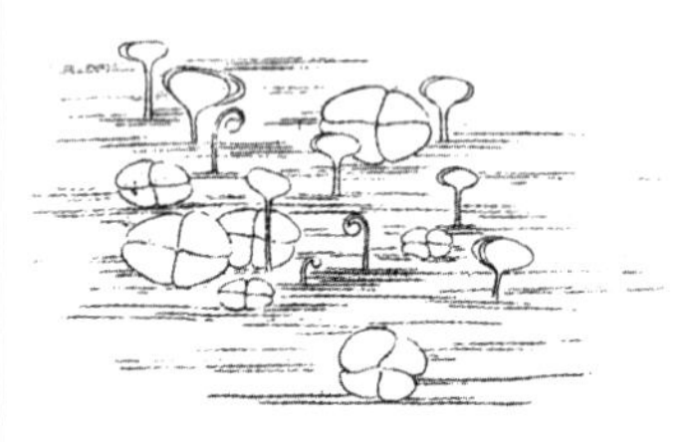

上 蓼 入 蓼 liǎo lù 音了。水草可作辛菜者。紅蓼。蓼花灘。音六。長大貌。	盧鳥切。蓼生水澤，其類甚多，有紫蓼、赤蓼、青蓼、馬蓼、水蓼、香蓼、木蓼諸名，花皆紅、白、紫、赤相間。其味辛，古者用作辛菜，為調和之品。 力竹切。單言形況字，如“蓼彼蕭斯”是。重言形況字，如“蓼蓼者莪”是。並訓長大貌。	
蒲 平 蒲 pú 音葡。水艸可以為席者。蒲席。菖蒲。	薄胡切。莞藺之屬，生於水者也。取其柔滑，故用以為席。 蒲類之昌盛者曰菖蒲。	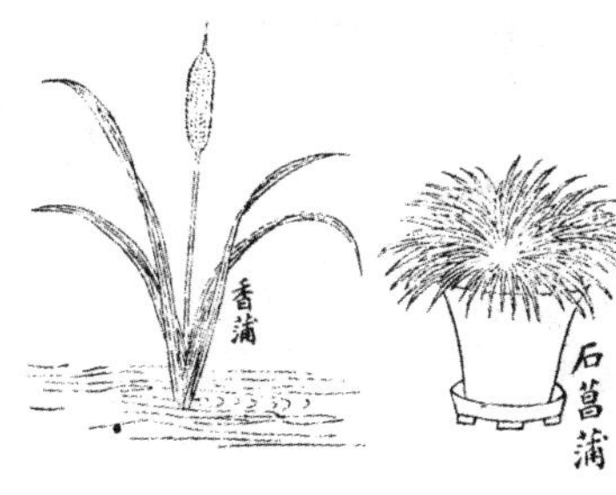
蘆 平 芦 lú 音盧。葦未秀曰蘆。蘆花。蘆灘。	龍都切。蘆，蘆菔也。今謂之蘿蔔，亦曰萊菔。皆音之轉也。又為蘆葦之蘆。已秀曰葦，未秀曰蘆。	

荻

入

荻 dí

音狄。艸名。蘆荻。

亭歷切。荻，一名蕭。嫩芽似竹筍，甘脆可食。莖曲如鉤，可作馬鞭節。

萎

平

萎 wěi

音逶。生機歇絶曰萎。萎絶。枯萎。

於危切。蔫也。謂物不鮮新也，故草木彫落曰萎，哲人彫謝亦曰萎。

葦

上

苇 wěi

音偉。葭已秀者曰葦。蘆葦。

禹鬼切。葦，大葭也。未秀曰葭，已秀曰葦。即今之蘆也。

平

萧 xiāo

音簫。香蒿也。蕭條。

先凋切。古者祭祀，取蕭合脂爇之，和馨香以享神。引伸為蕭牆之蕭，蕭之言肅也，牆謂屏也。君臣相見之禮，至屏而加肅敬也。又寂寥曰蕭條，亦曰蕭瑟。

 平 芝 zhī 音之。瑞草也。靈芝。芝蘭。	止而切。古偁芝為神瑞之艸，其種有青、赤、黃、白、黑、紫六色。		
薰 平 薰 xūn 音勳。香艸也。薰香。薰風。	許云切。薰草即蕙草。草曰蕙，根曰薰。其味香，燒之可以辟穢，即今零陵香。多生下溼地，葉如麻，兩兩相對，常於七月中旬開花。又叚借為熏，如《舜歌》"南風之薰兮"是。	蕕 平 莸 yóu 音猶。艸之臭者。薰蕕。	以周切。水邊艸也。又臭艸名，其氣⿸疒酋臭，故謂之蕕。蕕者，⿸疒酋也，朽木臭也。
芸 平 芸 yún 音雲。香草也。芸香。	于分切。芸類豌豆叢生，其葉極香，秋後葉間微白如粉，南人采置囊中，能辟蠹魚，故藏書臺偁芸臺。又重言形況字。芸芸，物叢生貌。又除草曰芸，與耘通。	箬 入 箬 ruò 音弱。澤生之艸也。糉箬。箬帽。	日灼切。竹皮曰箬。又艸名，一曰遼葉。生南方平澤，根莖皆似小竹，葉籜皆似蘆荻。其葉面青、背淡，性柔而韌，新舊相代，四時常青。今人每取以作笠及裹襯物件之用。

蘭 平 兰 lán 音闌。香艸中最幽之品。蘭花。珠蘭。	郎干切。蘭有數種。蘭艸、澤蘭生水旁，山蘭即蘭艸之生山中者。今以蘭香幽絶，獨冠羣芳，統偁曰幽蘭。其産自閩中者曰建蘭，與蘭艸、澤蘭、山蘭迥别。	
去 蕙 蕙 huì 音惠。香艸。蘭之屬也。蕙蘭。	胡桂切。蕙與蘭甚相類，皆柔荑其端作花。但蘭一荑一花，蕙則一荑五六花耳。今人偁蘭為幽蘭，蕙為蕙蘭。	
去 艾 艾 ài yì 音礙。艸名。艾絨。蕲艾。音刈。芟治曰艾。	牛葢切。艾，一名冰臺。古者削冰令圓，舉以向日，以艾承其影得火，故曰冰臺。此即今製火鏡之法，因聚日光於一點，故熱力大而得火也。又年老曰艾，年少亦曰艾。又與乂通，訓治，如自怨自艾、有私淑艾皆是。讀倪制切。	

 平 苓 líng 音靈。香艸名。茯苓。	郎丁切。苓，卷耳也。又茯苓為松根精氣鬱結所成。豬苓亦生樹下，其塊黑似豬矢，故曰豬苓。皆入藥。	
术 入 术 zhú 音術。藥名。白术。蒼术。	食律切。术，一名天薊，亦名山芥，因其葉似薊而味似薑芥也。今入藥者有兩種，白术甜而少膏，宜丸散用；蒼术苦而多膏，宜煎用。主治略同，惟蒼术發汗，白术止汗，為特異耳。	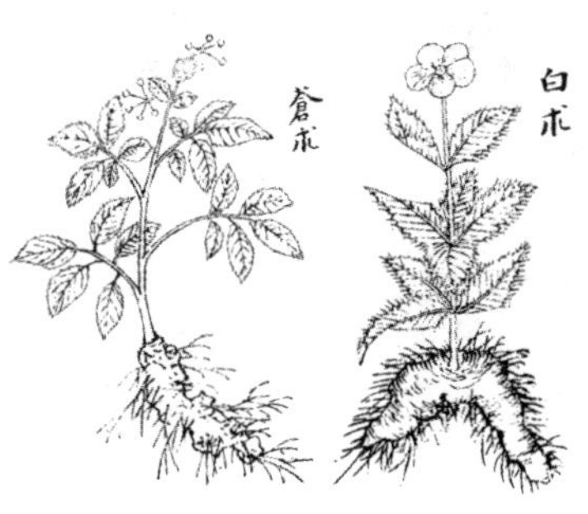
上 杜 杜 dù 音敵。杜若、杜衡皆香艸名。	動五切。杜若葉似薑而有文理，根似高良薑而細，味辛而香。杜衡葉似葵，形如馬蹄，道家服之，令人身衣香。又《詩》：“有杕之杜。”杜，甘棠也。又杜仲，藥名。又止塞不通曰杜。	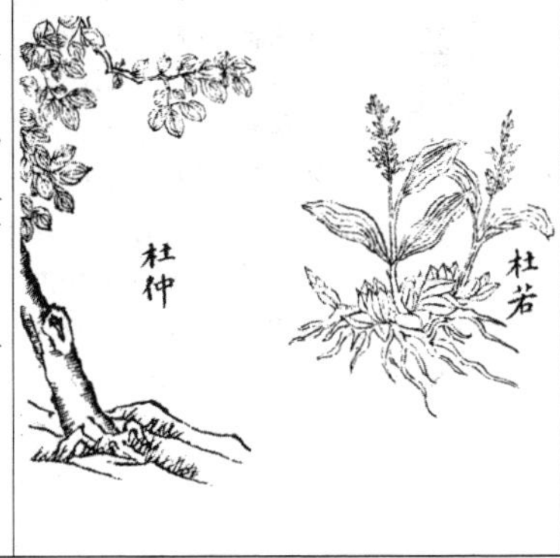

藤 平 藤 téng 音騰。植物之蔓生者曰藤。瓜藤。藤本。	徒登切。藤，藟也。大者蔓延盤薄，因謂植物之蔓延而生者曰藤本。	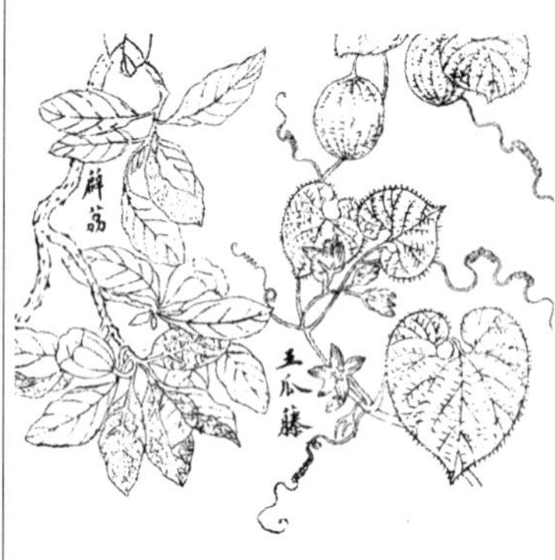
蘿 平 萝 luó 音羅。莪蒿之屬。牽蘿。蘿蔔。松蘿。	魯何切。蘿，今之莪蒿也。女蘿托松而生者，一名松蘿。	
蕉 平 蕉 jiāo 音焦。株大如樹者曰芭蕉。蕉葉。蕉扇。	即消切。生枲也，謂麻未漚治者，後遂以為芭蕉字。蕉不落葉，一葉舒，一葉焦，故名芭蕉。中心抽幹作花。初生大萼，如倒垂菡萏。花苞中積水如蜜，名甘露，故俗稱芭蕉曰甘露。	

萱 平 萱 xuān 音暄。忘憂艸也。	許元切。《説文》作藼，又作蕿，《詩》作諼。令人忘憂之艸，即今之鹿葱也。	
蓍 平 蓍 shī 音尸。蒿屬。筮者所用。蓍龜。	申之切。蓍生如蒿。作叢生便條直，所以異於衆蒿也。古者用以為筮，占吉凶焉。	
上 莠 莠 yǒu 讀若酉。艸之似苗而不實者。良莠。莠言。	與九切。莠為害苗之艸，以其似苗而非苗也。分人之善惡曰良莠，即由此引申。	

荊 平 荊 jīng 音京。木之叢生者。荊棘。紫荊。	居卿切。荊木叢生，其子充藥品，其枝可以為鞭。負荊請罪，謂自負荊鞭請罪己也。又荊山，在今湖北襄陽府南漳縣西少北。	
茅 平 茅 máo 音貓。艸莽也。白茅。茅塞。	莫交切。茅與菅相似，不滑澤而有毛者曰茅。古者用以縮酒，因為貢獻之物。	
薪 平 薪 xīn 音新。析木供炊爨曰薪。薪水。采薪。	息鄰切。木薪曰薪，艸薪曰蕘，此薪與蕘之別；粗者曰薪，細者曰蒸，此薪與蒸之別。	芻 平 刍 chú 音初。艸也。芻蕘。芻靈。 楚徂切。芻，刈艸也。因謂所刈之艸曰芻，如芻蕘、芻豢是。引申之，束艸象物形亦曰芻，如芻靈、芻狗是。

上

果

果 guǒ

音裹。木成實曰果。果品。花果。

古火切。从田，从木，象果形在木之上。凡木實曰果，艸實曰蓏。引申為誠實之偁，如果決之果是。又引申為勇敢之偁，如果毅之果是。
又果然。獸名。

核

平　覈　入

核 hé

音覈。果中實曰核。果核。核實。
音陔。與荄通。

下革切。核通作覈。凡棗、桃、李、梅之屬，實其中者謂之覈物。引申為敫核之核。覈實曰核也。又申為研核之核，言審究其事之實也。
古哀切。同荄。艸根也。

櫻

平

櫻 yīng

音鶯。櫻桃果熟之最先者。朱櫻。

於鶯切。櫻桃一名含桃，樹不甚高，春初開白花，繁英如雪，葉團有尖及細齒。其實一枝數千顆，三月熟。深紅色者曰朱櫻，紫色皮裏有細黄點者曰紫櫻，味最珍重。又有正黄明者曰蠟櫻，小而紅者曰櫻珠，味皆遜。

桃

平

桃 táo

音陶。果木名。櫻桃。桃花。

徒刀切。桃品甚多。花有紅、紫、白、千葉、二色之殊，實有紅桃、緋桃、碧桃、緗桃、白桃、烏桃、金桃、銀桃、胭脂桃諸名。
胡桃樹高丈許，春初生葉，三月開花，至秋結實。外有青皮肉包之，其核為胡桃。櫻桃其形肖桃，故名櫻桃。

上 杏 杏 xìng 音荇。果樹名。紅杏。杏仁。	下梗切。杏葉圓而有尖，二月開紅花。亦有千葉者，不結實。其種有沙杏、梅杏、柰杏、金杏、木杏、山杏諸名。其仁可入藥。	
上 李 李 lǐ 音里。果樹名。桃李。行李。	兩耳切。李綠葉白花，樹能耐久。其種近百。其子大者如杯如卵，小者如彈如櫻。其味有甘、酸、苦、澀數種，其色有青、綠、紫、朱、黃、赤、縹綺、胭脂、青皮、紫灰之殊。行裝曰行李。李、理義通，言人將有行，必先理裝也。	
黎 平 梨 lí 音犂。木果之適口者。梨膏。雪花梨。	力脂切。梨，山樆也。在山曰樆，人植曰梨。冷利可口，故有快果之偁。今北之秋白梨，南之宣州梨，肉白於雪，核少，食之甘脆，梨類中最為佳品。又西洞庭有一種佳者，將熟時以箬就樹包之，俗謂之箬包梨。	

榴 平 榴 liú 音留。石榴果名。榴花。榴火。	力求切。榴五月開花，有紅、黄、白三色。單葉者結實，千葉者不結實，或結亦無子。實有甜、酸、苦三種。	
上 柹 柿 shì 音士。赤實果也。柹餅。柹霜。	鉏里切。柹，高樹大葉，圓而光澤。四月開小花黄白色，結實青緑色，秋暮乃熟。生置器中而自紅者曰烘柹，晒乾生霜者曰白柹，其霜謂之柹霜。俗誤作柿。柿音肺，削木片也。	
杷 平 杷 pá 音爬。收麥器也。 又枇杷果名。枇杷膏。枇杷葉。	蒲巴切。杷為收麥之器，一説平田器也。枇杷，果屬。葉微似栗，冬開白花。三四月成實作梂，色如黄杏，微有毛。出東洞庭者大，自種者小。獨核者最佳。	

上 欖 榄 lǎn 音覽。橄欖果名。欖仁。鹹橄欖。	盧敢切。橄欖樹最高，成熟時釘以木釘，納鹽少許，或刹皮以薑汁塗之，其實自落。此果雖熟亦青，故俗呼青果。其味苦澀，久之方回甘味，故又名諫果。嚼汁咽之，治魚鯁並解魚鼈毒。無果時研核調服亦佳。	
去 荔 荔 lì 音麗。艸名。又荔枝，果樹也。鮮荔。薜荔。	力智切。荔有三：一為艸，似蒲而小，根可作刷；一為薜荔之荔，香艸名；一為荔枝樹，高二三丈，緑葉蓬蓬。然四時榮茂不彫，其花青白，其子狀如初生松毬，殼有皺紋如羅。夏時則子翕然俱赤，鮮美可食。	
萄 平 萄 táo 音陶。葡萄果名。葡萄酒。	徒刀切。葡萄苗作藤蔓而極長大，盛者一二本綿被山谷間。花極細而黄白色。其實有紫、白二色，紫者名紫葡萄，白者名水晶葡萄。皆七八月熟。取汁可釀酒。	

橙 平 橙 chéng 音棖。橘屬之大者曰橙。黄橙。橙子。	宅耕切。橙樹似橘而葉大。其實圓，大於橘而香，皮厚而皺，八月熟。南方近赤道處宜植之。	
柑 平 柑 gān 音甘。橘屬之果。	沽三切。柑生嶺南及江南，樹似橘。實亦似橘而圓大，皮色生青熟黄。有乳柑、山柑、沙柑、石柑、青柑、朱柑、貢柑諸種類。	
橘 入 橘 jú 鈞入聲。果名。橘絡。懷橘。	居聿切。橘樹高丈許，枝多生刺，其葉兩頭尖，緑色。四月著小白花，甚香。結實至冬乃熟。包中有瓣，瓣中有核，剖之香霧紛郁。其種十有四。	

上 棗 枣 zǎo 音蚤。棘實之大者曰棗。羊棗。棗仁餻。	子皓切。棗生高而少横枝，故重朿；棘生卑而成林，故並朿。朿音次，棗、棘皆有朿，故从朿。棗之名凡十有一，羊棗其一也，今出濟南者佳。	
棘 入 棘 jí 音殛。小棗叢生者為棘。棘木。荊棘。	紀力切。棘如棗而朿多於棗，中心赤。古者聽訟於棘木之下，言治人者不失其赤子之心也。其木色白者為白棘，實酸者為樲棘，亦名酸棗。	
去 薏 入 薏 yì 音億。亦音意。薏苡，其實可食。	於力切。亦讀乙吏切。薏苡，春生苗，莖高三四尺，葉如黍葉，開紅白花作穗，五六月結實。有二種：一種黏牙者尖而殼薄，即薏苡，可作粥飯及磨麵食；一種圓而殼厚，即菩提子也。	

去 蔗 蔗 zhè 音柘。甘蔗，煉餹之質也。蔗漿。	之夜切。蔗皆畦種叢生，莖似竹而内實，根下節密，以漸而疏，抽葉如蘆葉而大，扶疏四垂。八九月收。莖可生噉，亦可取汁製餹。	
上 芋 芋 yù 音羽。果屬之可充飢者。芋頭。煨芋。	王矩切。芋大葉實根，殊屬駭人，故謂之芋。旱芋山地可種，水芋水田蒔之，葉皆相似。芋不開花。當心出苗者為芋頭，四邊附之而生者為芋子，八九月後掘食之。其名凡十四種。	
瓜 平 瓜 guā 音騧。藤生植物之實曰瓜。瓜果。瓜子。	古華切。外象瓜蔓，中象實。其類甚多，有冬瓜、南瓜、越瓜、黄瓜、絲瓜、苦瓜、王瓜、甜瓜、西瓜諸名。	

上 藕 藕 ǒu 音偶。芙蕖根曰藕。藕絲。藕粉。	五口切。藕生水中，其葉即荷。	
蔆 平 菱 líng 音陵。生水中之果。蔆角。紅蔆。	力膺切。蔆俗呼蔆角，生水中，葉浮水上。花黄白色，花落而實生，漸向水中乃熟。實有兩角者，有三角、四角者。其種復有家蔆、野蔆之别。	
上 薺 平 荠 jì qí 音鱭。甘菜也。薺菜。 音齊。俗用荸薺字，水果名。	在禮切。薺，艸之可食者也，其味甚甘。俗讀徂奚切，作荸薺之薺。荸薺本名鳧茈，生淺水田中。苗放三四月間，直莖無枝葉。其根白蒻，秋後結顆，下生入泥。皮薄澤，色淡紫，肉輭而脆者佳。	

去 樹 树 shù 殊去聲。木本之植物曰樹。樹木。樹蓺。	殊遇切。樹，木類之總名。引申為樹蓺之樹。又申為樹立之樹。	末 入 末 mò 瞞入聲。木上曰末。本末。末藝。	莫葛切。末从木，一在其上，謂木杪也。木之有末，猶人之有四肢。故四肢之疾曰末疾。木杪之於本根，必較薄弱，故稍減其罪曰末減。
木 入 木 mù 音沐。枝幹堅梗之植物曰木。樹木。木星。	莫卜切。植物柔脆者為艸，堅梗者為木。八行星中有木星，為行星之最大者，其全徑約大於地十一倍，全體約大於地一千三百倍。其餘行星若彙為一體，止得木星五分之二。	根 平 根 gēn 音跟。木本蟠曲於地者曰根。根本。樹根。	古痕切。植物之生，根必先立。根者發源之始也，故事之始基曰根基，窮事之源流曰根究。
上 本 本 běn 奔上聲。木下曰本。木本。本原。	補衮切。本从木。一在其下，艸木之根柢也。本為木之始，故事物之始皆曰本。如原事之始曰本然，豫為後地曰張本之類。俗謂書一冊曰一本，計書以冊，猶計樹以株也。	上 柢 柢 dǐ 音邸。根也。根柢。柢固。	都禮切。花之根曰蒂，木之根曰柢。根柢之柢，引申為凡根本之偁。

株 平 株 zhū 音邾。木根曰株。根株。株連。	追輸切。在土曰根，在土上曰株。一樹必具一根，故計樹之數亦曰株。	上 梗 梗 gěng 音鯁。植物之枝曰梗。枝梗。强梗。	古杏切。梗本訓山枌榆也，轉注為枝梗之梗。植物以枝梗柱之，則直而不撓，故謂人剛悍曰强梗。
枝 平 枝 zhī 音支。木別生條也。樹枝。枝節。	章移切。由幹旁生之條曰枝。	條 平 条 tiáo 音迢。木分枝曰條。柳條。條陳。	田聊切。條自幹發，生理勃然，故曰條暢，亦曰條達。引申為條奏、條例、條陳之條。凡言條者，一一而疏舉之，若木條然。
柯 平 柯 kē 音歌。枝亦曰柯。柯葉。斧柯。	古俄切。柯，枝莖之異名。斧柄亦曰柯。	枚 平 枚 méi 音梅。木枝幹也。條枚。幾枚。	莫杯切。木曰枚，猶竹曰个。引申為枚數之枚。又申為銜枚之枚。

卷三

上 杪	亾沼切。杪，小也。木至末必小，故曰杪。引申之，歲月之末亦曰杪，如歲杪、月杪之類。	叢 平	徂紅切。叢从丵、从聚省會意，故訓聚。引申之，草木萃聚之處亦曰叢。
杪 miǎo		丛 cóng	
音藐。木末曰杪。樹杪。歲杪。		族平聲。聚也。叢木。花叢。	
去 蔭 平	於禁切。蔭，草陰地也。樹蔭亦曰蔭。蔭必有影，故蔭亦訓曰影。引申之，草木茂盛曰蔭翳。讀於金切。	上 菀 入	於阮切。紫菀，其根色紫而柔宛，故名。紆勿切。茂盛皃。凡對枯而言皆曰菀。
荫 yīn yìn		菀 wǎn yù	
音廕。林木所庇曰蔭。蔭庇。樹蔭。音陰。義同。		音婉。紫菀，菜名。音鬱。草木茂盛曰菀。	
柴 平	士佳切。柴，小木散材也。大者可析謂之薪，小者合束謂之柴。引申謂燔柴之柴，言祭天時積柴而燔之也。柴胡，藥名。	枯 平	苦胡切。林木已稾為枯。引申之，山澤無水亦為枯。古者“童枯不税”，童則以山林不茂言也。
柴 chái		枯 kū	
音近豺。薪之細散者為柴。茅柴。柴扉。		音刳。槁木也。榮枯。枯窨。	

松 平 松 sōng 音淞。木名。青松。松鬚。	詳容切。松為百木之長，松猶公也，故松从公。松樹脩聳多節，其葉後凋。二三月抽蕤生花，花蕊為松黃。結實壘成鱗砌，秋老鱗裂，名為松子。松脂又樹之津液精華也，日久變為琥珀。凡老松餘氣結為茯苓。	
柏 入 柏 bǎi 音百。木名。翠柏。柏子。	博陌切。萬木皆向陽，而柏獨西指。蓋陰木而有貞德者，故字从白。白者，西方也。柏有數種。入藥惟取葉扁而側生者，故曰側柏。	
檀 平 檀 tán 音壇。木名。檀香。紫檀。	唐闌切。檀，堅韌之木，有數種。皮實而色黃者為黃檀，皮潔而色白者為白檀，皮膩而色紫者為紫檀。其木並堅重清香，而白檀尤良，黃檀最香，可作各物。	

梧 平 梧 wú 音吾。梧桐木也。碧梧。梧桐子。	五乎切。梧桐四月開嫩黄小花，一如棗花。五六月結子，炒食味如菱芡。歲生十二葉，每邊六葉。從下數一葉為一月，有閏則十三葉，視葉小處則知閏何月。立秋之日，一葉先墜，相沿為梧葉知秋。	
桐 平 桐 tóng 音同。木名。桐葉。梧桐。	徒東切。桐凡數種：青桐皮青，葉似梧而無子；岡桐亦無子，堪作琴瑟；白桐一名椅桐，與岡桐無異，但有花、子耳；其皮白，葉似青桐而子肥可食者，則謂之梧桐。	
上 梓 梓 zǐ 音籽。木名。桑梓。喬梓。	祖士切。梓，楸屬。楸之疏理白色而生子者曰梓。又喬者父道，梓者子道，故今稱人父子曰喬梓。	

椶 平 棕 zōng 音騣。俗作棕。椶本皮名，因以為樹名。椶床。椶繩。椶帚。	子紅切。椶，栟櫚也。其樹有葉無枝。其皮曰椶，可為蓑禦雨；又可為索，俗用椶繩是也。	
榛 平 榛 zhēn 音臻。果木名。榛木。榛栗。	側詵切。榛樹似梓，高丈許，實如小栗，可供籩實。榛有臻至之義，故古者為婦人之摯，謂以其名告己之虔也。 《說文》:“榛，木也。”“亲，果實如小栗。”今五經皆作榛，蓋古字分，今通用耳。	
栗 入 栗 lì 音慄。果木名。栗薪。棗栗。	力質切。栗大者高二三丈，葉極類櫟。四月開花，青黃色，長條似胡桃花。實有房彙，大者若拳，刺如蝟毛。中子三五枚，將熟則罅拆子出。栗木質堅，故又訓為堅。又荸薺亦名地栗。	

榆 平 榆 yú 音俞。木名。枌榆。榆白皮。	羊朱切。榆凡數種。莢榆、白榆，皆大榆也。有赤、白二種。白者名枌，未生葉先生莢，俗呼為榆錢。山榆之莢名蕪荑，與此相近而味稍苦。凡榆性皆扇地，其下五穀不植。古者春取榆火。今人采白皮為榆麵，黏滑勝於膠漆。	
樟 平 樟 zhāng 音章。香木名。樟腦。	諸良切。其木理多文章，故謂之樟。樟高二丈餘，小葉似枏而尖長，背有黄赤茸毛，四時不凋。夏開細花結小子。大者數抱，肌理細而錯縱有文，宜於雕刻，氣芬烈。豫、樟乃二木名，一類二種也。今江西豫章縣，因木得名。	
桼 漆　入 桼 qī 音七。木汁可以髹物。生桼。熟桼。	親吉切。桼樹高二三丈餘，皮白，葉似椿，花似槐，其子似牛李子，木心黄。六七月間，以竹筒釘入木中取汁。或以斧斫其皮開，以竹管承之。滴汁則成漆，用以飾物美觀。	

椿 平 椿 chūn 音春。木名。類樗而葉香者。 椿庭。大椿。椿芽。	敕倫切。椿木似樗，可為弓幹。其嫩芽甚香甘，生、熟、鹽、醃皆可茹。其為樹也，易長而多壽。故《莊子》言大椿以八千歲為春秋。《禹貢》作杶，《左傳》作櫄，《説文》作橁，皆一物也。	
樗 平 樗 chū 音攄。亦作樐。惡木也。 薪樗。樗櫟。	丑居切。樗與椿形幹相似，但椿樹細肌，葉香甘可茹，樗則粗肌而葉臭惡耳。其木爪之如腐朽，故古人以為不材之木。	

櫟 入 栎 lì 音歷。無用之木也。櫟社。樗櫟。	即狄切。櫟葉如栗葉，高二三丈，三四月開黄色花，八九月結實，即橡實。其木不堪充材，惟為炭則他木皆不及。	上 檟 檟 jiǎ 音賈。山楸也。梧檟。	舉下切。楸細葉者為檟。老乃皮粗皵者為楸，小而皮粗皵者為檟。字亦作榎。教刑榎楚之榎，殆即取榎為之。

<table>
<tr><td>上
橡
橡 xiàng
音象。櫟木子也。橡實。</td><td>徐兩切。橡，櫟實也。櫟有二種：其不結實者名棫，其結實者名栩。橡即其實也，形如荔子核而有尖，其蒂有斗包其半截，其仁如老蓮肉。山人儉，歲采以為飯，或擣浸取粉。其殼煮汁，可染皁也。</td><td></td></tr>
<tr><td>枏
平　楠
楠 nán
音南。良材之木。楠木。</td><td>那含切。枏木生南方，而黔蜀諸山尤多。其樹直上童童若幢蓋狀，枝葉不相礙，茂似豫章。其葉大如牛耳，一頭尖，經歲不凋，新陳相换。花赤黄色，實似丁香，青不可食。幹甚端偉，高者十餘丈，巨者數十圍，為梁棟器物皆佳。</td><td></td></tr>
<tr><td>梅
平
梅 méi
音枚。果木名。青梅。臘梅。</td><td>模杯切。梅，杏類。樹、葉皆略似杏，葉有長尖，先衆木而花，其實酸。其花有幽香，有冬時即開者，俗謂之臘梅。</td><td></td></tr>
</table>

杉 平 杉 shān 音衫。本作樧，木名。杉木。	所銜切。樧似松，生江南，可以為船及棺槨作柱，埋之不腐。杉板最耐水，故今人常用以作桶。	
椒 平 椒 jiāo 音焦。辛香之木。椒香。花椒。	即消切。本作茮。椒樹似茱萸，有針刺，葉堅而滑澤，味亦辛香。實皆有梂彙自裹，俗謂之花椒。古者后妃以椒塗壁偁椒房，取其繁衍多子也。又元旦獻酒祝壽，曰進椒酒。 胡椒因其辛辣似椒，故名。實非椒也。	
樸 入 朴 pǔ 音璞。叢生之木曰樸。棫樸。質樸。	匹角切。樸，木之叢生而未經芟治者。如《詩》"芃芃棫樸"是也。故木之不加雕琢者曰樸。引申之，仍其本質皆曰樸，如質樸、樸實之類。	棫 入 棫 yù 音域。叢生之木也。棫樸。 | 越逼切。棫，小木叢生，有刺。實如耳璫，紫赤可啖。

棠 平 棠 táng 音唐。甘棠，木名。海棠。棠陰。	徒郎切。甘棠，今棠梨樹。似梨而小，葉有團者、三叉者，葉邊皆如鋸齒。二月開花，結實如小楝子大，霜後可食。	
棣 去 棣 dì 音第。白棣也。無棣。棠棣。	特計切。白棣實如櫻桃正白。又有赤棣，樹亦似白棣，葉如刺榆而微圓，子正赤，如郁李而小。	楝 去 楝 liàn 音鍊。木名。楝樹。 郎電切。楝木高丈餘，葉密如槐而尖，三四月開花作紅紫色。實如小鈴，名金鈴子，俗謂之苦楝。亦曰含鈴子。
槐 平 槐 huái 音懷。木名。槐夏。槐黃。	户乖切。槐有數種，葉大而色黑者曰櫰，晝合夜開者名守宫槐，葉細而青緑者但謂之槐。四五月開黄花，六七月結實。	

上 杞 杞 qǐ 音起。木名。枸杞。杞柳。	口已切。枸杞春生苗，如榴葉而輭薄，作羹茹微苦。六七月結子，色赤，形微長，如棗核。其根名地骨皮。	
楊 平 杨 yáng 音陽。木名。楊花。緑楊。	與章切。楊凡數種，白楊性勁直，堪為屋材，甯折終不曲撓。水楊一名蒲柳，其枝勁韌，可為箭笴。黄楊性堅難長，歲長一寸，遇閏反縮一寸，謂之厄閏。今取其木堅膩，作梳、剜印最良。	
上 柳 柳 liǔ 留上聲。木名。柳絮。折柳。	力九切。柳與楊一類而二種。葉狹長而青緑，枝條長輭垂流者，謂之柳。葉圓闊而尖，枝條短硬揚起者，謂之楊柳。花曰柳絮，著衣物生蟲，入水化為萍。	

 平 桑 sāng 顙平聲。木名，其葉可飼蠶。採桑。桑園。	息郎切。桑有山桑、檿桑、女桑諸名。其實曰桑椹，可食。其葉用以飼蠶，尤為要物。故欲講求蠶務，必先講求植桑。	
楓 平 枫 fēng 音風。木之厚葉弱枝者。丹楓。楓葉。	方戎切。楓枝弱善摇，故字从風、从木。葉作三脊，霜後色丹謂之丹楓。漢宫殿中多植楓木，偁天子所居曰楓宸，葢自此始。	
竹 入 竹 zhú 音竺。植物之中空而有節者。竹竿。緑竹。	張六切。冬生艸也。謂竹胎生於冬，且枝葉不彫也。	

篁 平 篁 huáng 音皇。竹叢曰篁。幽篁。篁竹。	胡光切。篁，竹田也。謂叢竹之間也，因以為竹名。篁竹堅而促節，體圓而質堅，皮白如霜粉。大者可為船，細者可為笛。	籜 入 箨 tuò 音託。筍笣曰籜。解籜。	他各切。竹初萌生謂之筍，包裹筍者謂之籜，故籜訓竹皮。 又艸名。葵本而杏葉，黄花而莢實，其名曰籜，出甘棗山下。
上 篠 筱 筱 xiǎo 音鮪。竹之細者曰篠。竹篠。篠簜。	先鳥切。古者篠、簜皆為材貢之物。小竹曰篠，大竹曰簜。篠為小竹，故其材可為笙。亦作筱。	篾 入 篾 miè 音蔑。劈竹曰篾。竹篾。篾片。	莫結切。篾，析竹之次青者。可以為器，如蔑車、篾蔓之類。
筠 平 筠 yún 音芶。竹膚曰筠。竹筠。	于倫切。竹膚之堅質也。竹無心，其堅強在膚。	箍 平 箍 gū 音孤。以篾束物曰箍。竹箍。箍桶。	古胡切。箍之為言圍也。廣東番禺諸村皆在海島之中，大村曰大箍圍，小村曰小箍圍，言四圍皆海水也。

禽 平 禽 qín 音琴。二足而羽謂之禽。禽獸。飛禽。	渠今切。禽皆卵生，體質甚輕，骨空無髓，血亦紅熱，心具四孔，呼吸亦主乎肺。居則巢窟，食則動植物為多。或善飛，或善走，或善鳴，或善泅。有形異而性同者，有性異而形同者。産處不一，各有方名。 叚借為擒獲之擒。	凰 平 凰 huáng 音黄。鳳之雌者曰凰。鳳凰。	胡光切。
 平 鸾 luán 音鑾。俊鳥也。鸞鳳。	盧官切。鸞狀如翟，其色赤，其紋具五采。鳴中五音。世不恆見。葢古有今無之鳥也。		
去 鳳 凤 fèng 音奉。瑞應鳥也。鳳凰。采鳳。	馮貢切。鳳，靈鳥。雞頭、蛇頸、燕頷、龜背、魚尾，文具五采，統觀之則類鶴形。古有今無之鳥也。雄者曰鳳，雌者曰凰。		

鶴 入 鹤 hè 音涸。水鳥之大者。仙鶴。白鶴。	曷各切。鶴似鵠。長頸高腳，丹頂白身，䖍尾有黑羽。以夜半鳴，聲聞八九里。 又鶴與翯同。《詩·大雅》："白鳥翯翯。"《孟子》作"鶴鶴"。	
雀 入 雀 què 音爵。小鳥之總名。鳥雀。	即約切。小鳥中如黄雀、麻雀、翠雀，皆名曰雀。又孔雀為翟類之一，首尾共長五尺，屏毛甚修，毛端有采圈如目。與人争豔，則開屏如扇。雌者無屏而小。其聲皆惡。育之花園，以供觀瞻。	
鵬 平 鹏 péng 音朋。鳳類也。大鵬鳥。鵬程。	蒲登切。鯤化為鳥，其名曰鵬。	鳥 上 鸟 niǎo 音蔦。長尾禽之總名。鳥獸。飛鳥。 丁了切。禽統二翼二足者言之。鳥則統禽之長尾者言之也。鳥之雌雄不易別，當視其翼右掩左者為雄，左掩右者為雌。 又朱鳥。東方七宿名。

鷹 平 鹰 yīng 音膺。鷙鳥也。飛鷹。鷹擊。	於陵切。鷹，食肉之鳥。體俏豽長，便飛善視，嘴爪尖利而勾。最大者名金豽鷹，身長三尺，巢石山上，能攫棉羊、小獸而食之。其次獵鷹，馴之藉以捕鳥。今常見者曰鷂鷹，善捕小雀、雛雞、蝦蟆之屬。		
鴻 平 鸿 hóng 音洪。雁之大者曰鴻。鴻鵠。鴻運。	胡公切。天鵝也。大曰鴻，小曰雁。又通作洪，大也。又蝃蝀曰蜚鴻。		
雁 去 鴈 雁 yàn 音贋。節鳥也。雁鵝。孤雁。	魚澗切。雁，知時鳥，亦名陽鳥。大夫以為贄。婚禮親迎有奠雁之儀，重其不再偶也。又雁門關，在今山西甯武府。	鴇 上 鸨 bǎo 音寶。一名獨豹。鴇行。鴇母。	博皓切。鴇似雁而無後趾，故不樹止。毛有豹文，故亦名獨豹。飛時亦有行列，居則無別。故娼家之主母，俗名鴇母。

雕 平 雕 diāo 音貂。鷲鳥之大者。雕翎扇。皂雕。	丁聊切。肉食之鳥，其種不一，大都皆頭秃嘴勾，眼利爪短，巢於巖石。無論腐屍活獸，皆攫而食之。鼻出惡味，以其多食惡物也。頦下有長毛者曰鬍子雕，頭項有白毛者曰白頭雕，羽有芝麻班者曰芝麻雕。又雕琢玉也。	
鴟 平 鸱 chī 音摛。俗名鴟鴞為貓頭鷹。鴟鴞。餓鴟。	稱脂切。惡鳥也。晝藏夜出，捕鳥、鼠等為食。其聲甚惡，聞者惡之。 又蹲鴟，芋也。鴟夷，革囊也。	
鴞 平 鸮 xiāo 音虓。俗名貓頭鷹。鴟鴞。	于嬌切。鵩鳩也。鴞有百五十餘種。大約頭大嘴利，眼圓體豐，首有卓羽如貓耳。晝伏夜出，於黑暗中捕雛鳥、稚兔而食之。其聲甚惡，聞之者以為不祥。青鴞味美，可作羹臛。	梟 平 枭 xiāo 音驍。怪鴟也。梟雄。梟首。
		堅堯切。不孝鳥也。其子長大還食其母。黃帝欲絶其類，使百吏用之以祀。故凡誅戮有罪，懸首木上，謂之梟首。又與驍通，如梟雄之梟是。 又蒲摴之采也。么為梟，六為盧，得梟者勝。

卷三

鵠 入 鹄 hú gǔ 音斛。俗名天鵝。鴻鵠。 音牿。矢的也。正鵠。	胡沃切。鴻也。其聲鵠鵠，故名。 姑沃切。射之準也。畫布曰正。棲皮曰鵠。	
鳧 平 凫 fú 音扶。俗名野鴨。水鳧。	逢夫切。水禽也。家鴨曰鴨，野鴨曰鳧。	
去 鷺 鹭 lù 音路。俗名鷺鷥。白鷺。	魯故切。林棲水食之鳥。羣飛成序，羽白腿長，細頸尖嘴。首有長毛十數莖，毵毵然如絲，欲取魚則其絲即弭，名曰絲禽。	

鷗 平 鸥 ōu 音謳。水鴞也。白鷗。水鷗。	烏侯切。歐魚鳥也。色灰白不一，頭大嘴直，闊翍短尾。浮沈水面，輕漾如漚，故名。	
上 鳸 扈 鳸 hù 音户。鷃雀曰鳸。跋扈。桑鳸。	後五切。鳸類不一。春鳸曰鳻鶞，夏鳸曰竊玄，秋鳸曰竊藍，冬鳸曰竊黄，桑鳸曰竊脂，棘鳸曰竊丹，行鳸曰唶唶，宵鳸曰嘖嘖。皆因其毛色、音聲以為名也。鳸亦作扈。扈皆長尾，故百官尾從君後，謂之扈從。引申為跋扈之扈。	
鳩 平 鸠 jiū 九平聲。俗名班鳩。	居尤切。鶻鵃也。似山鵲而小，短尾，青黑色。甚拙，不能為巢，而喜羣聚，故凡工之所聚曰鳩工。	

鳶 平 鸢 yuān 音緣。鷙鳥也。飛鳶。紙鳶。	于權切。鴟類也。鳶鳴則將風。小兒翦紙引絲而上，謂之紙鳶，亦名風箏。當其仰首視鳶，可令張口以洩内熱。又墨子削木為鳶，成而能飛。其技今無傳者。	
上 雉 雉 zhì 音薙。俗名野雞。雉雞毛。雌雉。	支几切。野居錦雞也。似雞能飛，文具五采。雄者尾長而豔，雌者較小。常巢麥田間。其味甚美。漢避高后諱，更名野雞。今仍之。	
鴿 入 鸽 gē 音閤。鳩屬之易馴者，俗名鵓鴿。鵓鴿票。放鵓鴿。	葛合切。鴿為半家半野之禽，馴則如雞，飛則如雀。性和順，喜羣居，食惟五穀。波斯多養之，因其飛行數千里，能傳平安信也。今軍中亦有育之以傳軍信者。	

鸚 平 鹦 yīng	以嬰切。	
音罌。鸚鵡，能言鳥也。鸚母。	鸚鵡産隴西及南洋諸島。最大者首尾共長四尺，最小者長五寸。今常見者大如鴿。毛色或白、或赤、或青、或五采，嘴勾而有力。善攀援，性好樹止。能效人言。熱則喜浴易睡。凡鳥皆四趾，三趾向前，一趾向後，惟鸚鵡兩趾向後。	
上 鵡 鹉 wǔ		
音武。	罔甫切。	
鶉 平 鹑 chún	殊倫切。雞屬。大如雞雛。頭小而無尾，身有班點。雄者足高，雌者足卑。性善鬬，游民多育之以博勝負。又星名，南方朱鳥七宿，曰鶉首、鶉火、鶉尾。	
音淳。俗名鵪鶉。鶉羹。		

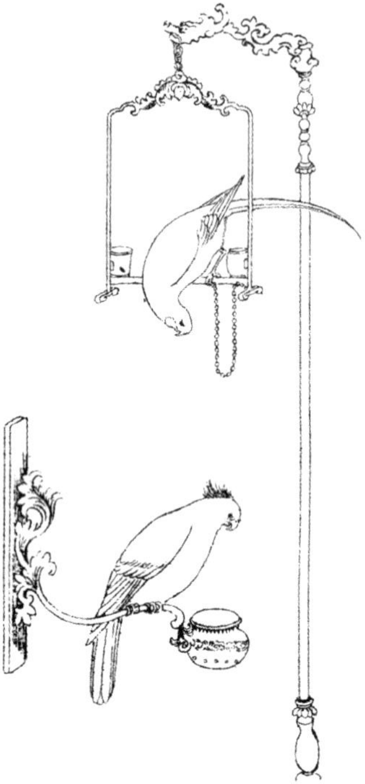

鶯 平

莺 yīng

音罌。鳥之善鳴者。黃鶯。鶯梭。

烏莖切。

鸝 平

鹂 lí

音離。

離知切。

黃鶯即黃鸝，鳴鳥也。身俏尾長。毛色黃黎，故因以為名。又有倉庚、搏黍、黃鳥、金衣公子等名。亦作鸎字。

鷙 去

鸷 zhì

音至。擊殺鳥也。鷹鷙。

支義切。猛鳥也。又凡鳥之勇、獸之猛者皆曰鷙。亦作摯。

烏 平

乌 wū

音污。鴉之孝者。今統名為烏鴉。

汪胡切。孝鳥也。不純黑不反哺者為雅，白項而羣飛者為時雅，大而純黑反哺者為烏。引申之，凡淺黑色皆曰烏。

又烏呼之烏與嗚通，烏有之烏與無通，皆一聲之轉也。

上 **雅** 平　鴉 雅 yā yǎ 音椏。烏之小者。今統名為烏雅。 音庌。文采可觀曰雅。風雅。	於加切。純黑反哺者為烏，小而不純黑不反哺者為雅。非洲有禿雅，頭項俱禿。歐洲雅能效人語一二句。其頭上毛能自開闔者曰松雅。 語下切。雅者，正也。《詩》有大雅、小雅，皆正樂之歌也。引申為儒雅之雅。	
鵲 入 鵲 què 音碏。俗名喜鵲。鵲噪。	七約切。鵲大如雅，而長尾、尖觜、黑爪、黝背、白腹。其音啫啫，故名曰鵲。季冬始巢。其性好潔，鳩奪其巢，而遺矢於中，則鵲不往。又扁鵲，人名，古之善醫者。鵲亦作誰。	
去 **燕** 平 燕 yàn yān 音宴。冬去春來之鳥也。飛燕。 音煙。幽燕。	伊甸切。玄鳥也。翍長而彎，尾如開翦。銜泥巢于梁間，復來則仍其舊巢。其鳴甚碎。亦通作宴。 因肩切。國名，周封召公於燕。在今直隸省，故今沿稱直隸為燕。	

去

翠

翠 cuì

音綷。青羽雀也。翡翠。翠雀。

七醉切。鳥之青羽者名翠雀。大者產歐洲，身長尺餘，春冬易地而巢，食惟昆蟲。產南美洲者，身長四寸，其喙有刺，巢于叢林。今中國常見者止兩種：一名魚王鳥，翄短、足小、尾秃，喙長而赤；一名翠鳥，常居河干。捕魚而食。

鴛

平

鸳 yuān

音眢。俗名鴛鴦。

於袁切。

匹鳥也。如鳧，易馴，善居洲畔。其雄曰鴛，其雌曰鴦。

鴦

平

鸯 yāng

音央。

於良切。

上

卵

卵 luǎn

鸞上聲。禽蛋曰卵。鴨卵。卵生。

魯管切。物無乳者卵生。卵，蛋也。中黄外白，其表有壳。

雞 平 鸡 jī 音稽。知時之禽也。雄雞。母雞。	堅溪切。司晨鳥也。首戴肉冠，項垂肉膝。雄者有距，高大而美，向晨則鳴，善走拙飛，食惟蟲穀。雌者生卵甚多，故能蕃盛。此外有火雞、石雞、莎雞諸類。肉皆可食。而石雞、莎雞善飛難馴，必弋而得之。又天雞，星名。	
鵝 平 鹅 é 音莪。舒雁曰鵝。雁鵝。天鵝。	牛何切。䳘，鵝也。野曰雁，家曰鵝。鵝如鴨而大，白者丹頂，花者黑頂。眼孔甚大，視物甚小。夜以守户，見人則鳴。	
鴨 入 鸭 yā 音押。家鳧曰鴨。鴨蛋。鴨掌。	乙甲切。舒鳧也。鳧能高飛，而鴨舒緩不能飛，故曰舒鳧。其鳴呷呷，因又名鴨。又鴨绿江，水名，在今盛京與高麗交界處。	

雌 平 雌 cí 音柴。鳥之牝者曰雌。雌雄。雌黃。	七移切。鳥母也。鳥翼左掩右為雌。	上 羽 羽 yǔ 音禹。鳥之長毛曰羽。羽毛。羽翼。	王矩切。象鳥翄形，彡則所謂六翮者也。翮所以翼身，故凡人之相護者曰羽翼。又以鳥飛最速，故檄文以羽插其上，亦稱羽檄。又染之以飾旌旗及王后之車，今西女亦有以羽飾帽者。
雄 平 雄 xióng 音熊。鳥之牡者曰雄。雌雄。雄黃。英雄。	胡弓切。鳥父也。鳥翼右掩左為雄。鳥父有英勃之象，故引申為英雄之雄。	去 翄 翅 翅 chì 音翅。鳥翼曰翄。魚翄。	施智切。大鳥之翼曰翮，小鳥之翼曰翄。叚借為啻，如“奚翄食重”之翄是。
鳴 平 鸣 míng 音明。俗稱鳥叫曰鳴。雞鳴。鳴鼓。	眉兵切。鳥聲也。專言之，則鳥聲成文謂之鳴；泛言之，則凡出聲皆曰鳴。引申為鳴鑼、鳴寃之鳴。	翮 入 翮 hé 音覈。大鳥之翼曰翮。六翮。	下革切。翮者，羽也。專言之為羽莖，泛言之為羽翼。

翼 入 翼 yì 音弋。鳥翅曰翼。羽翼。	逸職切。翼者，翊也。鳥賴以飛，轂賴以覆，故引申為輔翼之翼。凡鳥舒翼，張拱端好，有恭敬之象，故又申為嚴翼之翼。	翥 去 翥 zhù 音䗪。高飛曰翥。鳳翥。	章恕切。舉飛也。
翹 平 翘 qiáo 音翹。雀屏曰翹。翹首。	祁堯切。鳥尾長毛也。叚借為趬，如翹足、翹企之翹是。	翔 平 翔 xiáng 音詳。飛不搖翼曰翔。翱翔。	徐羊切。飛鳥盤旋於空際，而翅不動者謂之翔。翔有遨遊之象，故喻遨遊曰翱翔。
飛 平 飞 fēi 音非。張翼而舉謂之飛。鳥飛。飛禽。	 匪微切。鳥翥也，象張翼之形。	習 入 习 xí 音襲。鳥數飛曰習。習學。習氣。	席入切。鳥迴飛而不搖其翅者曰翔，直飛而數搖其翅者曰習。習，數動不休也。故引申為習學之習。

去 獸 兽 shòu	舒救切。獸皆胎生，四足附地，亦具肝、膽、脾、肺、心、腎、腸、胃。其首常俯，故靈不如人。有樂羣者，有害羣者，有肉食者，有芻食者。居則山林水陸不一，而各隨其所好。牡者肥大，力亦較猛。産處不一，各有方名。	平 犧 羲 牺 xī	虛宜切。饗神之牲，色純曰犧。
音狩。四足而毛謂之獸。禽獸。走獸。		音羲。宗廟之牲也。犧牲。	
平 麒 麒 qí	渠宜切。		
音其。仁獸也。麒麟。	麒麟，大麕也。麕身、牛尾、馬蹄、狼額，一角五采，腹下黃，高丈二。牡者曰麒，牝者曰麟。蓋古有今無之獸。		
平 麟 麟 lín		平 牲 牲 shēng	師庚切。禽獸之用諸神者曰牲。六牲，馬、牛、羊、雞、犬、豕也。
音鄰。	力珍切。	音生。家畜也。犧牲。	

上 虎 虎 hǔ 音滸。山獸之君。老虎。虎豹。	火五切。猛獸也，其狀如貓，較獅略瘦。毛黃而間黑文，腹白、爪利、尾長而有力。性不喜殺，飢則迫而傷人。產東半球之熱道。	
去 豹 豹 bào 音爆。似虎圓文。金錢豹。	布佼切。貓屬，微小於虎。毛赤而文黑者謂之赤豹，毛白而文黑者謂之白豹，毛黃而有圓斑者曰金錢豹，毛黑者曰玄豹，似鹿豹文者曰鹿豹。鹿豹高一丈八尺，毛短尾尖，其腿前高後卑，膽小而善走。食惟樹葉、草、菜。	
獅 平 狮 shī 音師。狻猊也。獅子。九獅圖。	霜夷切。貓屬，似虎而大。色灰，有鬌髟駿鬣，尾端茸毛甚厚。怒則威在齒，喜則威在尾，每一吼則百獸辟易。母獅無騣，體略小，馴之可令串戲。產非洲、亞洲熱處。	

上 象 象 xiàng 詳上聲。長鼻大獸也。白象。象牙。	似兩切。象，厚皮獸之一。身高丈餘，體大毛疎。鼻長及地，可以拾芥。口角露大牙二，能敵兵具。土人畜之以代牛馬。產非洲者，頭圓耳大，其聰明不若亞洲者。又物相肖曰象。佛教即曰象教，因其奉佛象也。	
犀 平 犀 xī 音西。俗名犀牛。	先齊切。兕也。狀如水牛，皮厚而堅，足有三趾。其性喜水，食惟蔬艸。產非洲者生二角，一角在鼻，一角在頂；產亞洲者止有一角，生鼻端，性與非洲者同。	
上 兕 兕 sì 音祀。亞洲之犀曰兕。兕牛。	序姊切。一角獸也，其狀似牛。一角在鼻，長者三尺餘，形如馬鞭柄。足有三趾。青色，體重千斤。性喜水。其皮堅韌，可以製甲。	

熊 平 熊 xióng 音雄。豕類之肉食者。狗熊。熊皮。	胡弓切。熊似豕而大，約有十餘種。夜出晝藏，足有五趾，後足能起立如人狀，且善攀樹。有棧、黑、白三色。獲其幼者亦能馴養。今常見者為狗熊。白者產北冰洋，能浮水捕魚、獺以為生。其皮厚暖，人多貴之。	
猨 平　猿 猿 yuán 音袁。猴之長臂善攀者為猨。猨猴。	于元切。猿本猴屬，擇其善攀者別以名也。產西半球者，體瘦臂長，便攀好嘯，手無拇指，頰無嗛袋。有攀猨、雄聲猨、捲尾猨、跳舞猨等名，皆能立行如人狀。產南越者名長肱烏猨，膽小而馴，無甚聰性。	畜 入 畜 chù xù 音觸。家中所養禽獸也。六畜。 音旭。積畜。 — 曷六切。禽獸畜於家者曰畜，宰而用諸祀者曰牲。六畜，馬、牛、羊、雞、犬、豕也。 許六切。養也，貯也。
猴 平 猴 hóu 音侯。象人之獸也。猨猴。猴子。	呼溝切。猴分二大種：生東半球者，其鼻如人腮，有嗛袋，臀多無毛；產西半球者，鼻如犬馬，尾長，便攀援，掌如人手，間有無拇指者。最大者產非洲，身高五尺，聲大如雷。最小者產美洲，身高六寸，間有教之串戲或隨獵者。	

駱 入 骆 luò 音洛。白馬黑鬣曰駱。駱駝。	歷各切。馬也。一名駱駝。如馬而大，頭似羊而無角，長項垂耳，有倉、褐、黃、紫數色。性耐寒惡熱，至夏則毛多脱落。善走沙地，能久不飲。北人馴之，以代贏馬。	
駝 平 驼 tuó 音陀。俗名駱駝。	唐何切。返嚼無角之獸。産美、亞者脊止一峰，産非洲者脊有二峰。蹏分為二，有甲護之。善走沙漠。性極馴良。能數日不飲，渴則食之以鹽。又駝鳥高七八尺，僅二爪，掌胝如角，善走拙飛。人愛其毛，畜之能馴。蛋殼可作水盂。	
獺 入 獭 tǎ 音闥。敺魚獸也。水獺。獺貓。	他達切。獺有三種：一曰旱獺，長二尺許，足如鴨掌，常伺水畔，獲魚則登岸而食之；一名海獺，恆居海中，身長四尺，毛尤潤澤，人多貴之；一名香貓，晝伏夜出，足有五指，爪能伸縮，長二尺許，毛輭而斑，腸有香囊二，故名。	

麋 平 麋 mí 音眉。鹿屬也。麋鹿。	忯皮切。北鹿也。亦名紅鹿。産寒道，身大如馬，角闊而有歧支，其毛粗短，色黄，食惟草萊。土人畜之，用以牽曳冰牀。 又水草之交曰麋。	上 麈 麈 zhǔ 音主。羣鹿之長曰麈。麈談。	腫庾切。鹿之大者曰麈。其尾辟塵，古之談者揮焉，蓋取羣鹿隨麈之義也。乾隆間，高宗目驗麈角於冬至皆解，麋角不解，敕改《時憲書》麋角解為麈。
鹿 入 鹿 lù 音録。麞屬之解角者。麋鹿。鹿茸。	盧谷切。仙獸也。牡者有角，每歲一解。角初生時名鹿茸，可充藥品。色黄有白點者名梅花鹿。性善防守，羣居易班而食，恐物之害之也。 又地名。鉅鹿，今直隸順德府屬。獲鹿，今直隸真定府屬。		
去 麝 麝 shè 音射。香鹿也。亦名香麞。麝香。	神夜切。返嚼無角之獸。狀如小麞，膽小易驚。身有虎豹文。臍有香核，名曰射父，極自愛護。就縶將死，猶拱四足以保其臍。		

猩

平

猩 xīng

音星。猴屬之能言者。猩猩。

桑經切。猩猩，猴身人面，能效人言，生婆羅洲及蘇門答獵。獲其㓜者亦能馴養，且知愛其主人。其血染物，經久不變，俗稱猩紅。

豺

平

豺 chái

音儕。俗名豺狼。

牀皆切。豺，野狗之屬，性貪殘。其狀如狗，尾長而不捲。色黄頰白，吠聲如哭。羣聚而出，獲獸以食，飢則迫人。

狼

平

狼 láng

音郎。俗名豺狼。

魯當切。豺屬，其狀如犬。鋭頭白頰，高前廣後，色青聲沸，尾垂不舉。多疑善顧，出則與狽為羣。其性殘忍而貪，食人獸無饜，故世有狼貪、狼戾、狼狽為奸之喻。

貍

平

貍 lí

音釐。俗名野貓。貍貓。

陵之切。伏獸似貙，其種甚多。大小如狐，毛雜黄黑。有斑如貓而圓頭大尾者為貓貍，有斑如貙虎而尖頭方口者為虎貍，似虎貍而尾有黑白錢文相間者為九節貍，有文如豹而作麝香氣者為香貍。貍俗作狸。

狐 平 狐 hú 音胡。妖獸也。俗名狐狸。	洪孤切。犬屬也。五洲皆有。高不滿尺，長約尺餘，嘴尖耳小，尾豐毛厚。晝藏夜出，盜食家禽小畜。死則首邱。其性狡而多疑，又善媚人，故世有狐疑、狐媚之喻。	
貂 平 貂 diāo 音雕。北境仁鼠也。貂鼠。貂褂。	丁聊切。水狼之屬。較大於鼠。有灰、紫兩種，紫者為貴。產朔北，性仁。見人僵卧雪中，則羣至偎蔚之，於是被獲。後漢侍中、中常侍加黄金璫，蔚蟬為文，貂尾為飾。今内、外官非三品不得服貂，翰林、軍機處入值皆可服。	
去 兔 兔 tù 音吐。鼠屬之缺脣者。白兔。兔窟。	土故切。兔大如貓，其形似鼠，目紅牙闊，其足前卑後高，口缺鬚長，耳大而鋭，尾卓而扁。毛短，色白或褐。食果蔬，易馴養。產歐、亞二洲，而奥大利亞尤多。	

平

夔 kuí

音逵。一足獸也。
夔龍。夔夔。

渠為切。夔如龍。魯人以為木石之怪。又夔夔，齋慄皃。

上

豸

豸 zhì

音豩。一角羊也。獬豸冠。音坻。蟲無足曰豸。蟲豸。

丈蟹切。與廌通。直獸也。似羊一角。皋陶治獄，令觸不直者。又池爾切。蟲無足曰豸，引申之，凡獸伏行如貓捕鼠者亦曰豸。

去

驥

驥 jì

音冀。俗名千里馬。驥尾。

几利切。良馬也。驥能行遠，故隨其後者謂之附驥。

去

駿

骏 jùn

音俊。馬之美稱。駿馬。八駿。

祖峻切。馬之良材也。叚借為陖。陖，大也。又與俊同。

上

馬

马 mǎ

麻上聲。硬蹄無角之獸，可以服乘者。駿馬。馬車。

母下切。乘畜也。八尺以上為龍，七尺以上為騋，六尺以上為馬。顔色不一，鬉鬣甚長。善奔走，性馴良，食惟草、穀。可使負物、牽車、耕田、運磨。質隨産地而異，性亦不同。如花條馬之類，即不易馴養。又空中浮氣曰野馬。

駒

平

驹 jū

音拘。幼馬曰駒。龍駒馬。

恭于切。二歲馬也。六尺以上曰馬，五尺以上曰駒。

騮

平

骝 liú

音留。馬之赤身黑鬣者。紫騮馬。驊騮。

力求切。驊騮，良馬名也。

驪

平

骊 lí

音離。黑駿曰驪。盜驪。

鄰知切。周穆王八駿，有盜驪。盜驪，竊驪也。竊淺青色，驪純黑色。
又驪山。在古驪戎。

駑

平

驽 nú

音奴。最下之馬曰駑。駑馬。

農都切。馬頓劣也。凡馬給宫中之役者曰駑。駑、駘皆下乘之謂。

牛 平 牛 niú 豨平聲。服耕之畜也。黄牛。水牛。	語求切。大牲也。后稷之孫叔均始用以耕。其肉其乳皆可食。牡者大而且猛。産印度及非洲者，脊有一峰如駝，其色黄、白、黑、花不等。産歐、亞之水牛，毛色灰黑，角長腿粗，其力尤大。野者性喜羣居，不易馴養。	
犢 入 犊 dú 音獨。幼牛曰犢。禽犢。	徒谷切。牛子也。	羔 平 羔 gāo 音高。幼羊曰羔。羔羊。羔皮。 居勞切。羊子也。羣而不失其類，故周制以為卿之贄。
羊 平 羊 yáng 音陽。孝獸也。牛羊。小羊。	移章切。六牲之一。似鹿而馴，食惟草、菜。毛捲尾大者為綿羊，毛直尾小者為山羊。色黑白不一，皮可為裘，毛可織布，骨可煉燐，肉可為脯，乳可食孩。中國北方及西人畜之，動以數千頭計，能認其主而不失其羣。	

驢 平 驴 lǘ 音盧。似馬長耳謂之驢。黑驢。	淩如切。驢低於馬，耳則較大，長頰廣額修尾，有褐、白、黑、花諸色，以午及五更初而鳴。人多畜之以代鸁馬。食惟草、菜、菽、麥。五洲皆產，大小不一。	
鸁 平 騾 骡 luó 音摞。驢、馬子也。馬鸁。騾車。	盧戈切。同騾。驢其父，馬其母者為鸁。鸁似驢而健，驢力在髀，鸁力在腰，乘者隨其力進退之。	
上 犬 犬 quǎn 音圈。狗之有懸蹏者曰犬。犬豕。犬馬。	苦𤘽切。狗、犬通名。若分而言之，則大者犬，小者狗。犬有三種：一田犬，二吠犬，三食犬。家養者尾皆上捲，野者則否。	

上 狗 狗 gǒu 音苟。服守之畜也。獵狗。狗彘。	居后切。義獸也。其類甚多，大者為犬，今通稱為狗。獵狗，腿高力細，毛堅善走。守家狗，耳尖毛粗善吠。玩狗，小俏而靈。救生狗，頸繫藥瓶，巡行雪中。行人凍僵者，聞其聲，取其藥服之，即能稍緩其死，以待狗反報其主而救之。	豬 平 猪 zhū 著平聲。豕子曰豬。小豬。野豬。	張如切。合而言之，為豨之通名；分而言之，則雄名豕，雌名豝，子名豬。
獒 平 獒 áo 音敖。狗四尺為獒。大獒。	牛刀切。猛犬也。產西域，腿高力細，嘴尖尾脩，毛硬而堅，能逐野獸。獵者畜之，其性甚靈，待主頗義。	豚 平 豚 tún 音屯。豬子曰豚。雞豚。	徒孫切。小豕也。
上 豕 豕 shǐ 音始。豬豨之總名。犬豕。	詩止切。合言之，凡豬皆曰豕，分言之，則雄為豕。豕豐體長鼻，大耳剛鬣。性好污穢，食惡物，肉內多蟲。故西人皆食牛羊肉而不食豬肉。		

去 彘 彘 zhì 音滯。豕母曰彘。母彘。狗彘。	直例切。	上 牝 牝 pìn 音髕。母畜曰牝。牝雞。	婢忍切。合言之，禽獸之母者曰牝。分言之，則禽之母者曰雌，獸之母者曰牝。
貓 平 猫 māo 音苗。捕鼠之獸也。家貓。野貓。	眉鏕切。貓善捕鼠，足短便跳，爪前五後四，可伸縮。舌上有刺，牙尖尾長。目能晝斂夜放，故視暗猶明。其睛子、午、卯、酉如一線，寅、申、巳、亥如滿月，辰、戌、丑、未如棗核。鼻端冷，惟夏至一日暖。陰類也，虎、豹、獅、貍皆其屬類。		
上 鼠 鼠 shǔ 音暑。齧物獸之小者。老鼠。灰鼠。	賞吕切。小獸也。善為盜，晝伏夜動。僅有大牙、門牙而無貳牙。食穀果餅餌，間亦食肉。巢於家者曰老鼠，小而灰者曰地鼠，穴水旁者曰水鼠。此外有松鼠、銀鼠、香鼠、鼷鼠諸類。又火鼠，出西越，取其毛績之，名火浣布。		

上

牡

牡 mǔ

音母。父畜曰牡。牝牡。

莫后切。合言之，禽獸之公者皆曰牡；分言之，則禽之公者曰雄，獸之公者曰牡。

平

駢

骈 pián

音蹁。二馬相比謂之駢。駢肩。駢指。

蒲眠切。駕二馬也。引申之，凡二者相比謂之駢，如駢拇、駢肩之駢是。

去

駟

驷 sì

音四。四馬一乘也。千駟。

息漬切。古者一轅之車，駕三馬則五轡。夏后氏減而為兩，謂之麗。殷益一騑謂之驂。周又益一騑謂之駟。駟者一乘四馬，兩服、兩驂是也。
又天駟，房星名也。

平

驂

骖 cān

音參。駕三馬也。驂乘。

倉含切。馬駕在車中曰服，在車旁曰驂。夏后氏駕兩謂之麗，殷益一騑謂之驂。引申之，三人共載曰驂乘。

蹏 平　蹄 蹄 tí 音題。獸甲足也。馬蹏。	杜兮切。獸足也。無甲者爪，有甲者蹏。反嚼之獸多蹏，肉食之獸多爪。	駁 入 驳 bó 音博。馬色不純曰駁。斑駁。駁船。	北角切。馬黃白毛雜謂之駁。駁，不純也。故獨執異議曰駁議，雜載之船曰駁船。
鬣 入 鬣 liè 音獵。馬鬉曰鬣。長鬣。	力涉切。專言之，則馬之鬉毛為鬣。泛言之，毛在首者皆曰鬣。故楚人謂長髯謂長鬣。	馴 平 驯 xùn 音旬。豢野鳥獸使服謂之馴。馴養。	詳倫切。馴，擾也。引申為馴良之馴。
上 尾 尾 wěi 音委。脊末曰尾。銜尾。首尾。 孳尾。尾閭。	武匪切。禽獸後也。引申之，凡在後者皆曰尾。又魚以尾計，故數魚者必曰若干尾。	上 駭 骇 hài 音蟹。馬驚曰駭。驚駭。駭怪。	下楷切。驚起也。引申之，改人之視聽亦曰駭。

去 騎 平 骑 qí 音奇。單乘曰騎。騎馬。騎射。 音芰。義同。	渠宜切。跨馬也。古者馬以駕車，不以單騎。《左傳·昭公二十五年》："左師展將以公乘馬而歸。"此騎馬之漸也。又奇寄切。		
去 駕 驾 jià 音嫁。馬在軛中曰駕。駕車。尊駕。	居亞切。駕，乘也，馭馬也。引申為車駕、法駕之駕。又凡加而上之亦曰駕。	去 駐 驻 zhù 音注。馬止曰駐。駐馬。 音柱。義同。	株遇切。馬立也。引申為駐劄之駐。又厨遇切。
去 馭 驭 yù 語去聲。使馬曰馭。駕馭。	魚據切。駕御之也。馭與御同。引申之，控制得宜謂之馭。	騰 平 腾 téng 音滕。馬奔躍曰騰。飛騰。騰達。	徒登切。馬躍也。躍者必驟，故騰起、騰貴之騰皆解為驟。

馳 平 驰 chí 音池。大驅曰馳。馳騁。馳驅。	陳知切。馬奔放也。引申之，凡心神奔放皆曰馳。		
驅 平 驱 qū 音區。策馬曰驅。馳驅。驅逐。	邱于切。馳騁也。轉注為驅逐之驅。	去 驟 骤 zhòu 音縐。馬倏馳曰驟。驟然。	鉏救切。馬疾步也。引申之，凡急者、促者皆曰驟。如驟雨、驟諫之驟是。
上 騁 骋 chěng 音逞。競驅曰騁。馳騁。騁懷。	丑郢切。直馳也。引申為騁懷之騁。	上 駛 驶 shǐ 音史。馬疾行也。駛行。	師止切。專言之，則馬疾行曰駛；泛言之，則凡疾行皆曰駛。轉注為駕駛之駛。

鱗

平

鱗 lín

音鄰。魚甲曰鱗。水中動物之有鱗者，統謂之鱗蟲。魚鱗。鱗介。

離珍切。鱗蟲皆卵生，然與卵生之羽蟲迥異。羽蟲血熱而骨空，鱗則血冷而骨實。產淡水者不能居鹹水，產鹹水者不能居淡水。性皆夏食冬蟄，肉多可食。

魚身之鱗，皆以次排列而不雜亂，故引申為鱗次、鱗比之鱗。

鯁

上

鲠 gěng

音梗。骨刺於喉曰鯁。祝鯁。鯁直。

古杏切。魚骨也。魚骨剛直而不撓，故喻人之剛直者曰骨鯁。

龍

平

龙 lóng

音籠。鱗蟲之長。龍挂。水龍。

盧容切。龍似蛇，四足，形狀、種類不一。俗謂龍能升天取水，其實水面發電，捲去空氣，水即上湧，人在遠處觀之，見有白氣下垂而疑為龍也。中國向以龍為神物，故王者之衣服、徽章多用之。臣下頌君，亦多以龍為喻。

蛟

平

蛟 jiāo

音交。蛇有鱗者曰蛟。蛟龍。出蛟。

居肴切。蛟似龍無角，細頸修尾，大者數圍，水陸共居。俗謂蛟能發水，故古今皆有伐蛟之政。西人則謂係山中積水陡洩，萬泉奔放。故山水之漲，必在春夏之交。雖土中有蛟卵，實非蛟之所為也。

虯

平　虬

虬 qiú

音鯄。龍子有角者。虯龍。

渠尤切。

蛇 平 蛇 shé yí 音闍。龍屬之毒者曰蛇。蟒蛇。 音移。委曲自得之貌也。委蛇。	時遮切。蛇皆艸居，間亦能泅。口有長牙二，中貯毒水。其齒常偃，噬人則起，毒之猛者能斃人。性善飢，飽則蜕。冬輒含土入蟄，春出吐之。產處以熱道為最夥。 弋支切。	
上 蟒 蟒 mǎng 音莽。蛇之最大者曰蟒。蟒蛇。蟒袍。	模朗切。王蛇也。長數十丈，三足，身有花文。行時前身僵立如杆，速而有聲。能縛猛獸，奔食禽卵。今朝服中箭衣，皆繡蟒龍，故偁蟒袍。	
鯨 平 鯨 jīng 音檠。水居無足大獸也。鯨鯢。	渠京切。水獸無鱗，產北冰洋。似魚而實非。胎生血熱，呼吸亦主肺，不若魚之主乎腮也。鯨居水中久，則露鼻水面以吸氣。長八九丈，圍三四丈。鼻生於頂，目小而相離甚遠，有二牙、無牙之別。肉可鍊油，腦有白臘。其雌曰鯢。	

魚　平

鱼 yú

御平聲。鱗蟲之大宗也。鮮魚。魚膾。

牛居切。水族。有鱗無足，後似燕尾，間亦有無鱗修尾者。産淡水或鹹水間，離水則死。魚腦有髓，月滿則實。其目不閉，受驚則潛伏水底。海魚有能飛躍數十丈者，其翍如薄羅，大於鳥翼，名曰飛魚。魚類繁多，大都可食。

鮒　去

鲋 fù

音附。魚名。涸鮒。

符遇切。鯽也。此魚好旅行，吹沫如星，以相即謂之鯽，以相附謂之鮒。

鯉　上

鲤 lǐ

音里。淡水粗鱗之屬。鯉魚。

良以切。鯉有赤、青、黑、白、黄五種。今所見者，赤、黑、黄三種為多。鯉無大小，其鱗在脅，正中一道，皆三十六。性不自相吞食。俗云鯉能神變，飛越江湖，故有登龍門之説。其實江湖皆産，非由飛越而至也。

鯊　平

鲨 shā

音沙。海中厚皮之鱗屬。鯊魚皮。

師加切。鯊魚身小，前闊後狹，黄皮黑斑。喜張口吹沙，故一名海沙。大者長數十丈，三角形，厚皮大翍。口巨而向下生，吞食則反身向上。常尾舟行，以食棄物。卵方而殻輭，久則自出。今所食魚翍、魚皮，即取之此魚者也。

<table>
<tr><td>鰱
平
鲢 lián
音連。淡水細鱗之屬。鰱魚。</td><td>力延切。鱮屬。細鱗巨首，有白、赤、青、黑數種。産江河間，生息繁滋，其味甚美。</td><td colspan="2"></td></tr>
<tr><td>鱸
平
鲈 lú
音盧。細鱗秋魚之屬。四腮鱸。鱸羹。</td><td>龍都切。鱸魚似鱖，巨口細鱗，秋風起則出。産淞江者，四腮而味美。餘皆兩腮，味亦稍損。</td><td colspan="2"></td></tr>
<tr><td>上
鮑
鲍 bào
音抱。巨首粗鱗之屬。又醃魚名。鮑魚。</td><td>部巧切。鮑魚長二三尺至四五尺不等，頭甚巨，約居全體三分之一。背無脊，其鱗甚粗。淡水中皆有之。又海魚加之以鹽而不乾者，亦曰鮑魚。</td><td>鰣
平
鲥 shí
音時。魚名。鰣魚。</td><td>辰之切。鰣似魴肥美。江東四月有之。諺偁“來鰣去鯗”，謂來時為鰣，去時則變為鯗也。</td></tr>
</table>

上 鮝 鮝 xiǎng 音想。鹹水扁體之鱗屬。鮝魚。鹹鮝。	息兩切。鮝魚長約尺許，色白而灰，身扁而修，産江海中。吴闔閭渡海，得而食之。及歸，思海中所食魚。索之，司者曰暴乾矣，食之甚美。因加魚字於美下，是魚遂名為鮝。俗寫作鯗。	
鯿 平 鯿 biān 音鞭。淡水扁體之鱗屬。鯿魚。	卑連切。鯿魚大者尺許，其色青白，身扁腹闊，頭尾皆小。産淡水中，其味甚美。襄陽人禁人捕捉，以槎斷水，因謂之槎頭縮項鯿。	
去 鱖 鱖 guì 音劌。淡水細鱗之屬。鱖魚。	姑衞切。鱖魚小者不滿尺，大者一二尺。形扁口闊，鱗細肉緊，豉骨堅硬，身有黄黑花斑。善吞小魚、蝦蟇之屬。淡水中皆有之。	

鯽（入） 鯽 jì 音積。淡水粗鱗之屬。鯽魚。	資昔切。鯽魚似鯉而小，其色青黑，腹大脊隆。淡水中皆有之。	
鱓（上） 鱔 鱔 shàn 音善。修尾無鱗之屬。黃鱓。	上演切。鱓魚似蛇無鱗，體生涎沫，腹黃背黑，伏水岸泥窟中。白鱓亦名鰻鱺，似鱓而大，腹白背灰，常伏浮屍中。食其肉，味亦肥美。又有電鱓者，觸之即發電氣。中外皆產，但不常見耳。字亦作鱔。	
鰌（平） 鰍 鰍 qiū 音秋。泥中之鰌，曰泥鰌。	此由切。鰌似鱓而短，首鋭色褐。其身有漦，濡滑難握。産下田淺淖中，與他魚為牝牡。肉亦可食，而味不甚美。字亦作鰍。	

鱷 入 鳄 è 音咢。鼉屬也。鱷魚。	逆各切。鱷魚形如穿山甲，喜水居。巨吻無鬚，四足而爪，蟹目鼉鱗，尾長數尺。潛伏水濱，俟畜取飲，則以尾擊取而食之。遺卵沙中，經曝始出。產南海、印度、埃及等處。	
龜 平 龟 guī 音騩。介蟲之長也。烏龜。	居為切。龜形橢圓，外骨內肉，蛇首穹脊，四足而爪，觸之則首、尾、足皆縮入甲內。性不喜噬。以蛇為雄。千歲之龜，其甲即為玳瑁。間有甲面生白毛或綠毛者。古者以龜為卜，謂其為四靈之一也。今俗以為至賤之物。	
鼈 入 鳖 biē 音鷩。介蟲之大於龜者吳俗謂之甲魚。鼈甲。	必列切。鼈水居陸生，形圓脊穹，甲周有帬，頭足皆能伸縮。遺卵岸灘，經曝則出。以蛇為雄，與交則腹赤有毒，食之能毒人。鼈無足而頭尾不縮者曰納，三足者曰能。	

黿 平 黿 yuán 音元。介蟲之似鼈而大者。癩頭黿。	愚袁切。黿大於鼈，或至一二丈。以鼈為雌，黿鳴則鼈應。		
鼉 平 鼉 tuó 音駝。鱷魚之屬也。鼉鼓。	唐何切。鼉似蜥蜴，長約丈餘，有甲如鎧，其皮堅厚，可以冒鼓。天雨則鳴，故俗以為鼉能識雨也。	鯤 平 鯤 kūn 音昆。魚子也。鯤鮞。	古渾切。凡魚之子名鯤。又大魚名。
鼇 平 鼇 áo 音敖。鼈之大者曰鼇。鼇頭。	牛刀切。海中大鼈也。形近於魚，故亦偁鼇魚。	鯢 平 鯢 ní 音倪。鯨之雌者曰鯢。鯨鯢。	研奚切。剌魚也。雄曰鯨，雌曰鯢。其形四腳長尾，聲如小兒啼，故曰鯢魚。

上 蟹 蟹 xiè 音獬。介蟲之八足者。螃蟹。	下買切。蟹形橢而稍扁，八足二螯旁行。呼吸以腮。食物之胃與呼吸之具，皆藏甲中。腸則曲折而藏腹下臍内。其臍節節連續，雄尖雌圓，西北風起則出。性喜火，捕者常然鐙河干，誘其至而取之。味極腴美。	
鰕 平　蝦 虾 xiā 音遐。介屬之善跳者。魚鰕。鰕仁。	何加切。鰕形如蠍，磔鬚鉞鼻，背有斷脊，尾有硬甲，腸在腦内，子在腹外，多足好躍。江、海、陂、澤間皆有之。與蝦通。惟蝦蟇之蝦，从虫不从魚。	
上 黽 黾 měng mǐn 音猛。俗謂之田雞，亦曰水雞。鼃黽。音泯。勉也。黽勉。	莫杏切。黽居水田間，色青善鳴。其小而色黄者謂之耿黽。黽、蟾、鼃三者似同而異：黽，吴俗所謂田雞也；蟾，吴俗所謂癩團也；鼃，蝦蟇也。叚借為忞，如《詩》“黽勉同心”之黽是。讀弭盡切。	

鼃 平　蛙 蛙 wā 音哇。長腿蝦蟇也。青鼃。鼃鼓。	烏瓜切。黽屬。陸居者曰蟾，水居者曰鼃。綠背、尖嘴、細腹者謂之青鼃，背有黄紋者謂之金線鼃。居水田間，能除害禾之蟲，農人重之，故有殺鼃之禁。字亦作蛙。	
蟾 平 蟾 chán 音詹。俗名癩團。蟾蜍。	之廉切。蟾蜍似鼃而大，居牆壁界砌間，背上多痱磊。行極遲緩，不能跳躍，亦不解鳴。鼃居陂澤間，形小善鳴，皮多黑斑，能跳接百蟲，舉動甚速。物雖一類，而功用稍別。	
上 蚌 蚌 bàng 音棒。介屬之兩殼相合者。蚌肉。老蚌。	步項切。蜃屬。兩殼相連，可開可合。體藏殼中，不能行動。中有漿精，久則成珠。鹹水、淡水間皆有之。	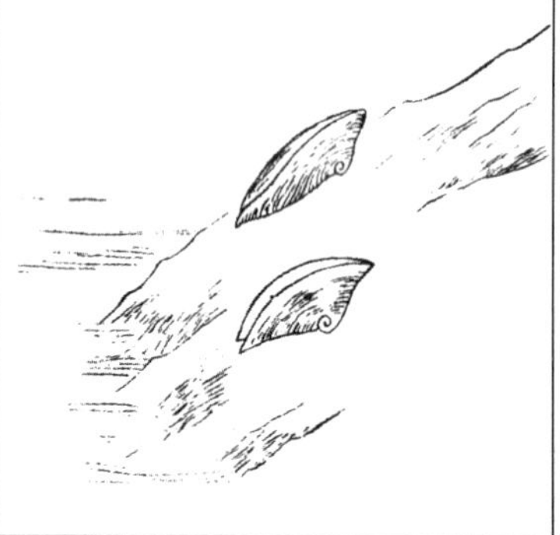

蛤 入 蛤 gé 音鴿。蚌屬。亦名蛤蜊。青蛤。	葛合切。蛤似蚌而圓，生海中。白殼紫唇。其青殼者名青蛤，有大至二三寸者，其肉可食。蛤蚌之類，古别謂之互屬，謂其兩殼互合，異於羣介也。	   
上 蜃 蜃 shèn 音腎。大蛤曰蜃。蜃炭。蜃樓。	時軫切。似蛤而大，一名含漿。俗謂蜃能噓氣空中，成樓臺城郭之狀，將雨即見，名曰蜃樓。其實水面光綫折入天空，與海中島嶼轉相映照，成象空際，非蜃氣所能致也。	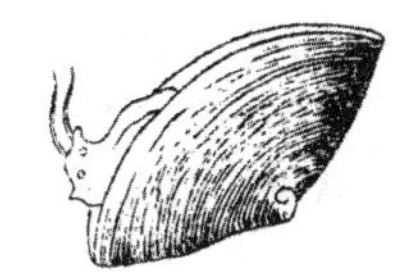
去 蠣 蛎 lì 音例。海蚌也，一名蠔子。牡蠣。蠣黄。	力制切。牡蠣也。産海中，似蠊微大，味美可食，其殼可以療疾。	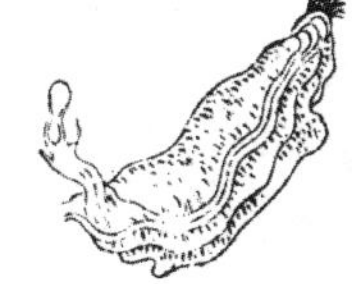

蝸 平	古華切。嬴屬。產陰溼處，頭形似蛞蝓，其背負殼，有紋盤旋其上，熱則自懸葉下。行時遺滑漦，白亮如絲。觸之則縮首殼中。其性甚涼，可以消腫。	
蜗 wō		
音瓜。俗名蝸牛。蝸國。		
上 蠡 平	里弟切。食木蟲也。引申為追蠡之蠡。憐題切。互屬之一。《漢書》“以蠡測海”，言識淺而測深，猶以蠡殼量海水耳。	去 鱟　胡遘切。鱟長五六尺，十二足，似蟹。雌常負雄。漁子取之，必得其雙。子如麻子，南人為醬。
蠡 lí		鲎 hòu
音禮。蟲齧木中也。音黎。蚌屬。與螺通。		音候。魚名。鱟帆。
蟶 平	丑貞切。蟶生海泥中，其形長短、大小不一，種類甚多。閩粵人以田種之，候潮泥壅沃，謂之蟶田。	
蛏 chēng		
音赬。海中小蚌也。美人蟶。		

蟲 平 虫 chóng 音种。動物之總名。昆蟲。蟲豸。	持中切。動物五種，羽蟲、毛蟲、甲蟲、鱗蟲、倮蟲皆曰蟲。又為小動物之種名，所以別於禽、獸、鱗、介也。《攷工記》：“外骨，内骨，卻行，仄行，連行，紆行，以脰鳴者，以注鳴者，以旁鳴者，以翼鳴者，以股鳴者，以胷鳴者，謂之小蟲之屬。”	蝠 入 蝠 fú 音福。	方六切。
螳 平 螳 táng 音唐。斧蟲也。螳螂。	徒郎切。螵蛸母也。色綠或灰，産於夏令。長頸斧臂，修翅半腹。其卵謂之螵蛸。世謂之天馬，以其驤首奮臂，延頸挺行，其象如馬也。		
蝙 平 蝙 biān 音邊。蝙蝠，一名飛鼠。	卑眠切。蝙蝠胎生，鼠形而翼，毛而不羽。翼係薄皮連於前後兩腿，狀如鴨掌。晝則倒懸隱處，夜出覓食。既乳則挾稚以飛。食惟果實、昆蟲，間有食肉吸血者。大者長二尺，小者二三寸。産於溫暖之處。		

蜋 平　螂 螂 láng 音郎。螳螂也。又蜣螂也。	魯當切。蜣螂如地鼈蟲，黑甲，翅在甲下。喜噉糞土，常取糞作丸而轉之，久則蠉動，丸中蜕殼成蟬。蓋先遺卵於丸中，非丸之能化生也。	
螽 平 螽 zhōng 音終。蝗屬之總名。蛗螽。螽斯。	之戎切。蝗始生曰蝝，大曰螽。螽，蟲災也。凡螽子遇旱為螽，遇水即為魚。	
蜻 平 蜻 qīng 音青。蜻蜓也。音精。蜻蛚俗名蝍蛉子。	倉經切。蜻蜓細腹修尾，六足四翼，其翅輕薄如蟬。飲露食蚋。其色有青、赤、黃三種。遇雨即羣飛，好點水以為樂。 子盈切。蟋蟀之屬。其大如麥，善鳴。秋令有之。	

蜨

蝶　入

蝶 dié

音牒。蛺蝶也。蝴蝶。

達協切。蛾屬也，菜中青蟲。當春時吐絲自縛，初變為蛹，繼化為蜨。蟲大者蝶亦大。蟲有斑花者，蝶亦如之而尤豔。其名不一，有紺蜨、風蝶、野蛾諸名。

蟬

平

蝉 chán

音禪。俗名知了。寒蟬。蟬翼。

時連切。旁鳴之蟲，飲而不食，如蟪蛄、寒螿、蛁蟟、蟷母、蜩范皆是也。蟪蛄小而紫色，以四五月鳴。寒螿黑而傴僂，以九十月鳴，聲甚悽急。蛁蟟色青，以七月鳴。蟷母似寒螿而小，以二月鳴。蜩范即馬蟬，形大而黑，亦五月鳴。

蝗

平

蝗 huáng

音皇。蝗蟲也。飛蝗。蝗蝻。

胡光切。螽也。食禾心曰螟，食禾葉曰螣（螣即蝗也）。天旱則生，農家患之。入水則化而為鰕。今燕趙人多有食蝗者，其味甚肥，多食則燥口。

蛩

平

蛩 qióng

音邛。獸也。蛩蛩。

渠容切。北海有素獸，狀如馬，名曰蛩蛩。通作蛬，蟋蟀也。叚借為螽，蝗也。又重言形況字。蛩蛩，憂貌。

蠭 平　蜂 蜂 fēng 音丰。飛蟲螫人者曰蠭。蜜蠭。	敷容切。蠭類甚多，似蠅而大，其尾有芒，皆能螫人。在地作房者曰土蠭。似土蠭而小，在樹作房者曰木蠭。其色黃，細腰者曰稺蠭。人收而養之以釀蜜，亦曰蜜蠭。	
蜜 入 蜜 mì 音謐。蠭之甘飴曰蜜。蜜糖。蜜蠟。	覓畢切。蠭採花蘂釀而成之，味甘且潤，俗謂之蜜糖。蠭房在土者曰土蜜，在木者曰木蜜。	
蠟 入 蜡 là 音臘。蜜滓曰蠟。白蠟。蠟燭。	力盍切。蜜渣也。收蠭釀蜜，其蜜之渣即謂之蠟。四川則有蠟樹，四時不凋，五月開白花，成叢結實。其蟲大如蟣蝨，延緣樹枝，食葉吐涎，剥而煉之即成蠟。	

蛾 平 蛾 é 音莪。蛹所化曰蛾。蠶蛾。飛蛾。	牛何切。蟲之食桑者，成繭則化為蛾。蛾似黄蜨而小，其眉句曲如畫。先孕後交，生子為蠶。蠶絲盡而為蛹，蛹化又為蛾。又有飛蛾，為野蛹所化，喜火，好拂鐙。一名火花，一名慕光，皆因天性而名之也。	
蠅 平 蝇 yíng 音僌。蒼蠅也。蠅蚋。	余陵切。蠅似蠭而小，不螫。生子成蛆，蛆復變為蠅。其前足常作絞繩狀。色青者為青蠅，色蒼者曰蒼蠅。喜附穢物，能收濁氣。因其飛能亂色，鳴能亂聲也，故古以喻讒人。 又蠅虎。似蜘蛛而色灰白，能捕蠅以為食，故名。	
螢 平 萤 yíng 音熒。俗名火螢蟲。流螢。螢火。	互扁切。火蟲也。生於夏秋之間，其大如粟，黄甲而翼，腹下有火如燐光而不熱。一名丹鳥，亦名熠燿。其遺卵必於腐艸，故古謂腐艸為螢。	

蟁 平 蚊 蚊 wén 音文。俗名蟁蟲。飛蚊。蚊帳。	無分切。齧人飛蟲也。水中孑孓所化，溼地亦生之。其嘴如芒，能刺入人畜肌膚而吸其血。酷夏最多，聚鳴若雷，故偁蚊雷。	
上 蠓 蠓 měng 濛上聲。蠓蠓也。蠛蠓。	莫孔切。醯雞也。蠛蠓每生於敗酒中，故曰醯雞。形似蚋。春夏之間，因雨而生，見陽而死。俗謂其飛上下如舂者主風，回旋如磑者主雨。	

蜉 平 蜉 fú 音浮。蟻之大者曰蚍蜉，糞中蝎蟲曰蜉蝣。	房鳩切。《說文》作䖸。蚍蜉，大蟻也。又蜉蝣似蛣蜣，身狹而長，有角，黃黑色。聚生糞土中，朝生暮死。人生天地間，如夢幻泡影，故詞章家有蜉蝣兩大之喻。	上 蛹 蛹 yǒng 音勇。繭蟲也。	尹竦切。蠶吐絲成繭，則化而為蛹。

蠶 平 蚕 cán 音蹭。蟲能吐絲成繭者曰蠶。養蠶。蠶蛹。	徂含切。絲蟲也。食而不飲，飼桑、柘葉，三眠三起，二十七日而蠶老，老則吐絲作繭，繭成而變為蛹，蛹蜕則化為蛾。蛾則先孕而後交，子盡則斃。出於春者為春蠶，出於夏者為夏蠶。其絲有黄有白。所産以浙江為最多。	
蜈 平 蜈 wú 音吾。蜈蚣，俗名百脚。	五乎切。蜈蚣，螫蟲也。春出冬蟄，頭赤腹黄，雙鬚歧尾，背作黝緑色，節節有足。其毒在牙齦，有小穴内藏毒汁，螫物則射入其肌，略如蛇口。	
蚣 平 蚣 gōng sōng 音公。蜈蚣也。音嵩。蚣蝑，俗名紡織娘。	古紅切。 思融切。蚣蝑即蚉螽，股鳴之蟲也。	

上

蚓

蚓 yǐn

音引。俗名曲蟺。蚯蚓。

以忍切。蜸蟺也。春起冬蟄，常吟土中。行則引而後伸，故名為蚓。

去

蠆

蠆 chài

音懘。螫蟲也。蠭蠆。

丑邁切。古作萬，象形。蠆似蝎而短尾，尾末上卷，其後有芒，螫人甚毒。

去

蜚

平

蜚 fěi fēi

音扉。臭惡之蟲也。

音非。與飛通。

父沸切。蠦蜰也。其為蟲臭惡，害人衣物。匪微切。飛亦作蜚。

蠍

入

蝎 xiē

音歇。蠆尾蟲也。蛇蠍。蠍子。

许竭切。似蠆長尾，尾末上卷，芒在其後，被螫立腫。今燕趙多有之。

<table>
<tr>
<td>去
蠹
蠹 dù
音妒。俗名蛀蟲。蠹魚。奸蠹。</td>
<td>都故切。古文作螙，謂蟲在木中也。引申之，凡穿人器物者皆謂之蠹。故蠹書之蟲，亦名蠹魚。又申之，凡有損於物者皆曰蠹，如蠹役之類是。</td>
<td></td>
</tr>
<tr>
<td>蛆
平
蛆 jū qū
音苴。蝍蛆也。音疽。蠅子所成曰蛆。糞蛆。</td>
<td>子余切。蝍蛆似蝗，大腹長角，能食蛇腦。蛇食蛙黽，蛙黽食蝍蛆，互相食也。又千余切。蠅生子而變為蛆，故敗臭之物，經蠅附緣則生蛆。</td>
<td></td>
</tr>
<tr>
<td>上
蠱
蛊 gǔ
音古。微生物曰蠱。蠱毒。巫蠱。</td>
<td>果五切。蠱，害人之蟲，凡瘡瘍癘疫皆蠱所致。而癘疫之蠱尤甚，故其傳染甚速。粵中有造蠱之法，以百蟲置皿中，俾相啖食，其存者即蠱。蠱行毒飲食中，傷人而人不之覺，故轉注為蠱惑之蠱。
又《易》山風蠱，卦名（䷑）。</td>
<td>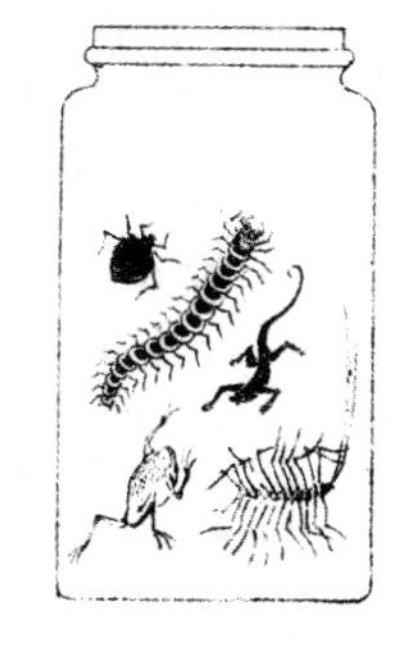</td>
</tr>
</table>

蛛 平 蛛 zhū 音誅。蜘蛛也。吴俗謂之結蛛。	追輸切。本作鼄。網蟲也。細腰大腹，其絲後出，引之右繞，布網如罾。物觸其網，即羅而食之。其在土中布網者，名土蜘蛛。作網幕絡艸上者，名艸蜘蛛。	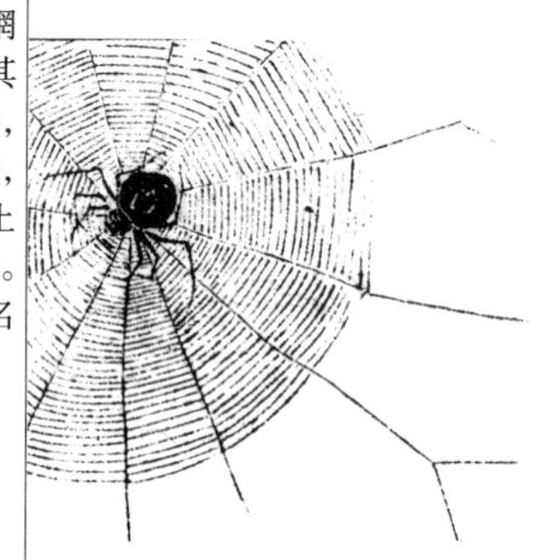
蟀 入 蟀 shuài 音率。蟋蟀也。	朔律切。蟋蟀似蝗而小，其色黝黑，光澤如漆，有角有翍。生於秋冬，初涼則鳴。其性善鬬，勝則且逐且鳴。一名蛬，一名蜻蛚，一名趣織，一名吟蛩。	
科 平　蝌 科 kē 音窠。條目曰科。又科斗，鼃子也。登科。	苦禾切。程也。从禾、从斗，量也。引申為科第、科條之科。 又科斗，蝦蟇子。一名活東，狀如河豚，頭圓身黑，始出有尾無足，稍大則足生尾脱。古文象其形，故謂之科斗文。亦作蝌蚪。	

蚨 平 蚨 fú 音扶。水蟲也。青蚨。	馮夫切。青蚨，南海水蟲也。一名蚨蟬，一名𧑒蝺，一名魚伯。其形如蟬，辛美可食。子著艸葉上如蠶種，取其子則母飛來，雖潛取之亦知其處。故相傳為殺其母塗錢，以子塗貫，則錢用去能自還云。	
上 蚤 蚤 zǎo 音早。俗名跳蚤。	子皓切。噛人跳蟲也。似蝨，穹背大腹，其跳甚速。產木、土中，春夏尤多。亦作蚤。	
蝨 入 虱 shī 音瑟。噛人小蟲也。蟣蝨。鱉蝨。	色櫛切。如蚤而扁，不能跳躍，常附動物之體而嚼其血。其子曰蟣。又臭蝨，亦名鱉蝨，生木中。然蝨皆因不潔而生，非動物體與木之必生蝨也。	

字	釋義	
上 蟻 螘 蚁 yǐ 音艤。俗名蚂蟻。螻蟻。蟻聚。	魚綺切。同螘。蚍蜉之小者也。其大而赤斑者曰蠪，有翍而飛者曰蜚。蠪細腰大腹，口有二鉗，蜚則尾端有芒，皆能螫人。其巢積食甚多，中有蟻王，遇侮則帥衆敵之，如行軍狀。敵死必負屍歸。蓋小動物之靈者，惟蜂與蟻云。	
去 蛀 蛀 zhù 音注。蠹物之蟲曰蛀。蛀蝕。	朱戍切。木蠹蟲也。又凡能蠹物之蟲，皆謂之蛀蟲。	

字	釋義	字	釋義
蟄 入 蛰 zhé 音搢。蟲藏曰蟄。驚蟄。蟄蟲。	直立切。小蟲之屬，皆春啟而冬蟄。蟄，藏也。引申謂伏藏皆曰蟄。	上 虺 虺 huǐ 音卉。蛇之小者。為虺。	許偉切。虺狀似蛇而小，其色如土，所在有之。又重言形况字。《詩》：“虺虺其雷。”虺虺，雷聲也。

去 孕 孕 yùn 音媵。懷子曰孕。孕育。包孕。	以證切。孕，子在包中也。引申為包孕之孕。	育 入 育 yù 音毓。長養萬物曰育。鞠育。生育。	余六切。从𠫓。𠫓，幼子也。凡撫之、養之、教之、食之皆曰育。引申為化育、樂育之育。
上 産 产 chǎn 音剗。萬物資生之總名。生産。物産。	所簡切。从生，彦省聲。生育也。泛言之，為財産、恆産之産。專言之，為生産、物産之産。故産為萬物資生之總名。	活 入 活 huó 音佸。水流聲也。活潑。生活。	户刮切。《詩》“北流活活”，言水之活潑也。引申之，凡具生理者皆曰活。故講求動植物學者曰活物學家。
生 平 生 shēng 音甥。死之對也。生死。生聚。	所庚切。陰陽和而後萬物生。物兼動植言，皆具生理者也。	容 平 容 róng 音融。有所盛受曰容。寬容。容貌。	餘封切。从宀，从谷。猶言深藏若谷也，如含容、包容是。叚借為頌，如婦容、容止之容是。

去 態 态 tài 音貸。心所發而見於外者謂之態。體態。態度。	他代切。	去 媚 媚 mèi 音郿。邀寵曰媚。嫵媚。狐媚。	明祕切。悦也。如“思媚周姜”“媚于天子”之媚是。引申之，求悦于人亦曰媚，如諂媚、狐媚之媚是。
平 姿 姿 zī 音咨。美態曰姿。丰姿。姿色。	津私切。姿，資也。謂其天資之美，見於態度也。因申為姿才之姿。	平 妍 妍 yán 音研。美麗也。妍媸。争妍。	倪堅切。妍，美恣容也。《方言》：自關以西謂好為妍。
平 嬌 娇 jiāo 音驕。憨癡曰嬌。嬌麗。嬌養。	居妖切。古作姣，所以形容美麗也。若嬌怯、嬌小之嬌，則為形容憨態之詞。	上 婉 婉 wǎn 音宛。委曲進言曰婉。婉約。婉轉。	鄔管切。順從也。凡言之曲而有體者，皆曰婉。引申為容體美好之偁，如婉孌、清揚婉兮之婉是。

壯

去

壯 zhuàng

莊去聲。年富力强曰壯。壯夫。强壯。

側亮切。《禮》“三十曰壯”，言血氣方剛，悍然壯大也。因引申為壯勇之壯。今偁民間防衞之勇丁曰民壯，亦此意也。

偉

上

伟 wěi

音韙。大也。又大之之詞也。偉人。瑰偉。

于鬼切。

健

去

健 jiàn

乾去聲。彊有力者曰健。强健。壯健。

渠建切。自强不息也。凡人之能自强者，必日有進步。因申為健捷之健。又申為武夫有力貌，如矯健、健兒之健是。

肥

平

肥 féi

音腓。肉豐也。肥肉。肥瘦。

符非切。物之胖壯者曰肥。肥，厚也。故滋味之純厚者亦曰肥。引申之，饒于仁義者曰身肥，饒于貨財者曰家肥。

丰

平

丰 fēng

音風。神采外見曰丰。丰姿。

敷容切。艸盛貌。引申為豐滿之偁。

瘠

入

瘠 jí

音脊。肉不豐也。瘠土。

秦昔切。瘠从疒、从脊。人瘦則脊見，故瘦亦曰瘠。引申之，土之墝埆者亦曰瘠。

去 瘦 瘦 shòu 颼去聲。不肥曰瘦。瘦弱。	所救切。从疒，从叟。叟，老人也。老人多疒則肉不豐，因謂凡不肥者皆曰瘦。	去 悴 悴 cuì 音萃。隱憂曰悴。勞悴。	秦醉切。从心、从卒會意。言憂鬱於心而無已時也。
弱 入 弱 ruò 音若。强之反也。孱弱。彊弱。	而勺切。从二弓、从彡會意。彡，初生羽也。初生之羽細而且脆，故引申謂瘦小為弱。又算術小數遞析，至微渺不盡者則曰弱。故又申之，凡由强盛而衰微者亦曰弱，如孱弱、積弱之弱是。	去 困 困 kùn 坤去聲。窮乏委頓皆曰困。困窮。困勉。	苦悶切。故廬也。从木在囗中會意。故廬之木必朽敗，故引申之，凡事之疲弊者皆曰困。志不得遂而為物所窘者亦曰困。
憔 平 憔 qiáo 音樵。形容枯槁曰憔。憔悴。	昨焦切。憔，古作醮。从面、焦會意。憂之鬱於心而形於外者也。	去 頓 頓 dùn 敦去聲。頭叩地曰頓。頓足。頓挫。	都困切。凡拜頭至地而不叩為䭫首，叩者為頓首。䭫首為吉禮之偁，頓首為請罪之詞。如秦漢上書偁頓首是也。 又訓為鈍。如甲兵不頓是也。引申為頓挫抑揚之頓。

疲 平 疲 pí 音皮。困倦也。疲倦。	蒲麋切。心力勞悴也。故从疒、从皮。言疾在皮毛間，而精氣茶然不振也。	潔 入 洁 jié 音結。修净光澤曰潔。清潔。潔身。	吉屑切。潔，清也。引申為潔身之潔。言治身使清潔也。
嬾 上 懒 lǎn 闌上聲。不勤曰嬾。嬾惰。貪嬾。	洛旱切。嬾者，畏葸而不治事之義。	威 平 威 wēi 音蝛。可畏之儀曰威。使人畏我亦曰威。威儀。神威。	于非切。《謚法》：彊毅信正曰威，猛以剛果曰威。威，畏也。故人所畏與以威畏人皆曰威。
修 平 修 xiū 音羞。飾治曰修。修飾。裝修。	息流切。修，从彡，攸声，文飾也。物之舊者則必加飾，故引申為修治之修。因之治身曰修身，治心曰修心。古多叚脩字為之。	勢 去 势 shì 音世。氣燄曰勢。權勢。勢頭。	舒制切。从埶，从力。謂埶植者之有大力，如有聲望者之必有權勢也。故申為勢力、勢燄之勢。叚為形勢、地勢之勢。

去 皺 皱 zhòu 音縐。面目蹙摺曰皺。皺紋。	側救切。眉蹙則額皺，人老則面皺。故从芻、从皮。芻，艸也。言皮皺如艸絲之層疊也。	
秃 入 秃 tū 退入聲。無髮曰秃。秃頭。筆秃。	 他谷切。从人。上象禾粟之形。禾割穗則秃，故轉注謂無髮為秃。	
上 裸 裸 luǒ 音卵。露身曰裸。裸裎。	魯果切。从衣，从果。謂其不果衣也。	

贅（去）

贅 zhuì

音敪。多而無用者曰贅。入贅。贅疣。

朱芮切。以物質錢曰贅。贅者，以無用之物，易有用之財也。故引申為贅旒、累贅之贅，皆有餘而無用之意。

滌（入）

涤 dí

音狄。溉濯曰滌。蕩滌。滌滌。

亭歷切。洗也。洗衣曰澣，洗器曰滌。滌所以去垢穢，故引申為滌場之滌。滌則潔浄，故滌滌為浄盡無餘形容詞。

沐（入）

沐 mù

音木。去首垢曰沐。沐雨。休沐。

莫卜切。

沐浴皆有涵濡之象。故引申為沐恩之沐，浴德之浴，及沐日、浴月之沐浴。

浴（入）

浴 yù

音欲。去身垢曰浴。浴盆。浴池。

余濁切。

妝 平 妝 zhuāng 音壯。梳洗曰妝。妝臺。宮妝。	側霜切。飾也。女子理容挽髻，所以飾貌也，故謂之妝。引申之，所飾即曰妝，如古妝、時世妝之妝是。俗作粧。		
臆 入 臆 yì 音億。胷腹之間謂之臆。胸臆。臆説。	乙力切。臆，胷肉也，意所深藏之處。故引申之，凡事之未形，而輒以意度人者，謂之臆度。言以胷腹度人也。	佯 平 佯 yáng 音羊。偽為也。佯狂。	移章切。偽也。亦作陽。如陽與之善而陰圖之，猶言貌與之善而心實謀害之也。凡佯狂、佯若不知之佯，皆同此義。
舒 平 舒 shū 音書。展曲曰舒。舒徐。	商魚切。从舍，从予。予象手伸也。叚借為紓，如舒緩之舒是。	昂 平 昂 áng 音卬。仰首不屈也。低昂。激昂。	五岡切。昂，馬行貌。馬疾行則仰其首也。引申之，凡物仰首而不肯稍屈者皆曰昂，如軒昂之昂是。

平

依

依 yī

音衣。不相乖離謂之依。依人。

於希切。兩相維繫曰依。引申之，相從曰依，如依違之依是。又依依為形容詞，所以狀兩相依倚，不忍決絕之意也。

去

靠

靠 kào

音犒。相依曰靠。靠船。靠託。

口到切。相違也。今通作相依解，與古訓正相反。如刺船依岸曰靠船，依人而行曰靠傍是。

上

倚

倚 yǐ

音輢。偏著也。倚靠。斜倚。

於綺切。有所附麗者曰倚。倚，憑也。引申為倚仗之倚。

平

憑

凭 píng

音凭。倚靠曰憑。憑几。憑據。

筆陵切。依也。如憑軾之憑是。憑有俯視一切之象，故引申為陵轢人曰憑陵。今通偁信券曰憑，亦謂可依以示信者也。

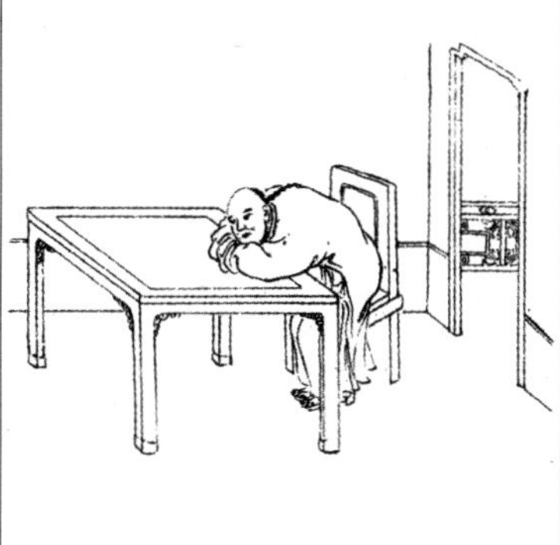

去 坐 坐 zuò 音座。小住曰坐。坐之大者曰跏趺。坐立。竝坐。	組卧切。古者席地而坐，故从土、从二人相對。坐則定而不動，故堅守亦曰坐，如坐索是。又跪亦曰坐，故争訟對質亦謂之坐。又申之，定人之罪即曰坐，如坐事奪爵之坐是。	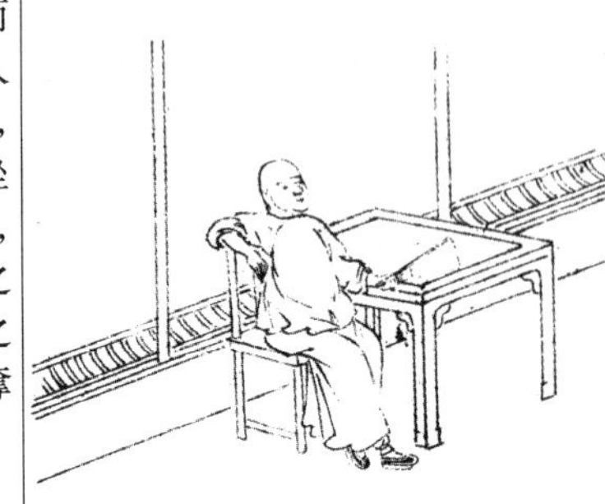
去 卧 卧 wò 音餓。隱几曰卧。今以為睡之通偁。坐卧。卧遊。	吾賀切。	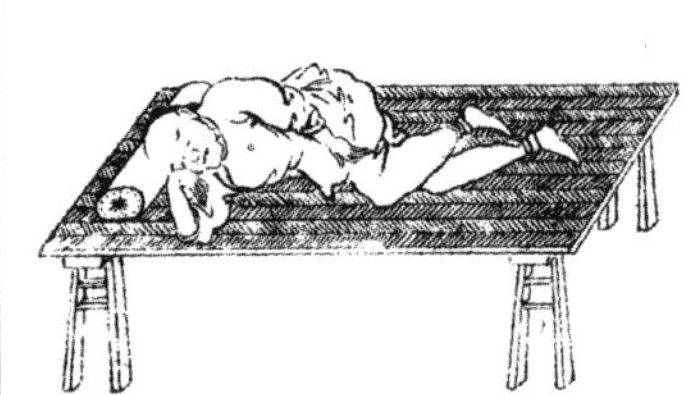
平 栖 棲 栖 qī 音西。鳥巢曰棲。枝棲。	先稽切。日在西方而鳥宿於木，故字从木、从西。亦作棲。棲者，鳥所休息也。故引申之，為棲遲之棲，亦以休息為義。	去 平 興 兴 xīng xìng 音卿。起也。興起。夙興。音嬹。縱意所到曰興。比興。高興。
		虚陵切。興从舁、从同會意，言共力舉起一事也。引申為凡振起之義，如跪坐而起曰興，事之剏始曰興，衰而克振亦曰興是也。 許應切。《詩》六義一曰興。興者，先言他物以引起所詠之詞也。又意之所之而欣悦者，亦曰興。

去

定

定 dìng

庭去聲。動而復静曰定。定質。堅定。

徒徑切。安也，如安定、大定是。引申為定國、定天下之定，皆使之安之意。又申為定識、定力之定，皆安而不搖之意。又佛家以斂氣歸神為入定。

入

逸

逸 yì

音佚。脱走曰逸。奔逸。安逸。

夷質切。从兔，从辵。兔謾訑善辵也。故引申為逃逸之逸。逃逸者，有求安於危之意，故又申為安逸、無逸之逸。

上　去

在

在 zài

裁上聲。居也。所居之所亦曰在。行在。在位。音載。義同。

盡亥切。止有其所曰在。引申謂存為在。言人生在世也，如現在、不在是。
又昨代切。

去　平

甯

宁 níng nìng

音憖。所願也。又佞平聲。安也。安甯。無甯。

乃定切。願詞也。與憖略同，如甯使、甯固之甯是。又作豈字解，如甯有、甯得之甯是。
奴丁切。安也。安甯之甯，本作寍，今敬避宣廟諱作甯。亦作寕。甯、寕古本通用。

去

傍

傍 bàng

徬去聲。依也。靠傍。倚傍。

蒲浪切。附於所近曰傍。从人，从旁。言不居中而倚于兩旁也。

平

遑

遑 huáng

音黄。心暇也。不遑。

胡光切。事暇曰暇，心暇曰遑。故刻無甯晷者曰不遑。《詩》“莫敢或遑”，亦同此義。

卷四

去 夢 平 梦 mèng 音蒙。不明也。蒙去聲。神之所交謂之夢。做夢。占夢。	木蒙切。夜不明曰夢。猶言昏昏不可辨也，故不明事理者皆曰夢。因叚為寢夢之夢。《周禮·占夢》:“一正夢，二噩夢，三思夢，四寤夢，五喜夢，六懼夢。”讀蒙弄切。	去 會 会 huì kuài 為去聲。聚合曰會。聚會。社會。音儈。核算也。又地名。會計。	黃外切。合也，會之以合衆好也。故引申為和會、會同之會。會又以為交接之偁，如元會、交會之會是。交會者，歲之一終也。凡聚合衆數而核之亦曰會，如歲會、會計是。讀古外切。
去 寐 寐 mèi 音媚。閉目定神也。寤寐。假寐。	密二切。寢睡也。泛言之，寢睡為寐之總名。析言之，在牀曰寢，隱几曰卧，合目曰眠，眠而無知曰寐，坐寐曰睡，不脱冠帶而眠曰叚寐。寐，謐也，謂静謐無聲也。	偕 平 偕 xié 音皆。同伴曰偕。偕老。偕行。	居諧切。
去 晤 晤 wù 音悟。覿面謂之晤。會晤。晤談。	五故切。	陪 平 陪 péi 音裴。倍之為陪。陪敦。光陪。	蒲枚切。重阜也。陪貳、陪臣、陪賓之陪，皆以重為義。今通偁相伴曰陪，則由陪貳引申者也。

上 頫 俛俯 俯 fǔ 音甫。仰之對也。俯仰。音糶。諸侯合使卿聘于天子曰頫。殷頫。	匪父切。與俛同。古讀如勉。俯則形聲字也。俯必下其首，有就下之象，故引申為俛就之俯。 他弔切。聘也。大夫衆來曰頫，寡來曰聘。與俯、俛二字不通。	
上 仰 仰 yǎng 音茚。上視曰仰。仰仗。仰望。	魚兩切。望也。人有所望則仰其首。俗以為以尊命卑之詞，如公文自上行下曰仰是也。	
伸 平 伸 shēn 音身。物曲而復直曰伸。屈伸。伸縮。	升人切。人志倦則欠，體倦則伸。伸，直也。體直則舒，故引伸為伸寃之伸。凡字之新義，即由本義推衍者，謂之引伸義。葢謂其義初未盡展，故從而伸直之也。	

屈 入

屈 qū

音詘。撓物使曲曰屈。伸屈。屈抑。

區勿切。不伸也。物生本直，其不直者，必為人所屈也。故引申為屈抑、寃屈之屈。

傾 平

倾 qīng

音卿。偏側曰傾。傾側。傾覆。

去營切。首不正也。不正則側，故引申為傾欹之傾。欹側則覆，故又申為傾覆之傾。又佩服人曰傾倒，蓋猶五體投地之意。

顛 平

颠 diān

音巔。頂額也。顛倒。顛狂。

都年切。首之頂曰顛。顛，高絶處也。故表桿之頂曰表顛，山峯之頂曰山顛。因叚為顛沛、顛覆之顛。又迷惑之疾曰顛狂，言其顛倒失常也。

偃 上

偃 yǎn

煙上聲。仰而仆也。偃蹇。

於幰切。伏而覆曰仆，仰而倒曰偃。引申為偃息之偃，猶言高卧無事也。又為偃蹇之偃，猶言顛蹶不振也。

倒 上 去

倒 dǎo dào

刀上聲。仆也。跌倒。

音到。錯置也。顛倒。倒置。

都皓切。仆而不起曰倒。倒，塌壞也。故引申為偃蹇困躓之義，如潦倒之倒是。物倒則錯亂，故又申為顛倒之倒。讀刀號切。

息 入

息 xī

音熄。一呼一吸謂之息。氣息。太息。

相即切。心氣竅于鼻也。方書以呼吸定息。人一日一夜，凡一萬三千五百息，周于身。故息者鼻息出入，循環不已也。如但呼而不吸者，謂之喘息。引申為休息、安息之息。

嬉（平） 嬉 xī 音僖。笑無常度曰嬉。嬉遊。荒嬉。	虛宜切。
逼（入） 逼 bī 音偪。迫近曰逼。相逼。逼近。	彼側切。近也。近則不寬，故待人不寬假者曰逼。如促逼、逼迫是。
暱（入） 昵 昵 nì 音匿。親狎曰暱。親暱。	尼質切。日近也。引申為暱燕、狎暱之暱，皆以燕好親近為義。字亦作昵。
替（去） 替 tì 音剃。相代曰替。替人。	他計切。凋謝也。凋謝則衰，故引申為衰替之替。凡物有替必有代，故以此代彼亦曰替。
遮（平） 遮 zhē 音庶。扞使不行曰遮。遮蓋。遮攔。	正奢切。从後遏也。如遮道、遮止是。引申為遮掩之遮，則以从上遏之為義。
休（平） 休 xiū 朽平聲。息止曰休。又美也。休息。休譽。	許尤切。唐法：十日一休沐。休，息也。西人以禮拜日為休沐之期，即其遺意。叚借為喜。喜、休一聲之轉。如休咎之休是也。

去
任
平

任 rén rèn

音壬。以恩相信曰任。任俠。
壬去聲。以事為己責也。任重。任意。

如林切。任，信於友道也。如任恤、任俠之任是。負擔亦曰任。如《詩》“我任我輦”，《孟子》“門人治任”之任是。引申為職任之任，謂以官守之事為己任也。讀如鴆切。

上
努

努 nǔ

音弩。勉用其力曰努。努力。

奴古切。努，怒也。若有所怒則奮自用力也。

去
戴

戴 dài

音對。以首任物曰戴。頂戴。愛戴。

昨載切。戴，載也，載之於頭也。天覆乎上，為人所仰戴，故曰戴天。引申為尊奉之義，如愛戴之戴是。

列
入

列 liè

音裂。序次曰列。行列。列侯。

良薛切。凡物各得其次者曰列。引申為陳列之列。

毓
入

毓 yù

音菁。生物曰毓。孕毓。毓秀。

余六切。本古育字，今專用為生養艸木而言。

上　去 處 处 chǔ chù 音杵。居也。出處。處暑。杵去聲。所居之地曰處。何處。處處。	昌與切。止而居之謂之處。故裁斷亦曰處，言身處其中而決之也。如處分、處置皆是。引申之，所處之地亦曰處。如軍機處、侍衛處是也。讀昌據切。	去 就 就 jiù 音鷲。事成曰就。詣人之所亦曰就。成就。就近。	疾僦切。从京、从尤。尤，異於凡也。京，高大也。物之高大而異凡庸者，非可驟幾，必漸造以底於成。故引申為造就、急就之就，皆以成為義。又為相就、就正之就，皆以造為義。又與即字同意，如就使、就令之就是。
去 住 住 zhù 音駐。息止曰住。住宅。小住。	廚遇切。人棲止之所曰住宅。引申之，凡止皆曰住。如住口、且住之住是。	留 平 留 liú 音流。挽使勿去曰留。挽留。留客。	力求切。止人曰留，自止亦曰留。引申為存留、留難之留。
匿 入 匿 nì 音慝。深藏不露曰匿。匿怨。隱匿。	昵力切。凡物之隱藏於内，事之隱藏於心者，皆曰匿。故从匸、从若。言如物之藏在匸中，隱而不可辨也。	接 入 接 jiē 音楫。兩相授手曰接。接見。接物。	即涉切。手交也。足交謂之交，手交謂之接。

去 從 平 从 从 cóng zòng 俗平聲。隨行曰从。從違。 俗去聲。侍從。 促平聲。從容。 音蹤。從横。	疾容切。從古作从，隨行也。如相从、聽从之从是。 才用切。从人也。如陪从、賓从之从。與从祖、从父之从皆是。 七恭切。舒緩不迫也。如從容之從是。 又通為從横之從。讀即容切。	去 導 导 dǎo 音盗。引之使通曰導。開導。引導。	杜到切。凡不通而引之使通者曰導。導，道也。導之以就正道也。今學中之官有訓導，言主教導學官弟子者也。
去 旋 平 旋 xuán xuàn 音璿。圓轉曰旋。周旋。斡旋。 音淀。繞機而轉曰旋。旋絲。旋軸。	旬緣切。迴旋也。象旌旗之指麾，同旋不已也。引申為周旋、折旋之旋。言進退之間，圓轉合度也。 又申為輪軸旋動之義。如重學家旋軸、螺旋之類皆是。讀辭戀切。	上 伴 伴 bàn 盤上聲。相陪之人曰伴。伴侣。同伴。	蒲管切。
臨 平 临 lín 音林。居高視下曰臨。照臨。臨下。	力尋切。隱几視下也。引申之，从上視下皆曰臨。如臨民、臨淵之臨是。臨猶涖也，因引申為光臨、駕臨之臨。	儔 平 俦 chóu 音酬。匹偶曰儔。儔類。	直由切。同類、相等之偁。

去 志 志 zhì 音誌。心之所之為志。志氣。立志。	支義切。心所專注謂之志。專注則不忘，故引申為記識之識。如國志、縣志是。
上 想 想 xiǎng 音餋。有所冀而思之曰想。想念。夢想。	寫兩切。物未至而意之也。
去 意 意 yì 音薏。心之所動謂之意。意思。願意。	於戲切。志之發也。从心，从音。以意不可見，察言而知意也。引申為意度之意。
憶 入 忆 yì 音抑。思念曰憶。記憶。憶遠。	伊昔切。所思不見謂之憶。如已往之事，遠別之人，拳拳於心，皆是也。
思 平 思 sī 音司。心有所念也。思慮。相思。	息兹切。思彙于腦，故从囟。古以腦之覺路為心，故从心。學以思為主。用之於真理，則思進于實。如泰西格致之精，政治之肅，以思勝也。用之於空談，則思廢於虛。如中國陰陽拘忌、神仙誕妄之類是矣。
去 念 念 niàn 音唸。久思曰念。心念。記念。	奴玷切。黏也。謂黏于心而不能忘也。

性

去

性 xìng

音姓。生而然者謂之性。性情。德性。

息正切。天命之謂性。孟子言性善，荀子言性惡，揚子言性善惡混。昌黎韓子非之。其《原性》一篇，謂性有上、中、下三品，實與孔子“性相近”二章相合。泰西學者謂人性由于祖先遺傳。其説頗近韓氏。

懷

平

怀 huái

音槐。心有所念也。懷抱。歸懷。

乎乖切。念思也。思蘊于内，故叚為懷抱之懷。懷有包絡之義，故又申為“懷山襄陵”之懷。

情

平

情 qíng

音晴。人欲謂之情。性情。情理。

慈盈切。情者，性之動也。性為情之體，情為性之用。其類有七，喜、怒、哀、懼、愛、惡、欲是也。

怡

平

怡 yí

音飴。和悦之貌。怡情。怡怡。

延知切。安于中而悦乎外也。悦有欣動之色，怡則為和順之形。

衷

平

衷 zhōng

音中。内衣也。折衷。衷懷。

陟隆切。裏褻衣也。叚借為中。如“天誘其衷”之衷是。

悦

入

悦 yuè

音閲。喜色也。大悦。悦樂。

欲雪切。樂極而形于面也。古與説字通用，後人作悦字以别之。

去 慰 慰 wèi 音尉。安之以愜其情曰慰。安慰。慰勞。	於胃切。	上 幸 幸 xìng 音倖。非分而得謂之幸。儌幸。幸哉。	下耿切。轉憂為喜曰幸。故凡佳遇皆偁為幸。引申之，天子所至曰幸，所親愛亦曰幸。謂車駕所涖，被其澤者以為僥倖也。又申之，謂非所當得而得，與不可免而獲免皆曰幸。如幸位、幸生等是。
去 快 快 kuài 音塊。足于心也。快樂。爽快。	苦夬切。快之言暢也。世謂有疾曰不快，以其不暢于中也。今俗以作事敏疾為快。	去 慕 慕 mù 音暮。係戀不忘謂之慕。思慕。	莫故切。愛而習翫之曰慕。愛則生羨，故引申為羨慕之慕。
欣 平 訢 欣 xīn 音訢。喜悅之貌。欣然。歡欣。	許斤切。古文作訢。	去 羨 羨 xiàn 音遂。心所願欲曰羨。羨慕。欣羨。	似面切。貪欲也。貪者必欲其有餘。故叚借為羨餘之羨。

去

願

愿 yuàn

音愿。心愜曰願。如願。願意。

虞怨切。大頭也。叚借為發聲之辭。如《詩》“願言思伯”“願言則嚏”皆是。又叚為羨。如《書》“敬修可願”，《禮》“國人稱願”之願，皆以羨慕為義。

平

憂

忧 yōu

音優。愁也。憂愁。隱憂。

於尤切。𢝊于心而不釋曰𢝊。引申之，病亦謂之憂，以憂為心之疾也。更申之，居喪亦曰憂。如宅憂、丁憂皆是。

上

肯

肯 kěn

音懇。可之之意。肯來。首肯。

苦等切。著骨之肉也。叚借為可。可者，肯之轉音。

去

慮

虑 lǜ

音鑢。心有所圖曰慮。思慮。

良據切。深思為慮。軍前所持幡曰慮無，謂其可以慮有無也。叚借為慮囚之慮。慮、録音近，慮囚與録囚同。

入

愜

惬 qiè

音篋。快也。愜心。愜當。

乞協切。意滿之謂也。

平

哀

哀 āi

音唉。悲痛之意也。舉哀。哀傷。

於開切。哀者，七情之一。樂之反也。又《謚法》：“恭仁短折曰哀。”

傷 平 伤 shāng 音商。創也。傷心。毀傷。	尸羊切。創之淺者曰傷。傷者，損敗之意。故引申為毀傷之傷。叚借為悲傷之傷。	去 怨 怨 yuàn 音苑。德之反也。怨恨。多怨。	紆願切。仇人曰怨。即俗所謂怨家也。從而仇之即曰怨。如怨恨、憤怨皆是。
悲 平 悲 bēi 音卑。傷痛之意。悲傷。	逋眉切。有聲無淚曰悲。內動字也。引申為外動字，如佛經慈悲之悲是。	去 恨 恨 hèn 音艮。怨也。怨恨。恨事。	下艮切。怨之極也。怨人曰恨，自怨亦曰恨。故引申為悔恨之恨。
愁 平 愁 chóu 音㵞。憂思不釋也。憂愁。愁懷。	鋤尤切。憂之蓄于心者為愁。愁字从秋。《禮記》：秋之為言愁也。愁讀如揫，愁、揫疊韻。	上 慘 惨 cǎn 音黲。毒也。慘酷。哀慘。	七感切。苛虐已甚曰慘。受虐者心必傷，故引申為慘傷、慘怛之慘。

去 悼 悼 dào 音導。心傷曰悼。傷悼。	杜到切。懼也。引申之，心所傷感曰悼，心所愛憐亦曰悼。《禮》：七年曰悼，雖有罪不加刑，憐其無知而陷于罪也。又《謚法》：“中年早夭曰悼。”	去 悵 怅 chàng 音暢。望恨也。惆悵。悵然。	丑亮切。
去 患 患 huàn 音宦。害也。患難。憂患。	胡慣切。禍害曰患，如患難之患是。臨禍而慮之亦曰患，如憂患之患是。	入 惻 恻 cè 音測。心有所傷謂之惻。惻隱。	察色切。見可憫而隱痛于心也。
去 悶 闷 mèn 音懣。懣也。憂悶。	莫困切。鬱而不舒曰悶。	上 感 感 gǎn 甘上聲。動人心也。感通。興感。	古禫切。因動其心曰感。心理學家所謂神經統系，若腦、若脊髓、若周身腦氣筋是也。凡耳、目、口、鼻、肌膚觸于外物，而腦筋為之變動者，皆曰感。引申為感恩、感化之感。

去

慨

慨 kǎi

音欬。感不絶于心也。感慨。慨然。

口溉切。忼慨，壯士不得志也。不得志則感歎生。故引申為感慨、慨歎之慨。

去

畏

畏 wèi

音尉。懼極曰畏。畏服。可畏。

紆胃切。从由，从虎省。鬼頭而虎爪，可畏也。凡人腎氣本虛，而脾氣并之則畏。畏則不爭。故心服亦曰畏。叚借為隈。《攷工記·弓人》“恆當弓之畏”，畏即隈也。

驚

平

惊 jīng

音京。駭也。震驚。驚駭。

居驚切。馬駭謂之驚。引申之，凡有所駭皆曰驚。

去

懼

惧 jù

音具。恐也。恐懼。

衢遇切。恐有驚惶之意。懼者，恐之實也。

上

恐

恐 kǒng

音葸。怖動曰恐。恐懼。驚恐。

丘勇切。心虛而精氣並於腎則恐。恐者，驚惶之意也。而與懼微異。懼在恐後，恐在懼先。

去

怕

入

怕 pà

音柏。静也。音帕。心有所恐曰怕。怕懼。驚怕。

普伯切。無為也。古訓為澹怕之怕。與泊通。今專訓為懼。讀普駕切。但懼字較文，怕字略俗耳。

怯（入） 怯 qiè 音痃。多畏也。膽怯。怯弱。	乞業切。勇之反也。不勇則不强。故引申為怯弱之怯。	憚（去） 惮 dàn 音但。心有所忌曰憚。忌憚。憚煩。	杜晏切。憚，畏難也。
懦（上、去、平） 懦 nuò 音耎。駑弱曰懦。懦夫。懦弱。 音儒。音稬。義並同。	乳兗切。古音如暖。今讀如砮。懦者，多所憚而氣不振也。又人朱切、奴卧切。	羞（平） 羞 xiū 音修。進獻之物曰羞。又恥也。膳羞。羞恥。	思留切。致滋味為羞。引申之，凡有滋味者皆曰羞，如《周禮》“掌王之飲食膳羞”是。叚借為羞辱、羞愧之羞。
悚（上） 悚 sǒng 音聳。恐懼之意也。悚懼。	息勇切。驚而心動曰悚。通作聳。	慙（平） 惭 cán 音蹔。愧也。慙愧。羞慙。	財甘切。愧之見于色者為慙。

入 **辱** 辱 rǔ 音蓐。受侮于人謂之辱。屈辱。	儒欲切。辱者，榮之反也。又用作謙辭。辱貺、辱臨，皆以己浼人之意。	上 **憤** 愤 fèn 墳上聲。懣也。憤怒。發憤。	房吻切。憤，積也。怒積而不可遏也。怒人曰憤，自怒亦曰憤。如發憤忘食之憤是。
上 **恥** 耻 chǐ 褫上聲。自慙也。恥辱。羞恥。	丑里切。過而自愧曰恥。从心、耳會意。人心慙則耳熱也。	去 **怒** 怒 nù 奴去聲。恚甚而形于色也。發怒。怒詈。	奴故切。憤之發于外者曰怒。怒有不可遏之形，故引申為怒生、怒放、怒飛之怒。
上 **赧** 赧 nǎn 音戁。面慙赤色也。赧然。赧赧。	乃版切。愧而上見謂之赧。周有赧王，言其坐失天下，當有愧色也。	平 **憎** 憎 zēng 音增。心有所惡曰憎。憎惡。愛憎。	咨登切。愛之反也。

去 憾 憾 hàn 含去聲。恨也。無憾。遺憾。	胡紺切。心有所缺而不平也。	去 恣 恣 zì 資去聲。縱情自便曰恣。放恣。恣睢。	資四切。越禮橫行謂之恣。恣，縱也。謂縱其心而無所忌也。
上 忿 忿 fèn 音鲂。恚也。忿怒。	撫吻切。怒蓄于心也。	去 慢 慢 màn 音縵。放肆曰慢。怠慢。	莫綰切。慢之言漫，言其散漫無紀律也。故自放曰慢，侮人亦曰慢。
去 愠 愠 yùn 音蕴。含怒之意。愠怒。解愠。	紆問切。愠之言蕴也。謂蕴怒而猶未發也。	上 怠 怠 dài 音待。懈也。懈怠。怠心。	蕩亥切。先時不備謂之怠。引申之，為怠忽、怠惰之怠。

上 惰 惰 duò 音垜。懈而不振之形。怠惰。惰慢。	杜果切。臨事不敬謂之惰。引申之，為惰偷、惰游之惰。	欲 入 欲 yù 音浴。心所貪愛曰欲。欲念。嗜欲。	余玉切。凡物欲、人欲皆謂之欲。俗作慾。欲之言續，為其貪而不已也。引申為願欲之欲，如《論語》“我欲仁”是。更申為將然之詞，如方欲、渾欲之欲是。
去 懈 懈 xiè 音薢。筋節鬆散曰懈。懈怠。少懈。	居隘切。怠也。	去 戀 恋 liàn 音孌。係慕曰戀。係戀。相戀。	龍眷切。迹去而心留者謂之戀。
去 嗜 嗜 shì 音視。心之所喜謂之嗜。嗜欲。	時利切。嗜者，所欲飲食也，故从口。引申之，凡心所欲者皆謂之嗜，如嗜學、嗜殺是。	去 忘 平 忘 wàng 音亡。事不記憶曰忘。忘記。善忘。音妄。遺忘也。	無方切。氣下而不上，則使人善忘。从心、亡會意。心亡則不復記憶，故曰忘。又志不在曰忘，如《左傳》“歆如忘”是也。讀無放切。

急 入 急 jí 音伋。迫也。緩急。急促。	訖立切。褊心曰急。急者，迫不及待之謂也。故引申為窘急之急，如《禮記》“國無六年之蓄曰急”是。又申為急難之急，如《左傳》“宋人告急”是。	疑 平 疑 yí 音宜。惑也。疑惑。無疑。	凝其切。疑，不信也。不相信曰疑，不自信亦曰疑。
猜 平 猜 cāi 音偲。兩不相得曰猜。無猜。猜疑。	倉才切。恨也。恨則不相信，故引申為猜疑之猜。俗偁不知其事而懸度之謂之猜。	惑 入 惑 huò 音或。不了了也。疑惑。迷惑。	户國切。迷其覺路謂之惑。終身不解謂之大惑。 又熒惑，星名。
去 忌 忌 jì 音惎。相猜曰忌。忌諱。妒忌。	奇寄切。妒也，惡也。以色曰妒，以行曰忌。君薨之日謂之忌辰，惡其日之不祥也。忌則不忍言，故引申為忌諱之忌。又申為戒忌之忌。	去 嬖 嬖 bì 音閉。邪僻取愛曰嬖。嬖人。嬖妾。	必計切。賤而得幸謂之嬖。故在小人曰嬖人，在賤婢曰嬖妾。

私 平 私 sī 音司。公之對也。公私。私心。	相咨切。禾也。叚借為公私之私。轉注謂所親愛者曰私，如《左傳》“非其私暱”，《雜記》“大夫有私喪”是。女子謂姊妹之夫曰私，亦取私暱之意。又俗稱小便為私。私、溲一音之轉也。	惕 入 惕 tì 音剔。敬也。懼也。怵惕。	他歷切。心有所怵曰惕。
上 歉 歉 qiàn 音嗛。欠缺也。抱歉。	苦簟切。一穀不升曰歉。引申之，不足皆曰歉。今書札謙詞動偁歉甚、歉然，皆不足于心之義也。	去 戒 戒 jiè 音介。備豫不虞曰戒。戒備。警戒。	居拜切。警也。从廾持戈，以戒不虞也。故軍事有戒嚴，祭事有齋戒，均取先時戒備之意。
上 懔 懔 lǐn 音廩。敬畏之貌。懔懔。懔然。	力錦切。敬也，而有戒懼之意。	激 入 激 jī 音擊。疾波也。又感動之意。激切。激厲。	訖逆切。水礙而邪行，其波疾急謂之激。激者，急動也。故言論過直謂之激切。引申為激發、感激之激。

去 耐 耐 nài 音奈。忍也。忍耐。	乃代切。古文作耏，後沿作耐。耏者，鬚也。漢法罪不至于髠，完其耏鬢謂之耐。叚借為忍耐之耐。	平 欽 钦 qīn 音衾。敬也。欽差。欽命。	祛音切。敬以行事曰欽，如《尚書》“欽哉”“欽若”是也。今御纂之書曰欽定，奉命出使曰欽命，詔書之末曰欽此，皆取《尚書》欽字之意。
上 去 蘊 蕴 yùn 音緼。善藏曰蘊。底蘊。蘊藉。 音慍。義同。	委粉切。於問切。叢聚曰蘊。古文作薀。《左傳》“芟夷薀崇之”是也。今專用為蘊蓄之蘊。引申之為蘊結、蘊藉之蘊。	上 寵 宠 chǒng 沖上聲。光榮曰寵。光寵。寵辱。	丑勇切。尊居也。尊居必榮，故引申為榮寵之寵。又申為寵愛之寵。
平 虔 虔 qián 音乾。壹而不移謂之虔。虔誠。矯虔。	渠焉切。虎行貌。叚借為掔。掔，固也。固而讓者謂之敬，如《詩·韓奕》“虔共爾位”是也。固而不讓謂之執，如《書·吕刑》“奪攘矯虔”是也。又秦晉之北鄙，謂賊為虔，故更申為虔劉之虔。	上 懇 恳 kěn 音墾。欵誠之意。誠懇。懇情。	口很切。懇，懇到也。有情文兼至之意。今俗以求人為懇。

上

恃

恃 shì

音市。賴也。依恃。自恃。

丞矢切。有所憑依曰恃。

上

擬

拟 nǐ

疑上聲。揣度曰擬。比擬。擬度。

偶起切。有所準以揣測之也。引申為比擬之擬。

去

慣

惯 guàn

音丱。習也。習慣。不慣。

古患切。習與性成謂之慣。古通作貫。

去

料

平

料 liào

音聊。量也。料量。

音嫽。材質曰料。馬料。料頭。

連條切。輕重曰量，多少曰料。其文从斗，米在其中，言計數之也。引申為料理之料。又申為料度之料。

力弔切。料者，人物材質之總名也。如飼畜者曰料，壅田者曰肥料，治屋者曰木料，皆隨其材質言之。

決

入

决 jué

音玦。水潰曰決。能斷亦曰決。河決。決斷。

古穴切。導水使流曰決。水不循道而自行亦曰決。決者，直行無礙之意。故引申為決斷之決。更申之，以齒斷物亦曰決。

察

入

察 chá

音剎。覆審也。觀察。察核。

初戛切。審及纖微謂之察，如考察、廉察是也。更申為苛察之察。

上 審 审 shěn 音嬸。詳悉曰審。會審。審案。	宷 式荏切。从宀，从釆。宀，覆也。釆，辨也。覆之而又能辨之也。故凡事之能詳其源、悉其理者皆曰審。鞫獄亦曰審，所以辨人之曲直也。	上 解 解 jiě xiè 皆上聲。判也。支解。解散。	舉蟹切。从刀判牛角，言衆理解也。物解則無結力，故引申為解散、解釋之解。又叚為解怠之解，與懈同。
去 知 平 知 zhī zhì 智平聲。識也。知識。相知。又與智同。	珍而切。心徹為知。外界諸象，屢感腦筋，而深印其象于腦海，則他日再遇，自能按因決果，是為知。且更事既多，即素所閱歷者，亦能比例得之，則知之進步也。知意切。	去 識 入 识 shí zhì 音式。知也。認識。識見。音志。記所知曰識。默識。	賞職切。識者，知也。有分别是非之義。事經分别，必標誌之而後不混，故引申為表識之識。讀職吏切。三代鐘鼎文隱起而凸曰款，中陷而凹曰識，即表識之意也。
去 覺 入 觉 jué jiào 音角。悟也。知也。發覺。覺路。音教。寤也。	訖岳切。自寐而寤曰覺。覺有醒動之義，故引申為覺悟、知覺之覺。叚借為高大之偁。如《詩》“有覺其楹”是也。又讀居效切。	去 悟 悟 wù 音誤。覺也。覺悟。悟性。	五故切。迷之對也。無覺謂之迷，有覺謂之悟。

上　去 **悔** 悔 huǐ 音誨。恨也。改也。悔恨。改悔。 音賄。咎也。悔吝。	呼對切。知不善而自恨之曰悔，如悔過之悔是。終于不善亦曰悔，如悔吝之悔是。讀虎猥切。	**恤** 卹　入 恤 xù 音戌。憂也。又相憂也。憂恤。恤孤。	雪律切。自憂曰恤，如《詩》“出則銜恤”是。憂人之憂亦曰恤，如《周禮》“以恤禮哀寇亂”是。
去 **趣** 趣 qù 音娶。心所向也。志趣。趣味。	七句切。遽疾之意也。叚借為趣向之趣。意之所向必有深味，故引申為趣味之趣。	**憐** 平 怜 lián 音蓮。相哀曰憐。相愛亦曰憐。可憐。憐愛。	靈年切。
矜 平 矜 jīn 音㨖。矛柄也。棘矜。 音兢。憐也。哀矜。矜憐。	渠巾切。戟鋋之把謂之矜，如《史記》“鉏櫌棘矜”是也。叚借為矜憐之矜。又叚為矜式之矜。不矜人而妄自尊大，亦謂之矜。如自矜、矜誇皆是。讀居陵切。	**惜** 入 惜 xī 音昔。痛之愛之皆曰惜。可惜。惜物。	思積切。惜之言痛也。以之痛人，則為憐惜之惜。以之痛物，則又為吝惜之惜。

平 慈 慈 cí 音磁。愛也。慈父。慈母。	才資切。慈者，愛出于心而恩被于物也。	平 專 专 zhuān 音磚。誠一之意。專心。	朱緣切。六寸簿也。即古之笏，今謂之手版。叚借為專一之專。專者，執而不易之謂。故引申為自專、專擅之專。
去 慎 慎 shèn 蜃去聲。謹静曰慎。謹慎。慎思。	時刃切。慎以謹飭為義，如《書》“慎乃在位”是。又為禁戒之詞，如《史記》“慎無反”是。	平 忙 忙 máng 音茫。心迫也。慌忙。匆忙。	謨郎切。从明，亡聲。言人晝夜作，無日用月，無月用火，常思明也。今字作忙。
去 恕 恕 shù 書去聲。推己及人為恕。忠恕。	商豫切。如心曰恕，言以己心度人心也。	上 擾 扰 rǎo 音繞。亂也。亦安亂之意。擾亂。	爾紹切。致亂曰擾，如《書》“俶擾天紀”是也。未亂而豫安之，亦曰擾，如《周禮·司徒》“擾邦國”是也。引申之，為擾蓄之擾，言養而使之馴也。

卷四

字	釋義	字	釋義
煩 平 烦 fán 音樊。躁也。煩悶。煩簡。	符袁切。熱頭痛也。身熱則心煩，故引申為煩躁、煩擾之煩。	聞 去 平 闻 wén 音文。聲達於耳曰聞。傳聞。 音問。聲譽遠達曰聞。聞望。聞達。	無分切。聲由空氣以傳於耳，而耳受之，謂之聞。引申之，為人所聞亦曰聞，如令聞、聲聞是。讀亡運切。
惱 上 恼 nǎo 音腦。煩恨也。煩惱。懊惱。	乃老切。事物撓心曰惱。	聰 平 聪 cōng 音驄。長於辨聲曰聰。耳聰。聰明。	倉紅切。耳徹曰聰。聰者，言能聞聲而審其意也。
聽 去 平 听 tīng 音侹。以耳受聲曰聽。視聽。音廳。義同。	他定切。聽之功效全在耳脈。因耳脈受外氣顛動，逐層傳遞達于腦筋，故腦筋感動而成聽也。聽與聞異。聞者，聲自來而耳受之。聽則兼以耳求聲者言也。叚為聽其自然之聽。聽猶任也。又他丁切。古多叚為廳事之廳。		

平 聾 聋 lóng 音籠。耳不受聲曰聾。耳聾。聾瞶。	盧紅切。聾，籠也。言如在蒙籠之内聽不察也。人耳内有小骨三，互相銜接，外連耳鼓。聲浪自空氣傳來，激動耳鼓，則三小骨遞傳而達於腦，腦覺之即謂之聞。耳鼓破則全不聞，小骨損則非大聲不聞，皆聾也。	上 視 视 shì 音嗜。以目察物曰視。看視。視聽。	時吏切。瞻也。叚借為示，如視民不恌之視是。
上 響 响 xiǎng 音享。應聲曰響。影響。響應。	許兩切。實而精者曰聲，樸而浮者曰響。響，怳也。言怳怳不可辨也。故語言之恍惚不可辨者，曰影響之談。	去 見 见 jiàn xiàn 堅去聲。物形入目曰見。看見。見客。 賢去聲。呈露目前曰見。發見。	經電切。視也，目與物接謂之視，目已接物謂之見。見則物無遁形，故凡由隱而顯、由微及著皆曰見。讀形甸切。引申為見在之見。
去 韻 韵 yùn 音運。音之員和者為韻。詩韻。韻事。	禹愠切。古作均。謂聲之均而相應也。魏李登以字分宫、商、角、徵、羽五音作《聲類》，為韻學之權輿。嗣是而後，代有增益。至我朝欽定《佩文韻府》，集韻學之大成，今詩韻是也。又景物之雋而有致者曰韻。	去 平 看 看 kàn kān 音刊。平視曰看。看待。看管。 刊去聲。義同。	苦寒切。睎也。从手、从目會意。凡有所望者，常以手加目上，障日聚光也。亦讀袪幹切。

窺

平

窥 kuī

音魁。竊視曰窺。窺視。窺見。

缺規切。眇視也。凡旁視、側視或乘隙而視皆曰窺。故申為窺探之窺。

去

顾 gù

音故。迴首視物也。四顧。顧忌。

古慕切。還視曰顧。顧者，回首以視後，有眷眷不忘之義。故引申為眷顧、顧命之顧。又為轉語詞，所以回顧前文者也。通叚為雇，故以值傭人曰顧傭。

盼

去

盼 pàn

攀去聲。美目流視之貌。顧盼。盼望。

匹襇切。目黑白分曰盼。黑白分則視物益明，故盼亦訓視。盼，流覽也。流覽必增媚態，故又為美人動目之貌。

覽

上

览 lǎn

藍上聲。周視曰覽。觀覽。

魯敢切。

字	讀音	釋義	切音釋義
上 覩（睹）	睹 dǔ	音睹。視物無所障曰覩。目覩。	董五切。與睹通。
上 認	认 rèn	音刃。識别事物曰認。識認。認明。	而振切。辨也。言心有所主，而能分别不淆亂也。故臨事不惑曰認定，主意不改曰認真。
去 瞬	瞬 shùn	音舜。目動曰瞬。轉瞬。瞬息。	舒閏切。目開闔數摇曰瞬。瞬者，頃刻間事。故俄頃之間曰一瞬，亦曰瞬息。
去 平 監	监 jiān jiàn	減平聲。亦讀去聲。躬莅其事曰監。監臨。太監。	居銜切。古陷切。臨下也。古監軍、監國，皆有鑒臨之意。故天監、神監之監，均與鑒通。《史記》黄帝置左右監，後世因以寺宦曰内監，蓋取左右監護之意。引申之，囹圄亦曰監。言監察盜賊使不踰越也。
去 平 相	相 xiàng xiāng	襄去聲。省視也。相度。擯相。 音襄。彼此感應之詞。相就。相交。	息亮切。凡有所視皆曰相，如相法、相擇之相是。百僚之長曰宰相，謂佐天子以相視下民也。故引申為輔相、擯相之相。段借為像。今西人攝影之法曰照相。 又思將切。如相思、相助之相是。

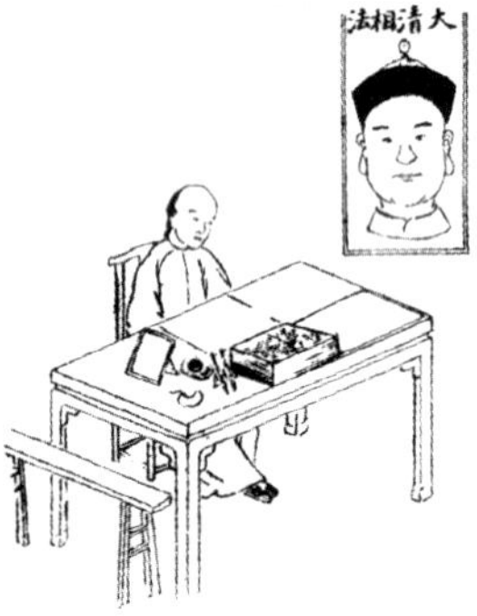

去 亮 亮 liàng 音量。光明之貌。明亮。亮光。	力仗切。光發于外者曰亮。叚借為諒。諒，信也。如直亮、亮節之亮是。 又助也。如“時亮天工”之亮是。	上 眇 眇 miǎo 音藐。偏盲曰眇。眇視。眇準。	弭沼切。一目也。从少、从目會意。引申之，目眶陷急亦曰眇。眇，小也。凡人凝視一物，或于高遠之處，諦視微物，則必眇其目。故極微極遠之境皆曰眇。與渺通。
上 瞽 瞽 gǔ 音古。目不見物也。瞽者。瞽瞍。	公户切。目但有眹曰瞽。眹，目睛也，言有睛而無光也。瞽者耳必聰，古時命為樂官，今則多習星卜。西國多有教瞽學院以造就之。		
盲 平 盲 máng 音氓。目無牟子曰盲。青盲。盲瞽。	眉甍切。目不見黑白之色曰盲。盲，茫也。言茫茫無所見也，故引申為晦盲之盲。又《月令》偁疾風曰盲風，亦謂風起揚埃，晦盲無見也。 粵東有盲妓，尤慘虐無人理，似宜禁絕。	瞎 入 瞎 xiā 音劼。目不見物曰瞎。瞎眼。	許轄切。目盲也。盲者不能辨妍媸，故俗偁妄語為瞎話。言其不辨可否也。

去 睡 睡 shuì 音瑞。坐寐曰睡。寢睡。睡覺。	樹僞切。人睡有一定時刻，年漸長則漸減。幼時須睡十小時，由少而壯常須八小時，由壯而老常須七小時。	

眠 平 瞑 眠 mián 麪平聲。閉目曰眠。安眠。三眠。	莫賢切。本作瞑。	上 涕 涕 tì 音體。腦汁自鼻出者曰涕。又飲泣也。鼻涕。垂涕。	土禮切。腦滲也。又哭泣曰隕涕。涕謂淚也。大哭曰哭，小哭曰泣，無聲而泣曰涕。
泣 入 泣 qì 音湆。哭之無聲曰泣。涕泣。飲泣。	去急切。凡胷中鬱結不解則泣。泣者，哭之細也。	去 淚 泪 lèi 音類。目中之津液也。揮淚。眼淚。	力遂切。目之外眥，上有淚核，内眥有淚管，向外出汁以潤眼，汁多則成淚。若眼内有火，或煙氣熏灼，或心内感傷，則腦筋觸動，淚核受擠，故淚向外流。

言（平） 言 yán 甗平聲。以詞達意曰言。話言。言談。	魚軒切。語氣在口為言。言，心聲也。心有所感，則言發于外。古人以言為身之文，故發言最慎。	云（平） 云 yún 音雲。發語詞。云云。云爾。	于分切。云，古雲字。山川上騰氣也。後人加雨作雲，而訓云為言。云，發語詞也。引申為語助詞，如云耳、云胡之云是。
語（上、去） 语 yǔ yù 魚上聲。以詞意相答述曰語。言語。語氣。 魚去聲。以言告人也。	魚許切。直言曰言，論難曰語。語者，以己意述諸人也，故引申為語告之語。讀魚據切。	曰（入） 曰 yuē 音越。發語之端也。子曰。或曰。	王伐切。篆文从口，乚聲。象口出氣也。
詞（平） 词 cí 音祠。達意之言曰詞。言詞。詞意。	詳茲切。从言，从司。意所司也，意所勿能道者，而言以足之，則謂之詞。如詞意、詞氣之詞是。	説（去、入） 说 shuō shuì yuè 音刷。道達詞意謂之説。論説。 音稅。以詞動人曰説。説客。 音閱。同悦。	輸爇切。 輸芮切。 欲雪切。

去 謂 谓 wèi 音胃。有所指而言之曰謂。無謂。㑲謂。	于貴切。論人曰謂，互相告語亦曰謂。	上 講 讲 jiǎng 音港。討論事理曰講。講書。講堂。	古項切。和解也。凡兩國相爭，彼此罷兵曰講和。言講解是非，以和平釋怨也。引申為講求、講習之講。言講貫名理以釋疑義也。今官制有侍講及侍講學士，葢即唐時之直講，職司講授經術者也。
去 話 话 huà 音畫。出言曰話。說話。話柄。	胡卦切。言之蓄于喉間者為音，言之發于舌端者為話。从言、从舌會意。	去 平 論 论 lùn lún 音崘。評議臧否曰論。論說。論議。崘去聲。義同。	盧昆切。又盧困切。論與言有別，言無成見，論有定評也。昔孔子門人追記所聞于孔子者，謂之《論語》。
平 談 谈 tán 音郯。對語曰談。談笑。長談。	徒藍切。談者，和悅而言也。談必兩人相對，故世以圍棋為手談，即取兩人相對之義。	平 謀 谋 móu 音牟。事經商度曰謀。謀事。機謀。	迷浮切。心所運也。謂先事而籌之也，如謀道、謀食之謀是。善用其計亦曰謀，如機謀之謀是。

去

計

计 jì

音繼。會算曰計。算計。計策。計較。

吉詣切。較量物數謂之計。物有成數，故从十。會算者工于心計，因轉為計謀之計。今官吏三年一大計，所以較量人才也。

去

辨

辨 biàn

音辯。事理分明謂之辨。辨別。分辨。

皮莧切。判也。判則必分，故引申為辨別、分辨之辨。葢智有成見，不為外物所淆亂也。

去

議

议 yì

音義。定事之宜也。清議。議論。

宜寄切。从言、義會意。謂欲事合于義，必羣相論議也。因引申為風議、諫議之議。今中國有事上聞，輒歸部議。泰西各國則歸上、下議院公議。

平

評

评 píng

音平。平議曰評。評論。品評。

蒲明切。定人之是非也。定之之言即謂之評。

去

證

证 zhèng

蒸去聲。言之足以徵信者曰證。見證。證明。

諸應切。證訓為告，謂言有可信，則告諸人而人信之也。引申之，凡事之有徵驗者曰證。通作徵。

平

宣

宣 xuān

音瑄。布露曰宣。宣明。宣詔。

息緣切。古者天子傳宣政令之所，謂之宣室。頒詔以諭臣民，謂之宣詔。宣，布也。故引申為宣明、宣示之宣。又《謚法》：聞善周達曰宣，聖善周聞曰宣。

去 譬 譬 pì	匹智切。喻也。借端以解喻之也。	去 告 入 告 gào	古到切。牛角木也。从口、从牛會意。凡牛觸人則角著横木，所以告人也。引申為告語之告。告，誥也。上告下曰誥，下告上曰告。更申為謁請之詞。又姑沃切，如告朔之告是。
噽去聲。以彼方此曰譬。譬喻。譬如。		音誥。以事相關白曰告。告訴。予告。音梏。義同。	
去 喻 喻 yù	羊戍切。	去 訴 诉 sù	蘇故切。篆文作遡。一作愬。自初至尾以述其言也，如控訴、訴告是。
音裕。明白事理曰喻，以事理曉人即曰喻。譬喻。曉喻。		音素。歷言其事曰訴。泣訴。告訴。	
去 誓 誓 shì	時制切。古有軍旅之事，則宣號令以誓于衆。所以歸一衆志，共相約束，以為信也。《尚書》有《甘誓》《湯誓》《泰誓》《牧誓》《費誓》《秦誓》，皆取約信之義名篇。引申之，約信于神即謂之誓。	去 問 问 wèn	亡運切。訊也。凡言問者，多以彼此詢訪為義，故參兩人之見者曰問難，通兩姓之好曰聘問，持兩造之平曰鞫問。他若問疾、問安之問，亦皆以此詢彼之意也。
音逝。以言詞要信曰誓。誓書。		聞去聲。訊所不知謂之問。詢問。問人。	

去

訊

詢

讯 xùn

音信。上問下曰訊。問訊。訊案。

思晉切。諮謀于衆謂之訊。訊，問也。故凡以書問往來者曰問訊，引申謂鞫獄為訊。字亦作詢。詢亦讀平聲。

去

號

平

号 háo hào

音豪。大呼曰號。號咷。號泣。

音号。所以為標識者曰號。號令。店號。

乎刀切。从虎，号聲。虎嘯也。引申為呼號、號泣之號。又轉為告。告令也。如號令、號召之號是。通叚為号，所以標識事物也。如名號、旗號、徽號等是。讀胡到切。

詰

入

诘 jié

音蛣。糾督事物曰詰。詰問。

喫吉切。督也。糾督其事物以窮治之也，如詰奸、詰寇之詰是。叚借為昕。斤、吉雙聲。如詰朝、詰旦之詰是。

去

召

召 zhào

潮去聲。招來曰召。感召。召租。

直笑切。以手招人曰招，以言招人曰召。

去

訪

访 fǎng

妨去聲。諮謀于衆曰訪。訪問。察訪。

敷亮切。訪，汎謀也。言廣問于人也。有就正之意，故又申為訪道、訪客之訪。

去

對

对 duì

音碓。答問曰對。對聯。相對。

都隊切。應也。應人之問曰對。古之使鄰國者，以應對為重，故曰專對。應對必相對，故引申為對面、對待之對，更申為對偶、對數之對。

答（入） 答 dá 音溚。應人之問曰答。對答。答禮。	都合切。報人以言也。引申為報答之答，則報人以事之義。	呼（平） 呼 hū 音虍。發聲曰呼。呼喚。大呼。	荒胡切。外息也。入息為吸，出息為呼。以出息之有呼聲也。引申謂喚人曰呼，更申謂揚聲曰呼，均取發聲之義。又嗚呼，歎聲也。
唯（上）（平） 唯 wéi 音惟。專指一事曰唯。唯獨。 音遺。聞命疾應曰唯。唯唯。	以追切。又愈水切。緩應曰諾，急應曰唯。《禮》:“父命呼，唯而不諾。”	喚（去） 喚 huàn 音煥。揚聲呼人曰喚。呼喚。	呼玩切。
諾（入） 诺 nuò 囊入聲。以言許人曰諾。唯諾。	奴各切。諾，應聲也。疾應曰唯，緩應曰諾。引申為許諾、然諾之諾，則以應人為義。	喧（平） 喧 xuān 音萱。聲雜曰喧。喧鬧。喧嘩。	許元切。大語也。引申之，凡衆聲錯雜擾人意慮者曰喧。

譁 平 哗 huá 音花。讙呼曰譁。諠譁。	呼瓜切。	默 入 默 mò 音墨。沈静不言曰默。默書。默默。	密北切。犬不吠而逐人為默。引申之，凡不語皆謂之默。故不語而記諸心曰默識，不語而書所記曰默寫。
嘖 入 啧 zé 音賾。語言錯雜曰嘖。嘖嘖。	士革切。大呼也。引申為讙呶煩亂之意。	訥 入 讷 nè 嫩入聲。出言遲鈍曰訥。訥口。	内骨切。訥，言難也。出言明辨謂之辯，反辯則為訥。
囂 平 嚣 xiāo 音枵。衆口讙呶曰囂。囂塵。囂聲。	虚嬌切。讙聲曰囂。从頁，首也；从㗊，衆口也。又重言形況字，如《詩》"讒口囂囂"，衆多貌也。《孟子》"人知之亦囂囂"，自得無欲之貌也。	謹 上 谨 jǐn 音卺。慎以持己曰謹。謹慎。嚴謹。	居隱切。敬也。敬以處事、敬以出言皆曰謹，如謹稟、謹奏之謹是。以謹為德即曰謹，如慤謹之謹是。

平 夸 夸 kuā 音誇。矜張自大曰夸。夸大。矜夸。	苦瓜切。奢縱之貌。奢縱者必無實行，故《謚法》以華言無實曰夸。叚借為誇，大言不慚也。	去 諷 讽 fěng 風去聲。託言感人曰諷。諷誦。	方鳳切。諷訓為誦，而微與誦異。以聲節文謂之誦，託音感物謂之諷。諷者，微言緩詞之謂，故引申為諷諫之諷。
去 贊 讚 赞 zàn 音酇。獎助曰贊。贊禮。儐贊。	則旰切。佐也。參贊之贊，謂佐人成事也。贊美、贊成之贊，謂佐人以言也。傳贊之贊，則謂意有未盡，而佐之以論斷之詞也。	去 諫 谏 jiàn 音澗。規過曰諫。諫諍。	居宴切。諫者，証也，正也。言証其是非，而以道正人也。惟下之正上者稱之。
去 譽 誉 yù 余去聲。美名曰譽。偁人之美亦曰譽。毀譽。名譽。	羊茹切。譽者，毀之對也。言以言語獎勵人善也，故善之為人傳述者謂之譽。	上 警 警 jǐng 音景。戒所不虞謂之警。警察。警信。	舉影切。事前戒備也。故天子將出而辟除行人曰警蹕。凡警戒、警衆之警，皆本此義。

諄 平 谆 zhūn 音肫。丁甯告語謂之諄。諄託。諄諄。	朱倫切。諄者，言之出於誠懇，而反覆不厭者也。于文足其詞以形誠懇之貌，則曰諄諄。	訐 入 讦 jié 音揭。發人隱私曰訐。攻訐。	居謁切。
誨 去 诲 huì 音晦。以先覺覺後覺曰誨。教誨。誨人。	呼對切。教也。	謗 去 谤 bàng 膀去聲。斥人之非曰謗。謗毀。誹謗。	補浪切。謗與誣譖異：謗者斥人之實事，誣譖則憑虛以誣妄之也。
譏 平 讥 jī 音機。託言微諷曰譏。譏刺。	居希切。譏有微言婉諷之意，如譏誚、譏諫之譏是。又叚為譏察之譏。	誚 去 诮 qiào 樵去聲。以事相責讓曰誚。譏誚。訕誚。	在笑切。

讒 平 谗 chán 音饞。離間之言曰讒。讒口。讒人。	鋤咸切。	去 調 平 调 tiáo diào 音迢。和合曰調。調和。迢去聲。聲調。遷調。	田遼切。凡聲使之協，色味使之和皆曰調。調者，隨高、下、濃、淡而變易者也。引申為音調之調，以和協為義。 又申為遷調之調，以變易為義。皆讀徒弔切。
去 譖 谮 zèn 簪去聲。毀人之行曰譖。譖人。	側禁切。	去 笑 笑 xiào 音肖。喜而解顏謂之笑。嬉笑。可笑。	仙妙切。喜形於貌曰歡，歡發為聲曰笑。引申之，鄙人所為而嘲諷之亦曰笑。
嘲 平 嘲 cháo 音趟。戲言調笑曰嘲。嘲笑。自嘲。	陟交切。	上 哂 哂 shěn 音矧。微笑也。一哂。	式忍切。

懽（平） 欢 huān 音讙。心神和懌曰懽。懽喜。懽笑。	呼官切。喜樂之貌。喜蘊于内，懽發于外也。	謳（平） 讴 ōu 音歐。曼歌曰謳。謳歌。	烏侯切。歌也。吴歌曰歈，楚歌曰豔，齊歌曰謳。
唱（去） 唱 chàng 音廠。發歌曰唱。歌唱。唱戲。	尺亮切。	諺（去） 谚 yàn 音彦。俗語曰諺。諺語。俗諺。	疑戰切。
吟（平） 吟 yín 音崟。歌之出于憂抑者曰吟。呻吟。吟詩。	魚音切。身不適則呻，意不舒則吟。吟，歎之發于哀聲者也。引申為吟哦之吟，取抑揚詠歎之意。	謡（平） 谣 yáo 音遥。無稽之言也。歌謡。謡言。	餘招切。徒歌曰謡。謡者，無章曲者也。故引申之，憑虚搆詞謂之謡，如謡詠、謡言是。

去 嘯 啸 xiào 音熽。蹙口出聲曰嘯。嘯歌。長嘯。	先弔切。	去 叫 叫 jiào 音訆。急呼曰叫。叫號。	古弔切。呼也。呼必揚聲，故俗以揚聲呼人曰叫。引申之，凡動物發聲統曰叫。
嘶 平 嘶 sī 音西。馬鳴曰嘶。馬嘶。	先齊切。	哭 入 哭 kū 音穀。哀發于聲謂之哭。哭聲。哭泣。	空谷切。細聲有涕曰泣，大聲曰哭。
去 囀 啭 zhuàn 轉去聲。聲之宛轉者曰囀。鳥囀。	株戀切。从口、从轉會意。謂其聲宛轉而和也。	嗁 平 啼 啼 tí 音題。聲之近于號泣者曰嗁。雞啼。啼笑。啼飢。	田黎切。長號也。故鳥鳴曰嗁，人哭亦曰嗁。字亦作謕、作啼。

咨 平 咨 zī 音資。事相諮度曰咨。咨文。咨嗟。	即夷切。就謀于人曰咨。如咨訪、移咨之咨是。叚借為歎息之辭，如咨嗟之咨是。	去 歎 叹 tàn 音炭。氣不得其平則歎。歎息。贊歎。	他案切。歎有發于哀、發于喜、發于驚、發于感者。凡歎之發，皆由于氣之不得其平。其用不同，其致一也。
嗟 平 嗟 jiē 音罝。歎聲。嗟歎。嗟嗟。	咨邪切。嗟，佐也。言不足以盡意，發聲以自佐也。用之于贊歎者，如《詩》“吁嗟麟兮”是。用之于傷歎者，如《禮》“嗟來食”是。用之于感歎者，如《詩》“嗟我懷人”是。	吁 平 吁 xū 音訏。吹氣聲也。長吁。	匈于切。凡人意不舒則吁，故駭歎之聲曰吁。引申為吁嗟之吁。吁，非常情也，故又為疑怪之辭。
噫 平 噫 yī 音醫。歎聲。	於其切。飲食息為噫。噫者，氣鬱而不舒也。故引申為嗟歎之聲。	去 訝 讶 yà 音研。驚謌之辭。驚訝。迎訝。	五駕切。亦作迓。故古者以迎賓為“訝賓”，如《周禮》“訝士”“掌訝”是也。今概引以為驚愕之辭。

卷四

叱 入 叱 chì 音熾。惡聲訶人曰叱。叱咤。訶叱。	尺栗切。大訶為叱。如叱咤是。引申為呼叱之叱，則謂以言訶人也。	去 罵 骂 mà 音禡。惡言加人曰罵。罵人。笑罵。	莫駕切。迫也。以惡言逼迫人也。
斥 入 斥 chì 音尺。呵人使退曰斥。斥退。面斥。	昌石切。卻屋也。謂卻退其屋不居也。引申之，凡卻退不用皆曰斥。斥人者必聲其罪，故又為斥言、指斥之斥。叚借為澤。如斥鹵之斥是。又叚為逆。逆，迎也。斥候之斥謂迎伺也。又叚為還。還，見也。如充斥之斥是。	去 呪 咒 zhòu 音冑。怨詈曰呪。詛呪。罰呪。	職救切。
上 唾 唾 tuò 音毻。口中之津液曰唾。吐唾亦曰唾。饞唾。唾罵。	吐臥切。口液也。由津核而出，潤物以達于胃者也。引申為唾面之唾，言以口液唾人面也。	讎 平 雠 chóu 音酬。挾嫌負怨謂之讐。讐敵。	除留切。與售通。積恨者兩相讐怨，猶售物者之兩相售易也。引申為校讐之讐，亦兩相比校之意。

去 佞 佞 nìng 音甯。捷給多口才謂之佞。佞人。奸佞。	乃定切。才也。故自偁不才曰不佞。引申之，凡有口才者曰佞。更申之，凡巧諂人意而不顧是非者曰佞。	去 誑 诳 kuáng 音惩。飾説以欺人曰誑。誑騙。説誑。	古况切。从言，从狂。謂以狂妄之言悚人聽聞也。引申之，凡本無其事，而捏説欺人者，皆謂之誑。
去 諛 平 谀 yú 音俞。阿意順旨曰諛。諂諛。面諛。俞去聲。義同。	雲俱切。又俞戍切。以語言承順人意也。故《莊子》以不擇是非而言曰諛。	謔 入 谑 xuè 餉入聲。戲言曰謔。戲謔。	迄却切。
上 誘 诱 yòu 音酉。設法引人曰誘。引誘。誘賭。	以九切。誘者，引進之辭。引人以道曰誘，如誘掖之誘是。引人以非禮亦曰誘，如誑誘之誘是。	訛 平 譌 讹 é 音囮。妖言惑聽曰訛。訛言。訛傳。	五禾切。亦作譌。偽言也。言偽則舛謬滋多，故世以妖言為訛言。别字為訛字。叚借為化。如《詩》“式訛爾心”，《書》“平秩南訛”是。

上 否 否 fǒu pǐ	俯九切。从口、从不會意。心之所非則口不許也。引申為是否、然否之否。 叚借為臧否之否。順成為臧，逆惡為否。《易》有否卦（䷋）。讀部鄙切。	去 勸 劝 quàn	區願切。規戒也。引申之，使人相勸亦曰勸。如民有所勸之勸是。
音缶。意所不可則曰否。是否。否否。音痞。不通曰否。臧否。否塞。		音券。婉曲規人曰勸。苦勸。勸戒。	
上 許 许 xǔ	虛呂切。从言，从午。午，忤也。謂其言之無所忤逆也，故申為許可、許否之許。叚借為來許、何許之許。	上 請 请 qǐng	七靜切。請有乞求之義。如請業、請見之請是。俗謂問安曰請安，言請問尊者之安否也。引申之，則為請客之請。
虛上聲。應人以言曰許。許可。勿許。		清上聲。以言求人之詞。請問。請客。	
上 允 允 yǔn	余準切。信也。允恭之允訓為誠信，允若茲之允義同信然。又應人之求曰應允，曰慨允，言所許者必可信也。	去 謝 谢 xiè	辭夜切。感詞也。故受人之物則謝，辭而不受亦曰謝。又更代曰謝，則以辭去為義也。
音尹。誠信曰允。應允。允洽。		音榭。所以表感激之情者曰謝。恭謝。花謝。	

辭 平 辞 cí 音詞。分争辨訟謂之辭。辭謝。措辭。	似兹切。理辜也。理辜者必平情以决其辭。《禮》所謂“不得盡其辭”,《史記》所謂“其次不辱辭”,皆指口供而言。因叚為言辭之辭,又叚為辭讓之辭。	述 入 述 shù 音術。因已事而修明之也。述職。述作。	食律切。循也。言遵循作者之志,守其道而勿失也。故傳舊曰述,如述作之述是。纂人之言亦曰述,如偁述之述是。
訣 入 诀 jué 音玦。臨别贈言曰訣。訣别。秘訣。	古穴切。訣與辭異:暫離曰辭,長辭曰訣。故世謂與將死者辭為訣,言永無見期也。又秘受之詞曰訣。如丹訣、歌訣、訣竅等皆是。	記 去 记 jì 音冀。事不遺忘曰記。記性。日記。	居吏切。識也。引申之,則謂記事之書曰記。古者左史記言,右史記事。漢司馬遷為太史,故所著書曰《史記》。此為記事書之最大者。後之作史者多宗之。餘如記學問、記園林、記人、記游,均記事之體裁也。
敘 上 叙 xù 音序。有條不紊謂之敘。次敘。	象吕切。次第也。凡有次第皆曰敘。引申為敘述之敘。敘述者,言條舉一事,必秩然有次敘也。故書策舉其綱要冠于篇首者謂之敘。亦作序。	啟 上 启 qǐ 音棨。通塞導閉曰啟。啟蒙。啟門。	袪禮切。開也。謂開啟靈明也。如佑啟、啟迪等是。引申為啟户之啟。啟則内外相通,故上書曰啟,所上之書即曰啟。今偁司箋牘者曰書啟,義本此。

報（去）

报 bào

保去聲。答人之施曰報。告人以事曰報。所以告人者即曰報。報答。報恩。

博號切。告也。引申之，人所藉以相告即謂之報，如京報、報紙等是。今泰西各國，報館林立，門類有三，曰官報、時事報、專門學報。其出報則有按月、按旬、按星期、按日之别，所以廣見聞、增智識者，莫善于此。

誦（去）

诵 sòng

音頌。以聲節文曰誦。誦讀。諷誦。

似用切。臨文為誦。誦，從也。言以口從其文也。誦必發之于聲，故聲言亦曰誦言。

譯（入）

译 yì

音繹。通四方之言曰譯。譯書。翻譯。

夷益切。傳也。謂以此國之文，傳他國之言也。故能通四方之言者曰譯。

詠（去）

咏 yǒng

音泳。諷誦曰詠。歌詠。詠詩。

為命切。長言曰詠。从言、从永會意。詠，歌也。歌他人之詞曰詠，己意所及而作詩以歌之亦曰詠。

讀（去）（入）

读 dú dòu

音獨。誦書曰讀。讀書。音豆。未完之句曰讀。句讀。

杜谷切。誦也。
大透切。凡文之斷處，意義完足者謂之句，語未完而略作停頓以便誦讀者謂之讀。

吹（去）（平）

吹 chuī

音炊。以息噓物曰吹。吹噓。吹笙。音䄾。吹物之聲曰吹。鼓吹。

樞為切。
尺偽切。

含 平 含 hán 音涵。以口銜物曰含。含容。包含。	胡男切。含，置物口中也。含有容物之象，故引申為含容、包含之含。丧禮以珠貝實死者口中，即謂之含。	啄 入 啄 zhuó 音涿。禽鳥食物謂之啄。飲啄。	竹角切。
吞 平 吞 tūn 音㖔。咽物曰吞。吞吐。吞滅。	他根切。吞者，有包并無饜之象。故攘人之產業曰侵吞，攘人之土地曰并吞。	上 去 吐 吐 tǔ tù 音土。物在口而唾之曰吐。吐棄。吐哺。	他魯切。瀉也。揚、豫以東謂瀉為吐。引申之，口棄物曰吐。吐必自口而出，故又為吐辭、吐音之吐。
去 噬 噬 shì 音誓。以口囓物曰噬。噬人。	時制切。囓物也。《易》有噬嗑卦（☲☳）。引申為反噬之噬。謂以言傷人，猶以口傷物也。	去 咽 平 咽 yān yàn 音燕。喉也。咽喉。 音晏。物自喉入曰咽。三咽。	因肩切。咽喉為食管、氣管所在，隘而彌要，故險要之地亦謂之咽喉。咽所以納物者也，引申之，納物于喉即曰咽。亦作嚥。讀伊甸切。

嘗（平） 尝 cháng 音常。辨味曰嘗。嘗試。嘗聞。	辰羊切。食也。將食而試辨其味謂之嘗，故引申為嘗試之嘗。古者以秋祭為嘗，言以七月嘗黍稷也。又為起語詞，如未嘗、嘗聞之嘗，義同曾。嘗、曾雙聲，通叚也。	**欬**（去） 咳 ké 音慨。氣逆上湧為欬。欬吐。	苦溉切。因風致疾謂之欬疾，故今俗謂嗽為欬。引申為謦欬之欬。
吃（入） 喫 吃 chī 音訖。不利于言曰吃。口吃。吃飯。	居乙切。言蹇難曰吃。謂欲言而訥訥如不出口者也。 又啖物也。與喫同。	**嘔**（平） 呕 ǒu 音歐。口吐物也。嘔吐。嘔逆。	烏侯切。和悅之貌也。又同歐。因氣噎而吐曰嘔吐，吐不下食曰嘔逆。
漱（去） 漱 shù 音瘦。以水盪口曰漱。漱口。盥漱。	所救切。	**渴**（入） 渴 kě 音磕。唾竭思飲曰渴。飢渴。解渴。	苦葛切。竭也，涸也。俗謂慕人曰渴想，謂如渴之待飲也。

字	釋義
去 拜 拜 bài 擺去聲。首俯至手曰拜。拜跪。拜手。	布怪切。以首就手俯與心平曰拜。拜本專為拜手之偁。引申之，則稽首、頓首、肅拜皆曰拜。故古人有九拜之名。今西人越七日一安息以禮耶蘇，謂之禮拜。 
揖 入 揖 yī 音挹。拱手上下謂之揖。長揖。揖讓。	伊入切。 
上 拱 拱 gǒng 音鞏。斂手也。拱手。	居竦切。沓手謂之拱。言右手在內左手在外以致敬。如“子路拱而立”是也。合手亦謂之拱。言合兩手以抱物，所以量物之大小，如《孟子》言“拱把之桐梓”是也。 

去

擯

擯 bìn

賓去聲。導賓曰擯。擯相。擯棄。

必仞切。與儐通。出接賓曰擯，入詔禮曰相，此擯與相之别；在主曰儐，在客曰介，此擯與介之别。叚借為擯斥之擯。

去

援

平

援 yuán

音袁。引之以手曰援。援手。攀援。音院。助也。援救。

于元切。引也。引申之，凡攀引而上皆曰援。《詩》"以爾鉤援"，謂以鉤引而傅于城也。

又申為救援之援，如《魯語》"四鄰之援"是。讀于眷切。

扶

平

扶 fú

音符。恐人顛仆而援以手也。扶杖。扶持。

逢夫切。顛而起之曰扶。引申為扶摇之扶，言風之摇曳，忽顛而忽起也。叚名為扶桑之扶。

上

㲒

抱

抱 bào

袍上聲。兩手所圍曰抱。懷抱。

蒲皓切。㲒，懷也。置物于懷，必環護之以手，故引申為抱子、抱孫之抱。又申為連抱、合抱之抱。

挾

入

挟 xié

音協。在腋曰挾。挾制。挾泰山。

胡頰切。挾，以腋持物也。持則權在我，故引申為要挾之挾。又申為挾貴、挾賢之挾。

袒

上

袒 tǎn

音但。脱衣見體也。袒裼。袒護。

蕩旱切。衣縫也。有縫而補綴之曰袒，未經補綴因而露體者亦曰袒。故去上衣曰肉袒，去左右衣曰左右袒。引申之，凡有所偏助者皆曰左袒、右袒。

承

平

承 chéng

音丞。奉之受之皆曰承。奉承。承恩。

辰陵切。下奉上謂之承，如《詩》“承筐是將”是也。上予而下受之亦曰承，如《禮》“承天之祜”是也。轉注為繼承之承，如《書》“丕承哉”,《詩》“不承權輿”是也。

擁

上

拥 yōng

雍上聲。圍抱曰擁。擁抱。擁擠。

於隴切。抱也。抱所以護持之，故申為擁護之擁。亦所以屏蔽之，故申為擁蔽之擁。

去 授 授 shòu 壽去聲。以物與人曰授。授受。天授。	承呪切。	
上 受 受 shòu 音壽。取其所與曰受。授受。受業。	是酉切。本訓，相付為受，人付而我得之亦為受。如受祜、受侮之受是。相得則相容，故一物而能容他物者亦曰受，如《禮》“甘受和，白受采”是也。	

上 去 與 平 歟 与 yǔ yù yú 音予。連類而及之曰與。取與。 音豫。身廁其間曰與。與聞。 音余。疑問詞也。	弋渚切。本訓為黨與之與。《論語》“惟我與爾”則有及義，“與汝勿如”則有許義。“與粟九百”則係取之對文。 羊茹切。參與也。如與知、與能是。 雲俱切。通歟。《論語》“求之與”，疑詞也；“其為仁之本與”，語末詞也；“君子人與”，讚歎詞也。		
上 取 取 qǔ 娶上聲。與之對也。取與。	七庾切。捕取也。从又、从耳會意。《周禮》“獲者取左耳”，謂以俘之者取之也。引申之，凡有所獲皆曰取。克邑不用師徒亦曰取。	收 平 收 shōu 音蒐。斂物曰收。收成。收錢。	尸周切。捕辠人也。叚借為收斂之收。因謂凡斂物者皆曰收。軫所以斂束其車也，故車軫曰收。冠所以斂束其髮也，故夏冠曰收。

執 入 执 zhí 音汁。持也。執業。收執。	之入切。捕辠人也。人被執則拘束不伸，故謂人之拘泥不化者曰固執。引申為執持之執。故專習之業曰執業，專司之事曰執事。	上 把 把 bǎ 巴上聲。一手所握也。拱把。把握。	補瓦切。
去 操 平 操 cāo 草平聲。持守之意。操刀。音糙。所持守者曰操。節操。	七刀切。執而不失曰操，如操業、操修之操是。習而不輟亦曰操，如操兵、體操之操是。因謂所執所習者曰操。 讀七到切，如雅操、節操是。雅而有節者莫如琴，故琴曲亦曰琴操。		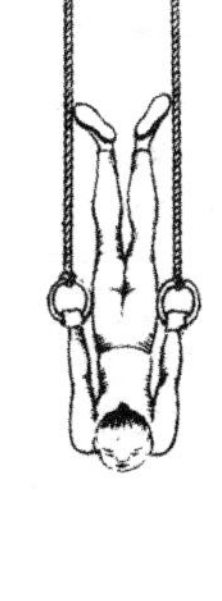
持 平 持 chí 音治。在握曰持。持家。維持。	直之切。執也。執而不釋謂之持，如把持、護持之持是。堅執不讓亦謂之持，如支持、撐持是。	握 入 握 wò 音渥。捲手曰握。握手。握拳。	烏角切。握，以手持物也。在外為持，在內為握。《禮》“宗廟之牛角握”，謂其角小衹一握也。

字	釋義	字	釋義
上 提 平 提 tí dǐ 音題。懸而持之曰提。提拔。菩提。音底。擲也。音時。朱提。山名。	田黎切。以手舉物曰提，如提耳、提壺皆是。 舉而擲之亦曰提，如《國策》夏無且以藥囊"提荆軻"，《史記》"太后以冒絮提文帝"皆是。讀都禮切。 又市之切。朱提之山出善銀，故謂銀曰朱提。		
挈 入 挈 qiè 契入聲。束而持之曰挈。提挈。挈瓶。	苦結切。	上 攘 平 攘 rǎng 音穰。物自來而取曰攘。攘羊。攘袂。音壤。擾也。攘亂。	汝羊切。推手使前也。今人捋臂亦云攘臂，即借推手之義。又叚借為攘奪之攘。引申之，有因而盜亦曰攘。攘則必亂，故又通為擾攘之攘。讀如兩切。
攜 平 携 xié 音畦。平而持之曰攜。攜手。提攜。	户圭切。手與手相引曰攜。《曲禮》"長者與之提攜"是也。引申之，物在地上引之以手亦曰攜。物被引則離于地，故攜貳之攜訓為離。	奪 入 夺 duó 音敓。强取曰奪。搶奪。定奪。	徒活切。本訓失物。叚借為强取之義。如《大學》"争民施奪"是。又俗以斟酌事理為裁奪，即予奪之引申也。

上 搶 平 抢 qiǎng qiāng 鏘上聲。奪取財物曰搶。搶奪。搶犯。音鏘。義同。	七兩切。突也。以手奪物曰搶，謂其突然而取之也。引申之，以頭拒地亦曰搶，謂其突然而觸之也。讀七羊切。	捜 平 搜 sōu 音蒐。檢索曰捜。捜檢。捜羅。	疏鳩切。略而求之也。于道曰略，就室曰捜。今以窮究文義曰捜討，旁求俊彥曰捜羅。皆引申之義也。
拘 平 拘 jū 音駒。受束曰拘。拘攣。拘束。	舉朱切。止也。欲行而止之使不得行也。故受人束縛曰拘。拘則不適，因申為迂拘、拘謹之拘。	擒 平 擒 qín 音琴。捉也。擒敵。成擒。	巨今切。本作捦。急持衣衿也。又與禽通。言禽鳥力小，可捕而取之也。故凡捕物曰擒。引申之，捜捕盜賊亦曰擒。
拏 平 拿 拿 ná 音呶。亂相持搏也。拏問。拏物。	女加切。牽引也。謂引而取之也。故取物曰拏，捕繫罪人亦曰拏。俗作拿。	捉 入 捉 zhuō 莊入聲。入握曰捉。捉髮。捉刀。	側角切。握也。引申之，擒物在握亦曰捉，如捕辠人曰捉之類。

卷四

搏

入

搏 bó

音博。捕也。擊也。搏獸。搏拊。

補各切。索持也。凡物欲取之先擊之，故人以手擊物曰搏，如搏執之搏是。鳥以翼擊物亦曰搏，如攫搏之搏是。

撞

去 平

撞 zhuàng

音幢。物觸物曰撞。撞鐘。撞斗。幢去聲。義同。

宅江切。擊也。如《禮記》“善待問者如撞鐘”是。引申之，如俗以忿詞抵觸曰頂撞，虛言詭遇曰撞騙皆是。讀丈降切。

拒

上

拒 jù

音巨。手與手禦曰拒。拒敵。拒捕。

臼許切。本作歫。止也。止之使不得進，故有抗拒之義。引申為拒諫飾非之拒。又方陣名。《左傳》鄭子元請為左拒、右拒，亦取抗敵之意也。

撻

入

挞 tà

音闥。扑以示罰曰撻。鞭撻。撻罰。

他達切。

擊

入

击 jī

音激。以物撞物曰擊。擊搏。擊磬。

古歷切。撲也，叩也。如擊柝、擊鐘、擊柱之擊，皆以叩之者撲之也。撲則必傷，故引申為擊刺、擊殺之擊。叚借為目擊之擊。

毆

上

殴 ōu

音嘔。重擊曰毆。毆傷。

烏后切。以杖擊物曰毆。引申為鬭毆之毆。

上

打

打 dǎ

答上聲。擊也。打仗。打鼓。相打。

德馬切。擊物曰打，擊人亦曰打。俗用為探字，義曰打聽，為忖字，義曰打量。

拍

入

拍 pāi

音魄。舒手撲物曰拍。拍手。拍賣。

普百切。拊也。以手拊其上也。凡度曲必拊物以為節，故節和則偶合拍。今西人以器攝影曰拍像。又西法售物不懸價，令購者估價，估如其數，則拍物以示允，謂之拍賣。

敲

平

敲 qiāo

音骹。從旁擊之也。敲門。敲冰。

口交切。橫擊曰敲。因謂擊物之具為敲。如賈誼《過秦論》:“執敲撲以鞭笞天下。”敲，短杖也。

掠

入

掠 lüè

音略。奪取也。抄掠。侵掠。

力灼切。奪人財物謂之掠，笞人膚體亦謂之掠。又書法長撇，古謂之掠。柳宗元曰“掠左出而鋒欲輕”是也。

摧 平 摧 cuī 音漼。挫也。摧折。摧殘。	昨回切。折也。折有挫辱之義，故引申為室人摧我之摧。叚借為莝，斬芻也。如《詩》“摧之秣之”之摧是。	上 揣 揣 chuǎi 椽上聲。心擬手摩曰揣。揣摩。	初委切。度高曰揣。引申之，凡㑷量忖度皆曰揣。《六書統》以手求其耑為揣，蓋从手、耑會意。
上 揀 拣 jiǎn 音簡。別而簡之也。揀選。揀擇。	古限切。	摩 平 摩 mó 音磨。研也。撫摩。摩頂。	莫婆切。物相切而磨謂之摩。摩肩、摩壘之摩，有形之摩也；觀摩、揣摩之摩，無形之摩也。物摩必損，故轉為消摩、摩滅之摩。
擇 入 择 zé 音宅。揀選曰擇。擇善。擇鄰。	直格切。	搔 平 搔 sāo 音騷。手爬也。搔首。搔癢。	蘇曹切。

摹 平 摸 入 摹 mó mō 音模。有所規倣也。摹倣。摹寫。 音莫。亦作摸。捫也。摸索。	莫胡切。規模曰摹。規之摹之即曰摹。又通作摸，以手捫索也。讀末各切。	夾 入 夹 jiā 音甲。左右相持謂之夾。夾道。夾衣。	古狎切。持也。从大、挾二人會意。言物大非一手所勝，必須左右持之也。故物在兩旁者皆曰夾，如夾室、夾輔之夾是。
去 按 按 àn 音案。重撫曰按，力在手也。按劍。按轡。	烏旰切。抑也。言抑物使下也。引申為止抑之義，如按兵、按事之按是。又驗也。據理以斷之與隨事而察之皆曰按。古之巡按，今之按察使，皆取按驗之意。	揮 平 挥 huī 音輝。動也。揮毫。揮汗。	吁韋切。奮也。言奮而振動之也。故號令曰指揮，解釋曰發揮。
捏 入 捏 niē 音孽。重撚曰捏，力在指也。捏物。	魚列切。以指擠物曰捏。故捏泥以象人形謂之捏相。捏則形隨而變，故語之不根者曰捏造。	排 平 排 pái 音牌。推也。排場。排班。	蒲皆切。擠也。引申為安排之排，謂依次序而列之也。 又推也。如排闥、排難之排是。

撐 平 撑 chēng 音瞠。支也。支撑。撑頭。	抽庚切。距也。言以足距也。引申之，凡物欲斜而支之使直曰撐，船欲止而篙之使行亦曰撐。	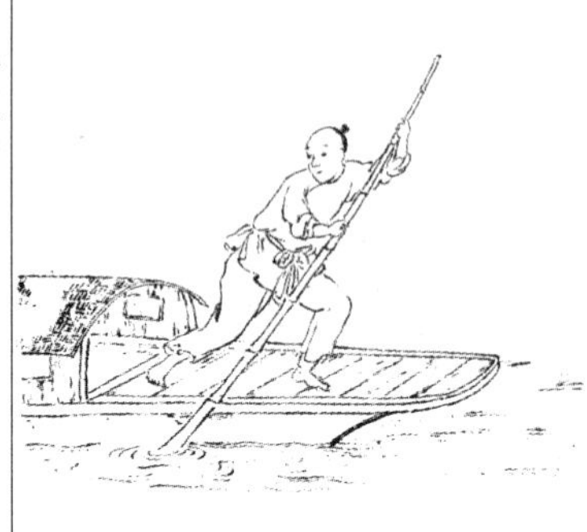
拕 平 拖 tuō 音佗。引也。拖鞋。拖帶。	託何切。曳也。物在後而自前曳之，如今人以大舟引小舟是也。物下垂亦曰拕，如拕紳之拕是。	
上 埽 掃 扫 sǎo 音嫂。除穢也。洒埽。氾埽。	蘇老切。棄也。从土、从帚會意。謂以帚卻土也。引申之為凡埽除更張之埽。 又隄岸曰埽。法以竹木為枋，梆實其中，和土以捍水，河工所用也。	

拂 入	敷勿切。擊也。言擊之使颺去其塵埃也。因名拂塵之物曰拂，如古人所持蠅拂是。叚借為拂性之拂，以吁拂為義。又叚為拂士之拂，以匡弼為義。讀薄密切。		
拂 fú			
音髴。拭也。拂面。拂袖。又與弼同。			
挑 平	吐彫切。撓也。侮弄求戰曰挑戰，因引申為輕挑之挑。今荷物曰挑，如肩挑之挑是。選人亦曰挑，如大挑之挑是。	攀 平	普班切。引也。故凡援引而上者皆曰攀。今人亦以仰折花木為攀。
挑 tiāo tiǎo		攀 pān	
音祧。引也。挑動。挑鐙。		盼平聲。自下引上也。攀躋。攀援。	
插 入	測洽切。刺肉曰插。引申之，凡刺入者均謂之插。	摘 入	竹厄切。采也。古謂之采，今謂之摘。引申之，以指指之亦曰摘，如指而詈之曰指摘是也。
插 chā		摘 zhāi	
音鍤。刺入也。插秧。插花。		音讁。摭果樹實也。摘瓜。摘花。	

牽

平

牵 qiān

音岍。以繩引物曰牽。牽動。牽繩。

輕煙切。引前也。故以索引牲曰牽。惟牲可牽，故轉名牲為牽，如餼牽、牲牽之牽是。牲被牽則拘束不申，故又轉為拘牽之牽。又星名牽牛。

引

上

引 yǐn

音蚓。伸也。牽引。導引。

余忍切。開弓也。所以導矢使之前也，故轉為引導、引申之引。又量名。十丈為一引。鹽法約以二百斤為一引。

舉

上

举 jǔ

音莒。扛也。舉動。舉人。

居許切。本作擧，从手，與聲。對舉也。引申為凡動作之辭，如行事曰舉事，執物曰舉物是。又皆也，如《孟子》“天下之民舉安”是。

抽

平

抽 chōu

音瘳。拔也。抽絲。

丑鳩切。引其端而出之曰抽。
又西人有抽氣機，為抽出器内空氣之用。

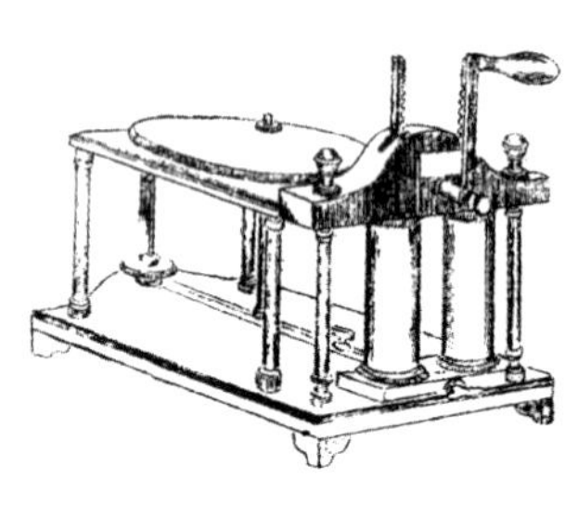

摇 平 摇 yáo 音姚。擺動曰摇。摇曳。摇奪。	余招切。物静而振之使動曰摇。摇則懸而無定，故心之無所附著者曰摇摇，故張聲勢以聳人觀聽者曰招摇。
攝 入 摄 shè 音歙。引持曰攝。攝齊。攝位。	書涉切。攝以牽引為義，如攝齊升堂之攝是。相引則不相離，故地與日月，以向心、離心二力，互相旋繞，謂之攝力。叚借為兼攝之攝，如代國君聽政者曰攝政，一人而兼數官曰攝官是也。
掣 去 入 掣 chè 瘛去聲。曳也。掣肘。電掣。滯入聲。義同。掣籤。	尺制切。掣者，滯隔不進之謂。如《易》"其牛掣"是也。今部章分省分部選缺，均歸掣籤，固用掣取之義，亦所以杜胥吏之舞弊，使之有所間隔也。讀尺列切。
播 去 播 bō 波去聲。散布曰播。播百穀。播棄。	補過切。種植曰播。播種者必分其種而散布之。今沿用播告之播，即布之義也。播遷之播，即散之義也。
推 平 推 tuī 退平聲。自後進之也。推車。推託。	通回切。進之使前曰推，如推輓、推步之推是。進之使上亦曰推，如推尊、推重之推是。引申為推諉、推讓之推，亦取推而遠之之意。

<table>
<tr><td>拓
摭　入
拓 tuò tà
音隻。拾取也。
音託。推也。
恢拓。</td><td>之石切。與摭通。
闥各切。手承物曰拓，手推物亦曰拓。拓地千里之拓，即取推而廣之之義。
今人按紙碑面，摹取字形，謂之拓碑。
又複姓。後魏拓拔氏。</td><td colspan="2"></td></tr>
<tr><td>拔
入
拔 bá
辨入聲。抽而起之曰拔。提拔。拔貢。</td><td>蒲八切。抽出也。如俗謂去草曰拔草是。擢賢人若拔茅茹，故轉為拔擢之拔。今各府州縣，每十二年拔貢一人。言拔之以貢于成均也。
又攻破城邑曰拔。言破城邑而取之，若拔樹木然。</td><td>上
展
展 zhǎn
邅上聲。舒也。開展。</td><td>知輦切。轉也。與輾通。單言之曰展，絫言之曰展轉。言其忽屈忽伸，不舒而求舒之意也。故轉為舒展之展。</td></tr>
<tr><td>張
平
张 zhāng
帳平聲。開也。張弓。張羅。</td><td>中良切。施弓弦也。弦施則弓滿，故叚為張大之張。
又計物之數曰張。</td><td>揚
平
扬 yáng
音陽。顯也。發揚。揚名。</td><td>移章切。飛舉也。遠揚、簸揚之揚，以飛為義。明揚、偁揚之揚，以舉為義。
又眉之美者曰揚。《詩》“揚且”“清揚”，皆言其美也。故謂醜陋者曰貌不揚。
又鉞也。《詩》：“干戈戚揚。”</td></tr>
</table>

上 掩 掩 yǎn 淹上聲。遮也。掩藏。掩户。	衣檢切。小上曰掩。器之上小者，輒不見其中。故引申為遮掩之掩。	披 平 披 pī 音鈹。開也。披衣。披編。	攀糜切。布而開之曰披。如披襟、披堅之披是。又披有分散之意，如披靡、紛披之披是。
去 玩 玩 wán 音翫。習弄曰玩。玩好。玩物。	五煥切。弄也。因以所弄之物曰玩。又習也，與翫通。	去 探 平 探 tàn 音貪。刺取曰探。闞探。探花。 音儋。義同。	他含切。取也。取物曰探，如探囊之探是。取物之情亦曰探，如探索之探是。有所探必先有所試，故嘗試亦曰探，如探湯、探路之探是。上海租界，充偵探盜賊之役者名包探。讀他紺切。
去 弄 弄 nòng 籠去聲。撫玩曰弄。弄瓦。玩弄。	盧貢切。玩物也。如弄璋、弄丸之屬是。引申之，侮人曰弄。如《漢書》"公卿在位，朔皆敖弄"是。又以樂器可弄，引申之謂曲曰弄，如三弄、狡弄是。	謄 平 誊 téng 音騰。移寫之也。謄録。謄黄。	徒登切。

覓 入 觅 mì 銘入聲。求也。覓索。	莫狄切。本作覛，衺視也。轉注為尋覓之覓。俗作覔。	撤 入 撤 chè 音轍。除去也。撤樂。裁撤。	丑列切。已設而去之曰撤。
投 平 投 tóu 音頭。拋棄曰投。投壺。投袂。	徒侯切。	釋 入 释 shì 音適。分解義理曰釋。釋訓。釋詁。	施隻切。解也。从釆，取其分别物也。轉注為釋褐、釋囚之釋，以捨棄為義。又轉為氷釋、開釋之釋，以消散為義。 又佛號釋迦，故佛教亦偁釋教。
擲 入 掷 zhì 音躑。重投曰擲。擲地。擲果。	直隻切。	放 上 去 放 fàng fǎng 音舫。棄也。放逐。 音昉。則也。放效。	甫妄切。逐也。罪大而徙之曰放逐，罪小而免之曰釋放。 又分兩切。與倣同，效也。

卷四

立（入） 立 lì 音力。凝伫曰立。坐立。立方。	力入切。挺身也。从大，立一之上會意。大,人也；一，地也。引申為樹立、自立之立，言事之不藉人助，猶立之不藉人扶也。立能暫而不能久，故又申為立待、立決之立，言不俟須臾也。又形學以六面方積為立方。
並（上） 竝 并 bìng 音併。平行曰並。並立。並驅。	蒲迥切。耦立也。从二立會意。引申之，凡平列者皆曰並，如並坐、並耕是。或用為承接虛字，如並以、並有之類。其所領起之語，必與上文平列者也。
站（去） 站 zhàn 音佔。伫立不動曰站。站班。驛站。	陟陷切。久立也。今死刑有站籠，亦謂之立籠，所以治法不至死而情實可死之犯者也。
企（去） 跂 企 qǐ 音器。舉踵也。翹企。企慕。	去智切。从人、止會意。古文从人、足。字亦作跂。舉足而起其踵之謂企，故引申謂鳥踵為企。又凡仰望者必企，故又申為企望之企。

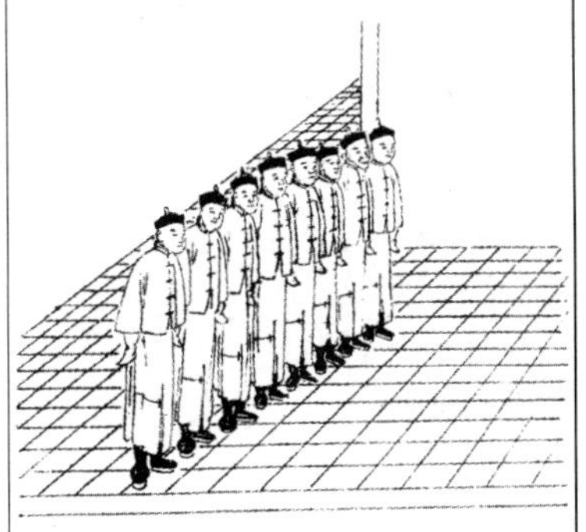

上

踐

践 jiàn

音賤。以足履地也。踐履。踐形。

才線切。循跡而履之曰踐，《論語》所謂踐跡是也。引申之，凡行能副言曰踐言，無忝所生曰踐形。皆有循而不越之意。

垂

平

垂 chuí

音甀。本在上而末下者謂之垂。垂紳。下垂。

是為切。物下蕣曰垂。謂根著於上而末向下也。物之垂者，其重心必向地心，故其系必直，形學所謂垂綫是也。凡人立地面而望遠，則中高而四邊下，故謂四邊為四垂。垂者，自上而及下者也，故引申為垂裕後昆之垂。

蹋

踏　入

蹋 tà

音沓。足著地也。蹋青。蹋水。脚蹋車。

達合切。亦作踏、踐也。引申之，凡足有所踐履者皆曰蹋，如蹋車、蹋鞠之蹋是。

去

蹈

蹈 dǎo

音導。踐也。舞蹈。蹈厲。

徒到切。頓足蹋地也。引申為蹈火、蹈刃之蹈。皆懸擬所至之境言之，言猶足踐其境也。

上

起

起 qǐ

音杞。興也。起居。早起。

墟里切。起者，由静入動者也。凡由坐而立、由卧而興皆謂之起。起則精神必振，故申為振作之義。凡為一事必有起點，故又申為發始之義。

上 跪 跪 guì 音垝。跽也。拜跪。	苦委切。兩膝隱地曰跪。古人席地而坐，坐與跪相似，故賓主之間常行跪禮。今祀神及行禮於尊長皆以跪為敬，且有一跪、兩跪、三跪之别。西人無跪禮，雖見君上，脱帽鞠躬而已。		
登 平 登 dēng 等平聲。升也。登山。登樓。	都騰切。上車也。篆文从𣥠、从豆，象登車形。引申為凡自下而上皆曰登。置物於上亦曰登，如拜登之登是。五穀登則自田中收以上場，故亦謂之登。因偁豐年曰豐登，凶年曰不登。	去 降 平 降 jiàng xiáng 音絳。自上而下曰降。降階。音缸。屈服曰降。投降。	古巷切。下也，如降邛、嶽降等是。下之亦曰降，如降級、降服等是。降有屈下之意，故力不敵而降心以相從曰降。讀户江切。
陟 入 陟 zhì 音積。上升曰陟。陟岡。黜陟。	竹力切。登也，从𨸏、从步會意，謂登𨸏也。引申之，升謂之陟，如陟遐是。升之亦曰陟，如黜陟是。	踰 平 逾 逾 yú 音俞。越進曰踰。踰垣。踰分。	容朱切。與逾同義。超者躍而過，踰則過而不必躍者也。引申為越禮之偁，如踰分、踰制之踰是。

躐 入 躐 liè 音獵。行不由序也。躐等。	良涉切。陵節而踐也。古人席必數重，登席不由序曰躐席。因引申謂學之不依級而進者曰躐等。	去 出 入 出 chū 春入聲。自中而達於外曰出。出入。出門。 推去聲。義同。	赤律切。進也。象艸木出達之形。艸木之生，自下而達於上，故謂自内而至外者皆曰出。引申之，所出者即曰出，使之出亦曰出。或讀去聲。蚩瑞切。
去 進 进 jìn 音晉。自外入曰進。先進。進學。	即刃切。前行曰進，如進階是。使人得進亦曰進，如進賢是。	入 入 入 rù 任入聲。自外至内曰入。出入。深入。	人執切。進也。引申之，兵破人國而弗有其地者曰入。
去 退 退 tuì 推去聲。卻行曰退。進退。退敵。	吐内切。往後行曰退。引申之，抑之使不得進曰退，如斥退是。不急於進者曰退，如謙退、廉退、求也退之退是。	上 往 往 wǎng 王上聲。由此至彼曰往。來往。往返。	羽枉切。自内之外也。身之所向曰往，心有所慕而神向之者亦曰往。古人所謂鄉往是也。因其為來之對，故轉為往古、往昔之往。

去 來 平　徠 来 lái 賴平聲。物自外至曰來。來牟。來往。音賚。招致曰來。招徠。	落哀切。牟麥也。象芒刺之形。來牟，周所受瑞麥。天所來也，故轉為來往之來。引申之，招人使來亦曰來。通作徠。讀洛代切。	還 平 还 huán xuán 音環。去而復來曰還。歸還。還來。音旋。轉也。	户關切。凡人物之歸於故處者皆曰還，轉為還須、還將之還。與更字、又字同意，而辭氣稍緩。叚借為旋。周旋、折旋皆以轉為義。讀似宣切。
歸 平 归 guī 音騩。外來曰歸。歸家。于歸。	舉韋切。嫁也。从止、从婦省會意，从自聲。婦人謂嫁曰歸。自壻家言之，則曰來歸。被出曰大歸，則謂歸母家也。引申之，物返所宅皆曰歸。叚借為饋，如歸孔子豚、齊人歸女樂是。	上 返 返 fǎn 音反。復歸曰返。旋返。返璧。	甫遠切。歸還也。歸之於人亦曰返，如受飧返璧是。
去 復 入 复 fù 音伏。還歸曰復。往復。浮去聲。再至曰復。復來。	房六切。返也。反命曰復，招魂亦曰復。復者去而復返，有再來之義。故因仍前事者皆曰復。讀浮富切。	上　去 去 去 qù 墟去聲。離之曰去。歸去。墟上聲。革除曰去。除去。	邱據切。人相違也，如來去、相去之去是。叚借為祛。祛除也，如去財、去之之去。讀口舉切。

去 至 至 zhì 音摯。足隨心到曰至。遠至。客至。	支義切。到也。之為未然詞，至為已然詞，故身心之所止皆曰至。於文用為承接虛字，則以領起著題之語也，如至於、至若是。至者，所往之盡處也。夏至謂之日長至，冬至謂之日短至，言日之長短至此而極也。	上 徙 徙 xǐ 音璽。由此遷彼曰徙。遷徙。	斯氏切。移也。遷者由下而上，徙則由此而彼；遷又泛為易其原處之詞，徙則實有所至之處者也。
去 到 到 dào 音倒。實至所欲至之處曰到。到門。遠到。	都導切。至也。欲至其處曰之，已至其處曰到。故到為確定之詞。	遷 平 迁 qiān 音韆。易所曰遷。升遷。遷都。	七然切。去下之高也。引申為凡易其所之偁。如移居曰遷居，除官曰遷擢，通有無曰懋遷，改過失曰遷善，皆是。
移 平 移 yí 音匜。變易曰移。移風。移易。	余支切。移，秧也，故字從禾。凡種稻，先苗之，後移之。移則徙其故處，故轉為遷移之移。今平行職官相通之文曰移文，省曰移。	去 迎 平 迎 yíng 音併。迓客曰迎。迎送。併去聲。遠迓也。親迎。	語京切。客將至而迓之曰迎。《昏禮》壻先往婦家曰親迎，今人所謂迎娶是也。讀魚敬切。

去

迓

迓 yà

音訝。伺迎曰迓。恭迓。迎迓。

魚駕切。通作訝、御。

去　平

遲

迟 chí zhì

音墀。行緩曰遲。舒遲。遲速。
音稚。待也。

陳知切。徐行也。引申之，凡事不速者皆曰遲。
遲則速者須待，故又申為延待之義。讀直意切。

入

逆

逆 nì

凝入聲。不順曰逆。逆行。横逆。

宜戟切。迎也。迎、逆本一聲之轉，故事未來而先意迎之曰逆。先意以迎則不順，因引申為叛逆之逆。

去

艮

艮 gèn

根去聲。物有所限謂之艮。艮卦。

古恨切。本義很視曰艮，又訓為止。《易》艮為山（☶）。葢以山安重不遷，有合乎止之義也。

去

送 sòng

音遂。贈别曰送。迎送。送往。

蘇弄切。贈也。人有事而將之以物曰送，今所謂送禮是也。親往致敬亦曰送，如送行、送殯等是。葢皆以致贈别之意者也。

去
行
平

行 xíng háng

音蘅。舉步前進曰行。行在。
胻去聲。行事之迹曰行。德行。
音杭。陳列也。

何庚切。凡物之運動、事之措施皆曰行。中國謂金、木、水、火、土為五行，西人謂水、火、風、土為四行。説以見于《天道溯原》為最備。
下孟切。行迹也。施之于事曰行，行之于身曰行。
寒岡切。列也。市肆雜列貨物，故俗偁行。

趨
平

趋 qū

取平聲。疾行曰趨。步趨。趨進。

七逾切。趨，疾行之有節文者。禮卑者過尊者之前則趨，趨朝、趨庭皆是。

去
步

步 bù

音捕。徒行曰步。舉步。步行。

蒲故切。一舉足謂之跬，倍跬謂之步。周尺六尺為步，今因而折衷之，定五尺為一步，三百六十步為一里。方積以二十五方尺為一方步，二十四方步為一分，二百四十方步為一畝。步所以推數，故謂測算為推步。

逃
平

逃 táo

音陶。亡走曰逃。逋逃。逃亡。

徒刀切。義當留而竊去謂之逃。古以逃為亡命，謂在逃者之民籍無可稽考也。

上
走

走 zǒu

奏上聲。行也。奔走。走路。

子苟切。安步徐行曰走，疾趨而進亦曰走。古人自偁之詞曰牛馬走，亦曰下走，葢謙言供奔走之役也。

去
竄

窜 cuàn

音爨。逃匿也。竄匿。逃竄。

七亂切。匿也。从鼠在穴中會意，故有所畏而逃者曰鼠竄。引申為放逐之義，如《書》“竄三苗於三危”是，猶言使之竄也。

字	釋義	字	釋義
奔（平） 奔 bēn 本平聲。疾走也。奔走。狂奔。	逋昆切。趨事恐後曰奔，所以急赴之也。故聞親喪而歸者曰奔喪，男女會合不以禮者曰淫奔。		
違（平） 违 wéi 音幃。相背曰違。從違。違背。	羽非切。避而去之也。避則不復相從，故凡不相從者皆曰違。不從則不順，故引申為道與時違之違。	逝（去） 逝 shì 音誓。往而不返曰逝。長逝。	時制切。一去不復來也。故引申為逝世、逝水之逝。
避（去） 避 bì 音鼻。掩匿曰避。迴避。避匿。	毗義切。从辟，从辵。辟，君也。天子出而辟除行人，則人避匿，故引申為逃避之避。	趁（去） 趁 chèn 音疢。逐物曰趁。趁便。趁船。	丑刃切。關西以逐物為趁。逐物者必因利乘便，故伺便而動曰趁。今俗謂附人之舟、車者曰趁船、趁車，義本此。

追（平） 追 zhuī 音霆。趨隨人後曰追。追隨。追逐。	中葵切。逐也。隨而逐之也。逐者，迫之使不得留，不必其相及；追則志在趨而及之，與迫之使去者正相反也。	遇（去） 遇 yù 音寓。相遭曰遇。遇合。相遇。	牛具切。逢也。引申之，所遇之境即曰遇，如境遇、際遇之遇是。
逐（入） 逐 zhú 音軸。迫物使去曰逐。逐寇。追逐。	直六切。物已去而迫之使遠去曰逐。逐有益進之義，故歷數事物曰逐，如逐層、逐步是。	遭（平） 遭 zāo 音糟。遇合曰遭。遭逢。遭際。	作曹切。遇也。引申之，所遇之境即曰遭，如遭逢是。叚借為遶，如周遭是。
邀（平） 邀 yāo 音腰。招人使來曰邀。相邀。邀客。	伊消切。遮也。遮之使不去也。不欲其去者必欲其來，故引申為相招之義。	逢（平） 逢 féng 音蓬。偶遇曰逢。遭逢。逢人。	符容切。遇也。約期相遇曰會，不期而遇曰逢。未來而先迎之亦曰逢，如逢迎是。所逢之境即曰逢，如遭逢是。

卷四

隨 平 随 suí 音隋。從而不違曰隨。倡隨。隨處。	旬為切。順行也。引申之，凡事順從皆曰隨，如追隨、詭隨是。隨在之隨，亦言順而至其所也。	詣 去 诣 yì 音羿。進見曰詣。詣闕。造詣。	五計切。進也。造、詣皆以我就人，而詣為敬詞。引申之，所詣之境即曰詣，如深詣、造詣等是。
侍 去 侍 shì 音嗜。卑在尊者之側為侍。侍側。侍從。	時吏切。近也。古侍人、侍中，今之侍衞、侍御，皆以近於天子為言。侍坐、侍奉等，則概偁諸卑之於尊也。	適 入 适 shì 音釋。由此往彼曰適。適人。安適。音的。專主也。	施隻切。往也。凡女行於大夫以上曰嫁，行於士庶人曰適人，亦往之夫家之意。又和善也，如安適、適意是。又恰至其時也，如適然、適逢是。 又叚為嫡庶之嫡。讀丁歷切。
造 上 去 造 zào 音慥。相就曰造。造門。音皁。創製曰造。造作。	七到切。就也。《禮》偁“造士”，《詩》偁“小子有造”，均謂其有所成就也。引申之，以我就人亦曰造。又造次，雙聲也，急遽之貌。 昨早切。創也。創物者天，故謂天為大造，亦偁造物。引申為製造之造。	遵 平 遵 zūn 音嶟。循道而行曰遵。遵循。	祖倫切。循行也。引申之，凡循而不改者皆曰遵，如遵教、遵命是也。

卷四

運（去） 运 yùn 音韻。動有恆者曰運。運行。轉運。	禹慍切。運即動也。動之行而不息、常而不變者曰運，力學所謂平速力也。故日月旋繞以成寒暑曰天運，舟車漕轉循環不已者曰漕運、鹽運。又命運、運祚之運，則以氣化流行為本，而決吉凶禍福者也。	**超**（平） 超 chāo 音怊。躍而過也。超羣。高超。	癡宵切。躍也。躍必出前，故科舉之前列者曰超等，學校之前列者曰超班，皆言其出乎羣類也。
遞（去） 递 dì 音悌。相代曰遞。遞變。馬遞。	徒禮切。更易也。古者因道遠難通，設為驛遞，使按程更替。故今寄送信物多謂之遞。引申為凡互代而不已之偁，如遞運、遞嬗是。又路遠曰迢遞，亦隨至易地之意也。	**跳**（平） 跳 tiào 音迢。蹶也。又躍也。跳梁。	徒聊切。顛蹶曰跳。叚借為趒，雀行也。人躍似雀行，故以躍為訓。又叚為逃避之逃。
涉（入） 涉 shè 音⿰糹步。水行曰涉。跋涉。涉水。	時攝切。無舟而渡，水深過膝以上者曰涉。涉者必入足於水，故引申為干涉、交涉之涉。言入身於諸事、諸國之中以干預之也。		

跌 入 跌 diē 音耋。蹶也。跌倒。蹉跌。	徒吉切。从足、失會意。言足失據而至於仆也。引申為超越之義，如跌宕之跌是。	
去 陷 陷 xiàn 音脂。墜入穴中曰陷。陷阱。	乎韽切。从阜、从臽會意。自高而入於下也。陷則入其中而不易出，故引申為陷溺、誣陷之陷。	上 蹇 蹇 jiǎn 搴上聲。行不利也。蹇驢。驕蹇。 | 九件切。膝伸不屈曰蹇。蹇則脛直而行走難，故申為蹇直、蹇難之蹇。又申為驕蹇之蹇，謂驕而不順于理，猶尯而不順于行也。
上 跛 跛 bǒ 音播。行不正也。偏跛。跛倚。	布火切。一足偏廢曰跛。引申謂立容不正曰跛，言其形如足廢也。	

上 距 距 jù 音巨。相持曰距。雞距。距離。	其吕切。爪也。雞附足骨。所以刺物而拒人者，故叚為抗拒之拒。又兩物間相去之數曰距，則以彼此相對，有抗拒之象也。	迷 平 迷 mí 音靡。不悟曰迷。迷離。昏迷。	莫衣切。失其所欲行之路而妄行之為迷，如迷津、迷途等是。引申為迷惑之迷。
蹤 平　踪 踪 zōng 音從。趾迹曰蹤。芳蹤。蹤迹。	即容切。從也。从足、从從會意。謂人行而其形從也。故慕效古人曰追蹤，客子所在曰遊蹤。	去 遽 遽 jù 音詎。迅疾曰遽。急遽。	其據切。驛傳也。驛傳最速，故引申為急遽之遽。速、迅、疾、遽皆為不遲之偁。析言之，則速但為遲之對詞，迅、疾皆有加速之意，而出之以從容者，遽則有倉卒、窘迫之態者也。
迹 入 迹 jì 音積。足痕曰迹。遯迹。迹象。	資昔切。足蹍地則有迹。引申之，凡事已過而有形象可攷者皆曰迹。	逍 平 逍 xiāo 音宵。遊行自在曰逍遥。	相邀切。

事 去

事 shì

音侍。人為之總名也。事業。正事。

鉏吏切。大曰政，小曰事。即人日日所營之職業也。引申之，事其所事亦曰事，如事父、事君之事是。

宜 平

宜 yí

音儀。合乎事理之謂宜。便宜。合宜。

疑羈切。宜者，適相當也。凡宜室家、宜侯王之宜，皆有相當之意。相當者必合于義，故義亦作宜，如《禮記》“宜次之”是也。又天子舉事必依于義，故將出而有事乎社謂之宜。

業 入

业 yè

音鄴。可以成名而世守者曰業。受業。事業。

魚怯切。大版也。形如鋸齒，以懸鐘鼓，業字象之。古者書文于版，故執經問難曰請業。引申為學業、世業、功業之業。又事之已然者曰業，如業經、業已是。

作 入

作 zuò

臧入聲。興起曰作。舉事亦曰作。作為。動作。

則洛切。人起曰作，如《論語》“舍瑟而作”是。起而舉事亦曰作，如《禮記》“後聖有作”是。引申為製作、著作之作。

務 去

务 wù

音霧。事其事曰務。務本。商務。

亡遇切。專力于事曰務，如急務、公務之務是也。以事轉囑于人亦曰務，如務必、務懇之務是也。

為 去 平

为 wéi wèi

音溈。任事曰為。作為。音隝。助事曰為。因為。

于媯切。本義母猴也。叚借為凡動作皆曰為。

于僞切。作因字解，如《孟子》“為其殺是童子而征之”是。作助字解，如《論語》“夫子為衛君乎”是。作被字解，如《漢書》“趙王武臣為其將所殺”是。

上 肇 肇 zhào 音趙。始事曰肇。肇基。	治小切。肇，始也。我朝追崇始祖曰肇祖原皇帝，為其肇基王迹也。	去 先 平 先 xiān 霰平聲。在前曰先。後之對也。先後。先進。 音霰。先事而為之曰先。	蘇前切。前進也。从儿，从之。儿，古人字。之，往也。往居人上是先也。引申之，先王、先生、先輩之屬，凡長于我者統謂之先。又導之使前曰先。讀先見切。
初 平 初 chū 楚平聲。託始曰初。初次。太初。	楚居切。裁衣之始也。故从刀、从衣會意。引申之，為凡託始之通名。	去 創 平 创 chuāng chuàng 音瘡。傷也。受創。創痍。 瘡去聲。始事曰創。創業。	初莊切。本作办，言為刀所傷也。引申為懲創之創，言以威愓之也。讀初亮切。又業之初基曰開創，文之初藁曰艸創，皆據其始事而言。
去 振 振 zhèn 音震。奮發也。振作。振動。	之刃切。舉救也。凡振興、振起之振，皆以舉為義；振貧窮、振乏絶之振，皆以救為義。	去 繼 继 jì 音計。踵而行之曰繼。繼志。出繼。	古詣切。反㡭為繼，言相續不絶也。故嗣君曰繼世，續婚曰繼室（自其子言之曰繼母），為人後者俗謂之承繼。

上 入

始

始 shǐ

音茲。事物之初曰始。始終。原始。

首止切。女之初也。引申之，凡物起點皆曰始。如人類有始祖，事類有始基是也。

去

率

率 shuài lǜ

音蟀。總而統之、遵而行之曰率。
音律。約數也。
音帥。即連帥、渠帥之帥。

朔律切。捕鳥畢也。象絲網，上下其竿柄也。網有收羅牽掣之義，故引申為率循、統率之率。網疎則漏，故又申為草率、輕率之率。又大率，大略也。
劣戌切。算術有三率、四率法以馭比例。
所類切。與帥同。

平

終

终 zhōng

音螽。事物之盡曰終。始終。終日。

職戎切。本義絿絲也。絲有綿長之象，故轉訓為永。如終古、終天是也。絲有斷絕之時，故又訓為盡。如終喪、終事是也。

上

改

改 gǎi

音輆。更張曰改。改變。改易。

古亥切。物敝更為之曰改。引申為人有過而決然更之者亦曰改。

去

擅

擅 shàn

音蟮。把持曰擅。專擅。

時戰切。專也。其不應專而專者亦曰擅，如擅權、擅命是也。

去

變

变 biàn

鞭去聲。事之改常而出意外者皆謂之變。變化。變遷。

祕戀切。更易曰變。反乎常也。引申為權變、機變之變，謂心無常在也。又申為大變、變故之變，謂事出非常也。

上 仿 仿 fǎng 方上聲。比擬之詞。仿照。描仿。	妃兩切。相似也。引申為仿效之仿。求其似也。似則非真，故又申為仿佛之仿。	去 肄 肄 yì 音易。專心務業曰肄。肄業。	以智切。習也。習則心勞，故引申為勞瘁之義。如《詩》"既詒我肄""莫知我肄"皆是。
去 效 効 效 xiào 音校。確有功驗也。效法。收效。	胡教切。精心取法曰效，如仿效、則傚是也。冥心赴事亦曰効，如効命、効力及今通用報効等語是也。又效之而見功者亦曰效，如效驗、明效是也。效、傚、効字通。	去 措 措 cuò 音醋。求物以應用也。措資。	倉故切。弃置曰措，如舉直措枉是。引申為安置亦曰措，如民無所措手足是。叚借為措辦之措。
上 稽 平 稽 jī qǐ 音雞。遲留不進也。稽延。稽考。 音啓。叩首也。	堅溪切。留止也。引申為稽遲之稽。叚為稽核之稽。昔禹合諸侯大計于東治之山，因名會稽。古有會稽郡，今為縣，屬浙江紹興府。 祛禮切。叩首至地曰稽首，觸地無容曰稽顙。	去 置 置 zhì 音智。捨而去之曰置。廢置。	知意切。赦免也。从网、从直會意。网，禁網也。有罪則繫，直則赦之。與羅字意同。引申為放逐罪臣曰安置。又申為措置、位置之置，謂安之而得其當也。又為置郵之置，若今馬遞是。

去 備 备 bèi 音避。預防曰備。防備。備辦。	平祕切。事未至而先具者曰備。引申之，無物不具亦曰備，言足以應用而無缺也。又申為盡字義，如備悉、備陳是。
發 入 发 fā 音髮。機動曰發。高發。發財。	方伐切。矢出曰發。引申之，凡由收而放、由黯而明皆曰發。發明、發揚之發，指在人者言之也；發洩、發動之發，指在物者言之也。
去 具 具 jù 音懼。事物備也。文具。具文。	其遇切。備物曰具，所備之物即曰具，如器具、供具之具是。引申為具臣、具位之具，言僅足備數也。今公牘有具呈、具稟之文，交際有謹具、拜具之式，皆同義。叚為民具爾瞻之具，則與俱通。
敷 平 敷 fū 音孚。廣被曰敷。敷陳。敷衍。	芳無切。分布也。敷土之敷以分言，敷奏、敷治之敷以布言。今俗以不足為不敷，言其不堪分布也。
存 平 存 cún 音蹲。亡之對曰存。生存。存貨。	徂尊切。恤問也。如《周禮·大行人》"歲徧存"是也。存、在雙聲同義，故存亡之存作"在"字解。
去 施 平 施 shī yì 音詩。展而擴之曰施。施恩。音翅。義同。音易。延而及之曰施。	申支切。本義旗貌。旗有展舒之致，故引申為施展之施。又申為施與、施報之施。亦讀申智切。又以豉切。艸木附攀而上也，如《詩》"施于松柏"是。

匡 平 匡 kuāng 音劻。救正曰匡。匡救。一匡。	曲王切。竹器也。圜為筥，方為筐。故引申為方正之義，如《詩》"既匡既敕"是。又申之以正矯不正亦曰匡，如《詩》"以匡王國"是。	佐 去 佐 zuǒ 左去聲。相助為理曰佐。王佐。佐輔。	子賀切。輔也。本作左。今用佐字，而專以左為左右之左。
襄 平 襄 xiāng 音湘。助理曰襄。襄理。贊襄。	息涼切。漢令解衣而耕曰襄，蓋以助農事也。引申為凡助事者皆曰襄。又《謚法》：辟地有德曰襄，甲胄有勞曰襄。故我朝功臣，恆有文襄、武襄、勤襄之謚。	薦 荐 去 荐 jiàn 音廌。引之使進曰薦。薦賢。自薦。	作甸切。从艸，从廌。廌，所食艸也。又細艸名。故俗名艸織之薦亦曰薦。叚借為薦羞之薦。薦，進也。故引申為推薦、薦人之薦。與荐通。
上 輔 辅 fǔ 音釜。夾助曰輔。輔佐。畿輔。	扶雨切。人頰車曰輔，如輔車相依之輔是。木夾車亦曰輔，如無棄爾輔之輔是。皆取其相助也。因引申為輔助之輔。漢以京兆、左馮翊、右扶風為三輔，謂其夾輔王室也。	上 選 选 xuǎn 音選。擇于衆中曰選。選舉。揀選。	須兗切。散而遣之曰選，此選之本義也。今則以聚而擇之曰選。《王制》選士，為選舉之最古者。累代因之，科目屢變。國朝雖承科目之舊，而兼用保舉捐納。惟吏部文選司、兵部武選司，尚沿選字之名。

上 徵 平 征zhēng徵zhǐ 陟平聲。召人曰徵，斂物亦曰徵。徵聘。徵糧。 知上聲。五音之一也。	知陵切。召也。行徵而聞達者即徵之。引申為徵收稅則之徵。凡徵召、徵收必有符信，故申為徵驗之徵。陟里切。發聲時齒合吻開謂徵。五音在角、羽之間。	去 致 致 zhì 音躓。推極也。致知。景致。	陟利切。送詣也，如致政、致賜是。因申為招致之致，如《周禮》“致萬民”是，言招之使詣己也。又為推致之致，如《大學》“致知在格物”是。今譯西文者，凡重、熱、聲、光、化、電諸學，統謂之格致。用朱子即物窮理、推及其知之義。
謁 入 谒 yè 音曷。請見曰謁。拜謁。謁見。	於歇切。謁，白事也。書姓名、爵里並列事以投謁，如今之拜帖是也。又謁者，漢官名。		
約 入 约 yuē 音葯。預定期會曰約。失約。大約。	乙却切。从糸，从勺。謂以絲纏束之也，故有約束之義。引申為和約、條約之約。言訂定以後，各遵約束也。又為貧約、窮約之約，言受困如受束然。又約略，不緻細也。	上 保 保 bǎo 音寶。慎守勿失曰保。保全。保佑。	呆 補道切。本義為保母之保，故古文从子、从八，象保抱之形。引申為保養、保安、保護之保。今世有保結以取信，有保險以防患，則又保護之引申也。

嫁

去

嫁 jià

音駕。女子適人曰嫁。嫁娶。婚嫁。

居迓切。从女，家聲。謂女有家也。引申為嫁禍之嫁，言禍在此而移于彼，有類嫁女者然。

娶

去

娶 qǔ

音趣。男子授室曰娶。娶妻。不娶。

七句切。娶从取、女會意。經傳通作取。

婚

平

婚 hūn

音昏。娶婦也。婚姻。

呼昆切。婦家也。从女，从昏。《禮》娶婦以昏時，故又為婚嫁之婚。經傳通作昏。

納

入

納 nà

音衲。物相收付曰納。容納。

奴答切。字从内，為由外而内之義，如出納、收納之納是也。引申之，由内而外亦曰納，如納幣、納款之納是也。

去 獻 献 xiàn 音憲。將物致敬曰獻。貢獻。享獻。	許建切。犬名羹獻，謂以犬之肥者獻之。从犬、从鬳會意。引申之，凡呈物于尊者皆曰獻。叚借為黎獻、文獻之獻。訓賢也。		
齎 平 赍 jī 音齏。進物于人曰齎。齎奏。齎志。	牋西切。與人物也。如齎皮馬、齎盜糧是。引申之，以物自隨亦曰齎。《漢書》"行者齎"，言以衣食之具自隨也。	去 贈 赠 zèng 音贈。以物饋人曰贈。投贈。遺贈。	昨亙切。玩好相送曰贈。引申之，凡送人不取值皆曰贈。又朝廷所給誥勑，于生前曰封，于身後曰贈。
去 呈 平 呈 chéng 音程。表暴于外曰呈。音鄭。奉于尊者曰呈。呈閱。呈政。	駐平切。平也。叚借為呈露之呈。引申為奉獻之義，如進呈書籍、呈遞供狀之類是也。讀直正切。	貽 平 贻 yí 音飴。贈遺曰貽。貽我。詒謀。	延知切。遺也。如《禮記》"貽父母令名"，《詩》"詒厥孫謀"之貽是。引申為饋遺之義，如《詩》"貽我彤管"，《書》"公乃作詩以貽王"之貽是。經傳通作詒。

去 賚 赉 lài 音睞。賞賜曰賚。大賚。	洛代切。	去 貺 贶 kuàng 音況。拜人嘉惠曰貺。厚貺。辱貺。	虛放切。益也。本作兄，亦借況字為之，如拜貺、嘉貺之類是。以與賜、賞同義，故又从貝。惟賞、賜為習用字，貺字又較文爾。
去 遺 平 遗 yí wèi 音夷。失物曰遺。遺忘。遺囑。 夷去聲。贈物曰遺。	以追切。凡事物有心置之曰棄，無意失之曰遺。遺則不屬己矣，故凡留于後人皆曰遺，如遺命、遺言之遺是。又以物贈人亦曰遺，如餽遺、投遺之遺是。讀以醉切。	祈 平 祈 qí 音旂。婉求曰祈。祈禱。	渠希切。祈報皆祭名。祈者，謂有災變而號呼告神以求福也。引申之，凡有求請皆曰祈。
求 平 求 qiú 音裘。向人乞取曰求。求討。拜求。	渠尤切。求本裘之古文，今專用為求請之求。	 求雨圖	

乞

去　入

乞 qǐ qì

音乞。求也。乞兒。乞食。音器。與也。

去訖切。氣之本字也。叚借為乞貸之乞，如乞言、乞盟是也。引申之，因人之乞而與之亦曰乞，如《漢書》“吏卒更乞匄之”是。讀去冀切。

際

去

际 jì

音祭。適逢其會曰際。際可。際遇。

子例切。兩牆相合之縫曰際，故際有界合之義。今沿用天際、無際之際，即界之義也。際會、交際之際，即合之義也。

恩

平

恩 ēn

音蒽。惠也。施人曰惠，受施曰恩。恩德。感恩。

烏痕切。凡報施相抵曰直，所施逾常曰恩。如恩科、恩詔，皆非常例也。

佑

上

佑 yòu

音右。輔佐曰佑。佐佑。保佑。

云九切。助也。通作右。又與祐同。

惠

去

惠 huì

音慧。分人以財謂之惠。恩惠。受惠。

胡桂切。从叀、从心會意。謂其心專于愛人也。《謚法》“愛民好與曰惠，柔質慈民曰惠”，皆本此意。引申之，其所施之恩亦曰惠。

平 巡	詳倫切。行視也。古者天子巡守，以巡行方伯所守之地也。近代巡撫、巡道、巡檢等官，皆謂巡察其轄地。其執查街、守門之役者曰巡捕。引申之，一周曰一巡，以天子巡守必周行四方也。又行而趦趄卻退者曰逡巡。	上 去 仗	直亮切。古作杖。言如杖之足倚也。引申之，為仗力、仗財之仗，謂仗之以為勢也。又申之為兵仗、儀仗之仗，謂仗之以為飾也。亦讀呈兩切。
巡 xún		仗 zhàng	
音旬。周察曰巡。巡查。總巡。		長上聲。憑勢曰仗。依仗。對仗。 長去聲。義同。	

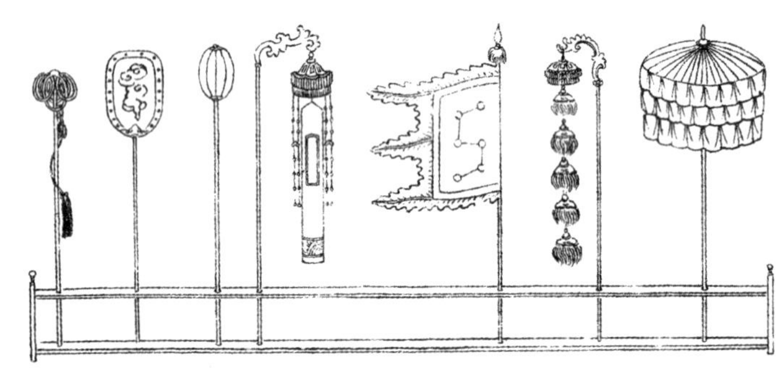

去 護	胡故切。守視也。日月相蝕，則伐鼓用幣以救護之；邊疆有警，則禦險設要以防護之。皆取守視之意。引申為監領之義，如秦漢護軍、都護等官是。又申為兼管之義，如近制以卑官攝長官事者曰護理是也。	去 伺	相吏切。古通司。察視也。乘人之不覺而察其過失曰伺察。引申謂因人之所需而侍其左右曰伺候。
护 hù		伺 sì cì	
音瓠。保衞曰護。護衞。護封。		音四。窺人之隱曰伺。窺伺。旁伺。	
飭 入	畜力切。致堅曰飭。引申為堅守亦曰飭，如飭備之飭是。凡條誡誥令，必堅詞使無遁飾，故通謂之飭。又申為戒飭、申飭之飭，而使人亦謂之飭。	上 俟	牀史切。本義，大也。叚借為竢。竢，待也。經傳竢命、竢罪之竢皆作俟。
饬 chì		俟 sì	
音敕。整齊曰飭。謹飭。飭送。		音寺。守候曰俟。俟我。久俟。	
上 遣	驅演切。釋而縱之曰遣，如遣發之遣是。引申謂委而用之亦曰遣，如差遣之遣是。	尋 平	徐心切。度名。八尺曰尋。尋所以度物。引申謂揣度以求失物曰尋，如招尋之尋是。又申謂窺度以求名理曰尋，如尋繹之尋是。
遣 qiǎn		寻 xún	
音繾。縱之使去曰遣。遣戍。		音潯。收索曰尋。尋事。尋仇。	

卷四

催（平） 催 cuī 音崔。促人成事曰催。催取。催租。	倉回切。字本作摧。如《詩》“室人交徧摧我”，言其逼迫不堪也。引申之，凡守候其事曰催。	付（去） 付 fù 音傅。以物畀人曰付。交付。收付。	方遇切。从又持物對人，有給與之意也。
促（入） 促 cù 音趗。迫狹之狀。急促。	七玉切。催促也。經史以趣為之，如《史記》“趣趙兵亟入關”，《漢書》“趣丞相急定功行封”是。又促織，蟲名。古語“促織鳴，嬾婦驚”，亦其義也。事經催促則急遽，故引申為匆促之促。人因催促則不安，故又申為局促之促。	委（上、去、平） 委 wěi wēi 音萎。積聚為委。委吏。 音餧。任使曰委。差委。委員。 音逶。自得貌。	於偽切。委積掌于《周禮》遺人。少曰委，多曰積，皆蓄聚之義。引申為原委之委，謂水流所聚也。又申為委用、委棄之委。讀於詭切。 於為切。《詩》“委蛇委蛇”“委委佗佗”，皆雍容自得之貌。又委隨、委曲，皆婉轉之意。
寄（去） 寄 jì 音記。有所依曰寄。寄託。寄生。	吉器切。託也。託足之地曰寄，如寄公、寄寓之寄是。引申之，以事託人亦曰寄，如寄政、寄命之寄是。又申為寄書郵之寄。	卸（去） 卸 xiè 寫去聲。委而去之曰卸。交卸。	司夜切。舍車解馬也。引申為凡解脱之偁，如卸任、卸罪之卸是。

去 試 试 shì 詩去聲。用人以觀其能否曰試。試驗。嘗試。	式至切。用也。如明試以功之試是也。引申為考試之試。國朝取士，自歲科、鄉、會以至殿試，皆有定格、定期。而士人出身之途，即以此為等級。	供 平 供 gōng 音恭。備物以應人之求曰供。供養。供給。	居中切。
去 驗 验 yàn 黏去聲。證諸事實曰驗。試驗。查驗。	魚窆切。本馬名。叚為考驗之驗。今有驗看月官之制，謂舉是月投選之人而考驗之。又為效驗之驗，謂考之而已著功效者也。	給 入 给 gěi jǐ 音急。與人以財曰給。分給。賞給。	居立切。相足也。如家給人足之給，言足于財用也。禦人口給之給，言足于辯才也。引申謂凡與人財物而使之贍足亦曰給，如付給、給發之給皆是。
去 辦 办 bàn 音辨。治事曰辦。辦事。嚴辦。	備莧切。本作辨。辨，判也。故為裁判事理曰辦，如科罪曰懲辦，理事曰辦理是也。今官場管理庶務，有督辦、總辦、會辦、幫辦之名。又洋行之經理者曰買辦。	需 平 需 xū 音須。待用曰需。必需。需次。	相俞切。从雨，而聲。而者須也。遇雨不進，止有所需也。今通用急需、需要之需，皆以須待為義。又《易》卦名（䷄）。

去 用 用 yòng 容去聲。操縱事權曰用。合用。用人。	余頌切。施行也。凡用人、用物之用皆是。引申之，名其所用之物亦曰用，如財用、器用之用皆是。又申為用能、是用之用，則作以字解。
去 預 预 yù 音譽。籌于事前曰預。預備。	羊茹切。凡事不應與而與者曰預，如干預之預是。引申謂未事而逆計者亦曰預。本作豫。
去 費 费 fèi 音沸。用之廣也。費用。旅費。 音秘。邑名。 音扉。姓也。	芳味切。散財物曰費，如《論語》“惠而不費”，及經費、川費之費是。費之言用也。用心力于難處亦曰費，如費解、費事之費是。又申為謝人之用心力者，如俗偁費神、費心之費是。 兵媚切。魯邑名。 父沸切。費氏，紂臣費仲之後。
蓄 入 蓄 xù 音畜。積聚曰蓄。私蓄。蓄意。	敕六切。積也。謂藏儲財物以備不虞也。引申謂含意未申亦曰蓄，如蓄疑、蓄謀之蓄是。
去 賴 赖 lài 音癩。足以相依曰賴。託賴。	落蓋切。利也。有利則可恃，故引申為依賴之賴。又申謂人之不足恃者曰無賴。
上 裹 裹 guǒ 音果。纏于四周曰裹。裹足。	古火切。包物曰裹。如《詩》“乃裹餱糧”之裹是。引申謂花萼之苞者亦曰裹。

捐

平

捐 juān

音沿。棄物曰捐。賑捐。釐捐。

與專切。棄也。以其糞除蕆污也。引申之，凡有所棄皆曰捐。如人棄世謂之捐館是也。又申之，因棄此而得彼者，即名其所得為捐。如近時捐官是也。

鋪

去　平　舖

铺 pū pù

音[illegible]。箸門鋪首也。
音敷。布也。鋪陳。鋪蓋。
音怖。店鋪之鋪。

滂漠切。鋪首以銅為之，箸于大門，所以啣環者。古或作龜蛇之形，今多作螺形。
芳無切。凡物直懸曰掛，平設曰鋪。
又俗作舖。市中鬻物者曰店，鬻物而陳于外者曰鋪。讀普故切。

募

去

募 mù

音暮。招而致之曰募。募化。募兵。

莫故切。求人曰募。如《荀子》之募選，及近日公牘之報募皆是。引申之，凡勸人以財力報効者皆曰募。

衍

上

衍 yǎn

音演。散漫無收曰衍。敷衍。繁衍。

以淺切。水溢流也。从水、从行會意。水滿則溢，故衍文、曼衍，皆以溢為義。水流必下，故衍沃、墳衍，皆以下為義。

賃

去

赁 lìn

音任。以財雇物曰賃。賃屋。召賃。

女禁切。傭也。从貝，从任。言我出財而使人任事也。引申之，凡出財典物皆曰賃。如賃房、賃田之賃是。

附

去

附 fù

音駙。相依傍也。附勢。附生。

符遇切。附婁。小土山也。與坿同，故有附益之義。如《詩》“如塗塗附”是也。引申之，凡近而可依者皆曰附。如國有附庸、縣有附郭是也。

添 平 添 tiān 音沾。以此物加彼物中曰添。加添。添補。	他兼切。本作沾。益也。俗以生子為添丁，本唐盧仝故事。
咸 平 咸 xián 音諴。與衆共之曰咸。咸豐。咸宜。	胡喦切。僉同為咸。《莊子》周、徧、咸三者，異名同實，其指一也。又《易》卦名（䷞）。
兼 平 兼 jiān 音缣。不專于一曰兼。兼金。兼備。	古嫌切。从又持禾會意。持一禾者為秉，持二禾者為兼。引申為累數之義，如兼味、兼人是也。又申為旁通之義，如兼差、兼辦是也。
共 去 平 共 gòng gōng 蛩去聲。衆聚之偁。共事。總共。 音恭。同恭。 音供。同供。	渠用切。古文从兩𠬞，象多人共事之意。引申為統共、共計之共，謂以散數合為總數也。叚借為恭，如虔共、共敬之共是。讀九容切。又叚為供，如共給、共億之共是。讀居用切。
同 平 同 tóng 音桐。反異曰同。同人。同心。同治。	徒東切。會合也。亼口曰合，冂口曰同。會意。故凡事物之不相差異者皆曰同。引申之，凡與人共事亦曰同。又申為會同之同。同人，《易》卦名也（䷌）。 又近人以訂約簽字，各執一紙者為合同。
迭 入 迭 dié 音絰。互代也。迭次。	杜結切。交相更替曰迭。如《易》“迭用剛柔”，《孟子》“迭為賓主”之迭是。

懋 去 懋 mào 音茂。美盛曰懋。懋哉。懋遷。	莫候切。懋从楙。有勉義，亦有盛大義。《書》:“德懋懋官，功懋懋賞。”上懋字即廣大之義，下懋字即勉義也。	成 平 成 chéng 音城。終事有功者曰成。成就。成功。	時征切。功卒業就曰成。引申之，以名所成之事即曰成。如《詩》“誰秉國成”是也。又申為老成之成，言其練事久也。又成、重一聲之轉，故邛一成、壇三成、臺九成之成，皆訓為重。
協 入 协 xié 音挾。和衷共濟曰協。協揆。	胡頰切。和易也。引申為相助為理之義。如大學士之有協辦，總兵之有協鎮是也。	亨 平 亨 hēng pēng 音哼。通順曰亨。元亨。亨通。 音烹。同烹。	虚庚切。與享字同，獻也。進孰物也。獻進所以通意，故引申為亨通之亨。叚為亨飪之亨。讀鋪郎切。
貼 入 贴 tiē 音帖。黏不屬者而屬之曰貼。貼補。招貼。	他協切。以此物膠附彼物曰貼。引申謂財用不足而附益之者亦曰貼，如津貼、幫貼之貼是也。	徹 入 彻 chè 音輟。通達曰徹。徹底。	直列切。通也。亦作轍。軌依于道無不達，猶事依于理無不通也。引申為徹田為糧之徹，言取貢助兩法而通之。叚借為芟除之義。如《詩》“徹彼桑土”,《論語》“不徹薑食”是。

勤 平 勤 qín 音芹。任事不倦曰勤。勤勞。辛勤。	渠斤切。勞也。無所愛其心力之謂。凡勤事必有利于人，故引申為恤難之義，如《左傳》“齊方勤我”之勤是。又申為與人親附之意，如《漢書》“通殷勤”是也。	去 暇 暇 xiá 音夏。無事之日曰暇。暇日。閒暇。	胡駕切。閒日也。引申之，躭閒亦曰暇，如自暇自逸之暇是。又休假、請假之假，實暇字之叚借。
上 勉 勉 miǎn 音免。強力而為曰勉。勉强。	美辨切。力不及而強之曰勉。引申之，欲人奮發亦曰勉，如勉勵、勸勉之勉是。	娛 平 娛 yú 音虞。賞心曰娛。歡娛。娛樂。	牛俱切。
去 勞 平 劳 láo 音牢。竭力赴事曰勞。勞碌。 牢去聲。慰人之勞曰勞。勞來。	魯刀切。从力、熒省會意。熒，火燒冂。用力者勞也。引申為賢勞、勞苦之勞。皆以心力交瘁為義。近制因効力而得奬敘者曰勞績。同一勞績，又有尋常、異常之分。因其勞而有以慰之曰勞。讀郎到切。	睦 入 睦 mù 音牧。和順也。睦鄰。親睦。	莫六切。目順也。引申之，凡人順乎我、我順乎人皆曰睦。反之則為不睦。

得 入 得 dé 音德。自我獲之曰得。得所。患得。	多則切。取也。取則為我有，故為得失之得。引申為宜字義，如相得之得是。又申為可字、能字義，如無得、不得之屬是。	去 獘 弊 弊 bì 音敝。傾覆曰弊。弊端。利弊。	毗祭切。獘，或作斃。顛仆也。如《左傳》“與犬,犬獘”之獘是。顛仆則不振，故引申為覆敗之義。如弊政、弊竇之弊是。今沿用作弊。
失 入 失 shī 音室。自我棄之曰失。失物。失禮。	式質切。从手，乙聲。謂物在手而奪去也。引申謂物無意置之曰失，如遺失之失是。遺棄則不能無過，故又申為過失之失。	去 曠 旷 kuàng 音壙。空廓曰曠。曠功。曠事。	苦謗切。明也。凡廣大之區，必明且敞，故引申為曠野之曠。又申為空曠之曠，如曠安、宅曠庶官是也。
去 徧 遍 遍 biàn 編去聲。周匝也。周徧。徧地。	卑見切。于所限之界無不及謂之徧。以地言，如《公羊傳》“不崇朝而雨徧天下”是。以人言，如《詩》“室人交徧摧我”是。俗作遍。	去 廢 废 fèi 音癈。反興為廢。言事不舉也。廢事。荒廢。	放吠切。屋頓也。屋傾圮則無用，故引申為廢材、廢物之廢。無用則可棄，故又申為廢置、廢撤之廢。

去 棄 弃 qì 音器。廢置曰棄。拋棄。棄人。	去冀切。凡不適于用而置之曰棄，如棄物、棄材之棄是。也引申謂荒嬉而不盡其才者曰自棄。	輟 入 辍 chuò 音啜。事中止也。輟業。輟朝。	陟劣切。本義。車小缺復合也。故引申為暫止之意，如或作或輟之輟是。
停 平 停 tíng 音廷。止于其處曰停。停留。居停。	特丁切。本作亭。行旅宿食之所也。宿食必少住，故亭亦有少住義。後加人旁作停。	妨 平 妨 fáng 音芳。事有阻礙曰妨。妨害。無妨。	敷房切。
上 止 止 zhǐ 音紙。停阻曰止。禁止。	㞢 諸紙切。下基曰止。象艸木之出有址，故亦以止為足也。引申之，凡居其所而不動者曰止。以物理言之，凡動者不自止，止則必有阻之者，故又為阻止之止。又申為舉止、行止之止。	去 礙 碍 ài 音礙。有所隔閡曰礙。關礙。礙事。	牛代切。止也。止之使不能進也。引申之，凡事理有所牽制而不獲暢行者皆曰礙。

去

欠

欠 qiàn

謙去聲。負人錢曰欠。虧欠。欠債。

去劍切。張口運氣曰欠，如欠伸之欠是。欠則氣不足，故引申謂財物不足而負人者亦曰欠。

上

窘

窘 jiǒng

君上聲。為境所迫曰窘。枯窘。窘況。

巨隕切。迫狹不能自由曰窘。故艱于行路曰窘步，處于窮乏曰窘景。引申之，凡為人所困辱者亦曰窘。

乏

入

乏 fá

音伐。資用不繼曰乏。窮乏。力乏。

扶法切。反正為乏。正所以受矢，故乏以避矢為本義。叚為貶損之義，謂窘無資財也，如乏絕、匱乏之乏是。引申為無字義，如乏善、乏術之乏是。

卻

却 入

却 què

羌入聲。退讓之意。推卻。卻之。

乞約切。从卩。有節制之意。卻聘、卻幣之卻，謂其節欲不妄取也。卻行、卻坐之卻，謂其節身不妄進也。叚為白駒過卻之卻，義與隙同。俗作却。

窮

平

穷 qióng

音窮。事之極境之困也。固窮。窮人。

渠弓切。窮者，至乎其極無以復加之意，如《禮記》“窮高極遠”是也。與窘音近，故叚為窮困、窮乏之窮。

上 去

免

免 miǎn wèn

音勉。舍而得脫曰免。幸免。免稅。音問。喪服之輕者。

美辨切。本作俛。亦作頫，从頁、从逃省會意。故引申為舍縱之義，如去冠曰免冠，避席曰免席，仕者革職曰免官，婦人生子曰免身是也。
文運切。袒免，喪服之殺者。其制以布廣一寸，从項中前交于額上，又卻向後繞于髻。

冒

去

冒 mào

音耄。託名曰冒。冒充。感冒。

莫報切。冒者，蒙也。蒙其名以妄作，如招摇撞騙等類，均有不知分量之意。引申之為冒昧、冒犯，皆狀其無知之態也。

別

入

別 bié

鞭入聲。相分曰別。區別。辨別。

便入聲。相離曰別。分別。

必列切。字本作𠜱。本義為《周禮》"傅別"之別。大書一札，中破別之，兩家各得一，如今合同聯單是也。引申為夫婦有別、男女有別之別，謂不可混合也。別有離意，故又申為別離之別。讀避列切。

串

去

串 guàn chuàn

音貫。狎習也。

音釧。物相連貫曰串。錢串。串謀。

古患切。與慣通。習以為慣常也。引申謂相與暱近之人曰親串。

樞絹切。本作毌。穿物持之也。引申之，凡聯散為一者皆曰串。如倉庫收帖曰串子，聚衆合謀曰串通是也。

競

去

竞 jìng

音倞。不屈于人曰競。争競。競渡。

具映切。篆文从二人、从誩。凡以言相争曰誩，故競有争義。今譯《天演論》，以物競為進化之因，言萬物各争生存，劣者亡而存者皆優矣。

演

上

演 yǎn

音衍。引而申之曰演。演劇。

以淺切。水流也。水流愈引而愈長，故申之為演義、演説之演，言引長其辭義也。

《天演論》為英士赫胥黎所著，其義主乎以人持天，自衛種族。近人已有譯本。

割

入

割 gē

音葛。裂取也。割雞。割烹。

居曷切。平分為切，少截為割。如割地、割肉之割是。又算術八綫，自圜心作斜綫至正切相交處為正割綫。而弧之餘割，即餘弧之正割也。

切（入） 切 qiē 音竊。斷堅曰切。切磋。切實。切要。切齒。	千結切。治骨角謂之切。引申為凡治堅物之偁。凡堅物質點相距最近，切之者離其相近之點，故又申為切近之切，更申為急切之切。 又音學。以子母二音合而成聲曰反切。算學：八綫有正切、餘切綫。	賸（去） 剩 shèng 音孕。物加送曰賸。 音乘。物有餘曰賸。	以證切。以物與人而益以他物曰賸。猶以女嫁人而副以他女曰媵。 實證切。物較少而益之曰增，物較多而有餘曰賸。俗作剩，非。
鬧（去） 闹 nào 音淖。人聲嘈雜曰鬧。鬧事。吵鬧。	奴教切。本作譟。从言，喿聲。羣鳴也。後乃沿用鬧字。从門、从市，取市中煩囂之意。引申謂往來擾攘曰鬧熱，彼此執競曰爭鬧。	鬭（去） 斗 dòu 兜去聲。兩相持曰鬭。鬭力。鬭智。械鬭。	丁候切。相接曰鬭，如木工鬭筍之鬭是。引申之，以兵仗相接、以心思相爭皆曰鬭。則與鬥同義。

上 罷 平 罢 bà pí 音憊。事停而不理曰罷。罷了。 音皮。勞瘁也。罷病。	部買切。从网，从能。言賢能入罔即貰遣之也，故人臣去職曰罷官。罷則不預其事，故引申謂事止曰罷。又申謂勞頓不勝事者曰罷，與疲同義。讀蒲縻切。	完 平 完 wán 音桓。物無虧缺曰完。完固。完人。	胡官切。完者，全也。無所損失之謂也。引申謂因損失而整治之亦曰完，如舜之完廩是也。今俗以事畢為完事，亦取始終完全之意。
歇 入 歇 xiē 音蠍。休息曰歇。歇夏。	許竭切。力竭也。引申謂養力曰歇，如安歇之歇是。歇則無所事事，故又申為凡罷事皆曰歇，如俗所謂歇業、歇工是也。	畢 入 毕 bì 音必。事之終也。禮畢。畢竟。	壁吉切。田網也。从田、从芉。象形，如《詩》“畢之羅之”是。叚借為竟字義，如畢事、畢業之畢是。亦作盡字義，如畢至、畢來之畢是。
上 了 了 liǎo 聊上聲。終事曰了。未了。過了。	盧鳥切。手攣曰了。故从子無臂。叚借為了然、了了之了，曉解也。又為了結、完了之了，事畢也。	訖 迄 入 讫 qì 音鈇。畢也。收訖。付訖。 音汔。至也。迄今。迄此。	居乙切。事竟也。凡事以自始至終為竟。故引申之，自前至後、自彼至此皆曰訖。或作迄。如《詩》“以迄于今”，《書》“聲教訖于四海”皆是。讀許乙切。

卷四

去 狀 状 zhuàng 音淋。貌其形曰狀。形狀。狀元。	助亮切。狀，犬形也。引申之，為凡形物之偁，如狀貌、情狀之狀是。又申之以言語形容其狀亦曰狀，如功狀、罪狀、告狀之狀是。	去 肖 肖 xiào 音笑。相似曰肖。酷肖。肖子。	私妙切。骨肉相似也。引申之，凡似者皆曰肖，凡不似者即曰不肖。如《孟子》“丹朱之不肖，舜之子亦不肖”是。
上 儼 俨 yǎn 嚴上聲。莊嚴之貌。儼然。	魚檢切。昂頭也。有肅敬之義。故《論語》“望之儼然”之儼，訓為莊。至儼若、儼有之儼，又儼然之義所引申也。	上 長 平 长 cháng zhǎng 音場。短之對也。長短。長安。 音掌。爵尊齒高皆曰長。長幼。長官。	仲良切。倍其丈尺為長。引申為長久、優長之長。 展兩切。年高曰長。長子之長，謂其年長于衆子也。家長之長，謂其長于一家也。至君長、長上之長，則以位之尊而長之。
上 宛 平 宛 wǎn yuān 音琬。酷肖其形曰宛然。宛宛。委宛。 音鴛。大宛。漢西域國名。	委遠切。屈艸自覆也。邛上有邛曰宛邛，亦取自覆之意。又狀物之儼然者曰宛，如《詩》“宛在水中央”是。 於袁切。漢大宛國，當今霍罕地。	上 短 短 duǎn 端上聲。不長曰短。日短。短小。	都管切。橫用之器矢最短，豎用之器豆最短。故从矢、从豆會意。引申之，凡不長者皆曰短。如短兵、短折之短是。短又少之之詞，故翹人之過亦曰短。

侔 平 侔 móu 音謀。齊等之意。相侔。不侔。	迷浮切。	去 亢 平 亢 háng kàng 音岡。人頸曰亢。搤亢。糠去聲。無所卑屈曰亢。高亢。	古郎切。人頸也。从大省，象頸脈形。推之鳥嚨，亦名為亢。 苦浪切。高也，極也。亢志、亢節之亢，以高為義。亢龍、亢寵之亢，以極為義。又東方有四星名曰亢。
上 厚 厚 hòu 候上聲。薄之對也。厚薄。寬厚。	很口切。厚與㫗同音異義。厚專指山陵之㫗而言，今通用厚。又凡不薄者皆曰厚，如厚重、長厚之類是。	卑 平 卑 bēi 音盃。對尊而言曰卑。對高而言亦曰卑。卑職。卑下。	逋眉切。卑賤也。用為凡謙遜之偁。賤者必下，故下溼之地亦曰卑。
薄 入 薄 báo bó 音泊。物質單者謂之薄。薄情。澆薄。音博。迫也。	傍各切。艸叢生曰薄，轉為帷薄、蠶薄之薄。簾也。又叚為厚薄之薄。 迫各切。相逼迫也。如《易》“雷風相薄”，《左傳》“薄而觀之”是。傍晚曰薄暮，亦言迫近于暮也。	上 巨 巨 jù 渠上聲。事物之大者曰巨。巨細。巨資。	其吕切。矩之本字也。通訓為大，如巨川、巨室之巨是。萬萬曰巨萬，亦謂數之大者也。

去 **細**

入

细 xì

音壻。巨之反也。粗細。細行。

蘇計切。微也。引申為精細、詳細、子細，謂其處事精詳，不遺纖微也。更申之，行纖微之惠即曰細人，伺纖微之事即曰細作。

上 **藐**

藐 miǎo

音眇。貌之小者曰藐。藐小。藐視。音邈。美也。

亡沼切。小也。凡小視人者通謂之藐。又叚為美盛之偁，如《詩》“既成藐藐”是。讀莫角切。

平 **微**

微 wēi

音薇。渺小曰微。微細。微生物。

無非切。微細之微本作散，今通用微。空氣中有微物焉，以顯微鏡照之，種類甚多，難以分晰，因總名為微生物。此物著于他物，他物即發酵腐敗；著于人身，人即病瘟疫、肺癆、瘋癲等症。泰西醫學家考之最精。

上 **渺**

渺 miǎo

音眇。曠遠之貌。微渺。渺茫。

彌沼切。《説文》無渺字。大徐《新附》：“淼，大水也。从三水。”或作渺。水大則浩瀚瀰漫，一望無際，故引申為杳渺之渺。又申為傷遠之詞，如沿用之“渺渺予懷”是也。

上 **小**

小 xiǎo

蕭上聲。凡不大者皆曰小。小人。大小。

川 先了切。从八、丨會意。八者，分別也。物質愈分則愈小，故申為小大之小。因其小而小之亦曰小。

上 **杳**

杳 yǎo

音窅。日將西匿曰杳。杳然。杳杳。

烏皎切。冥也。从日在木下，言日晡則反景上照于桑榆也。又古言若木為日所升降，故日在木上為杲，日在木中為東，日在木下為杳。引申為深遠之意，如杳渺之杳是。

邈

入

邈 miǎo

音懇。曠遠之貌。幽邈。邈邈。

莫角切。

稀

平

稀 xī

音希。不密曰稀。稀疏。古稀。

香依切。疏也。與希通。

幽

平

幽 yōu

音呦。隱曲之處曰幽。幽居。幽明。

于尤切。幽有深遠難明之意。故字从山、从丝。與隱、陰字从阜同意。幽人、幽谷之幽，亦謂其隱晦也。

密

入

密 mì

音蜜。深藏不露謂之密。秘密。密電。

覓筆切。山如堂者密，謂其隱曲而不露也。故幾密、慎密之密，皆以不露為義。引申為稠密之密，如《易》“密雲不雨”是。更申為密近之密，如《書》“密邇王室”是。

寂

入

寂 jì

音籍。虛無人聲曰寂。寂寞。閒寂。

前歷切。本作宗。重文作詠。無人聲也，如寂寞之寂是。引申為空無人民之貌，如寂寥之寂是。

闊

入

阔 kuò

音适。寬廣曰闊。疏闊。闊大。闊人。

苦活切。疏也。疏則寬而不密，故申為寬闊之闊。久不相見曰闊別，亦謂久別情疏也。

狹 入 狭 xiá 音匣。不濶曰狹。狹窄。隘狹。	下甲切。隘也。人無包容之度曰量狹，途不能暢人之行曰路狹。又與狎通。暱也。狎暱亦作狹暱。	詳 平 详 xiáng 音翔。不簡畧曰詳。詳細。上詳。	徐羊切。審議也。引申為反覆推求、無少遺漏之偁。今州縣判牘定讞後，必詳其事於上吏，謂之詳文。
精 平 精 jīng 音晶。明潔曰精。精力。妖精。	子盈切。擇米曰精。引申之，凡擇之已純皆曰精。其屬於人身者為精神、精氣之精。藏精有囊，在膀胱底與直腸中。精質分為三：一精液，無色通明；一精珠，四千箇長一寸；一蝌蚪生元，五百箇長一寸。	略 入 略 lüè 音掠。麤舉大端謂之略。略地。七略。	離灼切。从田，各聲。亦會意字，謂經略土地各正疆域也。引申之，凡有條理者皆曰略，如韜略、方略是。反之為疏略、忽略，言不以條理剖白之也。又奪於室曰搜，奪於道曰略。係掠字之叚借。
麤 平 粗 粗 cū 音粗。不精曰麤。麤厲。麤細。	倉胡切。行超遠也。謂二鹿逐一鹿之後，其行故超遠也。逐則步大而莽，故麤又有麤大、麤鹵之偁。麤糲之麤，則為粗之叚借字。粗，疏也。與麤別。今通用。	卓 入 卓 zhuó 音涿。特立不羣謂之卓。堅卓。卓絶。	側角切。卓从匕、从早，為高遠異常之皃。故器度異常曰卓犖，政治異常曰卓異。又卓然、卓爾皆形容之詞，亦以其人之超越乎尋常也。

去 異 异 yì 移去聲。翹然獨出曰異。異姓。異數。	羊吏切。不同曰異，如異名、異趣是。反常亦曰異，如奇異、妖異是。又為特别之義，如事之可貴者曰珍異，物之超出乎凡庸者曰異等是。	去 藹 蔼 ǎi 音靄。容止可親曰藹。藹然。和藹。	於蓋切。樹木繁茂皃。引申為凡茂盛之稱。《詩》“藹藹王多吉士”，謂賢士之盛，有如林木也。又美言曰藹，如韓文“仁義之人其言藹如”是。
上 挺 挺 tǐng 音艇。特出有力曰挺。挺拔。勁挺。	待鼎切。挺从手，言手持物而挺出之也。引申為挺身、挺胷之挺。	兢 平 兢 jīng 音矜。戒懼曰兢。戰兢。兢兢。	居陵切。兢之義取諸敬，言敬慎自持也。凡經傳所稱兢兢，皆戒謹恐懼之意。
上 矯 矫 jiǎo 驕上聲。卓爾不羣曰矯。矯詐。矯然。	居夭切。揉箭箝也。故正曲使直曰矯。引申為矯枉、矯情、矯飾之矯，更申為矯命、矯制之矯。至《中庸》“强哉矯”，《詩》“矯矯虎臣”，皆趫之叚借字。	上 靖 靖 jìng 音穽。安定曰靖。靖共。	疾郢切。安也。使之相安亦曰靖。如《詩》“肆其靖之”,《傳》“君務靖亂”之靖是。

燦（去） 灿 càn 音粲。爛然大備曰燦。燦爛。燦燦。	倉案切。通作粲。	綽（入） 绰 chuò 音婥。有餘裕也。寬綽。綽綽。	昌約切。寬然有餘曰綽。詞賦中綽態、綽約，亦言其美麗之有餘也。
穆（入） 穆 mù 音目。淵然以深曰穆。静穆。	莫卜切。禾也。叚借為昭穆之穆。宗廟主敬，故又訓為敬，如《書》“我其為王穆卜”是。又重言形况字。有以美言者，如“穆穆文王”，狀其容止之美也。有以多言者，如“天子穆穆”，狀其威儀之多也。	裕（去） 裕 yù 音諭。綽有餘地曰裕。寬裕。裕民。	俞戍切。衣物饒也。引申為凡寬饒之偁。
赫（入） 赫 hè 音黑。聲勢大張謂之赫。赫赫。赫然。	郝格切。赫，火赤貌。从二赤，謂赤之盛也。引申為炫赫、顯赫、赫赫，言聲勢發揚如火之赤也。	悠（平） 悠 yōu 音由。深長思也。悠久。悠悠。	以周切。憂思也。憂思則久而不輟，故引申為悠遠之悠。

上 永 永 yǒng 音栐。遠且長者謂之永。永遠。永年。	于憬切。永為水長皃，如《詩》“江之永矣”是。永懷、永賴、永終之永，皆從長義引申。	豐 平 丰 fēng 音酆。充盛曰豐。豐滿。豐收。	敷戎切。豆之豐滿者也。从豆、从山會意。山取其高大，丰丰象滿形，引申為凡充滿之偁。如草盛曰豐草，大有年曰豐年，皃肥滿曰豐盈之類。又卦名（䷶）。
上 普 普 pǔ 音浦。大無不徧曰普。普天。普通學。	滂古切。本作暜，日無色也。日無色則遠近皆晦，故申為普徧之普。	碩 入 硕 shuò 音石。大也。碩鼠。碩人。	常隻切。頭大也。引申為凡大之偁。
去 太 太 tài 音汰。過於尋常曰太。太平。太少。	他蓋切。古作大。亦叚作泰，極至之詞。如太空、太上之太，言空之至、上之至也，俗語太好、太多之太。言好之至、多之至也。	隆 平 隆 lóng 音癃。豐盛曰隆。隆冬。興隆。	良中切。盛大也。

盛（去／平）	盛 chéng shèng	音成。以器受物曰盛。粢盛。成去聲。氣象昌熾曰盛。盛衰。	氏征切。受也。黍稷曰粢，在器曰盛，謂盛黍稷於器也。引申之，器能容物皆曰盛。丞政切。盛者，衰之對也。
熙（平）	熙 xī	音僖。光明盛大之皃。康熙。熙朝。	許其切。燥也。謂火之燥烈也。火烈則光明，故光明曰熙，如緝熙、純熙是。光明則廣大，故廣大曰熙，如庶績咸熙、熙帝之載是。衆人熙熙之熙，俟嬰之叚借字。
彬（平）斌	彬 bīn	音豳。文質適均曰彬。彬彬。	悲巾切。《説文》作份。亦作斌，文質備也。謂其相雜成章，無畸輕、畸重之弊也。
宏（平）	宏 hóng	音紅。廣大曰宏。宏大。寬宏。	平萌切。屋深響也。深大之屋，放聲一呼，聲浪着壁傳回，如應響然。故字从宀，厷聲，亦會意也。引申之，凡聲之大者曰宏。如《考工記》贏屬“大聲而宏”是也。又申為凡寬大之偁。與紘、閎、洪通。
炳（上）	炳 bǐng	音丙。明照曰炳。烺炳。炳然。	兵永切。明也。从火，丙聲，如火之明光畢照也。
崇（平）	崇 chóng	音漴。高大曰崇。高之大之亦曰崇。崇高。崇德。	鉏中切。从山，宗聲。中岳為山之宗，故嵩山亦曰崇高山。引申為尊崇之崇。叚借為終。崇朝，終朝也。

巍 平	語韋切。高也。重言形況字，如《論語》“巍巍乎”是。俗省作魏。又申為獨立之皃，如《莊子》“魏然而已”是。	溥 上	滂古切。溥，水大也。引申為大無不徧之偁。義與普通。
巍 wēi		溥 pǔ	
音嵬。山形高峻謂之巍。崔巍。巍峩。		音普。廣大曰溥。溥大。溥通。	
峻 去	須閏切。高出地上謂之峻，言高峭非常也。峭則險厲可畏，故引申為峻文、峻法之峻。	浩 上	合老切。浩為水流盛大之貌，與汪洋同意。亦作灝。引申為凡盛大之偁。
峻 jùn		浩 hào	
音浚。峭高曰峻。峻險。嚴峻。		音皓。大也。浩蕩。浩浩。	
洪 平	胡公切。大水也。洪荒、洪鈞之洪，皆引申大字之義。	汪 平	烏光切。水勢盛大謂之汪，水停不流亦謂之汪。《左傳》“尸諸周氏之汪”，謂池之汙濁者也。
洪 hóng		汪 wāng	
音紅。洚水曰洪。洪大。洪鐘。		音尪。狀水之深廣也。汪洋。汪汪。	

渥 入 渥 wò	乙角切。渥，本義為水之漬。漬，浸潤也。引申為寵渥之渥，言恩澤之多。如水之漸漬不已也。	沖 平 沖 chōng	直弓切。水從穴中震動也。引申之，凡震動者皆曰沖，如《素問》“惋則沖陰”是。沖又叚為幼小之偁，如沖子、沖人之沖是。
音握。水厚漬也。優渥。渥赭。		音蟲。水深動皃。沖動。沖齡。	
滔 平 滔 tāo	他刀切。水漫漫大也。引申為流而不返之意。	浄 去 浄 jìng chéng	才性切。潔浄之浄本作瀞，今通用浄。浄之本義，為魯北門城池也。其門曰浄門，即因池水而名。讀士耕切。今其音義已晦。
音叨。水流浩蕩之貌。滔天。滔滔。		音穽。無垢曰浄。潔浄。明浄。	
蕩 上 荡 dàng	待朗切。蕩者，水流浩蕩也。引申為廣遠之皃。務為廣遠，則不拘小節，故又申為蕩檢踰閑之蕩。	滑 入 滑 huá gǔ	户八切。《素問》脉分大、小、滑、濇、浮、沈。滑者，往來流利也。引申之，人之流利過甚者曰狡滑。又言之流利過甚者曰滑稽。讀古忽切。滑，古與猾同。
音盪。大也。浩蕩。放蕩。		音猾。溜而不滯也。滑澤。路滑。音骨。義同。	

玲 平 玲 líng 音靈。狀玉之聲也。	郎丁切。玉聲也。其聲泠泠然明且清也。引申之，凡人物明爽可喜者亦曰玲瓏。	尖 平 尖 jiān 音漸。物端銳者曰尖。尖頭。筆尖。	子廉切。本作殲。俗作尖。末銳而小之謂。
瓏 平 珑 lóng 音龍。玉聲也。玲瓏。	力鍾切。禱旱玉也。从玉、从龍會意。以雲从龍，雲行則雨也。引申為玉度鏗鏘之聲。	上 扁 平 扁 biǎn piān 音區。器不圓也。扁額。音篇。小舟曰扁舟。	補典切。从户、冊會意。署門户之文也。叚借為不圓曰扁，如《漢書》三韓生兒欲其“頭扁”是也。 紕延切。
團 平 团 tuán 音摶。形之圓者曰團。團圞。團扇。	徒官切。團，圓也。俗名瓜蔞為黄團，亦以其形之圓也。物之圓者必有結力，故引申為團結不解之團。今集衆以衛鄉里曰團練。有民團、鄉團、漁團等名，即此意也。	上 豎 竖 shù 音裋。直立曰豎。建豎。童豎。	上主切。凡柱石峙立者謂之豎，使物峙立亦謂之豎。又訓為小。故童僕未冠者曰豎，内庭小臣亦曰豎。他如豎儒、豎子，亦皆小視人之稱。

去 硬 硬 yìng 額去聲。質堅白硬。强硬。硬弓。	五更切。从石。謂石之堅也。引申之，凡類石之堅者皆曰硬。	實 入 实 shí 音失。中質充滿曰實。實缺。虛實。	食質切。凡物充積於中者謂之實。故字从宀、从貫，言貨貝相積而成富實也。實則確有可指，故凡不虛者皆曰實，如事實、誠實之實是。引申為華實之實。花曰華，果曰實。
堅 平 坚 jiān 音肩。牢不可破曰堅。堅固。堅利。	古賢切。剛勁也。堅定、堅實之堅，以剛為義。中堅、堅壁之堅，以勁為義。	去 鈍 钝 dùn 音遯。不利曰鈍。利鈍。頑鈍。	徒困切。从金，屯聲。金主殺，取其鋒之利也。不利則鈍，故俗稱刀口無鋒謂之鈍。引申為遲鈍、駑鈍之鈍，言人性不敏，如鋒之不利也。形學以大於九十度之角為鈍角，亦取不鋒利之意。
確 入 确 què 音殼。堅不可移曰確。的確。確實。	苦角切。本作塙。亦作碻。確有堅實之意，故事之堅守不易者曰堅確，言之切實不移者曰確切。	去 鋭 锐 ruì 音叡。鋒利曰鋭。鋭氣。英鋭。	于芮切。鋭，芒也。謂物之有鋒芒者也。引申之，勇往直前亦曰鋭，如鋭進之鋭是。形學以小於直角之角為鋭角，謂其角尖鋒鋭也。

曲 入 曲 qǔ qū 音促。不直曰曲。曲直。唱曲。	側角切。古文作[illegible]，漢隸作[illegible]。均象不方正之形也。曲士、曲池，皆取其義。引申之，不直亦為曲，如委曲、曲折之曲是。篆文作[illegible]，則象蠶薄形。	上 妥 妥 tuǒ 音峎。安置不頗曰妥。平妥。妥貼。	吐火切。
缺 入 缺 quē 音闕。由盈而虧曰缺。缺貨。補缺。	苦穴切。瓦器破也。因謂凡破損者曰缺。引申為欠缺之缺。今實任官曰實缺，謂其官缺人而以之充補也。後遂有選缺、調缺、開缺、出缺等名。	融 平 融 róng 音瀜。鎔散曰融。融和。通融。	以中切。炊氣上出也。引申為朗，如《左傳》“明而未融”是。通訓為長，如《詩》“昭明有融”是。又重言形況字。融融，和樂皃。又火正曰祝融，亦從明朗之義引申。
上 穩 稳 wěn 温上聲。安妥曰穩。穩當。安穩。	烏本切。	均 平 均 jūn 音鈞。平徧曰均。均平。均分。	規倫切。从勻、从土會意。周制以土均齊天下之政，而民得其平，故以平訓均。古者天子設四代之學曰成均，亦所以齊一天下也。即今國子監之制。

匀

平

匀 yún

音云。物平分謂之匀。調匀。匀稱。

羊倫切。匀與均同意，言調平周徧，不使有多少之分也。

散

上　去

散 sǎn sàn

音傘。漫無歸束曰散。散學。閒散。
音鏾。義同。

蘇旱切。分離曰散。引申為聚散、放散與丸散之散。又讀蘇旰切。

坦

上

坦 tǎn

灘上聲。寬平曰坦。坦白。平坦。

儻旱切。平直不頗謂之坦，如履道坦坦之坦是。引申之為坦白之坦，謂人耿直無私，若大路之平坦也。今稱人壻亦謂之坦，本王羲之坦腹東牀故事。

紛

平

紛 fēn

音芬。繁亂曰紛。紛紜。紛繁。

府文切。馬尾韜也。馬尾散亂，韜以束之也。引申之，亂而無所歸束者皆曰紛。

整

上

整 zhěng

征上聲。齊飭之貌。整理。整容。

之郢切。齊也。亂而齊之曰整頓，齊而不亂曰整齊。

紜

平

纭 yún

音雲。猶紛也。紛紜。

于分切。本作䰗。物數棼亂曰紛䰗。紛、䰗疊韻，連語詞也。

迅

去

迅 xùn

音信。疾也。迅速。迅雷。

思晉切。从卂、从辵會意。疾行也。引申為凡疾之稱。

緩

上

缓 huǎn

音浣。故為寬假曰緩。遲緩。緩步。和緩。

胡管切。綽也。寬綽則有舒遲之意，故又訓遲，如緩行、緩圖之類。

猝

入

猝 cù

音猝。悤遽曰猝。倉猝。猝然。

麤没切。犬从艸暴出逐人也，有急不暇擇之意。經傳多以卒為之。

緊

上

紧 jǐn

音謹。急迫曰緊。緊要。加緊。

居忍切。从臤、从絲省會意。纏絲急也。引申之，凡不寬者皆曰緊。

徐

平

徐 xú

序平聲。從容不迫曰徐。徐行。舒徐。

祥於切。徐為寬舒和緩之意，言其狀之自在流行也。

迫

入

迫 pò

音百。急促曰迫。急迫。逼迫。

博白切。迫有無可如何之意。人以事窘我謂之迫，我以事窘人亦謂之迫。

艱 平 艰 jiān 音閒。難也。艱難。艱險。	居閑切。土難治也。引申為不易之偁，如艱窘、艱澀、艱苦之類是。今人親没曰丁艱，謂當人生最難堪之境也。	窒 入 窒 zhì 音挃。阻隔曰窒。穹窒。	陟栗切。塞也。由此之彼而中有所阻則謂之窒。引申為凡有阻止者皆曰窒，如窒礙之窒是。
去 難 平 难 nán nàn 音蘿。不易之偁也。難事。難易。 音䪥。患也。難經。患難。	那干切。古作鷜。鷜，鳥也。叚為艱窘之義，如艱難之難是。引申之，以難事窘人曰難，如問難之難是。為人所窘亦曰難，如禍難之難是。均讀乃旦切。	雜 褋　入 杂 zá 音蘼。不純曰雜。雜貨。繁雜。	徂合切。古作褋。从衣，集聲。駁彩也。言五彩相合成文也。引申之，凡駁而不純者皆曰雜。
去 滯 滞 zhì 音彘。不流通曰滯。拙滯。沾滯。	直例切。凝也。對流而言。	上 瑣 琐 suǒ 音貨。繁碎曰瑣。瑣屑。瑣碎。	蘇果切。从玉，貨聲。玉聲之細碎者，故引申為凡細小之偁。

卷四

繁 平 緐 fán 音煩。衆多也。繁華。緐雜。音盤。馬腹帶也。緐纓。	符袁切。本訓馬鬣飾也。古文作緐，从糸、从每會意。每者，草盛上出皃。鬣飾如之，故謂之繁。繁則雜而難理，故申為繁亂之繁。 蒲官切。	去 贍 赡 shàn 苫去聲。饒富曰贍。贍家。典贍。	時豔切。贍，足也。
上 爽 爽 shuǎng 音塽。明敞曰爽。清爽。爽氣。	疏兩切。明也。故天甫明曰昧爽。引申為地之高明者曰爽，如爽塏之爽是。德足以比明者亦曰爽，如競爽之爽是。又叚為過忒之義，故二三其德曰爽德。	充 平 充 chōng 蹖平聲。盈滿曰充。充滿。充足。	昌中切。本義育子長大成人也。引申為充斥、充實之充。言物之充積於中，如人之由少而壯，精力充足也。充則必塞，故更申為充塞之充，如《詩》“褎如充耳”是。
上 敞 敞 chǎng 音廠。高平之地曰敞。宏敞。張敞。	昌兩切。平治高土，可以遠望也。寬敞、軒敞之敞，皆自此引申。	去 暢 畅 chàng 音悵。條達曰暢。暢言。通暢。	丑亮切。無所留滯謂之暢。暢者，滿意之詞。故引申為暢快之暢。

增 平 增 zēng 音曾。以物相積累曰增。增益。增廣。	咨登切。增从土。以土相積也。積則漸高，故凡累加者皆曰增。	上 損 損 sǔn 孫上聲。物減少曰損。損益。損卦。	蘇本切。減也。引申為損益之損，更申為損傷之損。又《易》卦名（☶☱）。
益 入 益 yì 嬰入聲。加多曰益。增益。損益。	伊昔切。加也。从水在皿上會意。引申之，加於我者亦曰益，如有益、利益之類是。又《易》卦名（☴☳）。	去 空 平 空 kōng kòng 音崆。中虛曰空。空氣。司空。 音控。窮乏也。屢空。	苦紅切。竅也。从穴，工聲。經傳亦以孔為之，如空穴、空道之空是。孔必中空，故引申為空虛之空。天亦曰太空，言天本空洞無物也。又申為空乏之空。讀苦貢切。
虧 平 亏 kuī 音墟。由盈而缺曰虧。盈虧。虧本。	驅為切。虧，气損也。引申為損缺之偁。	虛 平 虛 xū 音祛。大邱曰虛。邱虛。 音噓。物中空謂之虛。虛心。	去魚切。邱也。如《詩》“升彼虛矣”是。字亦作墟，引申為空虛之虛。讀休居切。又星名，《書》“宵中星虛”是也。

入 竭 竭 jié 音傑。無餘曰竭。竭盡。川竭。	渠列切。盡也。盡澤之水曰竭澤，盡人之力曰竭力。	上 顯 显 xiǎn 音憲。彰明易見謂之顯。顯達。顯微鏡。	呼典切。从頁、从㬎會意。言首飾之光明也。引申為明顯之顯，又申為貴顯之顯。
上 盡 尽 jìn 秦上聲。空諸所有曰盡。盡興。盡性。	慈忍切。器中空也。空則無餘，故申為盡心盡力之盡。又申為盡室偕行之盡。	平 彰 彰 zhāng 音樟。表見於外曰彰。昭彰。彰著。	諸良切。彰从彡、从章。文章也。引申為表彰之彰，謂文章之見於外也。
上　去 隱 隐 yǐn yìn 音檃。不顯曰隱。隱約。隱憂。 音檼。倚也。隱几。	倚謹切。蔽也。蔽則深藏不可見，故逃身僻地曰隱士。引申之，可隱其身即曰隱，如《傳》“隃隱而待之”。隱者，短牆也。又為隱痛之隱，如《孟子》“王若隱其無罪而就死地”是。 於靳切。凴也。如《孟子》“隱几而卧”是。	平 痕 痕 hén 音亨。著跡曰痕。酒痕。苔痕。	户恩切。創瘢曰痕。引申為凡痕跡之痕。

觸 入 触 chù 衝入聲。突與物遇曰觸。感觸。觸機。	樞玉切。觸从角。有角之獸，多以角撞物，故謂之觸。引申為感觸之觸，如觸怒、觸愁是。西國有觸牛之戲，謂以牛角兩相觸也，如中國鬬雞然。	裂 入 裂 liè 音列。整者破之曰裂。決裂。裂縫。	力辥切。繒餘也。从衣、列會意。引申為衣裳綻裂之裂，又申為凡物破裂之裂。
去 透 透 tòu 偷去聲。通徹曰透。透達。	他候切。過也。過則無不通，故又訓為通。	轟 平 轰 hōng 音橫。羣車聲也。轟擊。	呼宏切。从三車會意。羣車齊行，聲浪重疊傳遞，聲轟轟然也。雷聲與車聲相若，故又為狀雷聲之詞。引申之，凡有轟然之聲者，皆得以轟狀之。

延 平 延 yán 音綖。緜長曰延。遲延。延壽。	以言切。長行也。永年曰延年，即取延長之義。至引賢使進曰延攬，遲留不前曰遷延，則又從行字所引申也。	突 入 突 tū 音葖。猝然而至曰突。突出。突然。	陀骨切。从穴，从犬。犬从穴出，其行必驟。故引申之凡驟然而至者皆曰突。如唐突、突兀之突是。
蔽 去 蔽 bì 音閉。覆障曰蔽。遮蔽。蔽塞。	必袂切。小草也。小草雖材不適用，而掩映蒙蔽則有餘。故引申為遮蔽之蔽。蔽則視聽不真，故又申為闇蔽之蔽。	括 入 括 kuò 音聒。以手取物曰括。收括。括囊。	古活切。括从手，以手挈取物也。引申為包括、囊括之括，蓋從本義推而廣之。
複 入 复 fù 音福。重疊曰複。複壁。重複。	方六切。衣有裏謂之複，引申為複道、複屋之複。複，重也。	連 平 连 lián 音漣。相續不絕曰連。連合。流連。	陵延切。續也。引申為連結、連衡之連。《孟子》:“從流下而忘反謂之連。”亦言游興之連續不絕也。

循

平

循 xún

音句。遵道而行曰循。循理。持循。

詳倫切。執持而順行之也。引申之，奉公守法曰率循，安慰勞問曰撫循。又申為循環之循，謂如環之旋繞不息也。

互

去

互 hù

音護。彼此交通曰互。交互。互市。

互 胡誤切。互有糾繩意，象人手之推握也。推握則參差不齊，因引申為參互、交互之互。今泰西諸國，麕集中土，准其通商貿易，謂之互市。

《周禮·鱉人》：“掌取互物。”謂有甲龜鱉之屬。

藉

去

入

藉 jiè jí

音躤。有所依仗曰藉。憑藉。藉口。

音籍。繁亂之皃。

慈夜切。薦也。如《易》“藉用白茅”是。薦則借物以為憑，而綽有餘地。故借詞以慰人曰慰藉，寬博有餘曰醞藉。

秦昔切。狼藉，離披雜亂皃。引申之，人言嘈雜亦曰藉藉。

隔

入

隔 gé

音膈。障蔽不通曰隔。阻隔。隔絕。

各額切。塞也。

交

平

交 jiāo

音焦。兩相接曰交。論交。交代。

居肴切。交脛也。引申為交接、交際之交。故朋友以氣誼聯合曰知交，商賈以貨物貿遷曰交易。

脱

入

脱 tuō

音奪。物失其維繫曰脱。灑脱。脱帽。

徒活切。脱本為肉去骨之義，謂使肉與骨相離也。引申之，凡由合而離者皆謂之脱，如脱簡、脱免之脱是。由合而離，則化繁質為簡質。故又申為簡易之偁，如脱畧、疏脱之脱是。又為或然之詞，《漢書》：“脱有不諱。”脱有，設有也。

去 奮 奋 fèn 音僨。震動曰奮。奮飛。虎奮。	方問切。奮有羽翮張滿之意，謂其氣鼓激而不可遏也。奮勇、奮發之奮，即由是而申。	去 覆 入 覆 fù 否去聲。從上掩之曰覆。覆幬。 音蝠。反也。顛覆。	敷救切。蓋也。如《詩》"鳥覆翼之",《禮》"見若覆夏屋者矣"是。覆物於上，其形必俯，故引申為反覆、傾覆之覆。讀芳福切。
勃 入 勃 bó 音孛。驟不可遏曰勃。勃發。勃谿。	薄没切。勃，排也。排之以力也，引申為卒發之義，如勃然色變是。又兩相詬誶曰勃谿。	翩 平 翩 piān 音篇。疾飛也。翩翩。翩然。	芳連切。羽毛輕舉也。引申為往來輕利之皃，如《詩》"緝緝翩翩"是。
上 反 平 反 fǎn 音返。背常曰反。回還亦曰反。反正。反國。 音幡。平反之反也。	甫遠切。反，對正而言也。事相反必經覆定，故詳覆其詞曰反復。引申之，復於其所亦曰反。又申為平反之反，言斷獄者理正幽枉反之使平也。讀孚艱切。	翻 平 翻 fān 音番。鳥高飛皃。翩翻。	符袁切。翻與翩同意，本聯屬成文，為鳥飛翱翔之貌。與幡、反字均通。

偏 平 偏 piān 音篇。中之四旁曰偏。偏枯。偏心。	紕連切。不中曰偏，不全亦曰偏。偏東、偏西及偏袒之偏，皆以不中為義。偏安、偏國及偏衣之偏，皆以不全為義。	上 猛 猛 měng 音蜢。勇健莫當曰猛。猛獸。寬猛。	莫杏切。健犬也。引申為凡健鋭之偁，如猛厲、勇猛之類是。
仄 入 仄 zè 音沢。通作側。又平仄。字聲也。狹仄。	阻力切。从厂，从人。人處厂下，慮有傾側之象，故謂之仄。引申為凡狹隘之處皆曰仄，如逼仄、險仄是。	去 勁 勁 jìng 頸去聲。堅健有力曰勁。後勁。剛勁。	居慶切。勁，勇也。凡氣力剛鋭者通謂之勁。引申為勁敵之勁。俗偁用力曰使勁，亦以狀其奮勇也。
柔 平 柔 róu 受平聲。反乎剛者謂之柔。柔遠。剛柔。	而由切。木曲直也，為草木初生之義。物初生必弱，故引申為柔弱之柔，如優柔、柔婉之柔皆是。	去 悍 悍 hàn 音翰。性暴戾曰悍。强悍。悍婦。	候翰切。

酷 入	苦沃切。酒味厚也。酒味厚則性尤烈，故凡烈者皆謂之酷，如酷吏、酷暑之酷是。引申為酷好之酷。	上 矮	烏蟹切。短人也。引申為凡短者之偁。
酷 kù		矮 ǎi	
音焅。過厲曰酷。酷慕。殘酷。		隘上聲。形之短者曰矮。高矮。矮屋。	
凋 平	都聊切。凋，傷也。謂物之摇落而變摧也。通作彫，如“歲寒然後知松柏之後彫”是。	凄 平	千西切。雲雨起皃。雨則景物蕭槭，觸目感懷。如《詩》“秋日凄凄”“風雨凄凄”，皆狀景物凄涼之詞。
凋 diāo		凄 qī	
音貂。物敗落曰凋。凋零。榮凋。		音妻。寒涼之意。凄楚。凄風。	

森 平 森 sēn 音参。木衆多貌。蕭森。森森。	疏簪切。森从木、从林，木多成林之象也。引申為森嚴之森。	上 巧 巧 qiǎo 敲上聲。技能精良曰巧。巧妙。湊巧。	苦絞切。字从工。凡機之巧者莫如工，故謂之巧。引申之，凡不拙者皆曰巧。
去 豔 艳 yàn 鹽去聲。色之美者曰豔。豔色。嬌豔。	以贍切。	去 妙 妙 miào 音廟。精美曰妙。妙極。微妙。	彌笑切。妙有美善之意。故境之佳者曰妙境，年之少者曰妙年。引申之，又為神明不測之義。如“道德高妙”與“妙萬物而為言”之妙是也。
去 嫩 嫩 nèn 能去聲。少好貌。嫩筍。嬌嫩。	乳衮切。嫩从女，言女體柔弱也。引申之，凡柔脆之體皆曰嫩，如嫩枝、嫩蘂之嫩皆是。	平 庸 庸 yōng 音容。平常曰庸。中庸。庸愚。	餘封切。庸，用也，常也。以常道為用也。拘守常格，則無穎異之性，故申為凡庸之庸。又民功曰庸，如《書》“有能奮庸熙帝之載”，《孟子》“利之而不庸”是。

卷四

上 底 底 dǐ 音邸。物托曰底。底止。水底。	典禮切。止居也。凡有所止亦曰底，如《詩》“靡所底止”“伊於何底”是。止者必在物下，故謂器臀曰底，如有底曰囊，無底曰橐是。文書稿亦曰底。文書以底稿為基址，猶器物以下層為基址也。	去 舊 旧 jiù 音柩。不新曰舊。仍舊。舊交。	巨又切。舊者，對新之偁。就世界言，今為新，古為舊；就器物言，歷年少者為新，歷年多者為舊；就人事言，則以宜今為新，宜古不宜今為舊。故凡不宜于今者統謂之舊。
劇 入 剧 jù 音屐。甚也。繁劇。戲劇。	奇逆切。劇為已甚之詞。如《漢書》“口吃不能劇談”“劇秦美新”之劇是。引申為繁劇之劇。又演戲者刻意形容，不嫌過甚，故亦曰演劇。	上 斂 敛 liǎn 音鐮。聚而藏之曰斂。聚斂。斂財。	良冉切。斂，收也，藏也。斂取于人而收藏之也。引申之為斂怨、斂愁之斂。與歛別。

人 平 人 rén 音仁。萬物之靈曰人。聖人。人己。	而鄰切。象臂脛之形。倮蟲三百六十，聖人為之長。	余 平 余 yú 音餘。自偁之詞。余一人。余小子。	雲居切。余，語之舒也。葢自偁發聲之詞。引申之，四月謂之余月。言四月萬物皆生，枝葉舒放也。
上 我 我 wǒ 俄上聲。自偁之詞。我國。爾我。	五可切。自身曰我。推之為我家、為我國，皆就身之所施者以為言也。	上 予 平 予 yú yǔ 音余。自偁之詞。予心。音與。以物賜人曰予。賜予。	羊諸切。與余同。演女切。與与通。
吾 平 吾 wú 音梧。自偁之詞。吾黨。伊吾。	訛胡切。與余同，為自偁之詞。然余平而吾倨也。故謂人之遲疑而不即應者曰支吾，謂人之吟哦而不高唱者曰伊吾。又漢官名曰執金吾，掌宮外戒司非常水火之事，如今九門提督之職。	台 平 台 yí tái 音怡。自偁之詞。台小子。音胎。星名。三台。天台。台甫。	延知切。湯來切。天柱曰三台：上台司命為太尉，中台司中為司徒，下台司禄為司空。三台亦偁三階。

上 朕 朕 zhèn 音[illegible]。天子自偁曰朕。朕躬。	直稔切。朕，我也。古者貴賤皆自偁朕。秦始皇始定為天子之偁，至今仍之。 又兆也。事機之形而未見者曰朕兆。	上 你 你 nǐ 泥上聲。對人而偁之之詞。你我。	乃里切。偁人之詞曰爾、女、而、若、乃，皆一聲之轉。爾又為尔。俗加人旁為你字。
上 自 自 zì 音字。指己而言曰自。自强。何自。	疾二切。鼻也。象形。叚借謂己為自。又事之所從曰自，言從己身而推之者也。	上 汝 汝 rǔ 音茹。對人而偁之之詞。爾汝。汝輩。	忍與切。水名。出今河南河南府嵩縣伏牛山，至安徽潁州府南入淮。叚借為爾汝之汝。古用女字。
上 爾 尔 ěr 音邇。對人而偁之之詞。又必然之詞。爾等。云爾。	兒氏切。本訓為爾汝之爾。又語助辭。此也，是也。其用于上一字者，如爾時、爾許是；其用于下一字者，如不爾、乃爾是；其殿于末一字者，如焉爾、云爾是。又卓爾、衎爾，有然字義。爾其、爾乃，為更端發語辭。	上 彼 彼 bǐ 碑上聲。外之之詞。彼我。彼人。	補委切。彼者，此之對也。俗語曰那箇、曰那樣，皆彼之確詁。如《詩》“嘒彼小星”“瞻彼淇澳”，此彼字猶云那箇也。如《孟子》“如彼其專也”“如彼其久也”，此彼字猶云那樣也。

伊 平 伊 yī 音蛜。伊者，發聲之詞。又彼也。伊川。	幺夷切。水名。出今河南河南府盧氏縣熊耳山，至偃師縣入洛。殷相伊尹，即以伊水為姓。又為發語詞，與翳通，如《詩》“伊可怪也”“伊誰云增”是。又確有所指之詞，即代名字也，如《詩》“所謂伊人”是。	上 某 某 mǒu 謀上聲。泛指人物之詞。又諱人之名則曰某。某姓。某某。	莫後切。某，古梅字。《說文》：“酸果也。”从口含一會意。今皆用梅字，某叚為某人、某事之某。
佗 平 他 他 tā 音拖。泛指對己者之詞。他人。他處。	湯河切。與他、它通。他與彼略同，惟彼者專指定而言之，他則但用為對我之詞，而不必實指其人其物也。	上 此 此 cǐ 音仳。指定之詞。又彼之對也。如此。此類。	淺氏切。止也。引申為指定之詞，如《禮》“如此乎禮之急也”是。又為指物之詞，如《左莊·二十二年傳》“此其衰乎”是。又作“所”字解，如《大學》“此以沒世不忘也”是。若《大學》“有德此有人”，《後漢·黃瓊傳》“此為志士”，則作斯字、乃字解。
誰 平 谁 shuí 音垂。不知其名而問之之詞。誰家。伊誰。	是推切。	名 平 名 míng 音詺。所以標識者為名。姓名。名目。	眉兵切。名，自命也。从口、从夕會意。夕者，冥也。冥不相見，故以口自名也。凡人名、地名、書名之類皆是。取其與他名相分別也。引申為名譽、聲名之名。又凡定人物之名亦曰名。

上

甫

甫 fǔ

音斧。男子之美偁。台甫。甫定。

斐古切。古者男子二十冠而字之曰某甫，故甫為男子之美偁。冠畢始加以字，故引申之謂始為甫，與纔字同意。

上

主

主 zhǔ

音麈。客之對也。主持。賓主。

腫庾切。主者，專正、掌領之意。如主人、木主，皆專正之意；君主、家主、主帥，皆專正掌領之意。引申之，凡以之為主亦曰主。按《説文》："主，鐙中火主也。"今叚借行而本義廢矣。

西國政體分三項，曰君主，曰民主，曰君民共主。

平

尊

尊 zūn

音遵。卑之對也。以尊者之禮待人亦曰尊。尊卑。酒尊。

租昆切。尊，酒器也。即古罇字。从酋，以奉之。《周禮》犧尊、象尊、著尊、壺尊、太尊、山尊為六尊，以待祭祀賓客。尊為器之貴者，故引申為尊卑之尊。又申為尊敬之尊。

入

客

客 kè

坑入聲。人非土著曰客。賓客。客店。

乞格切。寄也。故凡寄居于外及外至者皆謂之客。客小于賓。古者諸公相為賓，諸公之臣相為國客。

去

仲

仲 zhòng

蟲去聲。次于伯者曰仲。伯仲。仲氏。

直衆切。弟之偁也。引申為仲春、仲夏之仲。

去

輩

輩 bèi

音背。相比曰輩。一輩。前輩。

邦妹切。軍發車百兩為輩，言其車相比而行也。故引申之，凡同類而相比者皆曰輩。

上 **且** 平 且 qiě jū 音跙。事不求備曰且。且以。猶且。音疽。語之餘聲。狂且。只且。	七野切。古俎字。今叚為苟且、姑且、聊且之且。又為未定之詞，如我且、會且是。又為進步之詞，如況且、且也是。又為推原之詞，如尚且是。又為發語詞，如且夫是。又為叚設詞，如《論語》“且予”，《公羊傳》“且如”是。子余切。	**該** 平 该 gāi 音垓。備也。又宜也。兼該。應該。	古哀切。軍中約也。該備之該本作晐，亦有以該為之，如《穀梁傳》“此該之變而道之也”是。今俗以為該當之該，謂事之應如此也。又為指事之詞，如官書中用該大臣、該部、該局，俗用該處是。
凡 平 凡 fán 音帆。統包一切曰凡。大凡。凡是。	符咸切。凡者括其大概之謂，如《詩》“凡今之人”，《左傳·序》“發凡”以起例皆是。又庸常之人曰凡民，亦舉天下人之大概言之也。	**爰** 平 爰 yuán 音袁。於也。曰也。爰是。爰有。	于元切。爰為引起詞，如爰有、爰及是也。爰為語助詞，如《詩》“亦集爰止”，《書》“土爰稼穡”是也。又以文書易其口詞謂之爰，故宅曰爰宅，田曰爰田，書曰爰書，要皆以文書所受之口詞為證也。
去 **蓋** 盖 gài 音匄。覆物曰蓋，所以覆物者即曰蓋。雨蓋。蓋聞。	居太切。苫也。苫所以覆物者。引申之，掩前人之愆亦謂之蓋。若《論語》“蓋闕如也”之蓋，疑詞也。“蓋均無貧”之蓋，緩詞也。均係叚借。	**聿** 入 聿 yù 音遹。所以書之器也。又發語詞。聿懷。聿來。	以律切。楚人謂筆為聿。筆所以代言者也。故聿亦通曰，如《漢書》引《詩》作“聿為改歲”是。又語助詞，如《詩》“歲聿云莫”是。又訓為自，如“聿來胥宇”是。至“聿修厥德”之聿，述也，謂述祖德而筆之于書也。

於

平

於 yú wū

音迂。語詞也。於是。於此。
音烏。於戲。歎美詞。

雲俱切。古烏字。經傳與于字通。用作發聲,如《春秋》"於越"是。用作語助，如常語至於是。用作承上,如《左傳》"於是陳亂"是。用作介字,如《論語》"吾之於人也"是。總之語詞也。
雲都切。

豈

上

岂 qǐ

音萓。反説以見意曰豈。豈非。

去幾切。豈義與非同而詞稍曲，如《詩》"豈不爾思""豈伊異人"是。又為未定之詞，如《論語》"豈其然乎"是。又作怎字解，如豈敢是。作何字解，如豈若是。作焉字解，如豈能是。然均非豈之本義，其本義即奏凱之凱。豈弟之豈，亦叚借。

儻

上

倘

倘 tǎng

湯上聲。不敢必曰儻。儻然。

他曩切。儻者，倜儻不羈之謂。引申為未定之詞,如《史記》"儻所謂天道"是也。又為形況字，如《莊子》"儻然""儻乎"是。俗作倘。

詎

上

讵 jù

音巨。反説之婉者也。詎知。詎能。

臼許切。詎猶豈也，但詎較豈語氣略婉，如《莊子》"庸詎知所謂天之非人乎"是。又作苟字解，如《國語》"詎非聖人"是。又作那字解，如《世説》注"詎是所長"是。

亦

入

亦 yì

音睪。牽連而及之詞。可代俗説"也"字。亦然。亦可。

夷益切。亦者，人之臂亦也。今臂亦之亦別作腋，而以亦為旁及之詞，如《詩》"亦有和羹"是。又為承上之詞，如《書》"亦不在小"是。又為不必之詞，如《易》"亦未繘井"是。又為助語之詞，如常用不亦、盍亦是。

惟

平

惟 wéi

音維。心無旁及曰惟。惟是。惟有。

夷隹切。思也。今以从糸之維為思維，而以惟為專注之詞，如《書》"惟王不邇聲色"是。又為發語,如"惟元祀"是。又為助語，如"濟河惟兖州"是。至"視遠惟明",《詩》"載謀載維"之惟，則仍用惟之本義也。

獨

入

独 dú

音犢。不羣曰獨。獨立。獨此。

杜谷切。獨者，犬在羊羣也。引申為單隻之詞。故無子曰獨，無夫曰獨,偏刖曰獨；不與民同欲曰獨夫，不與衆為徒曰獨行。又以獨為將，如《孟子》"獨如宋王何"是；以獨為豈，如《左傳》"夫獨無族姻乎"是。

抑

入

抑 yì

音億。不揚曰抑。抑亦。抑且。

乙力切。抑者，以手下按之謂。引申之，凡不揚者皆謂之抑。故搔曰抑搔，鬱曰抑鬱。又為轉語詞，如《論語》"抑末也"是。為反語詞，如"抑亦先覺者"是。為發語詞，如《孟子》"抑王興甲兵"是。為亦然之詞，如"抑為采色"是。

但

上

但 dàn

音誕。僅詞也。又轉捩之詞。不但。但是。

徒亶切。但，古袒字。脱衣見體也。引申為空，如《漢書》"但賒之"是。又僅也，如"非但廷尉問邪"是。又作唯字解，如"但聞悲風"是。又轉語詞，如《魏志》注"但失愛于叔父"是。

徒

平

徒 tú

音塗。但詞也。徒然。徒有。

同都切。步行也。《易》:"舍車而徒。"即其本義。步行人衆，故人衆亦曰徒，如司徒、公徒、吾徒、門徒是。反之為空，如《論語》"而豈徒哉"是。又為但，如《孟子》"徒善徒法"是。

特

入

特 tè

音棏。物無耦曰特。特等。非特。

敵得切。特，一牛也。引申之，凡一而不兩者皆曰特，如特豚、特豕、特舟、特立、特揖等皆是。又申為獨，如《史記》"吾特其以雍齒故"是。今常用特是字，猶獨是也。又事在常例之外者謂之特例，今考試有特科、特班等名。

僅

去

仅 jǐn

音覲。纔能曰僅。僅有。僅僅。

具吝切。僅者，已有而未足之詞，如《公羊傳》"僅逮是月也"，《國語》"余一人僅亦守府"皆是。

去 故 故 gù 音顧。有因而至曰故。又舊也。世故。故事。	古暮切。使為之也。引申為事故之故。如《易》"又明于憂患與故"是。叚借為古。古者舊也。國曰故國，人曰故人。國變曰大故，人死曰物故。皆據今對古言之也。又用為承上起下之詞，如是故、故曰皆是。	上 有 有 yǒu 音友。事物之已著已得者曰有。未有。有無。	云九切。有者,無之對。《說文》就日月之食言之，故云不宜有此。猶可之訓為不可，敢之訓為不敢也。叚借為或字義,如《易》"有隕自天"是。或即域字,故《詩》"九有"作"九域"解。又通作又,如《詩》"不日有曀"是。又狀物詞,如《詩》"有蕡其實"是。
上 所 所 suǒ 數上聲。確指其處曰所。公所。所以。	爽阻切。伐木聲也。叚借為處所之所,如《論語》"居其所"是。又引申為代名字，如《孟子》"夫徐行者，豈人所不能哉？所不為也"是。又為助字，如《漢書》："去里所復還。"里所猶里許是。又誓詞也，如《論語》"予所否者"是。	無 平　无 无 wú 音巫。有之反也。有無。無乃。	武夫切。亡也。引申為不也，如《書》"無偏無黨"是。又未也，如《荀子》"無之有也"是。又非也，如《禮》"苟無忠信之人"是。又作轉語詞，如《孟子》"無以""無已"是。又作抑詞，如《漢書》"甯爵無刁"是。
上 以 以 yǐ 怡上聲。有所依據之詞。又能左右之東西之亦曰以。所以。可以。	養里切。本作㠯。用也。如《論語》"怨乎不以"是。又為也，如《論語》"視其所以"是。又由也，如《大戴禮》"距諫者慮之所以塞也"是。又與也，如《詩》"式穀以汝"是。又語助詞,如《書》"以親九族"是。	毋 平 毋 wú 音無。禁止之詞。毋是。得毋。	微夫切。止之也,如《論語》"毋友不如己者"是。又與無通，為疑而未決之詞,如《晉書》"將毋同"是。《詩》："毋念爾祖。"毋即無亦之意急言之也。

莫（去） 暮（入）	莫 mù mò	音慕。日將落曰暮。薄暮。 音寞。無也。亦禁止詞。莫不。	莫故切。日在艸中曰莫。今承用作暮。暮則日冥，冥則不可見，故引申為無。而音亦轉入末各切，如《詩》“莫敢或遑”是。又申為定，如“民之莫矣”是。又為禁止之詞，如莫學、莫作等語是。
暨（去）	暨 jì	音既。遞及曰暨。暨乎。暨暨。	居氣切。日頗見也。頗見者有不全見之意，故引申為不及。反之即為及。亦猶不宜有之為有也，故暨又與逮、及同訓為與。如《書》“汝羲暨和”，即與也。《吴志》“暨臻末年”，即及也。今通用暨夫字，亦及字義。
蔑（入）	蔑 miè	音篾。昏不見物曰蔑。蔑有。蔑然。	彌列切。勞目無精也。無精則無可見，故蔑亦訓為無。如《左傳》“蔑不濟矣”是。又削也，如《易》“蔑貞凶”是。又小也，如《書》“文王蔑德”是。又輕也，如《詩》“國步蔑資”是。
逮（去）	逮 dài dì	音代。遞下之詞。不逮。逮夫。 音第。安和貌。	度耐切。及也。如《易》“水火相逮”，是其本義。引申為追也，如《漢書》“逮繫長安”是。又為僅足之詞，如《漢書》“糴食逮給”是。 大計切。“威儀逮逮”。注：安和之貌。
及（入）	及 jí	琴入聲。已至其地曰及。及時。不及。	忌立切。引也。亦訓至。《詩》：“燕及皇天。”謂德至于天也。其旁及者，如“覃及鬼方”是；其連及者，如《史記》“及岱宗”是；其兼及者，如《左傳》“凡師出與謀曰及”是；其遞及者，如《公羊傳》注“兄死弟繼曰及”是。又為推逮詞，如常用及夫、及其是。
綦（平）	綦 qí	音其。至極曰綦。綦巾。綦盡。	渠之切。綦本蒼艾色，申為繫于踵者之名。踵，人體之極下處也，故綦又訓為極，如《荀子》綦大、綦小、綦色、綦聲皆是。

去 將 平 将 jiàng jiāng qiāng 音醬。帥師曰將。將軍。音漿。可立而待也。將來。音鏘。請也。	子諒切。本將帥字。今讀資良切，為且然而未必之詞，如《易》"是以君子將有為也"是。又作幾及之詞，如《孟子》"將五十里"是。又作抑詞，如《詩》"將予就之"是。又作語助，如《管子》"其將誰也"是。 七羊切。將伯、將子，皆請匄之義。	上 漸 平 渐 jiàn chán 磛上聲。進退循序曰漸。漸漸。漸次。音鑱。與巉通。高也。	秦冉切。漸，本水名。今借作物有變移，徐而不速之詞。如《易》漸卦（䷴）是。又次也，如《漢書》"以漸禁之"是。又重言之曰漸漸，如《魏志》"而其德漸漸小減"是。至《詩》"漸漸之石"，係"巉"之通叚。讀鋤銜切。
上 頗 平 颇 pō 音陂。不平也。偏頗。音叵。少也。頗適。頗好。	普禾切。頭偏也。今讀普火切。略也，如《史記》"臣願頗采古禮"是。又常語以差多為頗多，嫌詞也。以良久為頗久，歉詞也。以多有為頗有，謙詞也。但頗有二字，如指人而言，又為輕之之詞。	去 并 平 併 并 bìng 餅平聲。合一為并。兼并。并吞。餅去聲。與併通。	補明切。并與兼同義，如《史記》"余并論次擇其言尤雅者"是。俗用并且，即兼且也，然有進一層意思。又皆也，如《書》"朕卜并吉"是。讀陂病切。與併通。
去 稍 稍 shāo 音哨。不多之謂。稍有。稍可。	所教切。出物有漸曰稍。如《漢書》："稍稍增輯至五百餘篇。"稍稍，即漸漸也。至《漢書》"吏稍侵辱之"之稍，則為略字義。又小也，如《周禮》稍食、稍事、稍禮皆是。	纔 平 才 cái 音裁。時過不一瞬謂之纔。纔能。方纔。	牆來切。淺色曰纔，引申為淺之通偁。又與才通，方才之纔也。亦淺之引申義。

去 屢 屡 lǚ 音慮。事不一次曰屢。屢次。屢屢。	龍遇切。屢本作婁。訓空也，為《論語》"屢空"字。承用作屢，義訓為數。如屢憎于人，億則屢中，《書》"屢省乃成",《詩》"屢豐年"，皆是。	皆 平 皆 jiē 音街。無分彼此之詞。皆興。皆説。	居諧切。俱詞也。
頻 平 频 pín 音顰。至再至三曰頻。頻仍。	毗賓切。頻本水厓。《詩》"不云自頻"，是其本義。段借為頻蹙之頻，如《易》頻復、頻巽是。又屢也。頻聞，謂屢聞、不一聞也。頻至，謂屢至、不一至也。	去 概 概 gài 音溉。持平曰概。概見。一概。	居代切。概，所以平量者。《禮》"正權概"，是其本義。若異量即謂之異概。概以麤略之木為之，故謂麤略則曰梗概。又以其平而無偏，故在人曰節概、氣概。自平等言之，則曰一概、大概。
悉 入 悉 xī 音膝。無餘曰悉。悉數。悉如。	息七切。悉者，詳而且盡之謂。有單作盡字解者，如《史記》"悉舉貴戚及疏遠隱匿者"是。今俗用不悉字，則本詳義，謂不詳審也。又用"悉如"字，猶云"皆如"也。又用"已悉"字，猶云"已知"也。皆引申義。	上 每 每 měi 音浼。不一之偁。每事。每每。	莫痗切。屮盛上出也。引申為各，故有人人之義，如《孟子》"每人而悦之"是。又訓為雖，如《詩》"每有良朋"是。又訓為常，如《吴志》"抗每不許"是。又括大凡之事曰每，如《論語》"每事問"是。

各（入） 各 gè 音閣。歷歷可數曰各。各處。各各。	葛鶴切。異詞也。引申為各人之各，如《論語》“盍各言爾志”是。	更（去）（平） 更 gēng gèng 音庚。變易曰更。紛更。更鼓。 音亙。進一解曰更。更有。	居行切。本義為更變、更改之更。引申為更鼓、更漏之更，亦謂其隨時而改也。 又訓為再，讀古孟切。如《左傳》：“晉不更舉矣。”即謂其不再舉也。俗語如更有、更好之更，亦均作“再”解。
愈（上） 愈 yù 音庾。較勝曰愈。疾痊亦曰愈。病愈。	勇主切。勝也，如《論語》“女與回也孰愈”是。又差也，如《孟子》“今日愈”是。又過也，如“丹之治水也愈于禹”是。又重言之以見益甚之意，如《詩》“憂心愈愈”是。	彌（平） 弥 mí 音迷。一望無竟曰彌。彌彰。彌補。	民卑切。彌之本義，弓弛也。亦訓為終，如《詩》“誕彌厥月”是。又益也，如《論語》“彌高”“彌堅”是。又徧也，如《易》“故能彌綸天地之道”是。又補合也，如《左傳》“敢拜吾子之彌縫敝邑”是。
尤（平） 尤 yóu 音郵。加甚曰尤。怨尤。尤妙。	于求切。異也。俗稱尤佳、尤勝，謂其異于常也。異常則過，故人有過即謂之尤，如《論語》“言寡尤”之尤是。有過而為人所責亦謂之尤，如《詩》“許人尤之”之尤是。	最（去） 最 zuì 音醉。殊絶曰最。最好。報最。	祖外切。犯而取也。字从冃。冃者，小兒頭衣，在全體為最上，故最亦訓為第一。如《後漢書》“常為邊最”，及《史記》周勃“攻槐里好時最”，皆謂第一也。至《史記》“最從高帝”之最，則為都凡之詞。

去 尚 尚 shàng 音上。冀詞也。又猶也。尚有。尚在。	時樣切。曾也。庶幾也。如《大學》"尚亦有利哉"，即庶幾之義。《詩》："不尚息焉。"即曾義。又猶也，如"尚有典型"是。又貴也，如《孟子》"尚志"是。又與上通，如"尚論古人"之尚是。俗用尚然、尚且等字，亦猶也。	平 猶 犹 yóu 音由。比況之詞。又了不異人也。猶人。猶可。	夷周切。猶本玃屬，性善疑，故偁猶豫。引申為可止而不止之詞，如《左傳》"猶三望"是。又訓為若，如《孟子》"猶緣木而求魚也"是。又訓為同，如《論語》"吾猶人也""猶之與人也"是。
去 諒 谅 liàng 良去聲。原情揣意之詞。諒不。鑑諒。	力仗切。衆信曰諒。如《禮》"請肆簡諒"是。《詩》"諒不我知"，亦信也。俗于尺牘中用諒能、諒必，則若信、若疑之詞。又與亮通。亮有明義，故又有鑒諒、原諒等字。	去 又 又 yòu 音宥。重之為又。又有。不又。	爰救切。凡言又者必有上下文。故《穀梁傳》曰："又，有繼之詞也。"《詩》疏云："又者，繫前之詞。"又作更端語，如《書》"又東至于菏"之類是也。本義為手，象三指之形。
去 況 况 kuàng 音貺。以彼形此曰況。又進一解之詞。比況。況且。	許放切。況之本義，寒水也。今通用者與矧義略同，如《孟子》"況于為之强戰"是。又譬也，如《莊子》"每下愈況"是。又為滋益之詞，如《詩》"亂況斯削"是。俗作况。	去 甚 甚 shèn 音侺。太過曰甚。甚哉。太甚。	時鴆切。本義尤安樂也。引申為勝，如《論語》"甚于水火"是。又大也，如《孟子》"王之好樂甚"是。又歎詞，如《論語》"甚矣，吾衰也"是。又極也，如"唯何甚"是。常用甚至、已甚等字。即極義。

去

庶

庶 shù

音恕。森然齊列曰庶。蕃庶。庶類。

商豫切。庶者，屋下之衆。引申為凡衆之稱。故眾人曰庶人，衆物曰庶物，諸母、諸子曰庶母、庶子，皆謂其同于衆也。衆必相近，近則有冀幸之心。如《論語》"回也其庶乎"，庶有近義。《詩》"庶幾夙夜"，庶幾為冀幸之詞。

入

即

即 jí

音稷。時不一瞬曰即。當即。即刻。

節力切。即，食也。即食猶就食，故即有就義。《春秋》書"即位"，猶今鳴贊言就位也。就則近，故即又訓為近。《公羊傳》"不即人心"，猶俗語不近人情也。《史記》之"即日"，則謂今日。即訓為今，見《爾雅》注。

上

幾

平

幾 jī 几 jǐ

音機。吉凶之先見曰幾。幾希。
機上聲。幾何。

居希切。幾者，動之微也。又訓為殆，如《詩》"維其幾矣"是。又訓為近，如《易》"月幾望"是。又冀也，如《孟子》"王庶幾改之"是。又舉豈切，為數問多少之詞，如幾多、幾何、無幾、未幾皆是。

聊

平

聊 liáo

音膋。便詞也。又賴也。聊且。聊可。

連條切。耳鳴也。《楚辭》"耳聊啾而戃慌"是其本義。叚為姑且之詞，如《詩》"聊與之謀"是。又為語助，如《詩》"椒聊之實"是。又常語以無興會為無聊。

去

遂

遂 suì

音穟。相因而至曰遂。遂事。不遂。

徐醉切。遂者，亡也。亡必于郊，故引申為郊遂之遂。又事成曰遂，如《禮》"百事乃遂"是。事未成而勢不容已亦曰遂，如《論語》"遂事不説"是。又為繼事之詞，如《左傳》"遂伐楚"是。

輒

入

辄 zhé

音耴。專擅曰輒。動輒。

陟涉切。輒者，車兩旁可倚之處。因謂有倚恃而妄作曰專輒。專輒，是欲為即為之也，故輒又訓為即，如《漢書》"盜賊不輒伏辜"是。至常用輒左、輒阻之輒，訓與即同。

去 **應** 平 应 yīng yìng 音膺。報當其施曰應。應該。 膺去聲。隨問隨答曰應。應對。	於陵切。當也。《詩》“我應受之”，是其本義。引申作“受”字解，如《國語》“其叔父實應且憎”是。又作料度詞，如常語應須、衹應等皆是。 又于證切。如《易》“二氣感應以相與”是。	**叨** 平 饕 叨 tāo 音滔。謬託為知己之詞。叨光。叨承。	他刀切。叨本饕之或體，貪也。故《莊子》：“好經大事，變更易常，以挂功名謂之叨。”《後漢書》“橫叨天功以為己力”，亦謂貪也。俗因有叨光等語。又忝也。俗用叨承、叨在之叨，皆以忝為義。
上 **敢** 敢 gǎn 音笴。能言能為曰敢。勇敢。豈敢。	古覽切。鋭于進取謂之敢。引申為以卑觸尊冒昧之詞，如《書》“敢昭告于上天神后”是。又《益稷篇》：“誰敢不讓，敢不敬應。”上一敢字，為詰問之詞。下一敢字，為豈敢之省。今俗詰問兒童，尚有敢不敢之語。	上 **忝** 忝 tiǎn 音餂。愧不敢當曰忝。不忝。忝辱。	他點切。辱也。俗用忝在，即辱在也。引申之為自愧之詞，如《書》“否德忝帝位”是。
去 **當** 当 dāng dàng 黨平聲。責無旁貸曰當。當仁。 黨去聲。事能中理曰當。當舖。	都郎切。田相值也。引申凡適然相值皆曰當，如《孟子》“禹、稷當平世”之當是也。凡毅然敢任亦曰當，如《論語》“當仁不讓于師”之當是也。 丁浪切。以物押錢曰當，如今之典當是也。引申為諦當、的當之當。	去 **便** 平 便 biàn pián 音卞。隨意所適曰便。方便。便宜。 音駢。辯也。又肥滿貌。便便。	毗面切。人有不便，更之則安，故凡處之而安適者皆曰便，如便殿、便坐是也。反之即為不便。後以便為即。如俗說之“便是”是也。 又蒲眠切。習熟也。如便辟、便佞之便是。

去 **要** 平 要 yāo yào 音邀。有挾而求也。要君。邀去聲。扼其大端曰要。要害。緊要。	伊霄切。古腰脅之腰也。引申之，凡用脅力皆曰要，如要君、要盟等是。又總其大綱曰要，如要之、大要之要是。刻不容緩亦曰要，如要犯、要事之要是。均讀於笑切。 俗謂欲之為要，乃"僥"之叚借。	上 **可** 可 kě 音坷。許之之詞。可否。不可。	口我切。肯也。可不可，即俗說肯不肯也。有深許之詞，如《孟子》"若曾子者可也"是。有未足之詞，如《論語》"可也簡"是。又有反詰之詞，如《左傳》"可不務乎"是。又有約計之詞，如《漢書》"去地可六丈"是。
的 入 的 dí dì de 丁入聲。確指其處曰的。的確。的是。	丁歷切。本作旳，訓為明。叚借為射的之的。如《詩》"發彼有的"是。的者，準也。引申為的確、的實之的。 又助語，作底字，蓋的之轉音也。如俗倆小的，《宋史》《遼史》均作"小底"是。	**堪** 平 堪 kān 音戡。可詞也。不堪。堪輿。	苦含切。地之突起者為堪。經傳多用其通叚義。如《詩》"未堪家多難"之堪，任也。《論語》"人不堪其憂"之堪，勝也。勝任則可，故堪又作可字解。如李義山詩"黃金堪作屋"是。又更堪則為那堪之省文。
恰 入 恰 qià 音掐。適可曰恰。恰好。恰當。	乞洽切。用心也。叚為適當之詞。如杜詩"野航恰受兩三人"是。又"自在嬌鶯恰恰啼"，則重言以狀鳥之聲。	**仍** 平 仍 réng 音芿。因循故事曰仍。仍舊。頻仍。	如陵切。因也，如《論語》"仍舊貫"是。又數也，如《國語》"晉仍無道"是。又乃也，如《史記》"仍父子再亡國"是。又《爾雅》："晜孫之子為仍孫。"仍，重也。

因 平 因 yīn 音姻。緣之在前者曰因。因緣。因此。	伊真切。本義為就，引申為依，如《論語》“因不失其親”是。又作襲字解，如殷因于夏禮是。又作託字解，如《孟子》“時子因陳子”是。至常用因由字，謂事之原始也。因而、因此字，則承上起下之詞也。	而 平 而 ér 音兒。小轉之詞。既而。而且。	如支切。頰毛也，如《周禮》“作其鱗之而”是。叚為承上起下之詞。如《論語》“本立而道生”是。為絶句，如“已而已而”是。為轉語，如“而謀動干戈于邦内”是。為設詞，如《孟子》“而主癰疽與寺人瘠環”是。又汝也。如《禮》“抑而强與”是。
去 竟 竟 jìng 音敬。極盡曰竟。究竟。竟有。	居慶切。樂曲盡為竟。故竟有終義，如《史記》“又不肯竟學”及“歲竟”皆是。至俗用畢竟之竟，略具轉詞，與《史記》“索兒竟無聲”之竟相類，有初不料其如此而竟如此之意。	則 入 則 zé 音側。立法為則。效法亦為則。科則。則可。	即德切。古从鼎作鼎刂。鼎者法物。故凡有常法者皆謂之則。而法其可法者亦謂之則。叚為助語，如《詩》“匪雞則鳴”是。為盡詞，如《大戴禮》“鷹則為鳩”是。為承上起下之詞，如《論語》“則以學文”是。
然 平 然 rán 音蒸。答問之是者曰然。自然。不然。	如延切。燒也，如《孟子》“若火之始然”是。叚為應詞，如《荀子》“然否”，《史記》“然諾”是。又為包舉後文之詞，如《孟子》“無若宋人然”是。其坐實上文轉出下文者，如然而是；其坐實上文緊接下文者，如然則是。	乃 上 乃 nǎi 柰上聲。轉詞之緩者。若乃。乃有。	囊亥切。乃者，曳詞。用作緩詞，如《周禮》“會乃致事”是。用作急詞，如《大戴禮》“乃瓜”是。用作助語，如《禮》“夫曰乃”是。用作轉語，如《書》“乃不可不殺”是。作繼事之詞，如“乃命羲和”是。作別異之詞，如《詩》“乃見狂且”是。

設

入

设 shè

扇入聲。或然之想也。陳設。設或。

式列切。設即施設之設，如設官、設局是也。若無所據而憑空擬之者，則為叚設、設使之設。

似

上

似 sì

音巳。酷肖曰似。不似。似乎。

詳里切。本義為象，如《論語》“屏氣似不息者”是。又作疑詞，如《世説》“似未肯劣”是。

如

平

如 rú

音鴽。想像之詞。不如。如此。

人余切。女子从父隨夫曰如。引申為似，如《論語》“申申如也”是。又為及，如“弗如也”是。又往也，如《左傳》“御以如皋”是。又柰也，如“如丈夫何”是。又作設詞，如《論語》“如用之”是。又語已詞，如《易》“突如其來如”是。

殊

平

殊 shū

音殳。絶異曰殊。殊非。殊有。

尚朱切。本義為誅。誅，非常刑也，故殊亦訓異，如《易》“天下同歸而殊塗”是。又申為決絶之詞，如《漢書》“殊無梟”，俗語“殊不可解”是。又語詞，如《詩》“殊異乎公路”是。

殆

上

殆 dài

駘上聲。舉其大概之詞。危殆。

蕩亥切。危也，如《書》“亦曰殆哉”是。通借為怠，如《論語》“思而不學則殆”是。又似也，如《孟子》“殆于不可”是。又僅也，如《漢書》“此殆空言”是。又語助詞，如《史記》“殆非人也”是。

啻

去

啻 chì

音翄。僅詞也。

施智切。啻與但義同，如《書》：“不啻如自其口出。”不啻猶言不但也。字亦作翄，如《孟子》“奚翄食重”是。

若 入 若 ruò 音弱。段設之詞。如若。若能。	日灼切。擇菜也。叚借為順字義，如《詩》“天子是若”是。為如字義，如《孟子》“指不若人”是。又為確指之詞，如“以若所為”是。又為未定之詞，如《儀禮》“若干純”是。常用“若干”兩字即本此。	或 入 或 huò 音惑。不定其人其事之詞。或者。設或。	穫北切。或，即邦域之域。訓為有，《詩》:“無不爾或承。”或之言有也。又通作惑，如《孟子》“無或乎王之不知也”是。引申為代名詞，如《論語》“或問”、“或曰”是。又為豫設之詞，如“如或知爾”是。
雖 平 虽 suī 音綏。轉詞之待商榷者。雖有。雖然。	宣隹切。雖，本蟲名，似蜥蜴而大。承用作語助詞。如雖有善者、雖有周親，是進一層意思；如雖曰未學、雖曰不要君，是退一層意思。又作發聲之詞。如《禮》“雖請退可也”是。	靡 上 平 靡 mǐ mí 音骳。不能振作曰靡。靡不。委靡。 音麋。分散也。靡爛。	母彼切。披靡也。披靡為無力之狀，故引申為無，如《詩》“靡日不思”是也。無而飾以為有，亦謂之靡。如好衣曰“靡麗”，美色曰“靡曼”是。又讀忙皮切，靡費之靡也。
苟 上 苟 gǒu 音垢。艸率曰苟。苟完。苟有。	古厚切。苟本艸名。叚借為苟且之苟，如《論語》“苟合矣”是。又誠也，如“苟志于仁矣”是。又若也，如《禮》“苟無其位”是。又為未定之詞，如《孟子》“苟得其養”是。	不 上 平 入 不 bù fǒu 補入聲。否之詞。不必。豈不。 音缶。與否同。否平聲。問詞。	逋没切。本義鳥飛翔而不下也。引申之義與弗略同，如常語“不可不然”是。又作反語，如《書》“我生不有命在天”，《詩》“其麗不億”是。又作疑詞，如《左傳》“不尚取之”是。 又與可否之否通，讀俯九切。今韻書又收入尤韻，作問詞。

勿 入 勿 wù 音物。禁止詞。勿怕。勿許。	文拂切。州里所建旗所以趣民者。引申為禁止之詞，如《論語》“非禮勿視”“勿施於人”皆是。 “勿”與“弗”異，弗者不之深，勿者禁之使不為也。唯《論語》“雖欲勿用”之勿，與弗略同。
厥 入 厥 jué 音蕨。與其字同用。厥陰。厥惟。	居月切。發石也。義與掘同。引申為病厥之厥，如《素問·厥論篇》寒厥、熱厥，俗有痰厥等皆是。段借為指事之詞，如《詩》“貽厥孫謀”是。又為發聲，如厥初生民是。又為助語，如《史記·序》“厥有國語”是。
上 罔 罔 wǎng 音網。無也。罔有。靡罔。	文紡切。罔本网之或體。字从亡，故訓為無，如《書》“罔水行舟”是。又“罔違道以干百姓”，乃係禁止之詞，亦“無”之引申也。至《論語》“學而不思則罔”之罔，係妄之段借。不可罔也之罔，係誣罔義。
上 是 是 shì 音似。反非為是。是非。如是。	上紙切。直也。直則是，故為是非之是。其冠于句首者，如《論語》“是聞也，非達也”是。然此是字，仍兼虛字語氣。又為指事之詞，如是以、是故、如是之類是。
必 入 必 bì 音畢。毅然決然之詞。必定。必是。	璧吉切。
斯 平 斯 sī 音私。此也。如斯。斯來。	相支切。析也，《詩》“斧以斯之”是也。又訓為此，如《論語》“斯焉取斯”是。段為語助詞，如《詩》“有兔斯首”是。又語已詞，如《禮》“二爵而言言斯”是。又訓為則，如《論語》“立之斯立”是。又訓為乃，如斯出矣是。

去 其 平 其 qí jī jì 音萁。指名代詞也。其然。 音姬。助詞。何其。 音寄。彼其。	渠宜切。其本箕之籀文。其、豈音近，故叚為豈，如《論語》“不其然乎”是。又指事詞，如《易》“其旨遠”是。又語助，如《詩》“誰其尸之”是。又發聲，如《國語》“其叔父實應且憎”是。 又讀居之切，如《詩》“夜如何其”是。 又居吏切，如“彼其之子”是。均語助。	由 平　繇 由 yóu 音猷。事之原也。因由。由來。	于求切。與繇通。從也，如《論語》“小大由之”之由。即訓為從，其虛用者，若何由，即何從也。又于也，如《書》“別求聞由古哲先王”是。又與猶通，如《孟子》“王由足用為善”是。又轉訓為爰，如《孟子》“由是則生而有所不用也”是。
去 既 既 jì 音暨。事過曰既。既極。亦既。	居氣切。小食也。叚借為少住之義，如《論語》“既而曰”是。又為已義，如《書》“九族既睦”是。又為盡義，如《春秋》“日有食之，既”是。又為語助詞，如《詩》“既伯既禱”是。	盇 入 盇 hé 音合。何不也。盇各。盇亦。	胡閤切。盇象覆蓋形。引申為合，《易》“朋盇簪”之盇即合也。又何也，如《管子》“盇不出從乎”是。又“何不”二字急言之亦為盇，如《論語》“盇徹乎”是。又疑詞，如《史記》“盇往歸焉”是。
去 屆 屆 jiè 音戒。已至其時其地曰屆。屆時。弗屆。	居隘切。行不便曰屆。謂其遠之極而不易至也。《詩》“致天之屆”，即用極義。《書》“無遠弗屆”，即用至義。今俗用屆期、屆時等字，亦謂至也。	曷 入 曷 hé 音褐。反詰之詞。曷敢。曷弗。	何葛切。何也，如《易》“曷之用”是。又作豈字解，如《詩》“曷不肅雝”是。至“曷云能穀”“則莫我敢曷”兩曷字，係遏之叚借。

上 何 平 何 hè hé 賀上聲。擔于肩曰何。負何。 賀平聲。詰問詞也。誰何。	下可切。儋也。經傳多叚為誰、孰之詞。讀寒歌切。如《論語》"非諸侯而何"是。又作焉字解，如《左傳》"爾何知"是。又詰難詞，如《論語》"何哉"是。又設問詞，如《公羊傳》"元年者何"是。	孰 入 孰 shú 音淑。詰問代詞。疇孰。孰如。	神六切。食飪也。即熟字。叚借作誰字解，如《論語》"孰不可忍也"是。又作何字解，如《公羊傳》"孰為來哉"是。
去 柰 柰 柰 nài 音㮈。無可如何之詞。柰何。無柰。	尼帶切。果名。叚借為柰何之柰。柰何即那字長言之也。如《書》"曷其柰何弗敬"是。又有但用柰字者，如《淮南子》"無可柰也"是。俗作奈。	攸 平 攸 yōu 音油。安行得所曰攸。攸行。攸敘。	夷周切。本義為行水，如《孟子》"攸然而逝"是也。攸然則得所，故攸亦訓所。如攸往、攸宜皆是。《詩》"為韓姞相攸"，亦謂女之得所歸也。
奚 平 奚 xī 音兮。何也。奚自。奚童。	胡雞切。大腹也。叚借為何字解，如《論語》"子奚不為政"是。又用作絕句，如《莊子》"汝以妄聽之奚"是。《孟子》"奚而不知"，猶云何為而不知，但省文耳。至奚奴之奚，又嫨之叚借。	常 平 常 cháng 音裳。平素曰常。常談。常事。	辰羊切。常本下帬。叚為度數之名，如丈六尺為常是也。常非朝夕所可成，因申之為常久、平常、素常。而俗以尋常為容易之詞，且以常作動字用。如常見、常聞、常有等皆是。

上 **只** 入 只 zhǐ 音紙。所餘不多曰只。只有。只想。音質。俗音也。義同。	掌氏切。語已詞也，如《詩》“母也天只”是。其用于句中者，如“樂只君子”是。又有作耳字用者，如《左傳》“諸侯歸晉之德只”是。俗以事物之祗有此數者為只，兼讀之日切。	上 **者** 者 zhě 音赭。語已詞。又有所指之詞。又為起下之詞。老者。也者。	止野切。別事詞也。經傳用為指名代字，如者也、者矣、者焉、者耳等皆是。又為起下詞，如《易》“神也者”之類是。又語已詞，如今官書所用須至申者、須至移者皆是。
之 平 之 zhī 音枝。代名詞。又往也。去之。何之。	真而切。出也。引申為往，如《論語》“之一邦”是。又作所字解，如“末之難矣”是。又作的字解，如《禮》“大學之道”是。又語助詞，如《詩》“葛之覃兮”是。又有所指之詞，如《禮》“博學之”是。 浙江亦偁之江，謂其江三折如之字形也。	上 **也** 也 yě 音野。詞之決也。可也。非也。	以者切。詞之終也。用以結上文者，如《論語》“亦可宗也”是；起下文者，如“赤之適齊也”是。又為語助而用在句中者，如“其為人也孝弟”是；為語助而用于偁謂者，如“柴也愚”是。
乎 平 乎 hū 音湖。疑詞也。又詠歎之詞。者乎。信乎。	洪孤切。語之餘也。經傳用為疑詞，如《詩》“胡為乎”是。為語已詞，如《公羊傳》“棗栗云乎”是。為詰問詞，如《論語》“女得人焉耳乎”是。為詠歎詞，如“必也正名乎”是。為狀事詞，如《易》“確乎”是。又代于字用，如《禮》“所求乎臣”是。	**耶** 平 耶 yé 夜平聲。詰問詞之婉者。是耶。非耶。	于遮切。即邪正之邪字。用作語末疑詞，亦有詠歎意，如《易》“乾坤其易之門邪”是。 又代兮字用，如《國策》“松邪柏邪”是。 又代也字用，如《莊子》“乃齊戒以言之邪”是。

諸

平

诸 zhū

渚平聲。統括之謂。又語助詞。諸事。諸凡。

專於切。辯也。引申為包舉之詞，如諸侯、諸君、諸大夫、諸子等皆是。又語已詞，如《詩》“日居月諸”是。又語之餘聲，如《論語》“其諸異乎”是。

已

上

已 yǐ

音以。事畢曰已。無已。已往。

養里切。本作㠯，與以同。承用作止也，如《論語》“已而已而”是。又太也，如《孟子》“是皆已甚”是。又既也，如“今乘輿已駕矣”是。又發端歎詞，如《書》“已予惟小子”是。又語終詞，如《論語》“可謂好學也已”是。

兮

平

兮 xī

音奚。歌之餘聲。瑟兮。僩兮。

弦雞切。語所稽也。字通作猗，如《書》“斷斷猗”，《禮》“作兮”是。其用于句中者，如《楚辭》“吉日兮辰良”是；用于句末者，如《詩》“終不可諼兮”是。

焉

平

焉 yān

音⿰足焉。語末平下之詞。焉爾。者焉。音嫣。何也。焉往。焉知。

尤虔切。焉本鳥名，黃色，出于江淮。承作虛字用。用以殿句，如《易》“故偁龍焉”是。為語助，如《詩》“終焉允臧”是。為狀事詞，如惄焉如擣是。至《論語》“焉用佞”之焉，讀因肩切，訓為何。

矣

上

矣 yǐ

音⿱艹矣。決已然之詞。可矣。者矣。

養里切。語已詞也，如《論語》“吾必謂之學矣”是。又為僅可詞，如忠矣是。又為起下詞，如“甚矣吾衰也”是。又為頓挫之詞，如《詩》“展矣君子”是。

哉

平

哉 zāi

音栽。然腳字。語氣大于乎而不如乎字之婉。異哉。

將來切。語詞。用于句中者，如《論語》“大哉問”，《詩》“陳錫哉周”是；用于句末者，如《書》“欽哉”，《論語》“觚哉觚哉”是。又與纔通，始也。如《書》“哉生魄”之哉是。

圖書在版編目（CIP）數據

澄衷蒙學堂字課圖說 /（清）劉樹屏編撰；（清）吴子城繪圖；蔡夢麒審訂 . —長沙：岳麓書社，2020. 1

ISBN 978-7-5538-1093-5

I. ①澄… II. ①劉…②吴…③蔡… III. ①漢字—字典—中國—清代 IV. ① H163

中國版本圖書館 CIP 數據核字（2019）第 051621 號

CHENGZHONG MENGXUETANG ZI KE TUSHUO
澄衷蒙學堂字課圖説
[清] 劉樹屏編撰 [清] 吴子城繪圖 蔡夢麒審訂
責任編輯：蔣 浩 譚媚媚
責任校對：舒 舍
裝幀設計：UNCLEZOO
岳麓書社出版
地址：湖南省長沙市愛民路 47 號
直銷電話：0731-88804152 0731-88885616
郵編：410006
2020 年 1 月第 1 版第 1 次印刷
開本：787mm × 1092mm 1/32
印張：27.5
字數：300 千字
ISBN 978-7-5538-1093-5
審圖號：GS（2019）4599 號
定價：98.00 圓
承印：三河市中晟雅豪印務有限公司

如有印裝質量問題，請與本社印務部聯繫
電話：0731-88884129